Insekten Mitteleuropas

Beobachten und bestimmen

Autorenkollektiv unter Leitung von
Prof. Dr. Ulrich Sedlag

Insekten Mitteleuropas

Mit 994 farbigen Abbildungen
und 360 Schwarzweiß-Zeichnungen

Neumann Verlag Leipzig · Radebeul

Autoren:

Dr. Reinhard Gaedike *(Lepidoptera)*
Dr. Ursula Göllner-Scheiding *(Heteroptera)*
Dr. Kurt K. Günther *(Mantoptera, Blattoptera, Isoptera, Dermaptera, Saltatoria, Psocoptera, Phthiraptera, Thysanoptera, Raphidioptera, Megaloptera, Planipennia)*
Dr. Wolfram Mey *(Ephemeroptera, Plecoptera, Trichoptera)*
Dr. Joachim Oehlke *(Odonata, Strepsiptera, Hymenoptera, Diptera, Siphonaptera)*
Dr. Friedrich W. Sander *(Homoptera)*
Joachim Schulze *(Coleoptera)*
Prof. Dr. Ulrich Sedlag (einleitende Kapitel, *Apterygota, Mecoptera,* ABC der Fachausdrücke, Literatur)

Grafiker:

Hans-Jürgen Ehricht (Schwarzweiß-Abbildungen, Farbabbildungen: *Apterygota*, Teil der *Blattoptera, Psocoptera, Phthiraptera, Thysanoptera, Raphidioptera, Megaloptera, Strepsiptera, Hymenoptera, Mecoptera, Diptera, Siphonaptera*)
Matthias Kleinwächter (Teil der *Lepidoptera*)
Gerd Ohnesorge (*Ephemeroptera, Plecoptera, Mantoptera,* Teil der *Blattoptera, Dermaptera, Planipennia, Trichoptera,* Teil der *Lepidoptera*)
Gerhard Raschpichler *(Odonata)*
Rainer Sauerzapfe *(Saltatoria, Heteroptera)*
Jürgen Scholz *(Homoptera)*
Renate Welt-Herschel *(Coleoptera)*

Insekten Mitteleuropas /
Autorenkollektiv unter Leitung von Ulrich Sedlag.
– 1. Aufl. – Leipzig ; Radebeul :
Neumann Verlag, 1986
– 408 S. : 1354 Ill. (z. T. farb.)
(Beobachten und bestimmen)
NE: Sedlag, Ulrich (Mitarb.); GT

ISBN 3-7402-0001-4
Beobachten und bestimmen

ISBN 3-7402-0017-0
Insekten Mitteleuropas

1. Auflage 1986, 1. bis 50. Tausend

VLN 151-310/55/86 · LSV 1369
Lektor: Dr. Manfred Geyer
Gestaltung: Erika Palme
Einbandzeichnung: Gerd Ohnesorge
Printed in the German Democratic Republic
Lichtsatz: INTERDRUCK Graphischer Großbetrieb Leipzig – III/18/97
Reproduktion, Druck und Buchbinderei: Grafischer Großbetrieb Sachsendruck Plauen
Bestell-Nr. 799 088 1
03840

Inhalt

Vorwort

In der warmen Jahreszeit begegnen uns Insekten auf Schritt und Tritt, wer danach sucht, findet sie selbst im Winter. Nicht wenige ihrer Arten werden gelegentlich lästig oder schädlich. Nur wenn man sie kennt, kann man auf den vorliegenden Erfahrungen aufbauen, um Schäden vorzubeugen oder notfalls eine sachgemäße Bekämpfung durchzuführen. Wenn die Bearbeiter dieses Buches den Schädlingen auch besondere Aufmerksamkeit entgegengebracht haben, liegt es ihnen doch viel mehr am Herzen, Ihnen etwas von der Freude zu vermitteln, die sie selbst an Insekten haben.

Zweifellos läßt sich die Schönheit eines Falters auch dann genießen, wenn man ihn nicht zu benennen weiß. Aber ohne Kenntnis des Namens oder wenigstens seiner Zugehörigkeit zu einer nicht allzu umfangreichen Verwandtschaftsgruppe kann man andere nur sehr unvollkommen an seiner Beobachtung teilhaben lassen und auch nicht nachlesen, was über das Tier, das unsere Aufmerksamkeit erregt hat, bekannt ist. Für die meisten von uns ist das sicher ebenso unbefriedigend wie das Betrachten eines prächtig illustrierten Buches, dessen Bilderklärungen in einer völlig unbekannten Sprache gegeben werden.

Es wäre aber eine Illusion, wollte man annehmen, ein Buch wie das unsere könnte mehr erreichen, als nur ein lockeres Netz von Bezugspunkten in der ungeheuer formenreichen Welt der einheimischen Insekten zu knüpfen. Anders als bei den Bänden dieser Reihe, die die Wirbeltiere behandeln, können wir Sie bei der Erkundung der Arten und der in ihrer Lebensweise so vielseitigen Insekten nur auf den ersten Schritten begleiten, aber diese sind zweifellos auch die wichtigsten. Artenfülle und geplanter Umfang des Werkes ließen zudem eine Beschränkung auf Mitteleuropa geboten erscheinen.

Es ist auch nicht in erster Linie unsere Absicht, Ihnen die speziell ausgewählten Arten «beizubringen». Vielmehr haben sich die Autoren das Ziel gesteckt, Ihnen zu ermöglichen, nach und nach alle voll entwickelten Insekten und viele ihrer Larven bestimmten, mehr oder weniger umfangreichen Verwandtschaftsgruppen zuzuordnen sowie auffällige Lebensspuren zu deuten. Selbst eine unvollkommene Identifizierung kann den Schlüssel zum Verständnis der Lebensweise liefern. Das Wissen um das Verhalten einer jagenden Grabwespe, eines blattschneidenden Käfers oder tanzender Mücken scheint uns für den gedachten Benutzerkreis im allgemeinen wesentlicher zu sein, als genau zu erfahren, daß es sich um die Art X oder die Art Y handelt. Eine solche Bestimmung ist oft am lebenden Tier gar nicht möglich.

Die Kenntnis der Namen einer Anzahl auffälliger Insekten sollte allerdings ebenso zur Allgemeinbildung gehören wie etwa das Wissen um die Namen der Bäume unserer Wälder. Allzu häufig stößt man noch auf alte, völlig unbegründete Vorurteile: Libellen werden des Stechens verdächtigt und Raupen als giftig angesehen, die Hornisse wird in ihrer Gefährlichkeit weit überschätzt, und mancher greift sofort zu einem Insektizid, wenn er im Garten einige völlig harmlose Käfer antrifft, die sich dort vielleicht nur zum Sonnen oder zur Paarung zusammengefunden haben. Und wie viele Kinder werden angehalten, zu allem möglichen Getier Distanz zu halten, das ihre natürliche Neugier erregt hat. Wie oft wird kindlicher Wissensdrang dadurch enttäuscht, daß Eltern über das Objekt nichts anderes zu sagen haben, als daß es «eklig» sei.

Damit wird oft der Zugang zu beglükkenden Erlebnissen verbaut, die den Aufenthalt in der freien Natur bereichern und auch zu einer ernsthaften Beschäftigung mit der Entomologie führen könnten, in der Freizeitforscher aus den verschiedensten Berufen Entspannung, die Befriedigung des Erfolges und nicht selten internationale Anerkennung finden.

Im Vergleich mit ähnlichen Werken wurde der allgemeine Teil des Buches von manchen Angaben über Körperbau und Funktionsweise einzelner Organe entlastet, stattdessen aber mit Beobachtungshinweisen angereichert, da es viele interessante Dinge gibt, die man ohne spezielle Nachsuche nie zu Gesicht bekommt oder erst dann bemerkt, wenn man einmal darauf aufmerksam gemacht wurde. Es sollte eine Exkursionshilfe entstehen, bei der man durch eigenes Beobachten und Erleben lernt. Dabei ist keineswegs nur an die Insekten der noch einigermaßen natürlichen Lebensräume gedacht, sondern auch an die Tiere, die uns mitten in der Stadt, im Garten oder sogar im Hause begegnen. Daher war es unser Anliegen, die Angabe zur Lebensweise in unmittelbarer Nähe der Abbildungen anzuordnen, die die Identifizierung oder wenigstens die Zuordnung eines Tieres ermöglichen.

Eberswalde-Finow
Sommer 1985

Prof. Dr. Ulrich Sedlag

Erste Hinweise

Voll entwickelte Insekten (Imagines, Einzahl Imago) sind leicht von anderen Gliederfüßern durch folgende Merkmale zu unterscheiden:

- sie haben 3 Beinpaare,
- der Kopf trägt 1 Paar Fühler (Antennen),
- der Körper ist in 3 Abschnitte gegliedert,
- viele Insekten – bei weitem nicht alle – sind geflügelt.

Einschränkungen:

- Bei manchen Edelfaltern, z. B. beim Pfauenauge und beim Kleinen Fuchs, wurden die Vorderbeine zu Putzorganen, die dem Körper anliegen und leicht übersehen werden. Auch Fangbeine werden teilweise (z. B. beim Wasserskorpion) nicht mehr zum Gehen benutzt. Die Beine vieler weiblicher Schildläuse und die der Fächerflüglerweibchen sind rückgebildet.
- Bei den winzigen Beintastlern haben die Vorderbeine die Funktion der fehlenden Fühler übernommen.
- Brustabschnitt und Hinterleib sind oft nur durch Besitz oder Fehlen von Beinen abgrenzbar. Schildläuse lassen meist nichts von der erwähnten Gliederung erkennen.
- Die Fühler sind manchmal sehr kurz und schlecht erkennbar (Flöhe, manche Fliegen).

Verwechslungsmöglichkeiten gibt es kaum:

- Krebse (Asseln) und Tausendfüßer haben deutlich höhere Beinzahlen.
- Spinnentieren fehlen die Fühler; sie haben 4 Beinpaare, und ihr Körper ist meist in höchstens 2 Abschnitte gegliedert. Die durchweg sehr kleinen ersten Larvenstadien der Milben haben allerdings wie die Insekten nur 3, die höchstens 0,25 mm langen Gallmilben zeitlebens sogar nur 2 Beinpaare.

Das Wichtigste über den Bau des Insektenkörpers

Die oft stark verfestigte Körperdecke der Insekten ist aus einzelnen Segmenten zusammengesetzt, die dank einer Verbindung durch dünne Intersegmentalhäute gegeneinander beweglich oder aber auch starr aneinandergefügt sein können. Trifft letzteres zu, sind die Grenzen der Segmente mitunter nur noch schwer zu erkennen, am Kopf sind sie völlig verschwunden.

Der Körper gliedert sich in Kopf, Thorax (Brustabschnitt) und Abdomen (Hinterleib), doch sind diese 3 Abschnitte nicht immer deutlich abgesetzt und zum Teil (Fliegenmaden!) überhaupt nicht erkennbar. Im folgenden ist, wenn nichts Gegenteiliges gesagt ist, nur an die Imagines oder Vollinsekten, nicht an die Larven gedacht. Ausnahmen müssen unberücksichtigt bleiben.

Der Kopf trägt außer den seitlichen Komplexaugen in vielen Fällen bis zu 3 auf der Stirn stehende Punktaugen (Ozellen). Bei den vor allem als Träger von chemischen Sinnesorganen bedeutungsvollen vielgestaltigen Fühlern (Antennen) unterscheidet man Schaft (Scapus), Wendeglied (Pedicellus) und Geißel (Flagellum); zum Tasten werden sie meist nicht benutzt.

An der Vorderseite des Kopfes ist oft ein Kopfschild (Clypeus) abgegliedert, mit dem die Oberlippe (Labrum) gelenkig verbunden ist. Dieses schließt den Mundvorraum nach oben bzw. vorn ab. Bei Insekten, die feste Nahrung zerkleinern, folgen die paarigen Oberkiefer (Mandibeln) und Unterkiefer (Maxillen) sowie die aus 2 verwachsenen Teilen gebildete Unterlippe (Labium). Unterkiefer und Unterlippe tragen fühlerähnliche gegliederte Anhänge, die als Taster oder Palpen (Maxillar- oder Kiefertaster, Labial- oder Lippentaster) bezeichnet werden und vor allem Ge-

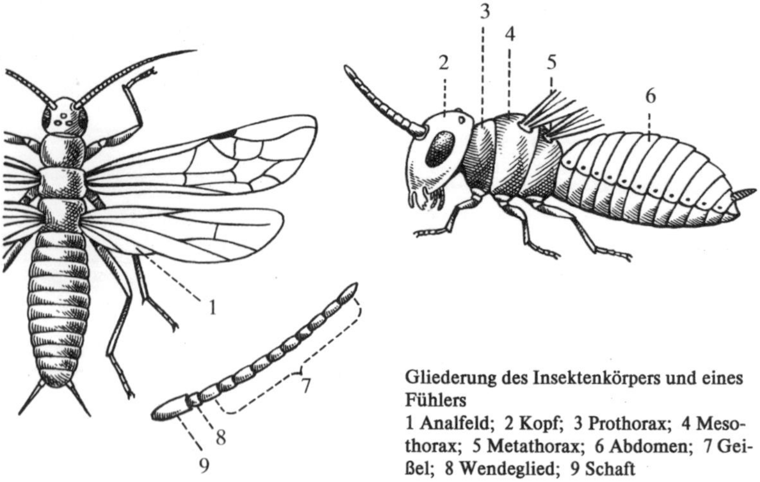

Gliederung des Insektenkörpers und eines Fühlers
1 Analfeld; 2 Kopf; 3 Prothorax; 4 Mesothorax; 5 Metathorax; 6 Abdomen; 7 Geißel; 8 Wendeglied; 9 Schaft

schmackssinnesorgane tragen. Bei Insekten, die flüssige Nahrung aufnehmen, sind aus den gleichen Teilen sehr unterschiedliche Rüssel entstanden, die zum Tupfen (Stubenfliege), Lecken (Honigbiene) oder zum Anstich von pflanzlichem (Blattläuse) oder tierischem Gewebe (Stechmücken) benutzt werden. Die Mundwerkzeuge können pro-, ortho- oder hypognath, d. h. nach vorn, nach unten oder schräg nach hinten gerichtet sein.

Der als Widerlager der die Beine und Flügel bewegenden Muskeln verfestigte Brustabschnitt (Thorax) ist aus Vorder-, Mittel- und Hinterbrust (Pro-, Meso- und Metathorax) zusammengesetzt, deren Grenzen schwer von den durch Versteifungsleisten gebildeten «Nähten» zu unterscheiden sind. Bei den Hautflüglern ist das 1. Abdominalsegment an den Thorax herangerückt und bildet mit ihm eine feste Einheit. Es wird als Mittelsegment bezeichnet und bei den Abdominalsegmenten nicht mitgezählt. Der Prothorax kann sehr schmal, aber auch stärker ausgebildet sein als die anderen beiden Thoraxsegmente; sein Rückenteil (Pronotum) wird bei starker Entwicklung auch als Halsschild bezeichnet (z. B. bei Käfern).

Jedes Thoraxsegment trägt 1 Paar Beine, die sich in Hüfte (Coxa), Schenkel (Femur), Schiene (Tibia) und Fuß (Tarsus) gliedern. Der Fuß besteht aus bis zu 5 Gliedern und trägt am Ende entweder eine Klaue (Springschwänze) oder einen breiten Haftlappen (Blasenfüße), in der Regel aber 2 Krallen und oft zusätzlich Haftlappen. Sprungbeine sind meist verlängert, ihre Schenkel oft verdickt, Grabbeine tragen Scharrkämme aus steifen Borsten, oder sie haben verbreiterte Schienen, Fangbeine (Wasserskorpion, Gottesanbeterin) klemmen ihr Opfer ein, Schwimmbeine sind wenigstens durch Borstenbesatz verbreitert.

Die Flügel sitzen am Meso- und Metathorax, bei Fliegen wurden die hinteren jedoch zu Schwingkölbchen (Halteren)

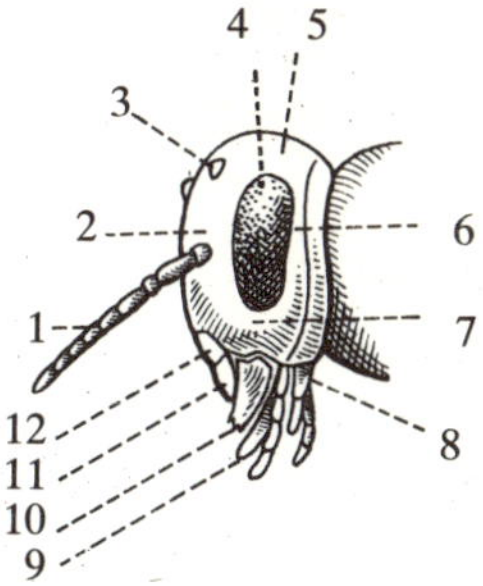

Regionen und Anhänge des Kopfes
1 Fühler; 2 Stirn; 3 Punktauge; 4 Facettenauge; 5 Scheitel; 6 Schläfe; 7 Wange; 8 Labium; 9 Maxille; 10 Mandibel; 11 Labrum; 12 Clypeus

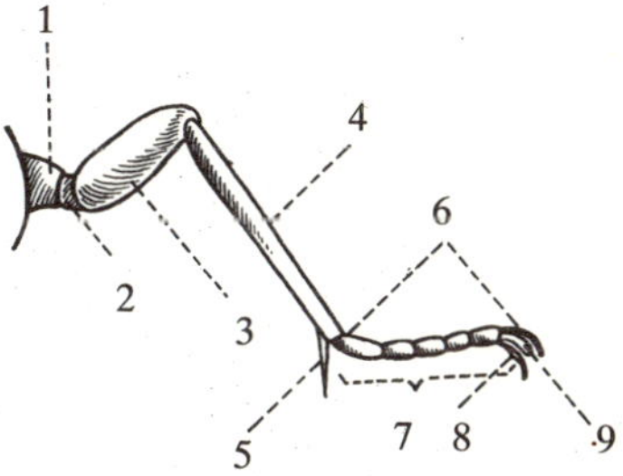

Abschnitte des Insektenbeines
1 Hüfte; 2 Schenkelring; 3 Schenkel; 4 Schiene; 5 Sporn; 6 Fuß; 7 1. bis 5. Tarsenglied; 8 Kralle; 9 Haftlappen

rückgebildet. Auch manchen Eintagsfliegen und den Schildlausmännchen fehlt das zweite, den Fächerflüglermännchen jedoch das erste Flügelpaar. Die Ur-Insekten haben nie Flügel besessen, bei vielen anderen Gruppen sind sie im Laufe der Entwicklung (oft nur in einem Geschlecht) wieder verlorengegangen.

Die Vorderflügel können wie bei Heuschrecken ledrig verdickt sein und in Ruhelage die Hinterflügel schützen. Noch stärker und als Antriebsorgane untauglich sind sie bei Ohrwürmern und – hier als Elytren bezeichnet – bei Käfern. Meist bestehen die Flügel jedoch aus einer dünnen Membran, die durch Adern versteift ist, durch Längs-

und Queradern eingerahmte Teile der Flügelfläche nennt man Zellen. Am Flügelrand fällt oft ein stärker chitinisiertes und pigmentiertes Randmal (Pterostigma) auf. In den einzelnen Ordnungen tauchen immer wieder die gleichen Namen für die Adern auf, doch beruht ihre Vergabe mehr auf Tradition und Konvention als auf wirklicher Übereinstimmung, und ohne klärende Schemata versteht der Nichtspezialist kaum, was gemeint ist. In der folgenden Tabelle wird daher nur nach dem Analfeld gefragt, das sehr unterschiedlich entwickelt sein kann.

Das Abdomen ist nicht zuletzt in Zusammenhang mit den Anforderungen von Paarung und Eiablage in sich viel beweglicher, als es die vorderen Körperabschnitte sind. Seine Segmente lassen oft durch Flankenhäute getrennte Rükken- und Bauchplatten (Tergum und Sternum) erkennen. Am Hinterende, z.T. auch am Vorderende, sind die Segmente stark um- bzw. rückgebildet. Die bei vielen Insektenlarven (Raupen, Blattwespenlarven) vorhandenen Abdominalbeine fehlen den Imagines. Bei vielen Insekten blieben sie wenigstens noch als Cerci (Afterraife) oder als Bestandteil von Geschlechtsanhängen erhalten; umfangreichere Reste zeichnen die Ur-Insekten aus. Das Hinterende der Männchen trägt oft zangenartige Klammerorgane, das der Weibchen stachelartige Legeröhren, die bei Schlupfwespen mehr als körperlang sein können, oder (bei Laubheuschrecken) abgeplattete Legesäbel. Es ist jedoch nicht ungewöhnlich, wenn sich die Geschlechter äußerlich überhaupt nicht oder nur in ganz anderen Merkmalen, z. B. in der Länge der Antennen oder der Musterung der Flügel, unterscheiden. Die Legeröhre kann auch, wie bei der Stubenfliege, von den stark verengten und bei Nichtgebrauch eingezogenen letzten Hinterleibssegmenten gebildet werden.

Silberfischchen, Felsenspringer und Eintagsfliegen tragen 3 lange Schwanzanhänge. Die beiden seitlichen entsprechen denen der Doppelschwänze und den Cerci der Heuschrecken, Schaben und vieler Insektenlarven sowie den Zangen der Ohrwürmer.

Insekten atmen nicht durch den Mund, sondern ihr ausgedehntes Luftröhrensystem steht meist durch eine ganze Anzahl von Atemöffnungen (Stigmen) mit der Außenwelt in Verbindung. Bei manchen Wasserinsekten sitzen die Stigmen an der Spitze mehr oder weniger langer Atemröhren.

Zur Entwicklung der Insekten

Die Mehrzahl der Insekten legt Eier. Bei vielen Arten werden diese zu ganzen Gelegen vereint, die man an Blättern, Zweigen, Stämmen oder auch (Stechmücken) auf dem Wasser findet. Nicht wenige Gelege werden getarnt, andere Arten wählen Verstecke für ihre Eier. Manche Pflanzenfresser, z. B. Blatt- und Gallwespen, Holzwespen und Bohrfliegen, sägen oder stechen Pflanzen an und schieben die Eier in die so geschaffene Wunde, parasitisch lebende Arten können ihre Eier mit oft sehr langen Legebohrern im Innern ihrer Wirte deponieren, sie aber auch äußerlich an diesen festkleben oder nur in ihrer Nähe ablegen. Frei abgelegte Eier sind oft farbig, manchmal gemustert oder auch durch Oberflächenskulpturen äußerst ansprechend.

Brutpflegende Arten wie Grabwespen, solitäre Bienen und Faltenwespen erhalten ihre Art mit 10 bis 20 Eiern, in der Regel werden aber kaum weniger als 100, dort wo das Risiko für die Larven besonders hoch ist, auch mehr als 1000, ausnahmsweise über 10000 abgelegt. Bei sozialen Insekten (Termiten, Ameisen, Bienen), bei denen sich nur wenige Weibchen (Königinnen) fortpflanzen, liegen die Zahlen noch weitaus höher. Von Blattläusen, Lausfliegen, manchen Schmeißfliegen und einigen weiteren Insekten werden lebende Junge geboren. Bei Blattläusen stehen eierlegende und lebendgebärende Generationen oft im Wechsel. Die Eier sehr vieler Insektenarten entwickeln sich auch ohne Befruchtung (parthenogenetisch).

Das aus dem Ei geschlüpfte Insekt wird als Larve bezeichnet. In manchen Insektengruppen sind spezielle Bezeichnungen üblich. So heißen Schmetterlingslarven Raupen, Fliegenlarven Maden, Blattwespenlarven Afterraupen (= Scheinraupen) und die Larven von Blatthornkäfern Engerlinge. Volkstümliche Bezeichnungen ordnen aber oft falsch zu («Obstmade»).

Einmal ausgehärtet, kann die Körperdecke der Insektenlarven nicht mehr wachsen. Es gibt jedoch weichhäutige Arten oder bestimmte Körperregionen, in denen eine gewisse Dehnbarkeit erhalten bleibt, zudem ist eine Streckung der die stärker chitinisierten Teile verbindenden dünnen Intersegmentalhäute möglich. So wächst der Körper einer Raupe auch zwischen den Häutungen, während ihre Kopfkaspel das charakteristische sprunghafte Wachstum zeigt, das zum Platzen und Abstreifen der alten Haut (Exuvie) führt und kurz nach der Häutung unter Dehnung der neuen Haut seinen Höhepunkt erreicht. Kurz vor, während und unmittelbar nach der Häutung sind Insekten meist hilflos; oft dauert es eine ganze Weile, bis sie wieder voll ausgefärbt sind. Als Regel kann das Vorkommen von 4 oder 5 durch Häutungen begrenzten Larvenstadien angesehen werden, aber davon gibt es viele Ausnahmen.

Die Larven von Insekten mit unvollkommener Verwandlung (hemimetabole Insekten) ähneln großenteils den Imagines und tragen wie diese bereits Komplexaugen. Ältere Stadien besitzen oft auch schon stummelförmige Flügelanlagen und unvollkommen entwikkelte Geschlechtsanhänge. Meist entspricht ihre Lebensweise weitgehend der der Imagines. Eintagsfliegen, Libellen und Steinfliegen, bei denen mit Ab-

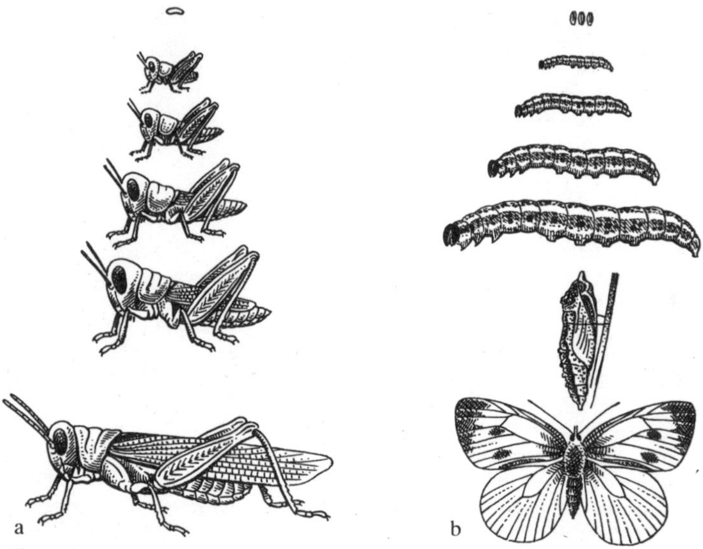

a Entwicklung eines hemimetabolen Insektes (Heuschrecke); b Entwicklung und Umwandlung (Metamorphose) eines holometabolen Insektes (Großer Kohlweißling)

schluß der Jugendentwicklung zugleich das Wasserleben aufhört, machen in dieser Hinsicht aber eine Ausnahme.

Für Insekten mit vollkommener Verwandlung (holometabole Insekten) sind dagegen in Aussehen und Lebensweise tiefgreifende Unterschiede zwischen Larven und Imagines charakteristisch, obwohl es auch bei ihnen Ausnahmen gibt. Nicht selten treten zusätzliche Unterschiede zwischen erstem und letztem Larvenstadium auf. Dadurch ist die Formenvielfalt der Larven noch größer als die der Imagines.

Teilweise lassen sich die Larven einer Ordnung kaum noch durch gemeinsame Merkmale kennzeichnen. Bei aller Vielseitigkeit ist fast stets eine Segmentierung erkennbar. In Übereinstimmung mit Ur-Insekten und hemimetabolen Insekten haben auch die Larven vieler holometaboler Insekten ebenso wie die Imagines 3 Beinpaare am Thorax. Raupen, Blattwespenlarven und andere besitzen zusätzliche, als Bauchfüße bezeichnete Stummelfüße am Hinterleib. Im Gegensatz dazu fehlen Schlupfwespen-, Stechwespen- und Fliegenlarven Beine völlig, Fliegenlarven haben nicht einmal einen Kopf. Viele Larven sind auch von Kennern der betreffenden Gruppe nicht genau bestimmbar. Die Abbildungen der folgenden Seiten vermitteln jedoch Grundkenntnisse, die ausreichen, die Ordnungszugehörigkeit der meisten zu erkennen. Oft geben schon die Fundumstände, das Vorkommen im Wasser oder auf dem Land, das Leben unter Baumrinde, im Holz, in Minen, Gallen, Erdnestern oder Sandtrichtern oder schließlich als Schmarotzer an bzw. in anderen Insekten und Wirbeltieren usw. wichtige Hinweise.

Trotz der ihrer genauen Bestimmung entgegenstehenden Schwierigkeiten und der meist geringeren Attraktivität der Larven lohnt es, sich mit ihnen zu beschäftigen. Schließlich dauert das Larvenleben bei den meisten Insekten länger als das Imaginalleben, und Larven werden häufiger schädlich.

Die Imagines vieler Insektenarten haben eine einzige, wenige Wochen, manchmal auch nur Tage oder Stunden umfassende Aktivitätsperiode oder Flugzeit. In der übrigen Zeit des Jahres existiert die Art als Ei, als Larve oder als Puppe. Die Überwinterung kann in allen Stadien erfolgen, zum Beispiel überwintert der Frostspanner als Ei, der Apfelwickler als Raupe, der Kohlweißling als Puppe und der Zitronenfalter als Imago. Überwintert die Larve, beträgt ihre Lebenszeit oft mehr als 10 Monate. Es gibt aber auch eine mehrjährige Larvenentwicklung (z. B. beim Maikäfer). Andererseits haben zahlreiche Insekten 2 und mehr Generationen im Jahr. Die Larven vieler Insektenarten können «überliegen», d. h. einen oder mehrere der artgemäßen Termine für Verpuppung und Umwandlung in die Imago überspringen. Diese Erscheinung ist vor allem von forstschädlichen Blattwespen und von Gallmücken bekannt.

Bei dieser Gelegenheit sei zur Lebensdauer überwinternder Imagines angefügt, daß diese oft eine Aktivitätsperiode vor der Überwinterung haben, in der Reserven angelegt und Winterquartiere aufgesucht werden, während die Fortpflanzung erst im 2. Lebensjahr erfolgt. Manche größeren Käfer werden aber auch (als Imagines) 3 oder 4 Jahre alt. Noch wesentlich älter werden die «Königinnen» von Termiten, Ameisen und Bienen. Ein Ameisenweibchen, das ein geduldiger Entomologe pflegte, verstarb nach 28 Jahren.

Das letzte Larvenstadium der holometabolen Insekten schließt mit der Verpuppung ab. Manche Tagfalter, Marienkäfer und räuberische Schwebfliegen verpuppen sich frei an Pflanzen.

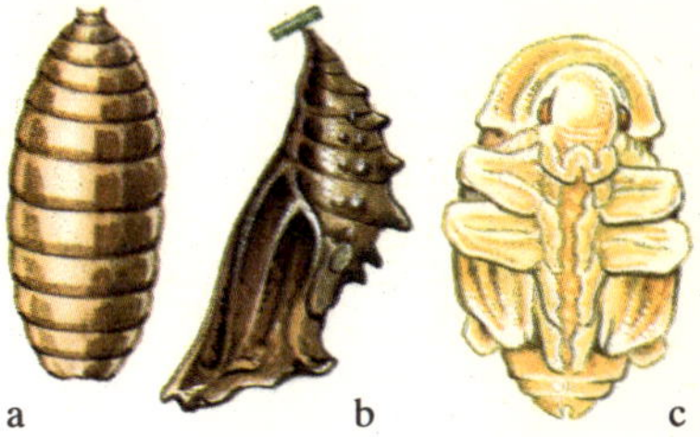

Puppenformen: a Tönnchenpuppe (Fliege); b Mumienpuppe (Tagfalter); c Puppe des Kartoffelkäfers (496)

Die Mehrzahl der Insekten sucht jedoch geschützte Stellen auf, oft verkriechen sie sich im Boden. Sehr viele Raupen und Blattwespenlarven, die Florfliegenlarven und noch andere spinnen vor der Verpuppung eine Schutzhülle, den Kokon. Andere imprägnieren den umgebenden Boden mit Sekret, so daß eine feste Erdzelle entsteht. Das typische Tönnchen der Fliegen ist die vorletzte Larvenhaut, in der sich die eigentliche Puppe befindet.

Puppen, bei denen Beine, Antennen und Flügel wie bei Tagfaltern und Marienkäfern von einer gemeinsamen Kapsel umschlossen sind, heißen Mumienpuppen. Freigliedrig nennt man die Puppen, bei denen diese Anhänge – wie bei den meisten Käfern und Hautflüglern – rundum von Ausstülpungen der Puppenhülle umgeben sind. Die Mehrzahl der Puppen ist höchstens zu beschränkten Bewegungen des Abdomens oder der Extremitäten fähig. Im Gegensatz dazu können die an der Wasseroberfläche hängenden Mückenpuppen bei Beunruhigung (Beschattung) wegtauchen.

Eine Auswahl von Larventypen und deren Merkmale

(Es wurden nur Larven berücksichtigt, die sich in ihrem Aussehen stark von den Imagines unterscheiden.)

Im Wasser

1 Eintagsfliegenlarve: besitzt meist 3 Schwanzanhänge, auf dem Rükken Kiemenblättchen. Ausnahmsweise ohne Schwanzanhänge bis 35 mm lang, die meisten viel kleiner.

2 Libellenlarven: Fangmaske.

2 a Großlibellenlarve: gedrungen, Hinterleibsspitze mit Dornen, bis 60 mm.

2 b Kleinlibellenlarve: schlank, Hinterende mit Ruderblättchen, die zugleich Kiemen sind, bis 30 mm.

3 Steinfliegenlarve: 2 Schwanzanhänge, ausnahmsweise bis 30 mm (ohne Schwanzanhänge), meist viel kleiner.

Die Larven von Eintagsfliegen, Libellen und Steinfliegen haben als Insekten mit unvollkommener Verwandlung bereits Komplexaugen, die Larven holometaboler Insekten besitzen dagegen nur eine geringe Anzahl von Punktaugen (wenige Ausnahmen, z. B. Stechmücken).

4 Schlammfliegenlarve: Hinterleib mit langen Kiemenanhängen, am Ende mit einfachem Schwanzanhang, bis 40 mm.

5 Gelbrandkäferlarve: Lauerhaltung, Saugzangen, bis 60 mm.

6 Taumelkäferlarve: sehr schlank, Hinterleib mit gefiederten Kiemenanhängen, bis 12 mm.

7 Köcherfliegenlarven: raupenähnlich, Brustabschnitt und Hinterleib bei fast allen Arten mit einfachen oder verzweigten Tracheen-

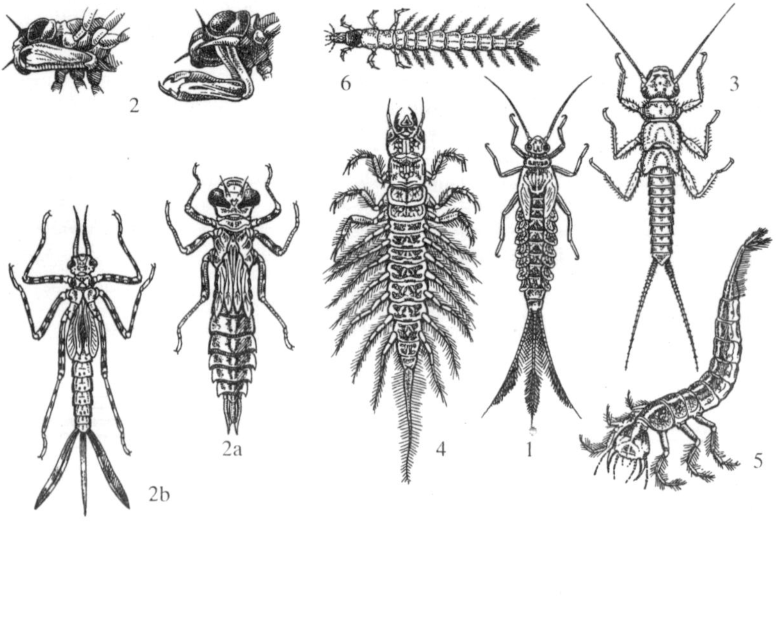

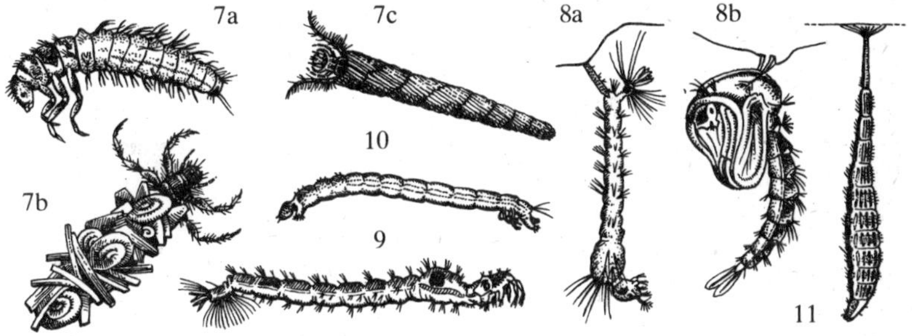

kiemen. Meist mit charakteristischem Gehäuse aus Gespinst, Pflanzenteilen, Steinchen oder Schneckenhäusern, Gehäuse bis über 30 mm.

7a aus ihrem Gehäuse entnommene Larve.

7b bodenlebende Larve in Gehäuse.

7c schwimmfähige Form, bis 30 mm.

8 Stechmückenlarve und -puppe:

8a Larve: Beine rückgebildet. Sie hängt mit einem Atemrohr an der Wasseroberfläche, auf einem Hökker am Hinterende Ruderborsten, schon mit kleinen Komplexaugen, flüchtet mit Schlängelbewegungen. Etwa 10 mm.

8b Puppe: Die großen Komplexaugen und Anhänge der Imago sind schon erkennbar, hängt mit Atemhörnchen des Thorax an der Oberfläche, taucht bei Störungen!

9 Larve der Büschelmücke: glasartig durchsichtig mit silbrig glänzenden Schwimmblasen, die die charakteristische waagerechte Lauerhaltung in beliebiger Tiefe ermöglichen, 12 bis 15 mm.

10 Zuckmückenlarve: dünn und langgestreckt, an beiden Enden Stummelfüße, am Hinterende kurze Schläuche. Eine der häufigsten und mit fast 20 mm größten Arten, blutrot; lebt meist in Schlammröhren.

11 Waffenfliegenlarve: schlanker, spindelförmiger Körper, derb erscheinende Haut, Atemrohr mit Borstenfächer, bis 50 mm.

Auf dem Land (s. Abb. S. 18)

12 Blattflohlarve: sehr stark abgeplattet, oft mit «Strahlenkranz» aus Wachsfäden.

13 Mottenschildlauslarve: nur das erste Stadium frei beweglich, dann festsitzende, kastenförmige Puparien.

14 Kamelhalsfliegenlarve: Kopf lang, spindelförmiger Hinterleib, sehr flink, läuft oft rückwärts; unter Borke, bis 10 mm.

15 Florfliegenlarve: an geraden Saugstiletten oder gebogener Saugzange kenntlich, manche Arten durch leere Blattlaushäute oder anderes Material getarnt, etwa 10 mm.

16 Käferlarven: Gestalt sehr unterschiedlich, Hinterleib ohne Beine, aber oft mit Nachschieber. Bei vielen Arten Beine rückgebildet.

16a Laufkäferlarve: langgestreckt, etwas abgeflacht, meist sehr aktiv und vorwiegend am Boden, bis etwa 40 mm.

16b Blatthornkäferlarve: Engerling stets gekrümmt, grab- aber nicht kriechfähig. Maikäferengerling bis etwa 45 mm, Nashornkäferlarve bis über 100 mm. Sehr ähnlich sind Hirschkäferlarven.

16c Schnellkäferlarve: Drahtwurm; langgestreckt, kurzbeinig, mit fester, glänzender und meist gelber oder brauner Körperdecke. Im Boden, in morschem Holz und in Pilzen, ca. 20 mm.

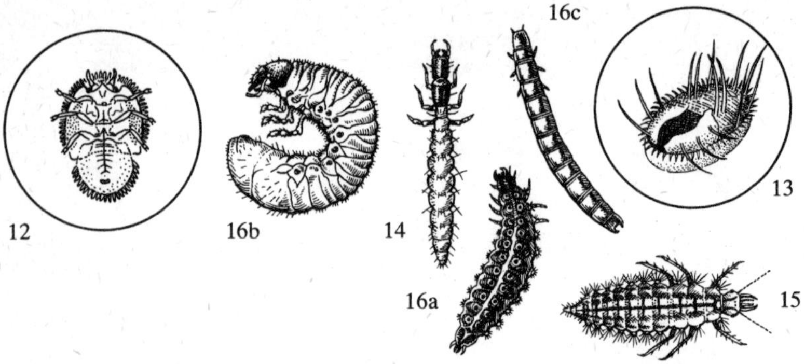

16d Weichkäferlarve: samtartige, kurze Behaarung, oft schwarz. Gelegentlich auffälliges Vorkommen auf schmelzendem Schnee.

16e Prachtkäferlarve: meist beinlos und mit abgeplatteter und stark verbreiterter Vorderbrust («trommelschlegelförmig»). Unter Rinde oder im Holz, bis mehr als 50 mm.

16f Bockkäferlarve: Beine, wenn überhaupt vorhanden, sehr klein, stattdessen Kriechwülste entwickelt, bis auf die Kopfkapsel unpigmentiert. Meist unter Borke oder im Holz, z. T. sehr groß, z. B. Eichenbock bis 65 mm.

16g Pelzkäferlarve: Beispiel für Speckkäferlarven, diese sind oft stark behaart, z. T. tragen sie ganze Borstenbündel, die Abwehrfunktion haben. Pelzkäferlarve ohne «Schwanz» 8 mm.

16h Marienkäferlarve: langbeinig, im Gegensatz zu den meisten anderen Käferlarven stark pigmentiert, oft bunt gemustert, bis etwa 15 mm.

16i u. k Blattkäferlarven: kurzbeinig, wenig beweglich, meist frei an Blättern fressend, manche wie die des Kartoffelkäfers (k) mit dickem Hinterleib, bis etwa 15 mm.

16l Rüsselkäferlarve: stets beinlos und überwiegend bis auf die Kopfkapsel ganz weiß und bauchwärts eingekrümmt. Selten frei an Pflanzen, meist an Wurzeln, in Gallen, Früchten, Knospen, Blattminen oder Blattwickeln, auch im Holz. Die Kopfkapsel ermöglicht Unterscheidung von Zweiflügler- oder Hautflüglerlarven; schwer von Borkenkäferlarven zu unterscheiden, es sei denn durch Fundumstände, bis mehr als 15 mm.

17 Hautflüglerlarven

17a u. b Ameisen- und Schlupfwespenlarve: fußlose, weiße, gekrümmte Larven mit wenig deutlichem Kopf. Ähnliche Larven gibt es bei Bienen und Wespen, von typischen Fliegenlarven sind sie dadurch zu unterscheiden, daß das Hinterende nicht abgestutzt und das Vorderende weniger zugespitzt ist; Rüsselkäfer haben eine grö-

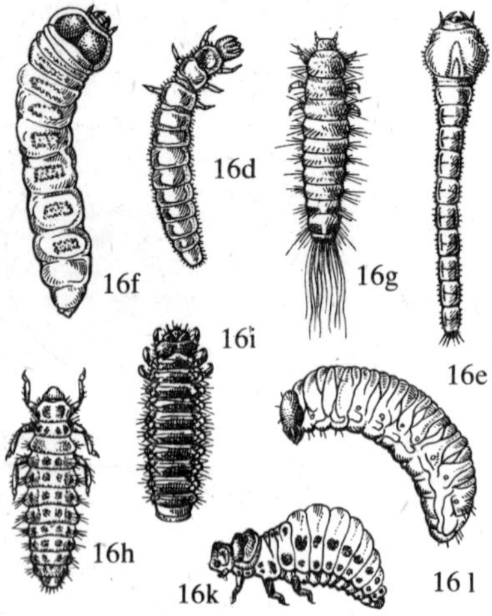

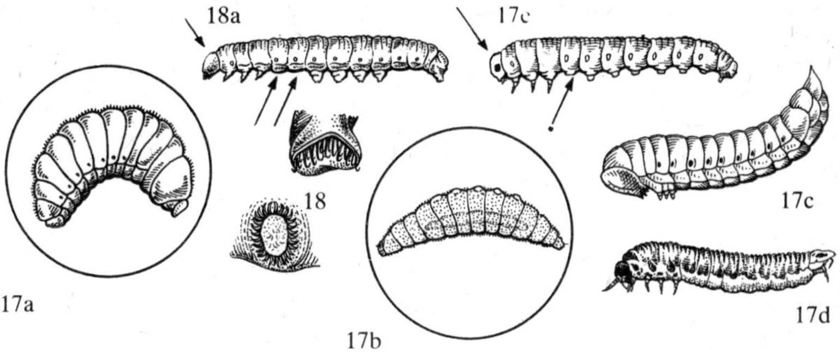

18a 17e 18 17c 17a 17b 17d

ßere und besser erkennbare Kopfkapsel.

17c Holzwespenlarve: zylindrisch, mit stummelförmigen Brustbeinen und bedornter Hinterleibsspitze; in Laub und Nadelholz, bis mehr als 30 mm.

17d Gespinstblattwespenlarve: langgestreckte, gesellig in Gespinsten oder einzeln in Blattwickeln lebende, raupenähnliche Larven, die keine Bauchfüße (Hinterleibsbeine) besitzen. Im Gegensatz zu anderen Blattwespenlarven und Raupen mit deutlich sichtbaren Antennen und am Hinterende mit 2 stiftförmigen Anhängen (Cerci); bis etwa 20 mm lang.

17e Blattwespenlarve: Afterraupe (d. h. soviel wie Trugraupe), meist zylindrisch und raupenähnlich, oft sehr bunt. Von Schmetterlingsraupen durch folgende Merkmale zu unterscheiden: Bauchfüße ohne Hakenborsten, zwischen Brustbeinen und Bauchfüßen 1 beinfreies Segment (bei Raupen mindestens 2), am Kopf jederseits ein deutliches, bei hellköpfigen Arten von einem dunklen Pigmentfleck umgebenes Punktauge; nur ganz wenige Arten behaart oder mit gegabelten Dornen, die meisten frei an Blättern.

18 Raupen = Schmetterlingslarven: Zahl der Bauchfüße unterschiedlich, mindestens die beiden ersten Hinterleibssegmente ohne Füße. An der Spitze der Bauchfüße Hakenbildungen: bei «Kleinschmetterlingen» Kranzfüße, bei «Großschmetterlingen» pinzettenartig greifende Klammerbeine. Punktaugen schwer erkennbar, viele Arten stark behaart, oft sehr bunt.

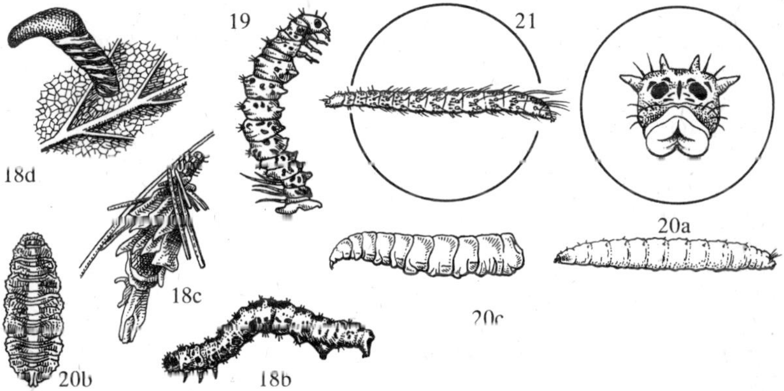

19 21 18d 20a 18c 20c 20b 18b

18a Eulenraupe

18b Spannerraupe: Bauchfüße nur am 6. bis 10. Hinterleibssegment, infolgedessen beim Kriechen starkes Aufbuckeln. Oft in gerade gestreckter Tarnhaltung.

18c u. d Raupen von Sackträgern und Futteralmotten als Beispiel für Raupen, die Gehäuse verfertigen.

19 Skorpionsfliegenlarve: raupenähnlich, aber an allen Segmenten Bauchfüße, am Hinterende ausstülpbare Haftlappen; düster gefärbt, im Erdboden, bis 18 mm.

20 Zweiflüglerlarven: Beine rückgebildet, nur ausnahmsweise mit Stummelfüßen; Kopfkapsel bei Mücken großenteils vollständig (vgl. wasserbewohnende Stechmückenlarven), bei den meisten Fliegenlarven oder Maden völlig verschwunden, bei Mücken und Fliegen Übergänge mit teilweise rückgebildeter Kopfkapsel. Bei völligem Verlust des Kopfes Mandibeln durch ein Paar Mundhaken (dunkle Gebilde im zugespitzten Vorderende) ersetzt. Gestalt sehr unterschiedlich; die meisten im Boden, in Gallen, Minen, Kadavern oder parasitisch in anderen Insekten und Wirbeltieren; viele Schwebfliegenlarven frei an Pflanzen.

20a Schnakenlarve: «ledrige» derbe Haut, Fortsätze und Atemöffnungen bilden am abgestutzten Hinterende eine «Teufelsfratze»; im Boden, manche mehr als 50 mm lang.

20b Schwebfliegenlarve: kopf- und fußlos, am Ende mit deutlichen Höckern, die die Atemöffnungen tragen (Stigmenhöcker); im Wasser, in Zwiebelgewächsen minierend oder – auffallend bunte Formen – frei an Pflanzen.

20c Stubenfliegenlarve: typische Made mit zugespitztem Vorder- und abgestutztem Hinterende, etwa 12 mm.

21 Flohlarve: sehr schlank, fußlos, aber mit vollständiger Kopfkapsel und kurzen Antennen; lang beborstet, in Nestern und am Boden, nicht parasitisch (Abfallfresser), nur ausnahmsweise länger als 4 bis 5 mm.

Ordnung muß sein

Es gibt über 700 000 Insektenarten, deren Überschaubarkeit voraussetzt, daß sie zu stufenweise größer werdenden Einheiten zusammengefaßt werden. Es war naheliegend, daß man zunächst – nicht nur bei den Insekten – die äußere Ähnlichkeit zugrunde legte. So wurden die Wale einst als Fische angesehen und die Larve der Kirschblattwespe ursprünglich als Nacktschnecke beschrieben. Außer einer auf Verwandtschaft beruhenden Ähnlichkeit gibt es nämlich auch eine Zufallsähnlichkeit, vor allem aber Angleichungen der Körperformen auf Grund von Übereinstimmungen in der Lebensweise.

Heute ist es fast allgemein anerkannt, daß das System der Tiere und Pflanzen die stammesgeschichtlichen Verwandtschaftsbeziehungen widerspiegeln sollten. Da die Auffassungen darüber noch längst nicht einheitlich sind, weichen alle Systemvorschläge in Einzelheiten voneinander ab. Gemeinsam ist ihnen aber eine bestimmte Stufenfolge der systematischen Einheiten oder Taxa, die man dem folgenden Beispiel entnehmen kann:

Klasse	*Insecta*	Insekten
Ordnung	*Hymenoptera*	Hautflügler
Unterordnung	*Aculeata*	Stechwespen
Überfamilie	*Apoidea*	Bienen im weiteren Sinn (i. w. S.)
Familie	*Apidae*	Echte Bienen
Gattung	*Apis*	
Art	*Apis mellifera*	Honigbiene

Die Endungen *-oidea* und *-idae* kehren im ganzen Tierreich bei Überfamilien und Familien wieder; sofern man noch Unterfamilien ausscheidet, enden diese auf *-inae*.

Auch dort, wo es keine Kontroversen über die verwandtschaftlichen Bindungen gibt, kommt es leicht zu Abweichungen in den benutzten Systemen. So kann man eine Gruppe nahe verwandter Arten in einer Gattung vereinen oder auf 2 oder 3 Gattungen verteilen. Die *Heteroptera* (Wanzen) und *Homoptera* (Pflanzenläuse) lassen sich als selbständige Ordnungen oder als Unterordnungen einer Ordnung *Hemiptera* (Schnabelkerfe) auffassen usw. Man sollte daher gewissen Unterschieden, die die Ordnungsfunktion der Systeme kaum beeinträchtigen, keine allzu große Bedeutung beimessen. Im übrigen sollte man sich durch eine Vielzahl neuer Begriffe nicht abschrekken lassen. Ein guter Teil davon ist für das Vertrautwerden mit der heimischen Insektenwelt zunächst entbehrlich.

In der folgenden systematischen Übersicht wurden zwei kleine, in Europa nicht vertretene Ordnungen weggelassen. Die in Klammern gesetzten Begriffe *Apterygota* (Ur-Insekten) und *Hemimetabola* sind zweckmäßig, um einerseits die nicht zu den Pterygoten gehörenden kleinen Ordnungen, andererseits die sich direkt (d. h. ohne Puppenruhe) entwickelnden Insekten gemeinsam benennen zu können, obwohl es sich hier nicht um natürliche Verwandtschaftsgruppen handelt. So stehen die Felsenspringer und Fischchen den höheren Insekten näher als den übrigen «Ur-Insekten», mit denen sie gewisse Primitivmerkmale verbinden.

Systematische Übersicht über die Ordnungen der Insekten

(*Apterygota* Ur-Insekten)

Unterklasse	*Entognatha*	Sackkiefler	
Ordnung	*Diplura*	Doppelschwänze	(S. 58)
Ordnung	*Protura*	Beintastler	(S. 58)
Ordnung	*Collembola*	Springschwänze	(S. 58)
Unterklasse	*Ektognatha*	Freikiefler	
Ordnung	*Archaeognatha*	Felsenspringer	(S. 60)
Ordnung	*Zygentoma*	Fischchen	(S. 61)

Pterygota (geflügelte Insekten)

(*Hemimetabola* Insekten mit unvollkommener Verwandlung)

Ordnung	*Ephemeroptera*	Eintagsfliegen	(S. 62)
Ordnung	*Odonata*	Libellen	(S. 65)
Ordnung	*Plecoptera*	Steinfliegen, Uferfliegen	(S. 81)
Ordnung	*Embioptera*	Spinnfüßer (fehlen in Mitteleuropa)	
Ordnung	*Dermaptera*	Ohrwürmer	(S. 83)
Ordnung	*Mantoptera*	Fangschrecken	(S. 87)
Ordnung	*Blattoptera*	Schaben	(S. 88)
Ordnung	*Isoptera*	Termiten (in Mitteleuropa nicht bodenständig)	(S. 92)
Ordnung	*Phasmatodea*	Gespenstschrecken (fehlen in Mitteleuropa)	
Ordnung	*Saltatoria*	Heuschrecken	(S. 93)
Ordnung	*Psocoptera*	Staubläuse	(S. 113)
Ordnung	*Phthiraptera*	Lauskerfe	(S. 117)
Ordnung	*Thysanoptera*	Fransenflügler, Blasenfüße	(S. 120)
Ordnung	*Heteroptera*	Wanzen	(S. 121)
Ordnung	*Homoptera*	Pflanzensauger	(S. 148)

Holometabola (Insekten mit vollkommener Verwandlung und Puppenruhe)

Ordnung	*Megaloptera*	Schlammfliegen	(S. 175)
Ordnung	*Raphidioptera*	Kamelhalsfliegen	(S. 176)
Ordnung	*Planipennia*	Hafte, Echte Netzflügler	(S. 177)
Ordnung	*Coleoptera*	Käfer	(S. 187)
Ordnung	*Strepsiptera*	Fächerflügler	(S. 241)
Ordnung	*Hymenoptera*	Hautflügler	(S. 242)
Ordnung	*Trichoptera*	Köcherfliegen	(S. 281)
Ordnung	*Lepidoptera*	Schmetterlinge	(S. 291)
Ordnung	*Mecoptera*	Schnabelfliegen	(S. 345)
Ordnung	*Diptera*	Zweiflügler	(S. 346)
Ordnung	*Siphonaptera (Aphaniptera)*	Flöhe	(S. 377)

Jede Art trägt einen *gültigen* wissenschaftlichen Namen, der aus zwei Gliedern besteht. Das erste Glied bezeichnet die Gattung und beginnt stets mit einem Großbuchstaben. Ein Gattungsname darf nur einmal im ganzen Tierreich vergeben werden. Das zweite Glied, das stets klein geschrieben wird, hat dagegen die Funktion des menschlichen Vornamens. Man kann es beliebig oft verwenden, und es bezeichnet

nur in Verbindung mit dem Gattungsnamen eine ganz bestimmte Art. Ist nur die Gattung, nicht aber die Art (Spezies) bekannt, wird der Artname durch spec. oder sp. ersetzt.
Außer dem nach international vereinbarten Nomenklaturregeln «legalen» Namen haben die meisten Insekten mehrere Synonyme. Das sind ungültige Namen, die hauptsächlich durch mehrfache Beschreibung des gleichen Tieres zustande kommen. Oft ist es sehr mühsam herauszufinden, welcher von mehreren Namen eigentlich der richtige ist. Man kann im Einzelfall auch im Zweifel sein, ob in einem Buch wie diesem ein seit langem benutzter Name nicht dem vorzuziehen ist, der dem neuesten Stand der Nomenklatur entspricht, da der gewohnte Name noch auf Jahre hinaus der häufiger passende Schlüssel für ein ergänzendes Literaturstudium ist. In vielen Fällen wurde den objektiven Schwierigkeiten dadurch Rechnung getragen, daß wenigstens ein gebräuchliches Synonym angeführt wurde.
In wissenschaftlichen Veröffentlichungen, in denen es um Neubeschreibungen oder Neuordnungen (Revisionen) bestimmter Gruppen geht, wird jeder wissenschaftliche Name noch mit dem des Autors und dem Jahr der Beschreibung versehen. Wird eine Art in Unterarten aufgegliedert, erhält jede einen zusätzlichen, also insgesamt einen dreigliedrigen Namen. Nur ein kleiner Teil der Insekten trägt deutsche Namen, für auffällige Arten gibt es andererseits unterschiedliche «Vulgärnamen», die keiner Regelung unterliegen.

Wegweiser zu den Ordnungen der Insekten

In fast allen Ordnungen der geflügelten Insekten gibt es Flügelrückbildung. Oft kommen sogar innerhalb einer Art flugfähige Individuen neben solchen vor, die verkümmerte Flügel tragen oder völlig flügellos sind. Auch andere für die betreffende Gruppe charakteristische Merkmale können bei einzelnen Arten fehlen oder schwer erkennbar sein. Eine Tabelle, die alle Ausnahmen von der Regel berücksichtigt, wäre durch die wiederholte Nennung mancher Ordnungen, den Rückgriff auf eindeutigere, aber weniger deutliche Merkmale und zahlreiche notwendige Einschränkungen lang und unübersichtlich. Sie würde nicht nur von der Bestimmungsarbeit abschrecken, sondern auch schwerer zu handhaben sein, so daß man vielleicht schon bei Insekten scheiterte, die nach einer einfacheren Tabelle ohne Schwierigkeiten bestimmbar sind.

Wenn es auch unschwer möglich ist, die Ordnungszugehörigkeit der meisten Insekten nach Abbildungen zu ermitteln, sollte sich derjenige, der seine Kenntnisse planmäßig erweitern will, im Gebrauch der Bestimmungstabelle üben, selbst wenn diese nicht allen Ansprüchen genügen kann. Die Sicherheit seines Urteils wird dadurch erhöht, daß er hier auf Einzelmerkmale hingewiesen wird, die immer dann von Nutzen sind, wenn ein Insekt sich stark von der Mehrzahl seiner Verwandten unterscheidet.

Zunächst sollte man mit dem Ansprechen geflügelter Insekten beginnen. Bei flügellosen und kurzflügligen ist es oft schwer zu entscheiden, ob man eine Larve oder eine Imago vor sich hat. Das gilt namentlich für auf dem Lande lebende Insekten mit unvollkommener Verwandlung *(Hemimetabola)*; teilweise lassen sich ihre Larven daher auch nach der sonst nur für Imagines gültigen Tabelle bestimmen. Da das aber nur eine Minderheit betrifft, sollte man bei völlig flügellosen Insekten zunächst die Abbildungen S. 16 bis 19 zu Rate ziehen.

1 geflügelte Insekten 2

1′ Flügel völlig fehlend oder aber beide Flügelpaare stark verkürzt (bei Ohrwürmern und Kurzflügelkäfern bedecken die kurzen Vorderflügel normal ausgebildete Hinterflügel!) 26

2 nur ein (nicht als Deckflügel ausgebildetes) Flügelpaar entwickelt 3

2′ beide Flügelpaare entwickelt oder aber – bei Käfern – der Hinterleib völlig von den in der Mitte zusammenstoßenden Vorderflügeln bedeckt 6

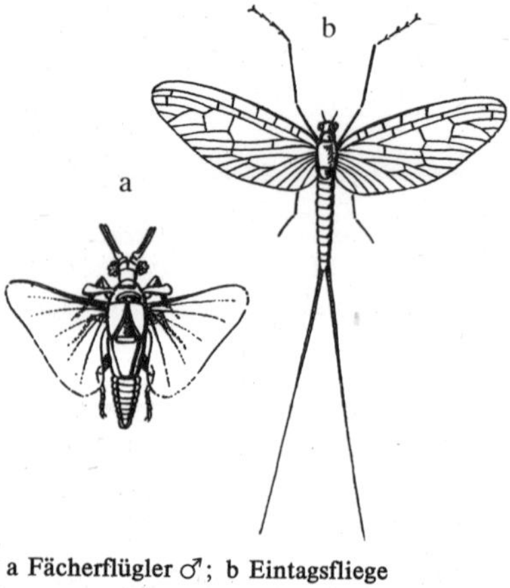

a Fächerflügler ♂; b Eintagsfliege

3 nur das vordere Flügelpaar entwikkelt 4

3′ nur das hintere Flügelpaar entwikkelt und fächerartig erweitert; kleine, sehr selten beobachtete Insekten
Strepsiptera Fächerflügler, Männchen (S. 241)

4 Vorderflügel in der Ruhe flach dem Hinterleib aufliegend, Hinterflügel zu Schwingkölbchen oder hakenähnlichen Gebilden umgewandelt 5

4′ Flügel in Ruhe steil über dem Rükken gehalten; einige Arten der im allgemeinen vierflügligen
Ephemeroptera Eintagsfliegen (S. 62)

5 statt Hinterflügel trommelschlegelförmige Schwingkölbchen, Flügelgeäder meist gut entwickelt
Diptera Zweiflügler (S. 346)

5′ statt der Hinterflügel hakenartige Gebilde, Flügel nur mit wenigen Längsadern; stets kleine Tiere
Coccina Schildläuse, Männchen (S. 162)

6 die Vorderflügel sind – wenn auch nicht immer von gleicher Größe und Färbung – von gleicher, oft membranartiger Beschaffenheit wie die Hinterflügel. Die Vorderflügel sind nicht deutlich schmaler als die Hinterflügel 13

6′ die Vorderflügel sind wenigstens in ihrem basalen Teil lederig oder panzerartig verdickt; ist ihre Aderung gut erkennbar, sind sie deutlich schmaler als die unter ihnen zusammengelegten Hinterflügel 7

7 mit beißenden Mundwerkzeugen 8

7′ Mundwerkzeuge zu einem Saugrüssel umgebildet 12

8 Vorderflügel (Deckflügel) oft mit Rillen oder Punktreihen, aber ohne erkennbare Flügeladern; sie können den ganzen Hinterleib bedekken oder stark verkürzt den in diesem Fall zu einem kleinen Paket zusammengefalteten Hinterflügeln

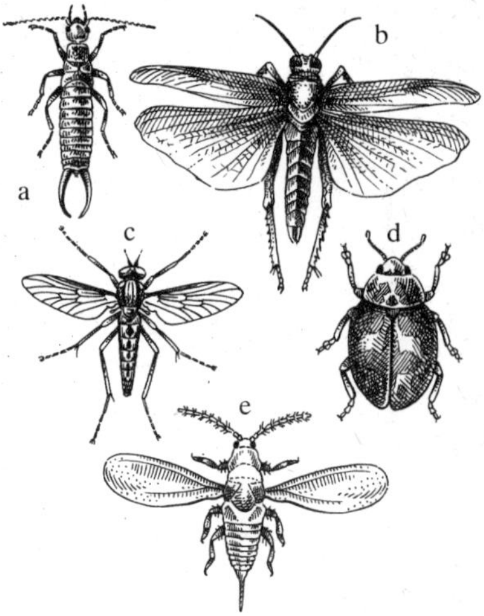

a Ohrwurm; b Heuschrecke; c Zweiflügler; d Käfer; e Schildlaus

aufliegen; ohne auffallende Anhänge am Körperende
Coleoptera Käfer (S. 187)

8′ Aderung noch mehr oder weniger deutlich oder Hinterleib mit auffallenden Anhängen 9

9 Hinterbeine verlängerte Sprungbeine; Vorderflügel meist schmal und ledrig, Hinterflügel mit großem Analfeld (Flügel können auch verkürzt sein)
Saltatoria Heuschrecken und Grillen (S. 93)

Hinterbeine nicht als Sprungbeine ausgebildet 10

10 Hinterleibsende mit großen, nach hinten gerichteten, meist zangenartigen Anhängen, Vorderflügel verkürzt
Dermaptera Ohrwürmer (S. 83)

10′ Hinterleibsende mit großen, nach hinten gerichteten divergierenden Anhängen (Cerci) 11

11 Vorderbeine normal, Körper abgeflacht, das große Pronotum (Halsschild) überragt den Kopf
Blattoptera Schaben (S. 88)

11′ Vorderbeine zu meist erhoben gehaltenen Fangbeinen umgebildet;

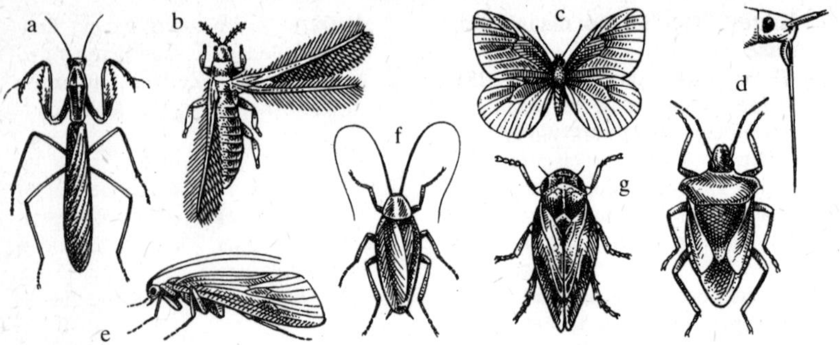

a Fangschrecke; b Fransenflügler; c Schmetterling; d Wanze; e Köcherfliege; f Schabe; g Zikade

in Mitteleuropa nur eine sehr große, schlanke Art
Mantoptera Fangschrecken (S. 87)

12 Vorderflügel am Ende häutig und durchsichtig, sonst verdickt; bei Landbewohnern Flügel flach dem oft abgeplatteten Abdomen aufliegend; der gegliederte Saugrüssel entspringt vorn am Kopf
Heteroptera Wanzen (S. 121)

12′ Vorderflügel in ganzer Ausdehnung verdickt; Flügel meist dachförmig über dem Hinterleib gehalten; der Rüssel entspringt unten am Kopf; sprungfähig; die Arten des Gebietes meist klein; manche an Wasserpflanzen, aber nie im Wasser
Auchenorrhyncha Zikaden (Teil der *Homoptera* Pflanzensauger) (S. 151)

13 schlanke, meist nur etwa 1 mm lange Insekten mit bandartig verschmälerten, lang beborsteten Flügeln; Beine kurz, Füße nur 1- oder 2gliedrig, statt der Krallen mit großen Haftlappen (ähnliche Flügel bei zwerghaften Hautflüglern!)
Thysanoptera Blasenfüße oder Fransenflügler (S. 120)

13′ Flügel nicht in dieser Weise verschmälert und Körper von ganz anderer Gestalt 14

14 Flügel dicht beschuppt oder behaart, wenn glasklar (manche Schmetterlinge), dann der Körper außer mit Haaren auch mit Schuppen bekleidet 15

14′ Flügel mit grauem oder weißem Wachspuder bedeckt, so daß weder Adern noch Zeichnung erkennbar sind; durchweg klein 16

15 Flügel beschuppt, oft sehr bunt und im Verhältnis zum Körper sehr groß, ausnahmsweise glasklar (z. T. wespenähnliche Tiere, s. Glasflügler, S. 298); meist mit einrollbarem Saugrüssel
Lepidoptera Schmetterlinge (S. 291)

15′ Flügel dicht behaart, vorwiegend grau oder braun ohne bunte Zeichnung, in Ruhe dachförmig dem

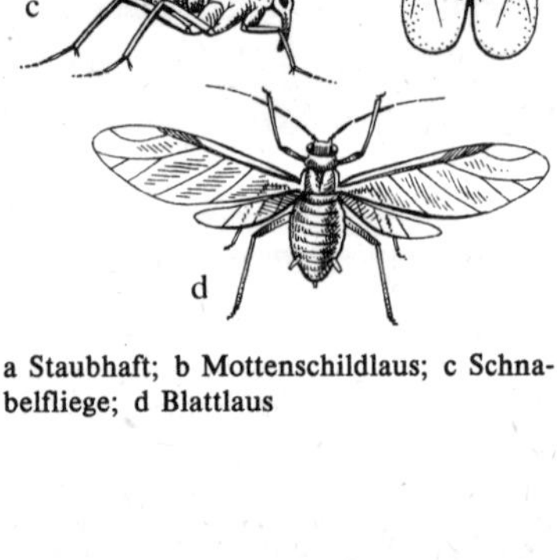

a Staubhaft; b Mottenschildlaus; c Schnabelfliege; d Blattlaus

Hinterleib aufliegend; nie mit Rollrüssel
Trichoptera Köcherfliegen (S. 281)

16 kleine, schneeweiße Insekten mit saugenden Mundwerkzeugen, zumeist in lockeren Gesellschaften an der Unterseite von Blättern
Aleyrodina Mottenschildläuse (Teil der *Homoptera* Pflanzensauger) (S. 160)

16′ unscheinbare, mit grauen Wachsschuppen bedeckte Insekten, die meist einzeln an Bäumen und Sträuchern vorkommen
Coniopterygidae Staubhafte (Teil der *Planipennia* Netzflügler) (S. 181)

16″ Flügel meist glasklar; sind sie getrübt oder gemustert, sind Adern und Zellen ohne Schwierigkeiten erkennbar 17

17 mit saugenden Mundwerkzeugen oder schnabelartig verlängertem Kopf 18

17′ mit kauenden Mundwerkzeugen, Kopf nicht schnabelartig verlängert 19

18 Kopf auffallend verlängert, an der «Schnabelspitze» Taster der kauenden Mundwerkzeuge erkennbar; Antennen lang, Flügel mancher Arten gefleckt; z. T. sehr langbeinig und mückenähnlich
Mecoptera Schnabelfliegen (S. 345)

18′ mit saugenden Mundwerkzeugen (Rüssel kann weit hinten im Hüftbereich entspringen). Meist kleine Tiere mit aderarmen Flügeln; wenn mittelgroß (Singzikaden), dann Flügel netzartig geadert, Körper kräftig, Antennen kaum länger als der Kopf
Auchenorrhyncha Zikaden, *Psyllina* Blattflöhe und *Aphidina* Blattläuse, (Gruppen der *Homoptera* Pflanzensauger) (S. 151, 157, 167)

19 Flügel mit zahlreichen Längs- und Queradern, die ein mehr oder weniger engmaschiges Netz bilden 20

19′ Adern weniger zahlreich, im Vorderflügel kaum mehr als ein Dutzend Zellen, z. T. überhaupt ohne geschlossene Zellen (manche Zwergformen ohne alle Adern) 25

20 Vorderflügel viel größer als Hinterflügel; Flügel in Ruhe senkrecht über dem Rücken erhoben; Hinterleib mit 2 oder 3 langen, fadenförmigen Anhängen
Ephemeroptera Eintagsfliegen (S. 62)

20′ Vorderflügel nicht oder nur wenig größer als die Hinterflügel; höchstens 2 «Schwanzanhänge» 21

21 Fühler kürzer als der Kopf, zugespitzt, Augen sehr groß; Körper lang und schlank, Flügel mit kleinmaschigem Adernetz
Odonata Libellen (S. 65)

21′ Fühler länger als der Kopf, bei libellenähnlichen Tieren deutlich geknöpft (Ameisenjungfern) 22

22 träge Insekten mit plumpem Körper oder wenigstens breitem Kopf und Thorax; Adernetz weniger dicht als bei Libellen und Florfliegen; Mundwerkzeuge nach vorn gerichtet (prognath); in Gewässernähe 23

22′ schlanker, Flügelzellen zahlreich, Mundwerkzeuge nach unten gerichtet (orthognath) oder aber

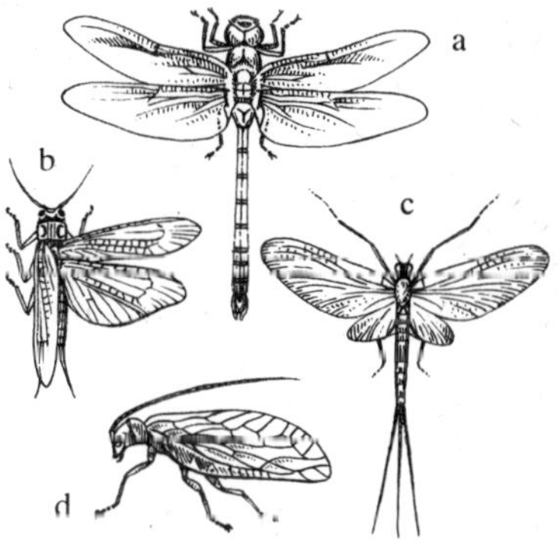

a Libelle; b Steinfliege; c Eintagsfliege; d Schlammfliege

durch stark verlängerten Prothorax unverkennbar 24

23 die oft rauchig trüben, gelben oder grüngelben Flügel liegen dem Hinterleib flach auf oder hüllen ihn ein; zur Spitze und zum Hinterrand hin mit nur wenigen Queradern; Analfeld der Hinterflügel buchtig vorspringend; Füße nur 3gliedrig, viele Arten mit 2 «Schwanzanhängen» (Abb. S. 27)
Plecoptera Steinfliegen (S. 81)

23′ die Flügel in der Ruhe dachförmig über dem Hinterleib, im genannten Bereich mit Queradern; stets ohne «Schwanzanhänge»; Füße 5gliedrig
Megaloptera Schlammfliegen (S. 175)

24 Prothorax stark verlängert, halsartig; ♀ mit Legeröhre
Rhaphidioptera Kamelhalsfliegen (S. 176)

24′ Prothorax nicht auffallend verlängert, die Flügeladern bilden ein engmaschiges Netz
Planipennia Netzflügler (S. 177)

25 durchweg kleine, ausnahmsweise bis 6 mm lange Insekten mit breiten Köpfen und großem Clypeus; Füße mit 1 bis 3 Gliedern; Flügel in der Ruhe dachförmig über dem Hinterleib
Psocoptera Staubläuse (S. 113)

25′ 3 bis 5 Fußglieder, Clypeus nicht auffallend groß, Flügel flach dem Hinterleib aufgelegt; sehr zahlreiche, auch mittelgroße und große Arten
Hymenoptera Hautflügler (S. 242)

26 im Gefieder von Vögeln, im Fell von Säugetieren oder gut springende Insekten in Nestern und Stallungen 42

26′ nicht an Vögeln oder Säugetieren lebend 27

27 Abdomen nur mit 6 Segmenten, jederseits bis 8 in einer lockeren Gruppe stehende Punktaugen, z. T. augenlos; Mundwerkzeuge von der Kopfkapsel umwachsen, ohne Präparation nicht erkennbar; Körper teils kuglig mit verschmolzenen Segmenten, teils langgestreckt; am Hinterende eine unter den Bauch geschlagene Sprunggabel, die jedoch bei kleinen Bodenbewohnern rückgebildet ist; selten über 5 mm, meist viel kleiner
Collembola Springschwänze (S. 58)

27′ Abdomen mit einer größeren Zahl von Segmenten; in einigen Ausnahmefällen oder wenn die Segmentgrenzen verwischt sind, treffen die anderen Merkmale nicht zu 28

28 Hinterleibssegmente mit stiftförmigen Anhängen, Cerci stark verlängert, dazwischen oft ein weiterer «Schwanzanhang»; im Süden des Gebietes auch Arten, deren Cerci zu Zangen umgebildet sind (im Gegensatz zu Ohrwurmlarven Füße nur 1gliedrig, Körper unpigmentiert) 29

28′ Körperende ohne lange oder zangenartige Anhänge 31

29 mit gut entwickelten Komplexaugen und Punktaugen; glänzend be-

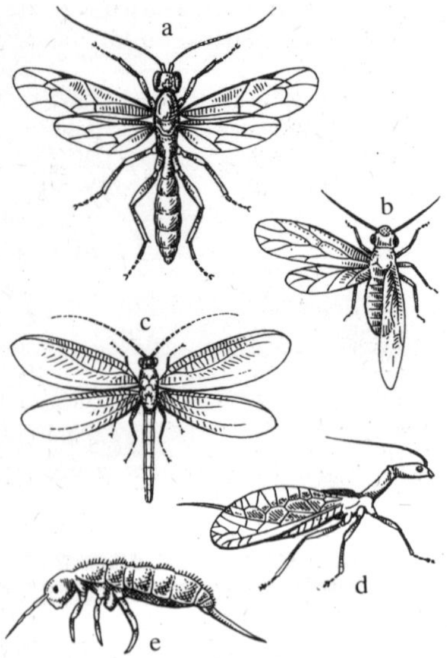

a Hautflügler; b Staublaus; c Netzflügler; d Kamelhalsfliege; e Springschwanz

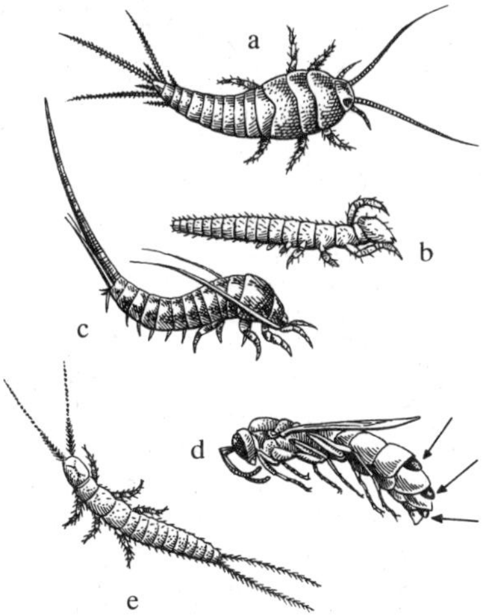

a Fischchen; b Beintastler; c Felsenspringer; d Fächerflüglerweibchen an Hautflügler; e Doppelschwanz

schuppt, doch gehen die Schuppen beim Fang leicht verloren (dann gelblich); vor allem an Felsen und in Geröll; zu kleinen Sprüngen befähigt

Archaeognatha Felsenspringer (S. 60)

29′ ohne Komplexaugen 30

30 mit 3 «Schwanzanhängen», Körper meist abgeflacht, vorwiegend silbrig-weiß beschuppt; vor allem in Gebäuden und Ameisennestern anzutreffen

Zygentoma Fischchen (S. 61)

30′ mit 2 fühlerartigen oder zu Zangen umgebildeten Anhängen am Hinterende; augenlose, gelbliche oder weiße Tiere, die im Boden oder unter Steinen leben

Diplura Doppelschwänze (S. 58)

31 Fühler fehlen 32

31′ Fühler vorhanden 33

32 die Fühler sind durch die zu seiten des Kopfes erhobenen Vorderbeine ersetzt; bis 2 mm lange, schlanke Bodeninsekten

Protura Beintastler (S. 58)

32′ auch Beine und Mundwerkzeuge rückgebildet; parasitisch vor allem in Hautflüglern, zwischen deren klaffenden Hinterleibssegmenten sie auffällig werden können

Strepsiptera Fächerflügler, Weibchen (S. 241)

33 mit beißenden Mundwerkzeugen (schnabelartiger Kopf kann Saugrüssel vortäuschen, vgl. 36!) 34

33′ Mundwerkzeuge zum Saugrüssel umgebildet, der vorn am Kopf, aber auch weit hinten nahe den Hüften entspringen kann 40

34 Hinterbeine zu langen Sprungbeinen umgebildet, Flügel verkürzt, stummelförmig oder fehlend

Saltatoria Heuschrecken und Grillen (S. 93)

34′ Hinterbeine sind nicht deutlich zu langen Sprungbeinen ausgebildet 35

35 Körper abgeflacht, der große Halsschild (Pronotum) bedeckt den Kopf; oft in Gebäuden

Blattoptera Schaben (S. 88)

35′ Körper nicht abgeflacht 36

36 Kopf schnabelartig vorgezogen, Taster der beißenden Mundwerk-

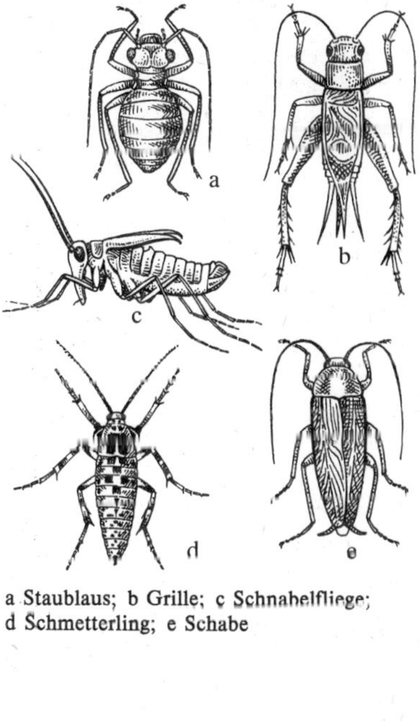

a Staublaus; b Grille; c Schnabelfliege; d Schmetterling; e Schabe

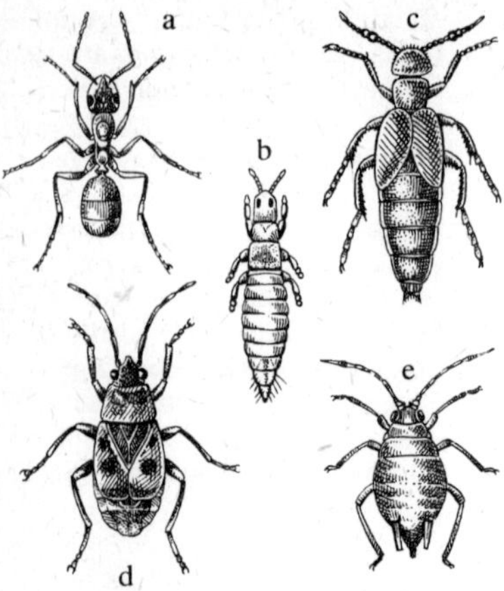

a Hautflügler; b Fransenflügler; c Ölkäfer; d Wanze; e Blattlaus

zeuge erkennbar; bis 3,5 mm lange, winteraktive Insekten (Abb. S. 29)
Mecoptera Schnabelfliegen (S. 345)

36 Kopf nicht schnabelartig verlängert 37

37 Körper dick, von Schuppen bedeckt und behaart, oft mit Flügelstummeln (Abb. S. 29)
Lepidoptera Schmetterlinge (S. 291)

37′ Körper ohne Schuppenkleid 38

38 kleine, weichhäutige Tiere mit relativ großem Kopf, großem Clypeus und langen, fadenförmigen Fühlern; meist unpigmentiert; Füße 2- bis 3gliedrig
Psocoptera Staubläuse (S. 113)

38′ Kombination der Merkmale unzutreffend 39

39 Abdomen deutlich vom Thorax abgesetzt, oft gestielt; meist schwarz, braun, gelb oder metallisch grün; Fühler oft gekniet; meist sehr aktive Tiere (z. B. Ameisen)
Hymenoptera Hautflügler (S. 242)

39′ Abdomen breit dem Thorax ansitzend; gedrungene, meist weniger lebhafte Insekten, z. T. mit Flügelstummeln
Coleoptera Käfer (z. B. Ölkäfer und Leuchtkäfer) (S. 187)

40 Körper meist abgeflacht, Beine stets gut entwickelt; der Rüssel entspringt vorn am Kopf; er ist gegliedert und liegt in Ruhe meist zwischen den Hüften; nur noch kleine Flügelstummel oder Flügel (oft nur bei einem Teil der Individuen) nur mäßig verkürzt oder verschmälert
Heteroptera Wanzen (S. 121)

40′ nicht stark abgeflacht oder (manche Homopterenlarven) Beine sehr kurz oder rückgebildet; Rüssel nicht unter den Körper geschlagen 41

41 sehr klein und schlank; ein kurzer Mundkegel nach hinten gerichtet, Füße krallenlos mit großen Haftlappen
Thysanoptera Blasenfüße oder Fransenflügler (S. 120)

41′ von anderer Gestalt; wenn Beine vorhanden, Füße mit Krallen; Rüssel entspringt meist weit hinten, z. T. scheinbar am Thorax; Körperregionen undeutlich oder überhaupt nicht abgegliedert; weichhäutig, oft (viele Blattläuse) mit 1 Paar Röhrchen am Hinterleibsende, z. T. von schildartigen Bildungen bedeckt, viele mit Wachsausscheidungen
Homoptera Pflanzensauger (S. 148)

42 Körper breit und stark abgeplattet, mit Saugrüssel, deutlich sichtbare Fühler, nur zeitweilig am Wirt
Heteroptera Wanzen (S. 121)

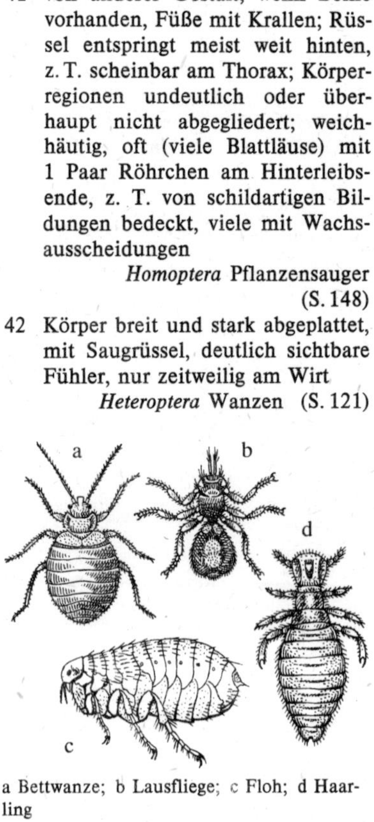

a Bettwanze; b Lausfliege; c Floh; d Haarling

42′ Merkmalskombination trifft nicht zu 43

43 Körper abgeflacht, auffallend langbeinig und an Spinnen erinnernd; Füße mit kräftigen Krallen; z. T. anfangs geflügelt, sonst kurz- bzw. stummelflüglig; an Säugern und Vögeln (z. B. Mauersegler, Schwalben)
Pupipara, Laus- und Fledermausfliegen (S. 373)

43′ nicht auffallend langbeinig und spinnenähnlich 44

44 seitlich zusammengedrückt, sprungfähig; Fühler kaum erkennbar (klein, in Gruben); schwarz oder braun, die meisten nur kurzzeitig am Wirt (Säugetiere und Vögel), sonst in Nestern und Stallungen
Siphonaptera Flöhe (S. 377)

44′ Körper nicht seitlich zusammengedrückt; ständig am Körper ihrer Wirte; mit Stechrüssel (Läuse, nur bei Säugetieren) oder beißenden Mundwerkzeugen (Haarlinge bei Säugetieren, Federlinge bei Vögeln)
Phthiraptera Lauskerfe (S. 117)

Insekten im Naturhaushalt

Schulwissen und persönliches Erleben sind kaum eine ausreichende Grundlage für das Verständnis der Rolle, die die Insekten in der Natur spielen. Allzu oft schenkt man ihnen nur dann Aufmerksamkeit, wenn sie als Blutsauger lästig werden oder sich schmerzhaft zur Wehr setzen; andere Arten lernt man als Parasiten von Haustieren oder als Schädlinge im Garten kennen. Dagegen wird leicht übersehen, welch unentbehrliche Rolle Insekten in ihren Lebensgemeinschaften spielen, und daß viele Arten, von denen man das zunächst gar nicht vermutet, indirekt nützlich sind.

Mancher Gartenbesitzer bekämpft ohne jegliche Hemmungen ein für schädlich gehaltenes Insekt auf Verdacht hin, obwohl dadurch fast immer auch andere Insekten betroffen werden. Noch schlimmer ist es, wenn im Frühjahr alle Bäume und Sträucher «prophylaktisch» begiftet werden, ohne daß eine Kontrolle auf Schädlingsbefall vorgenommen wurde.

Eine solche, nur durch mangelnde Kenntnis ökologischer Zusammenhänge verständliche Handlungsweise ist Anlaß genug, hier wenigstens kurz vor allem auf das für uns positive Wirken der Insekten hinzuweisen und dabei zweierlei zu betonen: Erstens wird die Auswirkung beobachteter Fraßbeschädigungen leicht überschätzt. Pflanzen haben nämlich ein gewisses Kompensations- und Regenerationsvermögen. Man denke daran, welche «Mißhandlung» Spargelpflanzen überstehen, an die oft wuchsfördernde Wirkung des Zurückschneidens von Trieben oder Wurzeln oder schließlich daran, daß gemähte Rasenflächen mehr Gras produzieren als ungemähte. Zweitens sind die als Schädlinge bekannten Arten nicht schlechthin schädlich, sondern – von wenigen Ausnahmen abgesehen – nur bei Massenvermehrung. Bei geringem Auftreten sind sie eher positiv einzuschätzen, da sie das Überleben von räuberischen und parasitischen Gegenspielern sowie die Erhaltung der Erreger von Insektenkrankheiten ermöglichen. Übrigens steht der mitessenden Insekten gegenüber an den Tag gelegte Geiz manches Gartenbesitzers in krassem Gegensatz zu seinem sonstigen Lebensstil.

Eine schwer vorstellbare Verarmung der Pflanzenwelt wäre die Folge, würden die Insekten, vor allem Bienen und Fliegen, als Blütenbestäuber ausfallen. In großen Obstanlagen oder im Rapsanbau ist die Honigbiene dafür unentbehrlich, an anderer Stelle leisten die wenig beachteten Wildbienen (einschließlich der Hummeln) genausoviel oder mehr.

Außerordentlich wichtig sind Insekten ferner beim Abbau von Fallaub, Holz, Kadavern und Exkrementen, wobei sie meist mit anderen Tieren, Pilzen und Bakterien zusammenwirken. Die Ausfluglöcher von Bockkäfern in einem Baumstamm sind Eintrittspforten, durch die andere Organismen, die an der schnell austrocknenden Oberfläche keine Angriffsmöglichkeiten haben, tief ins Innere vordringen können. In Australien gab es große Probleme, weil die an den Kot der Beuteltiere angepaßte Käferfauna nicht in der Lage ist, die Exkremente der Rinder aufzuarbeiten. Dadurch konnten sich ungestört sehr lästige Fliegen entwickeln, die nur einen Teil der Kuhfladen verbrauchen.

Die verbleibenden Reste ersticken nach und nach den Graswuchs der Weiden. Inzwischen haben afrikanische Mistkäferarten wenigstens gebietsweise eine Regeneration der unproduktiven Flächen ermöglicht. Daß uns derartige Probleme unbekannt sind, verdanken wir einer Reihe kaum beachteter Insekten.

Dank ihrer großen Zahl und dem Vorkommen in den verschiedensten Lebensräumen sind Insekten wichtige Glieder vieler Nahrungsketten. Abgesehen von den Vogelarten, die vorwiegend von Insekten leben, sind selbst viele sogenannte Körnerfresser zeitweilig auf Insektennahrung angewiesen, ziehen sie doch ihre Brut in einer Zeit auf, in der Samen knapp sind.

Auch bei den Säugetieren leben keineswegs nur die eigentlichen Insektivoren und Fledermäuse von Insekten. Daran, daß Mücken-, Eintagsfliegen- und Köcherfliegenlarven eine wichtige Fischnahrung bilden, sei nur kurz erinnert, ebenso daran, daß Frösche und Eidechsen sich fast ausschließlich von Insekten ernähren. Sicher bedarf es keiner großen Phantasie, sich vorzustellen, was ein drastischer Rückgang der Insekten für alle diese von ihnen abhängigen Tiere bedeuten müßte, und natürlich würde die Katastrophe nicht vor höheren Gliedern der Nahrungskette haltmachen, also etwa vor Schlangen, Reihern, Störchen, Greifvögeln und Raubtieren.

Wenn es um den Bestand von Lebensgemeinschaften geht, kommt es aber nicht nur darauf an, daß eine bestimmte Quantität von Insekten produziert wird, sondern auch auf die Gewährleistung bestimmter Relationen und Strukturen. Abgesehen von der kleinen Minderheit brutpflegender Arten, ist die «Kindersterblichkeit» der Insekten so hoch, daß sich nur die Arten erhalten konnten, die einen großen Überschuß an Nachkommen produzieren. Das hat zur Folge, daß es leicht zur Massenvermehrung einzelner Arten kommt, wenn die an der Aufrechterhaltung eingespielter Gleichgewichte beteiligten Räuber und Parasiten ausgeschaltet werden.

Schließlich sei erwähnt, daß es uns kaum bewußt wird, in welchem Ausmaß Insekten Unkräuter in Schach halten. Offenkundig wird es eigentlich immer erst dann, wenn in ihrer Heimat wenig bedeutsame Unkräuter ohne ihre Gegenspieler in andere Länder eingeschleppt werden und sich dort verheerend ausbreiten.

Wir gehen auf Exkursion

Viele Menschen schrecken nicht vor langen Anmarschwegen zurück, lassen mitten in der Nacht den Wecker klingeln und harren stundenlang aus, um Vögel und Säugetiere zu beobachten, oder sie unternehmen kostspielige und unbequeme Reisen, deren Höhepunkt die Begegnung mit Tieren ist. Dort, wo Interesse geweckt und gewisse Kenntnisse vorhanden sind, kann die Beobachtung von Insekten das Erleben in ähnlicher Weise bereichern wie das der besser bekannten, aber nicht so vielseitigen größeren Tiere.

Auch bei den Insekten lohnt es, sich nicht auf Zufallsbegegnungen zu verlassen, sondern Begegnungen mit den Tieren gezielt herbeizuführen und dafür Geduld aufzubringen. Mit den folgenden Hinweisen soll dazu angeregt werden. Es sollen aber auch zusätzliche Informationen vermittelt werden, wobei der Name der Art meist weniger wichtig erscheint als das biologische Geschehen. Um Insekten zu beobachten, bedarf es keiner umfangreichen Ausrüstung, doch sollte wenigstens eine Lupe vorhanden sein. Oft bleiben interessante Beobachtungen unvollkommen, weil in vielen Haushalten zwar ein Prismenglas aber keine Lupe existiert. Auf Exkursionen trägt man sie am besten um den Hals.

Selbst vielen Biologen ist es unbekannt, daß es für manche Prismengläser Vorsatzlinsen gibt, die den Feldstecher zur idealen Fernrohrlupe machen. Allerdings ist er dabei nur einäugig zu benutzen, weil die Gesichtsfelder auf so kurze Entfernung nicht zur Deckung kommen. Dafür kann man auf jedes Objektiv eine andere Vorsatzlinse stekken. Zum Beispiel erschließt beim Glas 8×30 eine Vorsatzlinse von einer Dioptrie zusätzlich zu dem bei 2,50 m beginnenden Schärfebereich einen Nahbereich von 0,7 bis 1 m, und mit einer Vorsatzlinse von 5 Dioptrien wird das Glas zu einer 10fach vergrößernden Lupe mit einem Arbeitsabstand von 18 bis 20 cm und einem relativ großen Gesichtsfeld. Mit einer solchen Fernrohrlupe kann man z.B. auch einen Wasserläufer genau betrachten oder Insekten beobachten, die mitten im Terrarium sitzen, ganz abgesehen davon, daß der große Fluchtabstand vieler Insekten selbst bei besserer Zugänglichkeit die Anwendung einer normalen Lupe ausschließt.

Bei ungünstiger Witterung sieht man kaum etwas von der Fülle der Insekten. Viele ruhen an der Unterseite von Blättern, manche, wie z. B. Großlibellen, steigen zum Schlafen hoch in die Baumkronen auf. Andere Arten verkriechen sich in der Laubstreu oder unter Steinen. Das Umwenden von Steinen gehört zu den wichtigen entomologischen Suchmethoden. Es sollte aber selbstverständlich sein, daß man jeden Stein wieder genauso hinlegt, wie er ursprünglich lag. Es geht dabei nicht nur um einen unschönen Eindruck, den man andernfalls hinterläßt, sondern vor allem um den Naturschutz, denn die unter Steinen lebende Fauna ist auf ein bestimmtes Mikroklima und teilweise auf das von ihr geschaffene Hohlraumsystem angewiesen. Die leere Grube oder der aus einem Bett gewälzte Stein können ihr beides nicht bieten. Das gleiche gilt, wenn man unter Brettern oder umherliegenden Borkenstücken sucht: Stets die vorgefundene Situation wieder herstellen!

Insekten im Winter

Zum Winter hin erlischt die Aktivität der Insekten weitgehend, aber nicht vollständig. Wie bereits auf S. 15 erwähnt, können auch nahe verwandte Arten in verschiedenen Stadien überwintern. Larven und Imagines suchen zuvor meist Schlupfwinkel auf, in denen sie (bzw. die Puppen) wenn nicht vor strengem Frost, so doch vor Freßfeinden, Parasiten, Nässe, Austrocknung und anderen ungünstigen Einflüssen geschützt sind. Wir wollen ihnen hier nicht nachspüren, sondern denken nur an solche, die mitten im Winter oder bei der Suche nach Winterquartieren auffallen. Letzteres gilt namentlich für Arten, die häufig in Wohnungen einfliegen, obwohl geheizte Räume für sie Todesfallen sind, da es hier nicht zu einer ausreichenden Drosselung des Stoffwechsels kommt. Die Tatsache, daß sie uns oft schon bei schönem, warmem Herbstwetter besuchen, ist Ausdruck dafür, daß die in diesem Fall Diapause genannte Winterruhe vieler Insekten rechtzeitig durch die abnehmende Tageslänge ausgelöst wird, so daß sie den Gefahren eines plötzlichen Kälteeinbruches entgehen. Sie sind so davor geschützt, ihre Energiereserven vorzeitig zu verbrauchen, wenn es noch warme Tage, aber nichts mehr zu fressen gibt. Gelegentlich kommt es zu Invasionen von Marienkäfern, die sich auch im Freiland an bestimmten Stellen – vor allem auf Berggipfeln – massenhaft zusammenfinden. Regelmäßig tauchen Florfliegen in den Wohnungen auf. Dabei läßt sich eine ungewöhnliche Erscheinung beobachten: Die gleichen Tiere, die im Sommer grün aussahen, sind jetzt schmutziggelb oder orange gefärbt. Nach Abschluß der Winterruhe nehmen sie wieder ihre alte Färbung an. Nicht selten fliegen auch Tagpfauenauge und Kleiner Fuchs in Wohnungen ein, manchmal tauchen sie mitten im Winter aus irgendeinem Versteck auf.

An kalten Herbstabenden, manchmal nachdem schon der erste Schnee gefallen ist, flattern abends plötzlich wieder Schmetterlinge um die Lampen. Autofahrern fallen sie im Scheinwerferlicht auf. Es handelt sich um die Männchen von Frostspannern (mehrere Arten). Will man sich die zugehörigen Weibchen anschauen, muß man zur Zeit und an den Stellen des Männchenfluges Baumstämme und Zaunpfähle ableuchten. Die am Boden geschlüpften Weibchen haben nur Stummelflügel und sind zu Fuß in die Baumkronen unterwegs, wo sie ihre Eier ablegen. Sehr spät im Jahr fliegt auch die Zakkeneule (*Scoliopteryx libatrix*), die man oft am Morgen an im Freien aufgehängter weißer Wäsche findet. Sie sucht mangels natürlicher Höhlen Keller als Winterquartier auf. An sonnigen Wintertagen sieht man nicht selten Mückenschwärme tanzen. Es handelt sich nicht um Stechmücken, sondern um die eigentlichen Wintermücken (*Trichoceridae*) oder aber um Stelzmükken (*Limoniidae*). Selbst bei nur 4 °C kann man sie in voller Aktivität und bei der Paarung beobachten. Zu den Stelzmücken gehört die Schneemücke (*Chionea*), eine flügellose Art, die manchmal auf dem Schnee umherläuft. Für gelegentliches Vorkommen auf der Schneedecke sind auch die Larven einiger Weichkäferarten («Schneewürmer») bekannt, die an einer samtartigen Behaarung kenntlich sind. Hin und wieder treten kaum 2 mm lange Springschwänze zu Tausenden auf dem Schnee auf. Ihrer geringen Größe wegen werden sie freilich trotzdem leicht übersehen. In der Laubstreu und im Boden sind auch andere Springschwänze tätig, solange sie vor Frost geschützt sind. Vielen Alpenwanderern ist der «Gletscherfloh» (*Isotoma saltans*) bekannt. Auf der Eisoberfläche der Gletscher herrscht das ganze Jahr über Winter und eine knapp über dem Gefrierpunkt liegende Temperatur ist für ihn optimal.

Ein sehr bekanntes, aber nicht gerade auffälliges Insekt ist der Winterhaft

(*Boreus*, 2 Arten), eine kleine stummelflügelige Schnabelfliege, die im Waldmoos lebt und ihre Imaginalzeit ganz auf die Wintermonate gelegt hat. Mit etwas Glück kann man, ohne daß damit die Beispiele schon erschöpft wären, einige der Eichengallwespen (*Cynips quercusfolii* und *Biorhiza pallida*) im Winter bei der Eiablage beobachten.

Insekten am und im Wasser

«Tümpeln», die weitgehend mit einem Kescher betriebene Untersuchung eines Kleingewässers, ist eine faszinierende Beschäftigung. Sicher würde man mit Recht kritisieren, wenn wir nicht darauf eingingen. Andererseits gibt es dabei so viel zu sehen, daß die hier gegebenen Hinweise besonders fragmentarisch bleiben. Es sei aber daran erinnert, daß die Larven von Wasserinsekten gesondert vorangestellt wurden (s. S. 16), und ebenfalls auf die Einleitungen zu den ganz ans Wasser gebundenen Insektenordnungen aufmerksam gemacht (S. 62, 65, 81, 175, 281). Wir begnügen uns deshalb damit, am und auf dem Wasser Umschau zu halten. Man suche sich einen geeigneten Platz, von dem aus man zunächst mit Abstand und ohne zu stören, dem was da kreucht und fleucht oder über das Wasser hingleitet, zusehen kann. Ufer sind Saumbiotope, die stets besonders artenreich sind. Auch landlebende Insekten findet man hier reichlich vertreten. Häufig verunglücken sie im Wasser. Heuschrecken und Zikaden springen oft zu weit, sei es, daß ihnen die Sicht durch Pflanzenteile versperrt ist, sei es, daß ihr Sehvermögen zu gering ist, und weite Sprünge stets ins Ungewisse führen. Fliegende Insekten werden vielleicht von der spiegelnden Wasseroberfläche angelockt. Heuschrecken können mit kräftigen Stößen der Hinterbeine schwimmen, viele andere Insekten sind im Wasser völlig hilflos. Die Oberflächenspannung des Wassers läßt sie nicht mehr los, und in Anbetracht ihrer relativ großen Oberfläche ist auch die Masse des sie einhüllenden Wassers nicht unbedeutend, sofern sie nicht unbenetzbar sind.

Landinsekten liefern einen wesentlichen Beitrag zur Ernährung räuberischer Wasserinsekten. Deren Vorposten sind die bekannten Wasserläufer (*Gerris*) und die dank ihres schlanken Körpers und ihrer langsamen Bewegungen leicht übersehenen, ebenfalls zu den Wanzen gehörenden Teichläufer (*Hydrometra*). Die Fähigkeit, auf dem Wasser zu gleiten bzw. zu gehen, verdanken sie der Unbenetzbarkeit ihrer Fußbehaarung und natürlich dem Spannungshäutchen der Wasseroberfläche. Unbenetzbarkeit einzelner Körperteile spielt auch bei vielen untergetaucht lebenden Insekten eine Rolle, z.B. bei denen, die sich zeitweilig mit einem ihre Atemröhren umgebenden Haarkranz an die Oberfläche hängen, oder solchen, die Luftblasen in die Tiefe mitnehmen. Unbenetzbarkeit ermöglicht es gewissen Schlupfwespen, auf der Suche nach wasserbewohnenden Raupen trocken wieder an der Oberfläche zu erscheinen, nachdem sie für kurze Zeit unter dem Rand eines Seerosenblattes verschwunden waren. Trockenbleiben ist auch für manche Mücken wichtig, die unter Wasser aus der Puppenhülle schlüpfen und im Fall der Bewohner reißender Bäche bei Kontakt mit der Luft sofort abfliegen müssen.

Wasserläufer eilen auf Beute selbst aus Entfernungen zu, die für ihr Sehvermögen zu weit sein dürften. Zweifellos werden sie durch ihren Erschütterungssinn alarmiert. Das gilt auch für die Taumel- oder Kreiselkäfer (*Gyrinus*), bei denen die der Oberfläche aufliegenden Antennen ungewöhnliche Wellenbewegungen melden. Es sind die in der Sonne metallisch glänzenden Pünktchen, die in Scharen eigentümliche Bogen schwimmen. Taumelkäfer besitzen zwar die vollkommensten Schwimmbeine, die es bei Insekten gibt, ihr Körper durchbricht aber den Wasserspiegel. Ihre Stellung zwischen den auf der Oberfläche und den untergetaucht lebenden Insekten kommt auch darin zum Ausdruck, daß sie 2 Paar Augen haben, von denen das eine unter Wasser blickt, während das andere an der Luft seinen Dienst tut.

Auch für die an der Oberfläche jagenden Räuber kommt die Nahrung nicht nur von oben, sondern es fallen ihnen ebenso Insekten zum Opfer, die zum Atmen aufsteigen müssen, ferner solche, die ihre Imaginalhäutung an der Oberfläche vollziehen. Letzteres gilt z. B. für Stechmücken. Andere Mücken können sogar an der Oberfläche reißender Gebirgsbäche schlüpfen – das ist eine erstaunliche Leistung, brauchen doch die meisten Insekten zum Schlüpfen Ruhe und, ehe sie fliegen können, geraume Zeit zum Strecken und Trocknen der Flügel.

Das letztere kann man sich vielleicht gleich an Ort und Stelle an Libellen ansehen, die als Larven an Schilfhalmen oder anderen Pflanzen emporkriechen und als Imagines zunächst weich und bleich auf oder bei den verlassenen Häuten, den Exuvien, sitzen. Hat man beides nebeneinander, sollte man die Gelegenheit nutzen, um die Größe zu vergleichen. Deutlicher kann man sich das sprunghafte Wachstum der Insekten kaum vor Augen führen. An der Exuvie beachte man zweierlei. Einmal kann man an ihr noch gut die Fangmaske der Larve erkennen, zum anderen sieht man aus ihrem Inneren weiße Fäden heraushängen, bei denen es sich um die großen Tracheenstämme handelt, die ganz allgemein mitgehäutet werden.

Am Schilf findet man oft große Kolonien grüner und violetter Blattläuse (*Hyalopterus pruni*). Trotz ihrer unterschiedlichen Färbung gehören sie der gleichen Art an, die uns in wieder anderem Gewand auch an anderer Stelle begegnet. Im Frühjahr und Herbst lebt sie nämlich an Pflaumenbäumen, und ist dort als Mehlige Pflaumenlaus bekannt.

Wo das Ufer es ermöglicht, sollte man sich hin und wieder langstrecken und den Wasserspiegel aus nächster Nähe betrachten. Auf der Oberfläche vieler Gewässer und dem sie bedeckenden Wasserlinsenteppich leben Tausende der blauschwarzen Wasserspringschwänze, auf anderen Gewässern fehlen sie völlig. Im allgemeinen krabbeln sie mehr umher als daß sie springen, aber um die kleinen Blättchen gibt es vom Meniskus gebildete glitschige Steilhänge, die oft nur im Sprung überwunden werden können.

Seerosenblätter sind manchmal außerordentlich stark von einem Blattkäfer (*Galeruca nymphaeae*) bzw. seinen Larven zerfressen. Ovale Ausschnitte am Blattrand, die auch bei Laichkräutern und Froschbiß auffällig sein können, wurden von Kleinschmetterlingsraupen (*Nymphula*) verursacht, die die Blattstücken zum Bau einer zweiteiligen Taucherglocke benutzt haben, in der sie gegen Ende ihrer Entwicklung von Luft umgeben sind. Die Köcher erreichen eine Länge von etwa 4 cm.

Reizvoll ist es, Wasserinsekten im Aquarium zu beobachten. Meist nimmt man so viele Räuber mit nach Hause, daß die Tiere sich nach und nach gegenseitig fressen. Mit entflügelten Fliegen, Wasserflöhen und Regenwurmstücken kann man dem etwas entgegenwirken. Hat man seinen Fang hinreichend kennengelernt, sollte man ihm an passender Stelle, möglichst am Herkunftsort, wieder die Freiheit gönnen. Eine (den Luftaustausch nicht unterbindende) Abdeckung des Aquariums verhindert, daß flugfähige Insekten sich vorzeitig davonmachen und irgendwo umkommen.

Eine ganze Anzahl von Wasserinsekten findet sich auch in kleinsten Gartenteichen von allein ein. Stech- und Zuckmücken sowie Eintagsfliegen entwickeln sich selbst in Wasserfässern.

Beobachtungen im Garten

Dort, wo ein Garten ist, gibt es meist mehrere Gärten, in denen nach verschiedenen Gesichtspunkten gewirtschaftet wird. Daher finden Insekten hier weitaus bessere Lebensmöglichkeiten als in der eintönig gewordenen Feldlandschaft oder in reinen Nadelwäldern. Viele Gartenbesitzer haben jedoch ein gestörtes Verhältnis zu den Insekten, weil manche tatsächlich schädlich werden können und sie über Bedeutung und Lebensweise der meisten Insektenarten nichts wissen. Bleiben wir zunächst bei einigen «Schädlingen», die hier in Anführungsstriche gesetzt wurden, weil sie – von wenigen Ausnahmen abgesehen – erst bei übermäßigem Auftreten schädlich werden (s. S. 32).

Leicht zugängliche Beobachtungsobjekte sind Blattläuse, an denen man vieles lernen kann, was von allgemeiner Bedeutung ist. Blattläuse nehmen Pflanzensaft auf. Bei ihrer Saugtätigkeit geben sie Speichel ab, der zur Verkräuselung von Blättern, zur Verfärbung und zum Kümmern der Pflanzen oder zur Gallbildung führen kann, mit dem aber auch oft pflanzliche Viruskrankheiten übertragen werden. Pflanzensaft ist keine ideale Nährlösung; ihren Bedarf an Aminosäuren und anderen Verbindungen können Blattläuse nur dadurch decken, daß sie übermäßig viel Flüssigkeit und darin gelösten Zukker durch sich hindurchfließen lassen. Daher geben sie ständig in feinen Tröpfchen Honigtau ab, der von vielen Insekten, z. B. Bienen, Ameisen, Fliegen und Schlupfwespen aufgenommen wird. Auf diese Weise tragen Blattläuse sehr wesentlich zur Ernährung von anderen Gliedern der Lebensgemeinschaft und letzten Endes auch von Imkern bei. Viele Blattläuse, die im Sommer an Kräutern leben, legen im Herbst, wenn es bei ihnen auch Männchen gibt, Wintereier an holzigen Gewächsen ab. Eine Ausnahme macht die Mehlige Kohlblattlaus (*Brevicoryne brassicae*), die ihre Eier dort ablegt, wo sie im Herbst gesaugt hat. Im Frühjahr schlüpfen Blattläuse oft schon vor dem Knospenaufbruch. Sie entwickeln sich noch eine Weile am Winterwirt, aber dann wandern die meisten zu krautigen Pflanzen ab, die jetzt bessere Ernährungsbedingungen und damit die Voraussetzung für eine ungewöhnlich schnell ablaufende Massenvermehrung bieten (vgl. Tab. unten). Die Schnelligkeit ihrer Vermehrung findet ihre Erklärung darin, daß bei den meisten Arten um diese Zeit ausschließlich Weibchen vorkommen und diese lebende Junge zur Welt bringen, in denen bei der Geburt schon die Entwicklung der

Einige wirtswechselnde Blattläuse der Gärten

	Winterwirte	Sommerwirte
Mehlige Pflaumenlaus *(Hyalopterus pruni)*	Pflaume	Schilf
Pfirsichblattlaus *(Myzus persicae)*	Pfirsich	zahlreich, z. B. Kohl, Kartoffeln, viele Wildkräuter
Schwarze Kirschenlaus *(Myzus cerasi)*	Kirsche	Labkraut, Ehrenpreis
Schwarze Bohnen- oder Rübenlaus *(Aphis fabae)*	Pfaffenhütchen Schneeball Falscher Jasmin	Ackerbohne, Rübe, Dahlie, Mohn u. a.
Rosige Apfellaus *(Sappaphis mali)*	Apfel	Wegerich

folgenden Generation begonnen hat. Zeitweise kann man in jeder Kolonie einzelne Tiere bei der Geburt beobachten.

Aber im Hochsommer findet man gewöhnlich selbst dort, wo nichts gegen sie unternommen wurde, allenfalls noch einzelne Tiere. Der katastrophale Zusammenbruch der Populationen hat verschiedene Ursachen. Da ist die Hitze, die den Blattläusen nicht sonderlich bekommt, und die Ernährungsbedingungen sind auch nicht mehr so gut wie einige Wochen zuvor. Ferner kommt Pilzkrankheiten und tierischen Gegenspielern eine große Bedeutung zu. Die letzteren sind ein leicht überschaubares Modell dessen, was sich in ähnlicher Weise auch bei anderen Insekten abspielt. Wer es einmal studiert hat, versteht besser, warum jede Bekämpfungsmaßnahme Nebenwirkungen hat, die den Nutzen leicht in einen Schaden verkehren.

Bleiben wir zunächst bei den Räubern. Marienkäfer kennt jeder, das Aussehen ihrer Larven läßt sich ebenfalls leicht einprägen. Erstaunlich ist es, daß sich auch kopf- und fußlose Larven von Blattläusen ernähren können. Das gilt für die oft recht bunten Larven der Schwebfliegen, die ähnlichen, aber viel kleiner bleibenden der silbrig-grauen Blattlausfliegen (*Chamaemyiidae*) und die durch ihre gelbe oder orange Färbung unverkennbaren kleinen Larven von Gallmücken. Während die Zweiflüglerlarven die Beute mit unauffälligen Mundhaken packen, haben die der Florfliegenverwandtschaft ansehnliche Saugzangen. Manche der letzteren pakken sich leere Blattlaushäute auf den Rücken und ziehen wie lebende Abfallhaufen umher. Auch die Imagines einiger Florfliegenarten fressen Blattläuse. Blattläuse fallen aber ebenso Wanzen, Ohrwürmern, Schnell- und Weichkäfern zum Opfer. In jedem Garten leben schließlich kleine, oft in Käferlöchern der Zaunpfähle brütende Grabwespen, die mit den Mandibeln Blattläuse pakken und damit abfliegen, um einen Vorrat anzulegen, den sie ihrer Brut hinterlassen. Bei einiger Aufmerksamkeit lernt man es bald, diese Wespen an ihren «hastigen» Bewegungen zu erkennen.

Obwohl es exakter wäre, hier von Parasitoiden zu sprechen, wollen wir die zweite Gruppe der Blattlausfeinde einfach als Parasiten bezeichnen. Von denen der Wirbeltiere unterscheiden sie sich dadurch, daß sie ihre Wirte völlig aufzehren. Sehr oft findet man in Blattlauskolonien schwarze, braune oder auch hellgraue «Blattlausmumien». Es sind die übriggebliebenen Häute, die von dem Schmarotzer bauchseitig aufgeschnitten, mit Gespinst ausgekleidet und an der Unterlage angeheftet sowie durch Imprägnierung verfestigt wurden. Es gibt allerdings auch Arten, die durch den Bauchschnitt aussteigen und einen Sockel spinnen, dem die in diesem Fall schlaffe leere Haut aufsitzt.

Man kann Blattlausschlupfwespen (s. S. 252) leicht bei Wirtssuche und Eiablage beobachten, selbst in einem kleinen Zuchtgefäß. Vor allem gilt das für die Morgenstunden, in denen nach Möglichkeit der ganze Tagesvorrat an Eiern untergebracht wird. Anstich und Ablage erfolgen bei den meisten Arten blitzschnell. Andere, die eine Haltevorrichtung für die Wirte ausgebildet haben, lassen sich mehr Zeit. Alle biegen dabei den Hinterleib nach vorn, greifen also das Opfer im Bereich ihrer Sinnesorgane an.

Aufschlußreich ist es, einmal eine Anzahl von Mumien in ein Glas zu legen, um zu sehen, was aus ihnen schlüpft. Außer den schlanken Blattlausschlupfwespen erhält man meist – manchmal ausschließlich – viel gedrungenere Wespen, die als Sekundär- oder Hyperparasiten ihrerseits Larven der Blattlausschlupfwespen vernichtet haben. Es kann sich um Gall-, Erz- oder Zehrwespen handeln. Nachdem wir bereits festgestellt haben, daß sich nicht alle Gallmücken in Gallen entwickeln, lehrt uns die kleine Lebensgemeinschaft des Blattlauskomplexes auch, daß Entsprechendes für Gallwespen gilt. Alle Hyperparasiten verlassen die Mumien durch Schlupflöcher, deren Ränder unregelmäßig sind, während die Blattlausschlupfwespen (die Primärparasiten) glattrandige Scheiben ausschneiden, die das Schlupfloch nach dem Aussteigen oft wieder wie ein Deckel verschließen. Man kann daher sehr leicht feststellen, ob es gegenwärtig mehr Blattlausschlupfwespen gibt oder schon mehr Hyperparasiten, die deren nützlicher Tätigkeit oft ein vorzeitiges Ende bereiten.

An schönen Herbsttagen sieht man oft Unmassen kleiner Insekten in der Luft. Es handelt sich dabei überwiegend um Blattläuse, die überall die absterbenden krautigen Pflanzen verlassen und aufs Geratewohl umherfliegen, bis sie entkräftet umkommen, oder ihre Winterwirtpflanze erreichen, an der dann die Eier abgelegt werden.

Von den saugenden Insekten werden im Garten vor allem noch Apfel- und Birnblattfloh auffällig. In manchen Gärten sind sie Jahr für Jahr in so großen Mengen vorhanden, daß man es richtig klappern hört, wenn man ihnen zu nahe kommt und dadurch Fluchtsprünge auslöst. Aussehen und Verhalten unterscheiden sie so deutlich von den Blattläusen, daß man sie nicht verwechseln kann. So springen gestörte Blattläuse nicht und sie fliegen auch nicht auf (seltene Ausnahmen). Wo Blattflöhe sind, findet man auch ihre auffallend platten Larven.

Einer der populärsten Schädlinge ist der Apfelwickler, dessen Raupe Obstmade genannt wird, während die befallenen Äpfel auch als «wurmstichig» bezeichnet werden. Zoologisch geht bei diesen Begriffen einiges durcheinander. «Offiziell» sind Maden Fliegenlarven, wie sie in Kirschen leben, während die «Himbeermade» eine Käferlarve ist. Es empfiehlt sich daher bei den verschiedenen «Maden» etwas genauer hinzusehen. Echte Maden gibt es im Garten z. B. in Möhren, Kohl, Zwiebeln und Spargel. Spargel- und Kirschfliege gehören zu den Bohrfliegen, die man leicht an ihrer ungewöhnlichen Flügelzeichnung als solche erkennt.

Oberirdisch werden am Kohl vor allem Raupen der Kohlweißlinge und Raupen von Kohl- und Gemüseeule auffällig. Bei den Kohlweißlingen sei auf folgende, bei den Insekten weit verbreitete Unterschiede in der Lebensweise hingewiesen. Obwohl man annehmen könnte, die eine oder die andere Alternative müßte vorteilhafter sein, hat sich keine gegenüber der anderen durchgesetzt: Der große Kohlweißling (*Pieris brassicae*) legt seine leuchtend gelben und wunderhübsch skulptierten Eier (Lupe!) in größeren Gelegen («Eispiegeln») ab und seine Raupen fressen gesellig. Die Raupen des Kleinen Kohlweißlings (*Artogeia rapae*) gehen dagegen aus einzeln abgelegten Eiern hervor und fressen auch einzeln.

Gelege aus halbkugeligen Eiern stammen von Kohl- oder Gemüseeulen (*Mamestra brassicae* = *Barathra brassicae* und *Polia oleracea*). Form und Oberflächenstruktur sind so charakteristisch für die große Schmetterlingsfamilie der Eulen, daß man sie sich gut ansehen sollte. Die großen, nackten Raupen, die sich manchmal tief in die Kohlköpfe einbohren und der Hausfrau nicht zuletzt im Blumenkohl begegnen, sind wenigstens für einen Teil der Eulen kennzeichnend. Im Garten werden noch einige als Erdraupen bezeichnete Eulenraupen schädlich. Ihr Name bezieht sich darauf, daß sie tagsüber in der Erde ruhen, so daß man an den Pflanzen vergeblich nach den Urhebern des von ihnen verursachten Fraßes sucht.

Auch bei Kohlweißlingsraupen kann man oft die Wirksamkeit von Parasiten beobachten. Vor allem werden sie von der Kohlweißlingsschlupfwespe *Apanteles glomeratus* (556), einer kleinen Brackwespe, befallen. Sie belegt die Raupen schon im ersten Stadium, schlüpft aber erst aus den verpuppungsreifen Raupen, die oft an Pfählen und Mauern emporkriechen und nicht selten sogar in Wohnungen eindringen. Wie auf Kommando bohren sich mit einem Male aus den Flanken der Raupe 30, 40 oder noch mehr Schlupfwespenlarven heraus und spinnen sich dann neben oder unter dem noch immer lebenden Wirt in gelben Seidenkokons ein. Ich habe es erlebt, daß von den Eltern mit Hämmern ausgerüstete Kinder alle erreichbaren, für den Zusammenbruch einer Massenvermehrung von Schädlingen verantwortlichen Parasiten erschlugen, weil die Kokonhaufen für Gelege der Raupen gehalten wurden (obwohl Raupen nie Eier legen)! Sind die Raupen der Kohlweißlingsschlupfwespe entgangen, können sie als Puppe noch einer ebenfalls recht häufigen Erzwespe (*Pteromalus puparum*) zum Opfer fallen.

Wenn es um nützliche Insekten geht, verdienen die als Larven und Imagines räuberischen Laufkäfer besondere Erwähnung. Es handelt sich im Garten meist um kleinere Arten, und man merkt wenig von ihrer Tätigkeit. Aber hebt man Bretter oder Steine auf, findet man sie in größerer Menge, sie gehören zu den häufigsten Opfern von Schwimmbecken und steilufrigen Gartenteichen.

Da sie im allgemeinen reibungslos funktioniert, wird auch die unentbehrliche Dienstleistung der Blütenbesucher meist wenig beachtet. Ungenügend bleibt sie nur, wenn es während der Obstblütezeit eine ausgesprochene Schlechtwetterperiode gibt. Den kümmerlichen Fruchtansatz, der selbst unter diesen Umständen entsteht, mag man den Hummeln verdanken, die noch bei solch niedrigen Temperaturen fliegen, bei denen keine Honigbiene mehr den Stock verläßt. Man begegnet Hummeln oft sogar noch in der Abenddämmerung, wenn die anderen Bienen schon zur Ruhe gegangen sind.

Wohl die meisten Gartenbesitzer gehen von der Annahme aus, daß fast allein die Honigbiene für die Bestäubung der Kulturen Bedeutung hat. In einem gewissen Umkreis um einen Bienenstock trifft das zweifellos zu. Aber an anderen Stellen können auch in Städten Wildbienen zahlreicher sein. Sie kommen in einer Reihe von Arten vor, die teils in Rasenflächen, auf Wegen, in Lehmwänden und selbst zwischen Straßenpflastersteinen im Boden leben. Ausgeworfene Sandhäufchen verraten ihre Nester. Andere Bienen brüten in hohlen Stengeln. Dort, wo es noch Schilfdächer gibt, beobachtet man manchmal einen regen Bienenflugbetrieb an der Dachkante. Schilfhalmbündel können daher für Bienen die gleiche Bedeutung haben wie Nistkästen für Vögel. Andere Arten und Grabwespen unterstützt man mit Holzklötzen, in die möglichst tiefe Löcher zwischen 1,2 bis 8 mm Durchmesser gebohrt wurden. Man berücksichtige aber, daß in diesem Fall die Brut nicht schon nach einigen Wochen, sondern erst nach einem Jahr abgeschlossen ist und die eine Art bereits die nächste Brut versorgen mag, ehe die aus dem Vorjahr stammenden Nachkommen der anderen geschlüpft sind. Will man nicht Fallen, sondern Nisthilfen bauen, muß man also von vornherein einen mehrjährigen Verbleib der Hölzer vorsehen.

Beim Blütenbesuch gibt es eine Menge zu beobachten. Da wird teils gesaugt, teils Pollen gesammelt, der auf unterschiedliche Weise transportiert wird. Nur Honigbienen und Hummeln haben dicke Pollenhöschen an den Schienen. Bei anderen Arten sitzt der Blütenstaub am ganzen Bein oder an Oberschenkel und Hüften im Pelz, bei den Bauchsammlern in einer ausgedehnten Bauchbürste. In Mohn- und Rosenblüten, in denen es keinen Nektar, aber viel Pollen gibt, «baden» Hummeln und Bienen förmlich in Blütenstaub. Anschließend wird er (zum Teil im Flug) zusammengebürstet, bis er richtig verstaut ist. Von Hummeln kann man beim Pollensammeln in gewissen Blüten, z. B. Rosen, in kurzen Abständen lautes Summen hören, das nur einen Augenblick anhält. Offenbar ernten sie

seit eh und je nach dem Prinzip der neuerdings zur Obsternte eingesetzten Vibrationsschüttelmaschine Blütenstaub! Zu den häufigsten Blütenbesuchern gehören ferner die schwarz-gelben Schwebfliegen, die mit ihrem Tupfrüssel Pollen fressen. Auch Schmetterlinge, Grab-, Schlupf- und Faltenwespen beteiligen sich an der Bestäubung der Blüten.
Ehe unsere Gartenexkursion zu Ende geht, sei noch ein Wort für die üblicherweise schlechthin Wespen genannten sozialen Faltenwespen eingelegt. Allzu leicht gehen sie in das Bewußtsein ausschließlich als Lästlinge ein, die es auf Obst und Süßigkeiten abgesehen haben und manchmal sehr unangenehm stechen. Aber in erster Linie sind diese Wespen Raubinsekten, die ihre Brut nur mit Insekten und vielleicht noch mit etwas gestohlenem Fleisch füttern. Man sieht sie oft tief über die Pflanzendecke fliegen, denn sie können ihre Beute nur aus geringer Entfernung erkennen. Natürlich fallen ihnen vor allem solche Insekten zum Opfer, die in großer Zahl vorhanden sind. Das heißt, wie auch andere Raubinsekten leben sie weitgehend vom Überschuß, während Insektizide gleichmäßiger alle Arten in Mitleidenschaft ziehen. Zudem geben sich Raubinsekten nicht mit kleinen räuberischen oder parasitischen Arten ab. Noch mehr als für die übrigen Arten der sozialen Wespen gilt die Forderung nach weitgehendem Schutz für die Hornisse, die zu den schönsten heimischen Insekten gehört und deren Gift zu Unrecht als besonders gefährlich gilt. Sie macht zudem selten davon Gebrauch, es sei denn, man beschädigt oder zerstört ein Nest. Eine gewisse Vorsicht ist natürlich ebenso wie bei der Honigbiene auch bei allen sozialen Wespen geboten, vor allem dann, wenn sie an den Mahlzeiten teilhaben: Eine Wespe im Mund- oder Rachenraum ist lebensgefährlich!
Wer sich nicht entschließen kann, Wespen in seinem Garten zu dulden, sollte wenigstens die großen Engerlinge verschonen, die ihm womöglich beim Umstechen des Komposthaufens begegnen. Es handelt sich um die schutzbedürftigen Larven des Rosenkäfers (*Cetonia aurata*) oder gar um die des Nashornkäfers (*Oryctes nasicornis*). Sie können sich nur in Komposthaufen entwickeln, also nicht an angebauten Pflanzen schädlich werden.

Waldinsekten

In einem nur aus einer einzigen Baumart bestehenden Wald, dessen geschlossenes Kronendach kaum noch Unterwuchs aufkommen läßt, bekommt man nur wenige Insekten zu Gesicht. Einmal ist ihre Zahl der Einförmigkeit der Vegetation wegen gering, zum anderen spielt sich das Insektenleben außer im Boden weitgehend in den Kronen ab. Ergiebiger sind Bestandesränder, Kulturen und Lichtungen. In jedem Fall ist es lohnend, sich tote Stämme anzusehen, ganz gleich, ob sie noch stehen oder zur Abfuhr bereitliegen. Auch die «amtlich» Stöcke genannten Baumstümpfe verdienen Aufmerksamkeit. Die einen wie die anderen lassen oft Einbohr- und Schlupflöcher erkennen. Mit einiger, wenn auch nicht vollkommener Sicherheit kann man aus Durchmesser und Form auf die Urheber schließen:

kleine runde, meist in größerer Zahl vorhandene Löcher	Borkenkäfer
große kreisrunde Löcher	Holzwespen
ovale Schlupflöcher	Bockkäfer
elliptische Schlupflöcher	Prachtkäfer

Ebenfalls kreisrund sind die Schlupflöcher einiger unter der Rinde von Nadelhölzern lebender Rüsselkäfer der Gattung *Pissodes*. Weißer Bohrmehlauswurf unter liegenden Stämmen oder in Borkenritzen stammt von Borkenkäfern, die im Holzkörper leben, namentlich den Nutzholzborkenkäfern (*Xylote-*

rus). Die sogenannten Rindenbrüter unter den Borkenkäfern werfen dagegen vorwiegend braunes Bohrmehl aus. Die Holzbrüter entwerten als «technische Schädlinge» das Holz, während Rindenbrüter durch physiologische Schwächung oder auch Abtötung der Bäume schädlich werden können. Auch manche Bock- und Prachtkäfer sowie die Holzwespen durchziehen mit ihren Larvengängen das Holz, während andere Vertreter der beiden genannten Käfergruppen in ihrer Schädlichkeit den rindenbrütenden Borkenkäfern entsprechen oder wirtschaftlich bedeutungslos bleiben, weil sie unter der Rinde ohnehin absterbender oder toter Bäume leben.

Löst man die lockere Rinde befallener Bäume ab, hat man, teils in der Borke, teils in den Splint eingreifend, die Brutsysteme der rindenbrütenden Borkenkäfer vor sich (s. S. 237). Spanpolster am Ende der Brutgänge sind ein Zeichen dafür, daß es sich um die erwähnten Rüsselkäfer handelt.

Bei den Borkenkäfern leben oft mehrere Weibchen mit einem Männchen zusammen. Dadurch entstehen mehrarmige oder sternförmige Brutsysteme, denn jedes Weibchen nagt einen eigenen Muttergang aus. Bei jungen Brutsystemen erkennt man die Einischen, von denen später die sich mit dem Wachstum der Larven erweiternden Larvengänge ausgehen. Oft lassen die Brutsysteme deutlich die Fähigkeit der Larven erkennen, ihren Nachbarn auszuweichen. Die Klarheit mancher Brutbilder geht dadurch verloren, daß sie durch einen Reifefraß der Jungkäfer teilweise zerstört werden.

Manchmal findet man im Brutsystem einen der von Borkenkäfern lebenden Buntkäfer (*Thanasimus*), häufiger ebenfalls räuberische Fliegenlarven. Es gibt dort aber auch andere Insekten, die in ihrer Mehrzahl Abfallfresser sind oder einfach Unterschlupf suchen. Die beiden Waldgärtner (*Tomicus* = *Blastophagus*), die in Kiefernwäldern schädlich werden, fliegen zum Reifungsfraß in die Kronen und höhlen dort Triebe aus. Eines Tages, vor allem in den ersten Herbststürmen, brechen diese dann ab und bedecken als sogenannte «Absprünge» den Waldboden. In der Nähe von Holzlagerplätzen oder Sägewerken erkennt man manchmal schon aus der Ferne, daß die Kronen verschnitten sind, woraus sich der Name Waldgärtner erklärt.

Oft entdeckt man unter der Rinde auch Larven, Puppen oder wenigstens Puppenwiegen von Bockkäfern. Bockkäferlarven haben eine mehr oder weniger zylindrische Gestalt, ihre Beine sind verkümmert oder fehlen ganz. Ist der Thorax sehr stark erweitert, handelt es sich dagegen um Prachtkäferlarven. Den Imagines beider Käferfamilien begegnet man an sonnigen Stellen und oft an Blüten.

Wo Bockkäfer- oder Holzwespenlarven im Holz leben, kann man mit etwas Glück große Schlupfwespen mit langem Legebohrer auf der Suche nach diesen ihren Wirten oder gar bei der mühsamen Bohrtätigkeit und Eiablage beobachten.

Bei den Roten Waldameisen handelt es sich um mehrere nicht leicht unterscheidbare Arten, die sich in der Lebensweise weitgehend entsprechen, sieht man von erheblichen Unterschieden in der Zahl der in einem Volk vorhandenen Königinnen ab. Bei manchen ist es eine einzige, bei der häufigen *Formica polyctena* können es Hunderte sein. Ameisenhügel weisen im Winter und Frühjahr oft Gänge auf, die ins Innere führen. Sie stammen von Spechten, insbesondere vom Grünspecht, die sich die in ihrer Kältestarre wehrlosen Ameisen einverleibt haben.

In den letzten Jahrzehnten sind die Roten Waldameisen in ganz Mitteleuropa stark zurückgegangen. Daran sind kaum die im Forst relativ seltenen chemischen Bekämpfungsmaßnahmen schuld. Häufiger fallen Ameisenvölker der schweren Technik zum Opfer. Verheerende Folgen hat für sie auch die Vergrößerung der Kahlschlagflächen

gehabt, da diese noch Jahre nach der Neubepflanzung keine ausreichende Ernährungsgrundlage bieten.
Bekanntlich haben Ameisen große Bedeutung für die Aufrechterhaltung eines gewissen Gleichgewichts in der Lebensgemeinschaft des Waldes. Man kann sich unschwer selbst davon überzeugen, wie viele Beuteinsekten sie an warmen Frühlings- und Sommertagen eintragen, und wie viele Vertreter einer im Revier massenhaft vertretenen Schädlingsart gegebenenfalls darunter sind. Insbesondere dort, wo durch einen großen Hügel ausgezeichnete Stammnester kleine Tochterkolonien gebildet haben, werden sich deutlich abzeichnende Ameisenstraßen eingehalten. Daneben werden bei der Futtersuche vorübergehend bestimmte, chemisch markierte Wechsel benutzt. Man kann ferner leicht beobachten, daß Ameisen offenbar durch Fühlerkontakte Informationen übertragen und sich gegenseitig aktivieren können. Andererseits zeigen sie fehlende Einsicht, wenn sie sich zwar zu gemeinschaftlichem Transport von Beutetieren oder Baustoffen zusammenfinden, aber in verschiedene Richtungen ziehen.
Viele Ameisen kommen ohne Beute von den Bäumen, aber ihr Hinterleib ist dicker als bei den im Gegenverkehr aufsteigenden. Das ist ein Zeichen dafür, daß sie sich mit Honigtau vollgetrunken haben. Blattläuse müssen mehr Zucker aufnehmen, als sie verdauen können (s. S. 149), und auf diesen Überschuß haben es die Ameisen abgesehen. Rationeller als das Zusammenkratzen der schnell eintrocknenden Tröpfchen ist es, diese durch Beklopfen der Blattläuse mit den Antennen zu erbetteln. Baumlauskolonien, die von Ameisen «entsorgt» werden, gedeihen besser. In Fichtenwäldern können auch Schildläuse den begehrten Saft liefern. Aber selbst wenn es genug davon gibt, geht ein Teil der Arbeiterinnen auf Insektenjagd, denn für die Aufzucht der Larven wird Eiweiß benötigt.
Infolge der Blütenknappheit in der großflächig betriebenen Landwirtschaft ist der Honigtau der Nadelwälder heute zu einer der wichtigsten Trachtquellen für Wanderimker geworden. Daher hört man mitunter aus den Kronen der Nadelbäume lautes Bienengesumm.
Bei Ameisenbeobachtungen kann es kaum ausbleiben, daß man Opfer ihrer Abwehrreaktionen wird. Mit nach vorn gebogenem Hinterleib wird einem Angreifer ein Strahl Ameisensäure entgegengespritzt. Kommt es zum direkten Kontakt, beißen die Ameisen, wobei ihr Biß meist erst schmerzt, nachdem Säure in die Wunde gespritzt wurde. Schuppenameisen, zu denen die Roten Waldameisen gehören, stechen also im Gegensatz zu Knotenameisen nicht.
Im Frühjahr fressen an Eichen häufig Frostspanner- und Eichenwicklerraupen. Spannerraupen erkennt man unschwer an ihrer eigentümlichen Fortbewegung, da das Fehlen von Beinen in der Körpermitte sie zu ständigem Aufbuckeln und Vorwärtsstrecken zwingt. Für viele Wicklerraupen ist es charakteristisch, daß sie sich aus zusammengesponnenen Blättern Schlupfwinkel verfertigen.
Vor allem im Mai fliegen die grünen Falter des Eichenwicklers (*Tortrix viridana*). Obwohl Tarnfärbungen bei Insekten weit verbreitet sind, gibt es nur wenige heimische Schmetterlinge, die eine blattähnliche Farbe tragen. Das Schadbild eines anderen Wicklers wird in Kiefernkulturen auffällig: Hier hängen oft einzelne Maitriebe gebräunt herunter, weil sie von den Raupen des Kiefernknospentriebwicklers (*Rhyacionia buoliana*) ausgehöhlt wurden.
Die bekannten Bestandesschädlinge der Nadelhölzer treten nur in größeren Abständen massenhaft auf; im allgemeinen bleiben sie unauffällig, zumal sie vorwiegend hoch in den Kronen fressen. Die Imagines der in Frage kommenden Arten sind großenteils im speziellen Teil abgebildet. An Kiefern- und Fichtennadeln fressende «Raupen» sollte man sich genau ansehen. Es gibt hier eine Anzahl von Blattwespenlar-

ven, die man andernfalls mit Schmetterlingsraupen verwechseln kann (s. S. 19). Schwierigkeiten könnte es bei der Zuordnung von grünlichen Larven geben, die vor allem im Herbst an den Blättern junger Eichen «Fenster» fressen (d. h., eine Blatthaut bleibt übrig). Sie verbergen ihren Kopf unter dem Thorax und sind von hellem Schleim überzogen. Man könnte an Nacktschnecken denken, es handelt sich aber um Blattwespenlarven der Gattung *Caliroa*, die man auch an Linden und (mit schwarzen Afterraupen) im Garten an Kirschen und Birnen kennenlernen kann.
Neben vielen anderen Insekten beherbergen alte Eichen besonders große und immer seltener werdende Insekten: den Hirschkäfer, den Eichenbock und die Hornisse.
Bleiben wir noch etwas bei den Eichen. Im Spätsommer und Herbst sind viele Eichenblätter auffallend weißgefleckt. Hebt man ein solches Blatt gegen das Licht, schimmert die Raupe des Kleinschmetterlings *Tischeria complanella* durch. Sie hat einen Teil des zwischen Ober- und Unterhaut liegenden Gewebes gefressen. Das Fraßbild bezeichnet man als Platzmine. Andere Insekten fressen geschlängelte Gangminen aus, in deren Mitte oft ein dunkler Kotstreifen liegt. Bei den meisten Minierern wird nicht alles zwischen den Blatthäuten gelegene Gewebe gefressen, sondern nur eine bestimmte Schicht, so daß sie mehr ober- oder mehr unterseits liegen. Einige Kleinschmetterlinge begnügen sich sogar mit der blattgrünfreien Blattoberhaut; infolgedessen fallen ihre (z. B. an Pappeln vorkommenden) Minen kaum auf. Minierende Insekten sind vor Sturm und Regen sowie vielen räuberischen Feinden geschützt. Außer Raupen können Blattwespen-, Käfer-, Fliegen- und Mückenlarven minieren. Das Leben innerhalb des Blattes setzt eine gewisse Abflachung voraus, andererseits stellt es an Beine und Sinnesorgane geringere Anforderungen als bei freilebenden Insekten. Dadurch ist es bei den Minierern vielfach zu Rückbildungen und Angleichungen gekommen, die das richtige Ansprechen erschweren.
Gegenüber minierenden Insekten verhält sich die Wirtspflanze weitgehend passiv. Ein ganz anderes Verhältnis hat sich zwischen Gallinsekten und Pflanzen entwickelt. Hier genießt der Einmieter die gleichen Vorteile, erwirkt sich aber darüber hinaus noch Sonderleistungen, die in bestimmten Wuchsreaktionen und in einer zusätzlichen Nährstoffversorgung bestehen. Letztere dürfte allerdings manchen einfachen Gallen noch fehlen. Besonders zahlreiche hochentwickelte Gallen trägt die Eiche; in Mitteleuropa sind es rund 100 verschiedene. Wie spezifisch die «chemischen Befehle» der Insekten sind, geht daraus hervor, daß die einzelnen Arten auch an gleicher Stelle (z. B. am Blatt) so unterschiedliche Bildungen hervorrufen. Viele Gallwespen haben einen Wechsel zwischen zweigeschlechtigen und nur aus Weibchen bestehenden (parthenogenetischen) Generationen, deren Gallen meist an verschiedenen Teilen der Eiche auftreten; ausnahmsweise handelt es sich aber beide Male um Blattgallen, und auch dann sind sie ganz unterschiedlich. Einen gewissen Einblick in die Biologie von Gallinsekten, in diesem Fall Gallwespen, geben folgende Feststellungen, die man leicht an Eichengallen treffen kann.
1. Viele Gallen weisen Farben auf, die die Wirtspflanze sonst nicht hervorbringt.
2. Beim Aufschneiden trifft man oft auf Schutzschichten, die aus Schwammgewebe, umgewandelten Blättern (bei Knospengallen) oder verholzten Zellschichten bestehen.
3. Wie die Larven vieler anderer Hautflügler haben die der Gallwespen keine Beine und Augen und nur schwache, schwer erkennbare Kopfkapseln.
4. Auch wenn das Gallinsekt sich bereits verpuppt hat, reicht der Hohlraum der Galle nur gerade als Puppenwiege

aus, sie ist also keineswegs ausgefressen. Das erklärt sich daraus, daß die Pflanze eine die Larvenkammer auskleidende Nährschicht ständig erneuert hat.

5. Während der Entwicklung der Gallwespenlarve gibt es in der Galle keinen Kot. Die bereitgestellte Nahrung ist so konzentriert, daß sie fast vollständig verdaut wird. Geringe Reste und Exkrete werden erst bei der Vorbereitung zur Verpuppung abgegeben. Auch Parasiten- und Stechwespenlarven entleeren sich erst nach Abschluß der Larvenentwicklung und vermeiden dadurch Verunreinigung von Wirten und Nestern.

6. Manche Blattgallen (Linsengallen) fallen im Herbst ab. «Konfettiähnlich» können sie zu Tausenden den Waldboden bedecken. Die Gallen und die beim Abfall noch winzig kleinen Larven wachsen am Boden weiter.

7. Gallwespen sind widerstandsfähig. Man kann sie leicht aus reifen Gallen züchten. Oft schlüpfen anstatt der Gallerreger andere Gallwespen, die als Einmieter in fremden Gallen heranwachsen, oder Parasiten. Zu den letzteren gehören prächtige Erzwespen (*Torymidae*), deren langer Legebohrer das Durchdringen der Schutzgewebe ermöglicht. Da dazu beträchtliche Zeit erforderlich ist, kann man diese Wespen nicht selten bei der Eiablage beobachten.

Gallen werden auch von Blattläusen, Gallmücken, Fliegen, Blattwespen, Käfern, Schmetterlingen und weiteren Insekten (sowie zahlreichen Milben) verursacht. In Buchenwäldern ist vor allem die von der Gallmücke *Mikiola fagi* bewohnte Blattgalle häufig. Die Larven vieler Gallmücken sind gelb, orange oder rot und daran leicht als solche zu erkennen; für die Buchenblattgallmücke trifft das aber nicht zu.

Im Wald fallen uns die Ananasgallen der Fichte sehr auf. In ihren abgeschlossenen Kammern wachsen jeweils kleine Blattlauspopulationen heran. Mit ihrem Saugrüssel könnten sich Blattläuse nicht aus den Gallen herausarbeiten, aber zur rechten Zeit platzt die Galle so auf, daß jede Kammer ein weites Tor erhält. Erstaunlich ist es, daß die Blattläuse, durch die sonst sehr viel Saft «hindurchläuft», nicht in ihrem Kot ertrinken oder verkleben. Offenbar ist die Menge in diesem Fall relativ klein, und die Tröpfchen werden durch Umhüllung mit Wachsplättchen unschädlich gemacht. Manchmal steht neben einer sehr stark mit Ananasgallen besetzten Fichte eine schwach oder überhaupt nicht befallene. Mit ähnlich unterschiedlicher Anfälligkeit ist auch sonst in den Beziehungen zwischen Pflanzen und Insekten zu rechnen. Die großen Ananasgallen, die im Gegensatz zu den spitzenständigen kleinen am Grund der Triebe zu finden sind, können zu erheblichen Verbildungen führen.

Auf Waldwegen gehören die schwarzen oder stahlblauen Mistkäfer (*Geotrupes*) zu den auffälligsten Insekten. Hält man einen ans Ohr, hört man ihn oft zirpen. Er streicht dabei eine Schrilleiste an den Hüften der Hinterbeine über eine Kante an der Bauchplatte des zugehörigen Thoraxsegmentes. Zweierlei sollte man sich bei dieser Gelegenheit ansehen: Die verbreiterten Grabbeine und die selten fehlenden Milben. Diese ernähren sich ebenfalls von Exkrementen, haben aber keine dieser Lebensweise entsprechende aktive Ausbreitungsmöglichkeit, so daß sie sich Transportwirte suchen müssen. Mistkäfer betreiben paarweise eine arbeitsaufwendige Brutfürsorge, bei der nach umfangreichen Grabarbeiten in ein unterirdisches Gangsystem Mist als Larvennahrung eingebracht wird. Der Waldmistkäfer *(Geotrupes stercorosus)* kann auch beim Fressen an toten Insekten und Pilzen beobachtet werden.

An sonnigen Waldrändern oder in der Heide fliegen oft einige Meter voraus Insekten auf, die sich nach kurzem Flug wieder niederlassen. Dabei kann es sich um Sandlaufkäfer (*Cicindela*) handeln, die sich damit ganz anders verhalten als man es von Käfern gewohnt ist. Merkt man sich ihren Landungspunkt genau, gelingt es nach einigen Fehlschlägen sicher, sich soweit anzuschleichen, daß man sie bei der Jagd oder der Paarung beobachten kann. Sie fliegen nicht nur besser als die meisten anderen Käfer, sondern sind mit ihren langen Beinen auch schnelle Läufer, die andere Insekten überfallen.

Wo man diesen Käfern begegnet, sollte man nach ihren Larven suchen. Dabei achte man auf meist in größerer Zahl vorhandene kreisrunde Löcher im Boden, die von ausgeschleudertem Sand und Beuteresten umgeben sind. Ebenso wie bei den Imagines muß man etwas Geduld aufbringen, denn Erschütterungen und Beschattung veranlassen die Larven zum Rückzug in die Tiefe. Verhält man sich ruhig, ist mit einmal bald hier, bald da ein Loch wie mit einem Pfropf von Kopf und Halsschild einer Larve verschlossen. Mit einem rückenständigen Zapfen am Hinterleibsende festgeklemmt, wartet sie als Lauerjäger, der im Vergleich zu anderen Käferlarven ungewöhnlich gut sehen kann, auf vorbeikommende Beutetiere. Diesen schleudert sie sich dann plötzlich entgegen, um sie zu packen und in die Tiefe zu ziehen.

Andererseits kann es sich bei den vor uns auffliegenden Insekten um die Blauflügelige Ödlandschrecke (*Oedipoda coerulescens*) handeln. Auch sie entdeckt man nur dann rechtzeitig vor dem nächsten Start, wenn man sich die Stelle des Niedergangs genau merkt. Die Heuschrecke ist nämlich ein Musterbeispiel für gelungene Tarnung. Ihre hellblauen Hinterflügel sind nur im Flug sichtbar, im übrigen trägt sie ein die Konturen verwischendes Muster aus grauen und schwarzen Flecken. Eine an Sandkörnchen erinnernde Fleckung gibt es sogar auf den Augen.

Bemerkungen zur Insektenfotografie

Lebenserscheinungen und Formenfülle der Insekten bieten eine unerschöpfliche Thematik für ein ernsthaft betriebenes fotografisches Hobby. Spitzenaufnahmen in Büchern und Zeitschriften sind oft mit einer aufwendigen technischen Ausrüstung hergestellt, zu deren Arsenal Makroobjektive, Blitzautomatik, Motortransport, Lichtschranken und anderes gehören. Unsere Hinweise rechnen mit bescheideneren Voraussetzungen und richten sich an den Anfänger auf diesem Spezialgebiet. Unbedingt erforderlich ist eine Spiegelreflexkamera mit Zwischenringen. Hat man zudem Springblendenautomatik und Blitzgerät, ist das immerhin eine Ausrüstung, von der frühere Insektenfotografen, die schon bemerkenswerte Ergebnisse vorweisen konnten, wohl noch nicht einmal träumten. Innenlichtmessung ist ein großer Vorteil, auf den man aber ebenso wie auf Belichtungsautomatik verzichten kann.

Insekten, die zu klein abgebildet sind, enttäuschen; besonders eindrucksvoll sind Großaufnahmen, die mehr zeigen als man gewöhnlich sieht. Das bedeutet, daß man oft schon bei der Aufnahme eine Vergrößerung anstreben muß. Dabei ist die Kleinbildkamera wesentlich handlicher als eine Mittelformatkamera (Rollfilm 6 × 6, genauer 58 × 58 mm), mit der man andererseits mehr Aussicht hat, zu Aufnahmen zu kommen, die vor dem kritischen Blick eines Bildredakteurs bestehen.

Um ein Insekt 2:1 vergrößert abzubilden, benötigt man bei Verwendung des Normalobjektivs in einem Fall 10 cm Auszuglänge, im anderen 16 cm, wobei Belichtungsverlängerung (9 ×) und Schärfentiefe etwa gleich sind. Bei dieser Auszuglänge kann man die größere Kamera, deren Masse im konkreten Fall 2,2 statt 1,1 kg beträgt, im Gegensatz zur kleinen nicht mehr mit einer Hand halten. Und das angegebene Verhältnis ist kaum mehr als die halbe Wahrheit: Gleiche Größe des abgebildeten Insekts bedeutet bei Schwarz-Weiß-Aufnahmen, daß die große Kamera nicht mehr geleistet hat, denn auf das Drumherum kommt es bei Insektenaufnahmen kaum an. Bei der Projektion von Farbdias wirkt ein gleichgroß abgebildetes Detail im 6 × 6-Format kleiner und bei voller Ausnutzung einer bestimmten Projektionsfläche ist es das auch! Um den gleichen Eindruck hervorzurufen, müßte es etwa 3:1 aufgenommen werden, woraus sich eine Auszugsverlängerung von 24 cm, eine Verlängerung der Belichtungszeit auf das 16fache und eine Verringerung der ohnehin knappen Schärfentiefe ergibt. Man berücksichtige auch, daß für Kleinbildkameras ein umfangreicheres Zubehörprogramm angeboten wird und Zusatzobjektive – die man für die Insektenfotografie allerdings sehr gut entbehren kann – beim Mittelformat sehr schwer sind. Ein Vorteil des größeren Formates ist jedoch der größere Aufnahmeabstand, der auch bei der zusätzlichen Verlängerung des Auszuges erhalten bleibt (in unserem Beispiel 107 statt 75 mm).

Die Möglichkeit, die Kamera mit einer Hand zu halten, ist sehr wesentlich. Insekten sitzen oft an der Blattunterseite, im Schatten, zu hoch oder schief zur Bildebene (so daß die Schärfentiefe nicht ausreicht). Schließlich können Pflanzenteile im Winde schwanken oder störende Halme ins Bild ragen.

Man braucht fast immer eine Hand, um etwas zu arrangieren. Sich anbietende Helfer stören meist mehr als sie nützen, auch drohen Kontroversen darüber, wer für eine vorzeitige Flucht des Objektes verantwortlich ist. Visiert man bei großer Auszugslänge ein feststehendes Objekt, z. B. einen Buchrücken im Bücherregal an, bemerkt man, wie der Körper schwankt und wie schwer es ist, die Kamera freihändig so zu halten, daß das Bild im Sucher scharf bleibt. Ein Assistent schwankt natürlich auch, so daß sich die Chance dafür vermindert, daß man beim Auslösen die zu geringe Schärfe dort hat, wo sie unentbehrlich ist.

Wenn irgend möglich, stellt man mit der Hand oder gegebenenfalls dem Unterarm eine Verbindung zwischen dem Objektiv und der Unterlage her, auf der das Insekt sitzt, so daß der Abstand trotz Körperschwankung gleich bleibt. In Hockstellung kann man auch Knie und Oberschenkel in die Koppelung einbeziehen. Manche Insekten ergreifen bei derartigen Bemühungen oder wenn man einen schwankenden Stengel anhält, allerdings unweigerlich die Flucht. Aber man lernt bald, das von Art zu Art unterschiedliche Verhalten vorauszusehen.

Wenn man beim Objektkontakt zugleich das Objektiv stützt, läßt sich auch die Mittelformatkamera halten. Zur Betätigung eines Doppeldrahtauslösers hat man aber kaum einmal Gelegenheit, so daß die Anschaffung von Balgengerät oder Umkehrring, die die Koppelung der Springblende an den Apparat aufheben, für die Freilandarbeit kaum lohnt.

Dagegen sollte man ein möglichst leichtes Blitzgerät auf die Wunschliste setzen. Blitzen erhöht die Tiefenschärfe, man wird von Wetter und Tageszeit unabhängig und kann Insekten in voller Aktion fotografieren. Das Rechnen mit Leitzahlen versagt im Nahbereich ebenso wie fast stets die gegebenenfalls vorhandene Automatik eines Blitzgerätes. Man kommt aber sehr gut mit Erfahrungswerten zurecht, da die Wahl der Blende wenig auf geringere oder größere Auszugsverlängerung Rücksicht nehmen muß: Längerer Auszug erfordert eigentlich längere Belichtung, dafür ist der Blitz aber näher am Objekt, das andernfalls vom Objektiv beschattet würde.

Auf der Kamera montiert, kann man den Blitz allenfalls bei geringer Auszugsverlängerung einsetzen. Bei der Kleinbildkamera erfüllt die übliche, für die Mittelformatkamera zu kurze Schiene weitgehend die Anforderungen. Bei gewölbten Käfern ist jedoch leicht eine Seite völlig unterbelichtet. Manche Fotografen arbeiten mit zwei Blitzen oder Blitzlampen. Das ergibt günstige Lichtverhältnisse, macht die Ausrüstung aber noch schwerer und unhandlicher. Ein brauchbarer Kompromiß ist es, wenn man sich eine Halterung bastelt, mit der der Blitz so an einem Zwischenring befestigt wird, daß das Licht von oben kommt.

Wenn es keinen nahen Hintergrund gibt, der das Licht des Blitzes zurückwirft, erweisen sich völlig scharfe und richtig belichtete Aufnahmen leicht als unbrauchbar, weil dunkle Beine und Fühler vor einem tiefschwarzen «Nachthimmel» unsichtbar sind. Oft läßt sich ein Zweig so bewegen, daß benachbarte Blätter mit ins Bild kommen, manchmal hilft ein außerhalb der Schärfeebene ausgelegtes Kleidungsstück oder ein eigens mitgeführter Hintergrundstoff.

Dem Anliegen des Buches entsprechend, scheinen die folgenden Hinweise mindestens ebenso wichtig wie technische Details. Zunächst sei betont, daß sich ernsthaftes Sammeln und Fotografieren von Insekten nahezu ausschließen. Meist bereitet schon der Transport von zweierlei Ausrüstungen Schwierigkeiten, und man wäre ständig zwischen beiden Tätigkeiten hin und her gerissen, so daß es für beide an Geduld und Konzentration fehlt. Auch an die doppelte Nacharbeit ist zu denken, zu der bei jedem Fotojäger Literaturstudium gehört! Es kann vorausgesetzt werden, daß er sich anderen mitteilen möchte. Andernfalls hätte er draußen in Ruhe beobachten sollen, anstatt mit dem Auge am Sucher umherzulaufen. Dazu gehört aber auch die Information, welches Tier man auf dem Bild sieht und «was es tut». Ein Vortragender, der zu einem Bild nach dem anderen bestenfalls sagen kann «das ist ...» langweilt, selbst wenn die Bilder gut sind und er wenigstens eine Reihe von Namen ermittelt hat.

Aber ganz abgesehen davon, wird die notwendige Weiterbildung im allgemeinen bald zu einem Bedürfnis des Fotografen, weil sie ihm zu interessanten neuen Bildern verhilft. Da man alle möglichen Insekten fotografiert und mit fast jedem Foto eine Verhaltensbeobachtung verbunden ist, erhält man in Verbindung mit der Literaturarbeit im Lauf der Zeit breiter gefächerte Kenntnisse als die meisten Sammler, mit denen man es natürlich auf ihrem Spezialgebiet nicht aufnehmen kann.

Ohne Abstinenz bei der Begegnung mit attraktiven anderen Insekten zu erwarten, sei dringend geraten, für jeweils zwei oder drei Jahre bestimmte Themen zu bearbeiten (es dürfen auch zwei nebeneinander sein). Sehr dankbar ist z. B. die Beschäftigung mit den Insekten eines Kleingewässers, bei der man vor allem dann, wenn es sich um eine Diaserie handelt, auch den ganzen Biotop und andere Glieder der Lebensgemeinschaft einbezieht. Gemischte Serien kommen besser an als nur aus Insekten bestehende Bildfolgen. Im Endergebnis weiß man viel über das Leben am und im Wasser und nicht nur die Namen einiger prächtiger Libellen, die man vielleicht ohnehin fotografiert hätte. Andere Themen wären z. B. «Insekten im Garten», «Insektenschädlinge», «Warnen und Tarnen», oder – sehr farbenfreudig – «Pflanzengallen und Gallinsekten». Die Arbeit an einer bestimmten Thematik ermöglicht es, nach kurzer Zeit entsprechende Vorträge und Ausstellungen zu gestalten, während man andernfalls leicht der Versuchung erliegt, die schönsten Fotos aneinanderzureihen, die man dem gleichen Publikum nur einmal zeigen kann und die in der Aussage notgedrungen schwächer bleiben.

Auch daran, daß eine interessante und sachkundig erläuterte Bildserie eher das Interesse einer Zeitschriftenredaktion findet als eine erneute Vorstellung der schönsten heimischen Schmetterlinge, darf man denken, wenn eines Tages in Bild und Text die erforderliche Qualität erreicht ist.

Anlage einer Insektensammlung

Vermehrte Freizeit und verbesserte Lebensbedingungen sind dem Sammeln der verschiedensten Dinge zugute gekommen. Mancher findet darin Entspannung und für Jahrzehnte die Freude des Erfolges. Aber wohl auf allen Sammelgebieten entfallen auf eine Sammlung, der man einen gewissen Wert für die Allgemeinheit beimessen kann, der darin besteht, daß Altes bewahrt und neue Erkenntnisse gewonnen werden, eine ganze Anzahl bald wieder aufgegebener Anfänge. Das Sammeln von Insekten macht darin keine Ausnahme. Aber Insekten sind Lebewesen, an deren Abtötung in jedem Fall ein strenger Maßstab angelegt werden sollte, und viele ihrer schönsten Arten verdienen heute unseren Schutz, weil sie eine Lebensstätte nach der anderen verlieren.

Der genadelte Falter als Zimmerschmuck und die nur wegen der Schönheit der Objekte angelegte und nach ihrer Zahl bewertete Sammlung sollten der Vergangenheit angehören. In vielen Ländern gibt es heute bereits strenge Bestimmungen, die das Sammeln von Insekten oder wenigstens ihre Ausfuhr stark einschränken. Das Mittel des Verbotes wird dem guten Willen seiner Initiatoren leider oft nur sehr unvollkommen gerecht. Zunächst fallen die von Sammlern erbeuteten Insekten zahlenmäßig gegenüber den Opfern chemischer Bekämpfungsmaßnahmen, des Straßenverkehrs, der verschiedensten Beleuchtungsquellen und der automatischen Fallen des Pflanzenschutzes überhaupt nicht ins Gewicht. Es sei aber eingeräumt, daß bestimmte Arten auch vor Sammlern geschützt werden müssen. Doch was wüßten wir überhaupt über die Schutzbedürftigkeit von Insekten und wer könnte ihrer aktuellen Bedrohung entgegentreten, wenn es keine kundigen Sammler gäbe? Man kann zwar einen guten Überblick über die Insekten gewinnen, ohne ein einziges Insekt zu töten, aber wirklicher Kenner einer Gruppe wird man nur durch ständige Arbeit mit einer Sammlung. Nach wie vor wird ein großer Teil der entomologischen Arbeit von Freizeitforschern geleistet, die auch die meisten Sammlungen zusammengetragen haben, die heute im Besitz von Museen sind.

Wer sich mit dem Gedanken trägt, eine entomologische Sammlung anzulegen, sollte sich ernsthaft prüfen, ob sein Interesse an der Natur ausreicht, um auf Jahre hinaus Zeit, Mühe und Geld darin zu investieren. Letzten Endes hat sie nur dadurch Berechtigung, daß man sie selbst zur Mehrung unseres Wissens nutzt und durch ordnungsgemäße Beschriftung der Objekte eine wissenschaftliche Auswertung durch andere ermöglicht. Wo immer es möglich ist, sollte man Anschluß an erfahrene Sammler suchen und zunächst mit ihnen auf Exkursion gehen. Dabei kann die Entscheidung für ein Spezialgebiet reifen, wobei zu berücksichtigen ist, daß bestimmte Schmetterlings- und Käfergruppen überall bearbeitet werden, während es für die meisten anderen Insekten weit und breit keinen Spezialisten gibt. Eine Selbstverständlichkeit muß es sein, daß man sich über die von Land zu Land unterschiedlichen Schutzbestimmungen informiert und sie einhält.

Sammel- und Präparationsmethoden unterscheiden sich je nach den gesam-

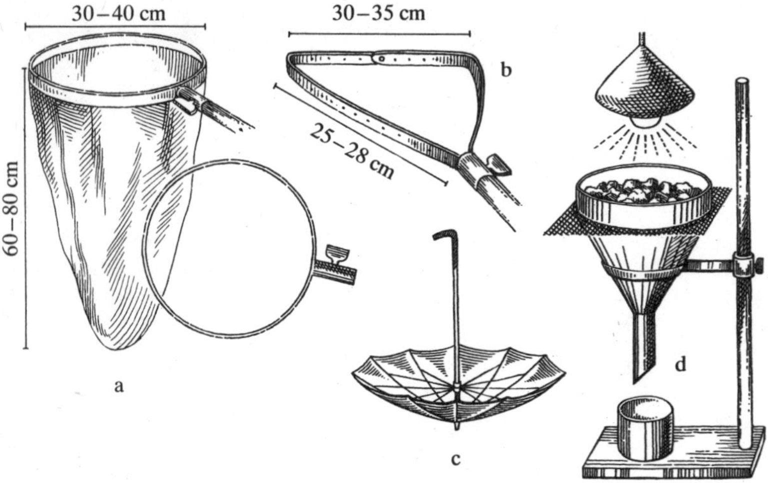

a Fangnetz und Netzbügel; b Streifsackbügel; c Klopfschirm; d Austreiben von Insekten

melten Objekten, auch gibt es kaum einen Sammler, der nicht spezielle Methoden oder Geräte anwendet, die seinen Zielen und seinem Arbeitsstil besser als die in der Literatur veröffentlichten entsprechen. Hier können daher nur lückenhafte Hinweise gegeben werden, die nicht zuletzt aufzeigen sollen, daß der Aufwand für eine Sammlung recht erheblich ist. Bei Schmetterlingssammlern ist zudem die hier nicht berücksichtigte Aufzucht aus dem Ei oder von eingetragenen Raupen nahezu obligatorisch. Darüber, wo man nach bestimmten Insekten sucht, geben die Beobachtungshinweise Auskunft.

Fangmethoden

Fang mit dem Insektennetz

Das vor allem zum Fang von Libellen, Hautflüglern und Schmetterlingen benötigte Netz sollte aus synthetischer Gaze oder Tüll bestehen und gut luftdurchlässig sein. Maße und Form (Beispiel) s. Abb.

Fang mit dem Streifsack

Streifsäcke bestehen aus festem Stoff, der auch Disteln und Dornen standhält. Die Vorderkante sollte nach Möglichkeit nicht bespannt sein, da sie stark beansprucht wird. Es wird eine ganze Folge von kräftigen Schlägen auf niedrige Vegetation ausgeführt. Dabei erbeutet man zahlreiche Insekten, die man sonst kaum zu Gesicht bekommt.

Klopfen

Man schlägt mit einem Stock von oben auf Zweige und Äste. Die herabfallenden Insekten werden in einem mit hellem, ungemustertem Stoff bespannten Klopfschirm oder auf einem ausgelegten Fangtuch aufgefangen. Klopfen ist vor allem früh am Morgen erfolgreich.

Fang mit dem Wasserkescher

Die Maschenweite richtet sich nach den gesuchten Arten; sie sollte so groß wie möglich sein. Zum Sichten des Fanges führt man eine weiße oder gelbe Schale mit. Lebende Imagines und größere Larven, die zur Atmung an die Oberfläche kommen, werden nicht in Wasser, sondern in Gefäßen transportiert, die lediglich feuchte Wasserpflanzen oder feuchtes Moos enthalten.

Fallenfang

Für fliegende Insekten haben sich wassergefüllte (vor allem gelbe) Farbschalen bewährt. Aufwendiger sind Fallen aus gekreuzten Kunstglasscheiben, die die Insekten nicht sehen, so daß sie dagegen prallen und durch einen darunter befindlichen Trichter in ein Fangglas fallen. Ebenso haben sich Fallen aus gekreuzten Leinwandflächen bewährt, denen die Tiere nach oben ausweichen, wodurch sie über einen darüber gespannten Leinwandtrichter in das an der Spitze angebrachte Fangglas geraten (Malaise-Falle). Die Fanggläser derartiger Fallen können z. B. Paradichlorbenzol (Globol) als Tötungsmittel enthalten.
Am Boden umherlaufende Tiere erhält man mit Hilfe von Marmeladengläsern, die so weit eingegraben werden, daß sie den Boden nicht überragen. Sie können trocken bleiben, mit entspanntem und mit Formol versetztem Wasser oder Äthylenglykol gefüllt sein und tagelang stehenbleiben. Eine Überdachung verhindert unerwünschtes Eindringen von Regenwasser. Bei manchen Insektengruppen bewährt sich das Einbringen von Ködern, z.B. Käse, in die Fallen.

Fensterfang

Für manche Insektengruppen, z. B. kleine Hautflügler, ist das Absuchen von Fenstern eine lohnende Fangmethode. So ergaben Wartehäuschen erstaunlich hohe Artenzahlen. Interessante, wenn auch nicht datierbare Funde macht man gelegentlich bei der Leerung undichter Lampenglocken.

Ködern

In erster Linie versteht man hierunter das seit Jahrzehnten geübte Anlocken von Schmetterlingen mit gärenden Stoffen. Auf der Grundlage von Honig oder Sirup mit dunklem Bier oder Wein, etwas Rum, Marmelade und womöglich weiteren Ingredienzien werden allerlei Erfolgsrezepte propagiert. Der «gereifte» Köder wird mit einem Pinsel etwa 10 cm breit und 20 cm hoch in Augenhöhe auf Baumstämmen oder Pfählen ausgebracht und nachts kontrolliert. Bewährt hat sich auch das Aufhängen von Schnüren mit getrockneten Apfelscheiben, die mit Ködersubstanz behandelt wurden.

Aussieben

Vor allem Käfersammler untersuchen siebend Genist und Bodenstreu. Beim normalen Käfersieb ist in einem etwa 80 cm langen Leinwandschlauch von 30 cm Durchmesser ein Sieb mit 5 mm Maschenweite eingenäht. Durchfallendes wird auf hellen Tüchern gesichtet oder in spezielle Geräte gefüllt, in denen die Tiere bei zunehmender Austrocknung in Fanggläser geraten.

Austreiben

Kleine Bodeninsekten, namentlich auch Collembolen, treibt man durch

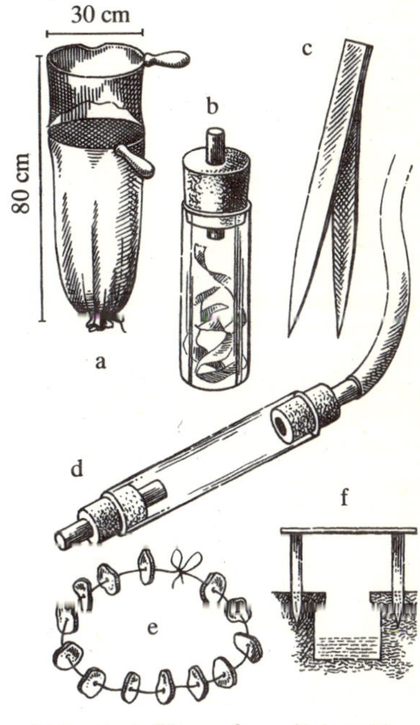

a Käfersieb; b Tötungsglas; c Federstahlpinzette; d Exhaustor; e Apfelringkette; f Bodenfalle (Querschnitt)

allmähliche, zum Austrocknen führende Erwärmung mit Hilfe einer Glühlampe aus Boden- oder Streuproben aus. Diese werden in ein Sieb gegeben, das in einem Trichter hängt, oder auf einem diesem aufliegenden Drahtnetz ausgebreitet. Die aus dem Trichter fallenden Tiere werden z. B. in Alkohol aufgefangen.

Lichtfang

Besonders geeignet sind Lichtquellen mit einem hohen Anteil kurzwelliger Strahlung einschließlich des UV-Bereiches. Man kombiniert die Lampen mit einem angeleuchteten weißen Tuch, von dem die gewünschten Insekten abgesammelt werden. Bei Mondschein und Wind ist der Lichtfang wenig ergiebig, durch benachbarte andere Lichtquellen wird er beeinträchtigt. Objekt des Lichtfanges sind vor allem Nachtschmetterlinge, Köcherfliegen, Wasserkäfer und Wanzen. Während manche Arten schon in der Abenddämmerung anfliegen, erscheinen andere erst nach Mitternacht.

Hilfsmittel

Oft benötigt man kleine Beile, Stecheisen, Taschenmesser und Pinzetten. Für die Arbeit mit zarten Insekten kommen vor allem weiche Federstahlpinzetten in Frage. Sehr kleine Insekten nimmt man zur Konservierung in Alkohol mit einem feuchten Pinsel auf. Ein vielseitiges Instrument, das sich z. B. bei der Auslese von Streifsackfängen bewährt hat, ist der Exhaustor, den man sich selbst bauen kann. Für Libellen und Kleinschmetterlinge werden kleine Glasröhrchen benötigt, in denen die Tiere einzeln lebend mitgenommen werden. Zum Larventransport eignen sich größere mit Luftlöchern versehene Schachteln oder Stoffsäckchen.

Abtötung

Es gibt keine für alle Gruppen gleich gut geeignete Methode. Nachteile können zu große, die Präparation erschwerende Starre und Farbveränderungen sein. Als Tötungsgläser verwendet man korkverschlossene weithalsige Gläser oder besser Plastgefäße (soweit diese nicht durch Essigäther gelöst werden). Kleine Insekten werden durch ein verkorktes Glasrohr eingeworfen, um eine hohe Konzentration des Tötungsmittels aufrechtzuerhalten. Die Gefahr gegenseitiger Beschädigung oder Verschmutzung der Insekten wird dadurch vermindert, daß man Holundermarkstückchen, Zellstoff- oder Papierstreifen in die Tötungsgläser einlegt.

Essigäther = Essigsäureäthylester = Äthylazetat wird auf absorbierendes Material, z. B. Zellstoff getropft, das am Boden oder auch im Stopfen des Tötungsglases untergebracht ist. Nach einigen Stunden kann Nachtropfen notwendig werden. Ein Überschuß an Essigäther, der zum Beschlagen des Glases führt, verklebt die Haare mancher Insekten. Zyankali, das früher viel benutzt und am Boden der Tötungsgläser eingegipst wurde, ist als Starkgift nur noch schwer beschaffbar und entbehrlich. Für Großschmetterlinge ist Tetrachlorkohlenstoff geeignet; für Käfer, Wanzen und Hautflügler benutzt man das Gas, das sich beim Verbrennen eines Stückchens Schwefelfaden (Imkerbedarf!) zu Beginn der Exkursion bildet und einige Stunden wirksam bleibt.

Tagfalter kann man durch leichtes Zusammendrücken des Thorax töten, nachdem die Flügel nach oben zusammengelegt wurden. Zur Abtötung großer Nachtschmetterlinge, die gegebenenfalls zuvor ganz kurz im Giftgas betäubt wurden, spritzt man mit einer sehr feinen Kanüle etwas Salmiakgeist von hinten in den Thorax ein. In Alkohol (70 %) werden Insekten im allgemeinen nur abgetötet, wenn keine Trockenpräparation vorgesehen ist. Er ist auch für unbegrenzte Aufbewahrung geeignet. Zugabe von Glyzerin und einigen Tropfen Eisessig erhält Imagines und Larven geschmeidig. Kochendes Wasser ist zur Abtötung von Raupen und anderen Larven geeignet, die später in Alkohol aufbewahrt werden sollen und ohne diese Vorbehandlung leicht schwarz werden. Heißes Wasser ist auch zu empfehlen, wenn nur ausnahmsweise ein Insekt zur näheren Untersuchung getötet werden soll.

Präparation

Die gebräuchlichste Präparation ist das Nadeln. Es gibt Nadeln verschiedener Stärke. Benötigt werden vor allem Nadeln der Größe 00 bis 3. Mit der Nadel wird der Thorax, bei Käfern die rechte Flügeldecke durchstochen. Die Tiere sollen waagerecht und gleichmäßig so hoch an der Nadel sitzen, daß von dieser etwa ein Drittel oben herausragt; oft muß der Hinterleib bis zum Austrocknen gestützt werden. Die Fühler und bei nicht gespannten Arten auch die Beine werden gleichmäßig ausgerichtet. Das Spannen der Flügel ist bei Schmetterlingen allgemein üblich, es wird aber auch bei anderen Insekten erforderlich, wenn es auf Bestimmungsmerkmale ankommt, die nur an ausgebreiteten Flügeln erkennbar sind. Wenigstens bei Schmetterlingen sind dazu Spannbretter, Spannstreifen und Spann- oder Glaskopfnadeln erforderlich. Bei Faltern bilden die Hinterkanten der Vorderflügel mit dem Körper einen rechten Winkel.

Manche großen Insekten (Heuschrekken, Libellen, Ölkäfer u. a.) müssen nach Entfernung der Eingeweide mit sterilisierter Watte ausgestopft werden. Für die Nadelung sehr kleiner Insekten gibt es besonders feine, als Minutienstifte bekannte Nadeln, die mit Hilfe von Klötzchen, z. B. aus Birkenporlingen oder festem Schaumpolystyrol, an normalen Insektennadeln befestigt werden. Sehr kleine Insekten lassen sich auch auf spezielle Kartonplättchen kleben, die ebenfalls genadelt werden. Die Art des Aufklebens hängt davon ab, ob man für die Bestimmung auch Merkmale an der Bauchseite benötigt. In vielen Insektengruppen ist eine Bestimmung nur mit Hilfe von mikroskopischen Präparaten möglich.

Etikettierung

Unterhalb des Insektes wird auf der Nadel das Fundortetikett angebracht, dem man Ort, Datum und Name des Sammlers entnehmen kann; bei kleinen Orten werden auch Bezirk, Land oder Gebirge angegeben. Zusätzliche Vermerke

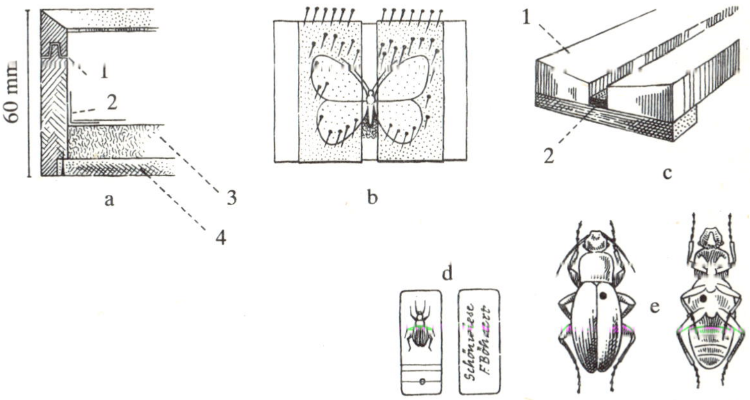

a Konstruktionsskizze für einen Insektenkasten: 1 Nut und Feder; 2 Papier; 3 Schaumstoff; 4 Sperrholz oder Hartfaserplatte; b unter Spannstreifen trocknender Falter; c Spannbrett: 1 Weichholz; 2 Schaumstoff oder Kork; d aufgeklebter Käfer und Fundortetikett; e Nadelung eines Käfers (Rücken und Bauchseite)

wie z. B. Fraßpflanze oder Wirt des Parasiten sind besonders wertvoll. Entsprechende Angaben sind auch anders aufbewahrten Insekten beizufügen. Sammlungen ohne Funddaten sind wissenschaftlich wertlos. Nach Bestimmung bekommt das Insekt ein zweites Etikett, das ebenfalls an der Nadel angebracht wird und erkennen lassen sollte, wer die Bestimmung vorgenommen hat.

Aufbewahrung

Genadelte Insekten sind lichtgeschützt in trockenen Räumen und in dichtschließenden Insektenkästen aufzubewahren, die nur von spezialisierten Betrieben in der erforderlichen Qualität hergestellt werden können. Als Einlage verwendet man heute meist weiße Schaumstoffplatten, die das Auskleben mit weißem (naß verarbeitetem und nur an den Rändern angeklebtem) Papier entbehrlich machen. Jeder trockenen Insektensammlung droht der Fraß durch Kabinettkäferlarven und andere Schädlinge. Vorbeugend befestigt man in den Kästen ein Stück eines zum Schutz von Pelzen und Textilien mit einem Insektizid präparierten Papierstreifens. Das für diesen Zweck altbewährte Paradichlorbenzol greift Polystyrol an.

Wir bestimmen Insekten Mitteleuropas

Apterygota Ur-Insekten

Als Ur-Insekten faßt man die folgenden 5 Ordnungen zusammen, die, obwohl sie nicht näher miteinander verwandt sind, gemeinsame Merkmale besitzen. Alle sind primär flügellos, d. h., auch ihre Vorfahren haben nie Flügel besessen, während die Flügellosigkeit von Flöhen, Läusen und vielen Arten anderer Ordnungen sekundär, d. h. durch Rückbildung entstanden ist. Ein weiteres ursprüngliches Merkmal der Apterygoten ist der Besitz von umgebildeten oder nur noch in Resten vorhandenen Abdominalextremitäten, meist auch von ausstülpbaren Bläschen oder Schläuchen an der Bauchseite des Hinterleibes. Von anderen Insekten unterscheiden sich die Ur-Insekten noch dadurch, daß sie sich zeitlebens häuten.

Schließlich sind sie durch Besonderheiten der Sexualbiologie ausgezeichnet. Eine eigentliche Paarung gibt es bei ihnen nicht. Vielmehr setzt das Männchen an Stielen oder Gespinstfäden Spermatröpfchen ab, die das Weibchen in seine Geschlechtsöffnung aufnimmt. Die meisten Collembolen und die Dipluren setzen diese unabhängig von der Anwesenheit von Weibchen ab: An geeigneten Stellen wird ein gewisser Vorrat unterhalten, wobei die Männchen alte Tropfen fressen und durch neue ersetzen.

Bei einer Kugelspringerart wird dagegen zunächst ein Weibchen aufgesucht und dieses dann mit Spermatröpfchen umstellt. Beim Schwarzen Wasserspringer und bei manchen Kugelspringern, die frei an Blättern leben, sichert ein kompliziertes Verhalten beider Partner, daß das Sperma unmittelbar nach dem Absetzen aufgenommen wird. Das Männchen von *Sminthurides aquaticus* (7) packt das Weibchen mit seinen Klammerantennen und sucht es über den Spermatropfen zu führen. Komplizierte Balzhandlungen zur Sicherung der schnellen Spermaaufnahme gibt es auch bei Felsenspringern und Fischchen. Das Felsenspringer-Männchen hält dabei einen mit dem anderen Ende am Boden befestigten Faden fest, an dem es Spermatröpfchen abgesetzt hat.

Daß die Ur-Insekten trotz ihrer Gemeinsamkeiten keine natürliche Einheit bilden, findet seinen Ausdruck in der mitten durch sie hindurchgehenden Grenzziehung zwischen den heute weitgehend anerkannten Unterklassen der Insekten: Die ersten 3 Ordnungen gehören zu den Sackkieflern (*Entognatha*), deren Mundwerkzeuge von der Kopfkapsel umwachsen sind, die anderen zu den Freikieflern (*Ektognatha*), bei denen sie ebenso frei liegen wie bei den *Pterygota*. Teilweise faßt man diese Ordnungen auch als Unterklassen auf. Alle Pterygoten bilden dann die 6. Unterklasse.

Spezielle Literatur

Gisin, H.: Collembolenfauna Europas. Genf 1960

Paclt, J.: Biologie der primär flügellosen Insekten. Jena 1956

Palissa, A.: Apterygota – Urinsekten. Die Tierwelt Mitteleuropas, 4, la, Berlin 1964

Schaller, F.: Collembola (Springschwänze). Handbuch der Zoologie, 4 (2) 2/1, 1–72, Berlin 1970

Sedlag, U.: Ur-Insekten. Leipzig 1953

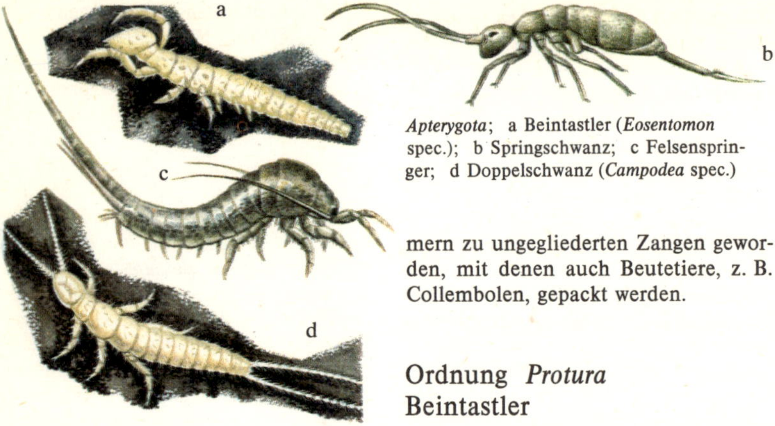

Apterygota; a Beintastler (*Eosentomon* spec.); b Springschwanz; c Felsenspringer; d Doppelschwanz (*Campodea* spec.)

Ordnung *Diplura* Doppelschwänze

Auf der Erde gibt es etwa 500, vorwiegend in wärmeren Gebieten beheimatete und an feuchte Böden gebundene, durchweg schlanke und blinde Dipluren. In Mitteleuropa sind sie vor allem durch die zarten, ohne Anhänge meist 3 bis 4 mm langen, weißen oder gelblichen Vertreter der Familie *Campodeidae* vertreten. Ihre ungewöhnlich langen Cerci werden als nach hinten gerichtete Fühler benutzt. Bei Fang und Transport brechen sie ebenso wie die perlschnurartigen Fühler leicht ab. Vertreter dieser Familie findet man vor allem in Wäldern unter Steinen, Laub und Moos. Häufig bewohnen sie auch Ameisennester. Soweit bekannt, besteht die Nahrung aus Pilzhyphen, pflanzlichem und tierischem Abfall, doch gibt es auch Hinweise auf räuberische Lebensweise. In Mitteleuropa kennt man etwa 10 nur an subtilen Merkmalen unterscheidbare Arten der Familie *Campodeidae*.

Nur im Süden des Gebietes kommen einige bis etwa 11 mm lange Vertreter der in Subtropen und Tropen auch wesentlich größeren räuberischen Zangenschwänze (*Japygidae*) vor. Bei diesen sind die Cerci ähnlich wie bei Ohrwürmern zu ungegliederten Zangen geworden, mit denen auch Beutetiere, z. B. Collembolen, gepackt werden.

Ordnung *Protura* Beintastler

Proturen sind Bodenbewohner, die man im Freien selbst bei spezieller Nachsuche kaum zu Gesicht bekommt, da sie wegen ihrer geringen, kaum 2 mm überschreitenden Größe und ihrer langsamen Bewegungen übersehen werden. Man begegnet ihnen, obwohl sie z. B. auch unter der Rinde vermodernder Baumstümpfe leben, fast nur beim Austreiben von Bodentieren durch Licht und Wärme (vgl. S. 53). Die Zuordnung der Proturen zu den Insekten ist etwas fragwürdig: Ihnen fehlen außer den Augen auch Fühler, die durch die zu beiden Seiten des Kopfes erhobenen Vorderbeine ersetzt werden. Proturen gehen also auf 4 Beinen. Eine weitere Besonderheit ist es, daß die volle Segmentzahl erst im Lauf der Jugendentwicklung erreicht wird. Früher nahm man an, daß die Beintastler räuberisch leben. Hierüber liegen jedoch keine Beobachtungen vor und inzwischen steht fest, daß sie Pilzfäden aussaugen. Über die Fortpflanzungsbiologie ist kaum etwas bekannt. In Mitteleuropa gibt es etwa 30 Arten.

Ordnung *Collembola* Springschwänze

Collembolen sind die ältesten, schon aus dem Devon bekannten Insekten und dürften individuenreicher sein als alle anderen Ordnungen. Der deutsche Name bezieht sich auf die Fähigkeit, mit Hilfe einer auf den Boden aufgeschlagenen Sprunggabel zu springen, wobei es sich fast ausnahmslos um ungerichtete Fluchtsprünge handelt. Die Sprunggabel ist bei den Bewohnern des Lückensystems des Bodens nur kurz oder völlig rückgebildet. Da die Tiere mit zunehmender Anpassung an das unterirdische Leben mehr oder weniger vollständig auch Augen (2 Gruppen von maximal 8 Einzelaugen) und Pigmente verloren, Antennen und Beine verkürzt haben, lassen sich tiefenabhängige Lebensformen unterscheiden.

Die Verkürzung des Abdomens auf 6 Segmente und der Besitz des Ventraltubus oder wenigstens seiner Bläschen sind dagegen Gemeinsamkeiten aller Collembolen. Die Segmentgrenzen sind allerdings nur bei den langgestreckten *Arthropleona* zu erkennen, bei den Kugelspringern (*Symphypleona*) dagegen verwischt. Die ausstülpbaren Bläschen des aus Beinanlagen des 1. Abdominalsegmentes hervorgegangenen Ventraltubus können Feuchtigkeit aufnehmen, sich an der Atmung beteiligen (die meisten Collembolen haben keine Tracheen!) und nach einem Sprung zum Festhalten an Pflanzenteilen oder glatten Flächen benutzt werden. Die langen Schläuche der Kugelspringer sind zudem Putzorgane, mit denen wenigstens bei einer Art selbst der kugelige Rücken abgerieben wird!

Oberirdisch lebende Collembolen haben oft auffallende, teilweise sehr variable Zeichnungen; sie können stark behaart oder beschuppt sein. Bei *Orchesella* hat man bis zu 50 Häutungen festgestellt.

Viele Collembolen sind Feuchtlufttiere (u. a. wohl wegen der unadressiert abgesetzten Spermatröpfchen, s. S. 57). Besonders zahlreich sind sie in der Laub- und Nadelstreu der Wälder oder in Komposthaufen. Manchmal gibt es auf einem Quadratmeter mehrere zehntausend. Bei Streifsackfängen von Gras und Kräutern gehen oft vorwiegend Kugelspringer ins Netz. Einige Springschwanzarten leben bevorzugt unter Borke oder sogar in Baumkronen, einige andere auf Wasserpflanzen und auf der Wasseroberfläche. Nicht selten begegnet man Collembolen als Mitbewohnern von Blumentöpfen oder im Keller. Eine kleine silbriggraue Art lebt häufig, aber stets vereinzelt in Wohnräumen. Springschwänze erscheinen gelegentlich massenhaft auf dem Schnee, der Gletscherfloh (*Isotoma saltans*) der Alpen bewohnt sogar ständig das Eis und den Schnee der Gletscheroberflächen.

Collembolen ernähren sich von allem möglichen Abfall, von Algen und Pilzen. Gelegentlich werden sie auch durch Anfressen von Pflanzen schädlich.

Es gibt etwa 4 000 Collembolenarten, von denen etwa 300 in Mitteleuropa leben. Die Artbestimmung ist weitgehend nur Spezialisten möglich. Sie erfordert fast immer sorgfältige Präparation und mikroskopische Untersuchung. Andererseits ist es nicht schwer, vor allem größere und auffällige Formen der richtigen Gattung zuzuordnen. Bodencollembolen sind meist weniger als 2 mm groß. In der Laubstreu und an Pflanzen gibt es eine Reihe von Arten, die bis etwa 5 mm lang werden, einige wenige werden noch etwas größer. Kugelspringer überwintern überwiegend im Ei, fast alle *Arthropleona* sind dagegen auch im Winter aktiv, solange die Temperaturen in ihrem Lebensraum nicht so weit absinken, daß sie in Starre verfallen.

Unterordnung *Arthropleona*

Familie *Poduridae*

1 *Podura aquatica*
Schwarzer Wasserspringer

In Ufernähe oft massenhaft auf Wasserlinsen und frei auf der Wasseroberfläche. Blauschwarz, aber auch rostrot. Bis 1,5 mm.

Familie *Hypogastruridae*

2 *Hypogastrura armata*
In der Gattung *Hypogastrura* zahlreiche ähnliche, bis 2 mm lange Arten mit warziger Haut. Antennen und Sprunggabel kurz, Hinterende mit 2 Dornen. In humusreicher Erde, im Moos und in Champignonkulturen. Manche Arten vor allem im Winter zahlreich und gelegentlich massenhaft auf Schnee.

Familie *Onychuridae*

3 *Onychiurus armatus*
Blinder und pigmentloser Bodenbewohner. Sprunggabel völlig rückgebildet. Auch in der Laubstreu und in Blumentöpfen. Meist unter 2 mm.

Familie *Entomobryidae* Laufspringer

4 *Entomobrya muscorum*
Ebenso wie andere *Entomobrya*-Arten weniger von hoher Luftfeuchtigkeit abhängig als die meisten anderen Springschwänze. In der Waldstreu, oft auch auf krautigen Pflanzen oder Sträuchern. 2 bis 3,5 mm.

5 *Orchesella villosa*
Antennen wie bei anderen, hauptsächlich durch ihre Färbung unterscheidbaren *Orchesella*-Arten 6gliedrig (bei fast allen anderen Collembolen nur mit 4 Gliedern). Bis 5 mm große, in der Laubstreu häufige Art.

Familie *Tomoceridae* Ringelhörnler

6 *Tomocerus* spec.
Beispiel für die in Laubstreu und Komposthaufen häufigen Ringelhörnler. Die einzelnen Arten sind nur durch mikroskopische Merkmale unterscheidbar. Alle sind bleigrau beschuppt. Bei Fang und Transport gehen die Schuppen leicht verloren, Tiere dann graugelb, bei Lebendhaltung aber nach einigen Tagen mit neuem Schuppenkleid. Antennen durch Ringelung des 3. und 4. Gliedes scheinbar vielgliedrig. Oft werden sie etwas eingerollt: Collembolen und Dipluren haben eine die ganze Antenne durchziehende Muskulatur, während die Antennen aller anderen Insekten nur bis ins 2. Glied mit Muskeln versorgt sind. Bis 6,5 mm.

Unterordnung *Symphypleona* Kugelspringer

Familie *Sminthuridae*

7 *Sminthurides aquaticus*
Wasserkugelspringer
Rückenzeichnung variabel. Häufig auf der Wasseroberfläche und auf Wasserpflanzen. Männchen mit Klammerantennen, viel kleiner als das Weibchen. Fortpflanzungsbiologie s. S. 57. Gehört ebenso wie *Podura aquatica* (1) zu den wenigen Springschwänzen, die sich springend gradlinig fortbewegen können. 0,5 bzw. 1 mm. Der Wasserkugelspringer siedelt sich oft in Gartenteichen an. In Aquarien kann man ihn leicht auf Wasserlinsen züchten, so daß es unschwer möglich ist, sein interessantes Verhalten zu beobachten.

Ordnung *Archaeognatha* Felsenspringer

9 bis 23 mm lange, auf grauer oder brauner Grundfarbe gemusterte, glänzend beschuppte Ur-Insekten mit 3 langen Schwanzanhängen. Wie die *Pterygota* haben die Felsenspringer Komplexaugen und 3 Punktaugen, auch die Mundwerkzeuge sind ähnlich wie bei diesen gebaut, doch sind die Kiefertaster ungewöhnlich groß, so daß sie an Beine erinnern. Der Hinterleib trägt griffelförmige Extremitätenreste und eine Anzahl von Bläschen, die durch Blutdruck ausgestülpt werden können. Bei Beunruhigung machen die Tiere nach Aufbuckeln kleine Sprünge.
Bei Fang und Transport gehen die

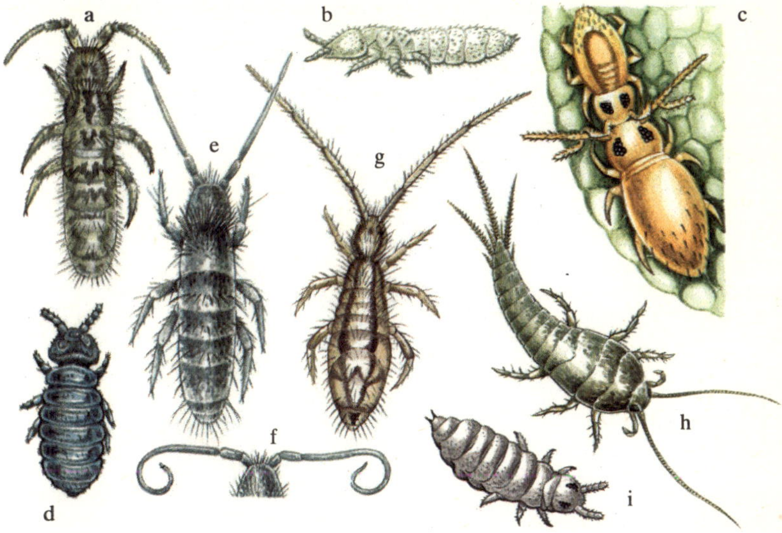

a 5 *Orchesella villosa*; b 3 *Onychiurus armatus*; c 7 *Sminthurides aquaticus*; d 1 *Podura aquatica*; e, f 6 *Tomocerus* spec. g 4 *Entomobrya muscorum*; h 8 *Lepisma saccharina*; i 2 *Hypogastrura armata*

Schuppen leicht verloren. Felsenspringer sind vor allem Gebirgsbewohner, aber auch an felsigen Hängen von Flußtälern des Tieflandes, an Felsen und Strandbefestigungen der Meeresküste, stellenweise auch am Waldboden zu finden. Obwohl vorwiegend nachtaktiv, sind sie gelegentlich in hellem Sonnenschein anzutreffen. An die Luftfeuchtigkeit stellen sie keine hohen Anforderungen.
Die Nahrung besteht überwiegend aus Algen und Flechten. Man kann Felsenspringer jedenfalls monatelang halten, wenn man sie mit algenüberzogenen Borkenspänen versieht. Die etwa 15 mitteleuropäischen Arten und ihre Verbreitung sind ungenügend bekannt.

Ordnung *Zygentoma* Fischchen

Die Fischchen haben eine gewisse Ähnlichkeit mit den Felsenspringern, sind aber abgeflacht, ihnen fehlt das Sprungvermögen und die Kiefertaster sind kürzer. Die Augen sind klein, sie können auch völlig fehlen. Die (mitteleuropäischen) Fischchen sind silbrigweiß oder gelblich beschuppt, zusätzlich tragen sie Borsten, die in Kämmen oder Büscheln angeordnet sein können. Als wärmeliebende Tiere sind die wenigen mitteleuropäischen Arten an Häuser oder Ameisennester gebunden. Infolge ihres Zusammenlebens mit Menschen werden gelegentlich exotische Arten eingeschleppt.

8 *Lepisma saccharina* **Silberfischchen**

Weltweit verschleppte, in den meisten Wohnungen vorkommende und manchmal lästige Art. Die nachtaktiven Tiere fressen z. B. Mehl und Zukker. Sie können aber auch Zellulose verdauen und Papier (vor allem des Leimes wegen) einschließlich Fotografien zerstören. Gelegentlich gibt es Schäden an Textilien. Die Jungtiere sind anfangs unbeschuppt; Silberfischchen können mehrere Jahre alt werden. Bis 11 mm.

Pterygota Geflügelte Insekten

Ordnung *Ephemeroptera* Eintagsfliegen

Eintagsfliegen sind unter den geflügelten Insekten die urtümlichsten. Bereits vor über 200 Millionen Jahren gab es Eintagsfliegen.

Als Relikte einer längst vergangenen Fauna haben sie verschiedene ursprüngliche Merkmale beibehalten, die sie unverwechselbar machen: Die nicht über dem Abdomen zusammenlegbaren Flügel sind reich und durch viele Queradern netzartig geadert, die Geschlechtsöffnungen sind paarig ausgebildet und das 10. Hinterleibssegment trägt 2 lange Cerci, außerdem meist noch einen mittleren «Schwanzanhang», den Terminalfaden.

Eintagsfliegen findet man an fließenden und stehenden Gewässern, aus denen sie nach dem Abstreifen der letzten Larvenhülle zu ihrem sprichwörtlich gewordenen kurzen Luftleben aufsteigen. Einzigartig ist es, daß das als Subimago bezeichnete frischgeschlüpfte Tier sich nach kurzer Zeit noch einmal häutet, womit es zur fortpflanzungsfähigen eigentlichen Imago wird. Eintagsfliegen schlüpfen meist in den Abend- und Nachtstunden. Ein faszinierendes Schauspiel sind ihre Tänze, zu denen sich vor allem die Männchen zusammenfinden. Mit flatterndem Flügelschlag steigen sie steil aufwärts, worauf sie, durch die gespreizten Flügel und «Schwanzanhänge» gebremst, langsam wieder herabsinken. Die später hinzufliegenden Weibchen werden von den Männchen mit den verlängerten Vorderbeinen ergriffen und in der Luft begattet. Nach der Kopulation beginnt die Eiablage, danach sterben die Weibchen ab. Die Lebensdauer der Tiere ist je nach der Art sehr unterschiedlich. Sie kann nur einige Stunden währen, besonders bei den Arten, die im Sommer plötzlich massenhaft an Flüssen und Strömen auftreten, bei anderen Arten leben die Weibchen mehrere Tage oder sogar Wochen. Ihre zahlreichen Eier – oft einige Tausend – werden immer ins Wasser abgelegt. Die aus dem Ei schlüpfende Larve besitzt noch keine Kiemen. Erst im Zuge der schnell aufeinanderfolgenden ersten Häutungen nehmen Tracheenkiemen, Schwanzfäden und Fühler ihre charakteristische Gestalt an. Insgesamt häutet sich die Larve 10- bis 20mal. Die oft massenhaft vorhandenen Eintagsfliegenlarven sind eine wichtige Nahrungsgrundlage für andere Wasserbewohner, nicht zuletzt Fische. Der Entwicklungszyklus dauert in der Regel 1 Jahr. Die Larven leben hauptsächlich unter Steinen, an Pflanzen und in den Schlamm- und Sandablagerungen von Fließgewässern. Sie sind an ihre Umgebung hervorragend angepaßt. Bereits an der Körperform läßt sich erkennen, ob sie eine grabende, schwimmende oder kriechende Lebensweise führen. Ihre Nahrung besteht meist aus Algen und Detritus. Nur wenige Arten leben als Räuber. Alle Eintagsfliegenlarven atmen durch abdominale Tracheenkiemen, die aus 2 Teilen bestehen und gattungstypisch geformt sind. Viele Arten können ihre Kiemen bewegen. Durch synchronen Kiemenschlag wird ein Wasserstrom erzeugt, der sauerstoffreiches Wasser heranführt. Kurz vor dem Schlupf entwickelt das letzte Larvenstadium zwischen der alten und neuen Haut reichliche Mengen von Gas. Hierdurch wird es an die Wasseroberfläche emporgehoben. Innerhalb weniger Sekunden schlüpft dann die Subimago, die sofort flugfähig ist. Sie unterscheidet sich von der Imago durch die kurzen Vorderbeine und den beim Männchen noch nicht freiliegenden Genitalapparat, durch getrübte und fein behaarte Flügel und viel kürzere Cerci.

Aus Europa sind gegenwärtig rund 200 Arten bekannt. Ein großer Teil davon besiedelt nur die kalten Fließgewässer der Hoch- und Mittelgebirge. Viele Bewohner der größeren Flüsse sind in den letzten Jahren auf Grund der sich verschlechternden Wasserqualität immer seltener geworden oder in weiten Gebieten gänzlich ausgestorben. Nicht selten entwickeln sich Eintagsfliegen auch massenhaft in Gartenteichen oder größeren Gießwasserbehältern.

Familie *Ephemeridae*

9 *Ephemera danica*
16 bis 22 mm. Die Art ist an den Fließgewässern des Tieflandes ebenso anzutreffen wie an denen der Mittelgebirge. Die Larven leben in den sandigen und lehmhaltigen Anschwemmungen der Bäche und Flüsse in selbstgegrabenen Tunneln. Sie ernähren sich hauptsächlich von den Detritusbeimengungen des Bodens. 300 bis 400 Larven pro m^2 sind keine Seltenheit. Ihre Entwicklung dauert je nach Temperatur und Ernährungsbedingungen 1 bis 3 Jahre. Im Winter stagniert das Wachstum. Wegen der verzögerten Schlupfzeiten der Junglarven eines Geleges findet man meist Larven in allen Größen nebeneinander. Die Imagines fliegen in den Monaten Mai bis Juli.

10 *Ephemera vulgata*
14 bis 22 mm. Im Gegensatz zu *E. danica* (9) besiedelt sie vorzugsweise stehende Gewässer. Die Männchen tanzen in den Abendstunden dicht über der Ufervegetation. Ihre Lebensdauer beträgt 2 bis 3 Tage. Flugzeit Mai bis August.

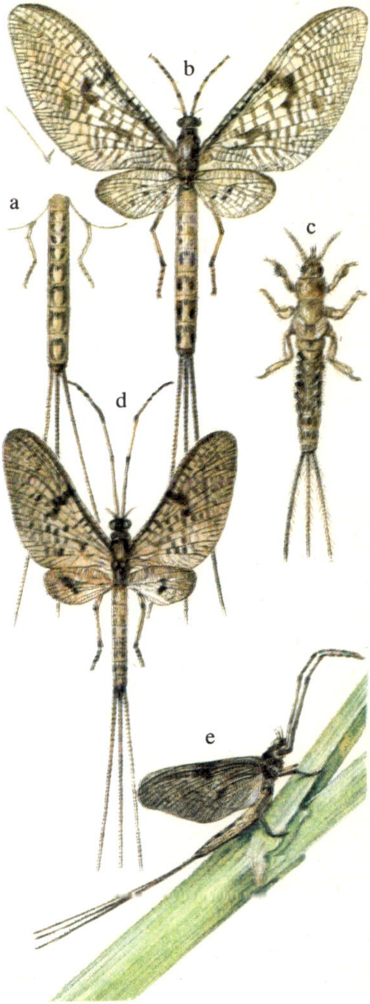

a 10 *Ephemera vulgata*; b–e 9 *Ephemera danica* b ♀; c Larve; d, e ♂

Familie *Heptageniidae*

11 *Heptagenia sulphurea*
7 bis 12 mm. In den Fließgewässern des Tieflandes sind die Larven stets in großer Zahl zu finden. Sie leben besonders an Steinen und an im Boden verankerten Holzteilen. Ihr abgeplatteter Körper bietet dem strömenden Wasser kaum eine Angriffsfläche, so daß sie sich auch bei starker Strömung auf den Steinen umherbewegen können. Flugzeit Mai bis Oktober.

Familie *Siphlonuridae*

12 *Siphlonurus lacustris*
10 bis 13 mm. Die Larven besiedeln besonders vegetationsreiche Stellen in den Fließgewässern der Ebene und der Mittelgebirge. Sie können im freien Wasser geschickt schwimmen. Dabei

dienen die «Schwanzborsten», die reich gefiedert sind, als Ruder. Flugzeit Mai bis Juli.

Familie *Baëtidae*

13 *Baëtis rhodani*
Die 5,5 bis 9 mm lange Art ist weit verbreitet und häufig. Bei den Männchen sind die Augen geteilt. Der obere Teil erinnert in seiner Form an einen Turban (Turbanaugen), ist gelb gefärbt und viel größer als der untere Teil, der gewöhnlich eine ovale Form besitzt. Die Weibchen kriechen zur Eiablage unter Wasser. Flugzeit März bis Oktober.

14 *Cloëon dipterum*
Die Weibchen dieser 8 bis 10 mm langen Art leben mit 10 bis 14 Tagen wesentlich länger als die Mehrzahl der anderen Arten, da nach erfolgter Begattung die Embryonalentwicklung der Brut im Körper des Weibchens abläuft. In dieser Zeit kann es sich kilometerweit vom Entwicklungsort entfernen und neue Gewässer aufsuchen. Schließlich entläßt es, über dem Wasser fliegend, 600 bis 700 Junglarven. In stehenden und langsam fließenden Gewässern ist die Art überall zu finden. Flugzeit Juni bis September.

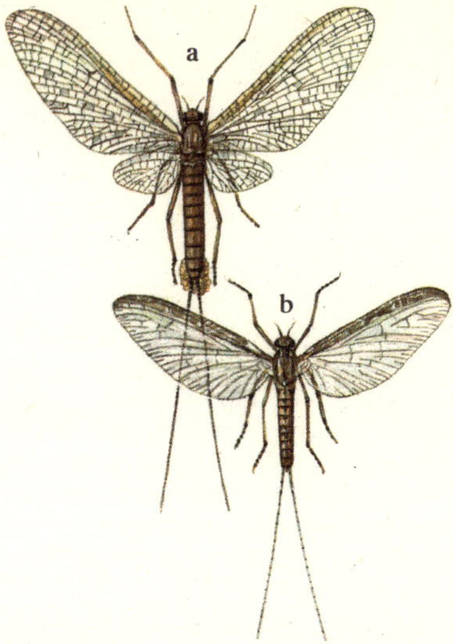

a 11 *Heptagenia sulphurea*; b 14 *Cloëon dipterum*

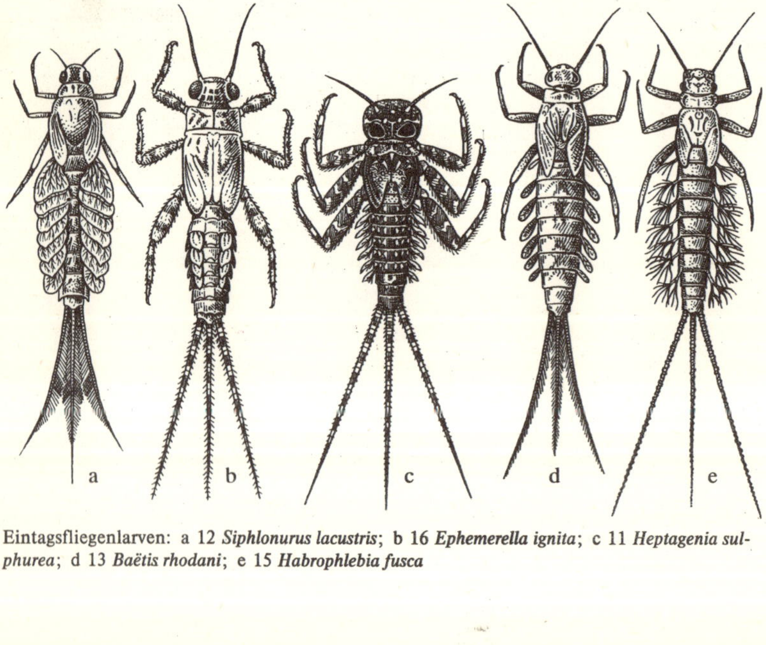

Eintagsfliegenlarven: a 12 *Siphlonurus lacustris*; b 16 *Ephemerella ignita*; c 11 *Heptagenia sulphurea*; d 13 *Baëtis rhodani*; e 15 *Habrophlebia fusca*

Familie *Leptophlebiidae*

15 *Habrophlebia fusca*
6 bis 7 mm. Die Larven leben hauptsächlich in langsam fließenden Gewässern. Sie gehören zum Typ der kriechenden Larven. Flugzeit Mai bis Juli.

Familie *Ephemerellidae*

16 *Ephemerella ignita*
7 bis 11 mm. Die Larven sind schlechte Schwimmer. Sie laufen und kriechen auf dem Gewässerboden und in den Pflanzenbeständen umher und ernähren sich sehr vielseitig (omnivor). Flugzeit Mai bis September.

Ordnung *Odonata* Libellen

Mittelgroße bis große räuberische Insekten mit großen Augen und winzigen Antennen. Verwechslung allenfalls mit Ameisenjungfern möglich (diese mit keulig verdickten Antennen und unbeholfen wirkendem Flug, vgl. S. 186). Abgesehen von den 2 als Imago überwinternden Kleinlibellenarten, fliegen Libellen kaum vor Anfang Mai, die letzten im Oktober, manchmal Anfang November. Großlibellen jagen oft kilometerweit vom Wasser entfernt, dadurch wird die Besiedlung neu entstandener Gewässer begünstigt.
Die Beute wird im Flug unter Mithilfe der Beine, die einen Fangkorb bilden, gepackt; zum Gehen sind die Beine (wie bei Seglern und Kolibris!) nicht mehr tauglich. An Gewässern besetzen die Männchen von Groß- und Prachtlibellen Reviere, in denen sie stundenlang patrouillieren; dabei kommt es oft zu Luftkämpfen zwischen Rivalen. Vor der Paarung oder in ihrer Anfangsphase verlagert das Männchen seinen Spermienvorrat in eine Begattungstasche an der Basis des Hinterleibs. Das mit dem Klammerorgan der Hinterleibsspitze «im Genick» gepackte Weibchen biegt sein Abdomen nach vorn, so daß die Spermien von dort in seine Geschlechtsöffnung übergepumpt werden können. Bemerkenswert sind Flugtüchtigkeit und Aufmerksamkeit der auf diese Weise gebildeten «Paarungsräder». Seit den letzten Jahren wissen wir, daß die meiste Zeit der bis zu 45 Minuten dauernden Paarung dazu dient, fremde Spermien in der Samentasche des Weibchens mit Hilfe besonderer Einrichtungen am Kopulationsorgan des Männchens unbrauchbar zu machen oder zu entfernen. Dadurch hat das spezielle Revierverhalten vieler Männchen oder die Bewachung der Weibchen eine unvermutete Erklärung gefunden.
Bei vielen Arten behält das Männchen seinen Nackengriff bis zur Eiablage bei, bei anderen begleitet es das Weibchen zum Ablageort, ohne mit ihm gekoppelt zu sein. Die Eier werden von manchen Arten im Flug abgeworfen (Wippbewegungen von Heidelibellen im «Tandemflug»!), von anderen nach völligem Untertauchen oder unter Eintauchen der Hinterleibsspitze in Wasserpflanzen oder morsches Holz versenkt, von einigen auch in Uferpflanzen abgelegt (z. B. von *Chalcolestes viridis* unter die Rinde von Weide, Erle und anderen Gehölzen).
Die Larven leben durchweg im Wasser. Die der Großlibellen sind gedrungen, dagegen sind Kleinlibellenlarven sehr schlank und an 3 Ruderblättchen am Hinterleibsende leicht von ihnen zu unterscheiden. 7 bis 15 Häutungen, Entwicklung in 1 bis 5 Jahren.
Die Beute, zu der auch Kaulquappen und Fische, im übrigen Insekten und Würmer gehören, wird mit einer aus der Unterlippe gebildeten vorschnellbaren Fangmaske gepackt; bei ihrer Überwältigung können von Großlibellen die am Hinterleibsende stehenden Dornen eingesetzt werden (keine Giftstachel!). Darmatmung: in den Enddarm aufgenommenem Wasser wird durch zahlreiche, dem Darm anliegende Tracheen Sauerstoff entzogen. Durch schnelles Entleeren des Atemwassers ist bei den

Großlibellen ein Rückstoßschwimmen möglich. Kleinlibellenlarven schwimmen mit Schlängelbewegungen, zur Atmung benutzen sie auch ihre Ruderblättchen.

Die Imaginalhäutung erfolgt fast stets ein Stück über der Wasseroberfläche an Wasserpflanzen, an denen man oft zahlreiche leere Häute (Exuvien) findet. Die Imagines sind erst nach Stunden, meist erst am nächsten Tag voll flugfähig und ausgefärbt.

In Mitteleuropa fast 80 bodenständige Arten. Durch Vernichtung von Feuchtbiotopen, Flußbegradigungen und Wasserverschmutzung sind nicht wenige davon selten geworden und gebietsweise ausgestorben. Besonders betroffen sind Arten, die sich in Fließgewässern entwickeln. Einigen Arten kann man durch Anlage von Gartenteichen Lebensmöglichkeiten bieten.

Spezielle Literatur

Franke, U.: Bestimmungsschlüssel mitteleuropäischer Libellen-Larven. Stuttgart 1979

Hammond, C. O.: The Dragonflies of Great Britain and Ireland. London 1977

Jacob, U.: Untersuchungen zu den Beziehungen zwischen Ökologie und Verbreitung heimischer Libellen. – Faun. Abh. Mus. Tierk. Dresden 2, Nr. 24, S. 197–239; 1969

Jurzitza, G.: Unsere Libellen. Stuttgart 1978

Knapp, E.; Krebs, A. und Wildermuth, H.: Libellen. Neujahrsblatt der Naturforschenden Gesellschaft Schaffhausen, Nr. 35/1983

Naumann, H.: Wasserjungfern oder Libellen. Leipzig 1952

Schiemenz, H.: Die Libellen unserer Heimat. Jena 1953

Bestimmungstabelle der Familien (Vollinsekten)

1 Vorder- und Hinterflügel von fast gleicher Form, in Ruhe nach oben aneinandergelegt oder schräg nach hinten ausgebreitet, Augen berühren sich nicht; Hinterleib sehr schlank
Zygoptera Kleinlibellen 2

1′ Vorder- und Hinterflügel nicht gleich, insbesondere die Hinterflügel an der Basis unten ausgebuchtet; Ruhestellung mit ausgebreiteten, seitwärts gerichteten Flügeln; Augen berühren sich oben (außer *Gomphidae*); Hinterleib kräftiger, oft breiter als hoch
Anisoptera Großlibellen 5

2 Flügel ganz oder teilweise dunkel getönt, Flügelmal fehlend bzw. weißlich; Körper metallisch blaugrün, über 45 mm
Calopterygidae Prachtlibellen (S. 67)

2′ Flügel ungefärbt, glasklar; Flügelmal dunkel; Körper kleiner, bis 45 mm 3

3 Unter dem Flügelmal 2 bis 3 Zellen
Lestidae Teichjungfern (S. 68)

3′ Unter dem Flügelmal nur eine Zelle 4

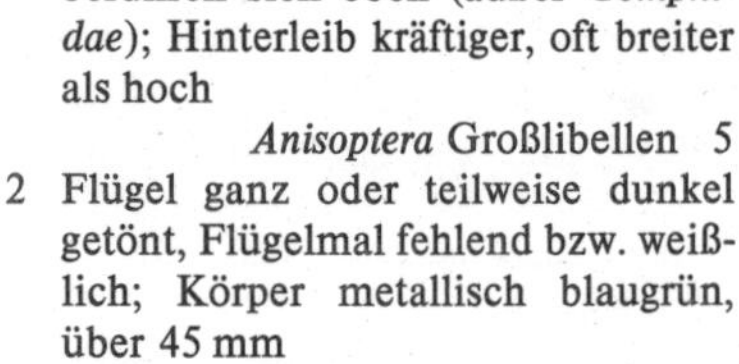

Vorderflügelspitzen: a Fam. *Lestidae* (mehrere Zellen unter dem Flügelmal); b Fam. *Coenagrionidae* (nur eine Zelle unter dem Flügelmal)

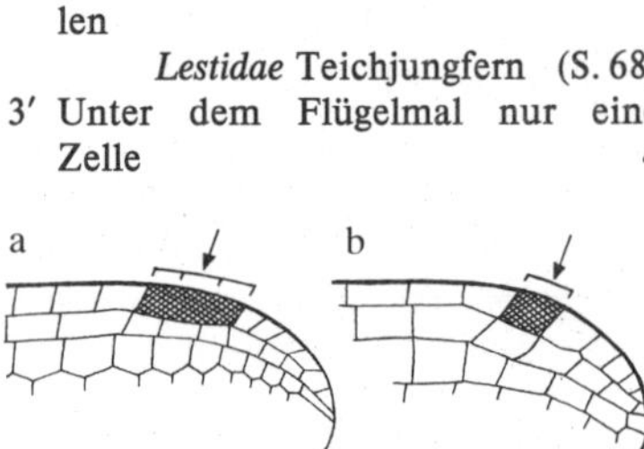

Schenkel und Schienen der Hinterbeine von: a Fam. *Platycnemidae* (abgeflacht und beborstet); b Fam. *Coenagrionidae*

4 Schienen der Mittel- und Hinterbeine verbreitert, abgeflacht; mit langen Dornen
Platycnemidae Federlibellen (S. 70)

4′ Schienen nicht verbreitert, Dornen kurz
Coenagrionidae Schlanklibellen (S. 70)

5 Augen oben mit weitem Abstand
Gomphidae Flußjungfern (S. 74)

5′ Augen berühren sich oben 6

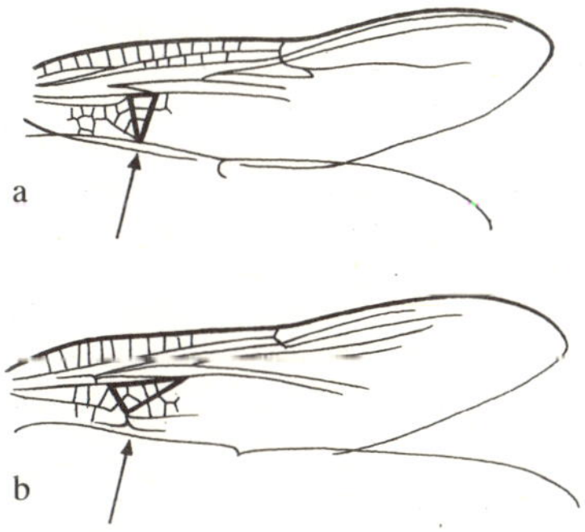

Dreieck im Vorderflügel: a Fam. *Aeshnidae*; b Fam. *Libellulidae*

6 «Dreieck» im Vorderflügel breiter als hoch, Körperlänge fast stets über 60 mm 7

6′ «Dreieck» im Vorderflügel höher als breit, Körperlänge höchstens bei einer Art bis 60 mm 8

7 Augen berühren sich oben nur in einem Punkt, Körper schwarz und gelb
Cordulegasteridae Quelljungfern (S. 74)

7′ Augen berühren sich oben mehr

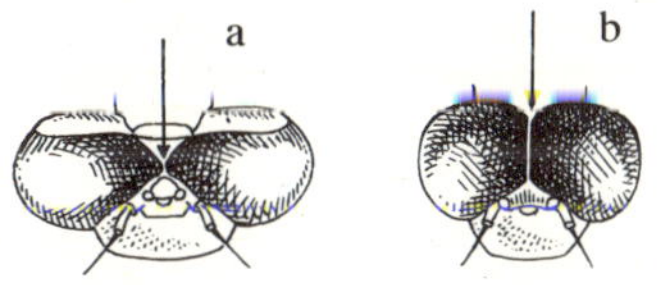

a Fam. *Cordulegasteridae* Augen berühren sich wenig; b Fam. *Aeshnidae* Augen berühren sich breit

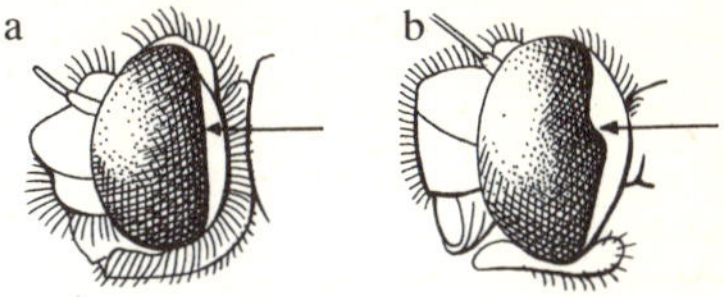

Hinterrand der Augen (seitlich): a Fam. *Corduliidae*; b *Libellulidae*

oder weniger, Körper meist mehrfarbig
Aeshnidae Edellibellen (S. 72)

8 Hinterrand der Augen von der Seite gesehen mit Einbuchtung, Körper außer beim gelbbraunen Zweifleck metallisch grün
Corduliidae Falkenlibellen (S. 74)

8′ Hinterrand der Augen nicht deutlich eingebuchtet, Körper nicht metallisch grün
Libellulidae Segellibellen (S. 78)

Unterordnung *Zygoptera* Kleinlibellen

Familie *Calopterygidae* (= *Agrionidae*) Prachtlibellen

Mittelgroße, durch ihre dunkle, metallisch blaugrüne Färbung und ihren langsamen Flug auffallende Libellen. Bei uns nur durch 2 Arten vertreten. In Zweifelsfällen von den anderen Kleinlibellen auch durch die zahlreichen Queradern an der Vorderflügelbasis bis zum Knoten erkennbar (bei den anderen nur 2 Queradern). Flügel in Ruhe nach hinten senkrecht zusammengelegt. Die Färbung ist bei Männchen und Weibchen sehr unterschiedlich. Die Männchen zeigen ein ausgeprägtes Revierverhalten. Die Reviere umfassen geeignete Ruhe- und Eiablageplätze und werden gegen Feinde verteidigt. Die einfliegenden, viel hellerflügligen Weibchen werden dagegen im Flug umworben. Die nur wenige Minuten währende Paarung wird durch Flugspiele eingeleitet. Eiablage in lebendes Pflanzengewebe, auch unter Wasser. Die Larven der Prachtlibellen haben lange Beine und das mittlere Ruderblatt des Hinterleibs ist kürzer. Tagsüber halten sie sich verborgen. Im Dunkeln tasten sie langsam ihre Umgebung nach geeigneter Beute ab, um sie dann mit der Fangmaske zu ergreifen. Entwicklung in 2 Jahren, Überwinterung stets als Larve.

17 *Calopteryx virgo* (= *Agrion virgo*)
Blauflügel-Prachtlibelle
40 bis 52 mm. Bevorzugt schnell fließende Gewässer.

18 *Calopteryx splendens* (= *Agrion splendens*)
Gebänderte Prachtlibelle
43 bis 48 mm. Ihr Lebensraum sind vorzugsweise schattenarme Ufer langsam fließender Flüsse.

Familie *Lestidae* Teichjungfern

In Mitteleuropa 7 Arten; Flügelzellen meist fünfeckig. Flügel in Ruhe (Ausnahme: Winterlibellen) schräg nach hinten halb ausgebreitet. Junge Imagines oft mit anderer Grundfärbung als alte. Flügelspanne 45 bis 60 mm. Die Larven unterscheiden sich durch gestielte Fangmasken und durch die nicht schräg, sondern fast rechtwinklig abgehenden Seitenadern der Ruderblättchen von den Schlanklibellen. Entwicklung innerhalb eines Jahres in stehenden Gewässern (auch Kleinstgewässern).

19 *Sympecma fusca*
Gemeine Winterlibelle
33 bis 36 mm. Eine im allgemeinen nicht häufige Art mit einer 1. Flugzeit von Juli bis Oktober. Nach der oft weit vom Wasser entfernten Überwinterung, bei der die Libellen an geschützten Stellen frei an Zweigen sitzen, folgt von März bis Juli eine 2. Flugzeit. Auch die viel seltenere Sibirische Winterlibelle (*S. paedisca*) erreicht auf diese Weise eine für Libellen ungewöhnliche Imaginalzeit von 9 bis 10 Monaten. Eiablage in horizontale Pflanzenteile.

20 *Lestes sponsa*
Gemeine Binsenjungfer
34 bis 38 mm. Dem Weibchen fehlt meist die blaue Bereifung an Hinterleibsbasis und -ende. Die häufige Art fliegt von Juni bis Anfang Oktober an stehenden Gewässern, besonders Mooren. Die Eiablage erfolgt gemeinsam mit dem Männchen in senkrecht aus dem Wasser ragende Pflanzen in paarigen Eilogen. Die Eier überwintern und überstehen auch hohe Kältegrade (im Versuch bis −30 °C).

21 *Lestes barbarus*
Südliche Binsenjungfer
35 bis 40 mm. Sie dringt von Südeuropa immer mehr nach Norden vor und ist als Wanderer nicht selten weitab von Gewässern anzutreffen. Oft entstehen lokale Populationen, die bald wieder erlöschen. An der Färbung des Flügelmals und des Hinterkopfes ist die Art gut zu erkennen. Flugzeit von Juni bis Anfang Oktober.

22 *Chalcolestes viridis*
Große Binsenjungfer, Weidenjungfer
39 bis 44 mm. Das vom Männchen begleitete Weibchen schiebt seine Eier unter die Rinde von Weiden- oder Erlenzweigen, die über das Wasser hängen. An der Einstichstelle bilden sich manchmal gallenartige Wucherungen. Nach der Überwinterung schlüpfen im Frühjahr Vorlarven, die sich ins Wasser fallen lassen und dann zur Larve häuten. Fallen sie aufs Ufer, versuchen sie springend das Wasser zu erreichen. Flugzeit Juli bis Oktober, Imagines können fast 3 Monate alt werden.

a 17 *Calopteryx virgo* ♂; b 18 *Calopteryx splendens* ♂ und ♀ (Paarungsrad); c 19 *Sympecma fusca* ♀; d 20 *Lestes sponsa* ♂; e 22 *Chalcolestes viridis*; f 21 *Lestes barbarus*

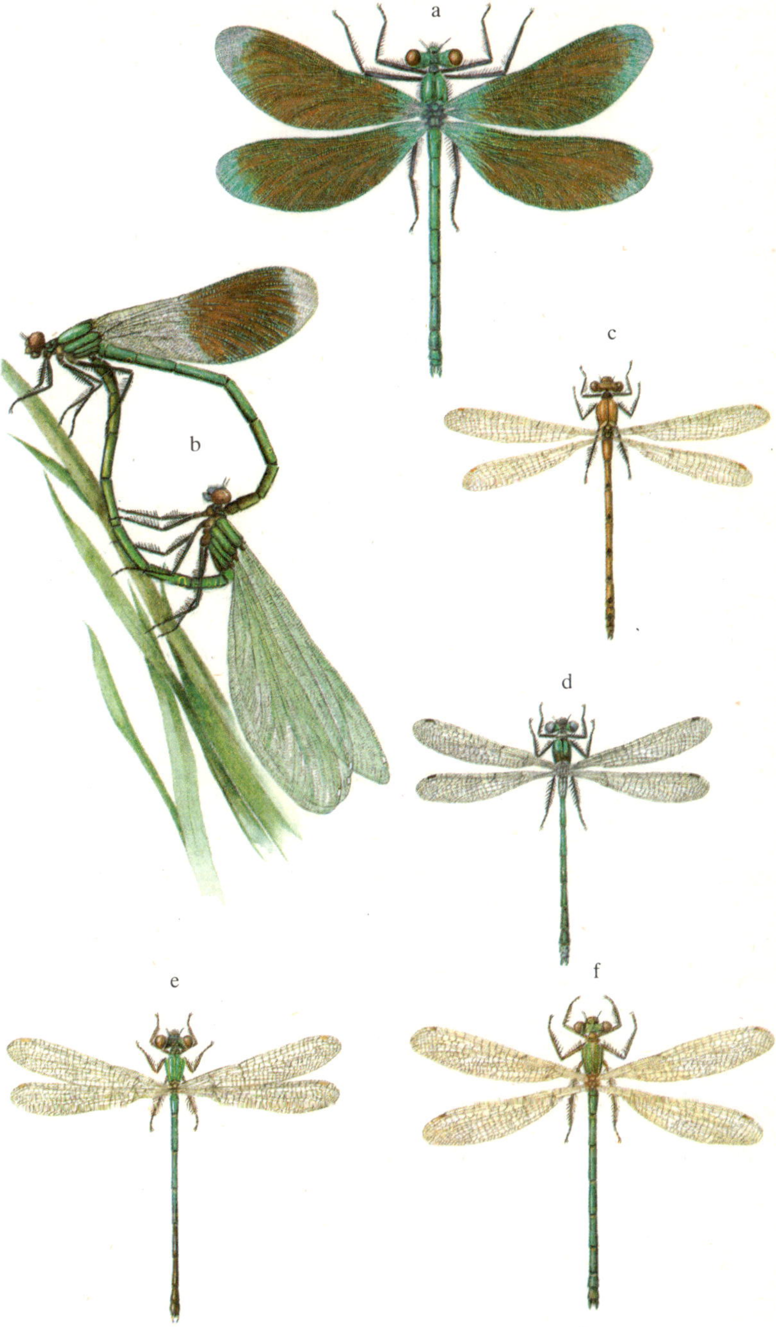
a
b
c
d
e
f

Familie *Platycnemidae* Federlibellen

Der deutsche Name bezieht sich auf die verbreiterten, federartig beborsteten Hinterschienen, durch die sie sich von den Schlanklibellen unterscheiden. Im Süden des Gebietes noch eine weitere Art, bei uns nur:

23 *Platycnemis pennipes*
Federlibelle
32 bis 36 mm. Die nicht seltene Art fliegt von Mai bis September. Eiablage in untergetauchte Pflanzenteile. Entwicklung der Larven in 6 bis 7 Wochen in stehenden oder langsam fließenden Gewässern. Die erwachsene Larve überwintert.

Familie *Coenagrionidae* (= *Agrionidae*) Schlanklibellen

Der beim Männchen oft blaue oder rote, beim Weibchen gelbgrüne oder orangefarbene Hinterleib hat eine charakteristische, individuell stark variierende Zeichnung. Eiablage in der Regel gemeinsam mit dem Männchen. Larven im Gegensatz zu den Teichjungfern mit kurzem, breitem Fangmaskenstiel und spitzwinklig abgehenden Seitenadern an den Ruderblättchen. Gesamtentwicklung 1 Jahr.

24 *Pyrrhosoma nymphula*
Frühe Adonislibelle
32 bis 35 mm. Eine der ersten Frühjahrslibellen, die von April bis August fliegt. Das ähnlich wie das Männchen gefärbte Weibchen geht zur Eiablage oft bis 15 cm unter Wasser.

25 *Ischnura elegans*
Große Pechlibelle
29 bis 36 mm. Die Ansprüche an den Lebensraum sind gering, ihre Larven leben in stehenden und langsam fließenden Gewässern. Die Paarung erfolgt an Uferpflanzen und dauert etwa 15 Minuten. Bei der Eiablage wird das Weibchen nicht vom Männchen begleitet. Die Eier werden in nur kleinen Schüben von 6 bis 10 Stück in pflanzliche Substrate gelegt.

26 *Enallagma cyathigerum*
Becher-Azurjungfer
31 bis 34 mm. Die Art bevorzugt größere, offene Gewässer. Eiablage stets paarweise. Weibchen mit 3 verschiedenen Farbgrundformen: rötlichbraun, grün und seltener blau. Flugzeit Mai bis September.

27 *Coenagrion puella*
Hufeisen-Azurjungfer
30 bis 35 mm. Der Name bezieht sich auf die hufeisenförmige Zeichnung auf dem 2. Hinterleibssegment des Männchens. Die Paarung kann mehrmals erfolgen. Das Männchen bleibt mit dem Weibchen verbunden, während die Eier in Wasserpflanzen versenkt werden. Die Weibchen dieser häufigen Art haben eine grüne oder blaue Körpergrundfarbe.

28 *Coenagrion hastulatum*
Speer-Azurjungfer
29 bis 32 mm. Name von der Zeichnung auf dem 2. Hinterleibssegment. Ein Vertreter der Azurjungfern, der überwiegend in Mooren zu finden ist. Bei der Eiablage des grünlich gefärbten Weibchens taucht auch das Männchen oft mit unter Wasser. Flugzeit Mai bis Juli.

29 *Erythromma najas*
Großes Granatauge
32 bis 38 mm, erwachsene Larve 29 mm. Für Kleinlibellen ist die Art ein ungewöhnlich guter Flieger, der große

a 23 *Platycnemis pennipes* ♂ und ♀ (Paarungskette); b 28 *Coenagrion hastulatum* ♂; c 24 *Pyrrhosoma nymphula* ♂; d, g 29 *Erythromma najas* d ♂; g erwachsene Larve; e 25 *Ischnura elegans* ♂; f 26 *Enallagma cyathigerum* ♂; h 27 *Coenagrion puella* ♂ und ♀ bei der Eiablage; i 30 *Nehalennia speciosa* ♂

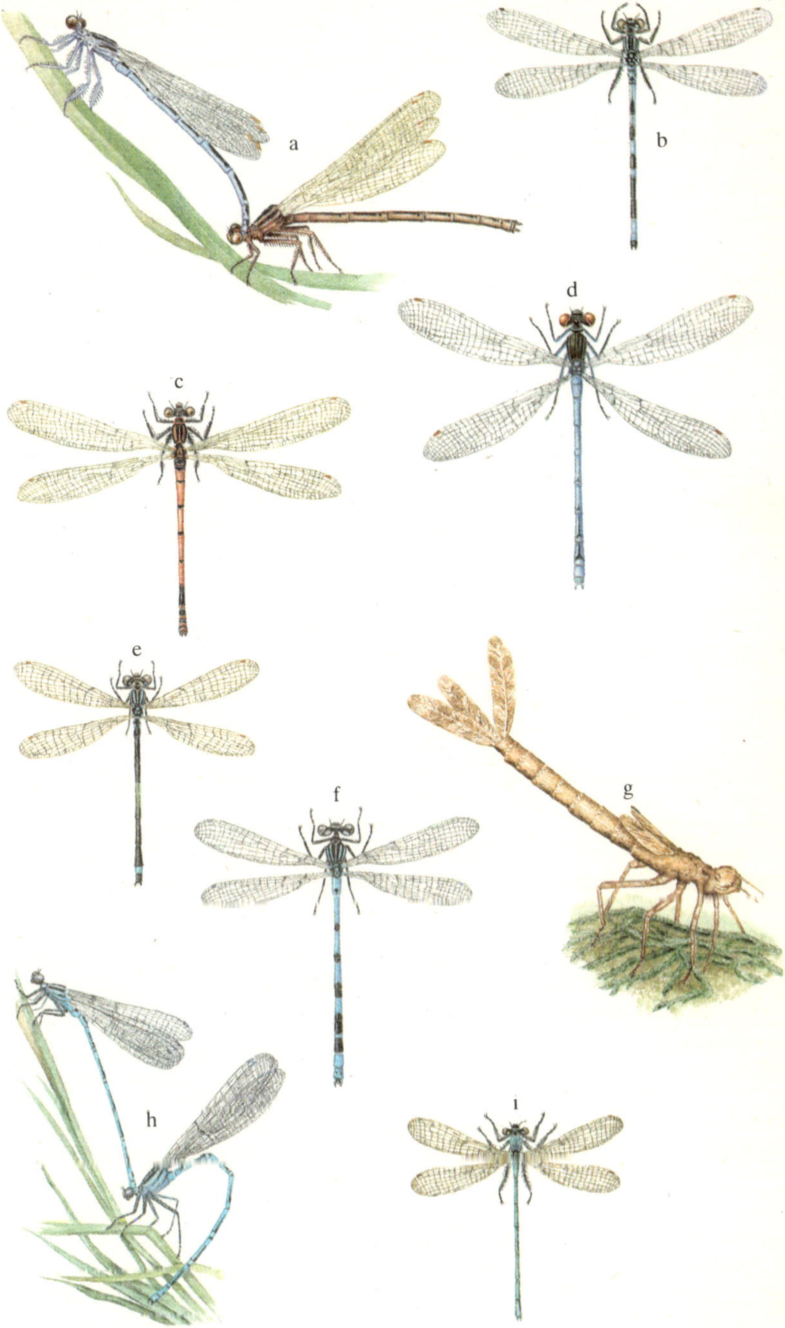
a
b
c
d
e
f
g
h
i

Wasserflächen liebt. Zur Eiablage taucht das hellere Weibchen, oft gemeinsam mit dem Männchen, 15 min und länger und bis 60 cm tief. Geht das Männchen nicht mit unter Wasser, wartet es auf das auftauchende Weibchen. Die Larven entwickeln sich nur in stehenden Gewässern und halten sich vorwiegend an Wasserpflanzen auf. Längere Hungerperioden überstehen sie besser als andere Arten.

30 *Nehalennia speciosa*
Zwerglibelle
20 bis 25 mm. Unsere kleinste Libelle, einer Binsenjungfer ähnlich, fliegt Ende Mai bis in den Juli, ist aber höchstens lokal häufig. Ihre Larven entwickeln sich in mit Seggen und Schachtelhalmen dicht bewachsenen Teichen.

Unterordnung *Anisoptera* Großlibellen

Familie *Aeshnidae* Edellibellen

Zu ihnen zählen unsere größten und schönsten Libellen mit dem in der Tabelle genannten charakteristischen Dreieck im Vorderflügel. Selten sind die Flügel zart getönt. Alle sind gute und ausdauernde Flieger. Spannweite 70 bis 110 mm. Die Eier werden in abgestorbene oder lebende Pflanzenteile eingebohrt, wobei das Weibchen nie ganz untertaucht. Die Larven sind zigarrenförmig, mit unbehaarten schlanken Beinen, Fangmaske flach, Fühler mit 7 Gliedern. Meist frei zwischen Wasserpflanzen und gelbgrün oder im Bodenschlamm und dann dunkelbraun. Die Larvenentwicklung dauert bis zu 4 Jahren.

31 *Brachytron hafniense* (= *B. pratense*)
Kleine Mosaikjungfer
52 bis 58 mm. Eine der wenigen Arten, die schon im Mai fliegen. Die Larven entwickeln sich innerhalb von 3 Jahren in kleineren, auch langsam fließenden Gewässern des Tieflandes.

32 *Aeshna grandis*
Braune Mosaikjungfer
71 bis 78 mm. Besonders im nördlichen Mitteleuropa ist die schon durch ihren charakteristischen Segelflug erkennbare Mosaikjungfer nicht selten. Oft sind die Weibchen noch nach Sonnenuntergang aktiv. Flugzeit Juli bis September. Die Eier werden in ruhigen Gewässern unregelmäßig in totes Pflanzenmaterial (auch morsches Holz) abgelegt. Entwicklung 2 bis 3 Jahre.

33 *Aeshna mixta*
Herbst-Mosaikjungfer
61 bis 65 mm. Charakteristisch sind u. a. die 2 gelbgrünen Streifen auf den Brustseiten. Zur Eiablage werden Torfgewässer bevorzugt, doch jagen die Libellen oft weitab von diesen bis in den November hinein nach Beute. Entwicklungsdauer nur 1 Jahr.

34 *Aeshna cyanea*
Blaugrüne Mosaikjungfer
68 bis 80 mm. Die Grundfarbe des Hinterleibs variiert. Bei jungen Weibchen ist sie hellgrau mit gelblichen und blauen Flecken, bei alten Weibchen rotbraun mit grün. Flug von Juli bis Oktober. Oft auch weit entfernt von Tümpeln und Seen in Ortschaften und Großstädten. Die überwinternden Eier werden in verschiedenem pflanzlichem Material und feuchtem Boden untergebracht. Entwicklung in 2 Jahren.

35 *Aeshna isoscelis* (= *Anaciaeshna isoscelis*)
Keilflecklibelle
63 bis 71 mm. Männchen und Weibchen sind fast gleich gefärbt. Im Gegensatz zu ihren Verwandten hält sich die Keilflecklibelle fast ausschließlich über dem Wasser auf und kommt selten ans Ufer. Die mehr südlich lebende seltene Art kommt an seggenbestandenen

a, b 31 *Brachytron hafniense* a ♂, b ♀; c 32 *Aeshna grandis* ♂; d 34 *Aeshna cyanea* ♂; e 33 *Aeshna mixta* ♂

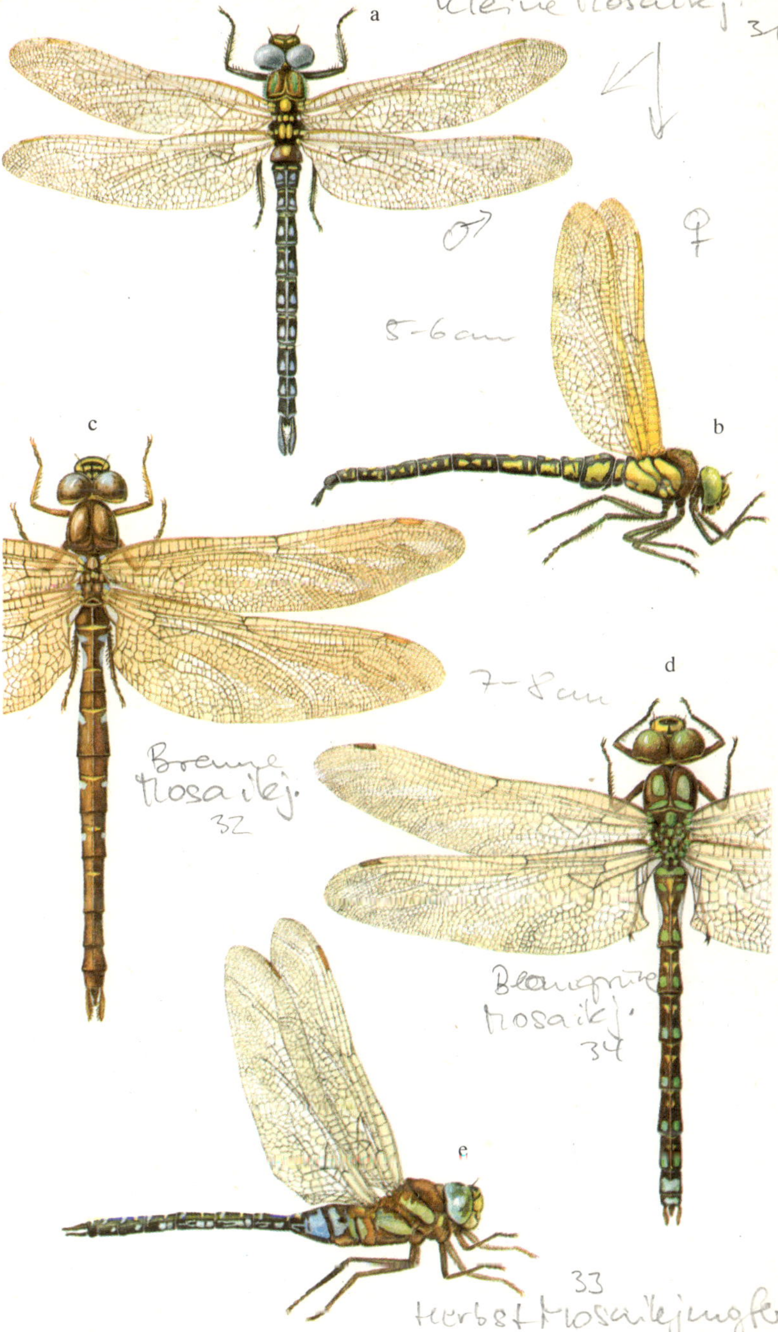
a
Kleine Mosaikj. 31
♂
♀
5-6 cm
b
c
7-8 cm
d
Braune Mosaikj. 32
Blaugrüne Mosaikj. 34
e
33
Herbstmosaikjungfer
6 cm

Teichen der Ebene vor. Die Flugzeit ist nur kurz, vornehmlich Juni und Juli; die Larvenentwicklung beträgt 2 bis 3 Jahre.

36 *Anax imperator*
Große Königslibelle
74 bis 82 mm. Eine unserer imposantesten, aber nicht häufigen Libellenarten. Die Eier werden vom mehr grün gefärbten Weibchen, das dabei nicht vom Männchen begleitet wird, besonders in tote schwimmende Pflanzenteile abgelegt. Entwicklung vor allem in kleineren sich schnell erwärmenden Teichen. Nach 12 Häutungen und nur einer Überwinterung klettern die Larven zum Schlupf oft mehrere Meter hoch auf Bäume.

Familie *Gomphidae* Flußjungfern

Durch die getrennt stehenden Augen, aber auch durch den oft unsteten oder wellenartigen Flug leicht kenntlich. Flußjungfern sind keine ausdauernden Flieger und halten sich gern auf Waldlichtungen auf. Die Eier werden einzeln oder in kleinen Paketen frei ins Wasser abgelegt. Die langovalen Larven haben einen abgeplatteten Hinterleib und dicht behaarte kurze Grabbeine. Zu ihrer 3- bis 4jährigen Entwicklung ist sauerstoffreiches Wasser nötig.

37 *Gomphus vulgatissimus*
Gemeine Keiljungfer
48 bis 52 mm. Früher häufigste Art der Familie, doch durch Verschmutzung der Bäche und Flüsse stark im Rückgang begriffen. Die Larven benötigen zu ihrer Entwicklung sauberen kiesigsandigen Untergrund. Man beachte die der Familie eigentümliche Augenstellung. Flugzeit Mai bis Juni.

38 *Gomphus pulchellus*
Westliche Keiljungfer
45 bis 50 mm. Ähnlich der vorigen, doch Beine zweifarbig. Im Gegensatz zu allen anderen Arten der Familie leben ihre Larven im Schlamm von See- und Flußufern und sind gegenüber Verschmutzungen wahrscheinlich nicht so empfindlich. Eine früher seltene, heute häufigere westliche Art, die sich jetzt auch östlich der Elbe ausbreitet.

39 *Onychogomphus forcipatus*
Kleine Zangenlibelle
45 bis 55 mm. Deutscher Name von den vergrößerten zangenartigen Hinterleibsanhängen der Männchen abgeleitet. Die Weibchen legen etwa 500 Eier. Die Larven der Kleinen Zangenlibelle entwickeln sich besonders in schnell fließenden Bächen.

Familie *Cordulegasteridae* Quelljungfern

Im Gebiet nur 2 Arten, die den Edellibellen ähneln. Die über flachen Stellen rhythmisch auf- und absteigenden Weibchen legen ihre Eier mit senkrecht abgebogenem Hinterleib in den Untergrund klarer Gebirgsbäche. Die Larven leben eingegraben im Kiesbett der Bäche und lauern so auf Larven von Stein-, Köcher- oder Eintagsfliegen bzw. Bachflohkrebse. Ihre Entwicklung ist noch weitgehend unbekannt, wahrscheinlich dauert sie bis 5 Jahre.

40 *Cordulegaster boltonii* (= *C. annulatus*)
Zweigestreifte Quelljungfer
75 bis 84 mm. Die häufigere der beiden größten Libellenarten des Gebietes, die kaum ihren Gebirgsbachbiotop verläßt. Nur selten auch in der Ebene.

Familie *Corduliidae* Falkenlibellen

Bis auf den Zweifleck metallisch grüne Arten, Weibchen auch bläulich. Die Weibchen, die dabei nicht vom Männ-

a 35 *Aeshna isoscelis* ♀; b 36 *Anax imperator* ♂; c 37 *Gomphus vulgatissimus* ♂; d 38 *Gomphus pulchellus* ♂; e 39 *Onychogomphus forcipatus* ♂

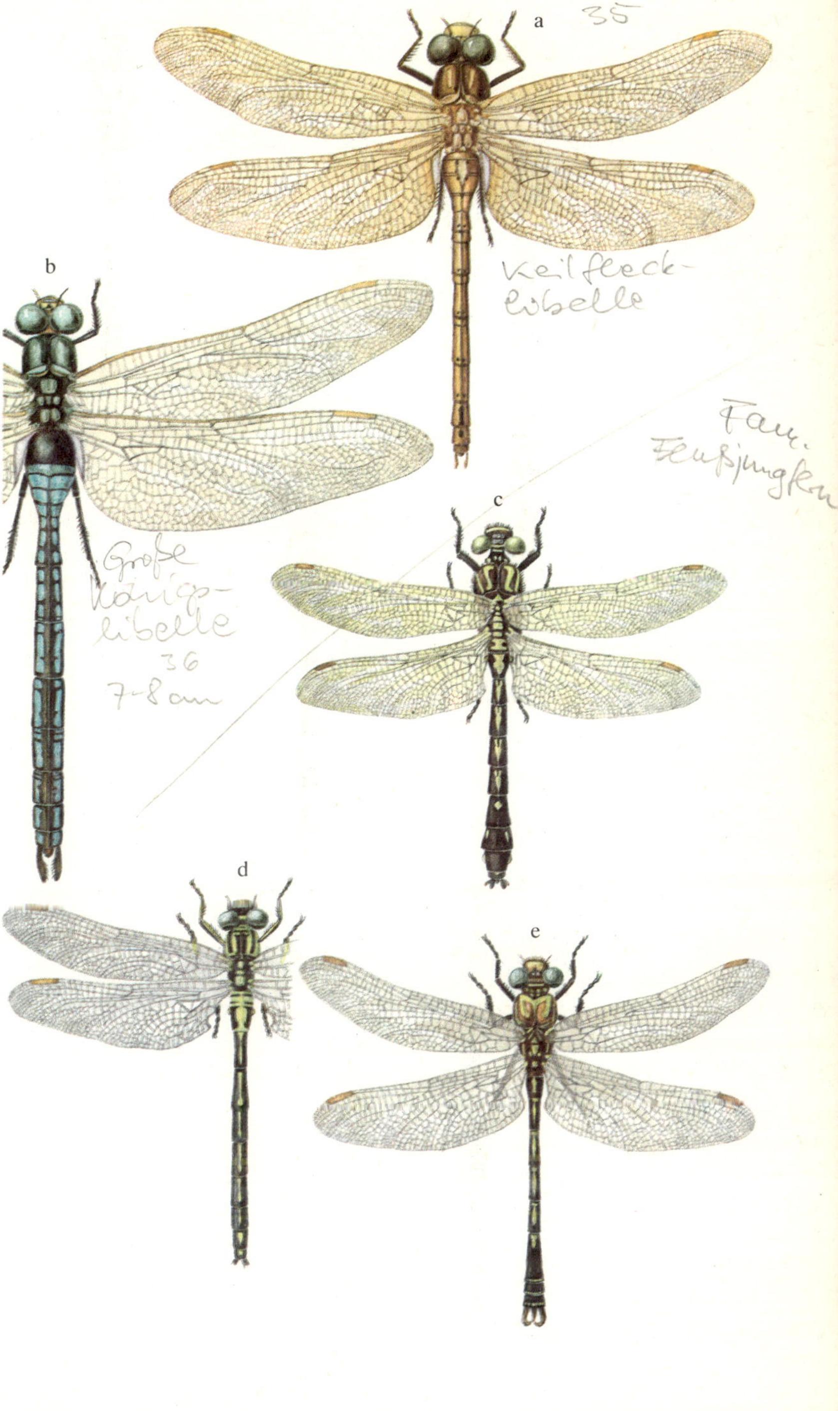
a
35
Keilfleck-
libelle
b
Große
Königs-
libelle
36
7-8 cm
Fam.
Flußjungfern
c
d
e

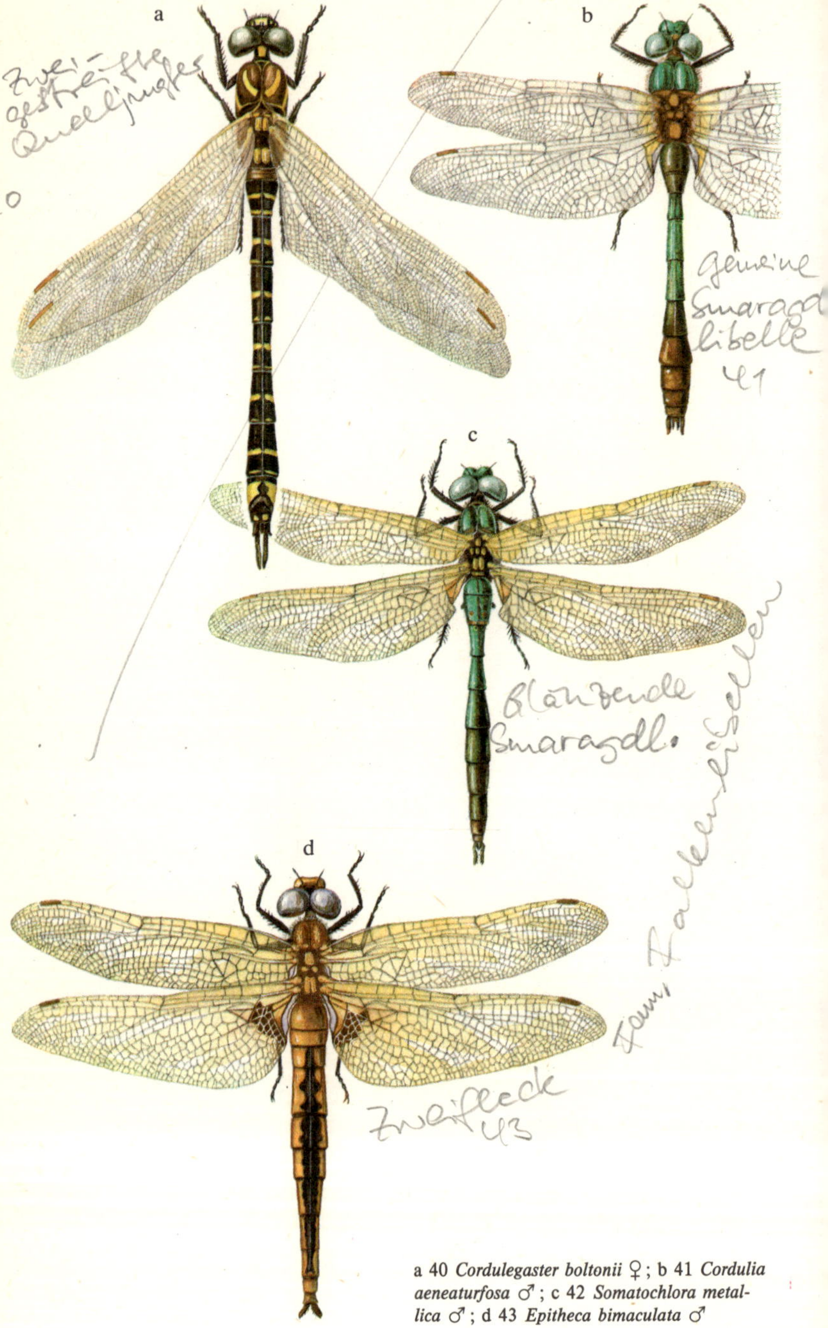

a 40 *Cordulegaster boltonii* ♀; b 41 *Cordulia aeneaturfosa* ♂; c 42 *Somatochlora metallica* ♂; d 43 *Epitheca bimaculata* ♂

a 44 *Libellula quadrimaculata* ♂; b–d 45 *Libellula depressa* b ♂; d ♀; c Larve; e 46 *Orthetrum cancellatum* ♂

chen begleitet werden, legen ihre 500 bis 1600 Eier in der Regel unter Eintauchen der Hinterleibsspitze frei ins Wasser ab. Larven sehr gedrungen, Entwicklung in 2 bis 3 Jahren. 7 z. T. sehr ähnliche Arten.

41 *Cordulia aeneaturfosa* (= *C. aenea*)
Gemeine Smaragdlibelle
48 bis 54 mm. Die Augen sind beim lebenden Tier smaragdgrün. Wie bei allen anderen Libellen lassen sich diese herrlich bunten Farben auch durch sachgerechte Präparation kaum erhalten. Die Gemeine Smaragdlibelle fliegt von Mai bis Anfang August meist noch häufig an Tümpeln und größeren Teichen. Die Imagines leben 4 bis 6 Wochen.

42 *Somatochlora metallica*
Glänzende Smaragdlibelle
52 bis 60 mm. Ähnlich der vorigen, doch vor den Augen mit gelber Binde. Die Weibchen schleudern ihre Eier im Gegensatz zu den verwandten Arten auf den feuchten Boden nahe der Uferregion, besonders jedoch in Sümpfen und Mooren, indem sie die Eier im Rüttelflug durch charakteristische, scheinbar klopfende Bewegungen des Hinterleibes auspressen.

43 *Epitheca bimaculata*
Zweifleck
55 bis 60 mm. Die recht seltene Libelle lebt an größeren klaren Seen. Die Weibchen pressen einen Eiklumpen heraus, der im Wasser abgestreift wird, wobei er sich zu einer 50 bis 70 cm langen Eischnur entrollt. Die Larven leben auf kiesigem Grund und fressen wie die anderen Falkenlibellen vornehmlich Wasserasseln und Borstenwürmer.

Familie *Libellulidae*
Segellibellen

Mittelgroße Arten mit überwiegend roter, gelber oder graublauer Färbung. In Ruhe werden die Flügel oft sehr weit nach vorn gebogen. Die Eiablage erfolgt im Flug; meist hält sich das Männchen nur in der Nähe auf (Ausnahme Gattung *Sympetrum*, S. 80). Entwicklung in 1 bis 2 Jahren. Mit 22 Arten artenreichste Familie der Libellen.

44 *Libellula quadrimaculata*
Vierfleck
40 bis 48 mm. Eine unserer häufigsten Großlibellen, die an stehenden, besonders moorigen Gewässern lebt. Die Männchen betreiben Ansitzjagd von einem erhöhten Punkt aus, zu dem sie immer wieder zurückkehren und den sie gegen Artgenossen verteidigen. Flugzeit von Mai bis August. Färbung von Männchen und Weibchen gleich.

45 *Libellula depressa*
Plattbauch
42 bis 46 mm, Larve 23 bis 25 mm. Eine häufigere Art mit deutlichen Farbunterschieden von Männchen und Weibchen. Bevorzugt werden lehmige Tümpel, in deren Bodengrund die Larven leben. Trocknen diese Tümpel aus, verfallen sie bis zur erneuten Wasseransammlung in einen Ruhezustand. Zweimalige Überwinterung ist die Regel. Die Imagines fliegen von Mai bis August.

46 *Orthetrum cancellatum*
Großer Blaupfeil
45 bis 50 mm. Die wachsartige blaue Bereifung der Männchen bildet sich erst innerhalb von Tagen aus. Die Weibchen verändern sich während der 3- bis 4wöchigen Imaginalphase erheblich: anfangs sind sie verwaschen hell, dann kontrastreich schwarz-gelb gefärbt und schließlich tritt auch bei ihnen eine blauschwarze Bereifung auf dem nunmehr schwarzbraunen Hinter-

a 47 *Sympetrum flaveolum* ♀; b, c 48 *Sympetrum vulgatum* b ♂; c ♀; d 49 *Sympetrum pedemontanum* ♂; e 50 *Sympetrum danae* ♂; f 51 *Leucorrhinia dubia* ♀; g 52 *Leucorrhinia pectoralis* ♂

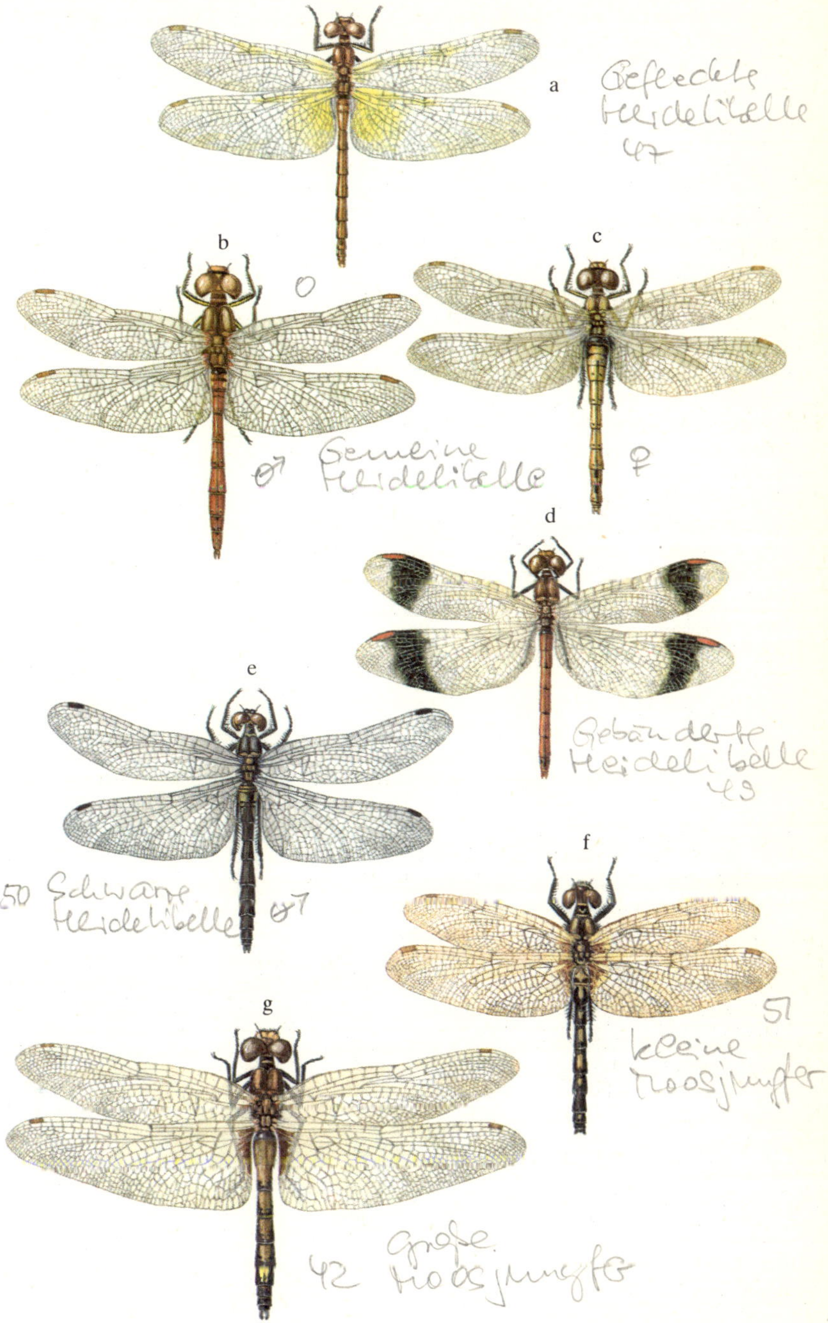
a
Gefleckte Heidelibelle 47
b
c
O
♂ Gemeine Heidelibelle
♀
d
Gebänderte Heidelibelle 49
e
50 Schwarze Heidelibelle ♂
f
51
kleine Moosjungfer
g
Große
42 Moosjungfer

leib auf. Die häufige Art fliegt von Mai bis August, anfangs sogar weitab von Gewässern. Sie sonnt sich gern in Bodennähe.

Gattung *Sympetrum*
Heidelibellen

Innerhalb der Familie der Segellibellen weisen die 9 recht ähnlichen Heidelibellen einige Besonderheiten auf. Die Männchen sind meist rot, die Weibchen braungelb gefärbt. Es kommt häufig zu zwischenartlichen Paarungsversuchen. Erst beim Körperkontakt können die Weibchen durch spezielle Tasthaare feststellen, ob es sich um artgleiche Männchen handelt, deren Kopulations- und Klammerorgane sehr charakteristische Merkmale aufweisen. Sie fliegen bis auf eine Art erst ab Juli und die Eiablage kann noch Ende Oktober stattfinden. Nach der meist im Flug vollzogenen, sehr kurzen Paarung verbleibt das Männchen zumindest am Anfang der Eiablage in Tandemstellung beim Weibchen. Die fast stets von einer Gallerthülle umgebenen Eiklümpchen überwintern. Die Larven durchlaufen in etwa 3 Monaten 11 bis 12 Entwicklungsstadien (Abb. S. 79).

47 *Sympetrum flaveolum*
Gefleckte Heidelibelle
33 bis 36 mm. Charakteristisch sind die sehr variablen goldgelben Flecken an der Flügelbasis. Der Hinterleib der Männchen ist dunkelrot gefärbt. Die Eier werden über feuchtem Boden oder über pflanzenreichen Gewässerufern ohne Gallerthülle breitgeschleudert. Manchmal schlüpfen die Larven schon im Herbst.

48 *Sympetrum vulgatum*
Gemeine Heidelibelle
34 bis 40 mm. Sehr ähnlich der ebenfalls häufigen Großen Heidelibelle (*S. striolatum*) und z. B. durch das an den Augen herablaufende dunkle Stirnband zu unterscheiden. Oft sieht man die fluggewandten Imagines weitab vom Wasser Beute jagen. Die Larven bewohnen verschiedenste Gewässertypen, bevorzugen jedoch die sauren Wässer von Torfmooren.

49 *Sympetrum pedemontanum*
Gebänderte Heidelibelle
30 bis 35 mm. Sie gehört zu den schönsten Libellenarten und ist im nördlichen Flachland, wo sie als Seltenheit galt, erfreulicherweise in den letzten Jahren häufiger geworden. Im falterartigen Flug jagt sie tief über sumpfigen Wiesen und stark bewachsenen Flachgewässern nach Insekten.

50 *Sympetrum danae* (= *S. scoticum*)
Schwarze Heidelibelle
30 bis 35 mm. Während die Weibchen zeitlebens den anderen Heidelibellen ähneln, werden die anfangs oberseits ebenfalls braungelben Männchen mit zunehmendem Alter völlig schwarz. Die Larven dieser häufigeren Art leben vorzugsweise zwischen den Pflanzen vertorfter Teiche, aber auch anderer Tümpel und bewachsener Kiesgruben.

51 *Leucorrhinia dubia*
Kleine Moosjungfer
34 bis 40 mm. Von den Heidelibellen sind die 5 Arten der Gattung Moosjungfern leicht an dem schwarzen Basalfleck der Hinterflügel zu unterscheiden. Auch fliegen sie bereits ab Mai oder Juni. Die Larvenentwicklung dauert 2 Jahre. Die Weibchen der häufigen Kleinen Moosjungfer treten in 2 Farbformen auf (Hinterleibsunterseite graublau oder graugelb), sie legen etwa 600 Eier frei ins Wasser.

52 *Leucorrhinia pectoralis*
Große Moosjungfer
38 bis 44 mm. Seltener als die vorige und fast nur an Torfweihern der Ebene. Die bis 20 mm große Larve lebt dort auf Torfmoos-Polstern. Wie auch die der anderen Moosjungfern ist sie an einen Säuregrad des Wassers von pH < 6 gebunden.

Ordnung *Plecoptera* Steinfliegen

Die Steinfliegen bilden eine gut abgegrenzte urtümliche Insektenordnung. Sie lebten bereits im Erdaltertum (Paläozoikum) und veränderten ihre Körperform seitdem kaum. Charakteristische Merkmale der Steinfliegen sind: kauende Mundwerkzeuge, lange und vielgliedrige Fühler, ein aus etwa gleichgroßen Segmenten bestehender Thorax, stark geaderte Vorder- und Hinterflügel, die in Ruhelage flach über dem Hinterleib liegen, einfache Schreitbeine und Cerci, die oft verkürzt oder bis auf das Grundglied zurückgebildet sein können. In einigen Familien ist auch eine Tendenz zur Verkürzung und Verkümmerung der Flügel zu erkennen.

Die den Imagines sehr ähnlichen Larven sind Wasserbewohner. Sie unterscheiden sich von den ersteren durch das Fehlen der äußeren Geschlechtsorgane und der Flügel, sowie durch die besser entwickelten und funktionstüchtigen Mundwerkzeuge. Die Larven haben Kiemen, die je nach ihrer Lage als Bein-, Hals-, Thorakal- und Analkiemen bezeichnet werden.

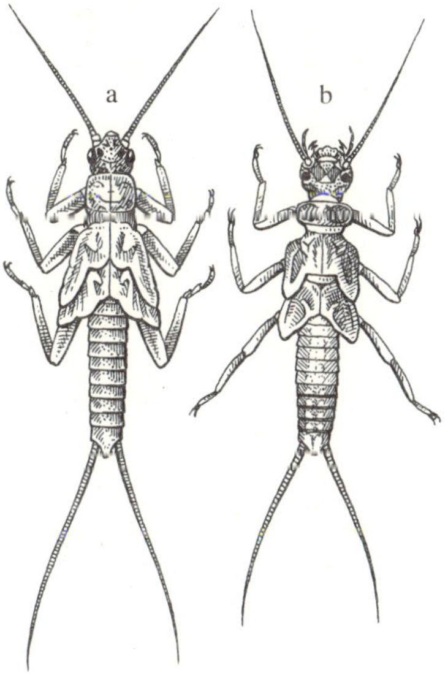

Larven von Steinfliegen: a 53 *Brachyptera seticornis*, b 57 *Isoperla grammatica*

Bei den Steinfliegen unserer Fauna werden 2 Unterordnungen unterschieden: *Filipalpia* und *Setipalpia*. Die Larven der *Filipalpia* ernähren sich von Algen und pflanzlichem Detritus, während die der *Setipalpia* überwiegend räuberisch leben. Steinfliegenlarven halten sich an Steinen, Ästen, Wasserpflanzen und Blättern des Gewässergrundes auf. Die Entwicklungszeit beträgt bei den meisten Arten 1 Jahr. Während dieser Zeit häuten sich die Larven 10- bis 30mal. Zum Schlupf kriecht die ausgewachsene Larve aus dem Wasser und bewegt sich oft meterweit an Pflanzen, Brückenpfeilern und anderen Objekten empor, ehe die Larvenhaut abgestreift wird. Die Flugzeit der Imagines ist meist kurz und im Jahresverlauf zeitlich streng festgelegt. Bereits im Winter, noch vor der Schneeschmelze, erscheinen die ersten Arten. Die Tiere zeigen nur eine geringe Flugaktivität. Sie halten sich am Gewässerufer in der Krautschicht, auf Ästen, Steinen und im Laubwerk der nahestehenden Bäume auf. Einige Tage nach der Kopulation quellen die Eier aus der Geschlechtsöffnung des Weibchens und bilden ein am Hinterleibsende hängendes Eipaket. Das Weibchen trägt dieses Eipaket kurze Zeit mit sich herum. Zur Eiablage wird nur der Hinterleib ins Wasser getaucht. 3 bis 4 Wochen später schlüpfen die jungen Larven. Zusammen mit anderen Bewohnern des Gewässerbodens gehören Steinfliegenlarven zum Nahrungsspektrum von Forellen und Äschen. Sie leben fast ausschließlich in Fließgewässern. Dabei ist die Artenabfolge der Besiedlung nach Gewässerabschnitten streng fixiert, so daß man diese Gruppe für eine Zonierung der Fließgewässer verwenden kann. Viele Arten besiedeln nur die Flüsse und Ströme des Tieflandes. Auf Grund der Gewässerverschmutzung sind gerade diese Arten

selten geworden und müssen heute als stark gefährdet angesehen werden.
Aus Europa sind etwa 400 Arten bekannt, die sich auf 7 Familien verteilen. Davon kommt die Mehrzahl der Arten nur in bestimmten Gebirgen oder anderen, eng begrenzten Arealen vor.

Unterordnung *Filipalpia*

Familie *Taeniopterygidae*

53 *Brachyptera seticornis*
7 bis 16 mm. Die Art ist besonders in den Mittelgebirgen weit verbreitet und häufig. Sie besiedelt vorzugsweise die oberen und quellnahen Bachbereiche. Flugzeit März bis Juni.

Familie *Leuctridae*

54 *Leuctra albida*
4,5 bis 8 mm. In den schnell fließenden Bächen des Mittelgebirges ist die Art häufig zu finden. Auch kalkreiche Bäche werden von ihr bewohnt. Meist kommt sie zusammen mit anderen *Leuctra*-Arten vor, die jedoch zu anderen Zeiten fliegen. Die schmalen und hellbraun gefärbten Larven der verschiedenen Arten existieren dann in allen Größen nebeneinander. Sie sind nur teilweise bestimmbar. Flugzeit Juli bis September.

Familie *Nemouridae*

55 *Nemoura cinerea*
6 bis 9 mm. Die phyto- und detritophagen Larven sind besonders häufig in Fallaubanschwemmungen, in denen sie als Primärzersetzer pflanzlicher Substanzen wirken. Der Entwicklungszyklus ist einjährig. Unter ungünstigen Ernährungsbedingungen kann die Entwicklung stagnieren. Flugzeit April bis September. Die Eier werden im Frühjahr abgelegt. Der Schlupf erfolgt zwar vereinzelt in den Sommermonaten, der größte Teil der Eilarven schlüpft jedoch erst am Ende des Sommers bzw. im Herbst. Die Larven wachsen schnell heran. Auch in den Wintermonaten wird die Entwicklung nicht unterbrochen. Auf Grund dieses Entwicklungszyklus ist *N. cinerea* in der Lage, auch die regelmäßig im Sommer austrocknenden Gewässer zu besiedeln. Die Art ist unter allen Steinfliegen Mitteleuropas die anpassungsfähigste. Sie kommt in allen Fließgewässern vor. Als einzige Steinfliegenart lebt sie auch in Teichen und Seen des Tieflandes. Sie ist jedoch

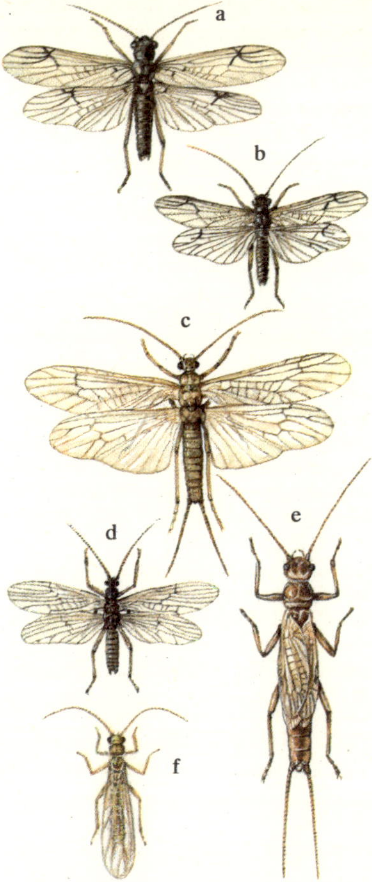

a, b 55 *Nemoura cinerea* a ♀, b ♂; c 57 *Isoperla grammatica*; d 54 *Leuctra albida*; e 56 *Perlodes microcephala*; f 59 *Chloroperla tripunctata*

keineswegs in jedem Gewässer häufig. In Gewässern, die von vielen anderen *Nemoura*-Arten bewohnt werden, findet man sie oft nur sehr vereinzelt, während sie dort, wo die übrigen Arten fehlen (z. B. in verschmutzten Gewässern), manchmal in Massen auftritt.

Unterordnung *Setipalpia*

Familie *Perlodidae*

56 *Perlodes microcephala*
Die 13 bis 25 mm lange Art ist in den Mittelgebirgen weit verbreitet. Ihre Larve lebt räuberisch und ist wesentlich seltener zu finden als die kleineren *Filipalpia*-Larven. Auch die Imagines findet man oft nur in Einzelstücken. Die Männchen sind entweder vollflüglig oder haben mehr oder weniger verkürzte Flügel.

57 *Isoperla grammatica*
An den Flüssen des Flachlandes ist diese 10 bis 15 mm lange Art stets anzutreffen. Bei warmem und sonnigem Wetter fliegen die Imagines von Mai bis August schwerfällig umher, oder sie klettern behend in der Ufervegetation und auf Baumstämmen. Die Eiablage geschieht im Flug, wobei das Weibchen mit dem Hinterleib mehrmals die Wasseroberfläche berührt.

Familie *Perlidae*

58 *Perla burmeisteriana*
Die 17 bis 30 mm langen Imagines schlüpfen von April bis Juni und fliegen bis in den August hinein. Man trifft sie an größeren Bächen und Flüssen der Mittelgebirge, in denen sich die gelblichen, braun gefleckten Larven im Lauf von 3 Jahren entwickeln.

Familie *Chloroperlidae*

59 *Chloroperla tripunctata*
Die 7 bis 10 mm lange Art ist an Quellen und Bergbächen der Mittel- und Hochgebirge regelmäßig und zahlreich anzutreffen. Ihre ebenfalls gelblich gefärbte Larve hat einen drehrunden Körper und besitzt keine Kiemen. Flugzeit April bis September.

Ordnung *Dermaptera* Ohrwürmer

Ohrwürmer haben einen sehr langgestreckten, deutlich abgeplatteten Körper, der am Hinterleibsende eine auffällige, kräftige Chitinzange oder -pinzette trägt, die sich aus den beiden Afterfühlern (Cerci) entwickelt hat. Schon allein daran lassen sie sich auf

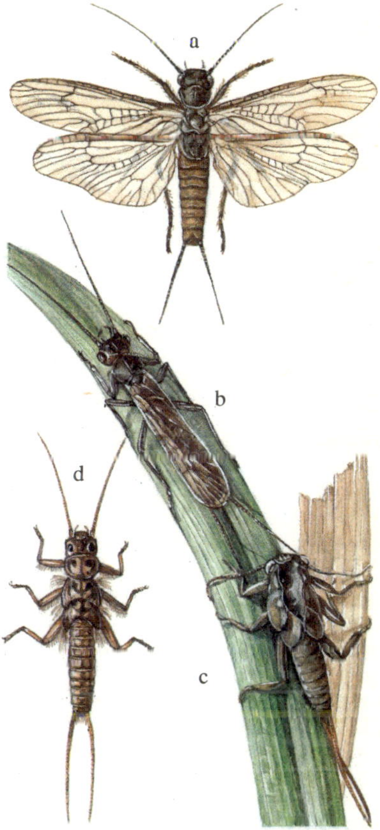

58 *Perla burmeisteriana* a Imago, b Imago frisch geschlüpft, c Exuvie, d Larve

den ersten Blick erkennen. Verwechslungsmöglichkeiten bestehen eigentlich nur mit der Käfergruppe der Kurzflügler (s. S. 201), die eine ähnliche Körpergestalt und ebenfalls schuppenförmig verkürzte Vorderflügel haben. Eine gewisse Ähnlichkeit weisen auch die im Süden vorkommenden Zangenschwänze (Ordnung *Diplura*, s. S. 58) wegen ihres zangenförmigen Hinterleibsendes auf, doch sind diese stets unpigmentiert, augen- und flügellos sowie nur mit eingliedrigen Füßen und ganz anderen Mundwerkzeugen ausgestattet. Die Körperlänge unserer heimischen Arten liegt zwischen 5 und 30 mm. Sie sind schwarzbraun bis hellbraun gefärbt und vor allem an der Brust und ihren Anhängen gelblich bis weißlich gezeichnet.

Der annähernd herzförmige, frei bewegliche Kopf ist mit nach vorn gerichteten, beißenden Mundwerkzeugen versehen. Seitlich liegen mittelgroße Augen, vor denen die fadenförmigen, 10- bis 30gliedrigen Fühler stehen, die zurückgelegt nur etwa bis zur Körpermitte reichen. Punktaugen (Ozellen) fehlen immer. Ein flacher, verrundet rechteckiger Halsschild verdeckt die gegenüber der Flügelbrust gut bewegliche Vorderbrust. Charakteristisch für die Ordnung ist auch die Ausbildung der Flügel. Falls überhaupt vorhanden, sind die Vorderflügel zu kurzen, lederartigen Schuppen, die keine Aderung aufweisen, reduziert. Unter ihnen haben die nur manchmal voll entwickelten Hinterflügel deshalb Platz, weil sie nicht nur fächerartig, sondern außerdem zweimal quer zusammengelegt werden, so daß hinten nur ein kleiner Lappen unter den Elytren hervorragt. Für die Entfaltung der Flügel müssen die Cerci zu Hilfe genommen werden. Ohrwürmer bewegen sich vornehmlich mit ihren gleichförmigen Beinen flink und wendig laufend fort, die Tarsen bestehen aus 3 Gliedern. Von ihren Flugorganen machen bei uns nur wenige Arten und diese gewöhnlich sehr selten Gebrauch. Der schmale Hinterleib läßt beim Männchen 9 und beim Weibchen 7 Bauchschilde erkennen, das kann, ebenso wie die Cercus-Form, als Merkmal für die Unterscheidung der Geschlechter benutzt werden. An den Rückenschilden des 3. und 4. Hinterleibssegments münden seitlich gewöhnlich Stinkdrüsen, deren nach Karbol riechenden Sekrete der Abwehr von Feinden dienen.

Die meisten Arten sind dämmerungs- und nachtaktiv, lichtscheu sowie wärme- und feuchtigkeitsliebend. Man findet sie in Wäldern, Gebüsch und Gärten tagsüber gewöhnlich verborgen zwischen krautigen Pflanzen, unter Steinen, Baumrinde, zwischen Fallaub, in Spalten, Ritzen und anderen Verstecken, wo ihr Berührungsdrang befriedigt wird. Einige Arten besiedeln sandige Uferzonen von fließenden und stehenden Gewässern. Manche Arten dringen in die Wohnbereiche des Menschen vor. Ohrwürmer fressen meist zarte Pflanzenteile einschließlich Früchte, nehmen aber auch tierische Kost auf, z. B. geschwächte Insekten und Blattläuse.

In der Regel ist die Fortpflanzung mit einer intensiven Brutpflege verbunden, bei der die Weibchen ihre in Häufchen abgelegten Eier bewachen, öfter belekken und schlechte Eier aussortieren oder auffressen. Hierdurch wird die Brut vor Verpilzung oder Vernichtung durch Feinde geschützt. Nach dem Schlüpfen der Larven dauern die Brutpflegeinstinkte noch eine zeitlang an. Die Jugendentwicklung verläuft als unvollkommene Verwandlung, bei der sich die Larven wenigstens 4mal häuten. Larven haben schwächer ausgebildete, stets nur pinzettenförmige Cerci, nie Flügel. Die Embryonalentwicklung dauert 2 bis 8 Wochen, die Jugendentwicklung 5 bis 6 Monate, die Lebensdauer der Imagines beträgt bis zu 10 Monaten. Die einzelnen Arten überwintern in unterschiedlichen Entwicklungsstadien, als Imago, Larve oder auch Ei.

Ohrwürmer sind nicht gefährlich für

den Menschen, sie kriechen niemals absichtlich in die Ohren und können mit ihren Hinterleibszangen nicht ernsthaft kneifen. Sie haben auch keine nennenswerte wirtschaftliche Bedeutung, nur selten werden sie durch Fraß an Zierpflanzen (z. B. Dahlienblüten) oder Verschleppung von Krankheitserregern schädlich.
Das Hauptverbreitungsgebiet dieser auf der ganzen Erde vertretenen Ordnung liegt in den Tropen. In Mitteleuropa kommen von den rund 1300 bekannten Arten nur 7 vor, die zu 4 Familien gehören.

Spezielle Literatur

Beier, M.: Ohrwürmer und Tarsenspinner. Wittenberg Lutherstadt 1959
Günther, K.; Herter, K.: Dermaptera (Ohrwürmer). Handbuch d. Zoologie, 4. Band, 2. Hälfte, 2. Teil, 11. Beitrag. Berlin – New York 1974

Bestimmungsschlüssel der Familien

1 Das 2. Fußglied ist herzförmig verbreitert und springt unter dem Krallenglied vor *Forficulidae* (S. 85)
1′ Das 2. Fußglied ist nicht verbreitert 2
2 Imagines immer ohne Flügel *Carcinophoridae*
2′ Wenigstens die Vorderflügel sind gut ausgebildet 3
3 Fühler bestehen aus mehr als 20 Gliedern; strohgelbe, dunkel gezeichnete große Tiere (größer als 9 mm) *Labiduridae* (S. 86)
3′ Fühler 12gliedrig mit heller Spitze; kleine dunkle Tiere (5 bis 6 mm) *Labiidae* (S. 86)

Familie *Forficulidae*

4 Arten im Gebiet.

60 *Forficula auricularia*
Gemeiner Ohrwurm
Körperlänge 9 bis 16 mm. Häufigste Art in Mitteleuropa, Kosmopolit. Glänzend schwarzbraune Tiere mit rostrotem Kopf, gelblichen Beinen und Seitenrändern des Halsschildes. Unter den gelblicholiv gefärbten Elytren ragen hinten als gelbliche Lappen die Hinterflügel hervor. Die an der Basis innen bezahnte Cerci-Zange der Männchen umschließt einen kreisförmigen bis ovalen Raum. Von April bis Oktober fast überall zu findende Nachttiere, die tagsüber in engen Verstecken unter Baumrinde, Steinen, Brettern, herumliegenden Lumpen u. a. oft gemeinsam ruhen. Sie ernähren sich von zarten Blütenblättern, Staubbeuteln, saftigen Blättern und Früchten (Fallobst), Algenrasen sowie weichhäutigen Insekten (Blattläusen). Nur sehr wenige Tiere können fliegen, tun es aber äußerst selten. Im Herbst suchen sie Winterquartiere auf, meist selbst gegrabene Gänge im Boden. Die Begattung erfolgt im Herbst oder im Frühjahr, die Eiablage erfolgt zwischen November und März in Erdgängen. Eizahl pro Gelege 40 bis 50. Brutpflege. Embryonalentwicklung 2 bis 8 Wochen, Larvalzeit 5 bis 6 Monate, Imaginalzeit bis 1 Jahr. Nur eine Generation im Jahr. Diese Art neigt zur Massenvermehrung und kann dann lästig sowie durch Fraß an Zierpflanzenblüten und Verbreitung von Krankheitserregern schädlich werden.

61 *Anechura bipunctata*
Zweipunkt-Ohrwurm
Körperlänge 9 bis 17 mm. Ähnlich gestaltet wie der Gemeine Ohrwurm. Jedoch matt schwarz gefärbt; Hinterhaupt, Seitenränder des Halsschildes, Beine und Hinterleibszange rötlich getönt. Besonders gekennzeichnet durch den gelben Seitenrand und einen zentralen gelben Fleck der Elytren sowie einen gelben Punkt auf den hervorragenden Flügellappen. Die Cerci-Zange der Männchen ist im mittleren Teil abwärtsgekrümmt und auf der Innenseite mit einem kräftigen Zahn versehen. Die Zweipunkt-Ohrwürmer fliegen trotz guter Flugorgane wohl nie. An trockenen, sonnigen Plätzen vornehmlich in Gebirgsgegenden des südlichen Mitteleuropas von Juli bis Oktober un-

ter Steinen, alten Kuhfladen, selten auf Gebüsch und Blüten. Die Stinksekrete riechen nach Schwefelsäure. Die Bruthöhle liegt oft unter Steinen, die Wärmespeicher darstellen. Sehr intensive Brutpflege mit Futterbeschaffung für die Junglarven.

62 *Apterygida media* (= *A. albipennis*)
Gebüsch-Ohrwurm
Körperlänge 6 bis 10 mm. Eine etwas kleinere, gelb- bis rotbraune Art mit gelben Flügeldecken, Beinen und Seitenrändern des Pronotum. Hinterflügel nicht sichtbar. Cerci des Männchens nur schwach abwärts gekrümmt und mit einem kleinen Zahn innen in der Mitte. Über ganz Mitteleuropa verbreitet. Von Mai bis Oktober als Imagines anzutreffen, nicht selten. Hält sich im Frühling unter Steinen und Fallaub, später an Gebüsch verschiedenster Art auf, bevorzugt an Erlen und Weiden längs der Flußläufe, seltener auf Stauden und Blüten. Wiesen und offenes Gelände werden gemieden. Frißt zarte Pflanzenteile, Blattlausausscheidungen sowie Blattläuse. Überwintert als Imago.

Familie *Labiidae*

Einzige Art in Mitteleuropa:
63 *Labia minor*
Kleiner Ohrwurm
Mit 4,8 bis 5,5 mm Körperlänge der kleinste Ohrwurm Mitteleuropas, Kosmopolit. Grundfarbe mattbraun, die Behaarung verleiht den Tieren einen gelblichen Schimmer. Antennen am Ende weiß. Die Hinterflügel sind gut entwickelt und ragen relativ weit unter den Elytren hervor. Die Cerci des Männchens sind nur schwach einwärts gekrümmt und auf der Innenseite fein gezähnelt. Auf Wiesen, Feldern, in Misch- und Laubwäldern, auch in Ortschaften, gern an Komposthaufen und Aborten. Er liebt Wärme und Feuchtigkeit. Ein guter Flieger, der tagsüber und in der Dämmerung sehr aktiv ist. Er fliegt künstliche Lichtquellen an.

Die Imagines überwintern am Boden unter Heidekraut oder Moos, auch in Komposthaufen.

Familie *Labiduridae*

Einzige Art in Mitteleuropa:
64 *Labidura riparia*
Sandohrwurm
Die größte heimische Art der Ordnung, Körperlänge 13 bis 30 mm. Auffällig strohgelb gefärbt mit dunklem Aal-

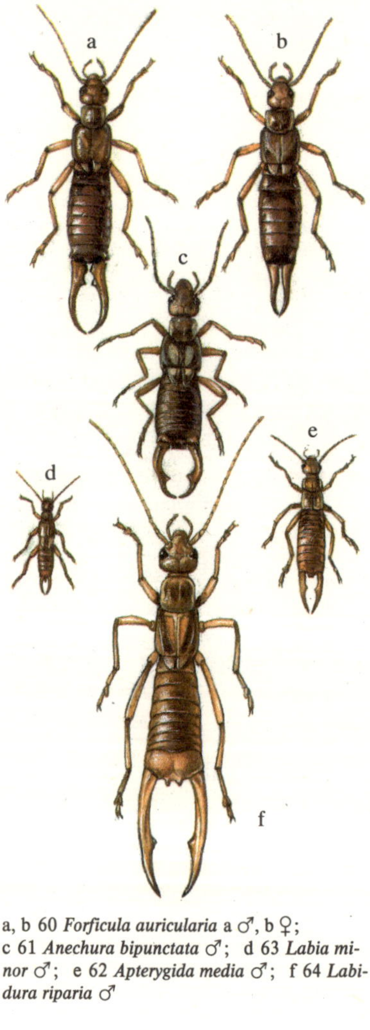

a, b 60 *Forficula auricularia* a ♂, b ♀; c 61 *Anechura bipunctata* ♂; d 63 *Labia minor* ♂; e 62 *Apterygida media* ♂; f 64 *Labidura riparia* ♂

strich auf dem Hinterleib und je 2 schrägen dunklen Streifen auf den Elytren und dem Halsschild. Die Cerci der Männchen sind sehr groß, aber nur schwach einwärts gekrümmt, auf ihrer Innenseite in der Mitte mit einem Zahn. Ein Kosmopolit, der an besonders warmen Stellen auf Sandböden lebt, vorwiegend in feuchtem Sand, z.B. am Meeresstrand (Dünenzone), an Ufern von Flüssen und Seen sowie in Gebieten der Urstromtäler auf Heiden und Binnendünen. Auch auf Abraumhalden von Kohletagebauen wurde er gefunden. Er hält sich gewöhnlich unter Steinen, Holzstücken, trockenen Kuhfladen u. a. auf. Sandohrwürmer graben mit den Vorderbeinen und Mandibeln unter Gegenständen oder frei im Sandboden blind endende oder U-förmige Gänge, die an der dreieckigen Öffnung zu erkennen sind. Ihre Nahrung besteht überwiegend aus toten sowie lebenden Insekten und anderen tierischen Stoffen. In Mitteleuropa kann der Sandohrwurm anscheinend nicht fliegen. Die Überwinterung erfolgt als Vollinsekt oder Larve. Hierfür legen die Tiere bis 2 m tiefe Gänge im Sand an. Ab Mai erscheinen sie dann wieder an der Oberfläche. Eiablage von Juni bis August in Häufchen von 60 bis 70 Stück. Brutpflege bis zur ersten Larvenhäutung. Die Jugendentwicklung mit 4 Häutungen dauert rund 100 Tage.

Ordnung *Mantoptera* Fangschrecken

Die Fangschrecken sind in Mitteleuropa nur durch eine Art vertreten, die unter dem Namen «Gottesanbeterin» allgemein bekannt ist. Dieses auffällig gestaltete, mittelgroße bis große Insekt läßt sich ohne Hilfsmittel an wenigen charakteristischen Merkmalen sofort sicher erkennen.

Der verrundet dreieckige, sehr bewegliche und nicht vom Halsschild überdeckte Kopf trägt an den seitlichen oberen «Ecken» große Augen, an der nach unten gerichteten Spitze beißende Mundwerkzeuge. Zwischen den Augen befinden sich 3 Ozellen und mittellange, borstenförmige Fühler.

Besonders auffällig ist die sehr große, freie Vorderbrust, an der vorn mächtige Fangbeine ansetzen. Sie bestehen aus den sehr verlängerten Hüften, die einen imponierenden Greifapparat tragen, der aus dem unterseits bezahnten Schenkel und der taschenmesserartig dagegen einschlagbaren, bedornten Schiene gebildet wird. Mit diesen sehr weit vorstreckbaren Vorderbeinen packen die ausschließlich räuberisch lebenden Tiere blitzschnell ihre Beute, vorwiegend Insekten aller Art. Die anderen Beine sind lange, dünne Schreitbeine mit 5gliedrigen Füßen. In der Ruhe liegen die lederartig verstärkten, aber deutlich geaderten Vorderflügel flach über den fächerartig zusammengefalteten Hinterflügeln. Am Hinterleibsende befinden sich 2 gegliederte Afterfühler.

Bei oberflächlicher Betrachtung können die Fangschrecken mit den in der Körpergestalt ähnlichen Fanghaften (s. S. 182) verwechselt werden, die sich allerdings durch die durchsichtigen, netzartig geaderten und dachartig getragenen Flügel, sowie die fehlenden Ozellen und Afterfühler leicht unterscheiden lassen.

Ihre Eier verpacken die Weibchen in mehreren Eikokons (Ootheken), die sie aus schaumig erstarrenden Sekreten der in die ausleitenden Geschlechtswege mündenden Anhangsdrüsen herstellen und an Pflanzen, Steinen und anderen Dingen befestigen. Im Zentrum einer solchen walnußgroßen Oothek befinden sich, wohlgeordnet und gegen Hitze, Kälte, Trockenheit und Feinde geschützt, die Eier. Während der Jugendentwicklung erfolgt nur eine unvollkommene Verwandlung, bei der sich die Larven 5- bis 6mal häuten und den Vollkerfen fortschreitend ähnlicher werden.

Fangschrecken sind ausgesprochen

wärmeliebende Insekten. Die rund 1 800 Arten leben vor allem in den Tropen und Subtropen.

Spezielle Literatur

Beier, M.: Fangschrecken. Leipzig 1952
Beier, M.: Mantodea (Fangschrecken). Handbuch d. Zoologie, 4. Band, 2. Hälfte, 2. Teil, 6. Beitrag. Berlin – New York 1968

65 *Mantis religiosa*
Gottesanbeterin

40 bis 75 mm lange, zartgrüne oder bräunlich gefärbte Tiere, das Männchen auffällig kleiner als das Weibchen. Imagines sind von Ende Juli bis Oktober anzutreffen. Die Eier überwintern in der Oothek. Die Gottesanbeterin liebt trockenwarme Lagen, mit Gebüsch durchsetzte Wiesen, besonders südexponierte Hänge in Weinbaugebieten, wo sie sich am Boden, im Grase, an Stauden oder niedrigem Gebüsch aufhält. Ihre stets voll ausgebildeten Flügel befähigen sie zu kurzen Flatterflügen. Lauernd erwartet sie ihre Beute, die aus verschiedensten Insekten besteht. Junglarven fressen überwiegend Blatt- oder andere Pflanzenläuse, Vollkerfe dagegen große Insekten, wie Feldheuschrecken, manchmal sogar kleine Eidechsen. Häufig wird das kopulationswillige Männchen vom Weibchen als Nahrungsobjekt behandelt, so daß nur dessen schneller Sprung auf den Rücken des Weibchens in einem Augenblick seiner Unachtsamkeit zu Begattung führt. Kann das Männchen jedoch abgeschüttelt werden, frißt das Weibchen den Partner vom Kopf aus auf. Da das Gehirn der Insekten eine weniger beherrschende Stellung hat als das der Wirbeltiere, geht die Paarung, von Bauchganglienknoten gesteuert, trotzdem weiter. Die Gottesanbeterin ist nur an wenigen Orten im östlichen, südlichen und westlichen Mitteleuropa zu finden: Österreich, ČSSR, Polen, Schweiz, Frankreich, Belgien. In der Bundesrepublik Deutschland: Kaiserstuhl, zwischen Freiburg und Basel (Baden), Hammelsberg (Saargebiet). Steht unter Naturschutz!

Ordnung *Blattoptera* Schaben

Alle Schaben haben einen abgeplatteten, im Umriß langovalen Körper. Die mitteleuropäischen Arten sind 5 bis 50 mm lang. Es sind unauffällige, düster schwarzbraun bis gelbbräunlich gefärbte, nur manchmal ein wenig weißlich gezeichnete Tiere. Der abgerundet dreieckige Kopf trägt seitlich große nierenförmige Augen und unten die nach hinten gerichteten, kräftig beißenden Mundwerkzeuge. Zwischen den Augen stehen die ungefähr körperlangen, borstenförmigen Fühler und 2 Ozellen. Allerdings wird der Kopf größtenteils vom breiten, flach scheibenförmigen Halsschild verdeckt. Gewöhnlich sind beide Flügelpaare ausgebildet, doch

65 *Mantis religiosa* ♀ mit Eikokon

gibt es (vor allem im weiblichen Geschlecht) kurzflügelige und flügellose Arten. Vorder- und Hinterflügel sind unterschiedlich groß und hart. Während die Vorderflügel lederartige, starre Deckflügel – allerdings mit deutlicher Aderung – bilden, können die viel größeren, hyalinen Hinterflügel fächerartig zusammengefaltet werden. In der Ruhe liegen die vorderen flach über den gefalteten hinteren Flügeln auf dem Abdomen. Trotz guter Flügelausbildung fliegen Schaben wenig, meist nur kurze Strecken zur Verlängerung eines Sprunges. Ihre hervorragend vervollkommnete Fortbewegungsweise ist das Laufen, wozu sie die 3 Paar gleichförmigen, schlanken Beine befähigen. Diese sind mit großen flachen Hüften und 5gliedrigen Füßen versehen. Am Hinterleibsende fällt ein Paar kurze, gedrungene Cerci aus 8 bis 15 Gliedern auf. Es sind hochempfindliche Sinnesorgane, mit denen die Schaben feinste Luftbewegungen, Erschütterungen und Schallwellen wahrnehmen können. Nur beim Männchen trägt der letzte Bauchschild oft 2 oder 1 Griffel (Stylus). Der bisweilen scharfe Schabengeruch wird durch die Sekrete von paarigen Stinkdrüsen verursacht, die auf dem Rücken des Hinterleibes ausmünden.

Die meisten Schaben sind dämmerungs- und nachtaktiv. Am Tage halten sie sich in Spalten oder anderen Verstecken verborgen. Während der gesamten Zeit ihrer Aktivität, aber vor allem in den Morgen- und Abendstunden, nehmen diese Allesfresser Nahrung auf.

Die Schabenweibchen legen ihre Eier in glattwandigen Eipaketen (Ootheken) eingeschlossen ab, die sie allerdings oft noch eine verschieden lange Zeit umhertragen, wobei diese aus der Geschlechtsöffnung herausragen. Einige Arten bewahren sie sogar bis zum Schlüpfen der Larven in einem Brutsack auf. Bei der hemimetabolen Jugendentwicklung häuten sich die Larven 5- bis 12mal.

Freilebende Schaben richten keinen Schaden an, allerdings können die in der Umgebung des Menschen auftretenden Arten durch die Verschmutzung von Nahrungsmitteln und durch Verschleppung von Krankheitserregern sehr unangenehm werden.

Die Schaben sind eine sehr alte Insektenordnung, die schon im Erdaltertum (Karbon) existierte und eine Blütezeit hatte. Heute gibt es auf der Erde – vorwiegend in den Tropen – etwa 3 500 Arten, in Mitteleuropa kommen jedoch nur 12 Arten vor, die zu 3 Familien gehören:

1 Imagines über 19 mm lang, nur in Gebäuden *Blattidae* (S. 89)
1′ Imagines unter 17 mm lang 2
2 In Gebäuden lebend *Blattellidae* (S. 91)
2′ Freilebend *Ectobiidae* (S. 91)

Spezielle Literatur

Beier, M.: Schaben. Wittenberg Lutherstadt 1967

Beier, M.: Blattariae (Schaben). Handbuch d. Zoologie, 4. Band, 2. Hälfte, 2. Teil, 13. Beitrag. Berlin – New York 1974

Familie *Blattidae*

3 Arten.

66 *Periplaneta americana*
Amerikanische Schabe

Mit 27 bis 45 mm Körperlänge die größte bei uns vorkommende Schabe. Sie ist durch ihre Körpermaße, die rotbraune Körperfarbe und die in beiden Geschlechtern langen Flügel sicher zu erkennen. Männchen haben 2 Styli. Sie wird als Kosmopolit aus den Tropen oder Subtropen immer wieder zu uns eingeschleppt und kann sich in Lagerhäusern meist nur vorübergehend, in gleichmäßig warmen Räumen (z. B. Gewächs- oder Tierhäusern) auch ständig halten. Allesfresser. Eikokon 7 bis 12 mm lang, rotbraun. Entwicklungsdauer etwa 5 bis 12 Monate. In Gewächshäusern wird sie durch Benagen wertvoller Pflanzen bisweilen schädlich.

67 *Blatta orientalis*
Küchenschabe, Orientalische Schabe

18 bis 30 mm lang. Die dunkelkastanien- bis schwarzbraune Körperfarbe sowie die Flügelausbildung unterscheiden sie eindeutig von der Amerikanischen Schabe (66). Die Vorderflügel des Männchens sind am Ende abgestumpft und lassen die Hinterleibsspitze frei, die Vorderflügel der Weibchen sind nur als schuppenförmige Rudimente vorhanden. Lichtscheue und wärmeliebende Insekten, die bei uns nur in ständig warmen Räumen mit einem entsprechenden Nahrungsangebot (Küchen, Bäckereien, Speichern u. a.) leben können und sich von allen möglichen Küchenabfällen, Nahrungsmitteln, saftigem Obst usw. ernähren.

Ein Kosmopolit, der in tropischen und subtropischen Gebieten auch im Freien vorkommt. Die Embryonalentwicklung dauert etwa 10 Wochen, die Postembryonalentwicklung mit 6 bis 7 Larvenstadien 6 bis 7 Monate. Die Küchenschabe ist ein Hygieneschädling und Überträger von Krankheitserregern!

68 *Periplaneta australasiae*
Südliche Großschabe

Seltener auftretend, der Amerikanischen Schabe (66) sehr ähnlich, unterscheidet sich durch eine ringförmige, scharf abgesetzte hellgelbe Zeichnung des dunklen Halsschildes, die parallel dem Rande verläuft und durch den an der Basis breit gelblichen Vorderrand der Deckflügel.

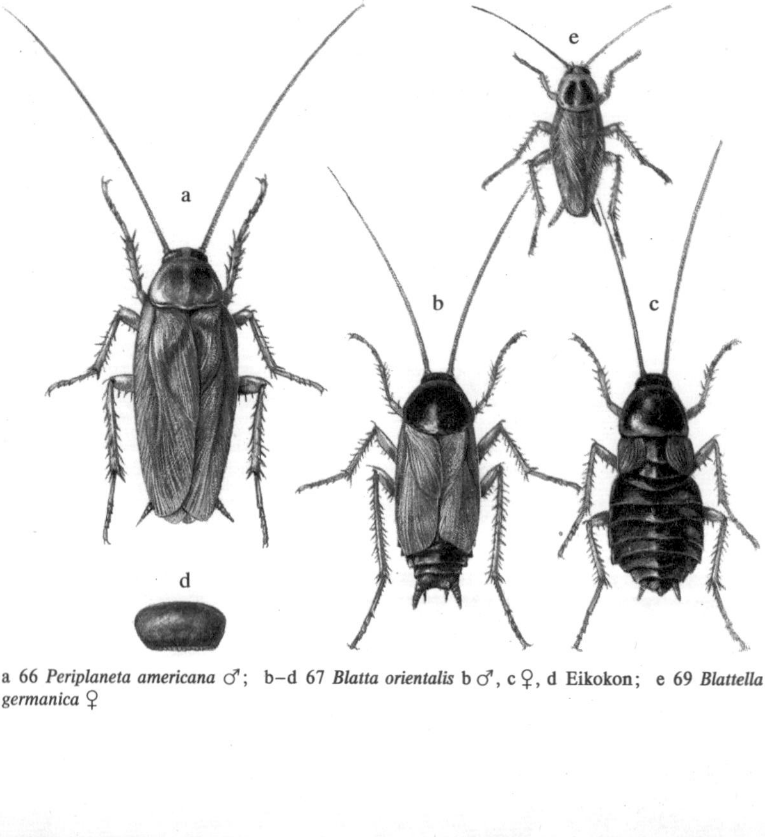

a 66 *Periplaneta americana* ♂; b–d 67 *Blatta orientalis* b ♂, c ♀, d Eikokon; e 69 *Blattella germanica* ♀

Familie *Blattellidae*

In Mitteleuropa leben 2 Arten.

69 *Blattella germanica*
Deutsche Schabe
Viel kleiner (10 bis 13 mm lang) und schlanker als die Arten der Familie *Blattidae.* In beiden Geschlechtern lang geflügelt. Körper trübgelb bis gelbbraun gefärbt. Kopf gelbrot. Besonders kennzeichnend ist ein gelblicher Längsstreifen in der Mitte des Halsschildes, der die zentrale dunkle Scheibe in 2 schwärzliche Längsstreifen zerlegt. Diese Zeichnung ermöglicht auch eine sichere Unterscheidung der Deutschen Schabe von den freilebenden Waldschaben, denen sie in der Körpergestalt sehr ähnlich ist.
Ein Kosmopolit, der vermutlich im tropischen Afrika oder Südasien seine Heimat hat und bei uns nur in beheizten Räumen dauernd leben kann. Es ist die heute in Wohn- und Wirtschaftsräumen des Menschen am häufigsten vorkommende Schabenart (in Hotels, Bäckereien, Großküchen, Krankenhäusern, Speisekammern und Wohnungen). Ihre Ausbreitung wird durch die moderne Bautechnik und die Fernbeheizung begünstigt.
Das Weibchen schleppt den Eikokon, der quer in der Geschlechtskammer steckt, bis unmittelbar vor dem Schlüpfen der Larven mit sich herum und läßt ihn dann fallen. Die Gesamtentwicklungsdauer beträgt etwa 170 Tage. Ein bedeutender Hygieneschädling, der auch an der Verbreitung von Krankheitserregern beteiligt ist!

70 *Supella longipalpa*
Möbelschabe
Im Süden Mitteleuropas tritt in Wohn- und Lagerräumen manchmal auch die Möbelschabe auf. Da ihr die dunklen Längsstreifen auf dem Halsschild fehlen und die Vorderflügel 1 bis 2 dunkle Querbinden aufweisen, läßt sie sich leicht von der Deutschen Schabe (69) unterscheiden.

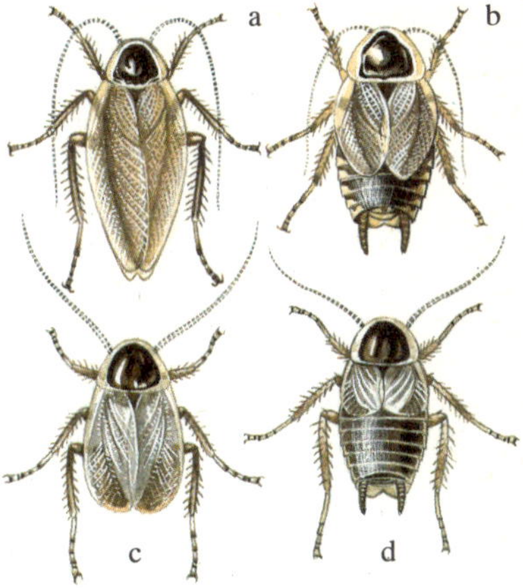

a, b 71 *Ectobius silvestris* a ♂, b ♀;
c, d 72 *Phyllodromica maculata* c ♂, d ♀

Familie *Ectobiidae*

Mit 5 Waldschaben-*(Ectobius-)* und 2 Kleinschaben-*(Phyllodromica-)* Arten in Mitteleuropa vertreten.

71 *Ectobius silvestris*
Podas Waldschabe
Körperlänge 6 bis 14 mm. Von den in Mitteleuropa heimischen Waldschaben ist sie die am schönsten gezeichnete. Die zentrale schwarze Fläche des Halsschildes wird durch eine schmale elfenbeinfarbene Umrandung gegen den durchsichtigen äußeren Pronotum-Rand scharf abgegrenzt, wodurch sie sich von der ähnlich gefärbten Gemeinen Waldschabe *(E. lapponicus)* unterscheidet. Männchen und Weibchen lassen sich leicht an der Flügelgröße erkennen. Beim Weibchen sind die Vorderflügel verkürzt, haben einen zugespitzt ovalen Umriß und erreichen nicht die Hinterleibsspitze, beim Männchen sind sie jedoch voll entwikkelt und überragen das Abdomenende. Die Männchen der tagaktiven Waldschaben trifft man von Mai bis Oktober besonders auf Sträuchern, Bäumen, Farnen, Heidekraut, Gräsern usw. meist an den Rändern lichter Wälder und in Heiden an. Die Weibchen hal-

ten sich in den gleichen Lebensräumen aber mehr am Boden auf. Sie schleppen ihre dunkelrotbraunen bis schwarzen Ootheken eine Zeitlang herum und graben sie schließlich im Boden ein. Die Larven leben vor allem am Boden zwischen Moos und anderen Pflanzen, wo sie auch überwintern.

72 *Phyllodromica maculata*
Gefleckte Kleinschabe
Eine der kleinsten mitteleuropäischen Schabenarten (Körperlänge 6,5 bis 7,5 mm). Schwarzbraune Tiere mit einem vorn und seitlich gelb umrandeten Halsschild und gelbbraunen Vorderflügeln, die beim Männchen im äußeren Teil einen dunklen Fleck aufweisen. Vorderflügel beim Weibchen hinten abgestumpft und verkürzt, sie reichen nur bis zur Mitte des Hinterleibes. Sehr flinke Tiere, die sich als Vollkerfe von Juni bis September an Waldrändern, auf Nadelgehölzen, in Hekken, unter Fallaub u. a. aufhalten. In den südlichen Teilen Mitteleuropas häufiger, sie überwintern als Larven.

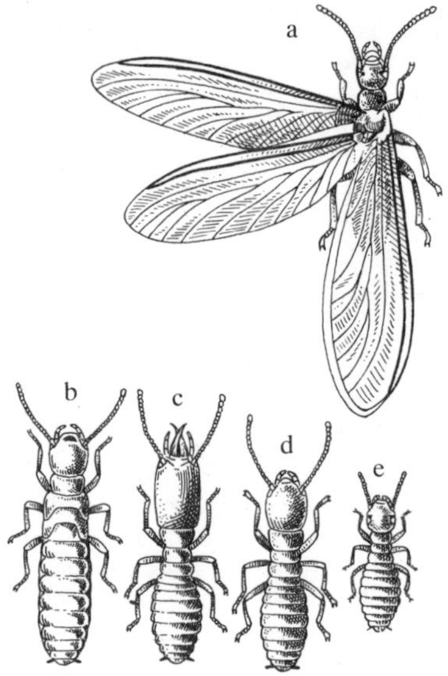

73 *Reticulitermes flavipes* a Geschlechtstier; b Ersatzgeschlechtstier; c Soldat; d Arbeiter; e Larve

Ordnung *Isoptera* Termiten, «Weiße Ameisen»

Termiten sind kleine, wenige Millimeter bis 2 cm lange, weichhäutige Landinsekten, die den Schaben verwandtschaftlich nahe stehen. Ihr länglicher Körper ist allerdings kaum abgeplattet. Der meist rundliche Kopf trägt kauende Mundwerkzeuge, ziemlich kurze perlschnur- bis fadenförmige Fühler, jedoch nur die Geschlechtstiere haben Augen und 2 Ozellen. An der Brust befinden sich gleichgestaltete Laufbeine mit 4gliedrigen Füßen. Die meisten Tiere sind flügellos.
Gewöhnlich bekommt man diese lichtscheuen Tiere gar nicht zu Gesicht, da sie im Holz oder im Erdboden Gangsysteme (Nester) anlegen, in denen sich die meisten Arten ständig aufhalten. Alle Termiten leben in mehr oder weniger großen Gemeinschaften mit straffer Ordnung, es sind staatenbildende Insekten. Große Staaten umfassen viele Tausende bis Millionen Individuen, alles Nachkommen meist nur eines Weibchens, der Königin. Die Angehörigen eines Staates sehen nicht alle gleich aus. Gewöhnlich sind mehrere Gestaltformen vertreten: Arbeiter, Soldaten und Geschlechtstiere, hinzu kommen die Larven. Alle Tiere der gleichen Gestaltform bilden eine Kaste und haben im Staat bestimmte Aufgaben zu erfüllen. Nur die dunkelbraun bis schwarz gefärbten Geschlechtstiere (oder «Ersatzgeschlechtstiere») sind fortpflanzungsfähig. Sie allein tragen kurze Zeit 2 Paar längliche, gleichgestaltete Flügel, die nach dem Hochzeitsflug abgebrochen werden. Alle übrigen Kasten sind steril. Sie sind weißlich gefärbt, worauf sich der irreführende Name «Weiße Ameisen» für diese im Habitus und in der Lebensweise den Ameisen ähnlichen, allerdings hemimetabolen Insekten bezieht.

Termiten ernähren sich vor allem von Holz und zellulosehaltigen Stoffen. Im Darm vieler Arten leben einzellige Geißeltierchen, die die Zellulose in eine für die Termiten nutzbare Form überführen. Nur die Arbeiter beschaffen die Nahrung für das Volk, alle anderen Kasten lassen sich füttern und pflegen.

Termiten gehören nicht zur bodenständigen Fauna Mitteleuropas. Ihr Hauptverbreitungsgebiet sind die Tropen. Dort zählen sie zu den gefürchtetsten Holz- und Materialschädlingen. Nicht selten werden sie aber mit Pflanzen, Nutzholz, Verpackungsmaterial oder in den hölzernen Teilen von Schiffen verborgen zu uns eingeschleppt. Von den bekannten Termitenarten hat sich jedoch nur eine seit vielen Jahrzehnten hier behaupten können.

Spezielle Literatur

Schmidt, H.: Termiten. Leipzig 1950.

Weidner, H.: Isoptera (Termiten). Handbuch d. Zoologie, 4. Band, 2. Hälfte, 2. Teil, 14. Beitrag. Berlin – New York 1970

Familie *Rhinotermitidae*

73 *Reticulitermes flavipes*
Gelbfußtermite

Körperlänge der Geschlechtstiere 4,8 bis 5,0 mm, Flügelspanne 15 mm. Länge der Soldaten ungefähr 4,1 mm, der Arbeiter 3,7 bis 4,0 mm. Geschlechtstiere fallen sofort durch ihren dunkelbraunen Körper und den Besitz von Komplexaugen, Ozellen und Flügeln oder mindestens deren Anlagen auf. Soldaten lassen sich an dem bräunlichen, viel größeren Kopf mit den stark vergrößerten Kiefern erkennen. Die den weißlichen Larven ähnlichen Arbeiter unterscheiden sich durch die schwach bräunlich getönte Kopfkapsel. Diese Art wurde aus Nordamerika nach Europa eingeschleppt und 1830 erstmals in Wien in einem Gewächshaus entdeckt. Seit 1937 wurde sie regelmäßig in Hamburg gefunden, wo sie erhebliche Schäden an Gebälk und an hölzernen Teilen vieler Häuser verursachte, so daß oft der Abriß notwendig wurde. Auch nach dem zweiten Weltkrieg gelangte sie mehrfach mit Holztransporten nach Mitteleuropa. Geflügelte Geschlechtstiere wurden in Mitteleuropa bisher nicht beobachtet, so daß die Vermehrung und Gründung neuer Staaten hier allein von Ersatzgeschlechtstieren, das sind geschlechtsreif gewordene Larven, erfolgt.

Ordnung *Saltatoria (Orthoptera)* Springschrecken, Heuschrecken

In dieser Ordnung werden kleine bis sehr große Insekten zusammengefaßt, die mit ihren stark entwickelten Hinterbeinen gut springen und meist mit Hilfe spezieller Stridulationsorgane Laute erzeugen können, die charakteristische «Gesänge» ergeben. Der Körper der mitteleuropäischen Arten ist zwischen 1,5 und 75 mm, meist 7 bis 35 mm lang. Gewöhnlich ist er langgestreckt und seitlich etwas abgeflacht. Er zeigt eine auffällige Gliederung in den derben Kopf, die von einem großen, sattelförmigen Halsschild überdeckte Vorderbrust und die Flügelbrust, der sich das gedrungene Abdomen eng anschließt. Der Kopf trägt große Augen, 3 Ozellen, borsten- oder fadenförmige Fühler und kräftige, nach unten gerichtete beißend-kauende Mundwerkzeuge. In der Regel sind 2 Flügelpaare gut ausgebildet, von denen das vordere Paar länglich, lederartig verstärkt aber trotzdem mit Adern versehen ist (Tegmina). Unter diesen liegen die breiten, häutigen, manchmal bunt gefärbten Hinterflügel fächerartig zusammengefaltet verborgen. In der Ruhe werden die Flügel dachartig über dem Hinterleib aneinandergelegt. Zahlreiche Arten sind kurzflüglig oder flügellos. Während die beiden vorderen Beinpaare meist Laufbeine mit 3- bis 4gliedrigen Füßen sind, werden die hinteren Sprungbeine durch keulenförmig stark verdickte

Schenkel gekennzeichnet. Am Hinterleibsende befindet sich stets ein Paar fast immer ungegliederte Afterfühler (Cerci) und bei den Weibchen ein mehr oder weniger langer Legeapparat (Ovipositor).

In der Jugendentwicklung der Heuschrecken treten wenigstens 5 Larvenstadien auf, die mit jeder Häutung den Vollkerfen ähnlicher werden (Hemimetabolie). Bei den letzten Larvenstadien (Nymphen) liegen die Anlagen für die Hinterflügel über denen der Vorderflügel, bei den Imagines ist dies umgekehrt. Heuschrecken sind überwiegend tagaktive Landinsekten. Ein Teil der Arten lebt räuberisch, andere ernähren sich von Pflanzen, manche nehmen sowohl tierische als auch pflanzliche Kost auf. Die Zeitangaben für das Vorkommen gelten nur für die Imagines.

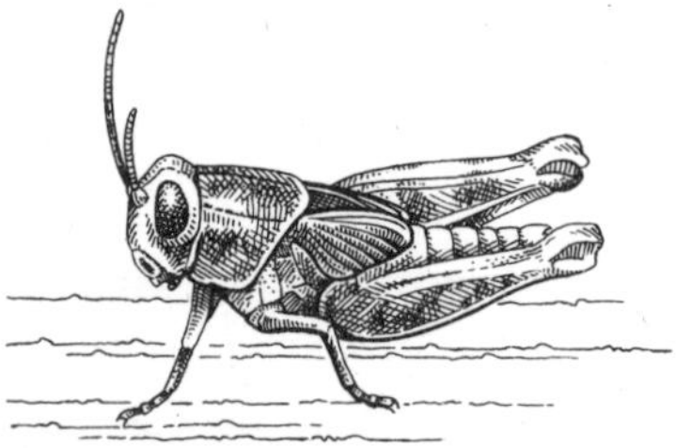

Larve einer Feldheuschrecke

Spezielle Literatur

Beier, M.; Heikertinger, F.: Grillen und Maulwurfsgrillen. Leipzig 1954

Beier, M.: Laubheuschrecken. Wittenberg Lutherstadt 1955

Beier, M.: Feldheuschrecken. Wittenberg Lutherstadt 1956

Beier, M.: Saltatoria (Heuschrecken und Grillen). Handbuch d. Zoologie, 4. Band, 2. Hälfte, 2. Teil, 9. Beitrag. Berlin – New York 1972

Götz, W.: Orthoptera, Geradflügler. Tierwelt Mitteleuropas. Leipzig 1965

Harz, K.: Die Geradflügler Mitteleuropas. Jena 1957

Harz, K.: Geradflügler oder Orthoptera. Tierwelt Deutschlands, 46. Teil. Jena 1960

Harz, K.; Kaltenbach, A.: Die Orthopteren Europas. Bd. I–III. The Hague 1969–1976

Oschmann, M.: Bestimmungstabelle für die Larven mitteldeutscher Orthopteren. Deutsche Entomologische Zeitschrift, Neue Folge, Bd. 16. Berlin 1969

Weidner, H.: Die Wanderheuschrecken. Leipzig 1953

Zacher, F.: Die Geradflügler Deutschlands und ihre Verbreitung. Jena 1917

Von den 20 000 bekannten Arten kommen in Mitteleuropa rund 130 Arten vor. Die Heuschrecken werden in 2 große Unterordnungen, die *Ensifera* und die *Caelifera,* gegliedert, die heute oft als Ordnungen betrachtet und dann *Grylloptera* und *Orthoptera* genannt werden. Diese beiden Gruppen unterscheiden sich deutlich, besonders durch den Fühlerbau, die Gehörorgane und den Legeapparat:

1 Fühler so lang oder länger als der Körper, borstenförmig zugespitzt, mit weit mehr als 30 Gliedern. Weibchen mit langer säbel- oder schwertförmiger, geschlossener Legeröhre. Gehörorgane in der Basis der Vorderbeinschienen gelegen *Ensifera (S. 94)*

1′ Fühler meist viel kürzer als der Körper, mehr oder weniger gleich breit fadenförmig, bisweilen am Ende verdickt, mit weniger als 30 Gliedern. Weibchen mit einem kurzen Legeapparat, dessen Teile keine Legescheide bilden. Füße mit 3 oder weniger Gliedern. Gehörorgane befinden sich seitlich an der Basis des Hinterleibs *Caelifera (S. 104)*

Unterordnung Ensifera
Langfühlerschrecken

Die Langfühlerschrecken werden durch ihre langen Fühler gekennzeichnet, die gewöhnlich mindestens so lang wie der

Körper sind. Zu dieser Unterordnung gehören die Laubheuschrecken, Grillenschrecken und Grillen, einschließlich der Maulwurfsgrillen. Fast alle mitteleuropäischen Arten erzeugen Stridulations- oder andersartige Laute, die sich zu artspezifischen Gesängen zusammenfügen, an denen man die Arten schon von weitem erkennen kann. Diese Lautäußerungen werden vorwiegend von den Männchen hervorgebracht und spielen eine große Rolle für die Geschlechterfindung und Begattung. Gewöhnlich befinden sich die lauterzeugenden Organe an der Basis der Vorderflügel, wo die beiden Flügel in der Ruhe teilweise übereinanderliegen. Meist ist auf der Unterseite des oben liegenden linken Flügels eine mit Querrippen versehene Schrillader vorhanden, über die durch Flügelbewegungen eine Schrillkante des unten liegenden rechten Flügels hinwegstreicht. Neben der Schrillkante befindet sich ein umgrenztes, durchsichtiges Flügelfeld, «Spiegel» genannt, das als Resonanzfläche eine Verstärkung der Laute bewirkt. Langfühlerschrecken nehmen die Gesänge mit Hilfe leistungsfähiger Gehörorgane (Tympanalorgane) wahr, die dicht am Knie der Vorderbeine in der Schiene liegen.

Erwachsene Langfühlerschrecken begegnen uns hauptsächlich vom Hochsommer bis zum Herbst. Sie besiedeln sehr verschiedene, warme Lebensräume: Waldlichtungen, Gebüsch, lokker mit Bäumen und Sträuchern bestandene Steppen und Hänge, Wiesen sowie Parks und Gärten.

Eiablage der Langfühlerschrecken

Die Weibchen leiten ihre Eier durch eine schwert- oder säbelförmige Legescheide, die sie in das Substrat einstechen, in den Erdboden oder in Pflanzengewebe. Gewöhnlich entwickelt sich nur eine Generation pro Jahr. Mit Ausnahme der Grillen überwintern sie im Eistadium. Etwa 60 Arten aus 10 Familien kommen in Mitteleuropa vor. Sie gehören zu 3 Überfamilien:

1 Füße 3gliedrig *Grylloidea* (S. 101)
1′ Füße 4gliedrig 2
2 Füße abgeflacht, 3. Glied herzförmig; Schiene der Vorderbeine mit Gehöröffnungen *Tettigonioidea* (S. 95)
2′ Füße seitlich zusammengedrückt, lang und dünn; Schiene der Vorderbeine ohne Gehöröffnung; flügellos *Gryllacridoidea* (S. 101)

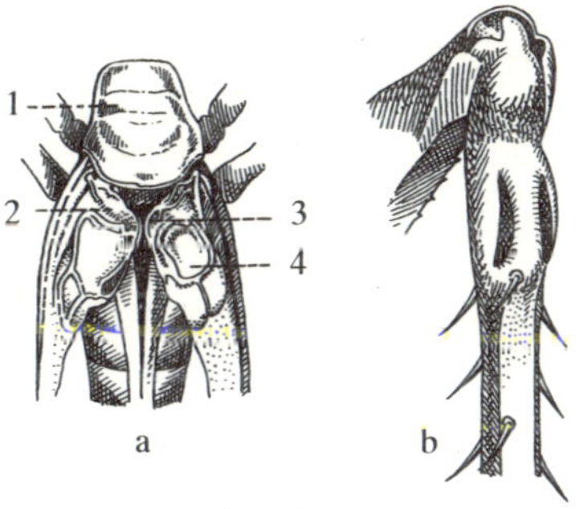

Langfühlerschrecken: a Stridulationsorgane (1 Halsschild, 2 Schrillader, 3 Schrillkante, 4 Spiegel); b Gehörorgane

Überfamilie *Tettigonioidea*
Laubheuschrecken

Mittelgroße bis große Langfühlerschrecken mit 4gliedrigen, abgeflachten Füßen und tympanalen Gehörorganen in den Vorderbeinen. Meist sind Stridulationsorgane an der Basis der Vorderflügel vorhanden.

Bestimmungsschlüssel der Familien

1 1. und 2. Fußglied an den Seiten gefurcht 2
1′ 1. und 2. Fußglied an den Seiten glatt *Phaneropteridae* (S. 99)

2 Halsschild auffällig sattelförmig gestaltet, hinterer Teil stark hochgewölbt *Ephippigeridae* (S. 98)
2′ Halsschild nicht ausgeprägt sattelförmig, im Profil oben fast gerade 3
3 Trommelfelle an den Schienen der Vorderbeine offenliegend, oval *Meconematidae* (S. 98)
3′ Trommelfelle bis auf einen schmalen Spalt verdeckt 4
4 Schienen der Vorderbeine am Ende oben außen ohne Dorn *Conocephalidae* (S. 98)
4′ Schienen der Vorderbeine am Ende oben außen mit einem Dorn *Tettigoniidae* (S. 96)

Familie *Tettigoniidae* Singschrecken

Umfangreichste Familie der Laubheuschrecken, zu der die bekanntesten Langfühlerschrecken zählen, die uns in Wald, Feld und Garten begegnen. Vorherrschend grün gefärbte Tiere, die deutlich hörbar, oft sehr lautstark, singen können. Etwa 22 Arten, von denen aber ein Teil nur in wärmeren südlichen Gebieten verbreitet ist.

74 *Tettigonia viridissima* **Großes Heupferd**

30 bis 40 mm. Zweifellos unsere populärste Laubheuschrecke. Ihr grüner Körper wird von den Vorderflügeln sehr weit überragt, wodurch sie sich vom ähnlich gefärbten Zwitscher-Heupferd (75) auffällig unterscheidet. In den Sommermonaten Juli bis Oktober lassen die Männchen ihren scharf klingenden Gesang von Mittag bis nach Mitternacht erschallen. Am Tage sitzen sie im Gebüsch oder an höheren Wiesenpflanzen, zur Nacht steigen sie bis in höchste Baumwipfel empor. Über ganz Europa verbreitet, jedoch im Mittelgebirge nicht über 400 m Meereshöhe. Ernährt sich räuberisch von Insekten, frißt aber auch saftige Pflanzenteile. Für Haltung und Züchtung in Gefangenschaft geeignet. Das Weibchen legt rund 100 Eier einzeln in den Boden, wo sie überwintern. 1 Generation pro Jahr.

75 *Tettigonia cantans* **Zwitscher-Heupferd**

20 bis 33 mm. Die Vorderflügel reichen nur ungefähr bis zum Hinterleibsende. Von Juli bis Oktober vor allem auf Äkkern und feuchten Wiesen, aber auch in Gebüsch- und Baumbeständen. Lebensweise ähnlich der vorigen Art, die Einzelschläge des Gesanges fließen aber zu einem gleichförmigen, grellen Schrillen zusammen, woran die Art schon von fern erkannt werden kann. Von Europa bis Sibirien verbreitet. In den Alpen bis in 1250 m Höhe.

76 *Decticus verrucivorus* **Warzenbeißer**

25 bis 45 mm. Vollgeflügelte Singschrecken mit sehr variabler grüner oder gelber bis tiefbrauner Grundfärbung. Von gleichgroßen Arten sind sie durch die dunkle Flügelzeichnung gewöhnlich deutlich zu unterscheiden. Von Juni bis September auf feuchten bis trockenen Wiesen, Kartoffeläckern, Getreidefeldern, Brachlandschaften und Heiden zu finden. Im ganzen Gebiet, bis über 2000 m Höhe. Die Nahrung besteht zu 2 Dritteln aus tierischer und 1 Drittel pflanzlicher Kost. Striduliert laut, wobei der Gesang die grellen Einzeltöne meist deutlich erkennen läßt. Früher ließ sich die Landbevölkerung von dieser Heuschrecke Warzen abbeißen und die Wunde durch den ausgewürgten Verdauungssaft verätzen.

77 *Pholidoptera griseoaptera* **Gewöhnliche Strauchschrecke**

13 bis 18 mm. Vorderflügel verkürzt, beim Männchen fast so lang wie der Halsschild, beim Weibchen nur als kleine Läppchen ausgebildet, die hinten unter dem Pronotum hervorragen. Meist in dichtem Gebüsch und Gestrüpp auf Waldlichtungen, an Waldrändern, aber auch auf Wiesen und Fel-

dern. Von Juli bis Oktober in ganz Mitteleuropa. Die Nahrung besteht überwiegend aus kleinen Raupen und anderen Insekten, zum Teil aus Grasblüten, Gräsern und Blättern.

78 *Platycleis albopunctata (= P. denticulata)*
Westliche Beißschrecke
18 bis 25 mm. Ähnlich der Grauen Beißschrecke *(P. grisea),* die weiter südlich verbreitet ist und Trockenheit und Wärme liebt. Sie ist an trockenen Hängen und Hügeln mit schütterer Vegetation, in heideartigem Gelände, auch auf Binnendünen, vorwiegend am Boden von Juni bis September zu finden. Frißt kleine Insekten und zarte Pflanzenteile. Eine westliche Art, die in Polen und der ČSSR ihre östliche Verbreitungsgrenze erreicht.

79 *Metrioptera brachyptera*
Kurzflüglige Beißschrecke
12 bis 18 mm. Eine kurzflüglige Art mit brauner Grundfarbe, deren Halsschild und Vorderflügel teilweise grün sind. Die Vorderflügel überragen nicht den Hinterleib und enden mehr oder weniger zugespitzt. Von Juli bis September auf feuchten Wiesen und Heiden, an feuchten Waldrändern. Bodentier. Frißt

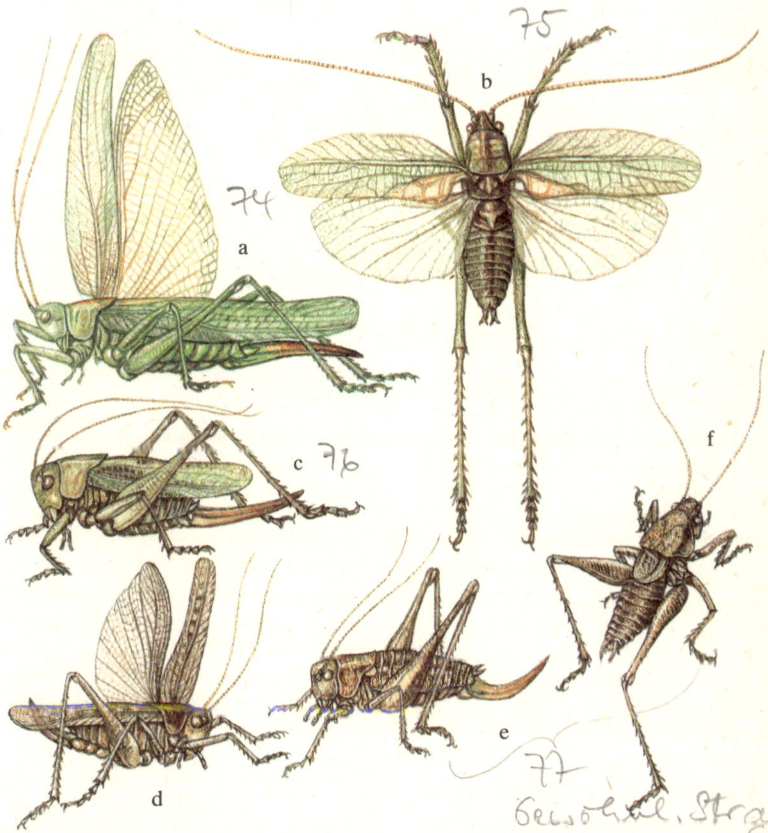

a 74 *Tettigonia viridissima* ♀; b 75 *Tettigonia cantans* ♂; c 76 *Decticus verrucivorus* ♀; d 78 *Platycleis albopunctata* ♀; e, f 77 *Pholidoptera griseoaptera* e ♀, f ♂

kleine Insekten, deren Larven sowie saftige Blätter. Eier werden in den feuchten Boden abgelegt.

80 *Metrioptera roeseli*
Roesels Beißschrecke
14 bis 18 mm. Kurzflüglig. Die Vorderflügel erreichen nicht die Hinterleibsspitze und sind am Ende abgerundet. Die Seitenlappen des Halsschildes sind unten und hinten auffällig breit gelblich gerandet. Sehr häufig und weit verbreitet. Vorwiegend auf feuchten Wiesen in Gewässernähe. Ihre Nahrung besteht hauptsächlich aus zarten Pflanzenteilen, gelegentlich auch aus kleinen Insektenlarven. Von Juli bis Oktober lassen die Männchen ihren oft minutenlangen, gleichmäßig sirrenden hohen Gesang ertönen. Die Eier werden mit der Legescheide in die Stengel von Wiesenkräutern versenkt.

Familie *Ephippigeridae*
Sattelschrecken

81 *Ephippiger ephippiger*
Sattelschrecke
22 bis 30 mm. Halsschild charakteristisch sattelförmig eingedrückt und hinten stark gewölbt. Vorderflügel schuppenförmig reduziert, doch in beiden Geschlechtern mit Stridulationsapparat. Von Juli bis Oktober in besonders trockenwarmen Gegenden, Steppenheiden, Weinbaugebieten. Sie lebt als Larve in niedriger Vegetation und Gebüsch, steigt als Vollkerf auch auf Bäume, frißt Pflanzen und kleine Insekten. Die Ablage der Eier erfolgt in den Boden. Nur lokal im südlichen und südwestlichen Mitteleuropa.

Familie *Conocephalidae*
Schwertschrecken

3 Arten.

82 *Conocephalus discolor (= C. fuscus)*
Langflüglige Schwertschrecke
12 bis 20 mm. Sehr schlanke grüne Tiere mit einem dunklen Längsstreifen auf dem Rücken, deren schmale Vorderflügel das Hinterleibsende weit überragen. Die schräge Stirn trifft am Kopfgipfel mit dem Scheitel, seitlich betrachtet, auffällig spitzwinklig zusammen. Feuchtigkeitsliebend, deshalb vorwiegend auf Sumpfwiesen und Wiesenmooren, in der Nähe von fließenden oder stehenden Gewässern, wo sie sich an Schilf, Rohr oder Riedgräsern aufhalten. Sie fressen kleine Insekten, deren Larven und zarte Pflanzenteile. Die Weibchen schieben ihre Eier in die Blattscheiden von Gräsern, Rohr oder aber auch ins Gewebe der Stengel von Riedgräsern und Schilf. Dazu beißt das Weibchen zunächst ein Loch in die Oberfläche der Pflanze, durch das es die Legescheide ins Gewebe sticht. Von Juli bis Oktober lokal im gesamten Gebiet vertreten, im Norden seltener.

Familie *Meconematidae*
Eichenschrecken

2 Arten.

83 *Meconema thalassinum*
Mitteleuropäische Eichenschrecke
12 bis 15 mm. Diese kleine Art fällt durch ihre hellgrüne Färbung und die gelbe Zeichnung der Antennen, Beine und des Pronotums sofort auf. Außerdem hat sie an den Vorderbeinschienen offenliegende, ovale Trommelfelle. Ein typisches Baumtier, vorwiegend in der Dämmerung und nachts aktiv. Es kann gut fliegen und gerät dabei bisweilen durchs Fenster auch in Wohnungen. Gewöhnlich halten sich die Vollkerfe in Baumkronen vor allem von Eichen aber auch anderen Laubbäumen, selten sogar an Kiefern, auf. Die Nahrung bilden saftige Pflanzenteile, aber auch kleine zarte Insekten. An der Vorderflügelbasis sind beim Männchen keine besonderen Stridulationsorgane entwikkelt, da die Tiere durch Trommeln mit einem Hinterbein auf die Unterlage «Gesänge» erzeugen. Zur Eiablage steigen die Weibchen aus der Baumkrone

herab und bringen ihre Eier in Rindenritzen und Pflanzengallen unter. Imagines sind von Juli bis Anfang November nicht nur in Wäldern, sondern auch in Parks der Städte von ganz Europa anzutreffen.

Familie *Phaneropteridae* Sichelschrecken

Rund 12 Arten in Mitteleuropa.

84 *Phaneroptera falcata*
Gewöhnliche Sichelschrecke
12 bis 18 mm. Schlanke, dünnbeinige, vorwiegend grüne, bräunlich gezeichnete Laubheuschrecke, deren Flügel weit über das Hinterleibsende hinausragen. Die Hinterflügel sind viel länger als die Vorderflügel und ihr freier Spitzenteil ist deckflügelartig verstärkt. Die Sichelschrecke liebt trockene, warme Lagen, Heidewiesen, südexponierte Trockenhänge mit einzelnen Sträuchern und Bäumen. Bei warmem Wetter sehr lebhaft und flüchtig, dabei vorzüglich fliegend. Sie ernährt sich vorwiegend von Pflanzen, gelegentlich auch von kleinen Insekten. Die platten Eier werden mit der seitlich abgeflachten, breiten, sichelförmig gekrümmten Legescheide in den Rand von Laubbaumblättern so abgelegt, daß sie zwischen Ober- und Unterhaut zu liegen kommen. Vollkerfe trifft man von Juli bis Oktober lokal in den südlichen Teilen des Gebiets. Die nördliche Verbreitungsgrenze verläuft etwa vom Hunsrück, entlang der Mainlinie bis ins Unstruttal bei Wangen und das Saaletal bei Jena und Naumburg.

85 *Leptophyes punctatissima*
Punktierte Zartschrecke
10 bis 17 mm. Zarte, grüne, dicht schwarz punktierte Tiere, deren Flügel

a 79 *Metrioptera brachyptera* ♀; b 80 *Metrioptera roeseli* ♀; c 81 *Ephippiger ephippiger* ♀; d 83 *Meconema thalassinum* ♀; e 84 *Phaneroptera falcata* ♀; f 82 *Conocephalus discolor* ♀

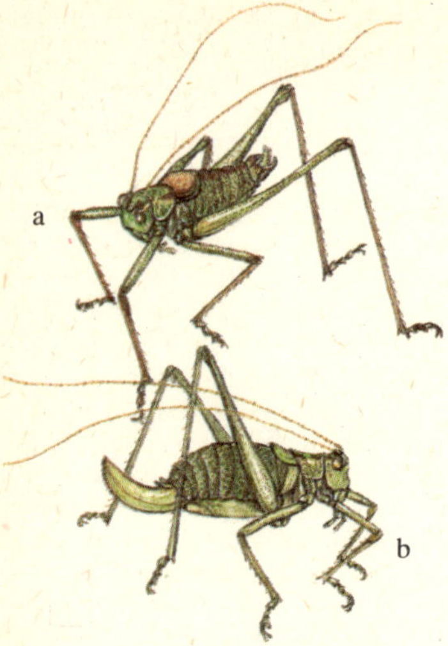

85 *Leptophyes punctatissima* a ♂, b ♀

stark, aber in beiden Geschlechtern unterschiedlich verkürzt sind. Beim Weibchen bilden sie nur kleine Lappen. Die Vollkerfe sind vorwiegend Dämmerungstiere, die tagsüber mit spinnenartig ausgestreckten Beinen auf Blättern und Blüten von Stauden und Sträuchern sitzen und sich sonnen. Die Larven sind eher Bodentiere und auch tagsüber aktiv. Die Erwachsenen ernähren sich rein pflanzlich, wobei sie Löcher in die Blätter fressen. Im ganzen Gebiet von Juli bis September als Vollkerfe vertreten, allerdings nach Norden zunehmend seltener, oft auch in Gärten, besonders an Rosen. Die platten Eier werden von den Weibchen in Rindenspalten junger Bäume und Sträucher untergebracht.

86 *Barbitistes constrictus*
Nadelholz-Säbelschrecke

14 bis 20 mm. Säbelschrecken erkennt man im männlichen Geschlecht am sichersten an den s-förmig gekrümmten Afterfühlern und im weiblichen Geschlecht an der kräftigen Legescheide, die an der Basis gerade verläuft, im hintersten Drittel nach oben gebogen und dort stark gezähnt ist. Die Männchen, aber auch die Weibchen, haben stark verkürzte Flügel.
Die Nadelholz-Säbelschrecke unterscheidet sich von der verwandten Laubholz-Säbelschrecke *(B. serricauda)* durch die stellenweise geringelten Fühler und die bräunliche bis schwärzliche Grundfärbung. Sie ist ein Dämmerungs- und Nachttier, das sich hauptsächlich an

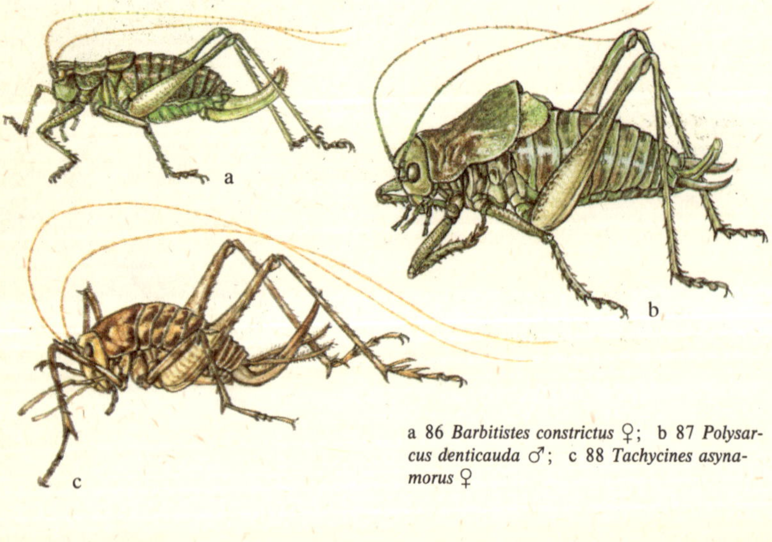

a 86 *Barbitistes constrictus* ♀; b 87 *Polysarcus denticauda* ♂; c 88 *Tachycines asynamorus* ♀

Nadelbäumen (Kiefer, Fichte, Lärche), aber auch an Laubbäumen und anderen Pflanzen aufhält, von deren Nadeln oder Blättern es sich ernährt. Die Nadelholz-Säbelschrecke verursacht bei Massenvermehrungen vor allem an jungen Bäumen durch Abfressen der Nadeln und Benagen von Rinde und Knospen erhebliche Schäden. Vollkerfe kommen in den Monaten Juli bis September vor.
Nur im östlichen Mitteleuropa (Polen, ČSSR, Nord-Ungarn, Niederösterreich, Nord-Bayern und nördlich bis Hannover, zum Harz, der Leipziger Bucht und der Lausitz).

87 *Polysarcus denticauda*
Gewöhnliche Wanstschrecke
Ein plumper und mit 27 bis 36 mm Körperlänge deutlich der größte Vertreter der Sichelschrecken in Mitteleuropa. Diese kurzflüglige Art kann an der Körpergröße und der Breite des Kopfscheitelgipfels, die die des Fühlergrundgliedes mehrfach überschreitet, sicher erkannt werden. Sie ist feuchtigkeitsliebend und weitgehend an üppige Wiesen gebunden, wo sie sich von Gras und krautigen Pflanzen ernährt. Selten steigt sie auf Sträucher. Auf Hochmatten der Gebirge kommt es manchmal zu Massenvermehrungen und nachfolgenden Wanderungen infolge Nahrungsmangels. Die Eier werden mit der Legescheide 2 bis 3 cm tief in den Boden versenkt. Vollkerfe von Juni bis September. Die gewöhnliche Wanstschrecke ist nur in den südlichen Teilen Mitteleuropas vertreten. Das Verbreitungsgebiet entspricht etwa dem der Weiß-Tanne *(Abies alba).*

Überfamilie *Gryllacridoidea* Grillenschrecken

Urtümliche Langfühlerschrecken mit 4gliedrigen Füßen, ohne tympanale Gehörorgane in den Vorderbeinen. Die europäischen Vertreter sind flügellos. In Mitteleuropa kommt nur eine Familie mit 2 Arten vor.

Familie *Rhaphidophoridae* Buckelschrecken

88 *Tachycines asynamorus*
Gewächshausschrecke
13 bis 19 mm. Wegen des buckelförmig gekrümmten, völlig flügellosen Körpers und der sehr langen Fühler sowie Cerci unverwechselbar. Ein Kulturfolger, der vermutlich von Zentralchina aus über die ganze Erde verschleppt wurde und auch bei uns in ständig warmen Gewächshäusern das ganze Jahr über angetroffen werden kann. Gelangt gelegentlich ins angrenzende Freiland, wo sie sich aber nicht ständig halten kann. Sie ernährt sich von Blattläusen, anderen kleinen Arthropoden sowie von zarten Pflanzenteilen wie Blüten, Keimlingen und Früchten. Die Eier werden in den Boden abgelegt.

Überfamilie *Grylloidea* Grillen

Langfühlerschrecken mit 3 Fußgliedern. 10 Arten aus 4 Familien leben in Mitteleuropa.

Bestimmungsschlüssel der Familien

1 Vorderbeine bilden gedrungene breite Grabschaufeln, Körperlänge über 35 mm — *Gryllotalpidae* (S. 104)
1′ Vorderbeine sind normale Schreitbeine, Körperlänge unter 25 mm — 2
2 Körper eiförmig, flügellos, kaum über 3 mm lang — *Myrmecophilidae* (S. 104)
2′ Körper walzenförmig oder schlank, geflügelt, länger als 4 mm — 3
3 Körper und Hinterschenkel schlank, Schienen der Hinterbeine länger als die Hinterschenkel, sehr zarte, blaßgelbe bis hellgrünliche Tiere — *Oecanthidae* (S. 103)
3′ Körper walzenförmig, Schenkel der Hinterbeine stark verdickt, die Schiene höchstens so lang wie der Schenkel, bräunliche bis schwarze Tiere — *Gryllidae* (S. 102)

Familie *Gryllidae*
Echte Grillen

Grillen mit walzenförmigem Körper, gut entwickelten Augen und normal gestalteten Vorderbeinen. Hinterbeinschienen oberseits gleichartig bedornt. Die Vorderflügel sind an der mittleren Längsader winklig geknickt, so daß (in der Ruhelage) der hintere Teil das Abdomen oben flach bedeckt, während der vordere Teil dem Körper fast senkrecht seitlich anliegt. 7 Arten.

89 *Gryllus campestris*
Feldgrille

20 bis 26 mm. Gedrungene, glänzend schwarz gefärbte Tiere, deren Hinterschenkel unten und innen blutrot gefärbt sind. Feldgrillen treten erwachsen von Mai bis Juli im Freien auf. Die Männchen lassen ihr melodisches Zirpen, womit sie die Weibchen heranlokken, an sonnigen Tagen der Monate Mai und Juni von etwa 9.00 Uhr morgens bis tief in die Nacht hinein ertönen. Man findet diese Wärme und Trockenheit liebenden Bodeninsekten auf trockenen Wiesen, lockeren Kiefernheiden und an Waldrändern. Die Vollkerfe halten sich in selbstgegrabenen Erdgängen oder vor diesen auf. Jedes Tier hat sein eigenes Loch, das Männchen auch ein bestimmtes Revier. Man kann die Feldgrille mit einem Grashalm aus den Löchern «herauskitzeln». Ihre Nahrung besteht aus pflanzlichen und tierischen Stoffen. Die Eiablage beginnt etwa 8 Tage nach der Begattung. Es werden in der Wohnröhre Gelege von 20 bis 40 Eiern abgesetzt, aus denen nach 2 bis 5 Wochen Larven schlüpfen. Diese leben zunächst gesellig, später gräbt sich jede einen eigenen 30 bis 40 cm langen Gang, in dem sie überwintert. Erst im nächsten Frühling häuten sie sich zu Vollkerfen. In ganz Mitteleuropa vertreten, nördlich bis Schleswig-Holstein.

90 *Acheta domesticus*
Hausgrille, Heimchen

16 bis 20 mm. Ein Kosmopolit, der bei uns fast nur gemeinsam mit dem Menschen (synanthrop) auftritt und das ganze Jahr über in Bäckereien, Kellern, zentral beheizten Wohnungen und Häusern zu finden ist. Im Sommer geht die Hausgrille mitunter auch ins Freiland, z.B. auf Müllhalden. Als Nahrung dienen in erster Linie pflanzliche Stoffe, daneben werden tierische Stoffe, wie tote Insekten, aufgenommen. Dämmerungs- und nachtaktiv. Ihr eintöniges Zirpen ertönt vom Abend bis tief in die Nacht hinein.

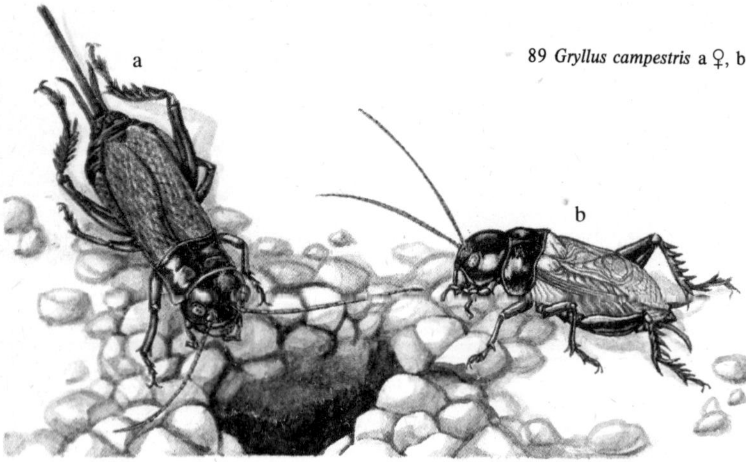

89 *Gryllus campestris* a ♀, b ♂

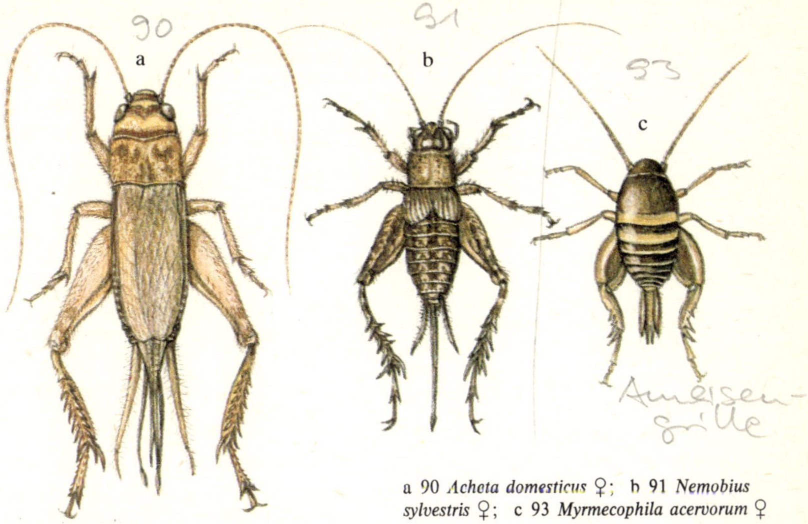

a 90 *Acheta domesticus* ♀; b 91 *Nemobius sylvestris* ♀; c 93 *Myrmecophila acervorum* ♀

91 *Nemobius sylvestris*
Waldgrille

9 bis 10 mm. Auffällig und leicht erkennbar durch Behaarung, charakteristisch verkürzte Flügel und Färbung. Sehr lebhafte, wärmeliebende Tiere, die vor allem im Fallaub und Moos lichter Laubwälder, Waldränder und Schneisen vorkommen. Vollkerfe von Juni bis September. Sie ernähren sich von pflanzlichen und tierischen Stoffen. Die Eiablage erfolgt ab August wenige Millimeter tief in den Erdboden. Überwinterung vorwiegend als Larve. Fehlt im Norden Mitteleuropas und in Höhen über 800 m.

Familie *Oecanthidae*
Blütengrillen

Im Gebiet nur die Art:
92 *Oecanthus pellucens*
Weinhähnchen

9 bis 15 mm. Außerordentlich zarte, zerbrechliche Grillen mit schlanken Beinen und offenen Trommelfellen in den Vorderschienen. Die Schienen der Hinterbeine tragen oben größere und dazwischenliegend kleinere Dornen. Das sehr wärmeliebende Weinhähnchen kommt nur im Süden Mitteleuropas in warmen, milden Lagen von Juli bis Oktober vor und geht nicht über 300 m Höhe. Die strohgelblichen Tiere halten sich gewöhnlich an blühenden Pflanzen auf, die aus der übrigen Vegetation herausragen, auch an Sträuchern und Bäumen (Eiche, Brombeere, Wein). Keine Bodentiere, steigen aber selten über 1 Meter hoch. Sie fressen vorwiegend zarte Pflanzenteile, wie

92 *Oecanthus pellucens* ♀

Blüten, aber auch kleine Insekten. Die Männchen lassen ihren weit hörbaren Gesang von abends bis nach Mitternacht ertönen. Das Weibchen legt die Eier mit einer langen geraden Legescheide in das Stengelmark von Weinreben oder verschiedener krautiger Pflanzenarten, nachdem es ein Loch in die obere Schicht des Pflanzengewebes genagt hat. Überwinterung im Eistadium. 1 Generation.

Familie *Myrmecophilidae*

1 Art.

93 *Myrmecophila acervorum*
Ameisengrille

Männchen 1,5 mm, Weibchen 2,5 bis 3,5 mm. Sehr kleine, ovale, flügellose Grillen mit dicken Hinterschenkeln, ohne Gehörorgane in den Vorderbeinen. Sie leben an wärmebegünstigten Orten fast ständig (als sogenannte Synöken) in den Nestern von Ameisen. Sie nehmen Hautausscheidungen ihrer Wirte auf, lassen sich von diesen füttern und fressen gelegentlich auch Ameiseneier oder -larven. Vermehrung bei uns durch Jungfernzeugung. Überwinterung als Vollkerfe. Die Ameisengrille fehlt wohl in Mitteleuropa nur im Nordwesten.

Familie *Gryllotalpidae* Maulwurfsgrillen

Im Erdboden lebende plumpe Grillen, deren Vorderbeine zu kurzen, mächtigen Grabschaufeln umgestaltet sind. Nur 1 Art.

94 *Gryllotalpa gryllotalpa*
Maulwurfsgrille

35 bis 50 mm. Feuchtigkeitsliebende, dickleibige Tiere, die mit den vorderen Grabbeinen Wohngänge im lockeren Boden von Wiesen, Mooren und Beeten anlegen. Zur Paarungszeit (Mai bis Juni) kommen sie an die Oberfläche und können in der Dämmerung und nachts surrend umherfliegen. In ihren Gängen bewegen sie sich geschickt vor- und rückwärts, manchmal schwimmen oder tauchen sie durchs Wasser. Ihre Nahrung besteht sowohl aus pflanzlichen als auch tierischen Stoffen (Engerlingen, Drahtwürmern, Raupen, Regenwürmern u. a.). Durch ihre Wühltätigkeit und das Fressen an Wurzeln und Stengeln können sie in Gärten erhebliche Schäden verursachen. Für die Eiablage gräbt das Weibchen eine besondere Höhle. Die zu einem Haufen gestapelten, insgesamt 200 bis 300 Eier werden bewacht und durch Belecken gepflegt. Auch die Larven werden noch etwa bis zur 2. Häutung von der Mutter betreut. Die Entwicklung erstreckt sich über etwa 2 Jahre. Überwinterung als Larve oder Imago. Lebensdauer der Vollkerfe 70 bis 600 Tage.

Unterordnung *Caelifera* Kurzfühlerschrecken

Die Kurzfühlerschrecken haben durchweg einen etwas derberen Körper und kürzere Extremitäten als die Langfühlerschrecken. Ihre Färbung ist sehr verschieden, aber meist vorzüglich der Umgebung angepaßt. Sie kann dem Untergrund sogar durch Farbwechsel

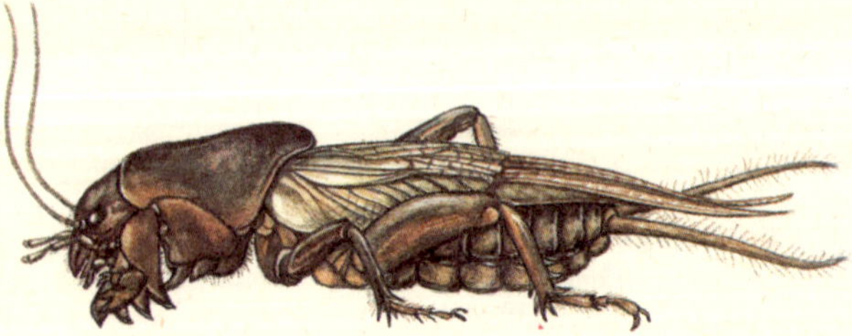

94 *Gryllotalpa gryllotalpa* ♀

bei der Häutung angeglichen werden. Im Gegensatz zu den Langfühlerschrecken besitzen die Kurzfühlerschrecken fadenförmige, manchmal am Ende keulenförmig verdickte Fühler, die viel kürzer sind als der Körper und höchstens 30 Glieder haben. Die Hinterbeine haben deutlich seitlich abgeflachte Schenkel. Der Fuß besteht aus 3 oder weniger Gliedern. Die Trommelfelle der Gehörorgane befinden sich, mehr oder weniger überdeckt, seitlich am 1. Hinterleibssegment. Eine Legescheide ist nicht vorhanden. 2 Paar kurze und kräftige, krallenartige Anhänge (Gonapophysen), die nicht miteinander verfugt sind und deshalb auseinander gespreizt werden können, bilden eine Bohrkrone für den Hinterleib. Die Stridulation erfolgt nie durch Gegeneinanderreiben der Vorderflügel, in der Regel wird eine Schrillkante an der Hinterschenkelinnenseite über eine Schrillader auf den Vorderflügeln bewegt. Gewöhnlich trägt eine von diesen beiden Strukturen Zäpfchen oder Höker.

Hierher gehört vor allem die Masse der fast alle Wiesen und Brachen bevölkernden Feldheuschrecken (Grashüpfer), die ihren artspezifischen Gesang im Sommer und Herbst ertönen lassen, sowie die Dornschrecken und Grabschrecken. Die einzelnen Arten besiedeln sehr unterschiedliche, durch Besonderheiten des Kleinklimas, der Bodenbeschaffenheit und der Vegetation charakterisierte Lebensräume. Infolge ihrer engen Bindung an spezielle ökologische Verhältnisse kann man nicht alle vorkommenden Arten überall antreffen. Sie sind überwiegend am Erdboden oder wenigstens in Bodennähe an Pflanzen zu finden. Kurzfühlerschrecken sind Pflanzenfresser, von denen einige Arten bei Massenauftreten an Kulturpflanzen schädlich werden können. So gehören die «Wanderheuschrecken», die noch im vorigen Jahrhundert mit ihren Schwärmen bis nach Mitteleuropa vordrangen, zu den gefürchtetsten Pflanzenschädlingen.

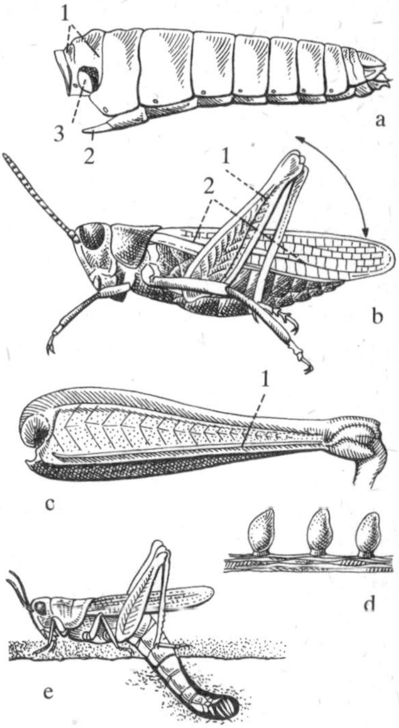

Kurzfühlerschrecken: a Gehörorgan (1 1. Rückenplatte, 2 1. Bauchplatte, 3 Gehörorgan); b, c Stridulationsorgane (1 Schrillkante, 2 Schrillader); d Schrillzapfen; e Eiablage

Die meisten Arten zeigen bei der Paarung ein mehr oder weniger ausgeprägtes Balzverhalten, das mit charakteristischen Gesängen, Lautäußerungen und Bewegungen verbunden ist. Die Weibchen legen die Eier gewöhnlich in den oder am Boden ab, selten in Pflanzenstengel. Dabei werden die einzelnen Eier zu einem Eipaket zusammengekittet. Die Überwinterung erfolgt meist im Eistadium, selten als Larve oder Imago. Bisher sind etwa 11 000 Arten beschrieben worden. Rund 75 können in Mitteleuropa angetroffen werden. Sie gehören zu 3 Familien:

1 Halsschild hinten mit einem langen zugespitzten Fortsatz, der etwa bis zum Hinterleibsende reicht *Tetrigidae* (S. 112)

1′ Halsschild hinten ohne solchen Fortsatz 2
2 Schiene der Vorderbeine zu einer am Ende bedornten Grabschaufel verbreitert, Füße der Vorder- und Mittelbeine 2gliedrig, Fuß der Hinterbeine eingliedrig, rudimentär; Fühler 10gliedrig *Tridactylidae* (S. 112)
2′ Schiene der Vorderbeine normal gestaltet, Tarsen aller Beine 3gliedrig, Fühler mit viel mehr als 10 Gliedern *Acrididae* (S. 106)

Familie *Acrididae* Echte Feldheuschrecken

Kurzfühlerheuschrecken mit normal gestalteten Vorderbeinen, deren Halsschild hinten nicht fortsatzartig verlängert ist. Hierzu zählen die vielen Grashüpferarten, die unsere Wiesen, Steppen, Ödländer und Sandflächen oft sehr individuenreich bevölkern.

95 *Locusta migratoria*
Europäische Wanderheuschrecke
30 bis 55 mm. Die größte Feldheuschreckenart, die durch Zuflug aus dem Südosten auch in Mitteleuropa auftreten und sich unter günstigen Umständen einige Jahre halten kann. Aus früheren Jahrzehnten bekannte Restvorkommen in Mitteleuropa scheinen erloschen zu sein. Die Art tritt, wie alle Wanderheuschreckenarten, in zwei «Phasen» auf, die sich in Körperform, Färbung und Lebensweise unterscheiden. In der Solitärphase leben die Tiere einzeln und verstreut. Bei zu hoher Besiedelungsdichte kann aber ein Wechsel zur Schwarmphase erfolgen, in der sich die Tiere zu Wanderschwärmen zusammenrotten. Noch im vorigen Jahrhundert brachen gewaltige Schwärme aus ihren Brutgebieten in Südosteuropa nach Mitteleuropa ein. Die standorttreue Einzelphase kommt auf sandigen Böden in der Nähe ausgedehnter Schilfdickichte, aber auch auf Brachland und Heiden vor. Vollkerfe von Juli bis Oktober.

95 *Locusta migratoria* ♀

96 *Psophus stridulus*
Rotflügelige Schnarrschrecke
20 bis 35 mm. Durch die charakteristische rote Färbung der Hinterflügel und den im Profil erhabenen, oben nicht eingekerbten Halsschild unverkennbar. Auffällig durch ihr lautes Flugschnarren, das von den Hinterflügeln erzeugt wird. Die Männchen schnarren beim Flug und sitzend. Die gewöhnlich nicht fliegenden Weibchen schnarren nur im Sitzen und zwar leiser. Das Flugschnarren sowie andere Lautäußerungen haben große Bedeutung im Rahmen des Balzverhaltens. Eine wärmeliebende Art, die von Juli bis Oktober an sonnigen, trockenen Hängen, an Waldrändern und -lichtungen sowie in Heidegebieten, besonders in bergigen Gegenden, auftritt. Im Norden seltener.

97 *Bryodema tuberculata*
Gefleckte Schnarrschrecke
25 bis 40 mm. Läßt sich von der vorigen Art durch die Färbung und Zeichnung der Hinterflügel sowie 2 Einkerbungen des dorsalen Kiels vom Halsschild unterscheiden. Die Längsadern der Hinterflügel sind stark verdickt. Auf kahlen oder teilweise bewachsenen Kiesbänken an Flüssen und Geröll von Bachbetten im Alpengebiet, aber auch lokal in Heiden und auf Sandböden im Norden. Die Männchen führen meist am frühen Vormittag oder vor Sonnen-

untergang schnarrende Balzflüge aus. Auch die Weibchen schnarren zu Beginn des Fluges etwas. Vollkerfe von Juli bis September.

98 *Oedipoda caerulescens*
Blauflüglige Ödlandschrecke
15 bis 28 mm. Die blaue Färbung und dunkle Zeichnung der Hinterflügel kennzeichnen die Art unverwechselbar. Das Profil des Halsschildes weist oben eine Einkerbung auf. Nahe verwandt ist die Rotflüglige Ödlandschrecke *(O. germanica),* bei der die hier blaugefärbten Teile der Hinterflügel rot sind. Allgemein entsprechen Körperfärbung und -zeichnung weitgehend dem Untergrund, so daß sich die Tiere nur durch ihre Bewegung und Entfaltung der Flügel beim Sprungflug verraten. Eine Trockenheit liebende Art, die sandiges Ödland mit schütterer Vegetation bevorzugt. Von Juli bis September in Heidegebieten, an trockenen Hängen, in alten Steinbrüchen, in Sandgruben, Dünen und an ähnlichen Orten zu finden. Frißt überwiegend Gras.

99 *Sphingonotus caerulans*
Blauflüglige Sandschrecke
15 bis 31 mm. An den bläulichen, manchmal mit einer rauchbraunen Querbinde versehenen Hinterflügeln und dem eingeschnürten Halsschild leicht zu erkennen. Ein außerordentlich gewandter Kurzstreckenflieger, ohne Flügelschnarren. Liebt Wärme und Trockenheit. Von August bis September auf Sandböden, Grasheiden, Dünen und auf Kiesbänken mit stets nur spärlicher Vegetation.

100 *Aiolopus thalassinus*
Strandschrecke
15 bis 25 mm. Die durchsichtigen Hinterflügel sind grünlich-gelb getönt und an der Spitze schwach rauchbraun. Auf üppigen Feuchtwiesen an Ufern von

a 96 *Psophus stridulus* ♀, b 97 *Bryodema tuberculata* ♂; c 98 *Oedipoda caerulescens* ♀; d 99 *Sphingonotus caerulans* ♀

a

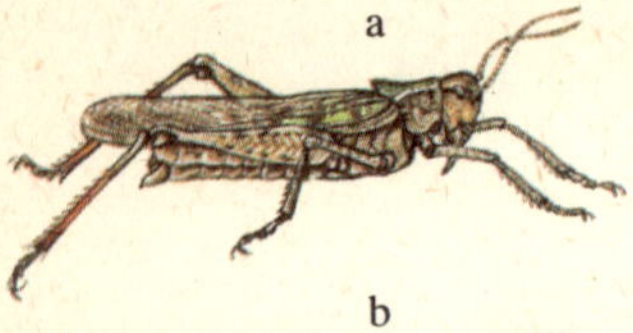

b

a 100 *Aiolopus thalassinus* ♀; b 101 *Mecostethus grossus* ♀

Flüssen, Teichen und Seen. Nur im Süden und Osten Mitteleuropas von Juli bis September lokal anzutreffen.

101 *Mecostethus grossus*
Sumpfschrecke
12 bis 40 mm. Vorherrschend olivgrüne Tiere, deren oben flacher Halsschild fast gerade, schwarzbraun eingefaßte Seitenkiele aufweist. Vorderflügel mit einem dunklen Längsstreifen, Hinterflügel glashell, nur am Ende etwas verdunkelt. Hinterschenkel unten auffällig hellrot. Sie besiedelt nasse Wiesen, Wiesenmoore, Stichgräben sowie Ufer von Teichen und Seen. Die Männchen erzeugen durch «Wegschleudern» der Hinterbeinschienen einzelne knipsende Laute, die man mehr als 15 m weit hören kann. Sumpfschrecken fressen Riedgräser und Süßgräser ihres Lebensraumes. Die Eier werden in feuchte Erde oder in die bodenbedekkende Pflanzenschicht abgelegt. Imagines von Juli bis September.

102 *Acrida hungarica*
Nasenschrecke, Turmschrecke
34 bis 41 mm. Ungewöhnlich gestaltete, schlanke Heuschrecke mit auffällig kegelförmig verlängertem Kopf, schwertförmig verbreiterten Fühlern und langen dünnen Hinterbeinen. Nur im südöstlichen Mitteleuropa (Niederösterreich, Ungarn, Süd-Slowakei) vertreten, wo sie trockenwarme Steppengebiete mit schütterer Vegetation bewohnt. Vollkerfe von Juli bis Oktober.

103 *Chrysochraon dispar*
Große Goldschrecke
Männchen 16 bis 19 mm, Weibchen 22 bis 30 mm. Die Geschlechter sind sehr verschieden gestaltet. Das schlanke, sehr flinke Männchen ist grün, das Weibchen meist hellbräunlich. Beide haben einen schwachen Goldschimmer. Beim Männchen entspricht die Länge der am Ende abgerundeten Deckflügel der der Hinterschenkel, sie sind also wenig kürzer als der Hinterleib. Die lanzettförmig zugespitzten Deckflügel der Weibchen erreichen kaum die Mitte des Hinterleibes. Die Unterseite der Hinterschenkel ist beim Weibchen purpurrot. Die Große Goldschrecke bevorzugt feuchte bis nasse Wiesen mit üppigem Pflanzenwuchs. Abweichend von anderen Feldheuschrecken werden die Eier mit dem Hinterleib an Bruchstellen in Himbeertriebe, Stengel von Kräutern und Schilf, aber auch in morsche Baum-

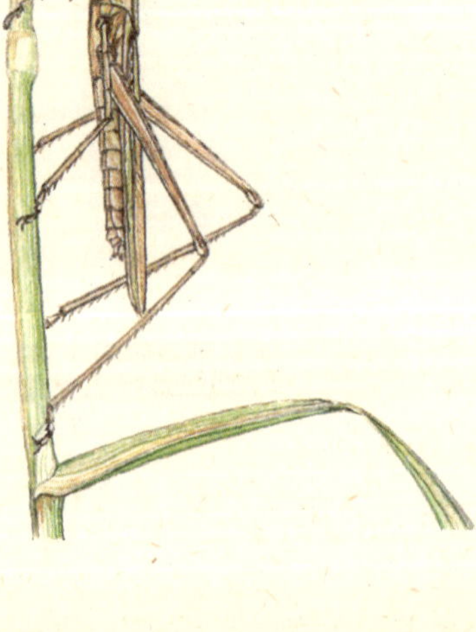

102 *Acrida hungarica* ♀

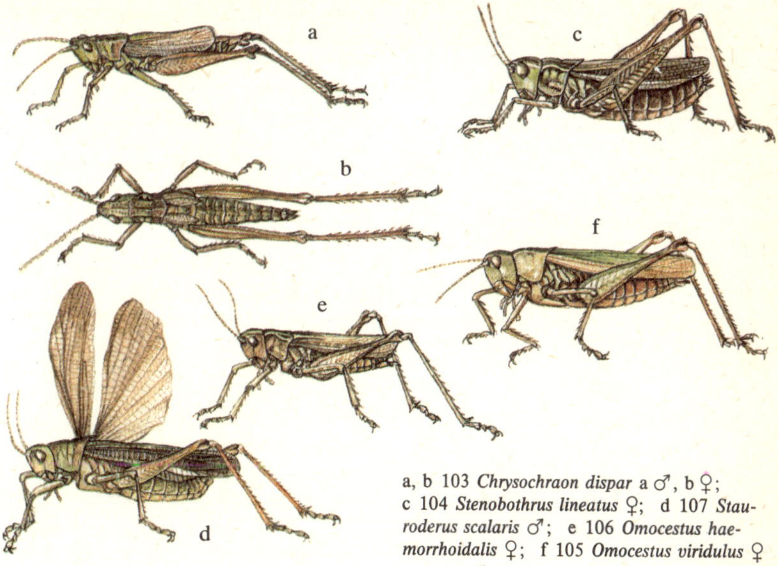

a, b 103 *Chrysochraon dispar* a ♂, b ♀; c 104 *Stenobothrus lineatus* ♀; d 107 *Stauroderus scalaris* ♂; e 106 *Omocestus haemorrhoidalis* ♀; f 105 *Omocestus viridulus* ♀

stümpfe eingebohrt. Der Bohrkanal wird dann mit einem Sekretpfropfen verschlossen. Von Juni bis September sind erwachsene Tiere zu finden.

104 *Stenobothrus lineatus*
Panzers Grashüpfer
15 bis 26 mm. Wie bei vielen Feldheuschrecken ist die Färbung sehr verschieden. Besonders die Männchen haben im Vorderflügel ein sehr breites mittleres Flügelfeld mit zahlreichen parallelen Queradern und einen auffälligen, kommaförmigen weißen Fleck. Die Hinterflügel sind schwärzlich. Vollkerfe sind von Juli bis Oktober vorwiegend auf trockenen Wiesen, Waldlichtungen, in Heidekraut zu finden. Die Eipakete werden dicht an den Wurzeln ins Gras abgesetzt. Grasfresser.

105 *Omocestus viridulus*
Bunter Grashüpfer
12 bis 24 mm. Die Vorderflügel in der Mitte nicht oder kaum gefleckt, die Hinterflügel in der Außenhälfte rauchbraun. Die Seitenkiele des Halsschildes laufen hinten auseinander. Hinterleibsende des Männchens nicht rot. Von Juni bis August überall, vor allem aber im Bergland verbreitet auf feuchten aber auch trockenen Waldwiesen, Almwiesen und Mooren von der Ebene bis in 2 600 m Höhe. Die Eipakete werden am Grunde von Grasbüscheln dicht am Boden abgesetzt.

106 *Omocestus haemorrhoidalis*
Rotleibiger Grashüpfer
10 bis 19 mm. Graubraune Grundfärbung, Hinterleibsspitze bei Männchen rot. Eine Trockenheit und Wärme liebende Art, die auf trockenen Wiesen, Heiden, Lichtungen und an Rändern von Kiefernwäldern anzutreffen ist.

107 *Stauroderus scalaris*
Gebirgsgrashüpfer
18 bis 27 mm. Braune bis olivbraune Tiere, deren Vorderflügel zur Spitze schwarzbraun gefärbt, aber nicht gefleckt sind, beim Männchen mit sehr breitem mittleren Flügelfeld, das zahlreiche parallele Adern aufweist. Die Hinterflügel sind pechbraun. Männchen und Weibchen schnarren beim Auffliegen. Auf sonnigen, trockenen Wiesen, Heiden, Ödland und Kahl-

schlägen, vor allem in Gebirgen des südlichen und südöstlichen Mitteleuropas, weiter nördlich sehr selten.

Gattung *Chorthippus*

Zu dieser artenreichen Gattung gehören in Mitteleuropa 12 Grashüpferarten mit einfach fadenförmigen Fühlern, die sehr ähnlich aussehen und alle eine kleinere lappenförmige Erweiterung am Vorderrand des Vorderflügels (Praecostalfeld) aufweisen. Manche Arten lassen sich an der Form der Halsschildkiele unterscheiden.

108 *Chorthippus apricarius*
Linnés Grashüpfer
13 bis 22 mm. Seitenkiele des Halsschildes nur schwach eingebogen. Hinterflügel glashell. Hinterschienen gelblich. Kommt auf Sandboden, Äckern, trockenen Wiesen, Dünen und Wegrainen von Juli bis Oktober vor.

109 *Chorthippus pullus*
Philippis Grashüpfer
12 bis 22 mm. Vorderflügel in den beiden Geschlechtern verschieden entwikkelt; beim Männchen fast so lang wie der Hinterleib, beim Weibchen nur etwa halb so lang. Hinterbeinschienen blutrot. Bevorzugt sandige Heiden, Flußschotterfelder und trockenes Ödland mit dürftiger Vegetation. Juli bis Oktober.

110 *Chorthippus biguttulus*
Nachtigall-Grashüpfer
13 bis 22 mm. In beiden Geschlechtern lang geflügelte Grashüpfer. Die Seitenkiele des Halsschildes sind auffällig einwärts gewinkelt. Besiedelt Waldwiesen, aber auch Wiesen im freien Gelände. Sein lauter, metallisch schmetternder Gesang ist weithin hörbar. Fast überall von Juni bis September vertreten. Die bräunlichen Eipakete werden in den Boden oder an seiner Oberfläche abgesetzt.

111 *Chorthippus albomarginatus*
De-Geers Grashüpfer
Schlanke, lang geflügelte Grashüpfer, deren Seitenkiele am Halsschild fast parallel verlaufen. Vorderflügel der

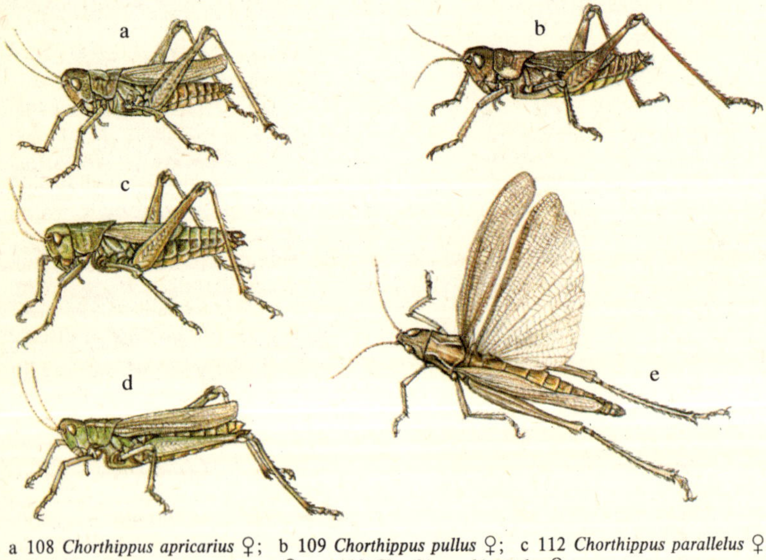

a 108 *Chorthippus apricarius* ♀; b 109 *Chorthippus pullus* ♀; c 112 *Chorthippus parallelus* ♀; d 111 *Chorthippus albomarginatus* ♀; e 110 *Chorthippus biguttulus* ♀

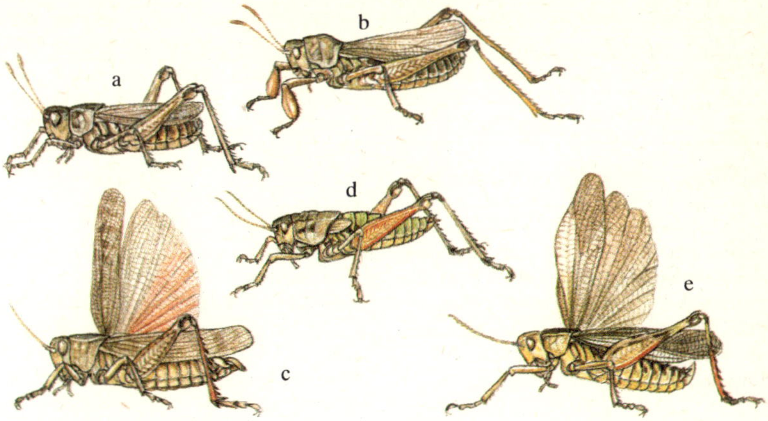

a 113 *Myrmeleotettix maculatus* ♂; b 114 *Aeropus sibiricus* ♂; c 117 *Calliptamus italicus* ♂; d 116 *Podisma pedestris* ♀; e 115 *Arcyptera fusca* ♂

Weibchen gewöhnlich mit einem gelben Längsstrich an der Seite. Lebt auf feuchten Wiesen und Weiden, auch auf Salzwiesen. Die Eipakete werden am Grunde von Grasbüscheln abgesetzt und enthalten 8 bis 10 Eier.

112 *Chorthippus parallelus*
Gemeiner Grashüpfer

13 bis 23 mm. Seine Färbung ist sehr unterschiedlich. Die Seitenkiele des Halsschildes sind annähernd parallel, die Flügel gewöhnlich in beiden Geschlechtern verkürzt. Vorderflügel beim Weibchen lanzettförmig zugespitzt, nur das basale Hinterleibsdrittel bedekkend, beim Männchen jedoch bis zum Hinterleibsende reichend. Von Juni bis Oktober auf Wiesen in feuchten Lebensräumen, aber auch noch in Trokkenheiden. In ganz Mitteleuropa nicht selten.

113 *Myrmeleotettix maculatus*
Gefleckte Keulenschrecke

11 bis 17 mm. Leicht erkennbar an den am Ende zu einer länglichen, dunklen Keule erweiterten Fühlern, den in der Mitte dunkel gefleckten Vorderflügeln und den stark einwärts gebogenen Seitenkielen des Halsschildes. Eine Trokkenheit liebende, sehr lebhafte Art. Regelmäßig auf Waldlichtungen, Heiden, Sandböden, Ödland mit schütterer Vegetation zu findendes Bodentier. Von der Ebene bis in über 2 800 m Höhe verbreitet. Vollkerfe von Juni bis Oktober. Sie zeigen eine ausgeprägte, sehr interessante Balz. Auch die Weibchen können stridulieren.

114 *Aeropus sibiricus (= Gomphocerus sibiricus)*
Sibirische Keulenschrecke

18 bis 25 mm. Die Männchen sind auffällig durch den buckelig gestalteten Halsschild, dessen Seitenkiele in der Mitte nahe beieinander verlaufen, die blasenartig aufgetriebenen Vorderbeinschienen und die lanzettförmig erweiterte Spitze der Antennen gekennzeichnet. Ein Gebirgstier, das bevorzugt auf südexponierten, grasigen Hängen und saftigen Wiesen vorkommt. Steigt über die Waldgrenze bis in 2 800 m Höhe. Neigt zu Massenvermehrungen und kann dann schädlich werden. Nur im Alpengebiet und lokal im Harz vorkommend.

115 *Arcyptera fusca*
Pallas Höckerschrecke

24 bis 35 mm. Sehr derbe bunte Feldheuschrecke. Die Seitenkiele des Hals-

schildes verlaufen fast parallel. Hinterflügel schwarzbraun. Schienen der Hinterbeine rot, Knie schwarz. Flügel beim Weibchen kürzer als der Hinterleib. Aufgescheuchte Männchen erzeugen Flugschnarren. In den südlichen und südöstlichen Teilen Mitteleuropas verbreitet, wo diese Höckerschrecke von August bis September auf trockenen, warmen Wald- und Bergwiesen lokal anzutreffen ist.

116 *Podisma pedestris*
Gewöhnliche Gebirgsschrecke
17 bis 30 mm. Die Flügel dieses Gebirgsbewohners sind gewöhnlich bis auf kleine Lappen verkürzt, nur vereinzelt kommen lang geflügelte Tiere vor. Die Vorderbrust ist in der Mitte mit einem kegelförmigen Höcker versehen, die Afterfühler des Männchens sind sehr kurz. Hinterschenkel unten hellrot gefärbt; Hinterschienen blau mit weißen, schwarzspitzigen Dornen. Auf Wald- und Bergwiesen, Kahlschlägen, Schneisen und Kiefernwaldlichtungen am Boden, im Grase, auf Heidekraut und anderen niedrigen Pflanzen zu finden. Ernährt sich von Gräsern und Kräutern. Vollkerfe sind von Juni bis Oktober in den Alpen und in Mittelgebirgen zu finden.

117 *Calliptamus italicus*
Schönschrecke
15 bis 34 mm. Männchen charakteristisch gestaltet. Halsschild oben mit Mittelkiel und deutlichen, nach außen gekrümmten Seitenkielen. Die Vorderbrust trägt in der Mitte einen zapfenförmigen Fortsatz. Am stark verdickten Hinterleibsende stehen große, greifzangenartig gebogene Afterfühler. Die Hinterflügel sind basal zart rosenrot gefärbt. Die Nahrung der Schönschrecken besteht größtenteils aus krautigen Pflanzen. Bei Massenvermehrungen kommt es zu Wanderungen und bisweilen zu Schäden an Kulturpflanzen. Die Stridulation erfolgt durch Aneinanderreiben der Mandibeln. Vollkerfe trifft man von Juli bis September auf trockenen Wiesen und Ödland an sehr warmen Örtlichkeiten, hauptsächlich im südlichen Mitteleuropa.

Familie *Tetrigidae* Dornschrecken

Kleine, vorwiegend mattschwarz gefärbte Bodenheuschrecken, deren Halsschild nach hinten zu einem langen Fortsatz verlängert ist und deren Vorderflügel nur als kleine ovale Schuppen erhalten sind, unter denen die Hinterflügel mehr oder weniger weit hervorragen. Am Ende der Füße fehlt ein Haftlappen zwischen den Krallen. Die Eier werden in den Boden abgelegt. Die Arten überwintern als Larven oder Vollkerfe. In Mitteleuropa kommen 8 Arten vor.

118 *Tetrix subulata*
Säbeldornschrecke
11 bis 17 mm. Halsschild oben flach, im Profil fast gerade. Von der Ebene bis in über 1 000 m Höhe verbreitet. Vollkerfe findet man von April bis Juni und von August bis Oktober auf feuchten Böden und Wiesen in Gewässernähe fast immer aktiv. Es überwintern die Vollkerfe oder ältesten Larvenstadien vorwiegend unter Fallaub. Ihre Nahrung besteht aus Gräsern und Moosen. Sie bewegen sich nicht nur laufend und springend fort, sondern auch gut und zielstrebig schwimmend sowie kurze Strecken fliegend. Stridulations- und Gehörorgane wurden bisher nicht festgestellt, obwohl bei der Balz lautlose «Zirpbewegungen» der Hinterbeine beobachtet worden sind.

Familie *Tridactylidae* Dreizehenschrecken, Zwerggrabschrecken

Kleine schwarze, weiß gezeichnete Heuschrecken, deren gleichmäßig gewölbter Halsschild keine Kiele aufweist. Die Vorderbeine sind als Grabbeine und die Mittelbeine als abgeplattete Paddelbeine entwickelt, während

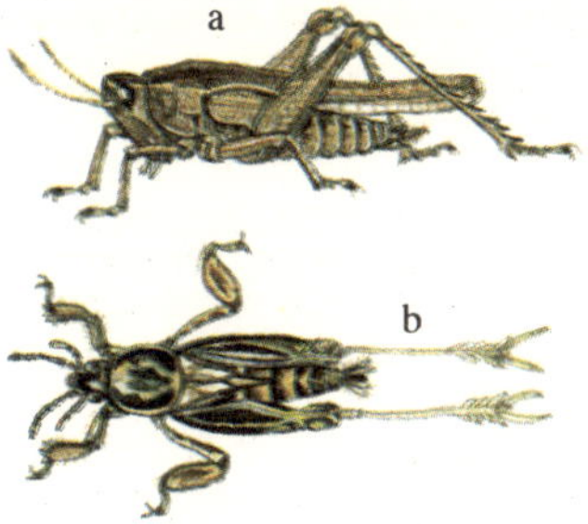

a 118 *Tetrix subulata* ♀; b 119 *Xya variegata*

die hinteren Sprungbeine für die Bewegung auf dem Wasser mit abgeplatteten Dornen versehen sind. Vorderflügel verkürzt, deckflügelartig. Bei der Stridulation reiben Strukturen der basalen Hinterleibssegmente über eine Schrillader an der Unterseite der Vorderflügel. Gehörorgane sind nicht bekannt. Mit 2 Arten im südöstlichen Mitteleuropa vertreten.

119 *Xya variegata*
Latreilles Grabschrecke

5 bis 6 mm. Nur im Südosten Mitteleuropas lokal vorkommend. Lebt im feuchten Sand am Ufer von Bächen, Flüssen und stehenden Gewässern. Sie gräbt und baut dicht unter der Sandoberfläche galerieartige Gangsysteme, in denen sie sich fast ständig aufhält. Zur Ernährung weidet sie Algen vom Sand ab. Kann mit den Hinterbeinen auf der Wasseroberfläche sehr gut springen und mit den Mittelbeinen paddeln. Nicht flugtüchtig. Vollkerfe von August bis Mai. Es überwintern Vollkerfe und Larven im Sand eingegraben. Die Eier werden in den Gängen abgelegt.

Ordnung *Psocoptera*
Staubläuse

Die Staubläuse, z. T. auch Flechtlinge oder Rindenläuse genannt, bleiben wegen ihrer geringen Größe, ihrer farblich trefflichen Anpassung an den Untergrund und der manchmal verborgenen Lebensweise meist unbeachtet, obwohl sich mehrere Arten fast immer in unserer allernächsten Umgebung befinden. Es sind kleine, sehr zarthäutige Landinsekten mit 0,6 bis 7 mm Körperlänge, von denen die meisten Arten 2 Paar Flügel tragen, doch sind manche besonders in Wohnräumen auftretende Arten kurzflüglig oder flügellos. Sie lassen sich an ihrer Gestalt und der trippelnd ruckartigen Bewegungsweise bei einiger Erfahrung leicht erkennen.

Der Staublauskörper zeigt eine deutliche Gliederung in Kopf, Brust und einen sackförmigen Hinterleib. Am halbkugeligen Kopf befinden sich sehr lange fadenförmige Fühler mit 13 bis 50 Gliedern, die meist wenigstens die halbe Körperlänge messen, und große

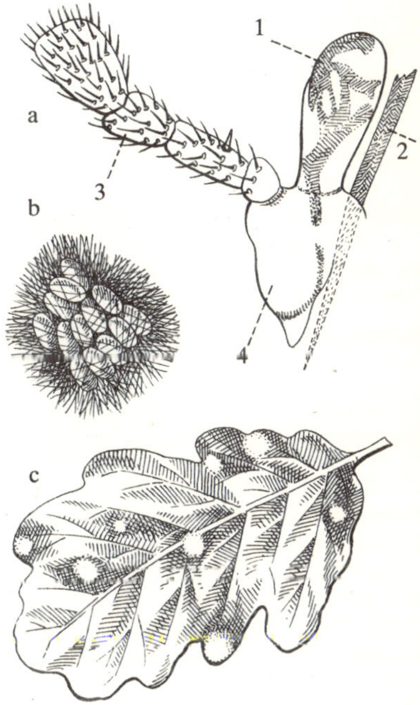

a linke Hälfte des Unterkiefers einer Staublaus (1 Außenlade, 2 Innenlade, 3 Kiefertaster, 4 Grundglied); b, c Eigelege von 122 *Caecilius flavidus* übersponnen (b Gelege vergrößert)

Seitenaugen, zwischen denen bei flügeltragenden Arten 3 Ozellen liegen. Die kauend-stemmenden Mundwerkzeuge sind nach unten gerichtet, selten schräg nach vorn. Die Innenladen des Unterkiefers sind stabförmig und können frei wie ein Meißel nach vorn gestoßen und wieder zurückgezogen werden. Auffällig vergrößert und vorgewölbt ist der Kopfschild (Clypeus). Ein dünner, weichhäutiger Hals verbindet den Kopf freibeweglich mit der schmalen Vorderbrust. Bei geflügelten Tieren wird diese von der stark entwickelten, buckelartig vortretenden Flügelbrust fast völlig verdeckt. An den beiden hinteren Brustabschnitten setzen die gewöhnlich durchsichtigen, eine nur geringe, aber arttypische Aderung aufweisenden Flügel an. Sie werden während der Ruhe dachförmig über den Hinterleib gelegt. Das kleinere, hintere Flügelpaar ist beim Flug und in der Ruhe durch besondere Strukturen mit den Vorderflügeln verhakt. Die Vorderflügel weisen stets jeweils ein Flügelmal und manchmal dunkle Flecken oder Zeichnungen auf. In der Regel sind die Beine lang und dünn, selten als Sprungbeine verdickt. Der Fuß ist 2- bis 3gliedrig, Afterfühler fehlen.

In der Körpergestalt ähneln die Staubläuse den Staubhaften (s. S. 181), mit denen sie deshalb oft verwechselt werden, obwohl schon Fußgliedzahl, Flügeladerung und Ozellen eine sichere Unterscheidung ermöglichen. Ähnlich aussehende Vertreter der *Homoptera* (z.B. *Psyllidae* s.S. 158) verraten sich sofort durch ihr Sprungvermögen und die stechend-saugenden Mundwerkzeuge.

Staubläuse ernähren sich von Algen, Pilzen, Flechten und allen möglichen verpilzten organischen Substanzen, sowie von Pollen. Im Freiland bewohnt ein Teil der Arten Bäume und Sträucher, wo sie hauptsächlich die mit Algen und Flechten bewachsene Rinde besiedeln. Sie sitzen unter Borkenschuppen, manche Arten leben an welkem und vertrocknendem, andere an frischem Laub. Auch Zäune und Steine, krautige Pflanzen und totes Material am Boden sind Lebensstätten, an denen man Staubläusen begegnet. Einige wenige Arten gibt es in Höhlen und in Vogelnestern, seltener in denen von Säugern und Ameisen. Dabei ist jede Art mehr oder weniger stark spezialisiert. Zahlreiche Arten treffen wir nur oder vorwiegend in Gebäuden, wo sie durch muffige und verpilzte Lebens- und Futtermittel angelockt werden, aber auch zwischen alten Büchern, Zeitungen, Herbarien und in Insektensammlungen zu finden sind.

Staubläuse pflanzen sich vorwiegend zweigeschlechtlich, manche auch parthenogenetisch fort.

Bei der Begattung sitzt das Männchen unter dem Weibchen oder in einer davon abgeleiteten Stellung. Die Eier werden einzeln oder in kleinen Gruppen am Aufenthaltsort abgelegt und oft mit einer Kruste aus Kittsekreten überzogen oder übersponnen. Der Spinnstoff dafür wird von den Speicheldrüsen geliefert.

Die Jugendentwicklung ist mit einer unvollkommenen Verwandlung verbunden, in der 3 bis 6 den Imagines ähnliche Larvenstadien durchlaufen werden. Den Larven fehlen stets die Flügel, und sie haben nur 2 Tarsenglieder sowie weniger Fühlersegmente als die Vollkerfe. Von den Gebäudebewohnern abgesehen, überwintern in Mitteleuropa die meisten Staubläuse im Eistadium, nur wenige überdauern die kalte Jahreszeit als Larven oder sogar als Vollkerfe. Überwinterte Larven entwickeln sich dann schon im Mai bis Anfang Juni zu Imagines, während aus überwinterten Eiern erst in den Monaten Juni bis August Vollinsekten herangewachsen sind. Die individuen- und artenreichste Staublaus-Fauna ist von Juli bis September anzutreffen. Bei den meisten Arten kommt nur eine Generation im Jahr zur Entwicklung, einige bringen jedoch 2 oder sogar mehr Generationen hervor.

Freilebende Arten haben keine wirtschaftliche Bedeutung. In Speichern und Lagern von Futter- und Nahrungsmitteln auftretende Arten können bei Massenvermehrung schädlich werden.

Spezielle Literatur

Günther, K.K.: Staubläuse, Psocoptera. Tierwelt Deutschlands, 61. Teil. Jena 1974

Kéler, S. von: Ordnung Flechtlinge (Corrodentia). Tierwelt Mitteleuropas, 4. Band, 1. Teil, 2. Lieferung, Heft VII b. Leipzig 1963

Kéler, S. von: Staubläuse. Leipzig 1953

Weidner, H.: Copeognatha (Staubläuse). Handbuch d. Zoologie, 4. Band, 2. Hälfte, 2. Teil, 16. Beitrag. Berlin – New York 1972

Von rund 1700 bekannten Arten leben etwa 95 auch in Mitteleuropa. Diese gehören zu 15 Familien, die in 3 Unterordnungen zusammengefaßt werden:

1 Fühler mit 13 Gliedern. Vorderbrust zwischen Kopf und Mittelbrust verborgen. Meist geflügelt *Psocomorpha* (S. 115)

1′ Fühler mit 15 bis 50 Gliedern. Vorderbrust von oben sichtbar. Flügel meist fehlend oder weitgehend zurückgebildet 2

2 Fühler 15- bis 17gliedrig, Körper 0,5 bis 1,5 mm lang, abgeflacht, mit einer Ausnahme flügellos *Troctomorpha* (S. 117)

2′ Fühler 22- bis 50gliedrig, Körper meist etwas größer, gewölbt, geflügelt oder mit Flügelresten *Trogiomorpha* (S. 116)

Unterordnung *Psocomorpha*

Familie *Psocidae*

Etwa 20 Arten.

120 *Metylophorus nebulosus*
Mit 3,5 bis 5,5 mm Körperlänge und einer Flügelspanne bis zu 13 mm eine der größten und durch die auffällige Flügelzeichnung auch eine der schönsten heimischen Arten. Bewohnt die Rinden verschiedener Laub- und Nadelgehölze in Wäldern, Parks und Gärten, liebt lockere Wälder mit Unterholz. Von Juni bis Oktober im gesamten Gebiet nicht selten.

Familie *Lachesillidae*

6 Arten im Gebiet.

121 *Lachesilla pedicularia*
Körperlänge 1 bis 2 mm, Flügelspanne bis 4,5 mm. Ein kleiner Vertreter der Familie. Kopf und Brust dunkelbraun, Hinterleib braun geringelt. Völlig nackte Flügel mit charakteristischer Aderung. Vorderflügel in der Mitte des Hinterrandes mit einer haubenförmigen Zelle. Die Adern der Vorderflügel sind teilweise dunkel gesäumt. Fuß 2gliedrig. Bevorzugt an welkenden bis verdorrten Blättern von Laubgehölzen, die sich am Boden oder in Bodennähe befinden, oft in Gesellschaft mit der etwas größeren, vorherrschend hellbräunlich gefärbten *L. quercus*. Ebenso findet man sie in überlagerten Heuhaufen, Strohschwaden, aber auch an Tapeten von Wohnungen, in Lagern und Getreidesilos. Ernährt sich von Pilzmyzelien und verpilzten Stoffen. Im Freiland entwickeln sich von Juni bis Oktober bis zu 5 Generationen. Kann an geschützten Orten den Winter auch als Nymphe oder Imago überstehen. In ganz Mitteleuropa häufig, fast ein Kosmopolit.

Familie *Caeciliidae*

9 Arten.

122 *Caecilius flavidus*
Körperlänge 3 mm, Vorderflügel 3,6 mm lang. Auffällig hellgelbe, geflügelte Tiere mit dunklen Antennen, einem keilförmigen schwärzlichen Fleck auf dem Kopf, der sich von der Stirn bis zum Hinterhaupt erstreckt. Hauptadern der Flügel dunkel und schwärzlich gesäumt. Das in der Ruhe

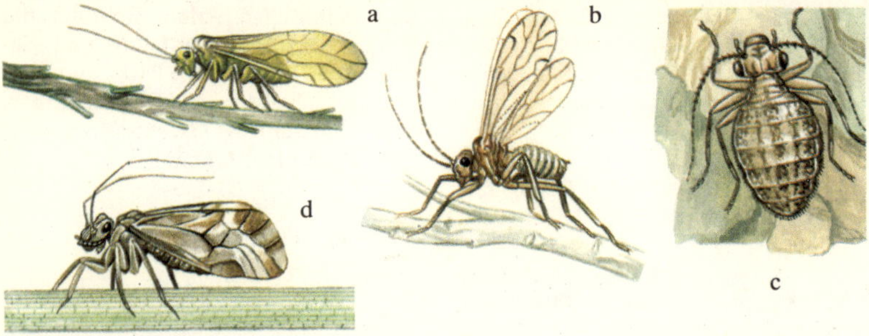

a 122 *Caecilius flavidus* ♀; b 121 *Lachesilla pedicularia* ♂; c 123 *Cerobasis guestfalica* ♀; d 120 *Metylophorus nebulosus* ♀

dorsal gelegene Analfeld der Vorderflügel ist schwarzbraun. Ränder beider Flügel und Adern der Vorderflügel behaart. Hinterrand der Vorderflügel mit einer haubenförmigen, freien Zelle. Füße 2gliedrig. Besiedelt die Blätter von Laubgehölzen aller Art, selten auch an Nadelgehölzen. Erscheint schon Ende Mai und ist bis zum ersten Frost anzutreffen. In Mitteleuropa vermehrt sich die Art fast nur durch Jungfernzeugung. Mehrere Generationen im Jahr. Eine der häufigsten Staublausarten Mitteleuropas.

Unterordnung *Trogiomorpha*

Familie *Trogiidae*

6 Arten.

123 *Cerobasis guestfalica*
Kleine, ungefähr 2 mm lange, fast flügellose, gedrungene Tiere, mit dickem Hinterleib, die durch ihre Grundfärbung und fleckige bis streifige Zeichnung oder Sprenkelung auf mit Algen und Flechten bewachsener Borke von Bäumen und Sträuchern, Pfählen, Zäunen, Dächern und Steinen kaum zu erkennen sind. Auf der Stirn mit einer ankerförmigen dunklen Zeichnung. Antenne etwa 23gliedrig, Fuß 3gliedrig. Männchen sehr selten. Von Mai bis Frosteintritt im ganzen Gebiet anzutreffen, manchmal in Massen auftretend.

124 *Lepinotus patruelis*
Dunkelbraune bis schwarze, käferähnliche Tiere, die seitlich am Kopf zwischen Auge und Fühlerbasis einen tiefschwarzen Streifen aufweisen, wodurch sie sich auffällig von dem eng verwandten *L. inquilinus* unterscheiden. Körperlänge 1,3 bis 2 mm. Antennen gewöhnlich mit 27 Gliedern. Fuß 3gliedrig. Vorderflügel zu verrundet herzförmigen Schuppen ohne Aderung reduziert, die leicht abbrechen, so daß uns die Tiere flügellos begegnen können. Vorwiegend in Gebäuden und in Tierwohnungen, selten im Freien vorkommend. Vor allem an Orten mit höherer Luftfeuchte, z. B. in Kellern, an Tierhäuten, Knochen, Insektensammlungen, Herbarien, an Papier in Bibliotheken, in Lagern für Obst und Nahrungsmittel zu finden. Sie werden durch Schimmelpilze angelockt und fehlen in Mitteleuropa wohl nirgends.

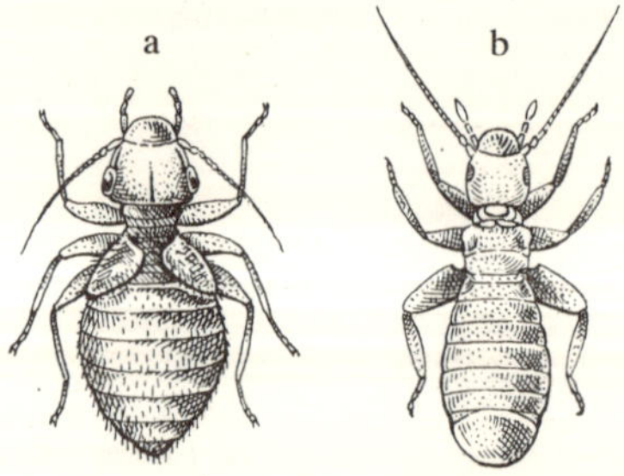

a 124 *Lepinotus patruelis* ♀; b 125 *Liposcelis bostrychophilus* ♀

Unterordnung *Troctomorpha*

Familie *Liposcelidae*

125 *Liposcelis bostrychophilus*
Winzige, etwa 1 mm lange, dorsoventral abgeplattete, hellbraune Tiere ohne Flügel und ohne Ozellen. Fühler 15gliedrig. Die Augen bestehen nur aus 7 Einzelaugen (Ommatidien). Hinterbeine als Sprungbeine mit stark verdickten Schenkeln ausgebildet. Tarsen 3gliedrig. Haare, besonders der Hinterleibsspitze, am Ende auffällig spatelförmig verbreitert, wodurch sich die Art von den etwa 20 in Mitteleuropa vertretenen ähnlichen Arten der Gattung, die alle als «Bücherläuse» bekannt sind, unterscheidet. Vermehrt sich bei uns nur parthogenetisch. Fast ausschließlich in Gebäuden, besonders in Räumen, die Schimmelbildung fördern. Vor allem an gelagerten Nahrungs- und Futtermitteln, auch in Pflanzen- und Tiersammlungen. Kosmopolit.

Ordnung *Phthiraptera* Tierläuse

An warmblütigen Tieren außen parasitierende, flügellose Insekten. Der Umriß ihres stets abgeplatteten Körpers ist sehr schlank oder lang oval bis breitoval. Die Körperlänge europäischer Arten beträgt 1 bis 6 mm. Ihre Färbung kann weißlich mit dunklen Skleriten, aschgrau, gelblich oder bräunlich bis fast schwarz sein. Der Kopf ist vom übrigen Körper deutlich abgegrenzt, seine Form sehr variabel. Die kurzen Fühler stehen seitlich und haben nur 3 bis 5 Glieder, sie erreichen zurückgelegt selten den Hinterrand des Kopfes.
Die verschiedene Ausbildung der Mundwerkzeuge unterscheidet die beiden bei uns vertretenen Unterordnungen *Mallophaga* Kieferläuse und *Anoplura* Echte Läuse sehr klar. Während der Kopf der Kieferläuse breiter ist als die Brust und zangenförmige Beißmandibeln aufweist, haben die Echten Läuse einen im Vergleich mit der Brust schmaleren Kopf und stechend-saugende Mundteile in Form eines kurzen einziehbaren Rüssels. Die Hinterbrust ist mit dem Abdomen fast nahtlos verbunden. Die Beine sind relativ kurz, als Klammer- bzw. Greifbeine mit 1 bis 2 kräftigen Krallen zum Festhalten am Gefieder oder in der Behaarung der Wirtstiere spezialisiert.
Die Vermehrung erfolgt durch Eier, die einzeln an Federn, Haare oder Bekleidung angekittet werden. Die gesamte Entwicklung verläuft auf dem Wirt, es erfolgt dabei eine unvollständige Metamorphose mit 3 Larvenstadien.

Spezielle Literatur

Eichler, W.: Federlinge. Wittenberg Lutherstadt 1956
Eichler, W.: Mallophaga. Bronns Klassen und Ordnungen des Tierreichs, Band 5, Abteilung III, Buch 7. Leipzig 1963
Jancke, O.: Die Anopluren Deutschlands. Tierwelt Deutschlands, 35. Teil. Jena 1938
Kéler, S. von: Mallophaga (Federlinge und Haarlinge). Handbuch d. Zoologie, 4. Band, 2. Hälfte, 2. Teil, 17. Beitrag. Berlin – New York 1969
Złotorzycka, J.; Eichler, W.; Ludwig, H. W.: Taxonomie und Biologie der Mallophagen und Läuse mitteleuropäischer Haus- und Nutztiere. Parasitologische Schriftenreihe, Band 22. Jena 1974

Bestimmungsschlüssel der Unterordnungen

1 Kopf breiter als die Vorderbrust, Mundwerkzeuge beißend-kauend
Mallophaga (S. 117)
1′ Kopf schmaler als die Vorderbrust, Mundteile stechend-saugend
Anoplura (S. 118)

Unterordnung *Mallophaga* Kieferläuse

Die Mehrzahl der Kieferläuse lebt ständig im Gefieder von Vögeln («Federlinge»), nur 1/10 der Arten in der Be-

haarung von Säugetieren, ausgenommen Fledermäuse («Haarlinge»); am Menschen treten sie nicht auf. In der Regel tragen Federlinge 2 Krallen an den Füßen, Haarlinge nur 1 Kralle.
Sie ernähren sich vor allem von dem Keratin (einer Eiweißsubstanz) der Federn oder Haare, außerdem fressen sie auch Hautreste und Drüsensekrete der Wirte sowie organischen Detritus. Manche Arten nehmen auch Blut an Wunden oder aktiv erzeugten Verletzungen der Wirtstiere auf. Infolge ihres Fraßes entstehen Löcher und Verunreinigungen im Gefieder bzw. im Pelz oder sogar Blutverluste, doch werden die Wirte bei starkem Befall mehr durch die Hautreizung der ständig umherlaufenden Parasiten belästigt und geschwächt.
Rund 3 300 Arten wurden von allen Teilen der Erde beschrieben, davon kommen fast 1 000 aus etwa 15 Familien in Europa vor. Die einzelnen Arten sind häufig an nur eine Wirtstierart gebunden.

Familie *Menoponidae*

Mit etwa 100 Arten in Mitteleuropa vertreten.

126 *Menopon gallinae*
Federschaftslaus des Huhnes
Körperlänge 1,8 bis 1,9 mm. Glänzend gelbe Tiere mit elliptischem Körperumriß. Häufiger Parasit des Haushuhns. Er hält sich gewöhnlich an den Federschäften aber auch auf der Haut des Wirtes auf, bevorzugt an der Brust- und Schultergegend. Frißt hauptsächlich die Radien der Federn, nimmt gelegentlich auch Blut auf. Starker Befall führt zu Brüchigkeit und Ausfall des Rückengefieders bei Hühnern. Kann Geflügelcholera übertragen. Die Eiablage erfolgt oft auf der Brustseite des Huhns am Federschaft im Winkel zur Afterfahne in mehreren kleinen Gruppen. Die Eier werden meist mit der Längsseite angekittet, ihr Deckel ist mit einem langen Fortsatz versehen.

a 126 *Menopon gallinae*; b 128 *Pediculus capitis* ♂ mit Nissen

Familie *Esthiopteridae*

Ungefähr 30 Arten.

127 *Columbicola columbae*
Taubenfederling
Männchen 2,0 bis 2,3 mm, Weibchen 2,4 bis 2,8 mm lang. Außergewöhnlich schmale, langgestreckte Tiere mit einem langen, konischen Kopf. Parasit der Haustaube. Imagines finden sich besonders im Flügelgefieder, Larven vorwiegend an der Kehle sowie der übrigen Hals- und Kopfregion. Sie halten sich während der Ruhe zwischen den Federstrahlen auf. Vorwiegend Keratinfresser, die die flaumigen Teile und die Nebenäste der Federn bevorzugen. Das Weibchen kittet alle 2 bis 3 Tage ein Ei vor allem an das Kleingefieder der Flügelunterseite. Eistadium 4 Tage, Jugendentwicklung (3 Stadien) etwa 21 Tage.

Unterordnung *Anoplura*
Echte Läuse

Die Echten Läuse sind permanente Außenparasiten an Säugetieren, einschließlich des Menschen. Alle Brustsegmente sind mit dem Abdomen zu einer Einheit verschmolzen. Die Beine sind zu kräftigen Klammerorganen mit einer starken, gegen das oft speziell gestaltete Ende der Schiene einschlagbaren Kralle entwickelt. Blutsauger, die mit ihren zu Stechborsten umgebildeten Mundwerkzeugen die Haut des Wirtes durchstechen und ins Gewebe

einbohren. Dann wird Speichel in die Wunde injiziert und schließlich das Blut durch einen Kanal zwischen den Stechborsten in den Magen gepumpt.
Mit rund 300 streng wirtsspezifischen Arten auf der ganzen Welt verbreitet. Einige Säugetiere, z. B. alle Fledermäuse, werden nicht befallen. Rund 40 Arten aus 8 Familien sind in Mitteleuropa heimisch.

Familie *Pediculidae*

2 Arten

128 *Pediculus capitis*
Kopflaus
Männchen 2 bis 3 mm, Weibchen 2,5 bis 3,5 mm lang. Körperfarbe grauweiß bis dunkelgraugelb, mit Blut vollgesogene Tiere rotbraun. Sehr beweglich. Von den 3 am Menschen auftretenden Läusearten ist sie in Europa heute wohl die häufigste; besonders an Kindern verbreitet. Sie tritt vor allem an den behaarten Teilen des Kopfes auf, vorwiegend im Kopfhaar, seltener auch in den Augenbrauen oder im Bart. Kopfläuse verursachen durch ihr Umherkriechen und Stechen Juckreiz, veranlassen dadurch Kratzen, das zu Ekzemen, Borkenbildung und Hautschäden führen kann. Wird durch Mützen und Hüte, die an Kleiderständern gedrängt hängen, durch an Haaren haftende Eier und natürlich bei Berührung infizierter Haare leicht übertragen. Kopfläuse kitten ihre Eier – die sogenannten Nissen – vor allem an die Haare im Ohrbereich und im Nacken. Gesamtzahl pro Weibchen 120 bis 140. Pro Tag können 3 bis 4 abgelegt werden. Dauer der Embryonalentwicklung 8 bis 9 Tage, der Jugendentwicklung (3 Larvenstadien) etwa 14 Tage. Lebensdauer der Männchen 15 Tage, der Weibchen 30 bis 35 Tage.

129 *Pediculus humanus*
Kleiderlaus
Lebt in der Bekleidung am Menschen, ist meist etwas größer als die Kopflaus, weist im Körperbau aber kaum Unterschiede zu ihr auf.

Familie *Pthiridae*

1 Art.

130 *Pthirus pubis (= Phthirius pubis)*
Filzlaus
1 bis 1,7 mm. Durch den gedrungenen, breiten Körper leicht von den beiden vorigen Arten zu unterscheiden. Sie lebt ebenfalls parasitisch am Menschen. Hält sich an den dicht behaarten Körperstellen des Rumpfes, vor allem zwischen den Schamhaaren auf. Übertragung hauptsächlich beim Geschlechtsverkehr. Kann höchstens 10 bis 12 Stunden hungern. Eistadium 5 bis 6 Tage. Jugendentwicklung 15 bis 17 Tage, Lebenszeit bis 26 Tage.

Familie *Haematopinidae*

4 Arten.

131 *Haematopinus suis*
Schweinelaus
Männchen 4 bis 4,3 mm, Weibchen 4,7 bis 5,0 mm lang. Weltweit verbreiteter Parasit des Hausschweins. Am ganzen Körper des Wirtes verstreut, doch bevorzugt an zarteren Hautstellen, z. B. in Ohren, Achselhöhlen, Hautfalten, zu finden. Der gesamte Entwicklungzyklus von Ei zu Ei dauert 29 bis 44 Tage. Beeinträchtigt durch Umherlaufen und Saugtätigkeit das Wohlbefinden der Schweine. Durch die Stiche kann eine Wertminderung der Häute eintreten.

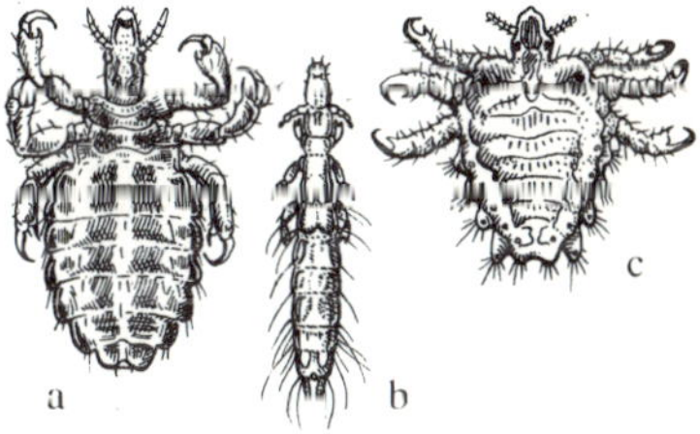

a 131 *Haematopinus suis*, b 127 *Columbicola columbae*; c 130 *Pthirus pubis*

Ordnung *Thysanoptera* Fransenflügler, Blasenfüße, Thripse

Extrem kleine, durchschnittlich 1 bis 2 mm (bei uns maximal 5 mm) lange, unauffällige Insekten mit sehr schlankem, etwas abgeflachtem, meist einfarbig gelb bis schwarzbraun gefärbtem Körper, der wurmartig stark beweglich ist. Farbmuster oder Zeichnungen sind selten. Am vorderen Rand des Kopfes stehen kurze, 6- bis 9gliedrige Fühler, die nach vorn gestreckt werden. Seitlich davon liegen die aus relativ wenigen, aber großen Augenkeilen (Ommatidien) bestehenden Komplexaugen. Zwischen diesen befinden sich bei geflügelten Tieren 3 Ozellen. Die unsymmetrischen, stechend-saugenden Mundwerkzeuge sind nach unten-hinten gerichtet.

Namengebend für die Ordnung waren die 2 Paar ungewöhnlich schmalen bandförmigen Flügel, die am Rand mit langen Borsten (Fransen) versehen sind. Die Flügellänge variiert selbst innerhalb der Art sehr. Viele Tiere sind flügellos. Ihre gleichförmigen Beine tragen 2gliedrige Füße, die mit einer ausstülpbaren Haftblase oder einem Haftlappen enden («Blasenfüße»).

Fransenflügler können überall existieren, wo höhere Pflanzen gedeihen, mit denen sie direkt oder indirekt in Beziehung stehen. Die meisten Arten ernähren sich nämlich von deren Saft, den sie bevorzugt an zarten Pflanzenteilen saugen. Manche Arten fressen Pilze sowie Algen und halten sich deshalb an und unter der Rinde, in der oberen Bodenschicht oder im Fallaub auf. Es gibt auch räuberische Arten, die kleine zarte Insekten aussaugen. Die Fortpflanzung erfolgt in der Regel zweigeschlechtlich. Weibchen mit sägeartigem Legeapparat bringen die Eier im Pflanzengewebe unter, die anderen setzen sie offen, meist an Pflanzen ab. In der Jugendentwicklung erfolgt eine besondere Form der unvollständigen Verwandlung, die Remetabolie genannt wird. Nach 2 Larven- folgen 2 bis 3 Nymphenstadien mit Flügelscheiden. Diese können sich langsam fortbewegen, nehmen aber weder Nahrung auf, noch scheiden sie Verdauungsreste ab. Bei vielen Arten entwickeln sich 2 oder mehr Generationen im Jahr. Es überwintern imaginale Weibchen oder Jugendstadien. Wegen ihrer Saugtätigkeit an Kulturpflanzen, die zu Wachstumshemmung, Deformationen und Absterben von Pflanzenteilen führen kann sowie oft mit der Übertragung von Krankheitserregern (Viren) verbunden ist, gehören viele Thysanopteren zu den schädlichen Insektenarten. An gewitterschwülen Tagen im Sommer werden sie als «Gewitterfliegen» für den Menschen nicht selten lästig. Die dann sehr fluglustigen und regen Insekten schwärmen oft zu Millionen und gelangen dabei auch in Augen, Ohren, Nase und auf die Haut, wo ihre Stechreize bei empfindlichen Personen allergische Reaktionen auslösen können. Von den 4 500 bekannten Arten kommen etwa 300 in Mitteleuropa vor. Sie gehören mit einer Ausnahme zu 3 Familien.

Spezielle Literatur

Oettingen, H. von: Blasenfüße. Leipzig 1952

Priesner, H.: Fransenflügler, Thripse. Tierwelt Mitteleuropas, Band 4, Lieferung 2, Heft 9. Leipzig 1966

Priesner, H.: Thysanoptera. Handbuch d. Zoologie, 4. Band, 2. Hälfte, 2. Teil, 19. Beitrag. Berlin – New York 1968

Schliephake, G.; Klimt, K.: Thysanoptera, Fransenflügler. Tierwelt Deutschlands, 66. Teil. Jena 1978

Familie *Phlaeothripidae*

Etwa 80 Arten, Weibchen ohne Legebohrer.

132 *Phlaeothrips coriaceus*
Laubbaumrindenthrips

Kräftig dunkelbraune Tiere mit gelblichen Fühlern. Körperlänge bis zu

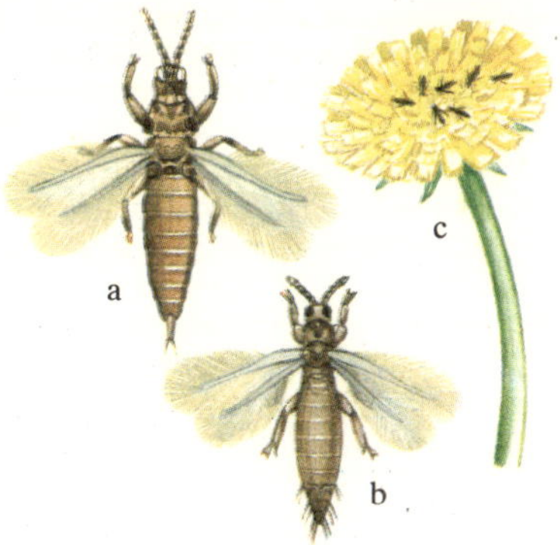

a 132 *Phlaeothrips coriaceus*; b, c 133 *Frankliniella intonsa*

3 mm. Lebt unter der Rinde abgestorbener Äste, Zweige und ungeschälter Hölzer. Reisigbewohner. Besonders an Buche, aber auch an anderen Laubbäumen verbreitet.

Familie *Thripidae*

Rund 150 Arten, Weibchen mit vom Hinterleib weg gekrümmten Legebohrer.

133 *Frankliniella intonsa*
Blütenthrips

Kleine, 1,3 bis 1,4 mm lange Thripse. Vorwiegend braun gefärbt. Antennen in der Mitte gelb, Brust gelbbraun, rotorange pigmentiert. In Blüten zweikeimblättriger Pflanzen fast überall zu finden. Polyphag. Einer der häufigsten Fransenflügler.

Ordnung *Heteroptera* Wanzen

Eine sehr vielgestaltige und unterschiedlichen Biotopen angepaßte Insektengruppe von 1,3 bis 35 mm Länge, meist bräunlich oder grünlich gefärbt. Einige Wanzen (*Ilyocoris* S. 124, *Coptosoma* S. 142) können auf den ersten Blick mit Käfern, andere (*Empicoris* S. 134, *Neides* S. 137) mit Mucken verwechselt werden. Die wichtigsten Kennzeichen der Wanzen sind der vorn am Kopf eingelenkte mehrgliedrige Rüssel (Rostrum) mit stechend-saugenden Mundwerkzeugen, die höchstens 5gliedrigen Antennen und die Unterteilung der Vorderflügel (Hemielytren) in einen ledrig verdickten Basalteil mit wenigen Adern (Corium mit Clavus) und eine geaderte häutige Membran. Die Flügel liegen mit sich überlappenden Membranen in der Regel flach auf dem Rücken. Typisch für die Wanzen sind auch 2 bis 3 Drüsen auf dem Rükken der Larven bzw. 1 Paar auf der Unterseite der Hinterbrust der Imagines. Die Öffnungen dieser Drüsen liegen meist neben den Hinterhüften. Der Kopf trägt auch 2 Fazettenaugen und oftmals 2 Ozellen. Die 3 Brustsegmente sind ventral alle erkennbar, dorsal jedoch nur die große Vorderbrust (Pronotum) sowie das bei manchen Arten sehr große Schildchen (Scutellum), ein Teil der Mittelbrust. Die Beine sind verschiedenartig als Lauf-, Grab-, Raub- oder Schwimmbeine gestaltet. Wanzen sind relativ häufig kurzflüglig, sehr selten fehlen die Flügel gänzlich. Das Abdomen ist unten gewölbt, oben jedoch abgeflacht mit häufig seitlich vorragendem Rand (Connexivum). Die

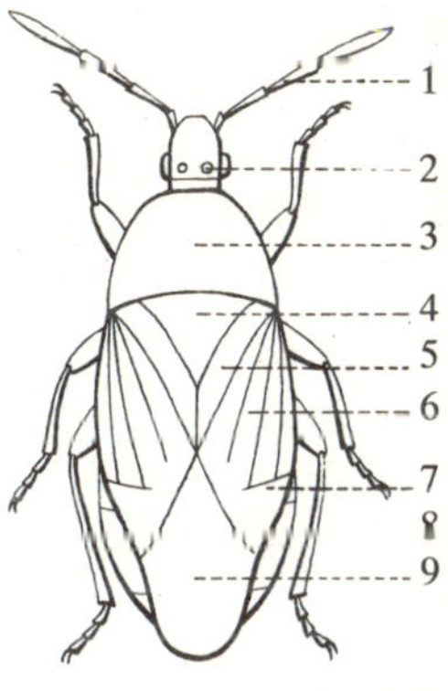

Schema einer Wanze: 1 Fühler; 2 Ozellen; 3 Vorderbrust; 4 Schildchen; 5 Clavus; 6 Corium; 7 Cuneus; 8 Connexivum; 9 Membran

Entwicklung, eine unvollkommene Verwandlung ohne Ruhestadium, verläuft vom Ei über normalerweise 5 ungeflügelte Larvenstadien zum erwachsenen Tier, wobei die Larven der Imago immer ähnlicher werden. Manche Arten betreiben Brutfürsorge. Viele Wanzen sind Pflanzensaftsauger (phytophag), ein großer Teil lebt räuberisch (zoophag), doch ernähren sich phytophage Arten auch von Tieren und umgekehrt. Einzelne Arten saugen gelegentlich oder als temporäre Parasiten an Warmblütern. Der Speichel besitzt toxische Wirkungen auf Pflanzen und Tiere. Räuberisch lebende Wanzen lähmen oder töten durch ihn die Beute.

40 Familien mit etwa 900 mitteleuropäischen Arten. Einige Familien mit sehr kleinen Arten werden hier nicht angeführt.

Es können 2 Gruppen unterschieden werden: Wasserwanzen *(Hydrocorisae)* und Landwanzen *(Geocorisae)*, letztere mit 2 Untergruppen: Wasserliebende Landwanzen *(Amphibiocorisae)* und Echte Landwanzen *(Geocorisae)*

1 Fühler kurz, von oben nicht sichtbar, höchstens 4gliedrig; im Wasser lebend, nur gelegentlich an Land, auch fliegend
Hydrocorisae (S. 122)

1′ Fühler lang, von oben sichtbar, 4- bis 5gliedrig 2

2 Auf dem Wasser oder in Wassernähe am Ufer zu finden
Amphibiocorisae (S. 125)

2′ Auf dem Lande lebend
Geocorisae (S. 127)

Spezielle Literatur

Jordan, K. H. C.: Wasserwanzen. Leipzig/Wittenberg Lutherstadt 1950

Jordan, K. H. C.: Wasserläufer. Leipzig/Wittenberg Lutherstadt 1952

Jordan, K. H. C.: Landwanzen. Wittenberg Lutherstadt 1962

Southwood, T. R. E.; Leston, D.: Land and water bugs of the British Isles. London-New York 1959

Wagner, E. in: Dahl, F.: Die Tierwelt Deutschlands und der angrenzenden Meeresteile nach ihren Merkmalen und nach ihrer Lebensweise. Jena. Teil 41, Blindwanzen oder Miridien (1952); Teil 54, Wanzen oder Heteropteren, I. Pentatomorpha (1966); Teil 55, Heteropteren, II. Cimicomorpha (1967).

Wagner, E.: Heteroptera – Hemiptera. In: Brohmer, P.; Ehrmann, P.; Ulmer, G.: Die Tierwelt Mitteleuropas, 4. Lfg. 3 (H. X a). Leipzig 1961

Hydrocorisae Wasserwanzen

6 Familien, die dem Leben im Wasser in Bezug auf Atmung, Fortbewegung, Ernährung u. a. gut angepaßt sind. In der Regel Räuber.

Familie *Corixidae* Ruderwanzen, Wasserzikaden

1,3 bis 14 mm lang. Fühler nur 2gliedrig, Rostrum ungegliedert, kurz und breit, Pronotum auffallend groß. Vorderbeine mit vergrößerten, zum Nahrungserwerb, bei den Männchen auch zum Festhalten der Weibchen bei der Kopula benutzten Füßen. Die Mittelbeine sind als Klammerbeine mit langen Klauen zum Verankern an Pflanzen oder am Boden, die Hinterbeine als Schwimmbeine mit borstenartigen dichtstehenden langen Haaren ausgebildet. Bewohner stehender, seltener fließender Gewässer, sehr gewandte, lebhafte Schwimmer, auch gute Flieger. Die Nahrung besteht aus Algen, Detritus und tierischen Resten und wird mit den Vorderbeinen eingestrudelt. 1 bis (meist) 2 Generationen im Jahr. Überwinterung in der Regel als Imago. Die Eier werden in den Abend- und Nachtstunden an Wasserpflanzen angeklebt. Unter Pronotum, Flügeldecken und in einer Hülle um den Körper tragen die Tiere einen Luftvorrat, sie sind daher leichter als Wasser und müssen sich anklammern oder aktiv schwimmen. Die Luft wird durch Herausstrecken des Kopfes aus dem Wasser erneuert. Ru-

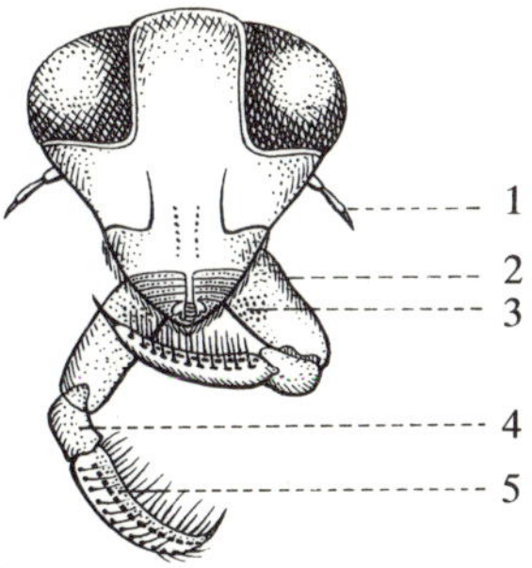

Kopf einer Ruderwanze: 1 Fühler; 2 Schenkel; 3 Schrillfeld; 4 Schiene; 5 Fuß

derwanzen stridulieren vor allem abends und zur Zeit der Paarung, indem sie eine Schrilleiste an den Vorderschenkeln über die scharfen Kanten des Kopfes streichen. 41 Arten.

134 *Corixa punctata*
12,8 bis 13 mm. In neutralen oder alkalischen Gewässern, verkrauteten Teichen, fliegt gern. Eier werden einzeln an Blätter oder Stengel von Wasserpflanzen angekittet. 1 bis 2 Generationen im Jahr. Imagines sind fast das ganze Jahr über zu finden.

Familie *Notonectidae* Rückenschwimmer, Wasserbienen

13,5 bis 18 mm. Rüssel kurz und kräftig, Rücken kielförmig, beim Schwimmen nach unten gerichtet, Bauch abgeflacht. Das 3. Beinpaar ist mit langen steifen Borstenhaaren dicht besetzt (Schwimmbeine). Gute Schwimmer, die bei Temperaturen ab 16 °C auch fliegen. Sie sind sehr angriffslustig und können empfindlich stechen. Leben in Seen und Teichen von kleinen Wassertieren und deren Larven. Überwinterung als Ei oder als Imago. Die Eier werden einzeln in Pflanzengewebe abgelegt, selten auch an Steinen. Der Luftvorrat in 2 dicht mit Haaren bedeckten Längsrinnen auf der Bauchseite, ferner unter den Flügeln und in Brusträumen wird durch Herausstrekken des Hinterleibsendes ergänzt. 6 Arten.

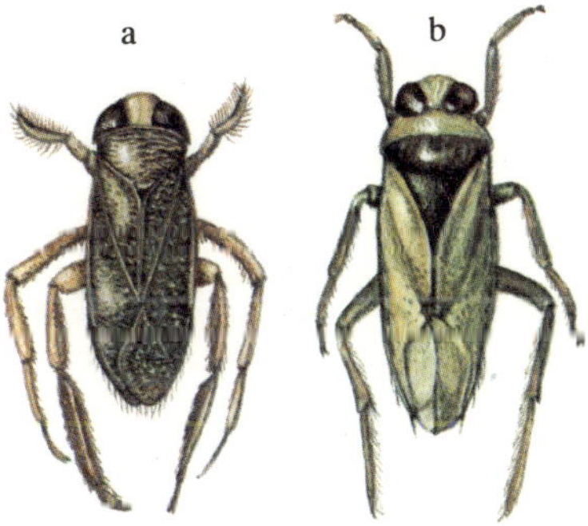

a 134 *Corixa punctata* ♂; b 135 *Notonecta glauca* ♀

135 *Notonecta glauca*
15 bis 16 mm. In Teichen, Gräben, Kanälen, greift auch kleine Fische an.

135 *Notonecta glauca* Eiablage

Überwinterung als Imago. Die Eiablage erfolgt von Februar bis Mai in Längsreihen in Pflanzenstengel. Die neue Generation ist ab August zu finden.

Familie *Aphelocheiridae* Grundwanzen

Nur 1 Vertreter:
136 *Aphelocheirus aestivalis*
8,5 bis 10 mm. Der flache Körper trägt eine feine dichte Behaarung. Die Beine sind recht gleichförmig gestaltet (keine Raub- und Schwimmbeine). Fast immer kurzflüglig. Die Wanze lebt stän-

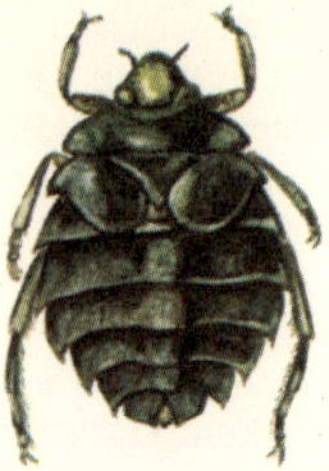

136 *Aphelocheirus aestivalis* ♀

dig am Grunde lebhaft fließender Gewässer mit lockerem, kiesigem Boden in klarem, sauerstoffreichem Wasser, seltener in Seen, wandert umher und schwimmt selten. Sie ernährt sich vor allem von Köcher- und Eintagsfliegenlarven. Die Entwicklung dauert etwa 1 Jahr. Die Tiere überwintern als Larven und Imagines und kleben ihre Eier besonders im Frühjahr an Muscheln, Steine oder Wasserpflanzen. Die Atmung erfolgt mit Hilfe einer Lufthülle (Plastron).

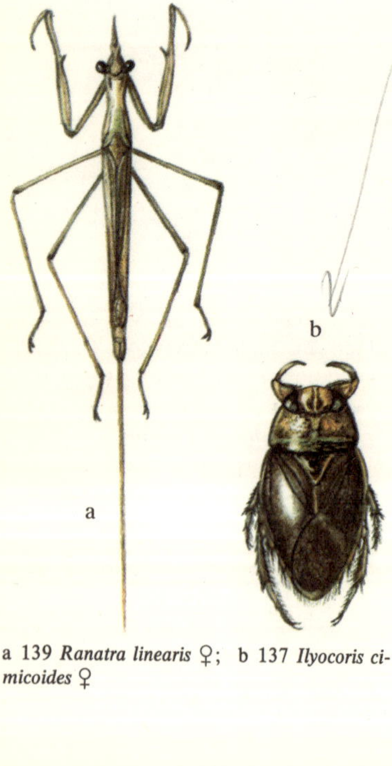

a 139 *Ranatra linearis* ♀; b 137 *Ilyocoris cimicoides* ♀

Familie *Naucoridae* Schwimmwanzen

9 bis 15 mm. Wasserkäfern ähnlich. Die Vorderbeine sind kräftige Raubbeine mit auffallend dicken Schenkeln. Sie sind gefährliche Räuber, die vor allem in stehenden Gewässern leben und auch Jungfische angreifen. Sie überwintern als Imago und legen im Frühjahr an Pflanzen in kleinen Höhlungen ihre Eier ab. Zur Zeit der Begattung stridulieren sie. 2 Arten.

137 *Ilyocoris cimicoides*
Schwimmwanze

12 bis 15 mm. In stehenden Gewässern zwischen Pflanzen. Ihr Stich ist sehr schmerzhaft. Die Flügel sind voll entwickelt, die Flugmuskulatur jedoch reduziert. Sie wurde noch nie fliegend beobachtet. An Land ist sie ein relativ guter Läufer, der sich durch nächtliche Wanderungen ausbreitet. Luftvorrat unter den Flügeln und in einer Lufthülle im dichten Haarkleid des Körpers. Kann lange Zeit unter Wasser bleiben, ohne Luft zu schöpfen.

Familie *Nepidae* Skorpionswanzen

18 bis 35 mm. 2 Bautypen: breit-oval und stabförmig. Die Vorderbeine sind relativ schlanke Raubbeine mit einschlagbarer Schiene. Die Tibien der Hinterbeine tragen Schwimmhaare. Der Rücken ist ausgedehnt rot. Auffälliges Merkmal ist eine lange, längsgeteilte Atemröhre am Körperende, die bei jungen Larven noch sehr kurz ist. Sie wird zum Luftholen aus dem Wasser gestreckt. In stehenden Gewässern. 1 Generation im Jahr. Überwinterung als Imago, die Eier werden so in Pflanzengewebe versenkt, daß nur die Atemröhren herausschauen. 2 Arten.

138 *Nepa cinerea (= N. rubra)*
Wasserskorpion

17 bis 22 mm. In schlammigen Tümpeln, Gräben, an Seeufern, zwischen

Wasserpflanzen und in geringer Tiefe am Boden. Wasserskorpione lauern auf Insekten und erbeuten auch kleine Fische, obwohl sie langsam und träge sind und nur unbeholfen schwimmen. Oftmals flugunfähig, da die Flugmuskulatur schwammartig umgebildet wird und von Tracheen durchzogen ist. Die Überwinterung erfolgt an Land unter Steinen und Pflanzenresten, aber auch im Wasser. Pro Nacht werden bis zu 32 Eier in Schilfstengel oder Moos abgelegt. Die Eier haben in der Regel 7 Fortsätze. Imagines ab August. Der Luftvorrat (geringer als bei schnellen Schwimmern) befindet sich unter den Halbdecken, die durch eine Art Druckknopf am 2. Thoraxsegment befestigt sind.

139 *Ranatra linearis*
Schweifwanze, Stabwanze, Wassernadel

30 bis 35 mm, mit Atemröhre bis 70 mm. In nicht zu flachen Teichen versteckt an Pflanzen, in Lauerstellung

138 *Nepa cinerea* ♀

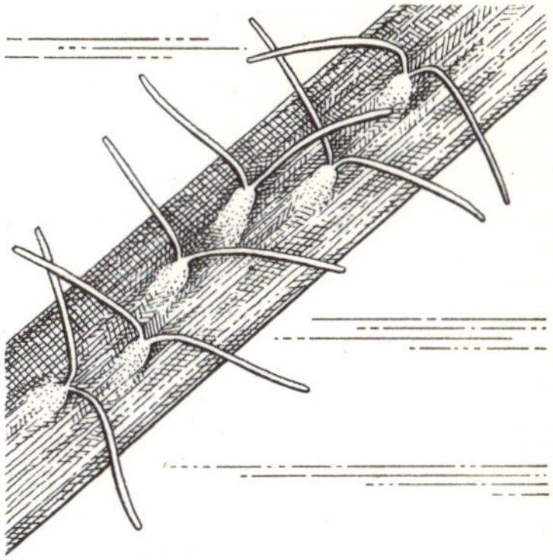

139 *Ranatra linearis* Eier

auf Beute (vor allem Wasserflöhe) wartend. Im Gegensatz zum Wasserskorpion sehr fluglustig. Bei Berührung fällt die Wassernadel leicht in Starre. Die mit 2 Atemfortsätzen versehenen Eier werden von April bis Juli in Reihen von 6 bis 15 Stück z. B. in Stengel und Blätter von Laichkraut, Froschlöffel und Schilfstückchen versenkt.

Amphibiocorisae Wasserliebende Landwanzen

7 Familien, deren Vertreter auf dem Wasser oder in dessen Nähe oft gesellig leben. Räuber.

Familie *Gerridae*
Wasserläufer

6 bis 20 mm. Körper und Beine mit feinen, silbrig glänzenden wasserabstoßenden Härchen bedeckt. Kurze Vorderbeine zum Fangen und Halten der Beute, lange Mittel- und Hinterbeine zur Stabilisierung und Fortbewegung, infolge ihrer seitlichen Einlenkung mit großem Aktionsradius. Die mittleren Beine arbeiten simultan bei der Fortbewegung, die hinteren steuern. Die Flügel sind individuell unterschiedlich stark verkürzt. Wasserläufer gleiten ruckartig schnell auf der Oberfläche von Teichen, Tümpeln, Gräben, selten auf langsam fließenden Gewässern. Sie be-

vorzugen größere Flächen und flüchten bei der geringsten Störung. Das Oberflächenhäutchen des Wassers wird infolge der seitlichen Einlenkung der Krallen nur eingedrückt, nicht durchstoßen. Ihre Beute besteht aus Tieren auf oder dicht unter der Wasseroberfläche. Langflüglige Formen werden oft auch entfernt von heimischen Gewässern auf Gartenteichen und Pfützen gefunden. 1 bis 2 Generationen im Jahr. Überwinterung als Imago unter Laub, Pflanzenresten, Baumrinde am Ufer, langflüglige Tiere auch entfernt vom Wasser. Die Eier werden einzeln an oberflächennahe Pflanzenteile angeklebt. 12 Arten.

140 *Gerris lacustris*
8 bis 10 mm. Vorderschenkel mit schwarzem Längsstreif, Pronotum mit gelbem Seitenstreif. Auf Teichen, Gräben mit hohem organischem Stoffanteil im Wasser, auch auf Flußbuchten. 2 Generationen im Jahr. Die Herbstgeneration ist häufig kleiner und dunkler. Die Länge der Flügel ist sehr variabel. Die zuerst schlüpfenden Tiere sind kurzflüglig, die später schlüpfenden haben voll ausgebildete Flügel.

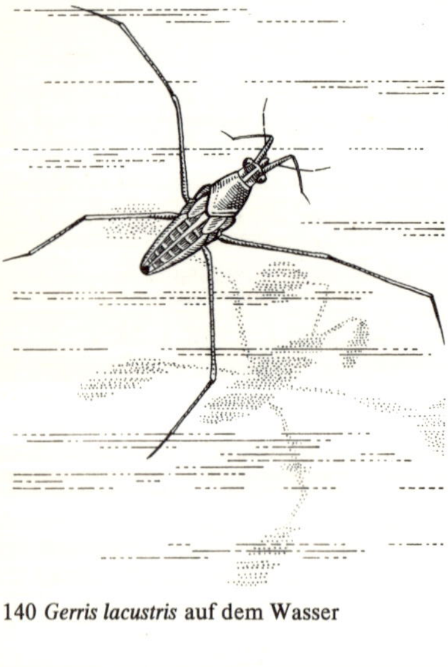

140 *Gerris lacustris* auf dem Wasser

Familie *Veliidae* Bachläufer

2 bis 8 mm. Ungeflügelt oder geflügelt; vordere Beine nur wenig kürzer als die mittleren. Auf fließenden und stehenden Gewässern, oft in Schwärmen. Die Zahl der Generationen im Jahr ist unterschiedlich. Die Überwinterung erfolgt als Imago. 7 Arten.

141 *Velia caprai*
6 bis 7,8 mm. Häufig ungeflügelt. Auf Bächen und Teichen mit klarem Wasser und wenig Bewuchs, in Quelltümpeln, auch in größeren Höhen zu finden. Tagaktiv, lauert vielfach am Ufer verankert auf Beute, da Wind und Wellen sie leicht forttragen. Große Beutetiere werden auf der Rüsselspitze aufgespießt an Land getragen und dort ausgesaugt. Meist 1 Generation im Jahr. Die Eier werden Ende Mai/Anfang Juni frei im Moos abgelegt, die neue Generation ist ab August zu finden.

Familie *Hydrometridae* Teichläufer

7,5 bis 12 mm. Nadeldünn mit verlängertem Kopf, langen Fühlern und Beinen. Normalflüglige Formen sind selten. Am Rande von Teichen und langsam fließenden Gewässern, oft an Land ausruhend. Sie laufen sehr langsam mit Stelzengang. Die Beute (Wasserflöhe, Blattläuse, Mücken) wird durch Vibrationen des Wassers geortet und häufig durch die Wasseroberfläche hindurch angestochen. Sie wird mit dem Rüssel und nicht mit den Beinen gehalten, auch tote Tiere werden ausgesaugt. 2 Generationen im Jahr. Überwinterung als Imago am Ufer unter Steinen, im Moos und Pflanzenresten. Die Begattung dauert zum Teil sehr lange. Die Eier werden ab Ende Mai an die Unterseite der Blätter von Wasserpflanzen angeklebt, junge Larven bleiben zunächst an Land. Die neue Generation tritt Ende Juni/Anfang Juli auf.

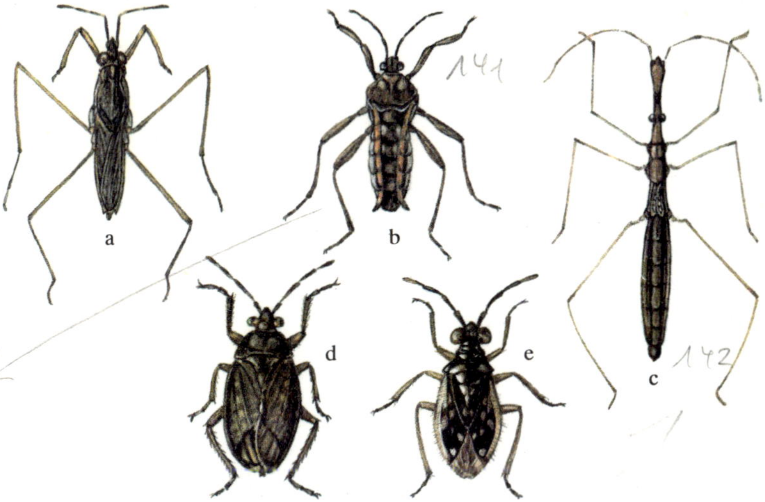

a 140 *Gerris lacustris* ♀; b 141 *Velia caprai* ♀; c 142 *Hydrometra stagnorum* ♀; d 144 *Salda litoralis* ♀; e 143 *Chartoscirta elegantula* ♀

Häufiges Putzen von Rüssel, Fühlern und Beinen und vor allem das Einfetten der Beine sind notwendig, weil die Wanzen sonst ertrinken (bei älteren Tieren beobachtet). 2 Arten.

142 *Hydrometra stagnorum*
Gemeiner Teichläufer
9 bis 12 mm. Kopf vor den Augen doppelt so lang als dahinter, Körperunterseite dunkel. Die relativ großen und schön skulptierten Eier werden einzeln an Pflanzenstengel angeklebt.

Geocorisae Echte Landwanzen

27 Familien von sehr unterschiedlicher Größe und Gestalt, Pflanzensaftsauger und Räuber.

Familie *Saldidae*
Uferwanzen

1,2 bis 7,5 mm. Vorwiegend dunkel gefärbt. Bevorzugt auf spärlich bewachsenen Flächen in unmittelbarer Nähe von Gewässern, gelegentlich auf der Wasseroberfläche, an feuchten Standorten, auf Mooren, selten in trockenen Biotopen. Einzelne Arten sind salzliebend und deshalb an Meeresküsten zu finden (vertragen kurzfristige Überflutungen). Larven und Imagines jagen sehr gewandt kleine Insekten (Springschwänze), die zum Teil im Sprung überwältigt werden. Sie saugen auch an Tierleichen. Bei Störung flüchten sie in kleinen Sprungflügen und sind daher schwer zu fangen. Überwinterung meist als Imago im Moos und Laub. Die Eier werden in Moos, Algenlager, in Pflanzenstengel nahe am Boden, oder im Boden abgelegt. 25 Arten.

143 *Chartoscirta elegantula*
3,5 bis 4 mm. Halbdecken mit langen aufrechten Haaren besetzt, Membran fast immer verkürzt. An feuchten, sumpfigen Orten, auf Mooren, an Uferrändern im Moos, zwischen Schilf und anderen Pflanzen.

144 *Salda litoralis*
5 bis 7 mm. Weibchen breit-oval, Männchen schlanker. Durch anliegende gelbliche Behaarung matt er-

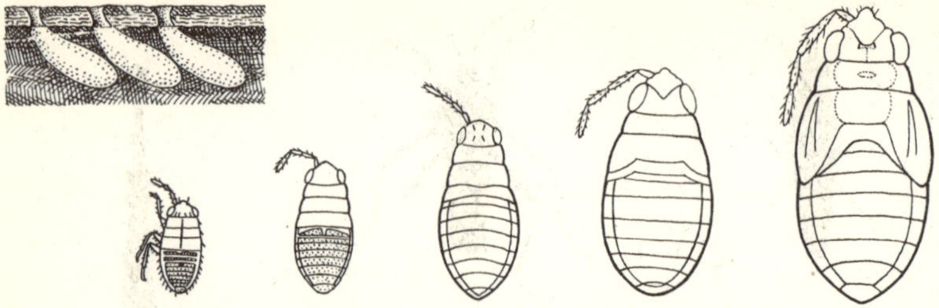

144 *Salda litoralis* Eier und Larven I–V

scheinend, Hinterflügel kurz. Die Art lebt an schlammigen Meeresküsten und an Salzstellen mit Bewuchs von Salzkraut, Melde u. a. von Insekteneiern und toten oder geschädigten kleinen Tieren. Überwinterung als Ei und Imago (2 Zyklen). Die Eiablage erfolgt ab Ende Juni in feuchten Böden.

Familie *Miridae*
Weichwanzen, Blindwanzen

1,6 bis 11 mm. Arten- und formenreiche Familie, häufig bräunlich oder grünlich gefärbt. Die recht weichhäutigen langflügligen Arten sind an 2 (selten 1) charakteristischen Membranzellen kenntlich, relativ häufig jedoch kurzflüglig. Der irreführende Name «Blindwanzen» bezieht sich auf das Fehlen der Ozellen. Sie leben auf Gräsern, krautigen Pflanzen und auf Bäumen als Pflanzensaftsauger und auch zoophag. Bei starkem Auftreten können sie an Kulturpflanzen schädlich werden. Die Überwinterung erfolgt häufig als Ei, seltener als Larve oder Imago. Die Eier werden in Pflanzengewebe, selten frei an Pflanzen abgelegt. 390 Arten.

145 *Deraeocoris ruber*
6,5 bis 7,4 mm. Glänzend, variabel in der Färbung. Der Halsring des Pronotums ist im Gegensatz zu anderen Arten der Gattung nicht filzig behaart. Lebt auf Laubgehölzen und krautigen Pflanzen vorwiegend räuberisch (vor allem von Blattläusen). Eiablage August/September.

146 *Myrmecoris gracilis*
4 bis 5 mm. Meist kurzflüglig, der Ameisengattung *Formica* sehr ähnlich.

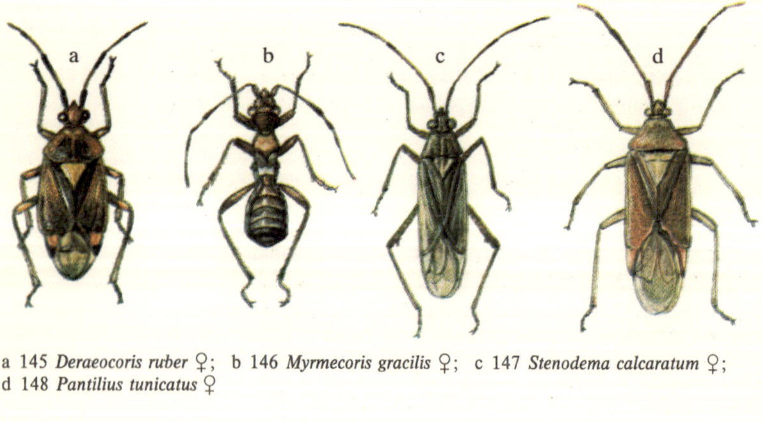

a 145 *Deraeocoris ruber* ♀; b 146 *Myrmecoris gracilis* ♀; c 147 *Stenodema calcaratum* ♀; d 148 *Pantilius tunicatus* ♀

Zerstreut auf trockenen, sandigen Böden an und unter Gräsern, Kräutern, bevorzugt in Kiefernheiden, meist am Boden. Sie ernährt sich vor allem von Blattläusen und deren Honigtau. Die Eier werden in alten Grasstengeln abgelegt und überwintern. Imagines ab Ende Juni.

147 *Stenodema calcaratum*
6,7 bis 8 mm. Kenntlich an einem kleinen und einem großen gekrümmten Dorn vor der Spitze der Hinterschenkel. Meist langflüglig. Die Färbung wechselt von bräunlich (Herbst) zu grün (Frühjahr). Auf Mooren und feuchten Wiesen verbreitet. Die Wanzen saugen an Blüten und unreifen Samen von Gräsern. 2 Generationen im Jahr. Überwinterung als Imago in Gras und Bodenstreu. Die Eier werden meist einzeln in Blütenähren der Gräser abgelegt. Die Sommergeneration schlüpft ab Juli, die Herbstgeneration ab September.

148 *Pantilius tunicatus*
8,5 bis 10 mm. Männchen anfangs grünlich, später rötlich, Weibchen grünlich, dunkel punktiert, Larven und Imagines saugen an Knospen, männlichen Blütenständen und jungen Trieben von Hasel, Erle und Birke. Die Eier werden an der Basis der Knospen, in Blättern und älteren Kätzchen abgelegt, sie überwintern. Die Larven schlüpfen erst im Sommer, Imagines treten ab August auf.

149 *Phytocoris tiliae*
6 bis 7 mm. Kenntlich an dem deutlich abgesetzten schwarzen Seitenrand des Pronotums. Sie lebt auf Laubbäumen (Linde, Eiche) vor allem räuberisch von anderen Insekten und Milben, gelegentlich auch phytophag. Die Eier werden in jungem Holz der Wirtsbäume abgelegt.

150 *Calocoris quadripunctatus*
7 bis 8,4 mm. An den dunkel gesäumten Adern der Halbdecken zu erkennen. Die Larven saugen in der Regel an jungen Blütenkätzchen von Eichen, die Imagines leben an jungen Blättern und Sprößlingen, vor allem aber zoophag von Blattläusen, Insektenlarven u. a. Die Eier werden in weibliche Blütenknospen, die dadurch absterben, abgelegt. Die Larven schlüpfen im Frühjahr, Imagines ab Ende Mai.

151 *Lygus rugulipennis*
4,6 bis 5,7 mm. Zu erkennen an der dichten Behaarung, die die Tiere matt erscheinen läßt. Die Art ist sehr häufig und lebt an Ruderalpflanzen, Ampfer, Klee u. a., auch an Kulturpflanzen und wird dort gelegentlich durch ihr Saugen an jungen Trieben, Blättern und Blüten

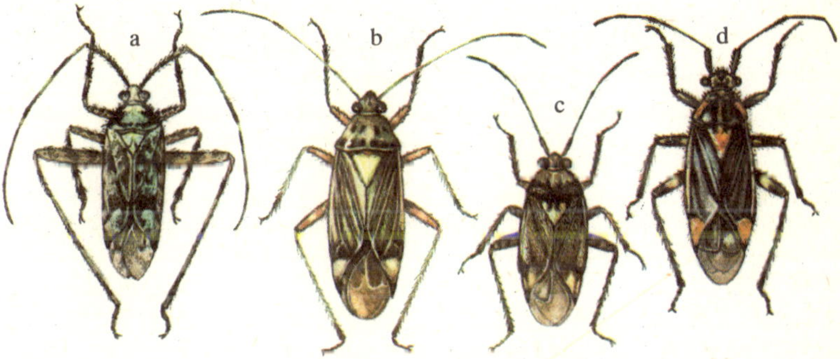

a 149 *Phytocoris tiliae* ♀; b 150 *Calocoris quadripunctatus* ♀; c 151 *Lygus rugulipennis* ♂; d 152 *Capsodes gothicus* ♀

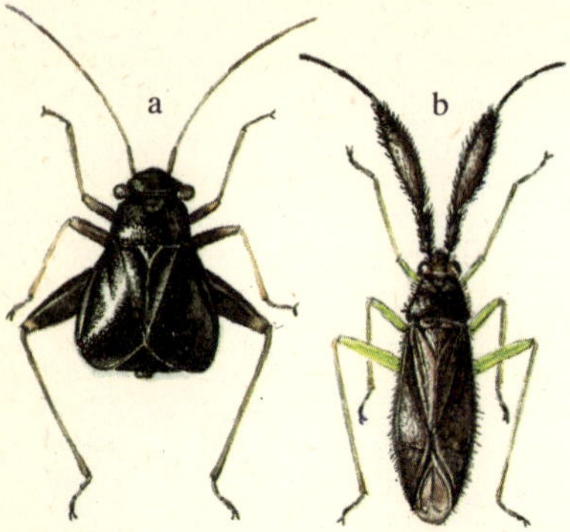

a 153 *Halticus apterus* ♀; b 154 *Heterotoma planicornis* ♀

schädlich. Überwinterung als Imago in der Bodenstreu, Eiablage im Mai in Blütenknospen und Stengeln. Die Sommergeneration tritt ab Ende Juli auf, aus deren Eiern schlüpft im September die individuenreiche Herbstgeneration.

152 *Capsodes gothicus*
5,8 bis 7 mm. Larven und Imagines lang behaart, Weibchen zum Teil kurzflüglig, die Färbung variiert. Saugt an Blüten von Labkraut, Hartheu, Hauhechel, Garbe und anderen Kräutern und ist vor allem im Norden des Gebietes und im Gebirge zu finden. Die neue Generation schlüpft ab Ende Juni.

153 *Halticus apterus*
2 bis 2,6 mm (kurzflüglig) bzw. 2,6 bis 3,3 mm (langflüglig). Schwarz glänzend mit gelben Fühlern. Beide Geschlechter sind nur selten vollflüglig und erinnern an Erdflöhe. Bevorzugt auf sandigem Boden, oft an Leguminosen (Klee, Hauhechel, Wicke), auch an anderen krautigen Pflanzen. Die Eiablage erfolgt in Blattstiele. Imagines ab Juli.

154 *Heterotoma planicornis*
4,5 bis 5,5 mm. Das 2. Antennenglied ist stark verbreitert, die Tiere sind fein hell behaart, die Membranen überlappen einander nicht und sind dadurch im allgemeinen zweispitzig. An Brennessel und anderen krautigen Pflanzen, häufig an Ruderalstellen, auch an Laubgehölzen. Imagines und Larven saugen sowohl an Knospen und unreifen Früchten als auch an Blattläusen, anderen Insekten und deren Eiern. Die rötlichen Junglarven schlüpfen ab Mai, Imagines ab Juli.

155 *Blepharidopterus angulatus*
5 bis 5,8 mm. Kenntlich an den schwarzen Hinterecken des Pronotums und den auch bei den Larven schwarzen Knien An Laubhölzern wie Birke, Erle, Hasel, auch Apfel. Die Tiere saugen gelegentlich an Pflanzen, sind aber vor allem ein wichtiger Vertilger von Spinnmilben und kleinen Insekten. Eine weibliche Larve kann über 3 000 Milben aussaugen, eine männliche etwa halb so viele. Die vielfach einzeln an Zweigen abgelegten Eier überwintern, Larven erscheinen ab Mitte Mai, Imagines ab Ende Juni.

156 *Pilophorus cinnamopterus*
4 bis 5 mm. Halbdecken bei dieser Art hinter der 2. silberglänzenden Querbinde überall glänzend. Lebt an Kiefern, vor allem räuberisch von Blattläusen (Lachniden), saugt auch an Knospen. Die Larven schlüpfen im Frühling und sitzen oft zwischen den Schuppen der reifen Zapfen. Imagines sind Ende Juli bis Oktober zu finden.

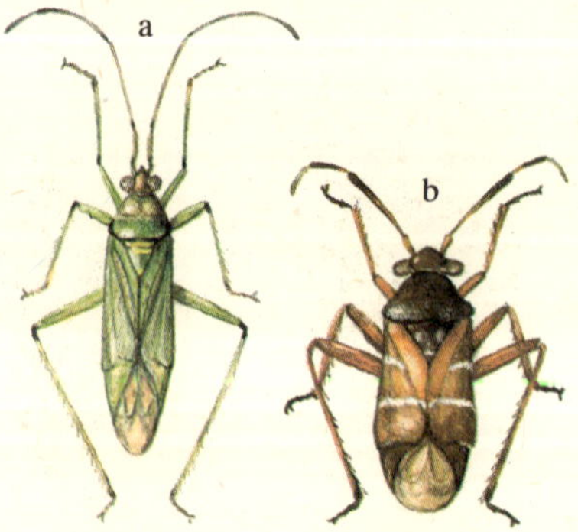

a 155 *Blepharidopterus angulatus* ♂;
b 156 *Pilophorus cinnamopterus* ♀

157 *Systellonotus triguttatus* ♀; ♂

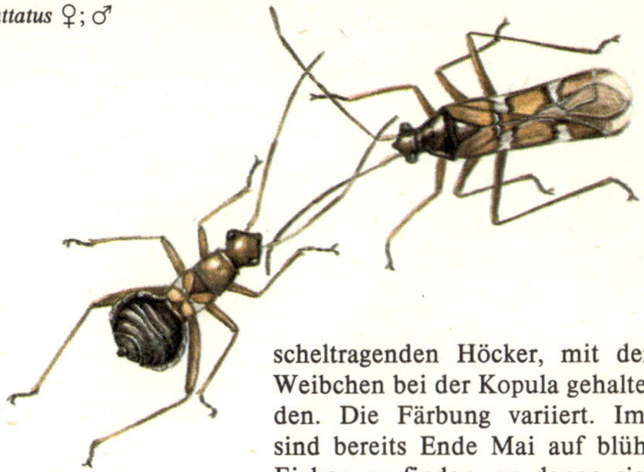

157 *Systellonotus triguttatus*
Männchen 4,3 bis 4,7 mm, stets langgestreckt und langflüglig. Weibchen 3,3 bis 3,7 mm, meist kurzflüglig und wie die Larven ameisenähnlich. Auf sandigem, karg bewachsenem Boden, oft in Gesellschaft von Ameisen. Phyto- und zoophag. Hauptnahrung sind Blattläuse, daneben Ameisenpuppen, tote Ameisen, Honigtau, junge Knospen, Triebe, auch unreife Samen von Heidekraut u. a. Aus den in Rissen und Spalten von jungem Holz abgelegten Eiern schlüpfen im Frühjahr die Larven, Imagines ab Juni.

158 *Harpocera thoracica*
6 bis 6,8 mm. Das 2. Fühlerglied der Männchen am Ende mit einem haarbüscheltragenden Höcker, mit dem die Weibchen bei der Kopula gehalten werden. Die Färbung variiert. Imagines sind bereits Ende Mai auf blühenden Eichen zu finden, an denen sie Ende Mai/Anfang Juni ihre Eier in jungem Gewebe ablegen. Die Eiruhe dauert bis zum nächsten Frühjahr. Die Larven leben zunächst an den Knospen unter den kaum geöffneten Schuppen, ältere Larven saugen vor allem an grünen Blütenkätzchen, die Imagines schlüpfen bereits Ende Mai. Die Männchen sind kurzlebig, die Weibchen leben bis Ende Juni.

159 *Phylus melanocephalus*
5 bis 6 mm. Als Pflanzensaftsauger und Räuber ausschließlich an Eichen. Eiablage im Sommer in jungem Holz, oft in Nähe der Knospen. Die jungen Larven schlüpfen im Mai, Imagines treten von Ende Juni bis August auf.

Familie *Anthocoridae*
Blumenwanzen

1,5 bis 5 mm. Länglich-oval, gelblichbräunlich gefärbt. Die Imagines besitzen Ozellen und haben in der Regel voll entwickelte Flügel. Auf niederen Pflanzen, Sträuchern, Bäumen, oft auf bestimmten Pflanzenarten, auch an Flechten und im Moos, in Pilzen, in Nestern, Heuhaufen, Blattlausgallen, je eine Art am Boden und in Ameisennestern bzw. an Mistel. Lebhafte Tiere, die vorwiegend räuberisch von kleinen Insekten, bevorzugt Blattläusen und Milben, und deren Eiern leben, einige Arten saugen gelegentlich an Warmblü-

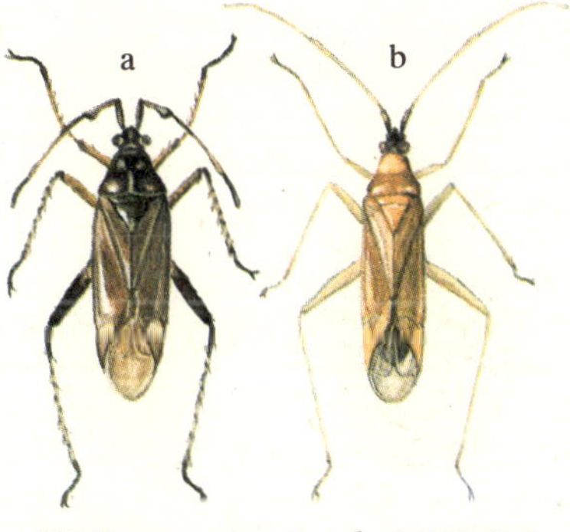

a 158 *Harpocera thoracica* ♂; b 159 *Phylus melanocephalus* ♀

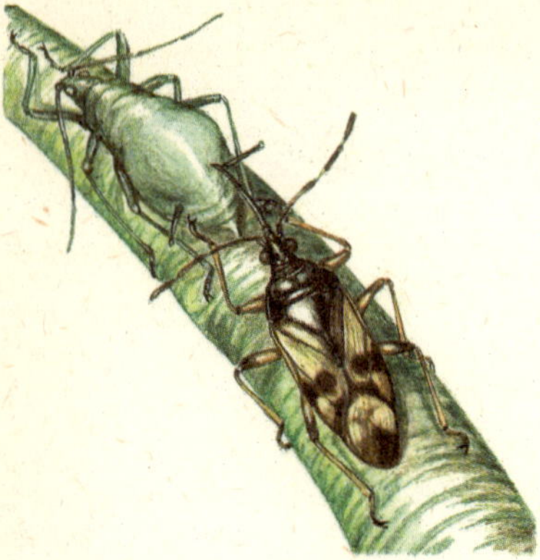

160 *Anthocoris nemorum* ♀ beim Saugen an einer Blattlaus

tern. Die Blumenwanzen können auch an Weidenkätzchen und in Blüten gefunden werden, wo sie sich von Pollen ernähren. Überwinterung meist als Imago unter Rinde, in Baumritzen, oder in der Bodenstreu. Die Eier werden in Pflanzengewebe und Blütenstände abgelegt. Die neue Generation tritt im Sommer und Herbst auf, unter günstigen Bedingungen mehr als 1 Generation im Jahr. 54 Arten.

160 *Anthocoris nemorum*
3,5 bis 5 mm. Zu erkennen vor allem an ihren durchgängig glänzenden Halbdecken. Sehr häufig auf krautigen Pflanzen, Sträuchern, Bäumen, auch in Blüten, wo sie an kleinen Insekten und Milben saugt, gelegentlich phytophag. Die Eier werden in kleinen Gruppen in Blattgewebe unter die Epidermis abgelegt.

Familie *Cimicidae*
Plattwanzen

3 bis 6 mm. Eiförmig und flach, gelbbraun, mit borstenartigen Haaren besetzt, Kopf und Pronotum kurz und breit mit gerundeten Seiten, Halbdekken stets verkürzt. Hinterflügel fehlen. Parasiten, die nachts Blut ihrer Wirte (Vögel, Säuger) saugen und sich tagsüber in deren Nähe an dunklen Orten verbergen. Überwinterung als Larve und Imago in Wirtsnähe. Die Eier werden in Verstecken angekittet. 6 Arten.

161 *Cimex lectularius*
Bettwanze
5 bis 6 mm. Randborsten des Pronotums nach hinten gerichtet. Das 1. und 2. Fühlerglied jeweils kräftiger als die beiden Endglieder. Als Parasit des Menschen über weite Gebiete der Erde verbreitet, saugt jedoch auch an Fledermäusen, Hühnern und anderen Warmblütern. Die Stiche hinterlassen stark juckende Quaddeln. Tagsüber verbergen sich die Bettwanzen in Möbelritzen, hinter Tapeten, in Fußbodenspalten. Bei niedrigen Temperaturen können sie monatelang hungern, jedoch ist zur Ablage von Eiern eine Blutmahlzeit notwendig. Die Häutung der Larven ist jeweils nach einmaligem Saugen möglich. Unter geeigneten Bedingungen pflanzt sich die Bettwanze ganzjährig fort.

162 *Oeciacus hirundinis*
Schwalbenwanze
3,5 mm. Zu erkennen an den 4 gleichstarken Fühlergliedern. Lebt an Mehlschwalbe und Mauersegler. Überwinterung in den Nestern oder nahen Verstecken, kann nach dem Wegzug der Wirte bis zu ihrer Rückkehr ohne Nahrung auskommen.

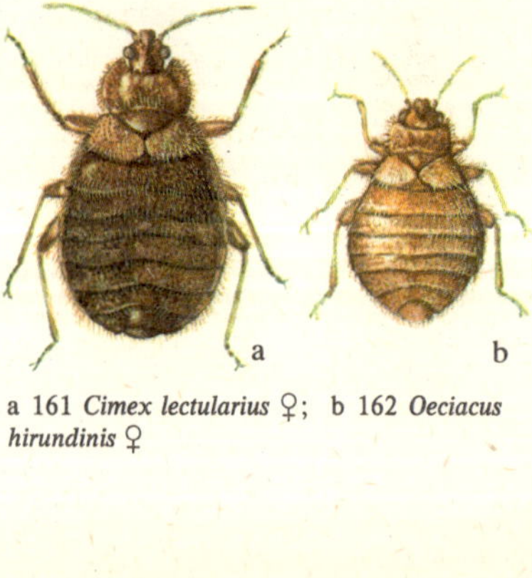

a 161 *Cimex lectularius* ♀; b 162 *Oeciacus hirundinis* ♀

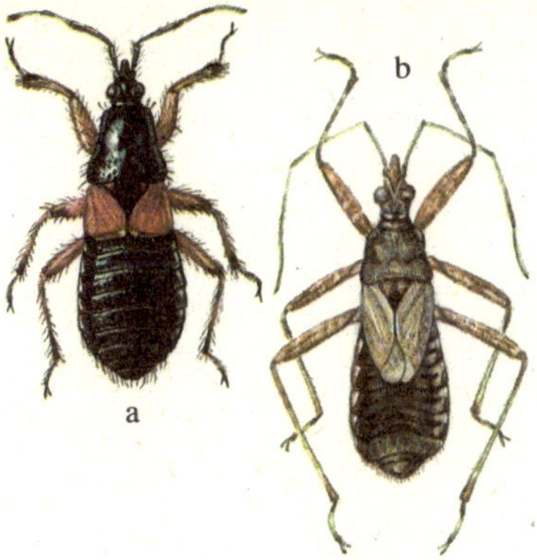

a 163 *Prostemma guttula* ♀; b 164 *Himacerus apterus* ♀

Familie *Nabidae* Sichelwanzen

4 bis 11 mm. Meist schlank und bräunlich gefärbt, kenntlich am gebogenen Rüssel, den großen kugligen Augen und den zu Raubbeinen gestalteten Vorderbeinen mit mehr oder weniger stark verdickten Schenkeln; bei der Mehrheit der Sichelwanzen trägt die Ventralseite der Vorder- und Mittelschienen zum Festhalten der Beute am Ende eine dicht behaarte Schwammsohle. Auf niederen Pflanzen, Sträuchern und Bäumen, von denen auch bestimmte Arten bevorzugt werden können. Lebhafte und flinke Räuber, die sich von Milben, kleinen Insekten und deren Eiern ernähren. Die Beute wird von hinten angesprungen und mit den Vorderbeinen gehalten. Teilweise überwintern die Eier, meist aber die Imagines unter Laub, in Moos oder Grasbüscheln. Die Eier werden in dürre Grashalme, in Pflanzenstengel oder junges Holz abgelegt. 19 Arten in Mitteleuropa vertreten.

163 *Prostemma guttula*
8 bis 10 mm. Die Unterseiten der Vorderschenkel und -schienen sind mit kleinen Zähnen besetzt. Normalflüglige Tiere sind selten. An trockenwarmen Orten auf Sand- oder Kalkboden unter Steinen, Blattrosetten von Königskerze, an Natternkopf, Besenheide, Graswurzeln u. a. Überwinterung als Imago in Bodenstreu, zwischen Graswurzeln. Die neue Generation ist vom Monat Juli an zu finden.

164 *Himacerus apterus*
9 bis 10 mm. Die Männchen sind relativ schlank, die Weibchen haben einen auffällig verbreiterten Hinterleib. Nur Vorderschienen mit kleinen Dornen. Meist kurzflüglig, Langflügligkeit tritt vor allem bei Weibchen auf. Verbreitet und häufig in lichten Wäldern und an Waldrändern auf Laub- und Nadelgehölzen. Die Eier werden in jungem Holz abgelegt und überwintern. Erwachsene Tiere sind vom Frühsommer bis in den Spätherbst zu finden.

Familie *Phymatidae*

6,5 bis 9 mm. Robuste Arten mit rautenförmigem Abdomen. Die Vorderbeine sind auffällig gestaltete Raubbeine. Relativ träge Räuber, die bei Beunruhigung in Schreckstarre fallen. In trockenwarmen Standorten lauern sie auf Heide, krautigen Pflanzen oder Gebüsch tagsüber Insekten auf und ergreifen sie mit vorgestreckten Fangbeinen. Überwinterung als Imago in der Bodenstreu. 2 Arten.

165 *Phymata crassipes*
8 bis 9 mm. Lauert im Grase auf Beute. Die Eier werden einzeln oder in Gruppen an Pflanzenstengel abgelegt. Neue Generation ab Juli. Nur im Süden des Gebietes verbreitet.

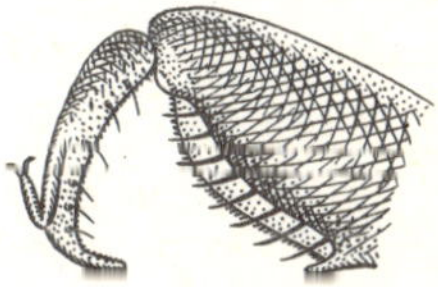

165 *Phymata crassipes* Raubbein (Schenkel und Schiene; Tarsen verkümmert)

Familie *Reduviidae*
Raubwanzen

3 bis 18 mm. Variable, meist große Arten mit lang vorgestrecktem Kopf, großen Augen und langen, hinter dem 1. Glied geknieten Fühlern. Der starke, relativ kurze Rüssel ist gebogen. Die Beine sind lang und kräftig, die vorderen haben häufig verdickte Schenkel (Raubbeine). Meist aktive Räuber, die von anderen Insekten leben und die mit den Vorderbeinen gehaltenen Opfer durch ihren Speichel lähmen oder abtöten. Tag- und nachtaktive Arten, letztere häufig an Lichtquellen, Raubwanzen leben zumeist am Boden, sitzen aber auch auf Pflanzen. Es überwintern die Eier und Imagines, bei Entwicklungszeiten von mehr als einem Jahr auch die Larven. Die Eier werden auf Blättern, Rinde von Bäumen oder im Boden abgelegt. 14 Arten.

166 *Reduvius personatus*
Staubwanze, Große Raubwanze
15 bis 18 mm. Mit abstehenden Haaren besetzt. Als Kulturfolger meist in Gebäuden, auf Dachböden, in Kellern, selten auf Müllplätzen. Jagt Insekten. Der Stich ist sehr schmerzhaft. Überwinterung als Imago oder als Larve. Von Juni bis September werden pro

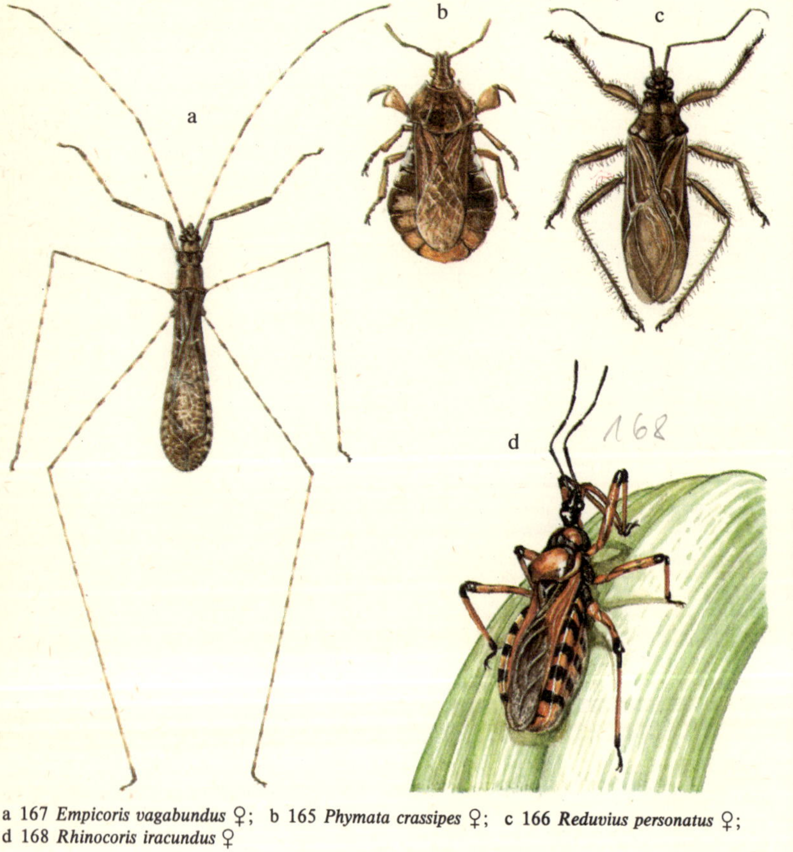

a 167 *Empicoris vagabundus* ♀; b 165 *Phymata crassipes* ♀; c 166 *Reduvius personatus* ♀; d 168 *Rhinocoris iracundus* ♀

Nacht 3 bis 5 Eier abgelegt. Nach jeder Häutung bedecken sich die Larven mit Hilfe der Beine mit Sand, Staub- oder Pflanzenteilchen und sind dadurch schwer zu finden.

167 *Empicoris vagabundus*
6 bis 7 mm. Mückenähnlich mit hell-dunkel geringelten langen Fühlern und Beinen. Die Schienen der vorderen Greifbeine werden gegen den Schenkel geklappt. Die Art lebt nächtlich an feuchteren Orten in Gebüschen und Wäldern, wo sie an Stämmen und Ästen von Laub- und Nadelhölzern (gern in Rindenritzen) vor allem auf Staub- und Blattläuse lauert. Selten begegnet man ihr in Gebäuden. Die Imago überwintert an Bäumen, z. B. in noch am Baum verbliebenen welken Blättern. Die Eier werden einzeln, vor allem im Mai, abgelegt. Larvenzeit von Juli bis August.

168 *Rhinocoris iracundus*
14 bis 16 mm. Als tagaktiver Räuber vor allem im Süden des Gebietes an trockenwarmen Orten auf Gebüsch und Wiesen, häufig auf Blüten oder auch am Boden auf Beute lauernd. Die Überwinterung erfolgt als Imago in der Bodenstreu.

Familie *Tingidae*
Netzwanzen

2 bis 5 mm. Hübsche Arten mit kurzem Kopf, der oben mit bis zu 5 Dornen besetzt ist. Pronotum vorn oft mit Halsblase und deutlichem seitlichem Maschenrand, hinten mit dreieckigem Fortsatz, der das Scutellum und meist den Clavus bedeckt. Die Adern der zum Teil durchsichtigen Halbdecken bilden ein Gitterwerk aus sogenannten Maschen. Die Membran ist selten deutlich abgegrenzt. Kurz- und langflüglig. Die Larven sind den Erwachsenen unähnlich und mit Dornen und Stacheln besetzt. Netzwanzen ernähren sich phytophag und sind oft an bestimmte Nährpflanzen gebunden; einige Arten

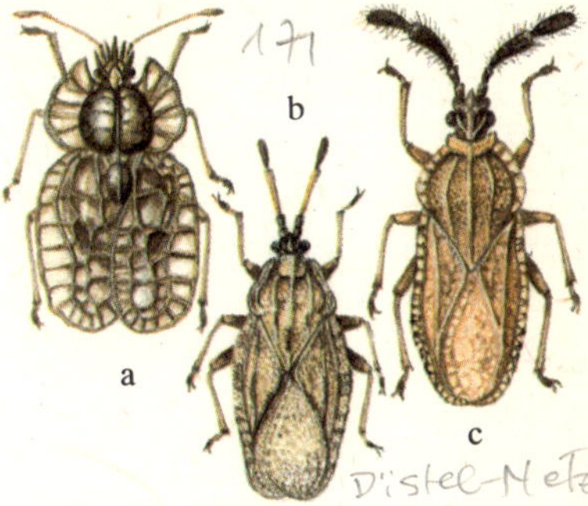

a 170 *Galeatus affinis* ♀; b 171 *Tingis cardui* ♀; c 169 *Copium clavicorne*

sind schädlich. Die Imagines, selten die Larven, überwintern in Moos, Bodenstreu und Grasbüscheln. Die Eier werden meist in Blätter, Stengel oder an die Basis von Blütenköpfen abgelegt. 59 Arten.

169 *Copium clavicorne*
3 bis 4 mm. Bevorzugt an geschützten sonnigen Standorten die Blätter und Blütenknospen von Gamander. Die Art überwintert als Imago in der Bodenstreu und legt im Frühjahr ihre Eier in die Blütenknospen ab. Durch das Saugen der sich darin entwickelnden Larven bilden sich Gallen, die je ein Tier enthalten. Erst die Imago verläßt die Galle.

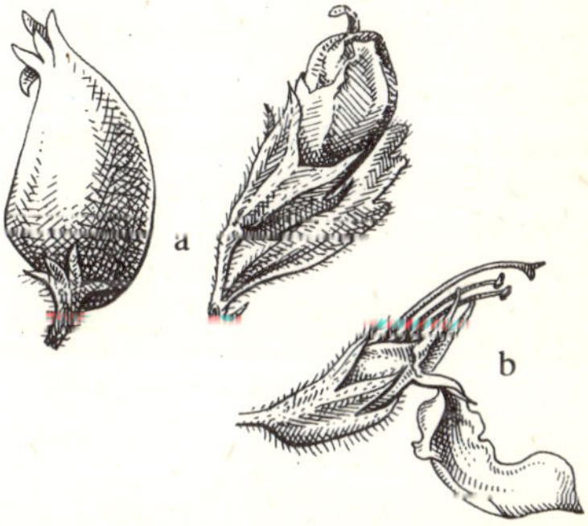

169 *Copium clavicorne* a Galle an Gamander, b gesunde Blüte

170 *Galeatus affinis*

2,3 bis 3,8 mm. Ein Teil der Tiere kurzflüglig. Auf trockenen Sandböden oft gesellig an den Blättern und unter den Pflanzen von Feld-Beifuß. Bei heißem Wetter auch an Gräsern nach oben kletternd. Überwinterung als Imago und Larve in der Bodenstreu. Die Eier werden in Blätter der Wirtspflanze abgelegt (Abb. S. 135).

171 *Tingis cardui*
Distelnetzwanze

3,3 bis 3,8 mm. Fein grau behaart, immer langflüglig. Weit verbreitet an verschiedenen Distelarten (*Cirsium*, seltener *Carduus*). Wahrscheinlich 1 Generation im Jahr. Überwintert als Imago in der Bodenstreu und an Wurzeln der Wirtspflanzen und breitet sich im Frühjahr durch Flüge aus. Die Eier werden in Ober- und Unterseite der Blätter gelegt, die Larven wandern zu den Hüllblättern der Blütenkörbe und leben oft gesellig mit Imagines und Ameisen zusammen (Abb. S. 135).

Familie *Aradidae* Rindenwanzen

4 bis 11 mm. Eiförmig oder länglich, extrem flach, von sehr gleichförmiger Gestalt und dunkler Färbung. Der Kopf ist rechteckig mit kuglig vorstehenden Augen und kurzem Rüssel. Die Stechborsten sind jedoch sehr lang und in Ruhe im Kopf zusammengerollt. Beine kurz, Halbdecken schmaler als der Hinterleib, häufig verkürzt oder fehlend. Rindenwanzen leben oft gesellig auf oder unter Rinde von Laub- und Nadelhölzern, auch in Baumschwämmen und Stubben, nur 2 Arten am Boden an Sonnenröschen. Sie ernähren sich größtenteils von Pilzmyzel und seinen Fruchtkörpern an bereits geschädigten Bäumen. Imagines und Larven überwintern am Stammgrund oder in dessen Nähe in der Bodenstreu. Die Eier werden meist unter Rinde versteckt, in verrottetem Substrat oder auch frei abgelegt. 30 Arten.

172 *Aradus cinnamomeus*
Kiefernrindenwanze

3,5 bis 5 mm. Vorderflügel bei den Männchen sehr schmal, die Weibchen sind in der Regel kurzflüglig. Vor allem an Kiefer, aber auch an Fichte, Wacholder u. a. unter Rinde oder an den Nadeln. Einzige Rindenwanze, die durch Saugen an der Bast- und Kambiumschicht schädlich wird. Eine Generation lebt 1 bis 2 Jahre. Die Eier werden im späten Frühjahr an Rindenschuppen und Hüllblätter der Maitriebe abgelegt.

Familie *Piesmidae* Meldenwanzen

2 bis 3,5 mm. Länglich-oval, Kopf mit nach vorn verlängerten Wangen, Pronotum-Rand und Halbdecken mit maschenartiger Struktur, ein Teil der Tiere kurzflüglig. Saugen an jungen Blättern und Stengeln vor allem von Gänsefußgewächsen. Sie überwintern als Imago in Moos, im Boden und in der Bodenstreu am Fuße der Wirtspflanzen. Die vollflügligen Formen breiten sich nach Verlassen der Winterquartiere durch kurze Flüge aus. Die Eier werden an Pflanzenteile oder an Steinen oder am Boden abgelegt. In Mitteleuropa kommen 5 Arten vor.

173 *Piesma quadratum*
Rübenwanze

2,3 bis 3,5 mm. Wangenfortsätze spitz und stark gekrümmt, 3 Pronotumkiele. Salzliebend, vor allem an wildwachsenden Gänsefußgewächsen, selten an anderen Pflanzen. In einem bestimmten, im Osten von der Warthe, im Westen von der Weser begrenzten Gebiet überträgt die Wanze durch ihr Saugen die Kräuselkrankheit, eine Virose, auf Zukker- und Futterrüben. Oft 2 Generationen im Jahr. Überwintert im Boden in einer Tiefe von 5 bis 15 cm und saugt nach Verlassen der Winterquartiere zunächst an wildwachsenden Gänsefußgewächsen, im Befallsgebiet später an kultivierten Rüben. Bei der Begattung

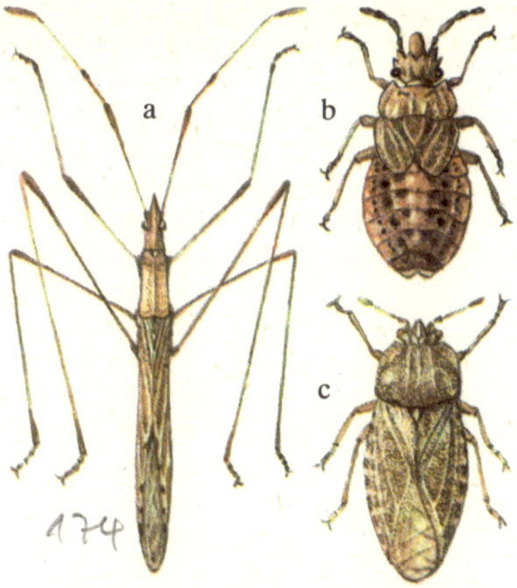

a 174 Neides tipularius ♀; b 172 *Aradus cinnamomeus* ♂; c 173 *Piesma quadratum* ♀

im Mai striduliert das Männchen lebhaft, indem es eine auf dem 1. Abdominalsegment befindliche Schrilleiste über die Schrillkante einer Ader des Hinterflügels bewegt. Die Entwicklung der Larven ist nach 2 Monaten beendet. Im Juli tritt eine neue Generation auf.

173 *Piesma quadratum* Schadbild an Zuckerrübe («Salatkopf»)

Familie *Berytidae*
Stelzenwanzen

4 bis 11 mm. Langgestreckt, mit langen geknieten Fühlern und sehr langen dünnen Beinen. Der Kopf hat vorn meist einen seitlich zusammengedrückten Fortsatz. Auf trockenen, sandigen Böden an Pflanzen saugend, gelegentlich auch zoophag. Überwinterung als Imago in der Bodenstreu, in Moos und Grasbüscheln. Die Eier werden an Pflanzenstengeln und Grashalmen abgelegt. 9 Arten.

174 *Neides tipularius*
Große Stelzenwanze

9 bis 11 mm. Kopffortsatz beilförmig, lang- und kurzflüglige Formen. An trockenen grasreichen Standorten, oft an Waldrändern, am Boden unter Pflanzen, vor allem Nelkengewächsen (Hornkraut), auch Storchschnabelgewächsen u. a. Die Eier werden im Frühjahr einzeln an Pflanzenteile oder am Boden abgelegt. Junge Larven leben meist in kleinen Gruppen am Boden oder an den Stengeln der Wirtspflanzen, Imagines vor allem am Grunde der Pflanzen.

Familie *Lygaeidae*
Bodenwanzen

2 bis 15 mm. Meist von länglicher Gestalt und relativ fest chitinisiert. Häufig bräunlich, selten rötlich gefärbt. Kenntlich vor allem an den 4 bis 5 Längsadern der Membran. Die Fühler sind 4gliedrig, die Laufbeine haben zum Teil bedornte verdickte Vorderschenkel. Kurzflüglige Arten oder Formen sind nicht selten. Häufig an grünen Pflanzenteilen und Samen saugend, vereinzelt auch zoophag. Sie leben meist am Boden oder in der Vegetation, bevorzugt an trockenen warmen Standorten, seltener auf feuchten Wiesen oder auf Gehölzen. Einige Arten sind Ameisengäste, andere auf Salzstellen des Binnenlandes und der Küste spezialisiert. Meist 1 Generation im

Jahr. Die Überwinterung erfolgt vielfach als Imago in der Bodenstreu, unter Rinde und Steinen, seltener als ältere Larve oder als Ei. Die Eier werden vom späten Frühjahr bis zum Sommer an Blätter und Stiele, zwischen Blattscheiden, unter Deckschuppen, in Blütenköpfe oder auch in kleinen lockeren Gruppen im Boden abgelegt. 140 Arten.

175 *Lygaeus equestris*
Ritterwanze

11 bis 12 mm. Bevorzugt sonnige, warme Standorte in offenem Gelände. Ihre Hauptfutterpflanzen sind Schwalbenwurz, Adonisröschen, Löwenzahn und Kratzdistel. Sie saugt an Knospen, Blüten und vor allem an Samen, vereinzelt auch an anderen Pflanzenteilen. Im Laufe des Jahres erfolgt ein Nährpflanzenwechsel. Adonisröschen und Löwenzahn spielen im Frühling eine Rolle, später die Schwalbenwurz, dann die Kratzdistel. Auf der Suche nach Nährpflanzen wandert sie umher. Jüngere Larven sind weniger beweglich und leben mehr am Boden, ältere Larven und Imagines haben wegen ihrer größeren Beweglichkeit ein breiteres Wirtspflanzenspektrum. Überwinterung als Imago, ab August/September unter Graswurzeln, auch gesellig in Gebäuden. Rückwanderung im Mai. Die Eier werden nach einem Reifungsfraß in Häufchen im Boden abgelegt.

176 *Nysius senecionis*

4 bis 4,5 mm. Corium zum Teil glasartig, Naht zwischen Corium und Membran s-förmig, stets langflüglig. Auf Kahlschlägen und Lichtungen meist am Boden unter Pflanzen. Bevorzugte Futterpflanzen sind Kreuzkraut-Arten. 1 Generation im Jahr. Überwinterung als Imago gesellig unter Laub und Rinde von Stubben. Die Eier werden einzeln abgelegt.

177 *Kleidocerys resedae*

5 bis 6 mm. Corium glasartig. Häufig auf Laubbäumen, vor allem Birke und Erle. Larven und Imagines saugen an den Samen. Überwinterung als Imago in leeren Fruchtständen, in Laub von Birken und Erlen, auch in Nadelholzzapfen. Jeweils bis zu 8 Eier werden an den Kätzchen abgelegt, die Larven leben in den Kätzchen und kommen nur an warmen sonnigen Tagen heraus.

178 *Ischnodemus sabuleti*
Schmalwanze

4,5 bis 6 mm. Flügelausbildung unterschiedlich. Im Binnenland an sumpfigen Standorten an Schwaden u. a. (dunkle Form), am Meeresstrand an Strandhafer und Strandgerste (helle Form). Larven und Imagines saugen oft in großer Zahl an den unteren Blattscheiden und Blättern und sind auch am Boden in Pflanzennähe zu finden. Generation meist 2jährig, Entwicklungsdauer jedoch stark von Temperatur und Licht abhängig. Die Larven entwickeln sich nur an Langtagen, an Kurztagen tritt eine larvale bzw. imaginale Ruheperiode (Diapause) ein. Bei großer Individuendichte entstehen mehr langflüglige Formen, die bei warmem Wetter fliegend neue Territorien besiedeln. Überwinterung als Imago und Larve in Blattscheiden, Laub und Genist. Die Eier werden in kleinen Gruppen in den Halmen der Gräser abgelegt.

179 *Henestaris halophilus*

5 bis 6 mm. Kenntlich an den großen gestielten Augen. Stets langflüglig. An Salzstellen des Binnenlandes meist am Boden unter Beifuß, Salzkraut, Melde u. a., klettert bei warmem Wetter auch an den Pflanzen empor. Wahrscheinlich zoophag. Überwinterung als Imago. Die Eier werden im Frühsommer an Pflanzenstengeln abgelegt.

180 *Geocoris grylloides*
Grillenwanze

4 bis 5 mm, kurzflüglig. Glänzend, Gelbfärbung im Vergleich zu anderen dunklen Arten der Gattung stärker ausgedehnt. An trockenen sonnigen, auch

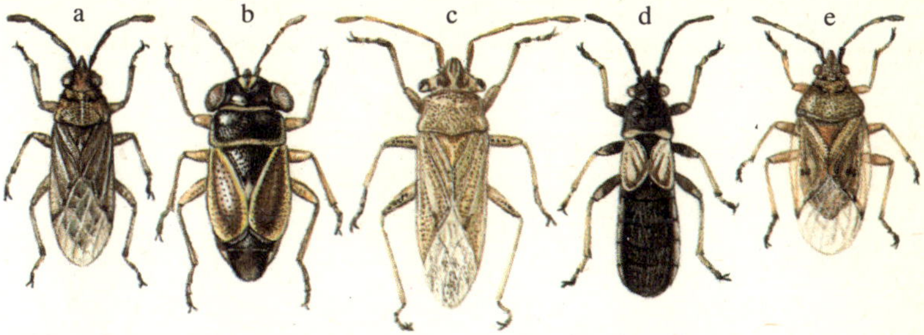

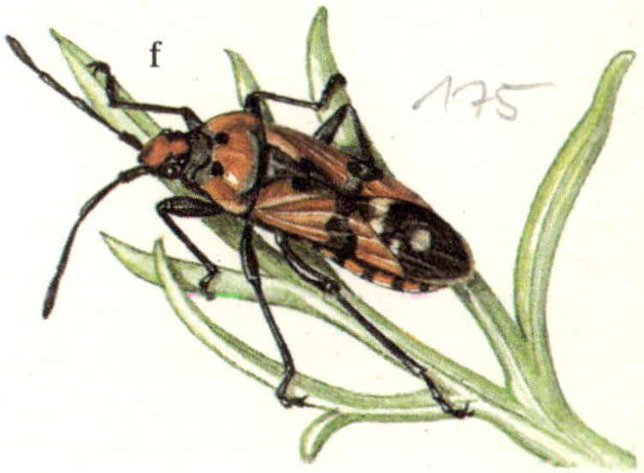

a 176 *Nysius senecionis* ♀; b 180 *Geocoris grylloides* ♂; c 179 *Henestaris halophilus* ♀; d 178 *Ischnodemus sabuleti* ♀; e 177 *Kleidocerys resedae* ♀; f 175 *Lygaeus equestris* ♀

steinigen Orten am Boden unter niedrigen Pflanzen (Thymian, Gamander, Besenheide u. a.). Läuft flink umher. Zoophag, saugt gelegentlich an Pflanzen. Überwinterung als Imago in der Bodenstreu.

181 *Heterogaster urticae*
Brennesselwanze
6 bis 7 mm. Mit feiner gelblicher Behaarung. An trockenen Feldrainen an Brennessel. Überwinterung als Imago bevorzugt in hohlen verholzten Stengeln in Nähe der Wirtspflanzen. Die Begattung dauert 3 bis 4 Tage. Die Eier werden in Gruppen und mit Kittmasse überdeckt am Grunde der Pflanzen, auch auf Stengeln oder Blättern abgelegt.

182 *Eremocoris abietis*
6,5 bis 7,5 mm. Membran mit 4 Längsadern. In der Regel langflüglig. Oft in großer Anzahl in trockenen Wäldern, an Waldrändern und in Ameisennestern, bevorzugt der Roten Waldameisen. Die Art wird von den Ameisen als Einmieter geduldet, obwohl von ihr Larven und Puppen der Wirte ausgesaugt werden. Im Jahr 2 Generationen, deren Entwicklung sich überschneidet. Überwinterung als Larve und Imago in Nestern, unter Rinde von Baumstümpfen und in der Bodenstreu. Die Eier werden in Ameisennestern, auch unter Laub abgelegt, die gesamte Entwicklung verläuft meist in Ameisennestern.

183 *Gastrodes grossipes*
7 bis 7,5 mm, flachgedrückt. Im Gebirge und im Flachland an den Zweigen von Kiefern und anderen Nadelgehölzen, an deren Nadeln sie saugen, nur ausnahmsweise am Boden. Überwinterung als Larve oder Imago unter Zapfenschuppen, Rinde oder in Rindenspalten. Die Eier werden in einer Reihe auf den Nadeln abgelegt.

184 *Raglius vulgaris*
7 bis 8 mm. Auf trockenem sandigem Boden unter krautigen Pflanzen. Läuft schnell und gewandt, saugt vor allem an Samen. Überwinterung als Imago unter Steinen oder Rinde, wandert zur Überwinterung oft in großer Zahl in Häuser an Stadträndern und in Gartenlauben ein. Die Eier werden einzeln in kleinen Erdhöhlen abgelegt.

185 *Sphragisticus nebulosus*
4,5 bis 5,5 mm. Leicht kenntlich an den dunklen Porenpunkten entspringenden

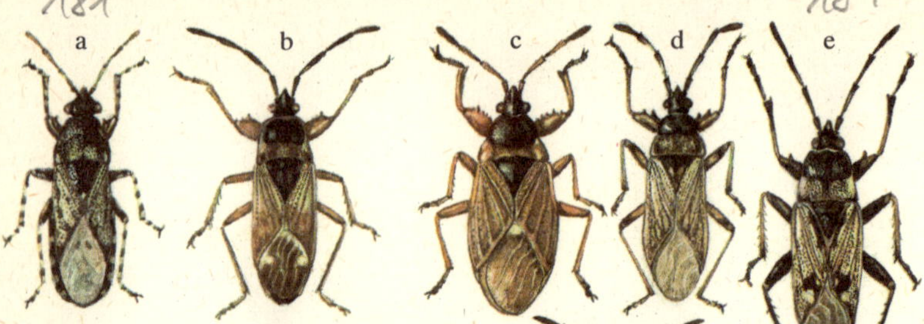

a 181 *Heterogaster urticae* ♀; b 182 *Eremocoris abietis* ♀; c 183 *Gastrodes grossipes* ♀; d 186 *Pachybrachius fracticollis* ♀; e 184 *Raglius vulgaris* ♀; f 185 *Sphragisticus nebulosus* ♀

langen Haaren der Pronotum-Seitenränder. Auf Sand- oder auch Lehmboden zwischen Gräsern und Kräutern flink umherlaufend. Vor allem an Kreuzblütlern. Überwinterung als Imago unter Laub, Heide, in Grasbüscheln. Die Eier werden einzeln im lokkeren Boden und zwischen Pflanzen abgelegt.

186 *Pachybrachius fracticollis*
4,5 bis 6 mm. Pronotum mit tiefer Querfurche, Vorderschenkel mit Putzdornen. Auf feuchten Wiesen und Mooren an Gräsern, vorzugsweise an deren Wurzeln, saugt aber auch an anderen Pflanzenteilen. Die Art ist recht träge und fliegt nur bei warmem sonnigem Wetter. Überwinterung in Moospolstern. Die Eiablage erfolgt im späten Frühjahr an Pflanzenstengeln und zwischen Moos. Die jungen Larven leben versteckt in den Fruchtständen, ältere und die Imagines findet man vor allem am Boden.

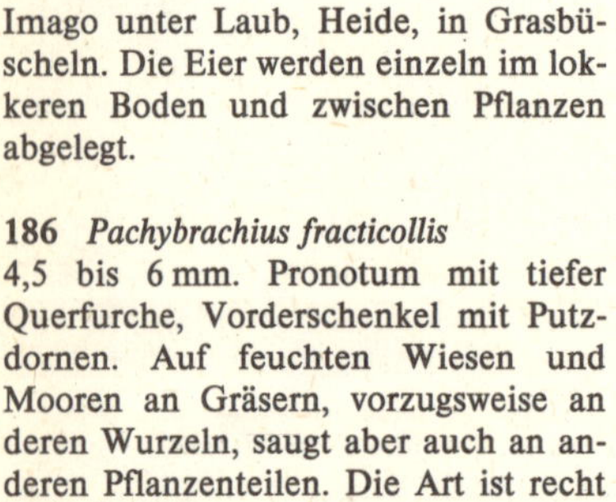

a 187 *Pyrrhocoris apterus* ♀; b 188 *Dicranocephalus agilis* ♀

Familie *Pyrrhocoridae*

7 bis 11 mm. Von Bodenwanzen (s. S. 137) vor allem durch die fehlenden Ozellen zu unterscheiden. 2 Arten.

187 *Pyrrhocoris apterus*
Feuerwanze
9 bis 11 mm. Meist kurzflüglig ohne Membran, selten vollflüglig. Lebt gesellig am Fuße alter Bäume, vor allem Linden, an Robinien und Malven. Saugt an Samen, die sie auch verschleppt, gelegentlich an toten Insekten. Die Eier werden nach Überwinterung in Rindenrissen oder in kleinen Erdgruben abgelegt und oft von der Mutter bewacht.

Familie *Stenocephalidae*

10 bis 14 mm, schlank, mit schwarzgelb gezeichneten Fühlern, Beinen und Hinterleibsrand (Connexivum). Auf trockenem Boden an Wolfsmilch. 3 Arten.

188 *Dicranocephalus agilis*
12 bis 14 mm. An 3 dunklen Ringen des 2. Fühlergliedes zu erkennen. Meist am Boden unter Pflanzen, Steinen, an oder in der Nähe von Wolfsmilch. Die Tiere laufen bzw. fliegen schnell und klettern an warmen Tagen an den Pflanzen nach oben. Überwinterung als Imago unter Rinde und in Pflanzenresten. Die Eier werden am Stengel der Wirtspflanze abgelegt.

Familie *Coreidae* Randwanzen, Lederwanzen

5,5 bis 15 mm lang, gelb- bis schwarzbraun, robust, kräftig sklerotisiert. Die Fühlerglieder sind zum Teil verbreitert. Die Membran hat am Grunde entweder eine dreieckige Zelle oder 2 bis 3 rhombische Zellen, sie ist vieladrig. Meist an Früchten oder Samen saugend. 1 Generation im Jahr. Überwinterung erfolgt als Imago, Eiablage an Pflanzen. 25 Arten.

189 *Coreus marginatus*
Saumwanze
13 bis 15 mm. Meist auf feuchteren Böden, an Feld- und Waldrändern, auf Wiesen, vor allem an Ampfer und anderen Knöterichgewächsen. Die großen braunen Eier werden im Mai/Juni in Reihen an die Ampferblätter gelegt. Nach 3 bis 4 Wochen schlüpfen die Larven und saugen zunächst an grünen Pflanzenteilen. An kalten Tagen und während der Häutung halten sie sich aber am Boden auf. Ältere Larven und Imagines ernähren sich von Samen unterschiedlicher Reife. Im September wandern sie auf der Suche nach geeigneten Samen umher.

190 *Syromastes rhombeus*
Rautenwanze
9 bis 11 mm. Kenntlich an dem rhombisch verbreiterten Hinterleib. An trokkenen sandigen Orten an Spärkling, Sandkraut und anderen Nelkengewächsen. Überwinterung am Grunde der Wirtspflanzen oder in Grasbüscheln.

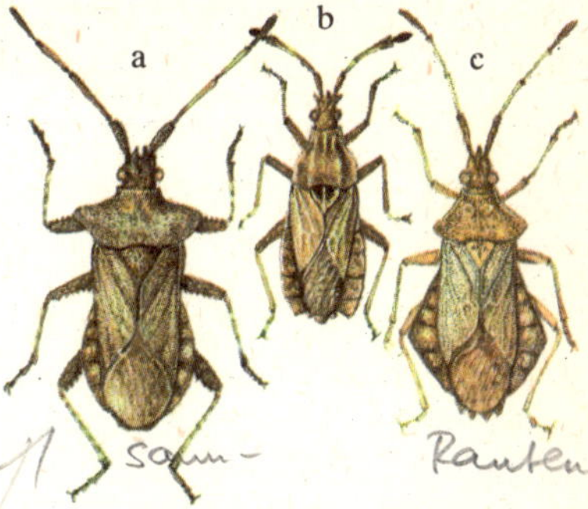

a 189 *Coreus marginatus* ♀; b 191 *Spathocera dalmani* ♀; c 190 *Syromastes rhombeus* ♀

191 *Spathocera dalmani*
5,5 bis 6,5 mm. 3. Fühlerglied ist am Ende verbreitert, die Hinterschenkel sind unbedornt, Tibien mit Längsfurche. Das recht träge Tier lebt auf warmen trockenen Sandböden ausschließlich am Kleinen Ampfer. Die Wanze überwintert gesellig unter Kiefernnadeln oder in Grasbüscheln. Die Eier werden von den Weibchen ab Juni meist am Stengel der Wirtspflanze angekittet. Die Larven saugen an den Stengeln, die Imagines an den Samen.

Familie *Alydidae*

7 bis 14 mm, langgestreckt mit langen Fühlern und Beinen, vor allem bei warmem Wetter schnell und flüchtig. 4 Arten.

192 *Alydus calcaratus*
11 bis 12 mm. Dicht schwarz behaart, Hintertibien gerade, der rote Rücken ist beim Fliegen sichtbar. Auf trockenen sandigen Böden (Heide). Die Larven sind ameisenähnlich und leben in Ameisennestern, vielleicht räuberisch. Die Imagines saugen wahrscheinlich an Samen verschiedener Pflanzen oder an toten Tieren. Die Überwinterung erfolgt als Imago in der Bodenstreu. Die Eier werden von den Weibchen in den Monaten Juli und August am Boden abgelegt.

a 195 *Chorosoma schillingi* ♀; b 192 *Alydus calcaratus* ♀; c 194 *Rhopalus maculatus* ♀; d 193 *Corizus hyoscyami* ♀

Familie *Rhopalidae* (= *Corizidae*)

5,5 bis 16 mm. Corium mehr oder weniger ausgedehnt glasartig. Bevorzugt auf trockenen Böden an verschiedenen Pflanzenarten phytophag lebende Arten. Eiablage an den Wirtspflanzen. 15 Arten.

193 *Corizus hyoscyami*
9 bis 10 mm. Eventuell mit der Ritterwanze (175) zu verwechseln. Corium nicht durchsichtig, Larven pelzig behaart. Auf trockenen besonnten Böden recht häufig. Saugt an vielen Pflanzenarten, gern an Korbblütlern. Überwinterung als Imago unter Laub, Eiablage im Juni/Juli.

194 *Rhopalus maculatus*
7,5 bis 8 mm. Corium nur in der Mitte glasartig, Rücken gelb- bis rotbraun mit dunklen Seitenrändern. Auf feuchten Wiesen, in Mooren an Sumpfkratzdistel und Blutauge.

195 *Chorosoma schillingi*
14 bis 16 mm. Von den übrigen Vertretern der *Rhopalidae* stark abweichend. Das 1. Fühlerglied überragt den Kopf, kurz- und langflüglige Formen. Auf Sandboden und Dünen an verschiedenen Grasarten (Strandhafer, Reitgras u.a.). Die Art läuft langsam und klettert auch gern an Gräsern empor. Durch ihre langgestreckte Gestalt ist sie gut getarnt. Die Eier werden erst spät im Sommer einzeln an Grasstengel abgelegt. Sie überwintern und die Larven schlüpfen etwa ab Mai, Imagines treten ab Juli auf.

Familie *Plataspidae*
Kugelwanzen

3,5 bis 4,5 mm, stark gewölbt. Das große Schildchen (Scutellum) bedeckt fast das ganze Abdomen, was den Kugelwanzen ein käferähnliches Aussehen verleiht. Die Vorderflügel sind länger als das Tier und werden nach Faltung unter das Scutellum geschoben. 1 Art (Abb. s. S. 144).

196 *Coptosoma scutellatum*
3,5 bis 4,5 mm, glänzend schwarz. Auf sonnigen Lehm- oder Kalkböden in Wäldern, auf Wiesen, stellenweise zahl-

reich an Leguminosen, vor allem an Kronwicke. Larven und Imagines saugen in kleinen Gruppen an den Stengeln. Auf Beunruhigung reagieren sie reflektorisch mit Totstellen. Nach der Überwinterung als Imago werden die Eier im Juni in kleinen Gruppen auf die Unterseite der Blätter angekittet, Imagines der neuen Generation ab Juli.

Familie *Acanthosomatidae*

6 bis 18 mm. Mittelbrust und Bauch mit Mittelkiel. Phytophag, gern an beerenartigen Früchten saugend. 6 Arten.

197 *Acanthosoma haemorrhoidale*
Stachelwanze
15 bis 17 mm. Das 1. Fühlerglied ist länger als der Kopf, der Mittelkiel der Brust überragt den Hinterrand des Kopfes. Auf verschiedenen Laubgehölzen an Waldrändern, auf Lichtungen, in Parks. Die Tiere saugen gern an den Früchten von Vogelbeere, Weißdorn und Schneeball, bei Futtermangel auch an den Blättern. Nach Überwinterung als Imago unter Rinde, in Rindenspalten und Grasbüscheln erfolgt im Frühjahr die Ablage der Eier in Häufchen von etwa 24 Stück. Mit den Eiern werden die für die Tiere wichtigen Symbionten (Bakterien, Hefen) übertragen.

198 *Elasmucha grisea*
7 bis 9 mm. Abdomenunterseite nicht punktiert. Auf Birken und Erlen an

197 *Acanthosoma haemorrhoidale* ♀

198 *Elasmucha grisea* ♀ mit Jungen

Blättern saugend. Überwinterte Imagines legen ihre Eier im Juni in kompakten Häufchen von 30 bis 40 Stück meistens an die Blattunterseite und zwar nur von früchtetragenden Pflanzen ab. Die Junglarven schlüpfen nach 2 bis 3 Wochen. Während ihrer Entwicklung werden die Eier von dem Körper des Weibchens bedeckt, später auch die jungen Larven, und Angreifer werden abgewehrt. Nach der 1. Häutung (nach etwa 10 Tagen) wechseln die Larven häufig die Saugstelle, finden sich aber immer wieder zusammen; sie werden dabei noch längere Zeit von der Mutter begleitet. Erst am Ende des 3. oder auch erst im 4. Larvenstadium zerstreuen sich die Tiere. Imagines ab August.

Familie *Cydnidae*
Erdwanzen

3 bis 12 mm lang, meist dunkel gefärbt. Kopfrand zum Teil mit Haaren oder Dornen besetzt, Schildchen relativ lang, Schienen mit kräftigen Dornen (Grabbeine). Die Erdwanzen leben am Boden oder vergraben sich in den oberen Schichten und saugen an Wurzeln, auch an oberen Pflanzenteilen. 18 Arten.

199 *Thyreocoris scarabaeoides*
3 bis 4 mm, glänzend schwarz, dicht punktiert. Schildchen groß, aber kürzer als das Abdomen. Auf trockenen Bö-

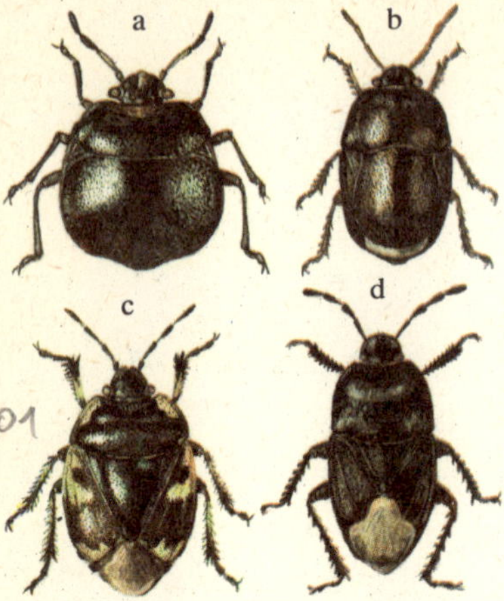

a 196 *Coptosoma scutellatum* ♀; b 199 *Thyreocoris scarabaeoides* ♀; c 201 *Tritomegas bicolor* ♀; d 200 *Cydnus aterrimus* ♂

den, vor allem an sandigen warmen Orten an Feldrainen, auf Wiesen, in Wäldern, meist am Boden unter Pflanzen, auch an diesen emporkletternd. Überwinterung als Imago unter Moos und Laub, Eiablage ab Mai.

200 *Cydnus aterrimus*
9 bis 11 mm, mattschwarz mit kräftiger dichter Punktierung. In Wäldern, auf Feldern, Ödland, im oder am Boden, unter Steinen, bei warmem Wetter an den Pflanzen. Saugt oft gesellig an den Wurzeln von Wolfsmilch. Überwinterung an Wurzeln, Eiablage ab Mai im Boden.

201 *Tritomegas bicolor*
Schwarzweiße Erdwanze
5 bis 7 mm. Kenntlich an der bis zur Mitte reichenden weißen Färbung des Seitenrandes des Pronotums, Kopfrand aufgebogen. In Wäldern und in deren Nähe an Lippenblütlern, vor allem Taubnessel und Ziest-Arten. Imagines auch auf blühenden Sträuchern (Waldrebe, Pflaume), meist aber am Boden unter den Wirtspflanzen, an kühlen Tagen auch im Boden. Gelegentlich werden sie durch Saugen an jungen Trieben und Blättern von Beerenobst und Obstbäumen schädlich. Überwinterung als Imago im Boden, unter Moos, Laub, Steinen, oft in großen Ansammlungen. Ab Mai werden die Eier in Häufchen von 40 bis 50 Stück an trockenen Stellen in vom Weibchen hergestellten Erdhöhlen abgelegt, von ihm bewacht und gelegentlich mit dem Rüssel bewegt. Die jungen Larven wandern unter Führung der Mutter zu Taubnesseln, an deren Früchten alle Larvenstadien (etwa 6 Wochen) saugen.

Familie *Scutelleridae*

4 bis 11 mm lang, oft stark gewölbt. Das Schildchen bedeckt die Halbdecken fast völlig. Die Hinterecken des Pronotums liegen gewöhnlich innerhalb der Ecken des Schildchens. Phytophag. 11 Arten.

202 *Odontoscelis fuliginosa*
7 bis 10 mm. Weibchen deutlich größer als Männchen. Auf Sand- und Kalkböden unter Pflanzen (Salbei, Ochsenzunge, Natterkopf, Klee u. a.), auch an Graswurzeln. Sehr wärmeliebend und bei niedrigen Temperaturen träge. Bei 20 bis 25 °C werden die Tiere lebhaft und klettern dann oft an den Pflanzen empor. Bei noch höheren Temperaturen vergraben sie sich, besonders in der Mittagshitze, bis etwa 3 cm tief im Boden. Überwinterung als Larve III und IV unter Blattrosetten, in Grasbüscheln, Imagines ab Juni, Eiablage ab Juli.

203 *Eurygaster maura*
Breitbauchwanze
9 bis 11 mm. Kopf in der Mitte vorn nicht eingesenkt, sehr variabel in Zeichnung und Färbung. An trockenen, warmen Orten an Gräsern, Korb- und Doldenblütlern, bei großer Hitze auch am Boden. Sie saugt an Samen, seltener an Halmen und wird in südlichen Gebieten an milchreifen Weizenkörnern schädlich. Im Herbst wandern die Imagines in Winterquartiere beson-

ders an Laubwaldrändern. Im Frühling nach dem Reifungsfraß legen sie die Eier an die Blattunterseite von Gräsern u. a.

Familie *Pentatomidae* Schildwanzen, Baumwanzen

4 bis 17 mm lang, oval bis breit. Die Fühler sind 4gliedrig (Larven) oder 5gliedrig (Imagines). Das Scutellum reicht bei der größten Zahl der Arten bis zur Abdomenmitte. Ist es länger, liegen die Hinterecken des Pronotums über den oder außerhalb der Scutellum-Ecken. Vorwiegend phytophag, nur gelegentlich saugen die Schildwanzen an toten Tieren und Eiern. Relativ wenige, mit einem kräftigen beweglichen Rüssel ausgestattete Arten, leben räuberisch. Überwinterung meist als Imago in der Bodenstreu. 54 Arten.

204 *Graphosoma lineatum*
Streifenwanze
9 bis 12 mm. An Waldrändern, auf Lichtungen und Wiesen vor allem auf Doldenblütlern, zum Teil in großer Zahl. Der Überwinterung folgt der Reifungsfraß an jungen Blättern und Knospen. Im Juni werden die Eier in kleinen Gruppen an Blätter und Stengel angeklebt. Die Larven schlüpfen nach 8 bis 10 Tagen.

205 *Aelia acuminata*
Getreidespitzling
9 bis 10 mm lang. Mittel- und Hinterschenkel vor der Spitze mit 2 kleinen schwarzen Flecken. Sehr häufig an sonnigen trockenen Orten an Gräsern oder krautigen Pflanzen. An milchreifem Getreide kann die Art schädlich werden. Nach Verlassen der Winterquartiere saugt sie zunächst an Wildgräsern. Die Eier werden im Mai/Juni in 2 Reihen zu 6 bis 7 Stück an Grasblätter abgelegt. Ältere Larven saugen bevorzugt an Samen.

206 *Carpocoris fuscispinus*
Nördliche Fruchtwanze
12 bis 14 mm. Seitenecken des Pronotums deutlich spitz herausragend. Verbreitet, vor allem an Korbblütlern, Kreuzblütlern, Doldenblütlern u. a. Die Eier werden im Mai/Juni an Blatteilen in Gruppen von etwa 14 bis 28 oder auch mehr angekittet.

207 *Dolycoris baccarum*
Beerenwanze
9,5 bis 10,5 mm. Larven und Imagines sind mit abstehenden Haaren bedeckt, die Färbung variiert. Verbreitet auf Wiesen und an Waldrändern auf verschiedenen krautigen Pflanzen, vorwiegend an Blüten und Früchten (Beeren). Diese werden durch den eingespritzten

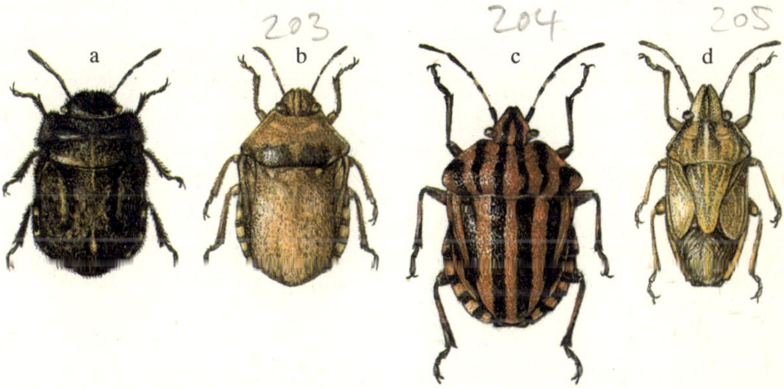

a 202 *Odontoscelis fuliginosa* ♀; b 203 *Eurygaster maura* ♀; c 204 *Graphosoma lineatum* ♀; d 205 *Aelia acuminata* ♀

Speichel zum Teil ungenießbar. Im Frühling, vor der Begattung, sammeln sich häufig zahlreiche Männchen auf Blütenköpfen an. Die Eier werden von den Weibchen an die Oberfläche von Blättern in Gruppen von meist etwa 30 Stück angekittet.

208 *Palomena prasina*
Grüne Stinkwanze
12 bis 14 mm. Anfangs lebhaft grün, im Herbst braun, im Frühjahr wieder grün gefärbt. Auf Wiesen und Lichtungen an zahlreichen krautigen Pflanzen, Sträuchern und Laubbäumen. Überwinterung unter Rinde. Die Eier werden im Juni/Juli auf Blätter, hexagonal angeordnet, abgelegt. Das erste Gelege hat etwa 28 Eier, die folgenden haben weniger, insgesamt werden etwa 100 Eier pro Weibchen gelegt.

209 *Pentatoma rufipes*
Rotbeinige Baumwanze
12 bis 15 mm. Kenntlich an den vorstehenden Seitenecken des Pronotums und der gelblich-rötlichen Scutellum-Spitze. An Waldrändern, Gartenhecken und in Obstanlagen. Meist einzeln auf Laubbäumen, vor allem Eiche und Erle, an Blättern und Früchten, gelegentlich auch an toten Insekten saugend. Im Spätherbst sonnt sich diese Wanze gern auf Blättern und an Baumstämmen. Im August erfolgt die Eiablage auf Blättern in hexagonalen Gruppen von je etwa 14 Stück. Überwinterung als Larven II und III am Grunde der Bäume. Die Winterquartiere werden im April/Mai verlassen, die Imagines erscheinen ab Juli. Von einer eventuell in der zweiten Jahreshälfte auftretenden 2. Generation überwintern die Imagines.

210 *Eurydema oleraceum*
Kohlwanze
6 bis 7,5 mm. Die in Färbung und Zeichnung ohnehin variable Wanze färbt sich im Laufe des Lebens allmählich und nicht immer vollständig um: Der bei Herbsttieren helle Bauch ist nach der Überwinterung schwarz. Die Zeichnung des Scutellums und der Halbdecken ist im Sommer und Herbst weißgelb oder orange, im Frühjahr rot. Temperatur und Feuchtigkeit spielen dabei eine Rolle. Die Verfärbung nach Rot verläuft von hinten nach vorn, hinzu kommt eine Schwarzfärbung von vorn nach hinten. 1 Generation im Jahr. Überwinterung als Imago in der Bodenstreu, zum Teil mit Wanderungen verbunden. Im Mai/Juni sammeln sich zahlreiche Tiere, um sich dann fortzupflanzen. Die Eier werden in Doppelreihen von 12 Stück abgelegt, Imagines ab Juli.

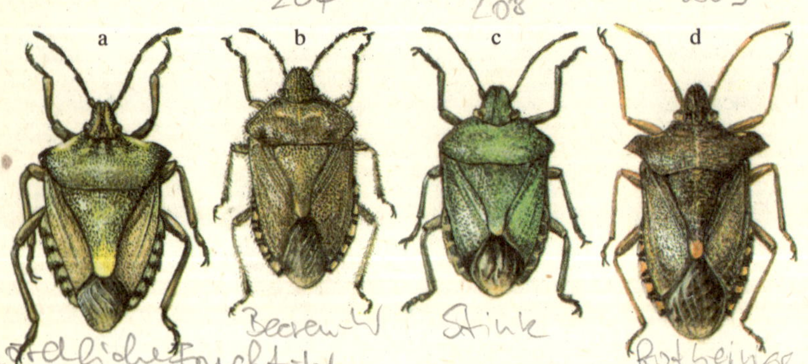

a 206 *Carpocoris fuscispinus* ♀; b 207 *Dolycoris baccarum* ♀; c 208 *Palomena prasina* ♀; d 209 *Pentatoma rufipes* ♀

a 210 *Eurydema oleraceum* in Kopula, b 211 *Picromerus bidens* ♀ an Raupe saugend

211 *Picromerus bidens*
Zweizähnige Dornwanze
11 bis 13 mm. Der vordere Seitenrand ist gekörnelt, die Seitenecken sind dornartig. An feuchten Wald- und Wiesenrändern auf Sträuchern und Laubbäumen, besonders Erlen und Birken. Die Tiere leben vorwiegend räuberisch von Insektenlarven und Imagines und sind infolge ihres großen Nahrungsbedarfes bedeutende Schädlingsvertilger. Sie sind träge und nur an sonnigen Tagen lebhaft. Die Beute wird meist von hinten angegriffen, durch den eingespritzten Speichel gelähmt, auf den Rüssel gespießt und ausgesaugt (keine Raubbeine!). Die Eier werden von August bis Oktober in Häufchen von 20 bis 50 Stück, an Stämmen in Reihen, auf Blättern hexagonal abgelegt. Jedes Weibchen legt über 200 Eier. Es überwintern meist die Eier, Junglarven sind ab Mitte Mai zu finden. Diese, sowie anfangs auch Larve II, leben zunächst phytophag und gesellig auf den Blattunterseiten. Die größeren Larven zerstreuen sich und ernähren sich vor allem zoophag. Imagines ab Ende Juli.

212 *Troilus luridus*
10 bis 13 mm. Seitenecken des Pronotums gerundet, das 2. Segment des Abdomens mit einem nach vorn zei-

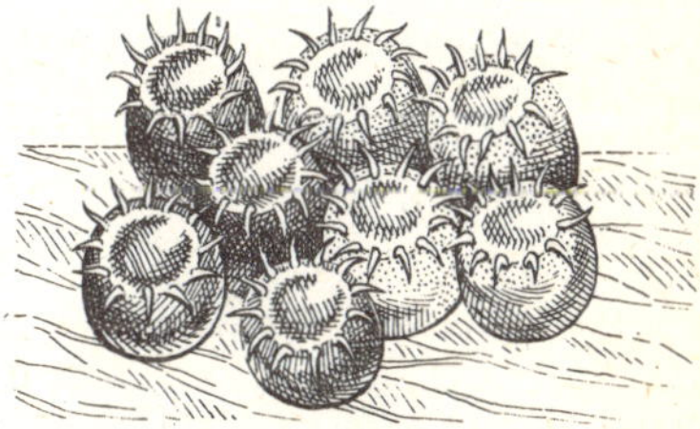

211 *Picromerus bidens* Eier

genden Fortsatz. Die Wanze lebt auf Laub- und Nadelhölzern vorwiegend räuberisch von Schmetterlingen und Käfern, auch von Blattläusen. Sie bewegt sich recht langsam, wird aber bei Temperaturen über 23 °C lebhafter und fliegt dann häufig. Die Beute wird auf den Rüssel gespießt. Die Überwinterung erfolgt als Imago in trockenem Moos, unter Rinde, in der Bodenstreu im oder am Walde. Die Eier werden im Mai und Juni in Gelegen von jeweils über 20 Stück um Nadeln oder dünne Äste herum angekittet, insgesamt über 200 Stück. Junglarven leben zunächst gesellig und phytophag, ältere Larven zerstreut und zoophag.

213 *Jalla dumosa*
12 bis 14 mm. Seitenecken des Pronotums gerundet. Auf warmen, sandigen

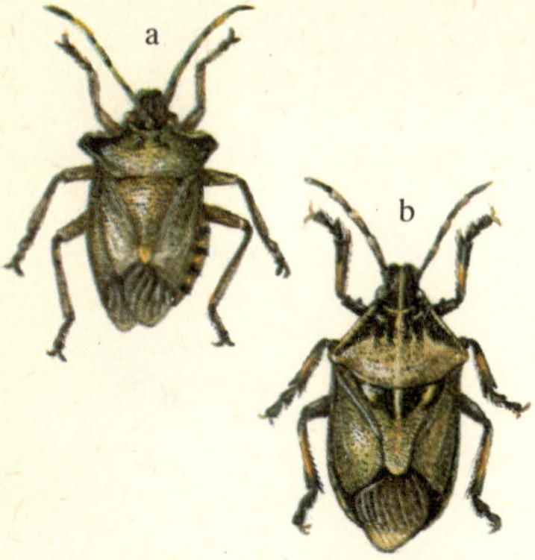

a 212 *Troilus luridus* ♀; b 213 *Jalla dumosa* ♀

und steinigen Böden, an Waldrändern und auf Lichtungen, meist am Boden unter Blattrosetten und Laub verschiedener Pflanzen, bei höheren Temperaturen auch oben an den Pflanzen zu finden. Die Wanze ernährt sich vorwiegend zoophag von anderen Insekten. Sie überwintert als Imago in Gruppen von 15 bis 30 Tieren in der Bodenstreu. Eiablage im Frühling an Pflanzenstengel. Die stahlblauen Larven mit einer rosa Zeichnung auf dem Abdomen leben zunächst gesellig, später einzeln, Imagines ab August. Die gesamte Entwicklungszeit beträgt 80 bis 96 Tage.

Ordnung *Homoptera* Gleichflügler, Pflanzensaftsauger

Die Gleichflügler werden gemeinsam mit den Wanzen zur Überordnung *Hemipteroidea* oder *Rhynchota* («Schnabelkerfe») gestellt, beide verbindet im wesentlichen das Vorhandensein eines Saugrüssels.

Meist sind es kleine bis sehr kleine Insekten, deren Formenreichtum und Farbenvielfalt sich erst bei starker Vergrößerung offenbaren. Nur wenige Arten fallen makroskopisch durch Größe, Zeichnung, Lauterzeugung oder extreme Körperform auf. Der weitaus größte Teil zieht die Aufmerksamkeit des Betrachters durch massenhaftes, vielfach Kulturpflanzen schädigendes Auftreten, auffällige Bildungen an Pflanzen (Gallen) und nicht zuletzt durch Ausscheiden süßer, klebriger Stoffwechselprodukte auf sich (vgl. dazu auch S. 38).

Die namengebenden gleichartig häutigen Flügel fehlen bei vielen Arten und ihr vorderes Paar ist bei Zikaden zu mehr oder weniger festen Deckflügeln umgebildet. Ein Saugrüssel ist fast stets vorhanden. Er ist zugleich für ihre Unterteilung maßgeblich: Bei manchen Tieren ist er an der Kehle (d.h. vor den Vorderhüften) eingelenkt, diese werden als *Auchenorrhyncha* («Kehlrüßler» oder Zikaden) zusammengefaßt. Ihnen stehen als *Sternorrhyncha* (Pflanzenläuse im weiteren Sinne) die übrigen Gruppen gegenüber, deren Rüssel zwischen den Vorderhüften entspringt.

Einige Gruppen zeigen trotz ihrer dünnen Beine ein überraschend gutes Sprungvermögen. Die Sprungmuskulatur sitzt hier nicht, wie z. B. bei Heuschrecken, in den verdickten Hinter-

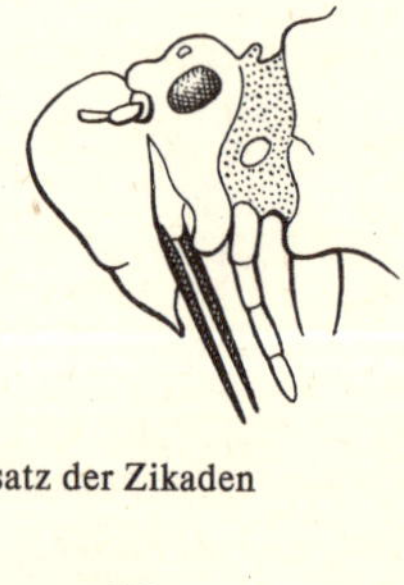

Rüsselansatz der Zikaden

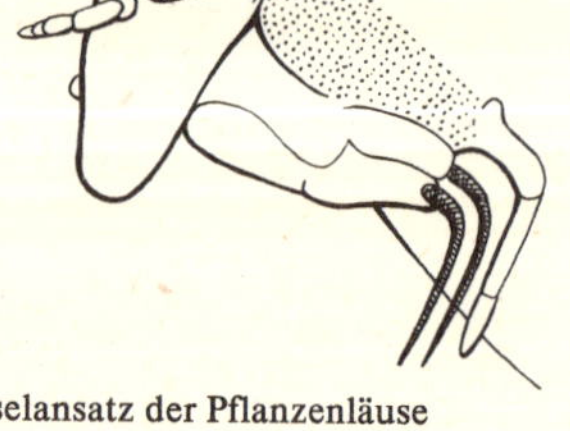

Rüsselansatz der Pflanzenläuse

schenkeln, sondern ist in den Thorax verlagert.
Homopteren sind ausschließlich Landbewohner mit unvollkommener Verwandlung, deren Entwicklungszyklus teilweise sehr kompliziert sein kann. Neben bisexueller Fortpflanzung können sich viele vorübergehend oder auch ständig parthenogenetisch vermehren und dadurch in kurzer Zeit eine zu Schäden führende Populationsdichte erreichen.
Sie besitzen häufig Symbionten, deren Funktion vielfach noch nicht geklärt ist; diese werden mit den Eiern an die Folgegeneration weitergegeben.
Als Pflanzensaftsauger sind Homopteren gezwungen, mit dem zwar sehr zukker- und wasserreichen, jedoch stickstoffarmen Saft auch ihren Stickstoffbedarf zu decken. Dazu müssen sie unmäßig viel Nahrung aufnehmen. Der überflüssige Wasser- und Zuckeranteil wird dabei durch einen kurzgeschlossenen Teil des Darmkanals vor der vollständigen Darmpassage eliminiert und als Zuckerwasser oder «Honigtau» ausgeschieden. Dieser kann anderen Insekten, aber auch Pilzen usw. als Nahrung dienen.
Bei vielen Homopteren ist die Produktion riesiger Nachkommenzahlen wichtigste Überlebensstrategie. Bei anderen Arten spielt die Feindabwehr eine wichtige Rolle: Sie retten sich durch rasche Sprünge vor Verfolgern oder verstecken sich z. B. in Spalten und unter Steinen. Andere genießen durch honigtausammelnde Ameisen einen gewissen Schutz. Besonders wirkungsvoll sind körpereigene Schutzschilde, unter denen sich verschiedene Arten fortpflanzen. Speichelartige Sekrete erregen beim Angreifer Ekel, schleimige Absonderungen verkleben die Mundöffnungen von Freßfeinden. Vor Austrocknung bzw. übermäßiger Feuchtigkeit schützen verschiedenartige, oft den ganzen Körper bedeckende Wachsabsonderungen. Auch Brutfürsorge ist bei vielen Arten zu beobachten: Die Weibchen legen ihre Eier unmittelbar auf der Wirtspflanze ab, so daß die ausschlüpfenden Larven gleich eine ihnen zusagende Nahrung finden. In Spalten, die in das Pflanzengewebe gesägt werden, finden die Eier vor widrigen Einflüssen Schutz. Die nachfolgende Übersicht gestattet die Unterscheidung verbreiteter und typischer Gruppen (Larven und Imagines).

Schlüssel zur Unterscheidung auffälliger Homopteren

1 Körper von Schaum eingehüllt — Zikaden, (Larven)
1′ Körper von Wachswolle eingehüllt — 2
1″ Körper weder von Wachswolle noch von Schaum eingehüllt — 3
2 Tier festsitzend — Schildläuse
2′ Tier frei beweglich — Blattflöhe und Blattläuse

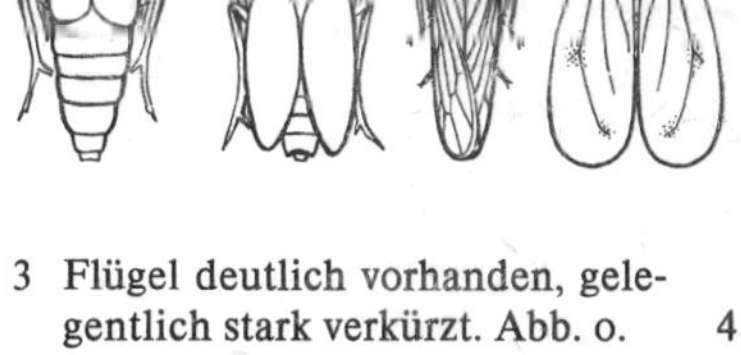

3 Flügel deutlich vorhanden, gelegentlich stark verkürzt. Abb. o. — 4
3′ Flügel fehlend oder undeutlich (nur als Anlagen vorhanden). Abb. u. — 5

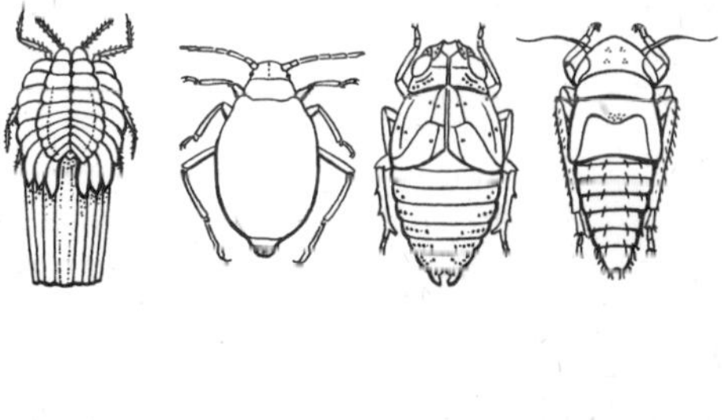

4 Tier 1 bis 2 mm, weißlich, an winzige Schmetterlinge erinnernd Mottenschildläuse (Imagines)

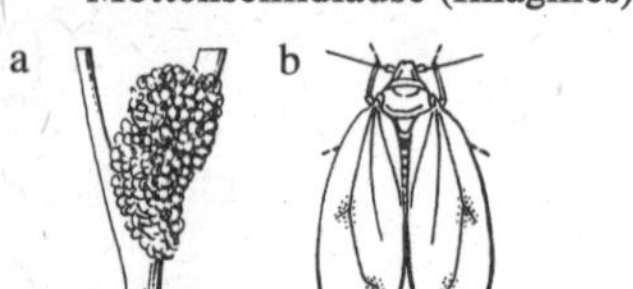

a «Kuckucksspeichel» einer Zikadenlarve; b Mottenschildlaus (Imago)

4′ Tier anders gestaltet 6
5 Tier frei beweglich 7
5′ Tier festsitzend 8
6 Sprungvermögen vorhanden 9
6′ Sprungvermögen fehlt Blattläuse (Imagines)

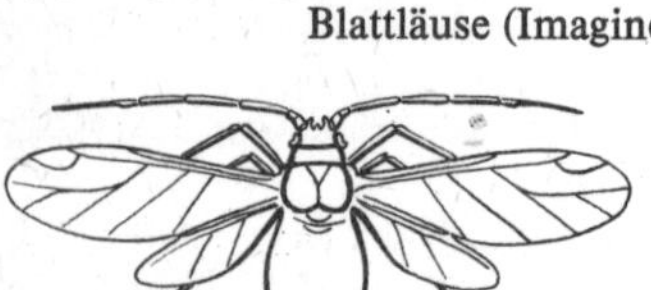

Blattlaus (Imago)

7 Beine lang und schlank 10
7′ Beine kurz, mehr oder weniger dick, oft schlecht erkennbar Blattflöhe (Larven)

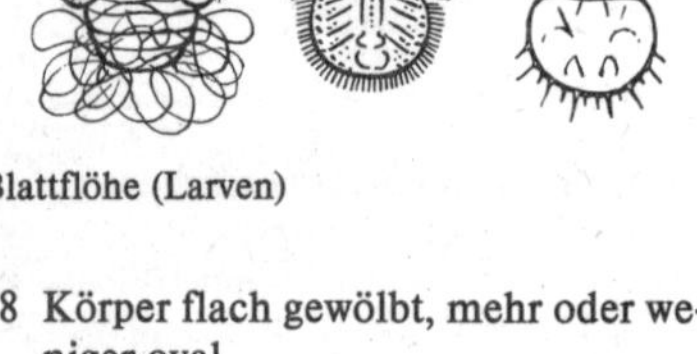

Blattflöhe (Larven)

8 Körper flach gewölbt, mehr oder weniger oval Mottenschildläuse (Puparien)

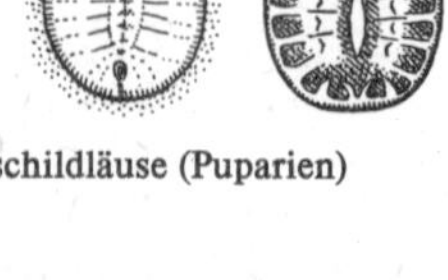

Mottenschildläuse (Puparien)

8′ Körper mehr oder weniger hoch gewölbt, oft napf- oder schuppenartig Schildläuse

Schildläuse (Larven und Imagines)

9 Geäder der Vorderflügel mit zahlreichen Adern; oft undeutlich, da von Flügelfärbung überdeckt Zikaden (Imagines)

Zikade (Imago)

9′ Geäder der Vorderflügel mit wenigen Adern; deutlich erkennbar, da Flügel mehr oder weniger durchsichtig Blattflöhe (Imagines)

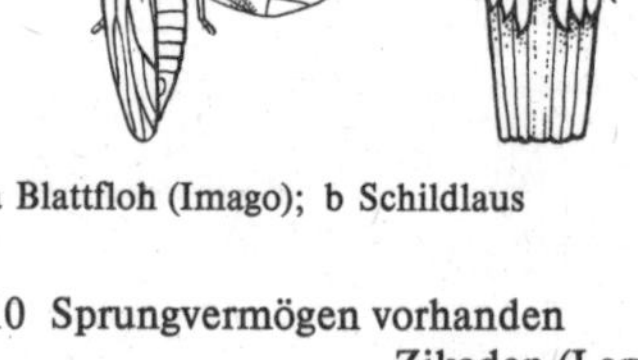

a Blattfloh (Imago); b Schildlaus

10 Sprungvermögen vorhanden Zikaden (Larven)
10′ Sprungvermögen fehlt 11
11 Körper von Wachssäulchen bedeckt Schildläuse
11′ Körper ohne Wachssäulchen Blattläuse

(s. Abb. S. 151)

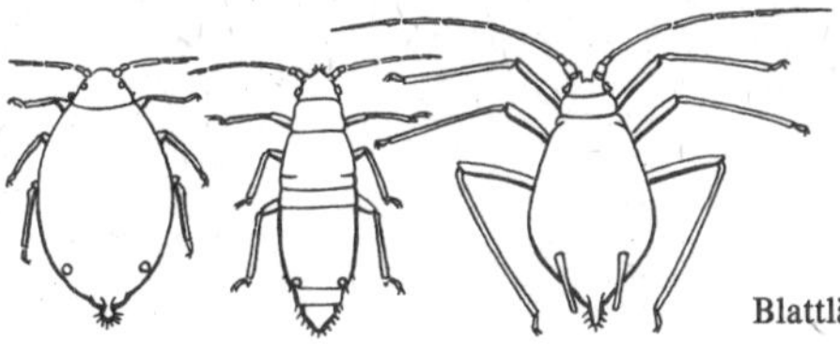

Blattläuse

Spezielle Literatur

Börner, C.; Heinze, K.: Aphidina – Aphidoidea. In: Handbuch d. Pflanzenkrankheiten, begründet von P. Sorauer, V. Band, 4. Lieferung, Homoptera II. Teil. Berlin – Hamburg 1957

Haupt, H.: Gleichflügler, Homoptera. In: Brohmer: Die Tierwelt Mitteleuropas, IV, 3. Leipzig 1935

Lampel, G.: Die Biologie des Blattlaus-Generationswechsels. Jena 1968

Lindinger, L.: Die Schildläuse (Coccidae) Europas, Nordafrikas und Vorderasiens, einschließlich der Azoren, der Kanaren und Madeiras. Stuttgart 1912

Müller, F. P.: Blattläuse. Biologie, wirtschaftliche Bedeutung und Bekämpfung. Wittenberg Lutherstadt 1955

Pflugfelder, O.: Coccina. In: Bronn: Klassen und Ordnungen des Tierreiches, 5, 3. Abt. 8. Buch, Teil b. Jena 1939

Schmutterer, H.: Die Ökologie der Cocciden (Homoptera, Coccoidea) Frankens, Z. ang. Ent. 33/34, 1952

Schwenke, W. (Hrsg.): Die Forstschädlinge Mitteleuropas, Bd. 2, Hamburg – Berlin 1972

Unterordnung *Auchenorrhyncha* (= *Cicadina*) Zikaden

Die in der Regel wenig beachteten Zikaden fallen vor allem durch ihr Sprungvermögen auf. Das Abdomen setzt ohne Einschnürung am Thorax an und wird bei vielen Arten durch die in Ruhelage dachförmig übereinandergelegten Flügel bedeckt. So erhalten die Tiere einen scheinbar ungegliederten Körperumriß. Sind die Imagines dadurch meist ohne Schwierigkeiten als Zikaden zu erkennen, können einige Larventypen Anlaß zu Zweifeln geben, da sie den geschlechtsreifen Tieren äußerlich sehr unähnlich sind und/oder ihnen die Sprungfähigkeit fehlt.

Der Schaden, den mitteleuropäische Zikaden an Kulturpflanzen anrichten können, ist wirtschaftlich nur von geringer Bedeutung. Natürliche Gegenspieler der Larven und Imagines sind im wesentlichen Augenfliegen (s. S. 362), Zikadenwespen (s. S. 258) und Fächerflügler (s. S. 241). Diese entwickeln sich im bzw. am Wirt. Die Parasitierung wird durch (mit Ausnahme des Befalls durch Augenfliegen) dem Zikadenkörper anhängende dunkle Säckchen bzw. schwärzliche Erhebungen deutlich.

In Mitteleuropa leben etwa 600 Arten. Sie werden in die Überfamilien *Fulgoroidea* und *Cicadoidea* gegliedert, die nach zahlreichen Merkmalen, besonders aber der Stellung der Mittelhüften unterschieden werden.

Überfamilie *Fulgoroidea* Spitzkopf- oder Langkopf-Zikaden

6 Familien.

Familie *Cixiidae*

Etwa 20 kleine bis mittelgroße Arten, Flügel meist mehr oder weniger transparent.

214 *Tachycixius pilosus*

5 bis 6 mm. Überall verbreitete, sehr häufige Art, die am Spitzenrand der Vorderflügel zwischen den Aderenden dunkle Körnchen trägt. Weibchen mit

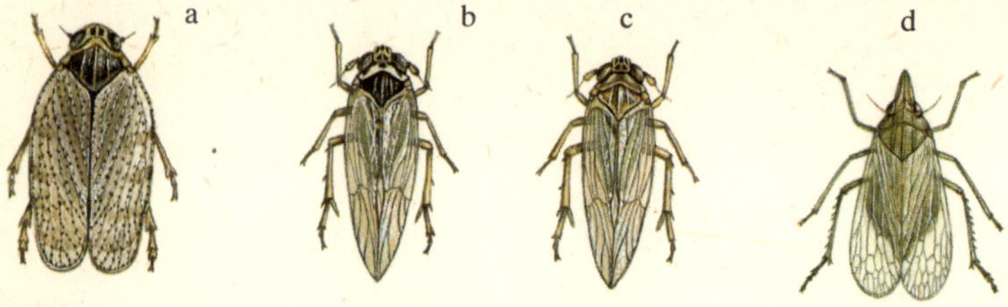

a 214 *Tachycixius pilosus*; b, c 215 *Javesella pellucida* b ♂, c ♀; d 216 *Dictyophara europaea*

weißlichem Wachsbelag an der Genitalregion. Eier werden in die Erde geschoben. Die Larven mit Wachsschweif leben an Wurzeln krautiger Pflanzen, Imagines vorwiegend an Gehölzen.

Familie *Delphacidae* Spornzikaden

Etwa 90 Arten.

Charakteristisch ist der Sporn an der Spitze der Hinterschienen, der bei anderen Familien fehlt. Größtenteils kurzflüglig. Mit Ausnahme der an Adlerfarn lebenden *Ditropis pteridis* Bewohner vorzugsweise einkeimblättriger Samenpflanzen. Einige Arten können wie die Singzikaden singen.

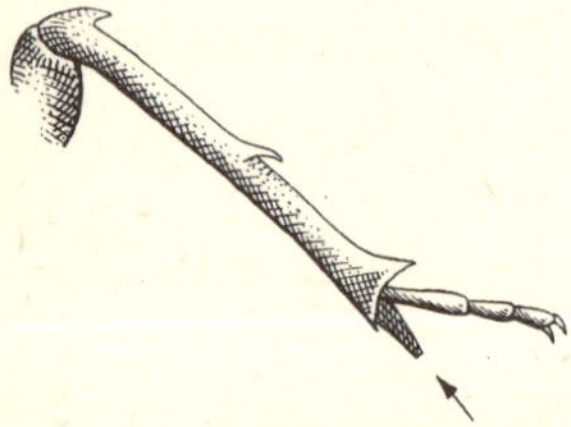

Hinterschiene einer Spornzikade mit Sporn

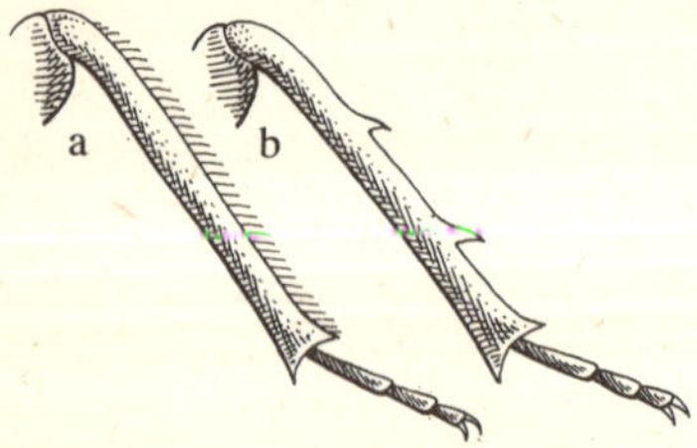

Hinterschienen: a Zwergzikade; b Schaumzikade (vgl. S.155 und 154)

215 *Javesella pellucida*
Glasflügelzikade
4 mm. Sehr häufige Art mit ausgeprägtem Geschlechtsdimorphismus. Besonders auf frischen Wiesen. Sie überträgt phytopathogene Viren und ist dadurch an Getreide gelegentlich schädlich.

Familie *Dictyopharidae* (= *Fulgoridae*) Laternenträger

Etwa 5 mittelgroße Arten. Der Name ist irreführend, der Kopffortsatz (bei außereuropäischen Arten besonders auffällig) leuchtet nicht, er umschließt einen symbiontengefüllten Darmfortsatz.

216 *Dictyophara europaea*
Europäischer Laternenträger
Etwa 10 mm. Häufigste und verbreitetste Art, meist grün, seltener rötlich. Die Eier werden in schützende Erdteilchen geknetet. Lebt sowohl an Kräutern als auch an Gehölzen.

Familie *Tettigometridae* Käferzikaden

Etwa 15 Arten von käferartigem Habitus, 4 bis 8 mm lang, oft mehr oder weniger einfarbig dunkel. Meist unter Steinen verborgen, leben gemeinsam mit Ameisen, die ihren Honigtau verzehren.

217 *Tettigometra obliqua*
Besonders im Süden an vielen Orten häufige Art, die als Imago auch an Gehölzen (Eichenarten) lebt. Zeichnung

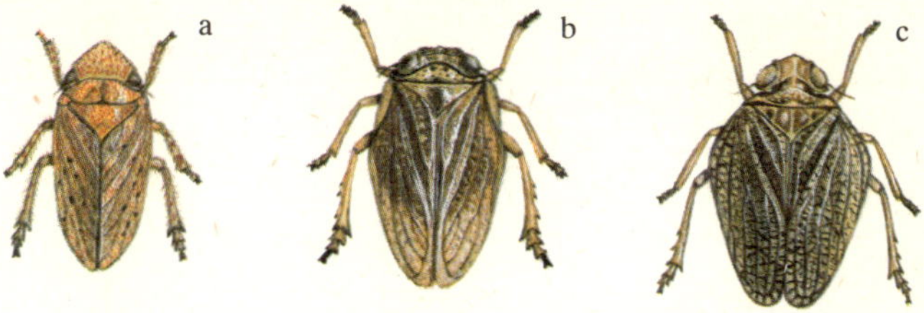

a 217 *Tettigometra obliqua*; b 218 *Agalmatium flavescens*; c 219 *Issus coleoptratus*

variabel und teils recht auffällig, auf Grund ihrer langsamen Bewegungen und in der Regel versteckten Lebensweise jedoch vielfach übersehen.

Familie *Issidae*

Etwa 20 Arten von äußerst gedrungenem, für Zikaden untypischem Habitus. 4 bis 9 mm lang. Größtenteils mehr oder weniger einfarbig, nur wenige Arten sind auffällig gezeichnet.

218 *Agalmatium flavescens* (= *Hysteropterum grylloides*)
Etwa 5 bis 8 mm. Besonders im Süden sehr häufige Art trockener Grasländer. Färbung hellgelb bis dunkelbraun, meist ohne auffällige Zeichnung.

219 *Issus coleoptratus*
Etwa 9 mm lange Art, die im Gegensatz zu den meisten anderen Arten der Familie an Gehölzen (vorzugsweise Eichen) lebt und besonders im Juli gelegentlich sehr zahlreich auftritt.

Überfamilie *Cicadoidea* Rundkopfzikaden

5 Familien mit z. T. auffälligen Arten.

Familie *Cicadidae* Singzikaden

Etwa 5 Arten von 20 bis 50 mm Länge. Die Imagines sind kräftig und außerordentlich flugtüchtig. Aus dem Süden Europas wandern in manchen Jahren Arten ein, die in Mitteleuropa nicht ständig vorkommen. Eiablage in verholztes Pflanzengewebe über dem Erdboden. Die Larven, deren Vorderbeine zu Grabinstrumenten umgebildet sind, wandern in den Boden und verbleiben dort bis zur Imaginalhäutung. Namengebend für die Familie ist das Trommelorgan der Männchen: Ein System elastischer Membranen wird in Schwingung versetzt und verursacht artspezifische, sehr charakteristische Laute, die der Kommunikation der Geschlechter

220 *Cicadetta montana* Exuvie

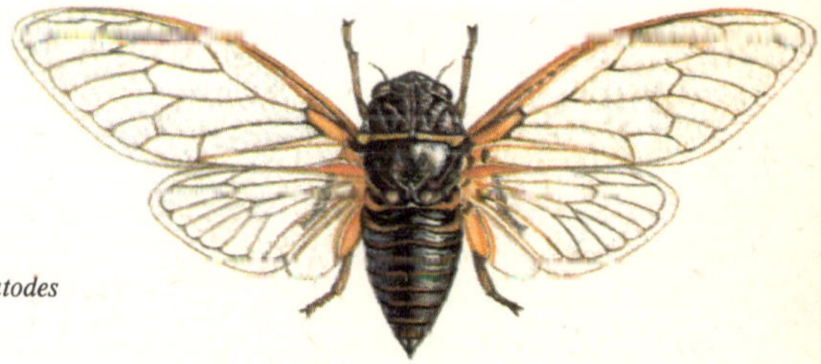

221 *Tibicen haematodes*

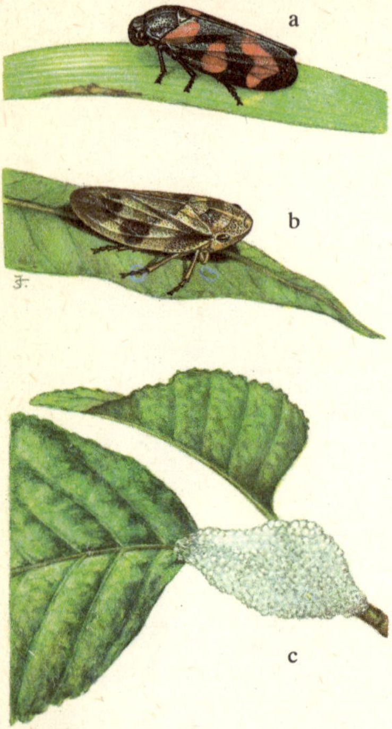

a 222 *Cercopis vulnerata*; b 224 *Aphrophora alni*; c 226 *Philaenus spumarius* «Kuckucksspeichel»

dienen. Die Weibchen sind keineswegs stumm, wie lange angenommen wurde, sie können die Lockrufe der Männchen durch schnarrende Laute beantworten. Die nach dem Trommelfellprinzip funktionierenden «Ohren» der Zikaden sitzen am Abdomen.

220 *Cicadetta montana*
Bergzikade
20 bis 25 mm. Relativ häufige Art, die am weitesten nach Norden (Schweden) vordringt, dort nur an warmen, besonnten Orten. Der Gesang ist ein relativ leiser, schwer lokalisierbarer Dauerton.

221 *Tibicen haematodes*
Lauer, Weinzwirner
25 bis 30 mm. Vorwiegend im Süden verbreitete Art, die mitunter auch in Weinbergen an Main und Neckar auftritt. Gesang sehr auffällig: lautes, öfter unterbrochenes Schnarren, das die Gegend erfüllt und erst am Abend verstummt.

Familie *Cercopidae* Blutströpfchen-Zikaden

4 Arten von 10 bis 13 mm Länge und außerordentlich auffälliger, schwarz-roter Zeichnung.

222 *Cercopis vulnerata*
Im Mai und Juni besonders an Kräutern und Gräsern zahlreich auftretende Art, deren unterirdisch lebende Larven einen zähen Schleim produzieren.

223 *Cercopis sanguinolenta*
Die Art ist *C. vulnerata* (222) sehr ähnlich, die rote Binde in der Flügelspitze ist jedoch gerade. Wärmeliebender und im allgemeinen weniger häufig als diese.

Familie *Aphrophoridae* Schaumzikaden

Etwa 20 Arten mit kräftigem, käferartigem Habitus. Die Larven erzeugen durch Einblasen von Luft in die eiweißhaltige Kotflüssigkeit den «Kuckucksspeichel». In ihm entwickeln sie sich bis zur Imago. Diese «Schaumwohnungen» fallen besonders im Frühjahr und Frühsommer auf. Sie bieten zwar keinen universellen Schutz vor Angreifern (Raubwanzen und Wespen holen die Larven heraus), schützen aber vor einigen Parasiten und vor Austrocknung.

224 *Aphrophora alni*
Erlen-Schaumzikade
Sehr häufig, etwa 12 mm lang. Sie lebt wie alle Arten der Gattung an Gehölzen. In dem länglichen, häufig sehr großen Schaummantel finden sich zumeist mehrere Larven.

225 *Aphrophora salicina*
Weiden-Schaumzikade
Häufig, 12 bis 14 mm lang. Sie ist über-

wiegend ockergelb gefärbt. Wie die Erlen-Schaumzikade (224) kann sie in Weidenhegern schädlich werden. Ihre Saugtätigkeit hemmt das Wachstum und die Ruten brechen leicht an den Stichstellen.

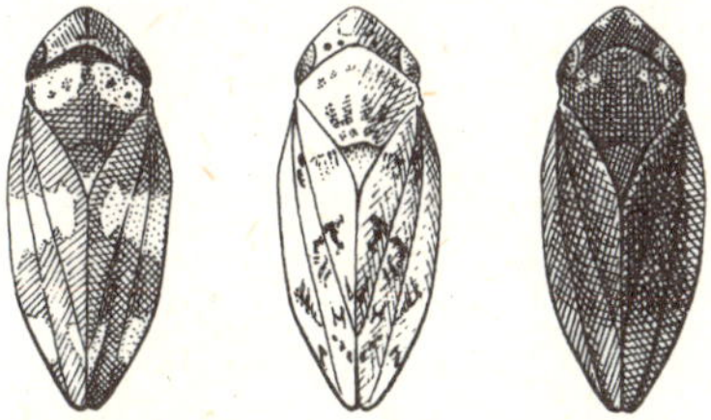

226 *Philaenus spumarius* Imagines, Zeichnungsvarianten

226 *Philaenus spumarius*
Wiesen-Schaumzikade
Überall sehr häufig, etwa 6 mm lang. An zahlreichen Kräutern (z.B. Wiesen-Schaumkraut). Zeichnung außerordentlich variabel.

Familie *Membracidae* Buckelzikaden

3 Arten von mittlerer Größe und eintöniger, brauner bis schwärzlicher, selten grünlicher Färbung. Farbe und ungewöhnliche Gestalt mancher Arten lassen vermuten, daß Pflanzenteile nachgeahmt werden. Die Bestätigung einer solchen Schutzfunktion steht noch aus.

227 *Centrotus cornutus*
Dornzikade
Überall häufig, 8 bis 10 mm. Pronotum mit deutlichen Seitendornen, die Larven mit teleskopartig zusammenschiebbarer Kotschleuder.

228 *Gargara genistae*
Ginster-Dornzikade
Häufige, ca. 5 mm lange Art, schwarzbraun wie *Centrotus* (227), jedoch ohne Seitendornen am Pronotum. Häufig mit Ameisen vergesellschaftet.

229 *Stictocephala bisonia* (= *Ceresa bubalus)*
Büffelzikade
12 bis 14 mm. Besonders im Süden verbreitet, im Norden fehlend. Sie stammt aus Nordamerika.

Familie *Cicadellidae* (= *Jassidae)* Klein- oder Zwergzikaden

Mit etwa 420 Arten umfangreichste Familie. Larven und Imagines sind außerordentlich vielgestaltig, oft mit sehr typischen Zeichnungsmustern.

a

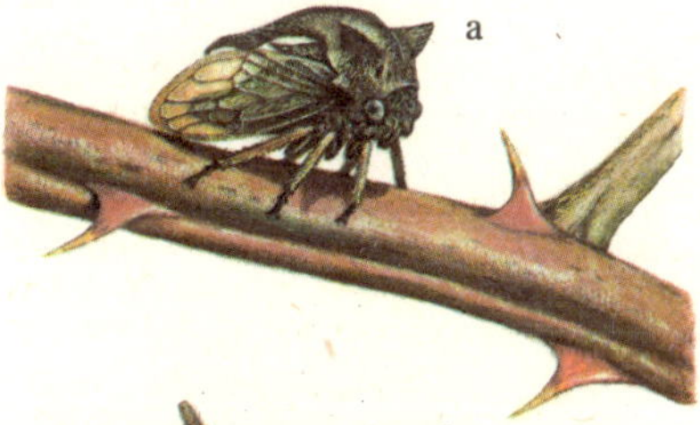

b

c

Ähnlich wie Singzikaden können die Zwergzikaden Laute erzeugen. Das sehr zarte Zirpen wird hörbar, wenn man die Tiere in eine Glasröhre sperrt und diese mit der Öffnung ans Ohr hält.

a, b 227 *Centrotus cornutus* a Imago, b Larve; c 229 *Stictocephala bisonia*

230 *Ledra aurita*
Ohrenzikade
15 mm und größer, mit auffälligen Thorax-Fortsätzen. Sie kommt besonders in Auwäldern vor und fliegt, wie auch viele andere Zikaden, in der Nacht an starke Lichtquellen.

230 *Ledra aurita*

231 *Idiocerus spec.*
Etwa 8 mm. Die etwa 20 Arten der Gattung treten sehr häufig an Laubhölzern, besonders Weiden und Pappeln auf. Mit Weidenkätzchensträußen im Frühling gelegentlich in Wohnungen eingeschleppt.

231 *Idiocerus* spec. Larven

232 *Cicadella viridis*
Etwa 10 mm. Eine der häufigsten und auffälligsten Arten. Im ganzen Gebiet, besonders auf Sumpfwiesen.

233 *Dorycephalus baeri*
6 bis 9 mm lange Art, die in trockenen Grasländern lebt. Körper schlank und schmal, mehr oder weniger »grassamen-

232 *Cicadella viridis*

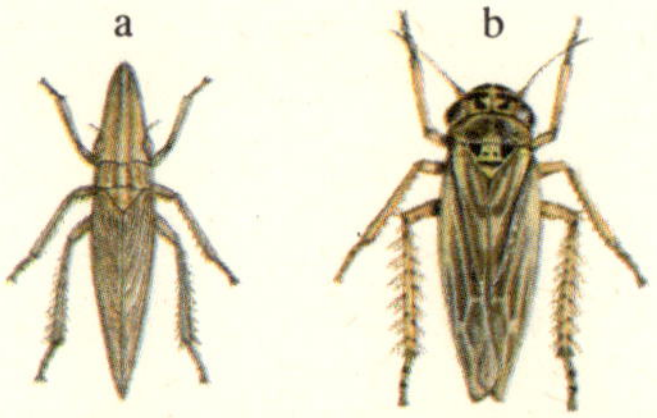

a 233 *Dorycephalus baeri*; b 234 *Macrosteles* spec.

ähnlich«. Im Süden gelegentlich zahlreich, im Norden selten oder fehlend.

234 *Macrosteles spec.*
3 bis 5 mm. Eine der häufigsten Zwergzikaden, auf Rasenflächen, aber auch auf Klee- und Luzernefeldern. Ihre Saugtätigkeit zerstört Blattgewebe und schwächt bei Massenbefall die Pflanzen.

235 *Edwardsiana spec.*
Typische Vertreter der 2 bis 5 mm langen Arten der Unterfamilie *Typhlocybinae*, die durch ihren langen, schlanken Körper auffallen. Sehr häufig an Rosen-

235 *Edwardsiana rosae*

gewächsen. Im Garten gelegentlich massenhaft und unübersehbar an Rosen, Kirschen und Pflaumen. Die Tiere saugen Blattzellen aus und rufen dadurch helle Flecken auf der Blattoberseite hervor. Eine besonders häufige Art ist *Edwardsiana rosae*, die Rosenzikade. Die Arten sind nur durch Untersuchung der männlichen Genitalien bestimmbar!

Unterordung *Psyllina* Blattflöhe oder Springläuse

Maximal 5 mm lange Insekten. Viele Imagines erinnern besonders durch das bei allen Arten vorhandene Sprungvermögen an Zwergzikaden. Sie unterscheiden sich aber äußerlich von diesen vor allem durch den meist deutlich gegliederten Körper (auffällige Einschnürung zwischen Kopf und Thorax bzw. Thorax und Abdomen) und die Stellung der das Abdomen fast immer weit überragenden Flügel. Diese sind in Ruhelage bei den meisten Arten sehr steil gestellt und bilden einen spitzen Winkel.
Gruppentypisch ist auch die Ausprägung der Geschlechtsorgane: Männ-

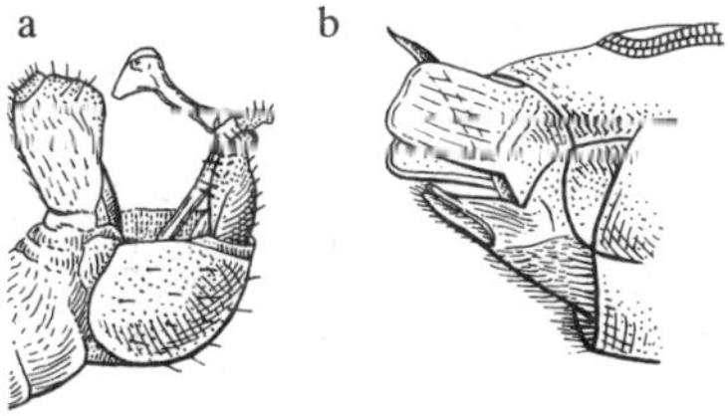

a männliche und b weibliche Genitalien der Blattflöhe

chen besitzen neben einem beweglichen, zweiteiligen Begattungsorgan 2 sehr auffällige, hakenartige Gebilde. Weibchen zeichnen sich durch einen mehr oder weniger weit aus dem Abdomen heraustretenden Legebohrer aus.
Imagines können Laute hervorbringen, der Mechanismus der Lauterzeugung ist jedoch nur unzureichend bekannt.
Aus den Eiern, die bei manchen Arten gestielt sind und dann an Florfliegengelege erinnern, schlüpfen sprungunfähige, bis zur Reife frei bewegliche, meist stark abgeflachte Larven. Häufig läuft jedoch nur das erste der 5 Stadien auf der Suche nach Nahrung eifrig umher, die übrigen wechseln den Aufenthaltsort nur selten. Die Larven können mit ihren langen Stechborsten frisches Pflanzengewebe suchen und anzapfen. In Mitteleuropa etwa 170 Arten, die zu 5 Familien gehören.

Familie *Liviidae* Riedgras-Blattflöhe

Kleinste Familie: 3 einfarbig bräunliche Arten, an Riedgräsern oder Binsen.

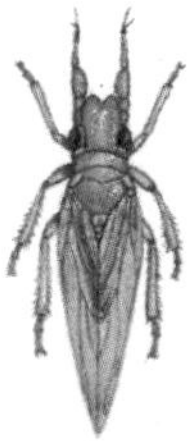

236 *Livia juncorum*

236 *Livia juncorum* Galle an *Juncus articulatus*

236 *Livia juncorum*
Binsen-Blattfloh
3 mm. An Binsenarten im Frühjahr und Herbst überall häufig. Er bildet blattbüschelartige Gallen an den Sproßenden der Wirtspflanzen.

Familie *Aphalaridae*

Etwa 30 Arten.

237 *Strophingia ericae*
Heidekraut-Blattfloh
Mit 1 mm Länge kleinste Blattflohart. Gebietsweise sehr häufig an Besen-

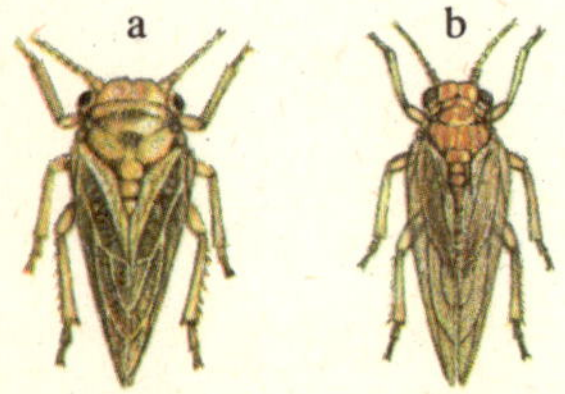

a 237 *Strophingia ericae*; b 239 *Aphalara polygoni*

heide, seltener an Glockenheide. Die winzigen Tierchen fallen gelegentlich bei der Heidelbeersuche auf.

238 *Rhinocola aceris*
Ahorn-Blattfloh
Etwa 2 mm lange, überall häufige Art, die dem Heidekraut-Blattfloh (237) sehr ähnlich ist. Sie lebt jedoch vorwiegend an Feldahorn.

239 *Aphalara polygoni*
2 bis 3 mm. Weit verbreitete und besonders auf Feuchtwiesen, in Sümpfen und Mooren häufige Art mit längsgestreiftem Thorax, die nur an krautigen Pflanzen lebt (im Unterschied zu Arten mit ähnlicher Thoraxzeichnung an Gehölzen).

Familie *Psyllidae*

Etwa 70 meist kleine, seltener auch größere Arten, die überwiegend an Gehölzen leben.

240 *Psyllopsis fraxini* Imago und Blattgallen

240 *Psyllopsis fraxini*
Eschen-Blattfloh
3 bis 4 mm. Sehr häufige Art, die an Eschenblättern auffällige, oft rötlich verfärbte Rollungen der Ränder hervorruft. Die Larven schützen sich vor Verunreinigungen mit dem eigenen Kot,

240 *Psyllopsis fraxini* Larve mit Kotpille

indem sie Kotpillen bilden, die zunächst durch einen schlauchartigen Verbindungsstrang gefüllt werden, und schließlich abfallen. Öffnet man die Blattrollen, findet man häufig schmutzigbraune Kotkügelchen unterschiedlicher Größe.

241 *Psylla alni*
Erlen-Blattfloh
Etwa 5 mm. Verbreitete und sehr häufige, meist einfarbig grüne Art. Ende Mai fallen vor allem an Zweigen der Schwarzerle dicke, watteartige Wachspolster auf, in denen sich die Larven verborgen halten.

241 *Psylla alni* Larven mit Wachsüberzug und Honigtautropfen an Erlenzweig

242 *Cacopsylla mali* (= *Psylla mali*)
Apfel-Blattfloh
2 bis 3 mm. Sehr häufige Art, deren Larven stark abgeflacht sind und dadurch an einige Stadien der Schildläuse (s. S. 162) erinnern. Vor der Reife sind sie mit kräftigen, seitwärts gerichteten Flügelanlagen versehen, die den breiten, flachen Habitus unterstreichen. Vielfach an Apfelbäumen schädlich. Besonders die Larven entziehen

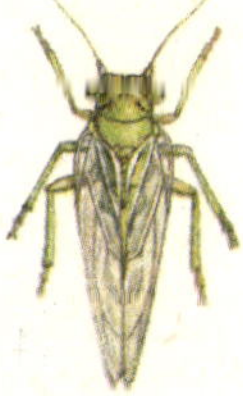

242 *Cacopsylla mali*

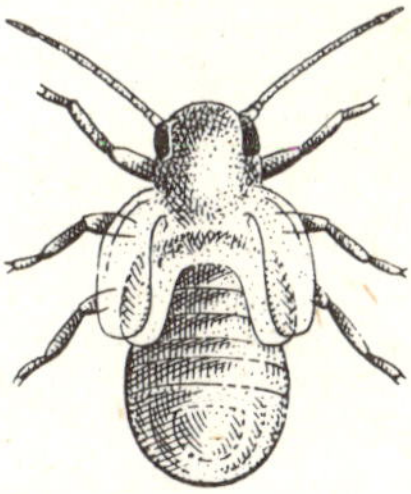

242 *Cacopsylla mali* Larve

den Wirtspflanzen viele Nährstoffe und Wasser, wodurch Blätter, Triebe und Blüten vertrocknen. Der sehr reichlich abgeschiedene Honigtau verklebt die Spaltöffnungen der Blätter und verursacht Brandflecke. Die Schwächung der Pflanzen kann bemerkenswerte Ertragsverluste zur Folge haben. Die Bedeutung der Art als Virusüberträger ist gering.

243 *Cacopsylla pyri* (= *Psylla pyri*)
Birnen-Blattfloh
Dem Apfel-Blattfloh (242) habituell sehr ähnliche Art. Sie ruft an Birne Schadbilder hervor, die denen des Apfel-Blattflohs vergleichbar sind.

Familie *Triozidae*

Etwa 60 kleine bis sehr kleine, an Kräutern lebende Arten. Die Larven scheiden rings um den Körper strahlenartig angeordnete Wachsröhrchen aus, die diesen dicht an das Pflanzengewebe schließen.

244 *Trioza flavipennis*
Giersch-Blattfloh
2 bis 3mm. Überall häufig. Verursacht am Giersch beulenartige Erhebungen der Blattoberfläche, auf deren Unterseite sich die Eier bzw. Larven befinden. Andere Arten der Gattung können z. B. an Möhren schädlich werden.

244 *Trioza flavipennis* Imago und Blattgallen an Giersch

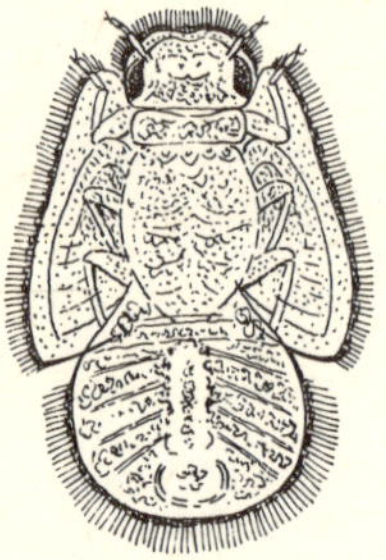

Larventyp der Fam. *Triozidae*

Unterordnung *Aleyrodina* Mottenschildläuse, Schmetterlings- oder Mottenläuse

Etwa 1 bis 2 mm lange Insekten, die durch ihre das Abdomen weit überragenden, dachförmig gestellten Flügel an winzige Schmetterlinge erinnern. Sie sind vor allem aber durch einen den gesamten Körper bedeckenden mehlartigen Wachspuder leicht kenntlich. Anlaß zu Verwechslungen könnten allenfalls einige Staubhafte (s. S. 181) geben; diese sind jedoch im Gegensatz zu den größtenteils reinweißen Mottenschildläusen mehr bläulichweiß bis grau gefärbt, vor allem aber sind ihre Flügel wesentlich steiler gestellt. Alle Arten lieben Schatten und Feuchtigkeit. In Mitteleuropa kommen etwa 25 Arten (20 im Freiland, 5 in Gewächshäusern und an Zimmerpflanzen) vor. Larvenentwicklung wie Ahorn-Mottenschildlaus (245). Mottenschildläuse werden von zahlreichen Feinden heimgesucht. Marienkäfer weiden einige Entwicklungsstadien ab. Eier, Larven und Imagines werden von Netzflüglerlarven ausgesaugt, winzige Hautflügler parasitieren in Puparien und Imagines.

Familie *Aleyrodidae*

Einzige in Mitteleuropa vertretene Familie der Mottenschildläuse, darunter Arten, die als Schädlinge an Gewächshauskulturen und Zimmerpflanzen aus Übersee eingeschleppt wurden.

245 *Aleurochiton complanatus*
Ahorn-Mottenschildlaus
Typischer und überall häufiger Vertreter gehölzbewohnender «Freiland-Mottenschildläuse». Die Art fällt durch ihre Puparien auf, die besonders im Herbst an Blättern vom Spitzahorn zu finden sind. Sie stellen das Überwinterungsstadium dar. Aus ihnen schlüpfen im Frühjahr die Imagines. Diese sind – wie die aller anderen Arten – sprungtüchtig und trotz ausgeprägter Flugfähigkeit recht träge. Nach kurzer Zeit schlüpfen aus den abgelegten Eiern die mit kurzen Schreitbeinen ausgestatteten und freibeweglichen Larven. Bei jeder der folgenden Häutungen werden Fühler und Beine schrittweise zurückgebildet. Das letzte (4.) Larvenstadium erscheint dann wieder als Puparium, d. h. als unbewegliches, schildförmiges Gebilde, aus dem die Sommer- bzw. Herbstgeneration schlüpft. Winter- und Sommerpuparien unterscheiden sich beträchtlich. Die Steuerung erfolgt über die je nach Jahreszeit unterschiedliche Tageslänge.

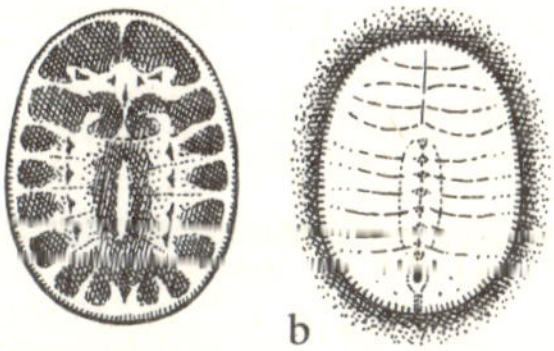

a b

245 *Aleurochiton complanatus* a Überwinterungs-Puparium; b Sommer-Puparium

246 *Aleyrodes proletella*
Außerordentlich häufige und überall verbreitete Art, die ausschließlich an krautigen Pflanzen, vorzugsweise Schöllkraut, lebt. Gelegentlich wird sie an Kohl schädlich. Larven und Imagines leben an der Unterseite der Blätter. Die weißlichen Wachsausscheidungen der Tiere sind auffälliger als die Tiere selbst. Von anderen Arten unterscheidet sich die Art durch die teilweise Gelbfärbung.

247 *Trialeurodes vaporariorum*

247 *Trialeurodes vaporariorum*
Weiße Fliege
Diese heute in ganz Europa, Amerika und Australien verbreitete Art wurde aus Mittelamerika eingeschleppt und ist ein typischer Vertreter der «Gewächshaus-Mottenschildläuse». Im Freiland nur sporadisch auftretend (Nachtfröste wirken tödlich), richtet die Art in gärtnerischen Kulturen besonders bei Massenentwicklung oft beträchtlichen Schaden an. Saugtätigkeit und besonders Honigtauproduktion führen zur Beeinträchtigung des Wachstums der Pflanzen und zur Verminderung des Verkaufswertes (verklebte Blätter an Zierpflanzen, Schwarzfleckigkeit von Blättern und Früchten durch Rußtaupilze, die von dem Honigtau leben).
Nach mehrfachen Begattungen werden gestielte Eier abgelegt. Dabei dreht sich das Weibchen nach jeder Ablage ein

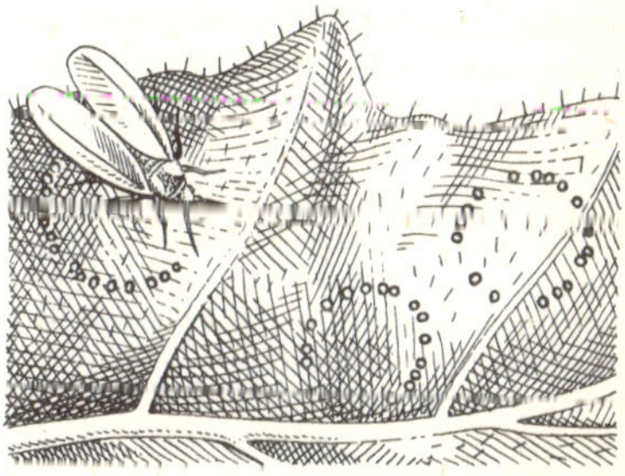

247 *Trialeurodes vaporariorum* ♀ mit Gelege

Stück um den eingestochenen Saugrüssel, so daß bei glatter Unterlage ein kreisförmiges Gelege entsteht. Die Entwicklung entspricht der der Ahorn-Mottenschildlaus (245). Während jene jedoch nur 2 Generationen pro Jahr produziert, kann die Weiße Fliege unter den günstigen Gewächshausbedingungen eine größere Anzahl von Generationen erzeugen. Auch unbefruchtete Eier kommen zur Entwicklung. Aus diesen entstehen ausschließlich Weibchen.

Unterordnung *Coccina* Schildläuse

Hoch spezialisierte Insekten, deren Körper – besonders die der Weibchen – so stark vereinfacht sein können (napf- bis schildförmig oder fast kugelig, ohne erkennbare Körperanhänge), daß die Tiere häufig nicht als tierische Organismen erkannt werden. Der Schild gewährt den Tieren Schutz vor äußeren Einflüssen; weitgehend auch vor Insektiziden. Die Weibchen einiger schildbildender Arten bleiben ziemlich flach und erinnern an Puparien von Mottenschildläusen (s. S. 160). Sie tragen jedoch nie eine klare Hell-Dunkel-Zeichnung. Die vielfach nur sporadisch auftretenden Männchen erinnern infolge Rückbildung der Hinterflügel an sehr kleine Mücken, unterscheiden sich jedoch von diesen am auffälligsten durch den meist völlig mit weißlichem Wachspuder bedeckten Körper. Einige Arten tragen am Abdomenende lange Wachsfäden.

Da Männchen häufig fehlen, fußt die Unterscheidung der Arten im wesentlichen auf Merkmalen der oft stark vom Grundbauplan eines Insektes abweichenden Weibchen. Oft läßt nur noch der immer ausgebildete Saugrüssel die Zugehörigkeit zu den Homopteren erkennen.

Besonders die sehr widerstandsfähigen schildtragenden Stadien werden leicht mit Pflanzen oder Pflanzenteilen verschleppt. Erstlarven werden häufig mit dem Wind verfrachtet. Das hat dazu geführt, daß einige Arten weltweit verbreitet sind. Auch heute werden besonders mit Zierpflanzen neue Arten eingeschleppt. Eine genaue Angabe der in Mitteleuropa vorkommenden Arten ist infolgedessen nicht möglich. Man kann jedoch damit rechnen, daß im Freiland etwa 170 Arten mehr oder weniger regelmäßig auftreten. In Mitteleuropa mit 10 Familien vertreten.

Familie *Ortheziidae* Röhrenschildläuse

Relativ ursprüngliche Gruppe, deren Larven und Imagines immer frei beweglich sind. 4 Arten.

248 *Orthezia urticae*
Nessel-Röhrenschildlaus
3 bis 5 mm. In ganz Europa an oberirdischen Teilen der Brennessel, gelegentlich außerordentlich zahlreich. Der Körper der Weibchen ist seitlich und auf dem Rücken von zahlreichen plattenartigen Wachsabsonderungen umgeben, die bereits bei Larven zu erkennen sind. Weiße Wachspartien bedecken so große Teile der Wirtspflanze, die Kolonien fallen daher schon aus größerer

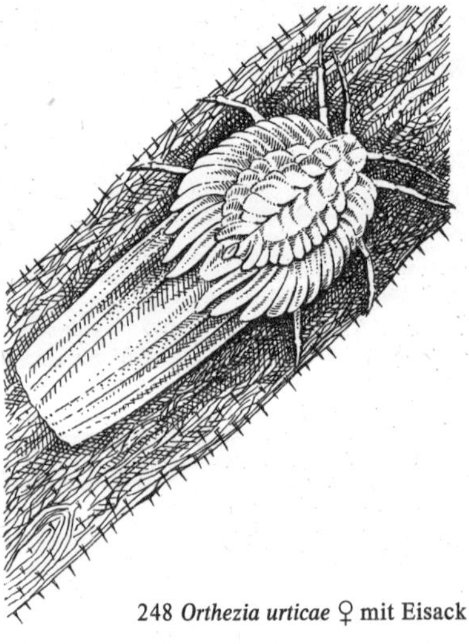

248 *Orthezia urticae* ♀ mit Eisack

Entfernung auf. Die Eier werden in einen aus Wachssäulchen bestehenden Eisack abgelegt, den das Weibchen am Abdomenende bis zum Schlupf der Larven mit sich herumträgt.

Familie *Margarodidae*

Etwa 5 Arten, die oberirdisch oder an den Wurzeln von Kräutern bzw. Gehölzen leben. Beine entweder normal ausgebildet oder aber gelegentlich zu Grabinstrumenten umgebildet, selten stark reduziert.

249 *Porphyrophora polonica*
4 bis 7 mm. Stark behaarte, dunkelviolette Art, die am Wurzelhals von Kräutern (besonders Nelken- und Rötegewächsen) lebt. Vorzugsweise an warmen, trockenen Orten verbreitet. Die farbstoffliefernde Schildlaus, mit der polnische Bauern einst Steuern zahlen mußten («polnische Cochenille»), verlor ihre wirtschaftliche Bedeutung, als nach der Eroberung Mexikos die dort an Opuntien lebende und noch heute z. B. in der Kosmetik verwendete Cochenille-Schildlaus an ihre Stelle trat.

Familie *Pseudococcidae* Wolläuse, Schmier- oder Mehlläuse

Körper auch bei adulten Tieren meist deutlich segmentiert, am Rand, besonders am Abdomenende, mit langen Fortsätzen. Oft von mehligen Wachsausscheidungen bedeckt. Manche Arten sind zeitlebens, andere bis zur Eiablage frei beweglich. Etwa 85 Arten. Hierher gehören auch die im Sinai-Gebirge lebenden «Manna-Schildläuse» *(Trabutina, Najacoccus)*, deren getrocknete, zuckerartige Exkremente gesammelt und gegessen werden.

250 *Phenacoccus aceris*
Ahornwollaus
Bis 5 mm lang. Auf verschiedenen Laubhölzern, besonders auf Ahorn, fallen im späten Frühjahr an Stämmen

250 *Phenacoccus aceris* Eisäcke an Ahornrinde

und Ästen weißliche, bewegliche Flekken auf, es sind die Weibchen der verbreiteten Ahornwollaus. Zur Eiablage wird ein aus weißen Wachsfäden bestehender Eisack produziert.

251 *Planococcus citri*
Zitrusschildlaus
Etwa 2 mm. Ursprünglich in Amerika beheimatet und dort an Zitruskulturen gelegentlich sehr schädlich. In Mitteleuropa eingeschleppt und eine der häufigsten und verbreitetsten «Ge-

251 *Planococcus citri* Imagines auf Zitrusblatt

wächshaus-Schmierläuse». Starke Saugtätigkeit, vor allem aber Honigtauproduktion richten in gärtnerischen Kulturen Schaden an. Die Zitrusschildlaus überträgt ferner Viren, die gefährliche Pflanzenkrankheiten hervorrufen. Der Befall von Zitruspflanzen wird durch weißliche Wachsflecke auf der Unterseite der Blätter deutlich.

Familie *Eriococcidae* Dornschildläuse

Kleine Familie mit etwa 20 Arten, die meist frei beweglich sind und mehr oder weniger lange Fortsätze tragen. Körper in der Regel von mehligen Wachsausscheidungen bedeckt.

252 *Pseudochermes fraxini*
Eschenwollaus
Häufige, 2 bis 3 mm lange Art, die ausschließlich an Eschen lebt. Das Erscheinungsbild ist dem der Buchenwollschildlaus (253) sehr ähnlich.

Familie *Cryptococcidae* Rindenwollschildläuse

2 Arten, die besonders durch ihren mit mehligen Wachspartikeln bedeckten Körper auffallen.

253 *Cryptococcus fagi* (= *C. fagisuga*)
Buchenwollschildlaus
2 bis 3 mm. In Wäldern und Anlagen überall verbreitet und stellenweise an verholzten Teilen der Rotbuche sehr häufig. Einzelne Tiere dieser blaßgelben, kugligen Art sind nur durch ihre als heller Fleck erscheinende, lockere und fädige Sekrethülle erkennbar. Die filzigen Wachsausscheidungen bilden bei Massenbefall an Stämmen schmierige, weißliche Überzüge, die schon aus großer Entfernung ins Auge fallen. Die Weibchen erzeugen parthenogenetisch eine Generation pro Jahr. Die Ausbreitung erfolgt durch den Wind. Sowohl Eier als auch Larven überwintern. Betrachtet man die Überzüge genauer, erkennt man neben weißlichen Wachspartikeln und grünlichen Flechten bzw. Algen als bewegliche rote Punkte häufig Scharlachmilben *(Trombidiidae)*, die ebenso wie Marienkäfer den Larven und Imagines der Schildläuse nachstellen. Die Art ist mit ein Urheber des Buchensterbens (phytopathogene Pilze dringen in die Einstichkanäle ein).

253 *Cryptococcus fagi* Kolonie an Rotbuchenstamm mit Milben

Familie *Kermesidae* Karmesin- oder Färberschildläuse

Durch die mehr oder weniger kugelförmige Gestalt fast unverkennbar. Ihr Habitus erinnert etwas an von Gallwespen (s. S. 256) hervorgerufene Gallen. Sie leben jedoch nie wie diese an Blättern, sondern ausschließlich an holzigen Teilen der Wirtspflanzen. Etwa 4 Arten.

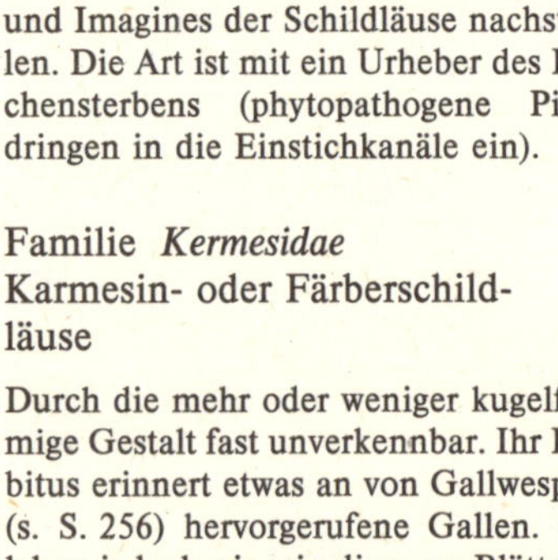

254 *Kermes quercus* ♀ an Eichenrinde

a 255 *Parthenolecanium corni* Weibchen und Männchen an Pflaumenzweig; b 256 *Physokermes piceae* Weibchen an Fichte; c 259 *Lepidosaphes ulmi* Weibchen an Apfelzweig

254 *Kermes quercus*
Eichen-Karmesinschildlaus

6 bis 8 mm. Überall verbreitet und stellenweise häufig, an Zweigen, Ästen und in den Rindenrissen von Eichenstämmen. Der beerenförmige Körper der Weibchen fällt durch dunkle Bänderung auf.
Vertreter der Gattung *Kermes* wurden im Mittelmeergebiet lange Zeit gesammelt und als Karmesinbeeren gehandelt. Sie dienten zur Herstellung des Farbstoffes Karmesinrot.

Familie *Coccidae* (= *Lecaniidae*) Napfschildläuse

Etwa 40 im wesentlichen im Freiland verbreitete Arten, immer mit festsitzendem, schildförmigem Stadium, Eiablage unter dem schildartig verhärteten Körper des Weibchens.

255 *Parthenolecanium corni*
Große Napfschildlaus, Zwetschen- oder Robinienschildlaus

Oft fälschlich als «Akazienschildlaus» bezeichnet. Etwa 3 bis 4 mm. Überall verbreitete und sehr häufige Art, die besonders an Robinien, im Garten an Stachel- und Johannisbeeren, an Pflaumenbäumen u. a. Obstgehölzen das ganze Jahr über auffällt. Die aus den Eiern (ein Weibchen kann weit über 1 000 Stück produzieren) schlüpfenden Larven wandern umher und sorgen so für die Ausbreitung der Kolonie, ehe sie sich festsetzen. Es überwintern die relativ zarten Larven, die sich vor dem Laubfall auf Zweige zurückziehen. Diese verlassen sie erst zu Beginn der neuen Vegetationsperiode und suchen dann saftreiche Wachstumspunkte der Wirtspflanzen auf.

256 *Physokermes piceae*
Fichtenquirlschildlaus

5 bis 8 mm. Weitverbreitet und häufig. Sie erinnert habituell an Karmesinschildläuse (254), lebt aber im Gegensatz zu diesen ausschließlich an Fichten. Die beerenartigen, blasig aufgetriebenen Körper sitzen an Zweigen (besonders an deren Ursprung) häufig rund um diese herum; die an der Zweigbasis überwinternden Larven ergeben Weibchen, die an den Nadeln überwinternden entwickeln sich zu Männchen.
Auf den Exkrementen lebt ein harmloser Rußtaupilz, der die «Schwarze Krankheit» der Fichten – einen dunklen, schleimigen Belag – hervorruft. Die Fichtenquirlschildlaus produziert in sehr reichlicher Menge Honigtau, der von Bienen als Waldtracht eingetragen und zu Waldhonig verarbeitet wird.

257 *Physokermes hemicryphus*
Kleine Fichtenquirlschildlaus
Meist häufige Art, die der Fichtenquirlschildlaus stark ähnelt, mit etwa 3 bis 4 mm Länge jedoch deutlich kleiner als diese ist. Sie lebt vorzugsweise an Fichten, aber auch an Tannen. Wichtiger Honigtauerzeuger.

Familie *Asterolecaniidae* Pockenschildläuse

Etwa 6 Arten, deren Körper durch meist sehr kleine, mehr oder weniger kreisrunde Schilde bedeckt sind. Die Entwicklung erfolgt an Gehölzen.

258 *Asterolecanium variolosum*
Eichen-Pockenschildlaus
Oft massenhaft auftretende Art von 1 bis 1,5 mm Länge, deren grünliche Schilde an dünnen Eichenzweigen auffallen.

Familie *Diaspididae* Deckelschildläuse oder Echte Schildläuse

Artenreichste Schildlausfamilie, immer mit unbeweglichem, schildförmigem Stadium. Besonders an Holzgewächsen, sowohl im Freiland als auch in Gewächshäusern und Wohnungen. Etwa 30 Arten.

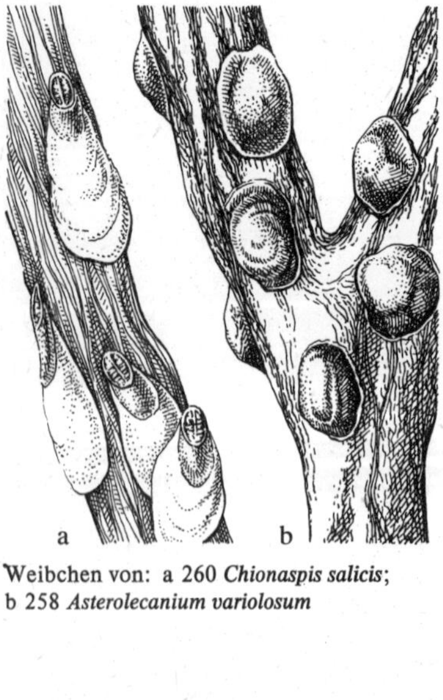

Weibchen von: a 260 *Chionaspis salicis*; b 258 *Asterolecanium variolosum*

259 *Lepidosaphes ulmi*
Kommaschildlaus
Weltweit vorkommend, 2 bis 3 mm. In Mitteleuropa häufigste und verbreitetste Art. Sie lebt an verholzten Teilen zahlreicher Laubhölzer oder auch an Blättern und Früchten. Die grauen, kommaförmigen Schilde, unter denen sich die blinden und beinlosen Weibchen verbergen, fallen bei Massenbefall besonders an Obstgehölzen auf, an denen sie auf den Zweigen eine dicke, höckerige Schicht bilden. Starker Befall beeinträchtigt Wachstum und Ertrag. Die Kommaschildlaus ist ein bedeutender Obstbaumschädling. Die Eier überwintern unter dem schützenden Schild der Weibchen (Abb. S. 165).

260 *Chionaspis salicis*
Weiden- oder Miesmuschelschildlaus
Häufige Art von 2,5 bis 3 mm Länge, die ähnlich der Kommaschildlaus (259) längliche Schilde bildet. Diese sind jedoch mehr oder weniger gerade und fallen besonders durch ihre weiße Färbung auf. Sie lebt an zahlreichen Laubhölzern und wird häufig an Heidelbeere gefunden.

261 *Quadraspidiotus perniciosus*
San-José-Schildlaus
Etwa 2 mm lang. Ursprünglich nur in Kalifornien in Obstpflanzungen schädlich, wurde sie Mitte der 40er Jahre auch in Mitteleuropa entdeckt und ist heute weltweit verbreitet. Sie lebt an Obstgehölzen, an deren Zweigen sie bei Massenbefall dichte, graue Überzüge bildet. Besonders auffällig sind die an Früchten von Birnen und Äpfeln auftretenden kreisrunden Schalen der Imagines, die sich im Zentrum dunkelroter Verfärbungen befinden. Sie ist z.B. in der Slowakei und im Südwesten der Bundesrepublik Deutschland ein wichtiger Schädling, fehlt aber wegen

261 *Quadraspidiotus perniciosus* Weibchen an Apfel

des für ihre Entwicklung ungünstigeren Klimas vor allem im nördlichen Teil des Gebietes.

Unterordnung *Aphidina*
Blattläuse

Mit etwa 850 mitteleuropäischen Arten in 8 Familien die artenreichste Homopterengruppe. Blattläuse sind auf Pflanzen sowohl im Freiland als auch in Gewächshäusern und im Zimmer außerordentlich weit verbreitet. Einzeltiere fallen wenig auf und werden meist übersehen. Massenhaftes Auftreten bemerkt der Spaziergänger auf seiner Kleidung, der Autofahrer an der Verschmutzung seines Fahrzeuges, besonders der Frontscheiben, in erster Linie aber erleben es Gärtner, Landwirte und Forstleute am oft kalamitätsartigen Befall unterschiedlichster Nutz- und Wildpflanzen.

Die meisten Blattläuse sind durch Rükkenröhren (Siphonen) charakterisiert, 2 am Abdomenrücken beiderseits des Schwanzgriffels (Cauda) ansetzende Fortsätze. Bei Larven sind sie zunächst unauffällig und warzenförmig (auch bei manchen Imagines!), jedoch wachsen sie mit jeder Häutung. Bei Beunruhigung sondern viele Arten aus ihnen zähe, wachsumhüllte Sekrettropfen zur Abwehr von Feinden ab. Fehlen die Rückenröhren, ist die Gruppenzugehörigkeit anhand des sehr einfachen Flügelgeäders erkennbar. Ungeflügelte Formen sind an dem meist sehr großen, mehr oder weniger birnenförmigen Abdomen zu erkennen. Nur wenige Vertreter sind gestreckt (z.B. *Atheroides*-Arten).

Die Schwarze Bohnenlaus (266) ist ein gutes Beispiel für den mitunter recht komplizierten Entwicklungsgang der Blattläuse. Aus befruchteten Eiern, die den Winter an der Haupt-(Winter-) wirtspflanze (Pfaffenhütchen, Schneeball, Pfeifenstrauch) überdauert haben, entwickeln sich im Frühjahr die flügellosen Gründerinnen oder Stammütter (Fundatrices). Diese produzieren parthenogenetisch die ebenfalls ungeflügelten Fundatrigenien, die, wie auch die Folgegenerationen, lebend zur Welt gebracht werden. Aus den Fundatrigenien gehen weitere parthenogenetische Generationen hervor, die entweder ungeflügelt oder aber – besonders bei Nahrungsmangel und Gedränge auf der Wirtspflanze – geflügelt sind.

Zu diesem Zeitpunkt wird durch rasches Anwachsen der Populationen der Befall an Zweigen und Ästen augenscheinlich. Die als Wanderer (Migrantes) bezeichneten geflügelten Formen verlassen nun die Hauptwirte und suchen neue, für sie günstigere Ne-

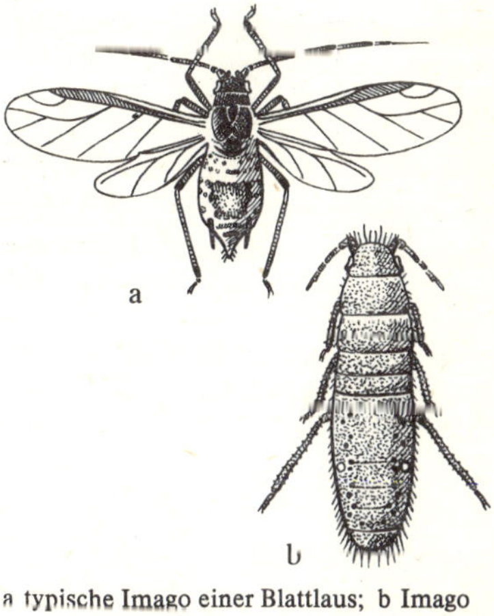

a typische Imago einer Blattlaus; b Imago von *Atheroides* spec.

ben(Sommer-)wirte auf, darunter auch viele Kulturpflanzen wie Bohnen, Rüben usw. Dort produzieren sie bis zum Eintritt des Herbstes erneut zahlreiche parthenogenetische Generationen (Virginogenien), die durch rasche Zunahme der Individuenzahl ihre Wirte dicht bevölkern und schädigen. Unter dem Einfluß der herbstlichen Kurztage entstehen dann geflügelte Tiere (Gynopares), die den Winterwirt aufsuchen und dort Larven gebären, aus denen sich paarungsbedürftige Weibchen entwickeln. Sind diese zur Reife gelangt, sind auf dem Sommerwirt unterdessen geflügelte Männchen entstanden, die aktiv die Weibchen aufsuchen. Nach der Begattung legen die Weibchen Eier an den Winterwirt.

Dieser Wechsel unterschiedlicher Fort-

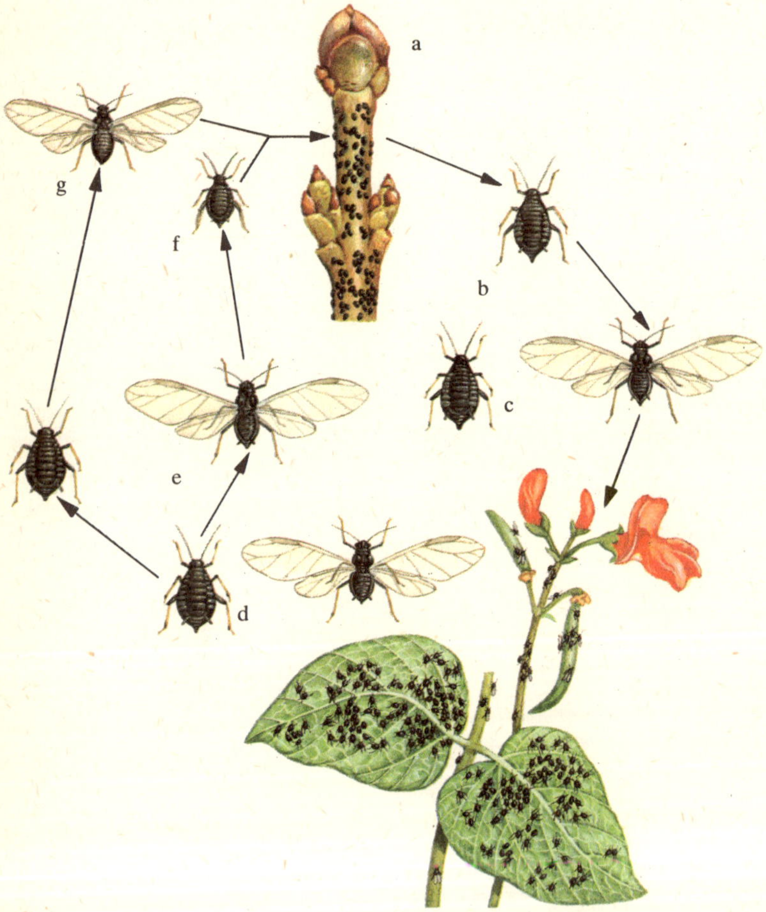

266 *Aphis fabae* Entwicklungszyklus
a Winterwirt mit Eiern; b Gründerin; c parthenogenetische Generation (geflügelt = Wanderer); d Sommerwirt mit geflügelten und ungeflügelten Formen; e geflügelte, Weibchen gebärende Form, die den Winterwirt aufsucht; f Weibchen auf dem Winterwirt; g auf dem Sommerwirt entstandenes Männchen, das aktiv das Weibchen auf dem Winterwirt aufsucht

pflanzungsweisen wird als Generationswechsel bezeichnet. Seine parthenogenetische Phase, die in kürzester Zeit massenweise neue Tiere hervorbringt, ermöglicht die schnelle Bildung neuer Blattlauskolonien. Der Entwicklungsgang ist oft durch Fortfall des Wirtswechsels oder der zweigeschlechtigen Fortpflanzung vereinfacht, wobei der vollständige Zyklus neben dem abgekürzten fortbestehen kann. Imagines und Larven besitzen aber nicht die Frosthärte der Eier, so daß sie nur in Gewächshäusern, an Zimmerflanzen, in Kellern und Mieten oder unterirdisch überwintern können.
Neben einer großen Zahl kleiner Hautflügler (s. S. 252) sind es vor allem Marienkäfer, Marienkäfer- und Schwebfliegenlarven (s. S. 215, 363) sowie die als «Blattlauslöwen» bekannten Larven der Florfliegen, die als Blattlausvertilger wirken.

Familie *Lachnidae*
Baumläuse

Etwa 60 Arten, die vorwiegend an Gehölzen, seltener unterirdisch an den Wurzeln von Kräutern leben. Es sind die größten einheimischen Blattläuse (bis 5 mm), reife Tiere mancher Arten können deshalb schon durch ihre Größe der Familie zugeordnet werden. Besonders Nadelholzbewohner produzieren ebenso wie die Fichtenquirlschildläuse (256, 257) große Mengen Honigtau, die Grundlage der Waldtracht der Imkerei.
Die großen, nackten und mehr oder weniger glänzenden Nadelholzläuse gehören größtenteils zu den Gattungen *Cinara* und *Cinaropsis* (Kienläuse).

262 *Lachnus roboris*
Eichen-Baumlaus

Etwa 4 bis 5 mm. Eine der häufigsten und weit über Europa hinaus verbreiteten Laubholzblattlausarten. Sie lebt ausschließlich an Eichen. Aus den im Herbst von vielen Weibchen gemeinsam zu Tausenden abgelegten Eiern schlüpfen im Frühjahr Larven, die an Triebspitzen bald auffällige Kolonien bilden. Inmitten der Kolonien finden sich Ameisen, die die süßen Exkremente der Blattläuse verzehren. Sie schützen die Blattläuse in begrenztem Maße vor ihren Gegenspielern. Vielfach werden die Blattläuse durch «Betrillern» des Abdomens mit den Fühlern zur Kotabgabe veranlaßt (Melken der Blattläuse).

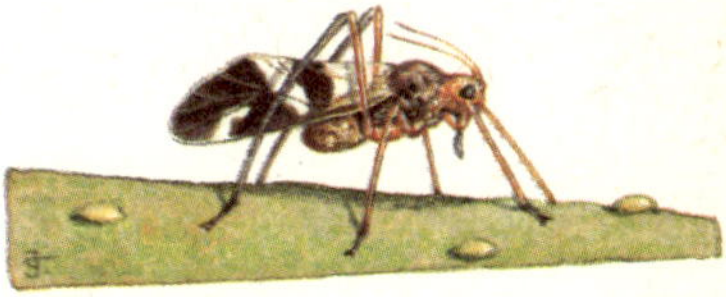

262 *Lachnus roboris*

263 *Lachnus exsiccator*
Buchenkrebs-Baumlaus

Dieser vorwiegend am Stamm von Buchen sitzende Rindensauger verursacht Kambiumwucherungen, durch die die Rinde längsrissig aufplatzt. Ob jedoch der Buchenkrebs, die knolligen Wucherungen an Stamm und Ästen, allein durch diese Baumlaus verursacht wird, ist ungeklärt.

Familie *Chaitophoridae*
Borstenläuse

Etwa 40 Arten. Körper mehr oder weniger dicht mit Borsten bedeckt, Siphonen kurz. Neben Arten mit typischer Blattlausform auch solche mit schlankem, schmalem Habitus! An Ahorn lebt die Gattung *Periphyllus*, an Weiden und Pappeln die Gattung *Chaitophorus*; weitere Gattungen kommen an Süß- bzw. Riedgräsern vor.

264 *Chaitophorus populeti*

Etwa 2 mm lange, rundliche Art, die an jungen Trieben verschiedener Pappelarten lebt. Sie ist von Europa bis nach Mittelasien und Nordafrika verbreitet, vielfach häufig und wird von Ameisen besucht.

Familie *Callaphididae*
Zierläuse

Etwa 60 an Hölzern oder Kräutern lebende, teils sehr häufige Arten; besonders auffällig ist:

265 *Phyllaphis fagi*
Buchen-Zierlaus, Wollige Buchenlaus

2 bis 3 mm. Überall verbreitet und häufig. Besonders im späten Frühjahr finden sich auf der Unterseite der Blätter von Rotbuchen bläulichweiße, wollige Gebilde, die nur schwer als Blattläuse ansprechbar sind. In der Regel sind sie unschädlich, bei starkem Befall rollen und kräuseln sich die Blätter, nur Keimlinge oder stark geschwächtes Holz können durch die Art zum Absterben gebracht werden.

265 *Phyllaphis fagi* Kolonien und durch Saugtätigkeit eingerollte Buchenblätter

Familie *Aphididae*
Röhrenläuse oder Röhrenblattläuse

Mit etwa 540 Arten die größte Blattlausfamilie. Die meist gut ausgebildeten Rückenröhren waren namengebend für die Gruppe. Das Wirtspflanzenspektrum einiger Arten ist äußerst breit. Vielfach sehr schädlich.

266 *Aphis fabae*
Schwarze Bohnenlaus, Rübenlaus

Etwa 2 mm. Weltweit verbreitete und außerordentlich häufige Art mit schwarzem (seltener grünlichem) Körper und gelb-schwarzen Beinen (!). Ihr Entwicklungszyklus ist kompliziert (s. S. 167). An Kulturpflanzen mitunter sehr schädlich (Abb. S. 168).

267 *Brevicoryne brassicae*
Mehlige Kohlblattlaus

Etwa 2 mm. Überall verbreitete und sehr häufige Art. Ein Wirtswechsel fehlt. Die Kohlblattlaus entwickelt sich ausschließlich an Kreuzblütlern. Sie bildet oft große Kolonien an der Unterseite von Kohlblättern. In den Kolonien kann man meist blasig aufgetriebene, bräunliche «Blattlausmumien» entdecken, in denen die Larven von Parasiten ihre Entwicklung vollenden, aus

267 *Brevicoryne brassicae* Kolonie mit Mumien

denen aber auch Sekundärparasiten schlüpfen können.
Gelegentlich findet man die Art an der Innenseite der Blätter von Kohlköpfen. Vor allem im Juni fallen die dunklen, weißlich bestäubten Kolonien am Raps besonders unterhalb der Blütenstände auf. Gelegentlich werden die Blätter der Wirtspflanzen deformiert.

268 *Myzus persicae*

268 *Myzus persicae*
Grüne Pfirsichblattlaus
Etwa 2 mm. Häufige und weit verbreitete Art mit ähnlichem Wirts- und Generationswechsel wie die Schwarze Bohnenlaus (266). Die grünen bis grünlichgelben Tiere fallen im Frühjahr am Winterwirt (vorzugsweise Pfirsich) auf. Nach der Abwanderung findet man die Blattlaus an zahlreichen Kulturpflanzen und Wildkräutern, u. a. an Kartoffeln, Kohl und Rüben. Sie ist Überträger zahlreicher wichtiger Viruskrankheiten (z.B. verschiedene Kartoffelvirosen, Rübenvergilbung). Eine Bekämpfung wird dadurch erschwert, daß sie so viele Wirtspflanzen hat und erneuter Befall ständig befürchtet werden muß. Eine Überwinterung ohne Eiablage ist auch in Gewächshäusern, in Mieten oder an Samenträgerrüben möglich. In Wohnungen befällt die Art z. B. den Zierspargel.

269 *Dysaphis crataegi*
Weißdorn-Blattkräusellaus,
Möhrenwurzellaus
Etwa 2 mm. Häufige und verbreitete Blattlaus, die wie andere Arten der Gattung am Kernobst und an *Crataegus*-Arten auffällige, oft rotgefärbte Rollungen und Kräuselungen besonders junger Blätter hervorruft. Auf der Unterseite der nach oben gerichteten Wölbungen der Blattfläche bzw. in den Rollungen des Blattrandes sitzen oft zahlreiche Blattläuse. Haben sie das Blatt bereits verlassen, bleibt ein weißlicher Wachsbelag zurück. Sommerwirt ist die Möhre.

270 *Cryptomyzus ribis*
Johannisbeerblasenlaus
Überall verbreitete, etwa 1,5 mm lange Art, die an Blättern der Roten Johannisbeere ähnliche Bildungen hervorruft wie die Weißdorn-Blattkräusellaus (269) an Weißdorn und dadurch schädlich wird. Die orangeroten Tiere befallen auch Schwarze Johannisbeere und Stachelbeere (gelegentlich auch Zierarten der Gattung *Ribes*). Virginogenien leben an Lippenblütlern, z.B. Ziest und Taubnessel.

270 *Cryptomyzus ribis* Blattgallen

Familie *Thelaxidae*
Maskenläuse

Etwa 25 Arten von ovalem bis rundlichem Körperumriß mit knopfförmigen Siphonen. An Laub- und Nadelhölzern wie auch an Süßgräsern bzw. Riedgräsern. Mit oder ohne Wirtswechsel.

272 *Eriosoma lanigerum* Weibchen mit Wachsausscheidungen an Apfelzweig

a 273 *Pemphigus spirothecae* Blattstielgalle;
b 274 *Pemphigus bursarius* Blattstielgalle

271 *Anoecia corni*
Hartriegel-Maskenlaus, Graswurzellaus
2,0 bis 2,8 mm lange Art, die weit verbreitet und vielfach häufig ist. Sie fällt besonders im Frühjahr an den Zweigenden und Blattunterseiten ihres Hauptwirtes, des Roten Hartriegels, auf. Dort werden mehrere fundatrigene Generationen gebildet. Die Virginogenien leben an Wurzeln verschiedener Süßgräser (Knäulgras, Straußgras, Honiggras). Flügelmal auffallend groß!

Familie *Pemphigidae* (= *Eriosomatidae*) Blasen- oder Gallblattläuse

Familie mit etwa 65 Arten, deren Vertreter sich vor allem durch die häufig ausgeprägte Fähigkeit zur Gallbildung auszeichnen. Die Siphonen fehlen meist. Besonders an Laubhölzern.

272 *Eriosoma lanigerum*
Blutlaus
2 bis 3 mm. Häufige, aus Nordamerika stammende und heute weltweit verbreitete Art, die besonders an Obstgehölzen (Apfel) zu finden ist. Die Tiere scheiden eine wachsartige, weiße Wolle aus, die im späten Frühjahr als watteartige Knäuel an allen verholzenden Teilen der Bäume auffallen. Das Pflanzengewebe wird durch die Saugtätigkeit der Blattlaus zu undifferenzierter Zellbildung angeregt. Das Ergebnis sind wulstige, zerklüftete Risse, der Blutlauskrebs. Zerdrückte Kolonien sind rot gefärbt. In Mitteleuropa mit unvollständigem Entwicklungszyklus; Überwinterung als Larve in Rindenrissen oder an Wurzeln.

273 *Pemphigus spirothecae*
Pappelblattstiel-Drehgallenlaus
Häufiger und überall verbreiteter Vertreter, dessen Gallen in Form spiralig gedrehter und verdickter Blattstiele besonders an Schwarzpappeln sehr auffallen. Diese werden durch die Saugtätig-

keit der Gründerinnen (s. S. 167) hervorgerufen. In der Folge hüllen sie die gesamte Brut ein. Im Inneren der Gallen finden sich auffällige Honigtautropfen, die mit weißem Wachs umhüllt sind, so daß es zu keiner Verklebung kommt.

274 *Pemphigus bursarius*
Salatwurzellaus
Häufig und verbreitet. Auffällig sind die bis 10 mm großen, knolligen Verdickungen an Stielen von Pappelblättern, aus denen die ausfliegenden Blattläuse auf zahlreiche Kräuter wandern. An Salatpflanzen, deren Wurzeln sie besaugen, können sie beträchtlichen Schaden anrichten.

275 *Schizoneura ulmi*
Ulmenblattrollaus
Überall verbreitet und teils sehr häufig. Die Frühjahrsgeneration ruft am Hauptwirt (Ulme) anfangs Aufhellungen und knorpelige Verdickungen der Blattränder hervor, die sich schließlich einrollen. Die Innenseite der Blattrollen ist mit einem weißlichen Wachsbelag förmlich tapeziert; dieser fällt auch dann noch auf, wenn die Blattläuse die Galle bereits verlassen haben. Die Sommergeneration lebt versteckt an Wurzeln der Nebenwirte. Als Nebenwirte kommen verschiedene *Ribes*-Arton (z. B. Johannisbeere) in Frage.

Familie *Adelgidae (Chermesidae)* Fichtengalläuse, Tannenläuse

Etwa 20 sehr kleine, nur an Nadelhölzern lebende Arten ohne Rückenröhren.

276 *Sacchiphantes viridis*
Grüne Fichtengallenlaus
Etwa 1 bis 2 mm. Überall vorkommende und meist außerordentlich häufige Art, die durch «Ananasgallen» an Fichten auffällt. Die Junglarven wandern zwischen die infolge der Saugtätigkeit ihrer Mutter verdickten, noch

275 *Schizoneura ulmi* Blattgalle

weichen Nadelbasen, die dann zur festen, gekammerten Galle verwachsen. Zur Zeit der Reife platzt jede Kammer so auf, daß die Läuse sie verlassen und zum zweiten Wirt, der Lärche, fliegen können. Dort leben sie, von Wachsflokken bedeckt, frei an den Nadeln. Ihre Nachkommen kehren früher oder später zur Fichte zurück. Ähnlich verhält sich eine zweite Art, die kleinere *Adelges laricis* (277). Beide Arten haben Schwesterarten, die die Wanderung zur Lärche aufgegeben haben. Die Gallen lassen nur eine Unterscheidung der Gattungen, nicht aber der Arten zu. Die Fichten werden vor allem durch

276 *Sacchiphantes viridis* Ananasgallen an Fichte

278 *Dreyfusia nordmannianae* Flaschenbürstentrieb an Tanne

Deformation der Triebe geschädigt; bei Massenbefall auch dadurch, daß Nadeln vertrocknen.

277 *Adelges laricis*
Rote Fichtengallaus
Sie ruft kleinere, mehr an der Spitze sitzende Gallen hervor.

278 *Dreyfusia nordmannianae*
Tannentrieblaus, Weißtannenlaus
Etwa 2 mm lang. Weit verbreitet, fehlt aber gebietsweise. Sie richtet besonders in Gegenden mit reichen natürlichen Tannenvorkommen, aber auch in forstlichen Kulturen (auch an Nordmannstanne) Schaden an, indem sie besonders in Junghölzern Wipfeldürre sowie Vergilben der Seitentriebe hervorruft. Auffällig ist die Bildung flaschenbürstenartiger Triebe, die noch nach Jahren erkennbar sind.

Familie *Phylloxeridae* Zwergläuse

Etwa 15 kleine Arten ohne Siphonen, deren Flügel im Gegensatz zu allen anderen Blattläusen nicht steil gestellt, sondern flach über den Körper gebreitet werden.

279 *Viteus vitifolii*
Reblaus
1 bis 2 mm. Ursprünglich in Nordamerika beheimatete Art, die vor etwa 120 Jahren nach Europa eingeschleppt wurde und sich hier zu einem gefürchteten Schädling entwickelte, da ihr die europäischen Edelreben besonders günstige Entwicklungsbedingungen boten. Die unterirdisch lebenden «Wurzelläuse» pflanzen sich rein parthenogenetisch fort. Sie rufen gallenartige Gebilde hervor, die unter dem Einfluß von Fäulniserregern das Wurzelwerk zum Absterben bringen und

279 *Viteus vitifolii* Blattgallen und Wurzelgallen

dadurch zum Tod der Reben führen. Aus dem Boden aufsteigende Wurzelläuse produzieren geflügelte Tiere, die alle verholzten oberirdischen Teile der Rebstöcke besiedeln und dort Eier ablegen. Aus diesen gehen Männchen und Weibchen hervor. Nach der Begattung werden Wintereier abgelegt, aus denen im Frühjahr Gründerinnen (s. S. 167) schlüpfen. Diese rufen Blattgallen hervor und produzieren zahlreiche Nachkommen, die zunächst an Triebspitzen und anderen oberirdischen Pflanzenteilen leben. Zum Herbst hin wandern immer mehr Tiere in die Erde, wo sie wieder als Wurzelläuse leben. Durch Pfropfung der Edelreben auf Wurzelstöcke blattlausresistenter Sorten ist es gelungen, den Zyklus zu stören und die Art an einer Massenvermehrung zu hindern. Die oberirdisch lebenden Generationen können sich ohne ständigen Zuzug neuer Wurzelläuse aus dem Boden nicht regenerieren.

Ordnung *Megaloptera* Schlammfliegen

Die europäischen Vertreter dieser etwa 250 Arten umfassenden, weltweit verbreiteten kleinen Ordnung sind etwa 10 bis 20 mm lang und haben eine Flügelspanne von 20 bis 40 mm; einige Arten der manchmal als Großflügler bezeichneten exotischen Familie *Corydalidae* erreichen allerdings Körperlängen von 70 mm und Flügelspannen bis 150 mm. Unsere heimischen Arten gehören alle zur Familie *Sialidae*. Es sind kaum mittelgroße Netzflügler mit gedrungenem, plumpem, düster dunkelbraun gefärbtem Körper und durchsichtigen, einfarbig rauchig-graubraun getönten Flügeln.

Ihr etwas platter, breiter Kopf ist seitlich mit halbkugeligen Augen versehen, vor denen fadenförmige, etwa die halbe Länge der Vorderflügel erreichende Fühler stehen. Ozellen fehlen immer. Die beißenden Mundwerkzeuge sind nach vorn gerichtet. Die Vorderbrust ist viel kürzer als breit, der Halsschild verrundet rechteckig. Die Vorder- und Hinterflügel sind gleichartig, oval mit dunkler, grob netzförmiger Aderung, das Analfeld der Hinterflügel ist größer und faltbar, die Längsadern sind am Ende nicht gegabelt. Kein deutliches Pterostigma. Während der Ruhe liegen die Flügel dachförmig über dem Hinterleib. Die Beine sind kräftig, gleichförmig und haben 5gliedrige Tarsen, deren 4. Glied herzförmig verbreitert ist. Ovipositor und Cerci sind nicht vorhanden.

Die imaginalen Schlammfliegen trifft man von Ende April bis Juli in der Nähe von stehenden und fließenden Gewässern, meist auf ufernahen Pflanzen, an Brücken, Pfeilern, Stegen u. a. sitzend oder umherlaufend. Bei Sonnenschein wagen sie auch kurze, schwerfällige Flatterflüge. Während ihrer kurzen Lebenszeit nehmen sie höchstens flüssige Nahrung aus Blüten auf. Die Paarung erfolgt sitzend in Gewässernähe. Eier werden dort in einschichtigen Fladen mit einer Größe von einem bis mehreren Quadratzentimetern abgelegt. Die Gesamteizahl beträgt 500 bis 2 000 pro Weibchen. Die Jugendentwicklung ist mit einer vollständigen Verwandlung (Holometabolie) verbunden. Die Junglarven fallen entweder beim Schlüpfen sofort ins Wasser oder kriechen schnell dorthin. Ihr länglicher, nach hinten verjüngter Körper weist seitlich an den ersten 7 Hinterleibssegmenten stabförmige, gegliederte Kiemen und am letzten Segment einen langen zugespitzten Anhang auf. Die Larven können gut schwimmen und leben räuberisch von kleinen Tieren am Grunde der Gewässer. Während der meist 2jährigen Jugendentwicklung häuten sie sich etwa 10mal. Zur Verpuppung verlassen die Larven das Wasser und legen im Boden eine Höhle (Puppenwiege) an. Später arbeitet sich die bewegliche Puppe an die Oberfläche, an der die Imago schlüpft.

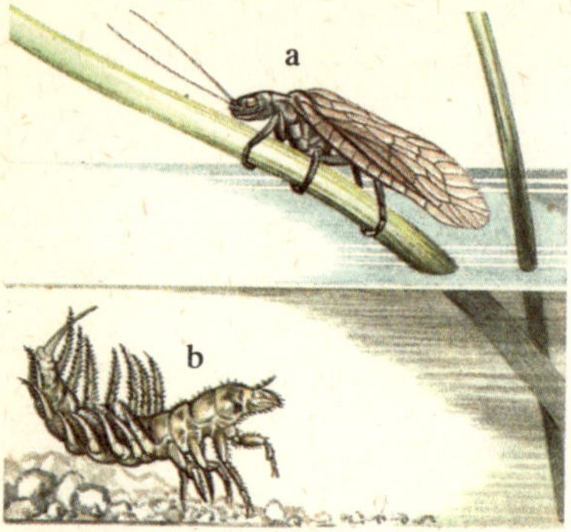

280 *Sialis lutaria* a Imago; b Larve

In Mitteleuropa kommen 3 Arten vor. Wenn die Schlammfliegen in hoher Populationsdichte auftreten, haben die Larven als Fischnahrung Bedeutung.

280 *Sialis lutaria*
10 bis 16 mm lang, Flügelspanne 22 bis 34 mm. Bei uns die häufigste Art. Imagines von April bis Juni vorwiegend an Seen, Teichen und Weihern, seltener an langsam fließenden Gewässern. Sie tritt gewöhnlich in hoher Populationsdichte auf. Die Junglarven schwimmen zunächst zwischen den Wasserpflanzen umher. Nach der ersten Häutung suchen sie den Bodenschlamm auf. Sie kommen sogar noch bis 18 m Wassertiefe vor und ernähren sich von kleinen Würmern, Mückenlarven, kleinen Muscheln u. a. Wassergetier. Entwicklungszeit 2 Jahre. Die Puppenruhe dauert etwa 14 Tage. Die Art ist bis in 2 400 m Höhe verbreitet.

Ordnung *Raphidioptera* Kamelhalsfliegen

Die Angehörigen dieser Ordnung haben eine sehr charakteristische Körpergestalt, an der sie sofort erkannt werden können. Es sind kleine bis mittelgroße Netzflügler mit einer Körperlänge von 6 bis 20 mm und einer Flügelspanne zwischen 14 und 40 mm. Sie weisen auf der vorherrschend schwarzen oder schwarzbraunen Grundfärbung des Körpers eine spärliche weißgelbliche Fleckenzeichnung und oft Metallglanz auf. Dadurch, daß die stark verlängerte, schmale Vorderbrust nach oben abgewinkelt und der Kopf etwas nach unten geneigt ist, weist die Körperachse eine doppelte Knickung auf und bei seitlicher Betrachtung und einiger Phantasie entsteht der Eindruck eines «Kamelhalses». Der rautenförmige oder verrundet rechteckige Kopf ist hinten halsartig verdünnt. Er trägt nach vorn gerichtete beißende Mundwerkzeuge und vor den halbkugeligen Augen halbkörperlange, fadenförmige Fühler. Ozellen sind nicht immer vorhanden. An der stark beweglichen Vorderbrust setzen die Beine hinten an. Hierdurch unterscheiden sie sich von den ähnlich gestalteten Fanghaften (Mantispiden). Alle Beine sind einfache Laufbeine mit 5 Tarsengliedern. Die 4 ovalen hyalinen Flügel haben ein locker netzförmiges Geäder und ein Flügelmal (Pterostigma). Die Längsadern gabeln sich am Flügelrand. In der Ruhe werden die Flügel dachförmig über dem Hinterleib getragen. Die Weibchen lassen sich leicht an ihrer langen, dünnen Legeröhre erkennen.

281 *Raphidia notata* ♀

Kamelhalsfliegen sind Waldtiere, die vorwiegend an Waldrändern, aber auch in allen anderen Lebensräumen mit Baum- und Strauchvegetation zu finden sind. Die Imagines treten in Mitteleuropa etwa von Mai bis Juli auf. Sie sind tagaktiv, laufen sehr flink und führen bei Sonnenschein auch «hüpfende» Kurzstreckenflüge aus. Es sind Räuber, die Blattläuse und andere zarte Gliederfüßer fressen, aber auch Pollen auf-

nehmen. Die Eier werden in Gelegen von 2 bis 50 Stück mit Hilfe der langen Legeröhre vorzugsweise in Rindenritzen oder irgendwelche Spalten abgelegt. Die Junglarven schlüpfen etwa Ende Juni bis Juli.
Die langgestreckten und abgeflachten Larven haben einen verrundet rechtekkigen Kopf mit nach vorn gerichteten, kauenden Mundwerkzeugen, kurzen Fühlern und jederseits 4 bis 7 Einzel-

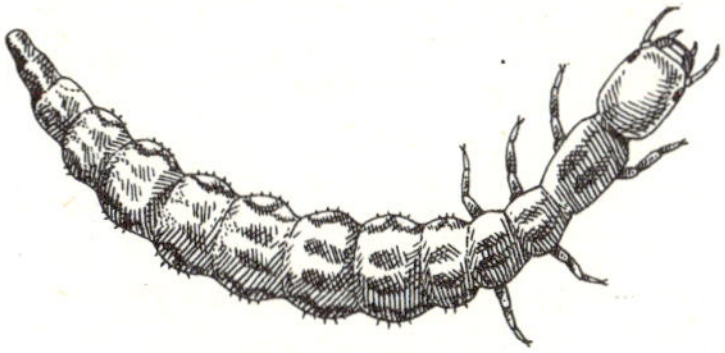

Larve von *Raphidia*

augen. Die Vorderbrust ist deutlich größer als die fast gleichen hinteren Brustsegmente. Die Beine sind kurz, gleichförmig und dem Boden flach anliegend, der Fuß 1gliedrig mit 2 Krallen, der Hinterleib ohne Anhänge. Der Enddarm kann als Haftorgan ausgestülpt werden, dadurch wird im Zusammenwirken mit den Beinen eine schnelle spannerraupenartige Vor- und Rückwärtsbewegung ermöglicht.
Das sehr auffällige Rückwärtslaufen erklärt sich ebenso wie die Beinstellung mit dem Leben in engen Spalträumen und Käfergängen, in denen es keine Wendemöglichkeit gibt.
In der etwa 2jährigen Entwicklung treten etwa 10 Larvenstadien auf. Die Überwinterung erfolgt dabei 2mal als Larve. Die Larven verpuppen sich unter der Rinde von Bäumen, Sträuchern oder zwischen organischen Materialien in einer selbst angefertigten Höhle. Wenn die Imago bereits unter der durchscheinenden Haut liegt, ist die freigliedrige Puppe sehr beweglich. Die Lebensdauer der Imagines beträgt wenige Wochen.
Die Larven leben unter der Rinde von Bäumen und Sträuchern oder in den oberen, an organischen Substanzen reichen Bodenschichten. Sie sind räuberisch und fressen vor allem Eier und Larven von Insekten und weichhäutige andere Gliederfüßer. Sobald die Kamelhalsfliegen in hoher Besiedlungsdichte auftreten, gewinnen sie als Vertilger von Schadinsekten Bedeutung.

Spezielle Literatur

Aspöck, H.; Aspöck, U.: Raphidioptera (Kamelhalsfliegen). Handbuch d. Zoologie, 4. Band, 2. Hälfte, 2. Teil, 25. Beitrag. Berlin/New York 1971
Metzger, R.: Die Kamelhalsfliegen. Wittenberg Lutherstadt 1960

Die Ordnung ist mit rund 200 Arten nur auf der nördlichen Halbkugel verbreitet. 13 Arten aus 2 Familien leben auch in Mitteleuropa.

Familie *Raphidiidae*

12 Arten.

281 *Raphidia notata*
Körperlänge etwa 12 mm, Flügelspanne 20 bis 30 mm. Hinter dem Pterostigma der Flügel liegen 4 Zellen. Die Larven leben unter der Rinde verschiedener Laub-, bevorzugt jedoch Nadelhölzer. Auch in Obstplantagen vertreten. Noch in Höhen von 2 000 m anzutreffen. Die Populationsdichte ist oft hoch. Imagines von Mai bis Juli.
Inocellia crassicornis, der verbreitetste Vertreter der Familie *Inocelliidae* im Gebiet, unterscheidet sich durch fehlende Ozellen und Flügelmale ohne Queradern.

Ordnung *Planipennia* (= *Neuroptera*) Echte Netzflügler

In dieser Ordnung werden Arten mit sehr unterschiedlicher Körpergestalt und -größe vereinigt, die oft Angehörigen anderer Insektenordnungen sehr ähnlich sind. So erinnern die winzigen, bisweilen nur 1,5 mm langen und mit 3 mm weit spannenden Flügeln versehenen Staubhafte (S. 181) an Staubläuse (s. S. 113), während die großen Ameisenjungfern (S. 185) wie Libellen (s. S. 65) aussehen. Andere haben eine gewisse Ähnlichkeit mit Kleinschmetterlingen, Nachtfaltern, Fangschrecken oder auch Pflanzenteilen. Trotzdem bilden sie eine einheitliche Verwandtschaftsgruppe.

Ihr rundlicher Kopf hat nach unten gerichtete kauende Mundwerkzeuge, seitlich große, halbkugelige Augen, aber nur bei den Bachhaften (S. 180) Ozellen. Zwischen den Augen entspringen kurze bis lange, keulen-, faden- oder perlschnurförmige, bisweilen sogar gekämmte Fühler. Gewöhnlich sind 2 Paar gleichartige (Ausnahme Fam. *Nemopteridae*) großflächige Flügel vorhanden, die eine reiche netzförmige Aderung und ein Flügelmal (Pterostigma) aufweisen (Ausnahme Staubhafte S. 181). Die durchsichtige Flügelmembran ist manchmal getönt und nicht selten charakteristisch, bisweilen bunt gefleckt. In der Ruhe werden die Flügel meist steil dachförmig über dem gewöhnlich wesentlich kürzeren Hinterleib zusammengelegt. Die Beine sind als gleichartige Schreitbeine mit 5gliedrigen Füßen und 2 Krallen ausgebildet, selten ist das vordere Beinpaar zu Raubbeinen umgewandelt (*Mantispidae* S. 182).

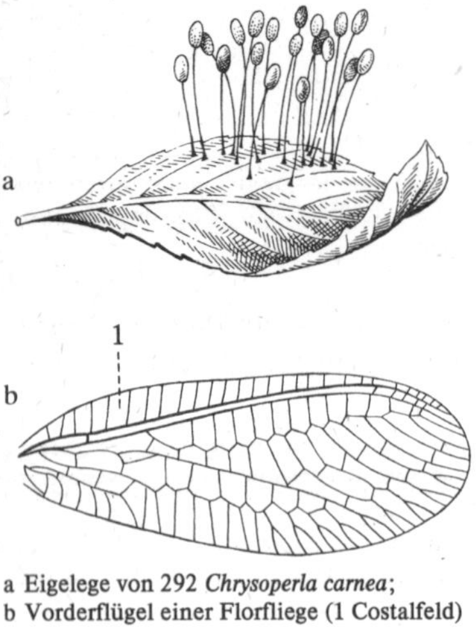

a Eigelege von 292 *Chrysoperla carnea*;
b Vorderflügel einer Florfliege (1 Costalfeld)

In der Regel findet man die Imagines dort, wo sich die Larven entwickeln, vor allem an Waldrändern, Gebüschhängen oder in Gewässernähe. Am Tage ruhen sie mehr oder weniger verborgen, z. B. an Blattunterseiten, denn die Vollkerfe der meisten Familien sind dämmerungs- oder nachtaktiv, nur manche Schmetterlings- und Fadenhafte sind tagaktiv. Ihr Flugvermögen ist, außer bei Schmetterlingshaften, schlecht und geht über kurze Flatterflüge nicht hinaus. Netzflügler leben überwiegend räuberisch, viele nehmen aber gelegentlich oder sogar ausschließlich Pollen oder Honigtau auf, manche Arten kommen als Vollkerfe ohne Nahrung aus.

Die Ablage der Eier erfolgt einzeln in Sand oder Erdboden bzw. einzeln oder in Gruppen an Pflanzenteilen. Manche Arten setzen die Eier auf einen langen Sekretstiel. Während der Jugendentwicklung erfolgt eine vollständige Metamorphose mit 3 Larvenstadien und einer freigliedrigen Puppe. Die Larven der meisten Familien leben auf dem Lande, nur die der *Sisyridae* (S. 181) im Süßwasser. Sie haben größtenteils einen spindel- oder tropfenförmigen Körper, der bei den Sisyriden abdominale Kiemenanhänge aufweist. Völlig abweichend sind die madenartigen Sekundärlarven der *Mantispidae* gestaltet. Für alle *Planipennia*-Larven ist die Ausprägung der nach vorn gerichteten stechend-saugenden Mundteile charakteristisch. Ihre kräftigen, stilett- sowie rinnenförmigen Ober- und Unterkiefer sind miteinander verfalzt und formen jederseits ein Saugrohr. Meist bilden die beiden Kieferrohre zusammen eine Saugzange, mit der die Beutetiere ergriffen und nach Injektion von Verdauungsfermenten ausgesaugt werden. Netzflüglerlarven leben durchweg räuberisch. Als Nahrung dienen fast ausschließlich weichhäutige Arthropoden, vor allem an Pflanzen saugende Insekten, deshalb werden viele Netzflüglerar-

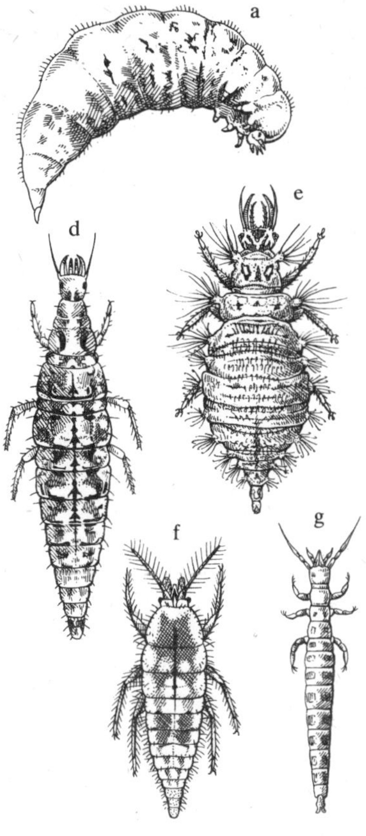

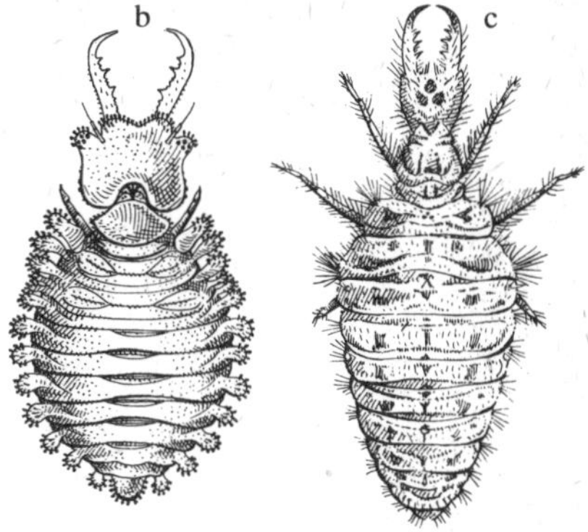

Larven Echter Netzflügler: a *Mantispa* (Sekundärlarve, lateral); b Fam. *Ascalaphidae*; c 293 *Myrmeleon formicarius*; d *Hemerobius*; e *Chrysoperla*; f *Conwentzia*; g *Mantispa* (Erstlarve)

ten als nützlich angesehen. Am Ende der Larvenzeit scheiden die Malpighischen Gefäße ein Spinnsekret ab, aus dem ein doppelwandiger Verpuppungskokon gesponnen wird, den die bewegliche Puppe später aufbeißt und wenigstens teilweise verläßt. Entwicklungsdauer wenige Wochen bis 2 Jahre. Überwinterung gewöhnlich als Larve, selten als Vollkerf. Die Imagines leben in der Regel nur einige Tage bis wenige Wochen. Die Echten Netzflügler sind mit rund 4 500 Arten weltweit verbreitet. In Mitteleuropa kommen 8 Familien mit etwa 114 Arten vor.

Spezielle Literatur

Aspöck, H.; Aspöck, U.; Hölzel, H.: Die Neuropteren Europas. Bd. I–II. Krefeld 1980

Friedrich, H.: Neuroptera. Bronns Klassen und Ordnungen des Tierreichs. Bd. V, 3. Abteilung, Buch XII a. Leipzig 1953

Keilbach, R.: Goldaugen, Schwebfliegen und Marienkäfer. Leipzig 1954

Stitz, H.: Ordnung Netzflügler, Neuroptera. Tierwelt Mitteleuropas, Bd. VI, Teil 1, 1. Lief. Leipzig 1927

Stitz, H.: Neuroptera, Megaloptera, Raphidina, Planipennia. Biologie der Tiere Deutschlands, Teil 35, Lieferungen 22, 26, 33. Berlin 1926, 1927, 1931

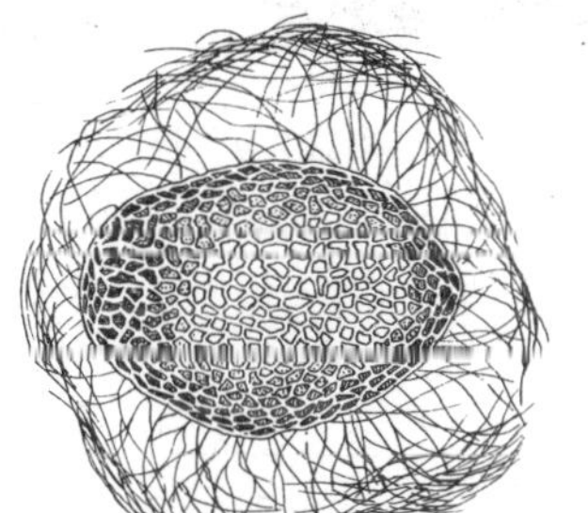

286 *Drepanopteryx phalaenoides* Verpuppungsgespinst

Bestimmungsschlüssel der Familien

1 Sehr kleine Tiere, Flügelspanne unter 10 mm, Körper und Flügel mit Wachs weiß bestäubt, Längsadern der Flügel am Rande nicht gegabelt *Coniopterygidae* (S. 181)

1′ Größere Tiere, Flügelspanne meist über 10 mm, Längsadern der Flügel am Rande gegabelt 2

2 Fühler am Ende keulenförmig verdickt 3

2′ Fühler am Ende nicht verdickt 4

3 Fühler fast so lang wie die Vorderflügel; Flügel bunt, mit ausgedehnter gelber und schwarzer Zeichnung *Ascalaphidae* (S. 186)

3′ Fühler sehr viel kürzer als die Vorderflügel, diese glashell oder mit kleinen bräunlichen Flecken, libellenähnlich *Myrmeleonidae* (S. 185)

4 Vorderbeine zu Fangbeinen umgestaltet *Mantispidae* (S. 182)

4′ Vorderbeine nicht zu speziellen Fangorganen umgestaltet 5

5 Kopf mit 3 Stirnaugen (Ozellen) *Osmylidae* (S. 180)

5′ Stirnaugen fehlen 6

6 Queradern im vorderen Randfeld des Vorderflügels gegabelt *Hemerobiidae* (S. 182)

6′ Queradern im vorderen Randfeld des Vorderflügels nicht gegabelt 7

7 Flügelspanne maximal bis 15 mm, Flügel fast ohne Queradern, düster schwarzbraun gefärbt *Sisyridae* (S. 181)

7′ Flügelspanne wenigstens 18 mm, Flügel mit zahlreichen Queradern, meist grün gefärbt *Chrysopidae* (S. 183)

Familie *Osmylidae*
Bachhafte

Mittelgroße bis große Netzflügler (Flügelspanne 30 bis 60 mm) mit florfliegenähnlicher Gestalt, deren glashelle Vorderflügel auffällig dunkelbraun gefleckt sind. Sie besitzen 3 Ozellen, wodurch sie sich von allen anderen Echten Netzflüglern sicher unterscheiden lassen.

Bachhafte findet man von Ende April bis Anfang August in der Nähe fließender Gewässer. Dort ruhen sie tagsüber an ufernahen Pflanzen oder Bauwerken und werden erst in der Dämmerung richtig aktiv. Ihr Flugvermögen ist schlecht. Sie leben räuberisch von Insekten.

Die Eier werden reihenweise an Pflanzen, Steinen und Baumstämmen in der Nähe von Bächen und Flüssen abgelegt. Die Larven sind halbaquatisch und halten sich am Rande von Fließgewässern unter Steinen, zwischen Wurzeln und Uferpflanzen auf, wo sie sich hauptsächlich von Insektenlarven ernähren. Ihre langen, spitzen Kiefer sind nicht einwärts gekrümmt, sondern fast parallel nach vorn gerichtet. Die Verpuppung erfolgt im selbstgesponnenen

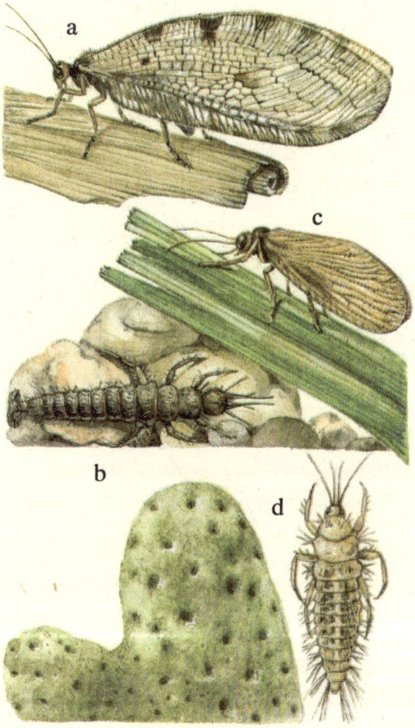

a, b 282 *Osmylus fulvicephalus* a Imago, b Larve; c, d 283 *Sisyra fuscata* c Imago, d Larve

Kokon unter Steinen, Moos oder Rinde, die Entwicklungsdauer beträgt 1 Jahr. Die Überwinterung erfolgt als Larve.
Von den 100 bekannten Arten kommt nur eine in Europa vor.

282 *Osmylus fulvicephalus*
In fast ganz Europa verbreitet. Die Larven ernähren sich vorwiegend von Zuckmückenlarven und anderen weichhäutigen Insekten des Uferbereichs. Luftblasen im Darm verhindern das Ertrinken der Larven bei Überschwemmungen. Vollkerfe von Mai bis Juli oft in hoher Individuenzahl an Fließgewässern.

Familie *Sisyridae* Schwammhafte

Sehr kleine, düster schwarzbräunlich gefärbte Netzflügler (Körperlänge etwa 2 bis 3 mm, Flügelspanne 10 bis 15 mm), die an den in der Tabelle (s. S. 180) genannten Merkmalen von den ähnlichen Hemerobiiden zu unterscheiden sind. Sie halten sich als Vollkerfe hauptsächlich in der Nähe von stehenden und fließenden Gewässern auf. Allerdings können sie sich bei ihren nächtlichen Flügen weit von den Brutgewässern entfernen. Ihre Nahrung bilden kleine zarte Insekten. Die Eier werden einzeln oder in Gruppen an über das Wasser ragende Pflanzenteile oder andere Objekte abgesetzt und übersponnen. Die schlüpfenden Larven fallen direkt ins Wasser. Sie schwimmen durch Bewegungen des ganzen Körpers und der Beine zu Süßwasserschwämmen oder auch Moostier-Kolonien und leben dann wie Parasiten, die mit ihren sehr langen, dünnen Kiefern das Gewebe des Wirtes anstechen und aussaugen. Für die Atmung besitzen sie an der Bauchseite der 7 vorderen Hinterleibssegmente paarige Kiemenanhänge. Die reifen Larven spinnen einen doppelwandigen Kokon dicht über dem Wasserspiegel an Pflanzen, oft aber auch in erheblicher Entfernung

284 *Conwentzia psociformis* Imago mit Verpuppungsgespinst

vom Wasser in Borkenritzen oder an anderer Stelle. Dort überwintern sie, verpuppen sich aber erst im Frühjahr. 1 bis 2 Generationen pro Jahr.
Von rund 50 bekannten Arten kann man 4 in Mitteleuropa finden.

283 *Sisyra fuscata*
Die häufigste und am weitesten verbreitete Art in Mitteleuropa, die schon durch ihre einfarbig dunkelbraunen Flügel und völlig schwarzen Fühler sicher bestimmt werden kann. Imagines von Mai bis September. Die Larven parasitieren an Süßwasserschwämmen.

Familie *Coniopterygidae* Staubhafte

Nur 1 bis 2 mm lang bei 3 bis 10 mm Flügelspanne. Der Körper ist einschließlich der Flügel und Beine mit weißlichem bis gräulichem Wachspuder bedeckt. Staubhafte sehen fast wie Mottenschildläuse *(Aleyrodidae)* aus. Der Kopf, ohne Ozellen, trägt kurze perlschnurförmige Fühler. Das Flügelgeäder ist reduziert, nur wenige Queradern sind vorhanden. Die Imagines sitzen an Bäumen, Sträuchern und niedriger Vegetation. Die Larven sind tropfenförmig gestaltet. Vollkerfe und Larven leben als Räuber, die viele pflanzenschädliche kleine Insekten vertilgen.
Die Eier werden an Blätter oder Rinde geklebt. Entwicklungsdauer wenige

Wochen bis mehrere Monate, 2 bis 3 Generationen im Jahr. Für die Verpuppung wird ein loser Kokon an und in lebenden oder toten Pflanzenteilen gesponnen, in dem die reife Larve überwintert.
In Europa leben 37 Arten, von denen 22 in Mitteleuropa vorkommen.

284 *Conwentzia psociformis*
Flügelspanne etwa 7 mm. An Laubbäumen und -sträuchern, vor allem Eichen, in lichten Mischwäldern. Imagines von April bis Oktober. Neigt zur Massenvermehrung und hat deshalb für die Dezimierung von schädlichen Gliederfüßern Bedeutung (Abb. S. 181).

Familie *Mantispidae* Fanghafte

Fanghafte (Körperlänge 5 bis 25 mm) erkennt man auf den ersten Blick an ihren zu Rauborganen umgestalteten Vorderbeinen. Allerdings ähneln sie dadurch den Fangschrecken (*Mantoptera*, s. S.87), unterscheiden sich aber durch ihre durchsichtigen, netzadrigen, dachförmig zusammengelegten Flügel deutlich. Sie sind tag- sowie nachtaktiv und ernähren sich räuberisch von Insekten. Die Weibchen heften die gestielten Eier an alle möglichen Pflanzenteile; oft suchen sie dazu gemeinsam mit anderen bestimmte Ablageplätze auf, z. B. rissige Borke. Die Erstlarven nehmen keine Nahrung auf und dringen nach der Überwinterung in die Eikokons bestimmter Spinnen (z.B. von Wolfsspinnen) ein, wo sich die Larven des 2. und des 3. Larvenstadiums von Eiern und Jungspinnen ernähren. Die Verpuppung erfolgt meist an Ort und Stelle in einem Kokon.
Mit etwa 350 Arten weltweit verbreitet, aber mit deutlichem Schwerpunkt in den Tropen und Subtropen. Nur 1 Art ist auch in Mitteleuropa vertreten.

285 *Mantispa styriaca*
Flügelspanne 13 bis 35 mm. Imagines von Juni bis August auf Gebüsch in

285 *Mantispa styriaca* ♀

trockenwarmen Lebensräumen, während der heißen Tageszeit meist unter Blättern versteckt. Körperfärbung und Größe sind sehr variabel. 1 Generation pro Jahr. In Mitteleuropa nur in isolierten, klimatisch begünstigten Kleinarealen sporadisch vertreten. Nördlich der Alpen nur in Reliktvorkommen bis nach Berlin verbreitet.

Familie *Hemerobiidae* Blattlauslöwen

Meist kleine bis sehr kleine Netzflügler (Flügelspanne 7 bis 35 mm), die mehr oder weniger dunkel graubräunlich gefärbt sind und oft auch bräunlich getönte oder gefleckte Flügel aufweisen. Sie haben lange, perlschnurförmige Fühler. Ihre Vorderbrust ist kurz, meist breiter als lang. Gewöhnlich sind 2 Paar gleichförmige, ovale Flügel vorhanden. Das Vorderrandfeld ist in den Vorderflügeln breiter als in den Hinterflügeln und mit gegabelten Queradern versehen. Die übrigen Queradern sind bei den europäischen Arten zu Stufenreihen angeordnet. Die Hemerobiiden halten sich hauptsächlich an Bäumen und Sträuchern, nur wenige Arten an krautigen Pflanzen auf, wo sie auch ihre Eier an Blättern, Rinde und anderen Pflanzenteilen ablegen; in der Regel 50 bis 600 Stück pro Weibchen. Die lang spindelförmigen Larven – die sogenannten Blattlauslöwen – unterscheiden sich von den ähnlichen Larven der Florfliegen durch das Fehlen von Borstenwarzen und die im übrigen unauffällige Beborstung. Die Nahrung der Larven und Imagines besteht vorwiegend aus Blatt- und Schildläusen sowie anderen weichhäutigen Gliederfüßern. Das reife 3. Larvenstadium spinnt einen Verpuppungskokon an oder in lebenden und toten Pflanzenteilen, auch an Steinen. Als Überwinterungsstadien kommen Ei, Larve, Vorpuppe und selten die Imago vor. Viele Arten treten in sehr hoher Besiedlungsdichte auf, so daß sie für die Vernichtung von Schadinsekten große Bedeutung haben. Die Hemerobiiden sind mit rund 600 Arten weltweit verbreitet. 42 Arten kommen in Mitteleuropa vor.

286 *Drepanopteryx phalaenoides*
Flügelspanne 24 bis 35 mm. Durch die hinten sichelförmig eingebuchteten, einem trockenen Blatt ähnlichen Vorderflügel unverwechselbar. Sie entwickelt sich an zahlreichen Laubbäumen und -sträuchern, selten an Koniferen. Bisweilen massenhaft an Holunder. Bevorzugt lichte Buchenwälder, tritt sogar in Obstgärten der Stadtgebiete auf.

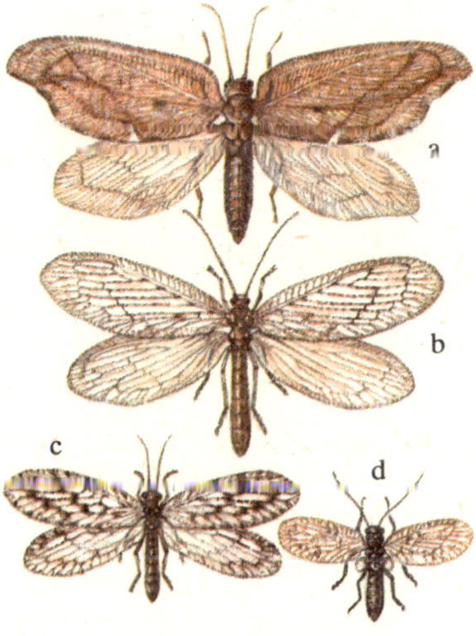

a 286 *Drepanopteryx phalaenoides*; b 287 *Hemerobius humulinus*; c 288 *Micromus variegatus*; d 289 *Psectra diptera*

Überwintert wohl als Imago und ist von April bis November im Freiland aktiv. Meist nur 1 Generation im Jahr.

287 *Hemerobius humulinus*
Flügelspanne 12 bis 20 mm. Eine der häufigsten Hemerobiiden-Arten, deren Körperfärbung und Fleckenmuster der Flügel sehr variabel sind. Sie lebt in der Baum- und Strauchschicht verschiedener Laubgehölze. Kulturfolger, der selbst in den Parks und Gärten der Großstädte fast immer vertreten ist. Imagines von April bis Oktober. Mindestens 2 Generationen pro Jahr. Überwintert als Vorpuppe.

288 *Micromus variegatus*
Flügelspanne 10 bis 17 mm. Wegen ihrer glasklaren, markant dunkel gefleckten Flügel unverwechselbare Art. Sie besiedelt niedrige Vegetation und bevorzugt feuchte Biotope mit üppigem Pflanzenwuchs. Auch in Parkanlagen und Gärten der Großstädte von Mai bis Oktober als Vollkerf präsent. Lokal manchmal sehr häufig. Wenigstens 2 Generationen.

289 *Psectra diptera*
Flügelspanne 5,3 bis 7,6 mm. Eine sehr kleine, bräunliche Art, deren Hinterflügel in beiden Geschlechtern oft zu winzigen Läppchen reduziert sind. Sie bewohnt die niedrige Vegetation üppig bewachsener Feuchtbiotope. Auch auf Sanddünen am Meeresstrand. Von Mai bis September imaginal. Sporadisch, sehr lokal und selten gefunden.

Familie *Chrysopidae*
Florfliegen, Goldaugen

Zweifellos die bekanntesten Echten Netzflügler, deren Flügelspanne zwischen 12 und 72 mm liegt. Der zarte Körper dieser kleinen bis mittelgroßen Tiere ist meist grünlich, seltener bräunlich gefärbt. Ihre goldgrün schimmernden Augen und florartig den Körper verhüllenden transparenten Flügel, deren breites Costalfeld zahlreiche, paral-

lele, unverzweigte Queradern aufweist, kennzeichnen sie unverwechselbar. Die Flügelpaare werden unabhängig voneinander bewegt, da ein Koppelungsmechanismus fehlt, was die kurzen Flüge besonders unbeholfen erscheinen läßt. Zur Verteidigung gebrauchen sie seitlich an der Brust gelegene Stinkdrüsen.
Vollkerfe leben an Bäumen und Sträuchern, selten an krautigen Pflanzen. Meist ernähren sie sich von Honigtau und Pollen, nur ausnahmsweise räuberisch. Als dämmerungs- und nachtaktive Insekten fliegen sie künstliche Lichtquellen an. Die Ablage der auf einem Sekretstiel sitzenden Eier erfolgt an Pflanzenteilen, oft in der Nähe von Blattlauskolonien. Die räuberischen, vor allem von Blatt- und Schildläusen sowie weichhäutigen Insektenlarven lebenden Jugendstadien haben einen gedrungen spindelförmigen, mit zahlreichen Borstenwarzen versehenen Körper und lange, gleichmäßig zangenförmig nach innen gebogene Kiefer. Bei manchen Arten tarnen sich die Larven mit den leeren Hüllen ihrer Opfer oder anderen Objekten aus der Umgebung.
Mit etwa 1400 Arten über alle Kontinente verbreitet; Mitteleuropa besiedeln 29 Arten.

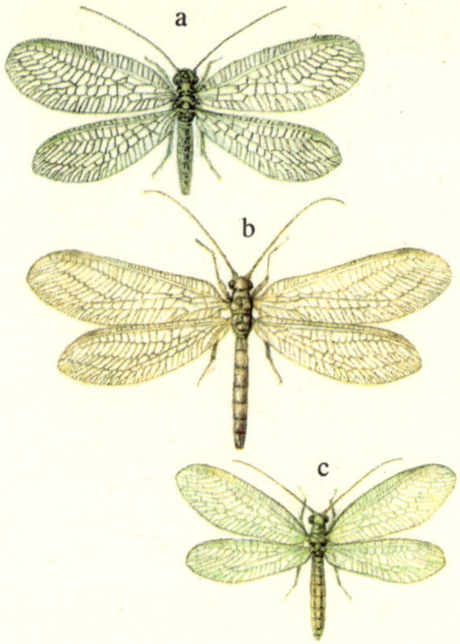

a 290 *Chrysopa perla*; b 291 *Nineta flava*; c 292 *Chrysoperla carnea*

290 *Chrysopa perla*
Flügelspanne 23 bis 32 mm. Kann an ihrer blaugrünen Körperfärbung und charakteristischen schwarzen Kopfzeichnung schon mit bloßem Auge sicher erkannt werden. Die Imagines sind Räuber, die Blattläuse und zarte Insekten fressen. Sie entwickeln sich vorwiegend in der Strauchschicht von Laub- und Nadelwäldern an feuchten Stellen. Auch in Großstädten häufig. Bei uns 1 bis 2 Generationen; überwintert als verpuppungsreife Larve.

291 *Nineta flava*
Flügelspanne 33 bis 52 mm. Eine große, gelblichgrüne Art ohne dunkle Kopfzeichnung. Die Larven leben in der Baum- und Strauchschicht von Laubwäldern. Die Imagines sind von Mai bis Oktober auch regelmäßig in Parks und Gärten von Großstädten zu finden. 2 Generationen. Überwintert als Vorpuppe.

292 *Chrysoperla carnea* (= *Chrysopa vulgaris*)
Gemeine Florfliege
Flügelspanne 20 bis 28 mm. Eine fast ganz grüne Art mit gelblichem Aalstrich, die überall anzutreffen ist, wo ihre Larven geeignete Beutetiere, Blattläuse, Schildläuse usw., finden, aber bevorzugt an niedriger Vegetation. Mit Abstand die häufigste Florfliegenart. Die Larven sind wichtige Vertilger von Blatt- und Schildläusen sowie anderen schädlichen Insektenlarven. Vollkerfe ernähren sich von Nektar und Pollen. 2 Generationen. Es überwintern die Imagines in Bäumen, unter loser Rinde, in Höhlen und Gebäuden. Die Körperfärbung verändert sich durch die Temperatur und Tageslänge zum Winter von Grün nach Rötlichbraun und im Frühjahr wieder zu Grün.

Familie *Myrmeleonidae* Ameisenjungfern

Mit mehr als 2 000 Arten die größte Familie der Echten Netzflügler. Körperlänge 20 bis 80 mm, meist 40 bis 50 mm, von libellenähnlicher Körpergestalt, die vor allem durch die langen, schmalen, oft dunkel gefleckten Flügel und den langen, schlanken Hinterleib geprägt wird. Ameisenjungfern lassen sich aber bei genauem Hinsehen leicht von den Wasserjungfern unterscheiden. Ihre dicht geaderten Flügel werden nämlich während der Ruhe dachförmig über dem Hinterleib zurückgelegt und ihre kurzen kräftigen Fühler sind keulenförmig. Außerdem fehlen immer die Ozellen.

Obwohl die Flugzeit in den Monaten Mai bis Juni liegt, werden die Myrmeleoniden oft übersehen, da sie tagsüber versteckt an Pflanzen ruhen und erst in der Dämmerung und nachts aktiv werden. Die Vollkerfe der meisten Arten sind karnivor und fressen alle möglichen Insekten, manche Arten nehmen auch Pollen auf. Die Weibchen legen ihre länglichovalen Eier einzeln in sandigem Boden ab. Entwicklung 2 bis 3 Jahre, 3 Larvenstadien. Die als «Ameisenlöwen» bekannten karnivoren Larven sind gedrungen spindelförmig, haben einen großen Kopf mit mächtig entwickelten, nach vorn gerichteten Kiefern. Ihre Mandibeln sind am Ende nach innen umgebogen und auf der Innenseite bezahnt. Sie leben im Sand verborgen und lauern auf darüber hinweg laufende Gliederfüßer, die ergriffen und ausgesogen werden. Relativ wenige Arten bauen Fangtrichter im Sand, an dessen Grunde sie auf Beute lauern. Die Verpuppung erfolgt in einem runden Kokon im Boden. Überwinterung als Larve. In Mitteleuropa kommen 12 Arten vor.

Fangtrichter des Ameisenlöwen (293)

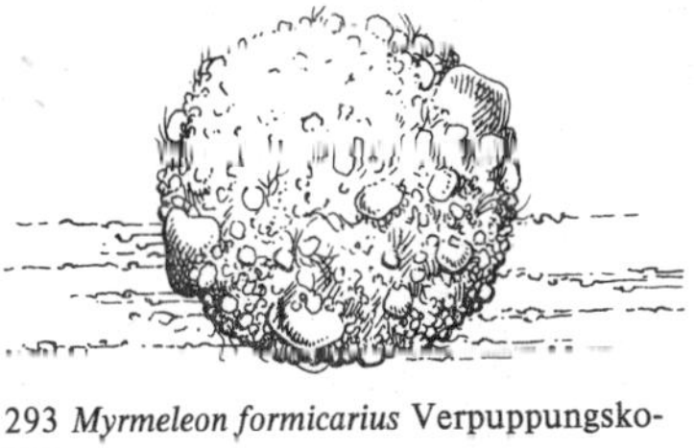

293 *Myrmeleon formicarius* Verpuppungskokon

293 *Myrmeleon formicarius*
Flügelspanne 65 bis 85 mm. Unsere häufigste Ameisenjungfer. Besonders auf trockenem Sandboden, in lichten Nadelwäldern, an Wegrainen in wärmebegünstigten Lagen. Imagines von Mai bis August. Die Larven bauen Trichter, indem sie rückwärts laufen und den Sand durch ruckartige Kopfbewegungen wegschleudern. Zu den Beutetieren gehören vor allem Ameisen. Überwintert zweimal als Larve.

294 *Euroleon nostras*
Flügelspanne 50 bis 70 mm. Lebt an ähnlichen Orten wie die vorige Art, oft mit dieser gemeinsam. Läßt sich aber durch ihre dunkel gefleckten Flügel klar unterscheiden. Vollkerfe von Juli bis August. Die Larven bauen ebenfalls Trichter.

295 *Acanthaclisis occitanica*
Mit 90 bis 120 mm Flügelspanne die deutlich größte Ameisenjungfer Mitteleuropas, die schon durch ihre Körpermaße unverwechselbar ist. Entwickelt sich in sandigen Böden, bevorzugt Küsten- und Binnendünen, ist aber auch

in vegetationsarmen lichten Kiefernbeständen anzutreffen. Die Larven bauen keine Trichter. Selten.

Familie *Ascalaphidae* Schmetterlingshafte

Schmetterlingsartig gestaltete und gefärbte, mittelgroße bis große, stark behaarte Netzflügler mit langen, am Ende keulenförmig verdickten Fühlern. Die Larven ähneln denen der Ameisenjungfern (s. S.185), haben aber an Mittel- und Hinterbrust je 2 bis 3 und an den Hinterleibssegmenten 1 bis 8 je einen keulenförmigen, borstentragenden Tuberkel. Sie leben im Genist der obersten Bodenschichten, ohne Trichter zu bauen. Entwicklung 2jährig. Die räuberischen Imagines sind am Tage oder in der Frühdämmerung aktive, ausgezeichnete Flieger, die ihre Beute im Fluge fangen. Sie legen ihre Eier in Reihen an Pflanzen ab. Imagines vom Mai bis August. Von den 350 Arten kommen in Mitteleuropa 3 vor.

296 *Libelloides coccajus* (= *Ascalaphus libelluloides*)
Flügelspanne 40 bis 55 mm. Die Flügelzeichnung ist sehr charakteristisch, wenn die Färbung auch variabel ist.

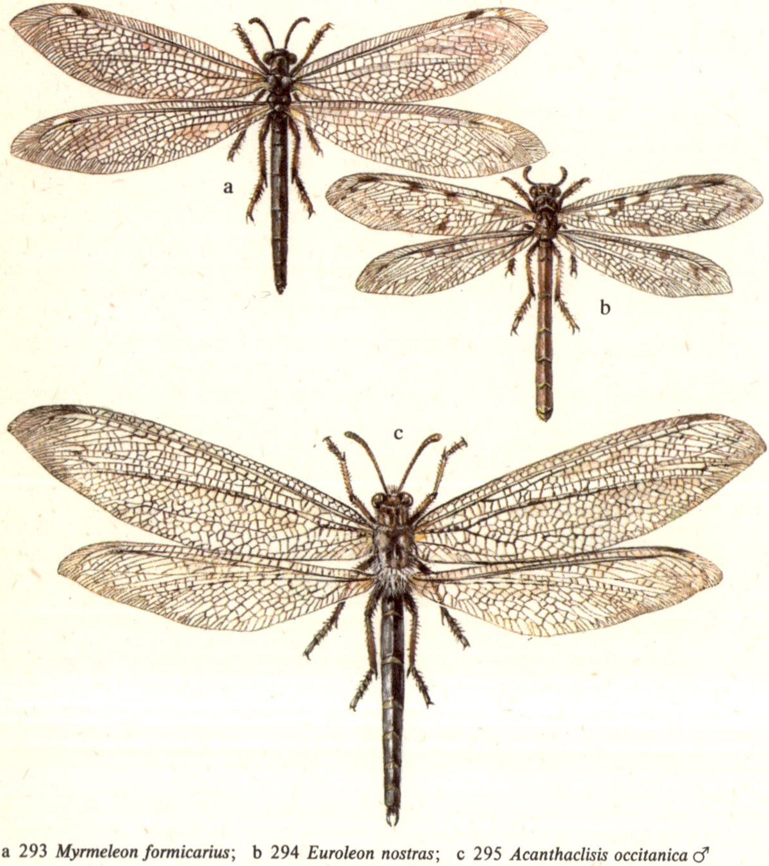

a 293 *Myrmeleon formicarius*; b 294 *Euroleon nostras*; c 295 *Acanthaclisis occitanica* ♂

Vollkerfe nur bei Sonnenschein aktiv. Sie lieben für den Nahrungserwerb und die Kopulation offene Flächen, wie z. B. Lichtungen, auch Wiesen und Hänge. Die Larven leben vorwiegend im Wurzelbereich von Bäumen und Sträuchern. Imagines vom Mai bis Juli. Besiedelt die südlichen Teile Mitteleuropas und erreicht nördlich das Mittelrheingebiet und den Fränkischen Jura.

297 *Libelloides longicornis* (= *Ascalaphus longicornis*)
Flügelspanne 38 bis 60 mm. An der charakteristischen Flügelfärbung sicher zu erkennen. Vollkerfe finden sich ausschließlich auf sonnenexponierten Wiesen und großen Lichtungen. Sie ruhen an niedriger Vegetation. Nur im südlichen Mitteleuropa und in Südeuropa, lokal sogar häufig. Nördlich dringt die Art bis zum Maintal vor. Imagines von Juni bis August.

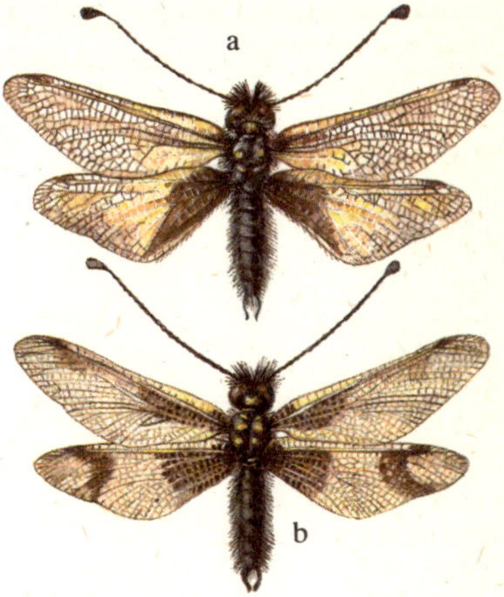

a 296 *Libelloides coccajus*; b 297 *Libelloides longicornis*

Ordnung *Coleoptera* Käfer

Die Käfer bilden die artenreichste Ordnung des Tierreiches mit fast einer halben Million Arten. Die Größe mitteleuropäischer Arten schwankt zwischen 0,5 und 50 mm Länge, tropische Käfer werden bis 160 mm lang. Fast alle Käfer sind leicht an ihren aus den Vorderflügeln hervorgegangenen Flügeldecken (Elytren) zu erkennen, die sich schützend über die Hinterflügel legen und am Flug unbeteiligt oder nur als Tragflächen wirksam sind. Die Deckflügel sind nur ausnahmsweise verkürzt oder rückgebildet, so bei Kurzflügelkäfern (S. 201), Leuchtkäfern (S. 203), einigen Bockkäfern (S. 227) und Fächerkäfern (S.220). Die Naht, d.h. die Berührungslinie der Deckflügel, bildet eine Mittellinie. Dadurch unterscheiden sich Käfer leicht von den Wanzen.
Käfer haben kauende Mundwerkzeuge. Nicht selten tritt Geschlechtsdimorphismus in Körper- und Mandibelgröße, Farbe, Hornbildungen, Breite der Vordertarsen, Fühlerlänge u. a. Merkmalen auf. Bei so großer Artenfülle werden naturgemäß die verschiedensten Biotope besiedelt. Käfer gibt es auf weitgehend kahlen Sandböden, in Wiesen, Wäldern und im Wasser. Sie leben frei am Boden, in der Erde, in Höhlen, in der Vegetationsdecke, aber auch im Innern von Pflanzenteilen. Von den in etwa 100 Familien eingeteilten knapp 6 000 Arten des Gebietes sind die meisten tagaktiv, aber sehr viele auch dämmerungs- und nachtaktiv. Die Einteilung in Pflanzenfresser, Räuber und Aasfresser ist nicht für alle Arten eindeutig, denn manche räuberische Art frißt gelegentlich auch pflanzliche Nahrung und manche Käfer sind Allesfresser. Nur wenige Arten wurden zu Parasiten.
Die Larven haben ein sehr unterschiedliches Aussehen und oft ernähren sie sich ganz anders als die Imago. Die Anzahl ihrer Stadien ist gering, oft sind es nur 3. Viele Käfer haben 1 Generation im Jahr, eine langsamere Entwicklung ist von den Maikäfern bekannt. Während die meisten Larven versteckt leben, trifft man die der Blattkäfer und Marienkäfer frei an Pflanzen.

Käfer sind nach Tabellen schwer zu bestimmen; selbst die meisten Käferspezialisten können nur die Gruppen sicher determinieren, in die sie sich allmählich eingearbeitet haben.

Spezielle Literatur

Benick, L.: Pilzkäfer und Käferpilze. Acta Zoologica Fennica 70, 1–250. Helsinki 1952

Burmeister, F.: Biologie, Ökologie, Verbreitung europäischer Käfer. Krefeld 1939

Freude, H.; Harde, K. W. u. Lohse, G. A.: Die Käfer Mitteleuropas. Bde. 1–11. Krefeld 1964–1983

Klausnitzer, B.: Käfer im und am Wasser. Wittenberg Lutherstadt 1984

Klausnitzer, B. und H. Klausnitzer: Marienkäfer. Wittenberg Lutherstadt 1979

Klausnitzer, B. und F. Sander: Die Bockkäfer Mitteleuropas. Wittenberg Lutherstadt 1978

Kuhnt, P.: Illustrierte Bestimmungs-Tabellen der Käfer Deutschlands. Stuttgart 1912

Lengerken, H. von: Lebenserscheinungen der Käfer. Leipzig 1928

Lengerken, H. von: Die Brutfürsorge und Brutpflegeinstinkte der Käfer. Leipzig 1939

Reitter, E.: Fauna Germanica. Stuttgart 1908 ff.

Scheerpeltz, O. und K. Höfler: Käfer und Pilze. Wien 1948

Scheerpeltz, O. und A. Winkler: Coleoptera. In: Brohmer, P. u. a.: Die Tierwelt Mitteleuropas. Leipzig o. J.

Übersicht über die behandelten Familien

Familie *Carabidae* Laufkäfer

Käfer von charakteristischer Gestalt, nur der Grundkäfer (307) fällt etwas aus dem Rahmen. Kleine bis große Ar-

ten (1,7 bis 40 mm), meist Nachttiere und räuberisch lebend. In allen Biotopen zu beobachten, sogar auf völlig trockenem Sand. Am Tage oft unter Steinen, Holz und Moos zu finden. Im Gebiet über 500 Arten, viele davon nur in Gebirgen.
Die Larven sind sehr mobil und können unter Moos, Bodenstreu, Heuhaufen und Steinen gefunden werden. Nur wenige Arten leben auf Sträuchern und Bäumen, z. B. *Calosoma* (299, 300). Viele Arten überwintern als Käfer aber auch als Larve. Alle Arten der Gattungen *Cicindela*, *Calosoma* und *Carabus* stehen unter Naturschutz.

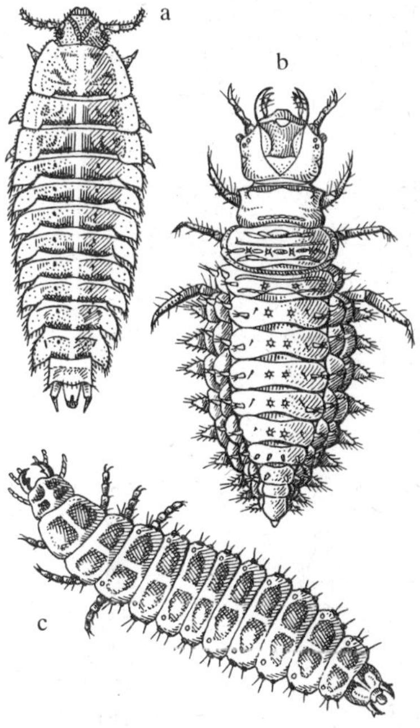

Larven von: a Aaskäfer; b 339 *Spercheus emarginatus*; c 299 *Calosoma sycophanta*

298 *Cicindela hybrida*
Gemeiner Sandlaufkäfer
13 bis 17 mm. Sandlaufkäfer sind leicht von den übrigen Laufkäfern durch die großen Augen, langen Beine und die Zeichnung auf den Flügeldecken zu unterscheiden. Alle Arten der Gattung (im Gebiet 7) sehr sonneliebend und meist auf Sandboden lebend. Imagines und Larven räuberisch. Die Larven leben in selbstgegrabenen, senkrecht in die Tiefe gehenden Röhren im Boden. Hat man ihre an allem möglichen Auswurf kenntlichen Löcher entdeckt, haben sie sich in die Tiefe zurückgezogen. Verhält man sich ruhig, kommen sie wieder nach oben, klemmen sich mit einem Stemmzapfen fest und lauern auf Beute, die blitzschnell gepackt wird. Dieses Verhalten ist auch für andere Arten der Gattung charakteristisch. Die Käfer schlüpfen im Sommer.

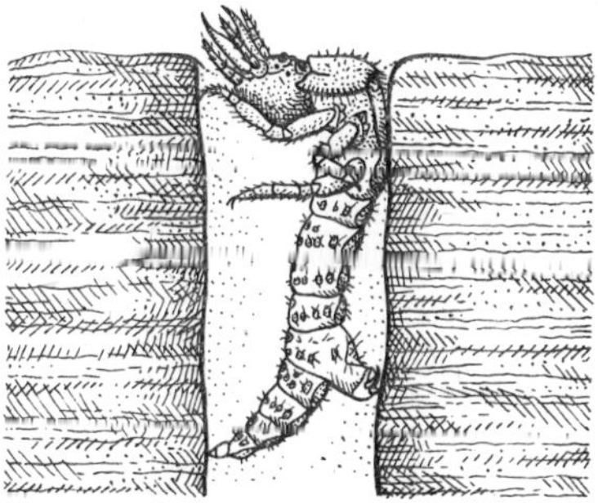
298 *Cicindela hybrida* Larve in Röhre

299 *Calosoma sycophanta*
Puppenräuber
Bis 30 mm großer, prächtiger Laufkäfer, der früher häufig, jetzt aber nur noch selten zu sehen ist. Er ernährt sich ebenso wie die Larve überwiegend von Raupen, die auch auf Laub- und Nadelbäumen verfolgt werden. Das Erklettern von Pflanzen durch Imagines und Larven der *Calosoma*-Arten ist für die Familie der Laufkäfer einzigartig. Die Larve benötigt für ihre Entwicklung nur 3 Wochen.

300 *Calosoma inquisitor*
Kleiner Puppenräuber
Nur bis 24 mm groß. Noch einigermaßen häufig anzutreffen und z. B. bei massenhaftem Auftreten des Grünen

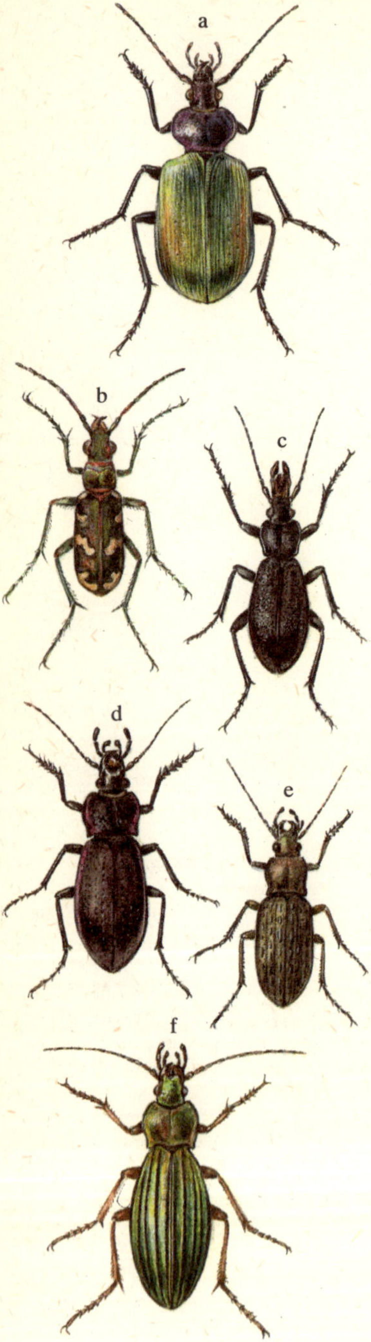

Eichenwickler (733) dessen vom Forstmann gerne gesehener Gegenspieler im ökologischen Gleichgewicht.

301 *Carabus auronitens*
Goldglänzender Laufkäfer
Dieser schöne Laufkäfer (bis 34 mm) hat oben auf den Deckflügeln schwarze Rippen. Er ist in allen gebirgigen Gegenden unter Steinen zu finden, im Winter oft vergesellschaftet in morschen Stubben.

302 *Carabus auratus*
Goldlaufkäfer, Goldschmied
Ähnlich dem Goldglänzenden Laufkäfer (301), aber ohne schwarze Rippen auf den Deckflügeln.

303 *Carabus nitens*
Wird nur bis 18 mm lang, sonst dem Goldglänzenden Laufkäfer (301) ähnlich, ist aber sehr selten.

304 *Carabus granulatus*
Körniger Laufkäfer
Der noch häufige Laufkäfer von 17 bis 23 mm Länge lebt an Waldrändern und auf feuchten Wiesen. Im Winter ist er oft in großen Ansammlungen unter loser Rinde von Laubbäumen, meist in Gesellschaft von *Phosphuga atrata* (352) anzutreffen.

305 *Carabus nemoralis*
Hainlaufkäfer
Größe bis 28 mm. Art der Ebene und der Mittelgebirge, die in Wäldern und Gärten beheimatet ist. Am Tage unter Laub und Steinen, oft in Bodenvertiefungen zu finden.

306 *Cychrus caraboides*
Schaufelläufer
12 bis 20 mm lang, leben in feuchten Wäldern und stellen dort Gehäuseschnecken nach, in deren Gehäuse sie

a 299 *Calosoma sycophanta*; b 298 *Cicindela hybrida*; c 306 *Cychrus caraboides*; d 305 *Carabus nemoralis*; e 304 *Carabus granulatus*; f 301 *Carabus auronitens*

a 314 *Pterostichus oblongopunctatus*; b 310 *Broscus cephalotes*; c 313 *Pterostichus metallicus*; d 308 *Elaphrus cupreus*; e 307 *Omophron limbatum*; f 309 *Loricera pilicornis*; g 311 *Bembidion articulatum*; h 312 *Harpalus rufipes*

wegen ihres zugespitzten Vorderkörpers oft ganz hineinkriechen können. Die Schnecke wird durch einen Biß getötet und dann im Gehäuse durch Außenverdauung verzehrt. Auch die Larven ernähren sich von Schnecken. Die Käfer überwintern in morschen Baumstubben.

307 *Omophron limbatum*
Grundkäfer
Ein überaus flinker Käfer von 4,5 bis 6 mm Länge, der an sandigen Ufern von Flüssen und Seen sehr lokal, dann aber in großer Anzahl lebt. Nachtaktiv. Am Tage nur zu sehen, wenn er aus dem feuchten Sand aufgescheucht wird.

308 *Elaphrus cupreus*
Uferläufer
Länge 7 bis 9 mm. Durch die narbige Skulptur seiner Flügeldecken von allen anderen Laufkäfern zu unterscheiden. An schlammigen Ufern von Seen und Flüssen zu beobachten, wo die Käfer im raschen Lauf kleine Insekten erbeuten.

309 *Loricera pilicornis*
Haarhornkäfer
Bis 8 mm große, häufige Art, die sich leicht an den langen Borsten auf dem ersten Fühlerglied erkennen läßt. Im Sommer an feuchten Stellen in Sümpfen und an Seeufern und im Winter oft in Verstecken unter Moos und Laub zu finden.

310 *Broscus cephalotes*
Kopfkäfer
Bis 22 mm große Art. In Sandgegenden, besonders an der Küste oft häufig. Der Käfer lauert am Eingang eines über 10 cm langen Ganges. Die Eier werden vom Weibchen in der Erde einzeln in Eikammern abgelegt. Larven wie Käfer halten sich am Tage im Sand auf und gehen nachts auf Nahrungssuche. Oft unter Steinen, Holz und Genist.

311 *Bembidion articulatum*
Ahlenläufer
Zur Gattung *Bembidion* zählen fast 90 im Gebiet vorkommende und schwer zu bestimmende kleine Arten von 2 bis 11 mm Länge. Die abgebildete Art lebt an Fluß- und Seeufern, wo man auch viele andere Arten der Gattung *Bembidion* beobachten kann. Manche Arten findet man oft in großer Anzahl auf Akkerböden.

312 *Harpalus rufipes*
Schnelläufer
Bis 16 mm lang. Eine häufige Laufkäferart, die an Ackerrändern und auf Ruderalstellen unter Steinen, Erdschollen und Holz zu finden ist. Durch die gelbliche Behaarung der Flügeldecken und an den gelbroten Beinen leicht zu erkennen. Frißt nicht nur kleine Tiere, sondern auch Samen.

313 *Pterostichus metallicus*
Glatter Herzhalsgrabläufer
Dieser bis 15 mm lange, schöne, metallisch glänzende Laufkäfer ist im Gebirge und seinem Vorland oft häufig zu sehen. Er versteckt sich unter Holz und Steinen und geht in der Nacht auf Jagd. Von den etwa 50 vorkommenden Arten der Gattung *Pterostichus* leben die meisten in Gebirgen.

314 *Pterostichus oblongopunctatus*
Schulterkäfer
Nur bis 12 mm lange Art, die besonders im Flachland in Laubwäldern gefunden wird. Im Winter in Moos und Laub.

315 *Abax parallelopipedus*
Breithalsgrabläufer
Ein Laufkäfer, der durch seine breite Gestalt auffällt. Er ist bis 22 mm lang und besonders in Buchenwäldern der Gebirge heimisch. Er wird aber auch im Flachland angetroffen.

316 *Calathus melanocephalus*
Rothalsiger Kreiselkäfer
Diese Art wird häufig mit *Calathus mollis* verwechselt und ist auch nur schwer ohne optische Hilfsmittel von ihr zu trennen. Beide Arten sind bis 9 mm lang und recht häufig unter Steinen an Ackerrändern zu finden, wo sie bei Beunruhigung flink in dunkle Orte flüchten.

317 *Agonum sexpunctatum*
Rotflügliger Putzkäfer
Von den 30 im Gebiet vorkommenden Arten der Gattung ist es die farbenfreudigste. Oft laufen die Tiere auch am Tage, meist an feuchten Stellen, häufig in großer Anzahl umher. Wie alle Arten der Gattung überwintert der Rotflüglige. Putzkäfer als Imago.

318 *Platynus dorsalis*
Buntflachläufer
Eine durch die Farben auffallende Art von nur 6 bis 7,5 mm Länge. Besonders häufig an Feldrändern unter Steinen zu finden, wo sie oft in Kolonien zusammenleben und beim Aufdecken des Versteckes nach allen Richtungen davonlaufen.

319 *Amara plebeja*
Kanalkäfer
6 bis 8 mm lang. Die Gattung *Amara* ist mit über 60 Arten im Gebiet vertreten. Oft am Tage auf Wegen umherlaufend oder auch an Pflanzen sitzend. Sonst unter Steinen und Pflanzenrosetten sowie in der Erde zu finden. Die Käfer ernähren sich von saftigen, unreifen Samen von Gräsern und Kreuzblütenge-

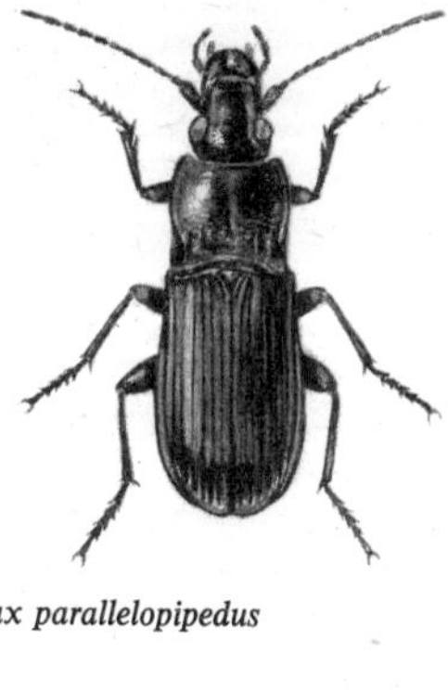

315 *Abax parallelopipedus*

a 316 *Calathus melanocephalus*; b 317 *Agonum sexpunctatum*; c 318 *Platynus dorsalis*; d 319 *Amara plebeja*; e 320 *Stenolophus teutonus*; f 321 *Odacantha melanura*; g 322 *Demetrias imperialis*

wächsen, leben aber auch räuberisch. 1 bis 2 Generationen im Jahr. Die abgebildete Art wird oft an Gras oder Getreide gefunden.

320 *Stenolophus teutonus*
Buntschnelläufer
Mit 5 bis 6 mm eine kleine Art, die an feuchten Orten (Ufer und Sümpfe) unter Laub und Bodenstreu lebt, überwintert als Imago.

321 *Odacantha melanura*
Halskäfer
Eine fast 8 mm lange auffällige Art, die an See- und Flußufern mit Schilfbestand lebt. Am Schilf beobachtet man sie nur selten, aber im Frühjahr läßt sie sich oft in großer Anzahl aus Haufen vorjährigen Schilfes und Bülten aussieben.

322 *Demetrias imperialis*
Schilfschmalläufer
Mit 6 mm eine kleine Art, die aber von den beiden anderen Arten der Gattung in der Größe nicht übertroffen wird. In geschnittenem Schilf und in Grasbülten an Seen und in feuchten Gebieten zu finden.

Familie *Haliplidae*
Wassertreter

Im Gebiet mit etwa 20 Arten in 3 Gattungen vertreten. Als Imagines und Larven leben die Wassertreter in stehenden Gewässern mit Pflanzenbewuchs. Sie ernähren sich von Algen, welche sie aussaugen. Die Beine sind mit Schwimmhaaren versehen, sie können aber nur durch das Wasser «paddeln». Die Käfer sind flugfähig. Die Verpuppung der Larve erfolgt an Land in einer kleinen Höhlung. Typisch für diese Familie sind die großen Hinterhüftplatten, unter denen sich Luft befindet. Sie befähigen die Käfer, längere Zeit unter Wasser zu bleiben.

323 *Haliplus fluviatilis*
Die 2 bis 3 mm große Art lebt an ruhigen Stellen von Fließgewässern und ist im ganzen Gebiet zu finden.

Familie *Dytiscidae* Echte Schwimmkäfer

Eine große Familie, die im Gebiet mit etwa 130 Arten vertreten ist. Imagines und Larven leben räuberisch im Wasser. Körperform und abgeflachte Hinterbeine, die am Rande mit Schwimmborsten versehen sind, machen sie zu eleganten Schwimmern. Die Männchen vieler Arten sind leicht an der Verbreiterung der 3 ersten Tarsenglieder der Vorderbeine kenntlich. Als Nahrung dienen meist andere Insekten, daneben Würmer, Schnecken und kleine kranke Fische. Selbst Aas wird nicht verschmäht. Von den Larven werden die Beutetiere mit den Mandibeln gepackt; dabei wird eine Verdauungsflüssigkeit in das Opfer injiziert, die zugleich eine Lähmung herbeiführt. Der vorverdaute Inhalt des unverdaulichen Chitinskelettes oder der Haut braucht dann nur noch aufgesaugt zu werden. Die Larven verpuppen sich wie fast alle Wasserkäfer am Rande der Gewässer oberhalb der Wasserlinie in einer selbstgegrabenen Höhle.

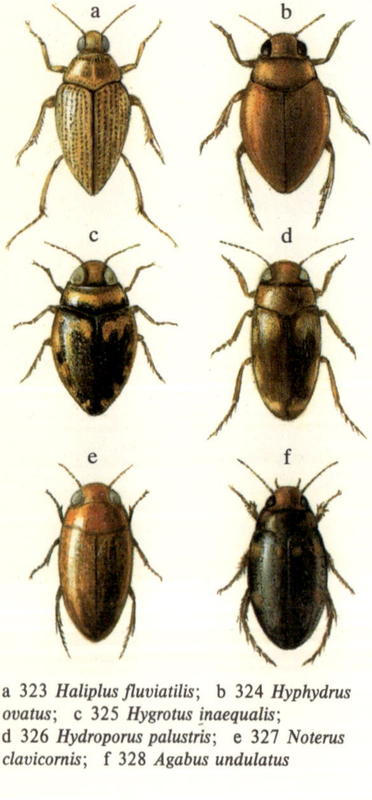

a 323 *Haliplus fluviatilis*; b 324 *Hyphydrus ovatus*; c 325 *Hygrotus inaequalis*; d 326 *Hydroporus palustris*; e 327 *Noterus clavicornis*; f 328 *Agabus undulatus*

324 *Hyphydrus ovatus*
Häufige Art von 4,5 bis 5 mm Länge, fällt durch ihre kuglige Gestalt auf, lebt in stehenden Gewässern aller Art. Die Entwicklung vom Ei bis zur Imago dauert fast 1 Jahr.

325 *Hygrotus inaequalis*
Nur knapp 4 mm lang. Von den 4 im Gebiet vorkommenden Arten der Gattung die häufigste. Sie ist besonders in der Uferzone pflanzenreicher stehender Gewässer zu beobachten.

326 *Hydroporus palustris*
Von der Gattung *Hydroporus* leben 34 Arten im Gebiet. Die abgebildete, sicherlich häufigste Wasserkäferart, 3 mm lang, ist in stehenden und fließenden Gewässern zu finden, solange das Wasser eisfrei ist. Die Käfer überwintern auch im Wasser. Die Eier werden an Wasserpflanzen abgelegt. Die Entwicklung bis zum Käfer dauert fast 1 Jahr.

327 *Noterus clavicornis*
4 bis 4,5 mm. Von den im Gebiet vorkommenden beiden Arten der Gattung die größere. Beide Arten kommen im Uferbereich von Gewässern vor. Die Entwicklung vom Ei bis zum Jungkäfer dauert etwa 6 Monate. Die Larven entwickeln sich im Uferschlamm, die Käfer überwintern am Wasserrand.

328 *Agabus undulatus*
Schnellschwimmer
Die Gattung ist im Gebiet mit 27 Arten vertreten. Diese Art, mit einer Größe von 7,5 bis 8 mm, lebt in fast allen Gewässern auf schlammigem Grund. Eier werden zeitig im Frühjahr in Blattach-

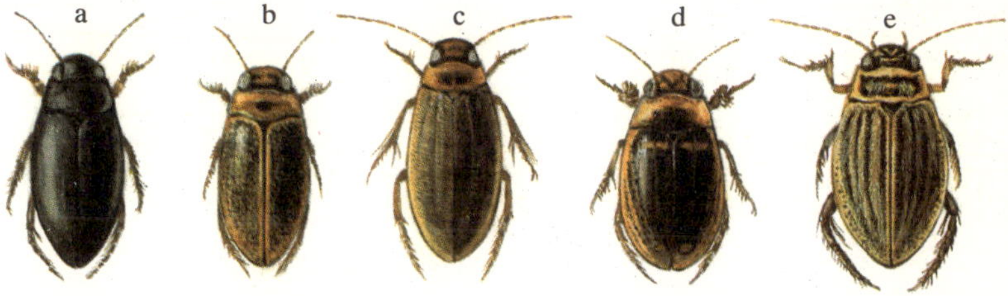

a 329 *Ilybius ater*; b 330 *Rhantus pulverosus*; c 331 *Colymbetes fuscus*; d 332 *Hydaticus transversalis*; e 333 *Acilius sulcatus* ♀

seln von Wasserpflanzen gelegt. Die Jungkäfer erscheinen dann schon von Mai bis Juni.

329 *Ilybius ater*
Schlammschwimmer
Eine häufige Art von 13 bis 14 mm Länge. Es gibt 10 Arten der Gattung im Gebiet. Lebt in allen Gewässertypen. Eiablage erst im Herbst, die Larve verpuppt sich im Frühjahr in einer Erdhöhle am Rande der Gewässer. Der Käfer schlüpft im Mai oder Juni. Schlammschwimmer fliegen auch ans Licht.

330 *Rhantus pulverosus*
Von den 9 im Gebiet vorkommenden Arten der Gattung ist diese die häufigste und leicht von den anderen Arten durch die völlig schwarze Unterseite zu unterscheiden. Lebt in allen Gewässern.

331 *Colymbetes fuscus*
Teichschwimmer
Die häufigste der 3 im Gebiet vorkommenden Arten der Gattung. Bis 17 mm lang. Entwicklungsdauer etwa 5 Monate. Die Käfer überwintern meist im Wasser.

332 *Hydaticus transversalis*
Leicht von den anderen 4 Arten der Gattung durch die Zeichnung des Halsschildes zu unterscheiden. Die Art wird hauptsächlich in stehenden Gewässern gefunden. Die Käfer überwintern an Land.

333 *Acilius sulcatus*
Furchenschwimmer
Von den anderen Arten der Gattung durch die Größe (15 bis 18 mm) und durch den schwarzen Fleck an der Basis der Schenkel zu unterscheiden. Die Männchen haben verbreiterte Vordertarsen, damit können sie sich besser während der Begattung an den Weibchen festhalten. Die Weibchen haben behaarte Furchen auf den Flügeldekken. Diese gewandten Schwimmer kommen in fast allen stehenden Gewässern vor.

334 *Acilius canaliculatus*
Nur 13,5 bis 16 mm lang, sonst dem Furchenschwimmer ähnlich.

335 *Dytiscus latissimus*
Breitrand
Die größte Art der Gattung, 36 bis 44 mm lang und 25 mm breit. Wird

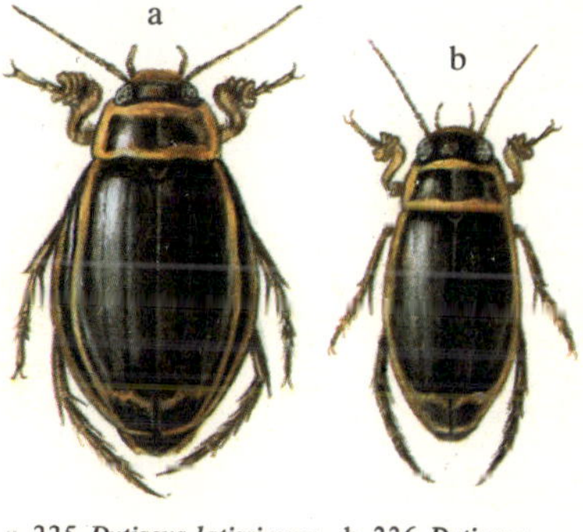

a 335 *Dytiscus latissimus*; b 336 *Dytiscus marginalis*

sehr selten beobachtet, oft in Fischteichen. Die Entwicklung erfolgt in den Sommermonaten. Die sehr gefräßige Larve ernährt sich von allen kleinen Tieren, deren sie habhaft werden kann, nur in Ausnahmefällen von Fischen und auch nur dann, wenn diese geschwächt sind.

336 *Dytiscus marginalis*
Gemeiner Gelbrandkäfer
Die häufigste Art der 7 Arten zählenden Gattung, die aber auch immer seltener wird. In Gewässern aller Art zu finden. Larve und Käfer leben räuberisch. Männchen werden bis 1 Jahr alt, Weibchen können noch 6 Monate älter werden. Die Art fliegt häufig und ist deshalb oft auf Gewächshäusern und Asphaltstraßen zu finden, die durch den Glanz besonders nach Regen ein Gewässer vortäuschen. Die Tarsen der Vorderbeine bei den Männchen sind sehr stark erweitert und mit saugnapfartigen Bildungen besetzt.

Familie *Gyrinidae* Taumelkäfer

Die Taumelkäfer kommen im Gebiet mit 12 Arten in 3 Gattungen vor. Alle leben oft gesellig an der Oberfläche von stehenden *(Gyrinus)*, aber auch fließenden Gewässern *(Orectochilus)*, wo sie auf dem Wasser lebende Insekten fangen oder dort verunglückte Tiere verzehren. Bei Beunruhigung tauchen sie ins Wasser. Kennzeichnend sind die kurzen stiftförmigen Fühler, die langen Vorderbeine und die kurzen verbreiterten Mittel- und Hinterbeine sowie die zweigeteilten Augen, mit denen sie über und unter Wasser sehen können. Die Hinterbeine sind stark verbreitert, abgeplattet und taschenmesserartig zusammenklappbar, zudem sind sie mit starken Borsten besetzt. Die beim Ruderschlag sehr breite Fläche bietet dem Wasser beim Vorziehen des Beines nur wenig Widerstand, und man hat vom vollkommensten Schwimmbein der Insekten gesprochen. Die Fühler liegen dem Oberflächenhäutchen des Wassers auf und nehmen Erschütterungen wahr, wie sie von zappelnden Insekten ausgehen. Die Larven leben auf dem Grund der Gewässer und verpuppen sich am Ufer in einer aus Sand gefertigten, napfförmigen Puppenwiege.

337 *Gyrinus natator*
Dieser im Norden des Gebietes vorkommende Taumelkäfer ist 5 bis 7 mm lang und dort, wo er vorkommt, in großer Anzahl zu beobachten.

337 *Gyrinus natator*

Familie *Hydraenidae* Langtaster-Wasserkäfer

Eine große Familie mit knapp 70 Arten im Gebiet. Die 1 bis 9 mm großen Tiere werden in 5 Gattungen aufgeteilt. Meist im Wasser lebend, aber auch an Land. Viele Arten in kleinen Tümpeln und Pfützen, wo man sie an Holz, an Steinen und im Moos finden kann. Als Nahrung dienen hauptsächlich Algen.

338 *Helophorus aquaticus*
Von den 24 Arten dieser Gattung fast die größte (4 bis 6 mm). Man findet sie oft in kleinen trüben Pfützen. Wenn man das Wasser aufwühlt, kommen die Tiere an die Oberfläche, wo sie mit der Unterseite nach oben an dem Oberflächenhäutchen des Wassers behende umherlaufen.

Familie *Spercheidae*

Kleine Familie mit nur 1 Art im Gebiet. 5 bis 7 mm. Das Weibchen betreibt Brutpflege, indem es im Frühsommer einen Gespinstsack mit etwa

a 338 *Helophorus aquaticus*; b 339 *Spercheus marginatus*; c 340 *Sphaeridium scarabaeoides*; d 341 *Cercyon unipunctatus*; e 342 *Enochrus quadripunctatus*

60 Eiern mit sich herumträgt, bis die Larven schlüpfen. Diese kriechen bauchaufwärts am Oberflächenhäutchen des Wassers und ergreifen alles für sie Erreichbare. Auffallend an der kurzen Larve ist der große Kopf.

339 *Spercheus emarginatus*
In stehenden, pflanzenreichen Gewässern zu finden, aber selten (Larve Abb. S. 189).

Familie *Hydrophilidae* Wasserkäfer

Diese Familie ist einerseits mit nur 1 mm großen Arten, andererseits mit einem 50 mm langen Riesen, insgesamt mit über 60 Arten im Gebiet vertreten. Die meisten von ihnen sind Wasserbewohner und nur die Unterfamilie *Sphaeridiinae* (von der anderen Unterfamilie durch das auffällig verdickte 2. Glied der Unterkiefertaster und das gegenüber dem 2. längeren ersten Hinterfußglied verschieden) lebt überwiegend an Land. Die Nahrung der Imagines besteht hauptsächlich aus Pflanzen, besonders Algen. Die Larven sind vielfach karnivor. Die Echten Schwimmkäfern nehmen die Atemluft mit dem Hinterleibsende auf, die Wasserkäfer schöpfen mit Fühlern ihren Luftvorrat. Die Eier werden von den Weibchen in einem selbstgesponnenen Kokon abgelegt und oft bis zum Schlupf der Larve bewacht. Manche Arten können stridulieren. Die Larven verpuppen sich an Land.

Gattung *Sphaeridium*

3,5 bis 7,5 mm. Die 4 Arten der Gattung leben besonders in frischem Rinderkot. Dort laufen sie, unter der angetrockneten Oberschicht, in großer Anzahl behende umher. Typisch für die Arten, von denen hier
340 *Sphaeridium scarabaeoides*
abgebildet wird, sind die 4 rotgelben Flecken auf den Flügeldecken und die stark verdickten Klauenglieder der Männchen. Die Larve wird nach hinten breiter, und das letzte Abdominalsegment hat an beiden Seiten 2 fleischige Zapfen.

Gattung *Cercyon*

Mit über 20 Arten vertreten. Kleine Tiere von 1,3 bis 4 mm, die meist schwarz, rotbraun oder gelb sind. Sie leben an Gewässerufern, in feuchten Pflanzenabfällen, im Mist und fliegen auch gerne ans Licht. Abgebildet ist
341 *Cercyon unipunctatus*, 2,2 bis 3,2 mm lang.

342 *Enochrus quadripunctatus*
Die Weibchen dieser 4 bis 5 mm großen Art spinnen einen napfförmigen, verdeckelten Eikokon, der an der Wasseroberfläche an Pflanzen angeheftet ist. Er enthält etwa 30 Eier. Der Deckel liegt an der Wasseroberfläche und wird durch eine Gespinstbrücke zu nahe gelegenen Wasserpflanzen verlängert. Die Imagines leben in stehenden Gewässern, in denen sie sich sehr langsam bewegen.

343 *Hydrochara caraboides*

343 *Hydrochara caraboides* (= *Hydrophilus caraboides*)
Stachelwasserkäfer
14 bis 18 mm. Diese Art wird besonders in pflanzenreichen, stillstehenden Gewässern beobachtet. Der Eikokon wird vom Weibchen zwischen toten Pflanzenteilen gesponnen und besitzt keinen «Schornstein».

344 *Hydrous piceus*
Großer Kolbenwasserkäfer
Mit 34 bis 50 mm die größte Art im Gebiet. Sie bevorzugt stehende, pflanzenreiche Gewässer. Das Weibchen spinnt meist unter Einbeziehung eines Blattes einen schwimmenden Eikokon mit einem bis 30 mm langen «Schornstein», der die etwa 50 Eier mit Luft versorgt. Nach dem Schlupf verlassen die Larven den Kokon und ernähren sich vor allem von Schnecken, anfänglich werden aber auch Wasserflöhe gefressen. Die Beutetiere werden beim Fressen aus dem Wasser gehalten. Die Verpuppung der Larven erfolgt in einer selbstgegrabenen Erdhöhle an Land. Diese Art ist sehr selten geworden und verdient unseren Schutz.

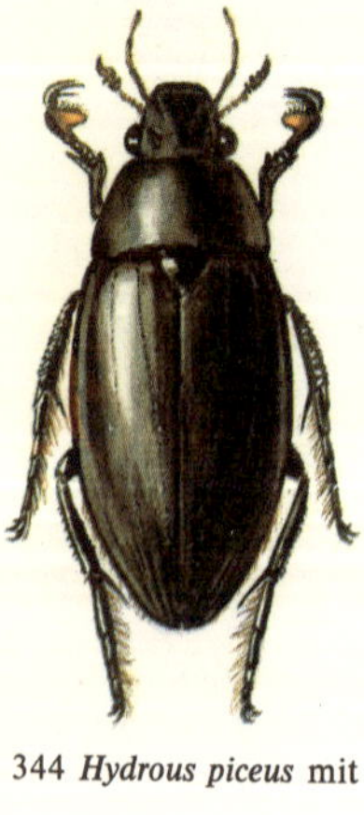

344 *Hydrous piceus* mit Eikokon

Familie *Histeridae* Stutzkäfer

Die Stutzkäfer sind im Gebiet mit fast 50 Arten vertreten. Sie sind leicht kenntlich an den geknieten Fühlern und an ihrem stark chitinisierten, meist glänzend schwarzen Körper sowie an den hinten abgestutzten Flügeldecken, die die beiden letzten Abdominalsegmente unbedeckt lassen. Man findet sie vielerorts z. B. an Aas, verwesenden tierischen und pflanzlichen Stoffen, Exkrementen, wo sie besonders Fliegenmaden nachstellen, an Baumsaft unter Baumrinde, in Vogelnestern und auch bei Ameisen. Die Eier werden einzeln in der Erde abgelegt. Die Larven, die ebenfalls räuberisch leben, verpuppen sich in einer kleinen Erdhöhle. Imagines können bis 3 Jahre alt werden.

345 *Plegaderus vulneratus*
Kleiner, nur 1,5 mm großer Stutzkäfer, der unter Kiefernrinde Borkenkäfern nachstellt. Im ganzen Gebiet verbreitet.

346 *Saprinus cuspidatus*
Eine häufige, an Aas lebende, 3,5 bis 5,5 mm lange Art. Sie ist sehr schwer von den anderen 15 im Gebiet lebenden Arten zu unterscheiden.

347 *Hololepta plana*
Sehr flache, 8 bis 9 mm lange Stutzkäferart, die durch den Anbau von Pappeln häufiger wird. Sie lebt unter der lockeren Rinde gefällter Pappeln und stellt dort den Larven anderer Insekten nach.

348 *Hister unicolor*
Mit 10 mm Länge eine große Stutzkäferart, die mit weiteren 13 Arten der

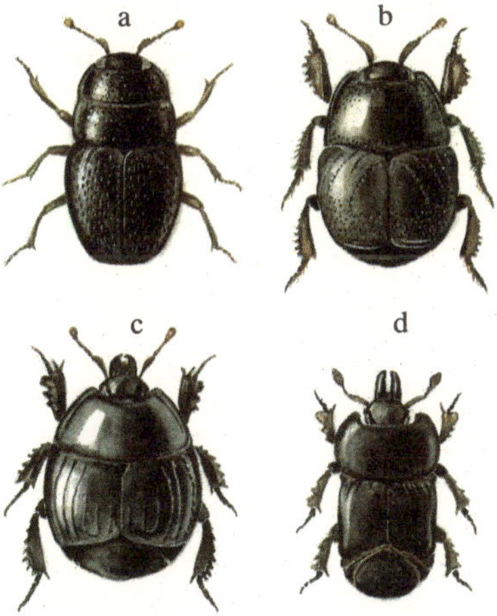

a 345 *Plegaderus vulneratus*; b 346 *Saprinus cuspidatus*; c 348 *Hister unicolor*; d 347 *Hololepta plana*

Gattung im Gebiet vorkommt. Glänzend schwarz. Es gibt aber auch Stutzkäfer, die auf den Flügeldecken eine rote Zeichnung tragen.

Familie *Silphidae*
Aaskäfer

Die Familie kommt mit 26 Arten im Gebiet vor und ist durch ihre Biologie sehr interessant. Von Männchen und Weibchen der Gattung *Necrophorus* z.B. werden kleine Wirbeltierleichen durch Untergraben in die Erde gebracht. In der «Krypta», einer kleinen Höhle, bleibt nur das Weibchen. Es legt einen sogenannten Muttergang an, in dem die Eier abgelegt werden. Dann frißt es das Aas an einer Stelle an, wobei es Sekrete abgibt, welche die Zersetzung beschleunigen. Diese Stelle wird immer wieder angefressen, so daß ein kleiner Krater entsteht. Nach dem Schlupf der Larven wandern diese zu dem Freßkrater und sammeln sich dort. Jetzt werden sie von der Mutter gefüttert. Die älteren Larven werden nur noch bewacht und fressen selbständig. Das Weibchen vertreibt eindringende andere Insekten und bessert im Bedarfsfall auch die «Krypta» aus. Die Larvalentwicklung dauert nur 7 Tage. Wenn die erwachsenen Larven sich zur Verpuppung ins Erdreich graben, dann verläßt das Weibchen die «Krypta». Die Larven von *Necrophorus* sind raupenähnlich. Die asselähnlichen Larven aller anderen Gattungen ernähren sich oberirdisch als Räuber oder Pflanzenfresser (Abb. S. 189). Die Imagines von *Necrophorus* können durch Stridulation Töne von sich geben.

349 *Necrophorus vespillo*
Totengräber

12 bis 22 mm. Es gibt 10 Arten dieser Gattung im Gebiet. Davon haben 2 schwarze Flügeldecken, die restlichen sind wie die abgebildete Art gezeichnet. Sie ist häufig an Aas zu finden und unterscheidet sich leicht durch die konkav gebogenen Hinterschienen von allen anderen Arten der Gattung.

350 *Oeceoptoma thoracica*
Rothalssilphe

Durch den roten Halsschild ist der 11 bis 16 mm große Käfer leicht zu erkennen. Besonders im Frühjahr auf Wiesen

349 *Necrophorus vespillo*

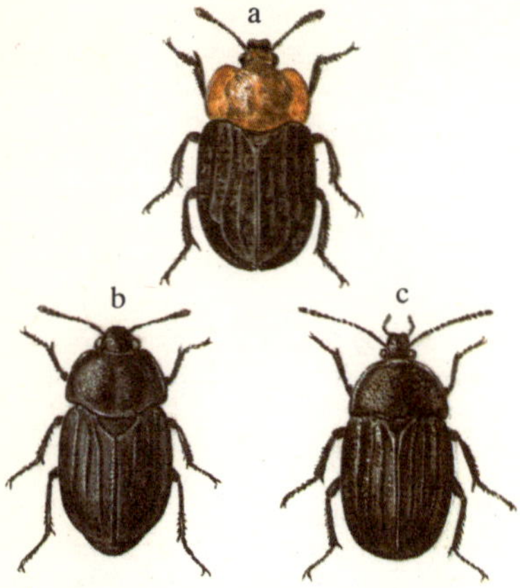

a 350 *Oeceoptoma thoracica*; b 351 *Silpha tristis*; c 352 *Phosphuga atrata*

und im Wald an Aas zu finden. Häufig auch an der Stinkmorchel und in deren hohlem Stiel. Larven asselförmig, in der Streuschicht des Waldes.

351 *Silpha tristis*
Aaskäfer
13 bis 17 mm. Diese Art ist im ganzen Gebiet häufig und lebt wie die anderen 6 Arten der Gattung an Aas, ist aber ebenso oft auf Wegen zu finden.

352 *Phosphuga atrata*
Schneckenjäger
10 bis 15 mm. Als Schneckenfresser besonders an feuchten Orten anzutreffen, meist an Waldrändern unter Blättern, unter loser Rinde oder unter Steinen. Die Art tritt auch in einer braunen Form auf. Die Larven sind wie die Imagines Schneckenjäger.

Familie *Catopidae*
Nestkäfer

Kleine, äußerst flinke Käfer von 1,5 bis 6 mm Länge, die mit 46 Arten im Gebiet vorkommen. Die Färbung ist schwarz oder braun. Sie leben in Nestern von Nagetieren, Insektenfressern, kleinen Raubtieren, in Vogelnestern und Bauten von Hautflüglern sowie an Aas. In den Erdgängen kann man sie fast das ganze Jahr hindurch aufspüren. Als Nahrung dienen ihnen Faulstoffe, Pflanzenreste, Exkremente und Aas. Sie sind gut mit Fleisch und Käse zu ködern. Die Larven ernähren sich wie die Imagines. Es entwickeln sich oftmals 2 Generationen im Jahr.

353 *Choleva paskoviensis*
4,5 bis 5 mm. Eine Art, die besonders an Waldrändern in Mäusegängen zu finden ist. Wie alle Arten der Familie sehr lichtscheu.

354 *Catops nigricans*
Die Arten der Gattung *Catops* findet man in Erdnestern und an Aas. Im Gebiet kommen 20 Arten vor, die schwierig zu unterscheiden sind. Die vorgestellte Art ist 4 bis 5,5 mm lang und im ganzen Gebiet zu finden.

Familie *Liodidae*
Trüffel- oder Schwammkugelkäfer

Diese mit über 60 Arten im Gebiet vorkommende Familie wird in 2 Triben eingeteilt: Die *Liodini* Trüffelkäfer ha-

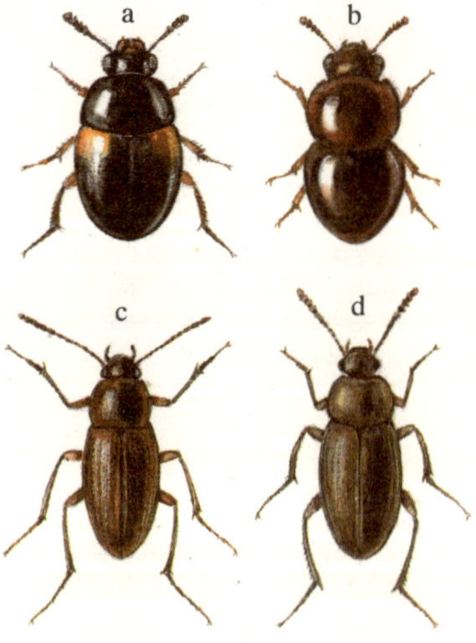

a 355 *Anisotoma humeralis*; b 356 *Agathidium* spec.; c 353 *Choleva paskoviensis*; d 354 *Catops nigricans*

ben bedornte Schienen und sind alle gelbbraun gefärbt. Sie leben unterirdisch von Trüffeln und Pilz-Myzelien. Die *Agathidiini* Schwammkugelkäfer haben allenfalls nur sehr fein bedornte Schienen und leben oberirdisch. Die Arten leben vorzugsweise an Schleimpilzen, aber auch an Myzelien von Pilzen unter Rinde und an Baumpilzen. Sie können sich zur Kugelform zusammenrollen und sind dann in der Bodenstreu nicht wiederzufinden.

355 *Anisotoma humeralis*
4 mm. Leicht von den 4 anderen Arten der Gattung durch die fein behaarten Flügeldecken zu unterscheiden. Lebt besonders an Baumschwämmen und hinter verpilzter Baumrinde, wo sich auch die Larven entwickeln.

356 *Agathidium* spec.
4 mm. Die 19 Arten dieser Gattung besitzen einen sehr großen Halsschild und finden sich besonders unter verpilzter Laubstreu, in alten morschen Stubben und unter Baumrinde, wo auch die pilzfressenden Larven leben.

Familie *Staphylinidae*
Kurzflügler

Die artenreichste Familie im Gebiet, es sind fast 1400 Arten nachgewiesen. Die Größe schwankt zwischen 0,5 und 32 mm. Man findet die Arten fast überall, die meisten im und am Boden, oft in Pilzen, unter Borke, in Vogelnestern und auch in Ameisennestern. Die Imagines sind ebenso wie die Larven (Abb. S. 204) Räuber. Eine Ausnahme bilden die Gattungen *Eusphalerum*, *Bledius* und *Gyrophaena*. Man findet letztere oft in großer Anzahl zwischen den Lamellen von Pilzen. Auffallend an den Kurzflüglern sind die kurzen Flügeldecken, unter denen die häutigen Hinterflügel zusammengefaltet liegen. Es sind gute Flieger, die oft an schwülen Tagen zu Tausenden die Luft bevölkern. Dadurch, daß mindestens 4 bis 5 Tergite von den Flügeldecken unbedeckt sind, sind sie sehr beweglich und können sich in kleinste Hohlräume zwängen. Die Überwinterung erfolgt als Imago, Larve, Ei oder Puppe. Viele Arten sind winteraktiv und unter Schnee und Laub recht mobil.

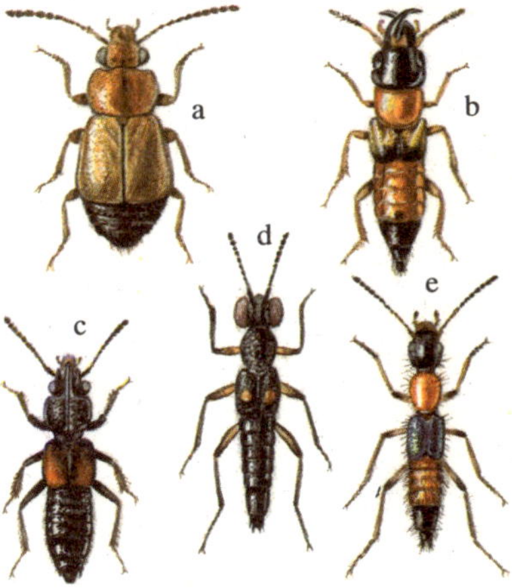

a 357 *Eusphalerum signatum*; b 359 *Oxyporus rufus*; c 358 *Bledius tricornis*; d 360 *Stenus bimaculatus*; e 361 *Paederus riparius*

357 *Eusphalerum signatum*
Eine Art von 3 bis 3,7 mm Länge, die wie die anderen 30 Arten der Gattung, die im Gebiet vorkommen, besonders auf Blüten von Sträuchern und Stauden gefunden wird. Sie hat für einen Kurzflügler verhältnismäßig lange Flügeldecken. Die Käfer ernähren sich von Blütenteilen und werden oft in großer Zahl (z. B. bei der Teufelskralle) auf den Blüten beobachtet.

358 *Bledius tricornis*
5,5 bis 7 mm. Diese Art lebt fast nur an Salzstellen. Die anderen 47 Arten dieser Gattung leben an feuchten Orten in Sand-, Ton- und Lehmufern, in die sie Gangsysteme graben. Die Weibchen schachten einen senkrecht in die Erde gehenden Gang aus, an dessen Seiten sie Eikammern herstellen und mit je einem Ei besetzen. Die jungen Larven

bleiben im Gang und ernähren sich von den Algen, die das Weibchen vorher eingetragen hat. Später graben die Larven eigene Gänge. Die *Bledius*-Arten werden von den Laufkäfern der Gattung *Dyschirius* verfolgt.

359 *Oxyporus rufus*
7 bis 12 mm. Durch ihre Färbung auffallende Art, die in Hutpilzen lebt. Die Käfer sind Räuber und leben besonders von Fliegenmaden. Die Larven ernähren sich jedoch von Pilzen.

360 *Stenus bimaculatus*
Eine der wenigen Arten mit einem roten Fleck auf der Flügeldecke. Im Gebiet fast 100 Arten der Gattung. Sie sind leicht kenntlich an den großen, vorquellenden Augen. Viele Arten leben an feuchten Stellen, besonders an Ufern, wenige aber auch auf trockenen Böden oder in Ameisenbauten. Sie können sehr gut auf der Wasseroberfläche laufen. Manche sind zum «Entspannungsschwimmen» befähigt, indem sie aus Drüsen am Hinterleibsende ein Sekret abgeben, das sich schnell ausbreitet und sie wie von einer Rakete getrieben vor sich herschiebt, so daß sie sich augenblicklich einer Gefahr entziehen können. Als Nahrung dienen ihnen hauptsächlich Springschwänze, die mit einem Klebfangapparat gefangen werden, den man mit einer Chamäleonszunge vergleichen kann. Allerdings bewegt er sich so schnell, daß man ihn kaum sieht. Die meisten Arten überwintern als Imago in Grasbülten, unter Heu- und Strohhaufen usw.

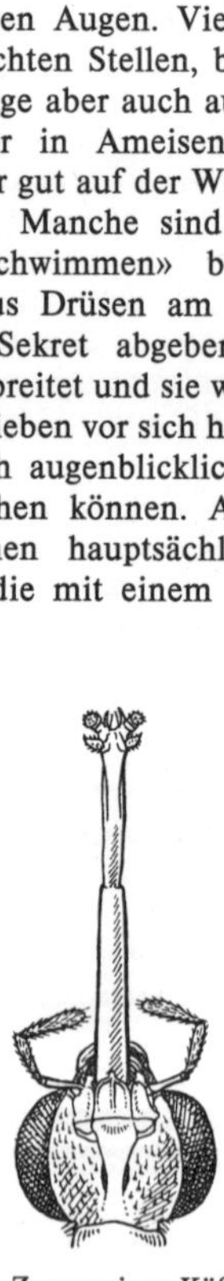

Ausgestreckte Zunge eines Käfers der Gattung *Stenus* (Ansicht von unten)

361 *Paederus riparius*
Die meisten der bei uns im Gebiet vorkommenden 10 Arten der Gattung *Paederus* sind rot und schwarz gezeichnet und darum an feuchten Sandufern und auf feuchten Wiesen kaum zu übersehen, zumal sie häufig in großer Zahl vorhanden sind. Die abgebildete Art ist die häufigste. Man findet sie auf feuchten Wiesen oft in Heuhaufen. Sekrete von *Paederus* sollen besonders auf Schleimhäuten Entzündungen verursachen.

362 *Creophilus maxillosus*
Großer Kurzflügler mit 15 bis 22 mm Länge, der im Sommer fast an jedem Aas, oft zu mehreren, vorkommt. Beim Umdrehen des Substrats fliegen sie entweder schnell auf oder versuchen in einem Versteck zu verschwinden. Sie ernähren sich hauptsächlich von den Fliegenmaden, aber auch von anderen aasliebenden Insekten.

363 *Staphylinus caesareus*
Farbenfreudige Art von 17 bis 22 mm Länge, die ähnlich wie die 3 anderen Arten der Gattung gefärbt ist. Sie unterscheidet sich aber durch die gelbe Behaarung der Schläfen. Man findet sie im Frühjahr unter Steinen und oft auf Wegen umherlaufend, wo sie kleine Tiere (meist Insekten) als Nahrung sucht.

364 *Ocypus ophthalmicus*
Obwohl schon diese Art mit 15 bis 23 mm Länge für Kurzflügler ungewöhnlich groß ist, gibt es unter den 25 Arten der Gattung *Ocypus* noch größere, namentlich *O. olens* mit 32 mm. Auffallend sind der blau metallschimmernde Kopf, der Halsschild und die

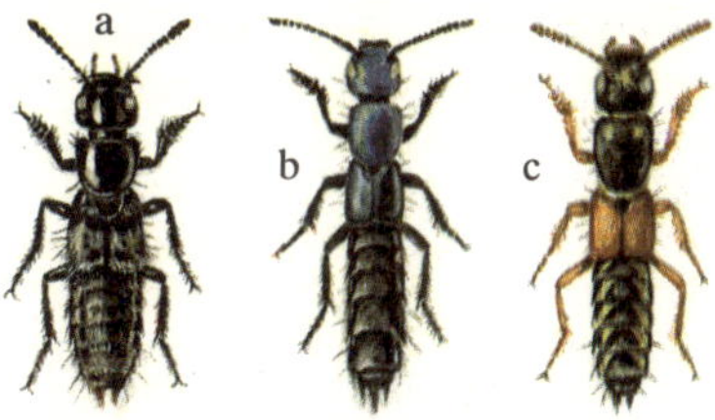

a 362 *Creophilus maxillosus*; b 364 *Ocypus ophthalmicus*; c 363 *Staphylinus caesareus*

Flügeldecken. Man findet den Käfer oft in Gärten, aber ebenso auf Wiesen und an Waldrändern. Bei Beunruhigung hebt er den Hinterleib hoch und spritzt aus den Analdrüsen ein Sekret, das der Abwehr der Feinde dient. Auch bei anderen großen Kurzflüglern ist diese Abwehrreaktion zu beobachten.

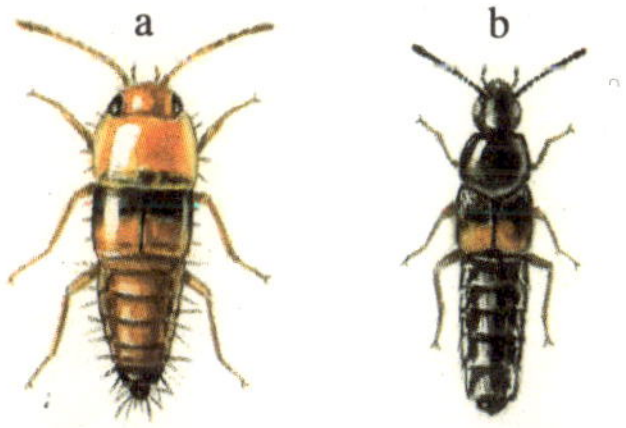

a 365 *Tachyporus obtusus*; b 366 *Aleochara bipustulata*

365 *Tachyporus obtusus*
3,5 mm lang, überall sehr häufig. Im Gebiet 18 schwer zu bestimmende Arten der Gattung *Tachyporus*. Sie leben meist in großer Zahl in der Bodenstreu. Im Herbst können sie auch von Bäumen und Sträuchern geklopft werden, ebenso sind sie in Stroh und Heuhaufen zu finden.

366 *Aleochara bipustulata*
2 bis 4,5 mm. Sicherlich sind alle Larven dieser 50 Arten zählenden Gattung Verzehrer der Tönnchenpuppen von Fliegen. Die Junglarven dringen an bestimmten Stellen in das Puparium ein, verschließen die Öffnung von innen und ernähren sich von der Fliegenpuppe. Das 3. Larvenstadium verläßt das Puparium und verpuppt sich im Boden, andere Arten verpuppen sich direkt im Tönnchen der Fliege. *A. bipustulata* ist ein wichtiger Parasit der Kohlfliege! Die Imagines der Gattung findet man an Aas, in Nestern von Vögeln und Säugetieren und an faulenden Pflanzenstoffen.

Familie *Lycidae*
Rotdeckenkäfer

Flügeldecken der 8 Arten des Gebietes auffallend rot gefärbt, mit Rippen und (außer der abgebildeten Art) mit Gitterreihen versehen. Von den Feuerkäfern durch diese Merkmale leicht zu unterscheiden. Die Larven leben räuberisch in morschem Holz. Die Käfer sind auf Doldenblüten und an den Brutstätten zu finden.

367 *Lygistopterus sanguineus*
7 bis 12 mm. Die Flügeldecken dieser Art sind fast glatt, ohne Gitterung, und der Kopf ist in einen deutlichen Rüssel ausgezogen, wodurch sie sich von allen anderen Arten unterscheidet. Oft auf Kiefernstubben zu finden, auf denen auch häufig die lackglänzende, schwarze Larve mit leuchtend orange gefärbtem letztem Abdominalsegment mit 2 schwarzen Zapfen zu sehen ist.

Familie *Lampyridae*
Leuchtkäfer, Glühwürmchen

Die Leuchtkäfer kommen mit 3 Arten, die 3 verschiedenen Gattungen angehören, im Gebiet vor. Die Weibchen sind flügellos oder besitzen nur Flügelstum-

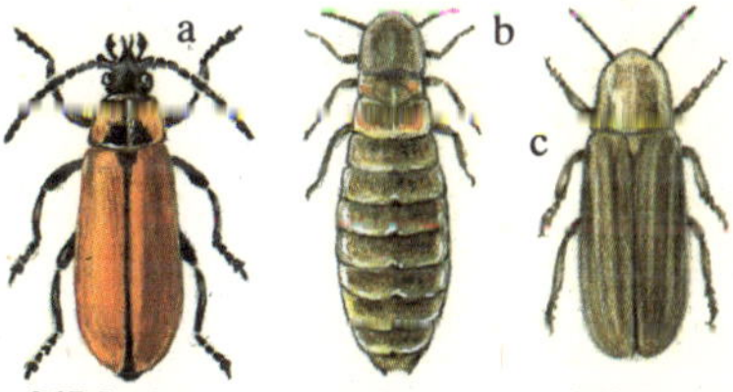

a 367 *Lygistopterus sanguineus*; b, c 368 *Lampyris noctiluca* b ♀, c ♂

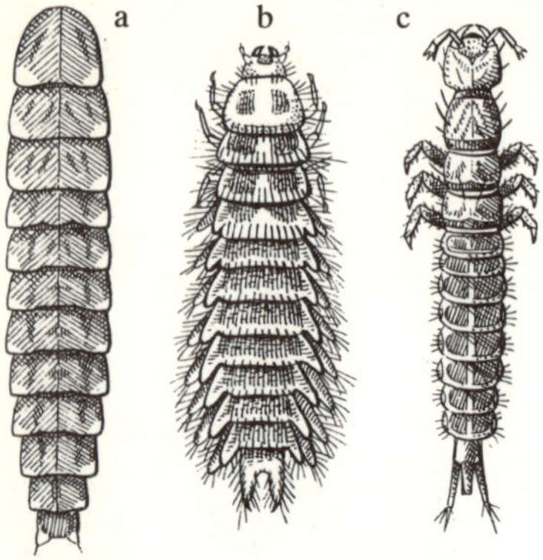

Larven von: a 368 *Lampyris noctiluca*; b Schneckenhauskäfer; c Kurzflügler

mel. Nur die Männchen von *Phosphaenus* haben verkürzte Flügeldecken, die der anderen Arten sind mit normal ausgebildeten Flügeldecken versehen. Die Weibchen locken (außer denen der Gattung *Phosphaenus*) die Männchen durch Leuchten am Boden an. Auch Eier und Larven besitzen Leuchtvermögen. Die Imagines der Leuchtkäfer fressen nicht. Die Larven ernähren sich von Schnecken.

368 *Lampyris noctiluca*
Großer Leuchtkäfer
Auf feuchten Wiesen und an Waldrändern ab Juni an geeigneten Stellen in der Dunkelheit zu beobachten. Die Larven sind das ganze Jahr über unter Holz und Steinen zu finden. Sie benötigen 3 Jahre zur Entwicklung. Im Gegensatz zum Kleinen Johanniswürmchen *(Phausis splendidula)* leuchten die Männchen dieser Art nicht.

Familie *Cantharidae* Weichkäfer

Eine artenreiche Familie, von der über 70 Arten im Gebiet vorkommen. Durch die weichen, schwach sklerotisierten Flügeldecken auffallend. Bei den Arten der Gattung *Malthinus* (S. 205) sind die Flügeldecken verkürzt, zu dieser Gattung gehören auch die kleinsten Weichkäfer. Imagines und Larven leben räuberisch, werden aber auch durch Fraß an frischen Trieben schädlich. Die samtigen, meist dunklen Larven werden oft im Frühjahr auf Schnee umherkriechend gefunden (Schneewürmer). Weichkäfer findet man besonders in Waldnähe auf Blüten, auf Sträuchern und im Gras oft in großer Zahl.

369 *Cantharis obscura*
Eichenweichkäfer
8,5 bis 13 mm. Die 32 Arten dieser Gattung, die im Gebiet vorkommen, sind schwer zu unterscheiden. Viele sind im Mai auf Blüten und Blättern zu finden. Der Eichenweichkäfer ist gelegentlich durch Fraß an jungen Eichentrieben schädlich geworden. Die samtschwarzen Larven überwintern oft in Heuhaufen. 6 Larvenstadien.

370 *Cantharis fusca*
Mit 11 bis 15 mm eine große Art der Gattung, die häufig an Waldrändern

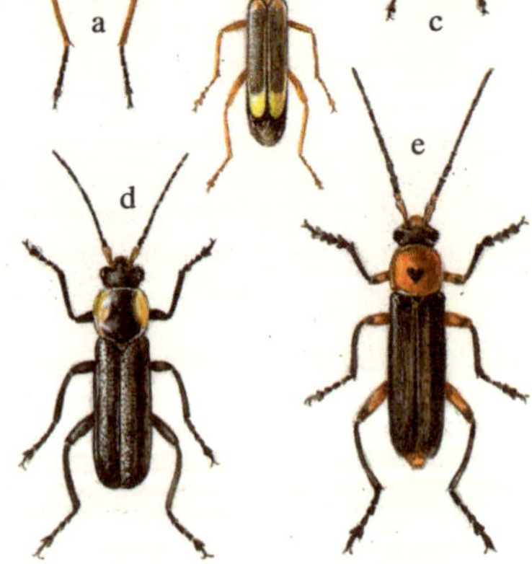

a 371 *Rhagonycha fulva*; b 373 *Malthinus flaveolus*; c 372 *Silis ruficollis*; d 369 *Cantharis obscura*; e 370 *Cantharis fusca*

lebt. Sehr variabel in der Färbung des Halsschildes, der einfarbig rot oder schwarz gezeichnet sein kann. 6 Larvenstadien.

371 *Rhagonycha fulva*
7 bis 10 mm. Eine sehr häufige und auffallende Art, die in großen Mengen Doldenblüten bevölkert, wenn kaum noch andere Weichkäfer zu finden sind. 7 Larvenstadien.

372 *Silis ruficollis*
Eine kleine, 4,5 bis 5,5 mm lange Art, die auf nassen Wiesen und an Seeufern vielfach zu finden ist. Sie ist mit den Weibchen von *S. nitidula* zu verwechseln, deren Halsschilddecken aber verrundet sind. Die Imagines leben auf Wasserpflanzen und Schilf.

373 *Malthinus flaveolus*
1,3 bis 6 mm, besonders auf Eichen. Die 37 Arten der Gattungen *Malthinus* und *Malthodes* sind oft schwer zu unterscheiden, meist nur nach den Genitalien. Manche Arten kann man, besonders an Waldrändern, häufig in großer Anzahl von Fichten klopfen oder in den Sommermonaten am Abend von Kräutern und Sträuchern streifen. Allgemein sind sie sehr unauffällig.

Familie *Drilidae*
Schneckenhauskäfer

Eine kleine Familie, im Gebiet nur mit 2 biologisch sehr interessanten Arten vertreten. Die Weibchen beider Arten sind flügellos und leben versteckt unter Steinen und in leeren Schneckenhäusern. Die Männchen sind geflügelt und sitzen auf Blüten und Sträuchern. Die Männchen werden von den Weibchen zur Begattung durch Duftstoffe angelockt. Die Larven leben räuberisch von Gehäuseschnecken, die sie mit Giftbissen, besonders in die Fühler, überwältigen. Dann wird die Schnecke in ein Versteck gebracht und verzehrt. Im Winter häutet sich die Larve in einer leeren Schneckenschale zu einer puppenähnlichen Ruheform und im Frühjahr wieder in eine normale Larvenform. Die Larve der Männchen überwintert zweimal, die der Weibchen evtl. dreimal. Die Arten sind überall selten (Abb. einer Larve S. 204).

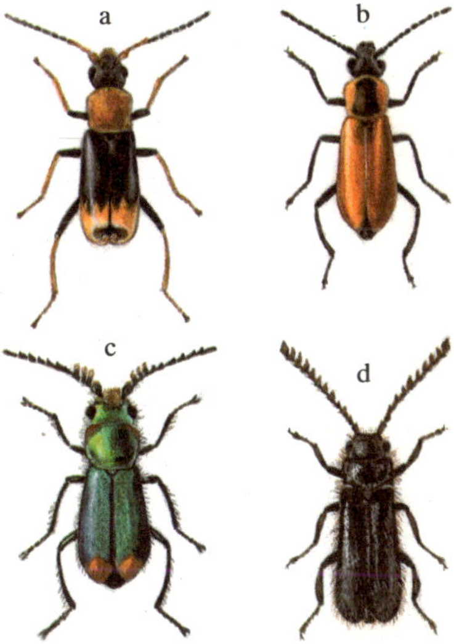

a 376 *Ceraphelès terminatus*; b 378 *Anthocomus coccineus*; c 377 *Malachius bipustulatus*; d 374 *Drilus concolor*

374 *Drilus concolor*
4 bis 5 mm. Von der zweiten Art, *D. flavescens* (375), welche im männlichen Geschlecht gelbbraune Flügeldecken besitzt, leicht zu unterscheiden. Mehr an feuchteren Orten mit reichlichem Schneckenangebot.

375 *Drilus flavescens*
Im Unterschied zu *D. concolor* (374) im männlichen Geschlecht gelbbraune Flügeldecken.

Familie *Malachiidae*
Malachitkäfer, Zipfelkäfer

1,5 bis 7 mm. Im Gebiet 50 Arten. Interessant ist die Balz vor der Kopulation, die je nach Gattung verschieden ist. Das Weibchen leckt ein stimulierend wirkendes Sekret, das aus drüsigen Reizorganen der Männchen, die sich je nach Gattung an verschiedenen Körperteilen befinden, austritt, und wird dadurch paarungswillig. Die Eier werden in Ritzen von Holz gelegt, welches bereits von anderen Insektenlarven, besonders Käferlarven, befallen ist. Die Larven leben räuberisch von diesen Larven. Sie überwintern zweimal. Die Käfer ernähren sich von Pollen verschiedener Blütenpflanzen und auch räuberisch.

376 *Cerapheles terminatus*
Schilf-Zipfelkäfer
Eine hübsche Art von 3 bis 4 mm Länge. Besonders im Mai und Juni, aber auch bis Anfang Juli auf trockenem, vorjährigem Schilf an Teichen und Seen, selten auf Blüten und Sträuchern. Die Reizorgane der Männchen liegen am Ende der Flügeldecken.

377 *Malachius bipustulatus*
Eine häufige, auf Gräsern zu findende, 5,5 bis 6 mm lange Art. Die Gattung ist mit 16 Arten im Gebiet vertreten. Die Reizorgane der Männchen befinden sich je nach Art an den Fühlern, auf dem Kopf oder an der Spitze der Flügeldecken. Die Färbung ist oft grün mit roten Flügeldeckenspitzen oder anderer auffälliger roter Zeichnung.

378 *Anthocomus coccineus*
4 bis 5 mm. Im Herbst häufig auf blühenden weißen Doldenblüten in feuchten Gegenden, besonders an Gewässern zu beobachten. Die späteste Art der Familie. Von den beiden anderen Arten der Gattung leicht zu unterscheiden, diese haben schwarze Querbinden auf den Flügeldecken.

Familie *Cleridae*
Buntkäfer

Räuberisch lebende Käfer von 2 bis 16 mm Länge, die im Gebiet mit 18 Arten vorkommen. Man findet sie auf Blüten, an Holz und die Vertreter der Unterfamilie *Korynetinae* besonders auf toten Tieren und an Knochen, wo sie andere Insekten verfolgen. Alle Arten sind sehr flink und flugfreudig. Auch die Larven leben räuberisch.

Gattung *Opilio*

3 ähnliche Arten. Die Imagines sind nachtaktiv, so daß man die Tiere nur durch gezieltes Suchen mit der Taschenlampe beobachten kann.

379 *Opilio domesticus*
Hausbuntkäfer
Er ist häufig in alten Häusern zu finden, wo er Pochkäfern und dem Hausbock nachstellt; oft an beleuchteten Schaufenstern.

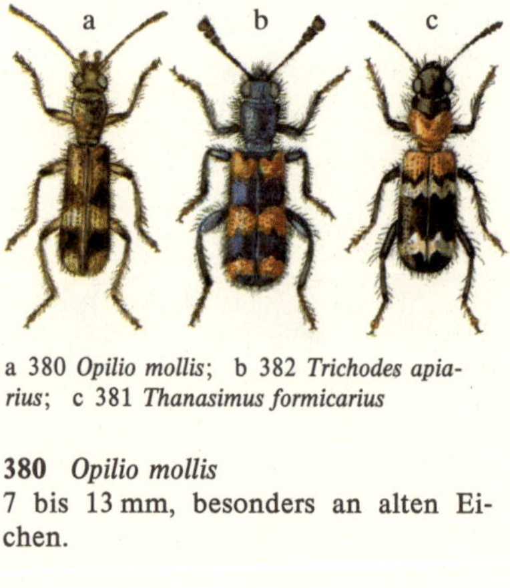

a 380 *Opilio mollis*; b 382 *Trichodes apiarius*; c 381 *Thanasimus formicarius*

380 *Opilio mollis*
7 bis 13 mm, besonders an alten Eichen.

381 *Thanasimus formicarius*
Ameisenbuntkäfer
Eine häufige Art von 7 bis 10 mm, die sich von der Art *T. rufipes* durch einfarbig rote Unterseite und schwarze Beine unterscheidet. Stellt auf Nadelhölzern, besonders Kiefern, Borkenkäfern nach. Die rosarote Larve lebt unter der Rinde in Gängen von Borkenkäfern ebenfalls räuberisch.

382 *Trichodes apiarius*
Bienenwolf
9 bis 16 mm. Die Imagines der 4 Arten der Gattung *Trichodes* findet man in

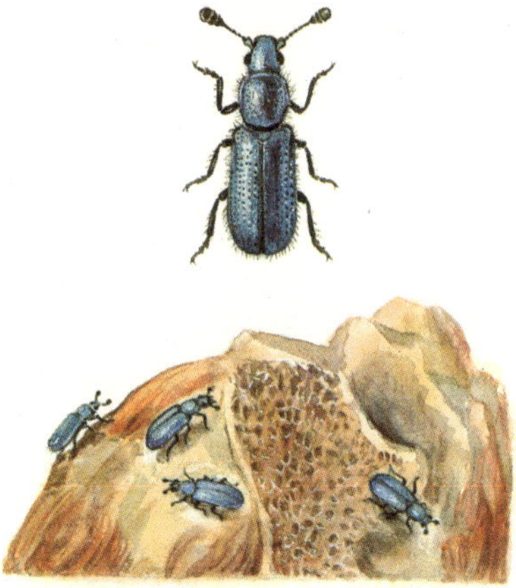

383 *Necrobia violacea*

unserem Gebiet besonders auf Blüten, speziell von Doldenblütlern. Die Larven leben in den Nestern von Wildbienen, der Bienenwolf aber auch in den Stöcken der Honigbiene, wo er schädlich wird. Die Larven ernähren sich von den Larven der Bienen, deren Puppen und von schwächlichen Bienen.

383 *Necrobia violacea*
Blauer Schinkenkäfer
Die 3 Arten der Gattung sind 4 bis 6 mm groß. Der Blaue Schinkenkäfer ist die häufigste Art. Sie kommt oft massenhaft auf trockenem Aas und an Knochen vor. Käfer und Larven stellen dort anderen Insekten, besonders Fliegenlarven nach. Ähnliche Arten der Gattung *Korynetes* haben schlanke, lokkere Fühlerkeulen.

384 *Necrobia ruficollis*
Halsschild und vorderer Teil der Flügeldecken rot.

385 *Necrobia rufipes*
Beine rot.

Familie *Elateridae*
Schnellkäfer

Von ähnlicher Gestalt wie die Prachtkäfer, aber im Gegensatz zu diesen sind die 1. und 2. Bauchplatte nicht verwachsen. Den Namen verdanken die Schnellkäfer ihrem eigentümlichen Sprungapparat, der aus Vorder- und Mittelbrust gebildet ist, und bei dem ein Dorn deutlich hörbar in eine Grube zurückschnellt, nachdem er zuvor in Rückenlage bei «hohlem Kreuz» und Anspannung eines kräftigen Muskels arretiert worden war. Bei der Auslösung schnellen die Käfer hoch. Dadurch können sie unter Umständen einem Angreifer entkommen oder ihn erschrecken. Nach mehreren Versuchen kommen sie meist auch auf die Beine. Diese Möglichkeit des Aufrichtens hat für sie deshalb Bedeutung, weil sie sich bei Gefahr fallenlassen und totstellen können.
Im Gebiet über 120 Arten, die teilweise schwer zu bestimmen sind. Die Imagines findet man im Freiland ab April auf Blüten, an Gräsern und Sträuchern oder unter Baumrinde, zwischen Geröll oder frei umherlaufend. Die als Drahtwürmer bekannten Larven, namentlich die der Gattung *Agriotes* (S. 208), können in der Land- und Forstwirtschaft durch Wurzelfraß sehr schädlich werden. Andere ernähren sich karnivor. Die Larvenentwicklung dauert 2 bis 3 Jahre, wobei die Larven sich 9- bis 16mal häuten.

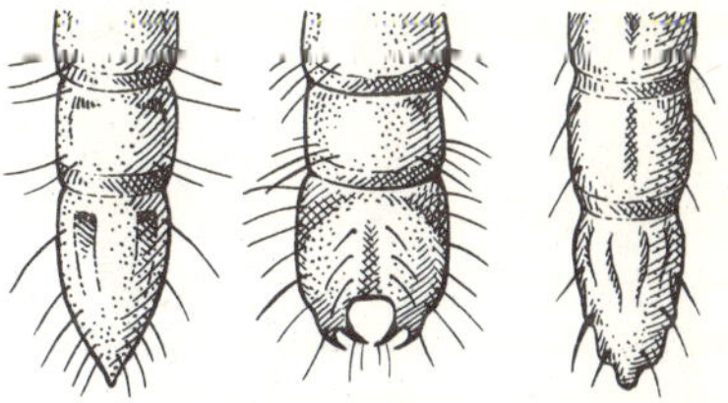

Hinterleibsenden verschiedener Schnellkäfer

386 *Ampedus sanguinolentus*
Die Gattung ist im Gebiet mit 16 meist rot gefärbten Arten vertreten. Sie sind schwer zu unterscheiden. Mit 9 bis 11,5 mm gehört die Art zu den größeren. Sie entwickelt sich in Baumstümpfen, besonders in Eichen mit weißfau-

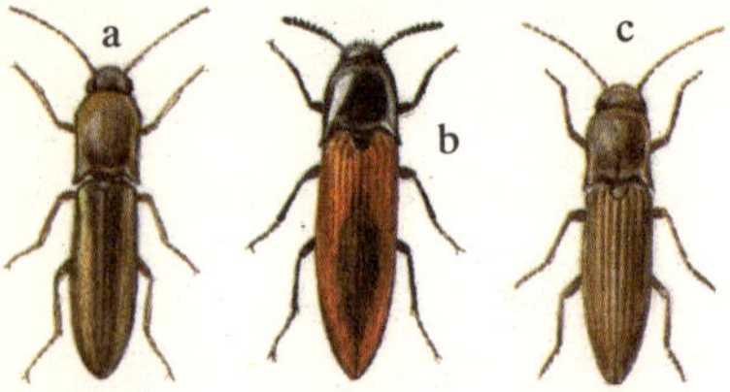

a 387 *Dalopius marginatus*; b 386 *Ampedus sanguinolentus*; c 388 *Agriotes lineatus*

lem Mulm. Die Imagines überwintern in der Puppenwiege und erscheinen im Mai.

387 *Dalopius marginatus*
6 bis 7,5 mm. Eine häufige Art, welche in Waldgebieten vorkommt und schon im März erscheint. Die Käfer sitzen an Gräsern und Gesträuch. Die Larve ernährt sich in trockenem Laub- oder Nadelwaldboden karnivor von anderen Insekten. Die Überwinterung erfolgt in der Puppenwiege als Käfer.

388 *Agriotes lineatus*
Saatschnellkäfer
7,5 bis 10,5 mm. Die 15 Arten der Gattung *Agriotes* findet man ab Frühjahr auf Feldern besonders unter Steinen und Grashaufen. Die Larven werden durch Wurzelfraß schädlich.

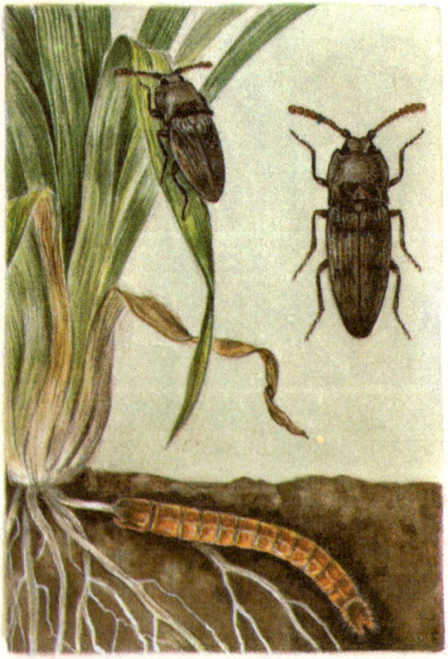

389 *Adelocera murina*

389 *Adelocera murina*
Mausgrauer Schnellkäfer
Ein robuster, leicht an seiner Zeichnung erkennbarer Käfer von 12 bis 17 mm Länge. Man findet ihn besonders an Gras und Kräutern sitzend. Die Larven ernähren sich räuberisch von anderen Insektenlarven im Boden. Der Käfer überwintert und erscheint im April wieder.

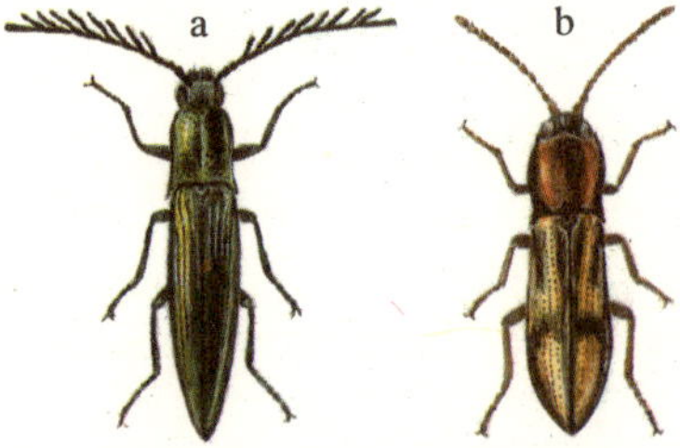

a 390 *Ctenicera pectinicornis*; b 391 *Selatosomus cruciatus*

390 *Ctenicera pectinicornis*
12 bis 20 mm. Die Männchen mit lang gekämmten Fühlern. Sie sind häufig an Pflanzen auf feuchten Wiesen zu beobachten. Die Larve lebt im Wurzelbereich der Gräser.

391 *Selatosomus cruciatus*
10 bis 14 mm. Eine unter den heimischen Schnellkäfern auffallende Art. Man findet den Käfer von Mai bis Anfang Juni auf Gebüsch und niedrigen Pflanzen, aber meist nur einzeln. Die Larven entwickeln sich in sandigen, feuchten Böden, meist in Gewässer- oder Waldrandnähe.

Familie *Buprestidae*
Prachtkäfer

In der Form den Schnellkäfern ähnlich, aber viel farbenprächtiger, besonders die tropischen Arten. Im Gebiet fast

80 Arten von 2 bis 33 mm Länge. Die Imagines findet man meistens auf dem Holz der Brutbäume, aber auch auf Blüten und Blättern. Sie sind bei Sonnenschein sehr aktiv. Die fußlosen Larven besitzen in den meisten Fällen einen großen Prothorax und sind dadurch leicht von den ähnlichen Larven der Bockkäfer zu unterscheiden («trommelschlegelförmig»). Sie sind Pflanzenfresser und leben besonders in Holz und Pflanzenstengeln oder als Minierer in Blättern (Abb. S. 210).

392 *Chalcophora mariana*
Kiefernprachtkäfer
Mit 24 bis 33 mm größte Art im Gebiet. In Kiefernwäldern auf besonnten Klaftern oder Telegraphenstangen sitzend. Fliegt bei Annäherung sehr schnell ab. Larve in krankem oder geschlagenem Kiefernholz.

393 *Dicerca alni*
Erlenprachtkäfer
12 bis 24 mm. Die Käfer sitzen gern auf geschlagenem Holz der Brutbäume. Die Art entwickelt sich fast nur in Erle, wo die Larve 2 bis 3 Jahre zur Entwicklung benötigt. In der gleichen Gattung im Gebiet 5 weitere Arten mit bronzefarbener Ober- und bunter Unterseite.

394 *Lampra rutilans*
Lindenprachtkäfer
9 bis 15 mm. Einer der farbenprächtigsten heimischen Prachtkäfer. Man findet ihn nur an Linden, wo sich seine

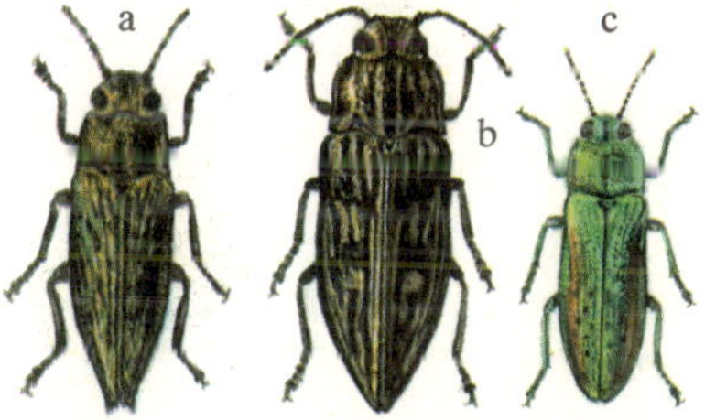

a 393 *Dicerca alni*; b 392 *Chalcophora mariana*; c 394 *Lampra rutilans*

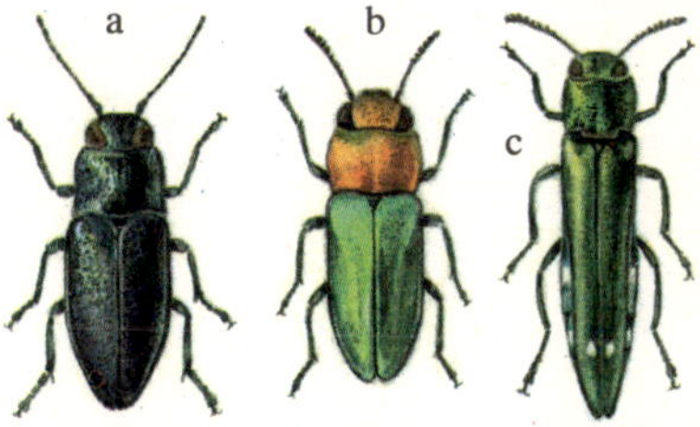

a 395 *Phaenops cyanea*; b 396 *Anthaxia nitidula*; c 397 *Agrilus biguttatus*

Larve im Bast in 1 bis 2 Jahren entwickelt. Das Weibchen legt die Eier in Rindenspalten, die Männchen sind sehr flüchtig.

395 *Phaenops cyanea*
Blauer Kiefernprachtkäfer
7 bis 12 mm. Der Käfer hat in den letzten Jahrzehnten erheblich an Bedeutung als Kiefernschädling gewonnen. Im allgemeinen brütet er in den starkborkigen Teilen älterer Kiefern, seltener in Jungkiefern oder anderen Nadelbäumen. Im allgemeinen handelt es sich dabei um schon geschädigte oder geschwächte Bäume, doch kann der Käfer deren Erholung unmöglich machen und ihr Schicksal dadurch besiegeln. Die sehr flüchtigen Käfer findet man vor allem an den Brutbäumen. Beim Anschneiden der Borke fallen die durch Kot braunen Gänge der Junglarven im weißen Bast durch ihren zickzackförmigen Verlauf auf. Die breiteren Fraßgänge der älteren Larven lassen die wolkige Ablagerung des Kotes erkennen, die ebenfalls für andere Prachtkäfer kennzeichnend ist. Meist dauert die Entwicklung 2 Jahre, sie kann aber auch wesentlich schneller verlaufen.

396 *Anthaxia nitidula*
Eine bunte Art von 5 bis 7,2 mm Länge. Die Käfer sitzen auf Blüten, z. B. von Hartriegel und Heckenrosen. Das Männchen hat einen grünen Kopf und einen grünen Halsschild, beim Weibchen sind Kopf und Halsschild

goldgrün oder messingfarben. Die Larve entwickelt sich unter der Rinde von Obstbäumen. Die Gattung *Anthaxia* ist mit 25 schwer zu unterscheidenden Arten im Gebiet vertreten.

397 *Agrilus biguttatus*
Zweipunktiger Eichenprachtkäfer
8 bis 13 mm, damit die größte Art der Gattung. Sie entwickelt sich in der Rinde der Eichen. Die Gattung ist mit 40 schwer unterscheidbaren, sonst nur 3,5 bis 8 mm langen Arten im Gebiet verbreitet. Man findet die Käfer meist auf Blättern der Brutpflanzen sich sonnend. Dann sehr flüchtig.

398 *Trachys minutus*
2,8 bis 3,5 mm. Die Larve entwickelt sich besonders an Weiden in Blattmi-

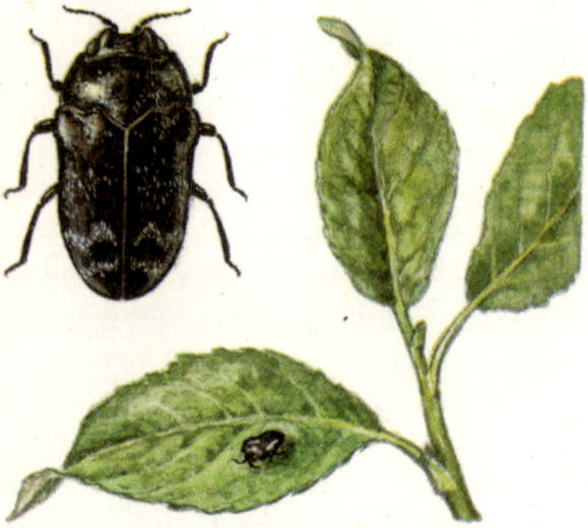

398 *Trachys minutus*

nen. Auf den Blättern findet man den Käfer, der nicht die typische, schlanke Gestalt der anderen Prachtkäfer hat.

Familie *Helodidae*
Sumpfkäfer, Jochkäfer

2 bis 6 mm lange, meist braune Käfer, die im Gebiet mit 25 Arten in 6 Gattungen vorkommen. Die Imagines findet man sehr häufig in der Nähe von Gewässern auf Pflanzen. Die asselähnlichen Larven leben im Wasser und ernähren sich von Detritus. Sie machen 5 Larvenstadien durch.

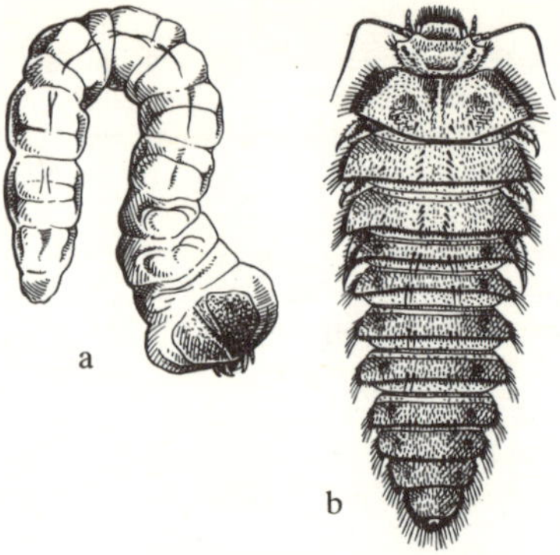

Larven von: a Prachtkäfer; b Sumpfkäfer

399 *Helodes marginata*
4,5 bis 5,3 mm, besonders im Süden des Gebietes. Die Käfer leben hauptsächlich an kalten Bächen, in denen man auch ihre Larven findet.

400 *Cyphon phragmiteticola*
3 bis 4,2 mm. Diese häufigste Art der Gattung wurde erst 1955 beschrieben. Überall an Gewässern mit Schilf. Die Imagines ernähren sich wahrscheinlich von weichhäutigen Insekten. Die Larven leben in stehenden Gewässern.

401 *Scirtes hemisphaericus*
3 bis 3,5 mm. Ein Käfer mit ausgeprägtem Sprungvermögen (stark verdickte Hinterschenkel!). Imagines auf der Ufervegetation stehender und langsam fließender Gewässer, Larven in schattigen Tümpeln an Waldrändern.

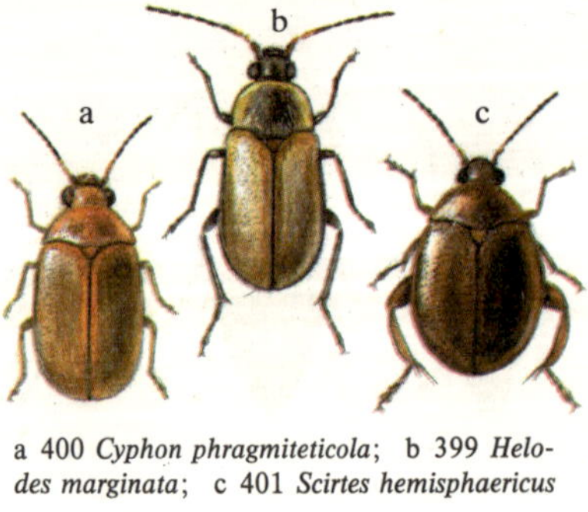

a 400 *Cyphon phragmiteticola*; b 399 *Helodes marginata*; c 401 *Scirtes hemisphaericus*

a 403 *Attagenus pellio*; b 404 *Trogoderma angustum*; c 402 *Dermestes lardarius*; d 406 *Anthrenus museorum*; e 405 *Reesa vespulae*

Familie *Dermestidae* Speckkäfer

Von den fast 40 im Gebiet vorkommenden Arten sind viele als Vorratsschädlinge bekannt. Auch in naturwissenschaftlichen Sammlungen werden sie schädlich. Die Imagines scheinen sich von Pollen zu ernähren, manche nehmen keine Nahrung zu sich. Die Larven, die sich 5- bis 7mal häuten, bei ungünstigen Bedingungen noch häufiger, fressen an trockenen tierischen Materialien. Alle Larven sind stark behaart und sehr behende.

402 *Dermestes lardarius*
Gemeiner Speckkäfer

5 bis 10 mm. Bisher wurden 19 Arten der Gattung im Gebiet bekannt. Alle Arten einfarbig oder mit hellen Haaren, die Unterseite oft schneeweiß mit arttypischer dunkler Zeichnung. Nur *D. lardarius* mit graugelber Querbinde auf den Flügeldecken. Man findet die Käfer an toten Tieren und in Nestern. Die Larven sind leicht kenntlich an den Analdornen, die alle Vertreter der Gattung auf dem 9. Hinterleibsring besitzen. Sie werden in Lagern mit tierischen Produkten schädlich, ebenso in Museumssammlungen. Die Larven bohren sich zur Verpuppung in Holz und anderes festes Material ein.

403 *Attagenus pellio*
Pelzkäfer

2,5 bis 6 mm. Dunkle Käfer mit hellen Punkten auf den Flügeldecken und dem Halsschild, die besonders auf Blüten und in Häusern auf Fensterbrettern zu finden sind. Die Larven werden in Warenlagern an Pelzwerk und Teppichen schädlich, gelegentlich aber auch im Haushalt und in zoologischen Sammlungen. Der ganze Körper ist anliegend goldgelb behaart, mit langem Haarbüschel am Hinterende.

404 *Trogoderma angustum*

2,5 bis 4 mm. Eine aus Amerika eingeschleppte Art, die bisher vor allem in größeren Städten heimisch geworden ist. Das Weibchen ist immer deutlich größer als das schlankere Männchen. Seine 3gliedrige Fühlerkeule ist deutlich abgesetzt. Die Art tritt in Museen und Sammlungen an Insekten und an Wirbeltieren als gefürchteter Schädling auf. In Wohnungen besonders im April an den Fenstern zu finden.

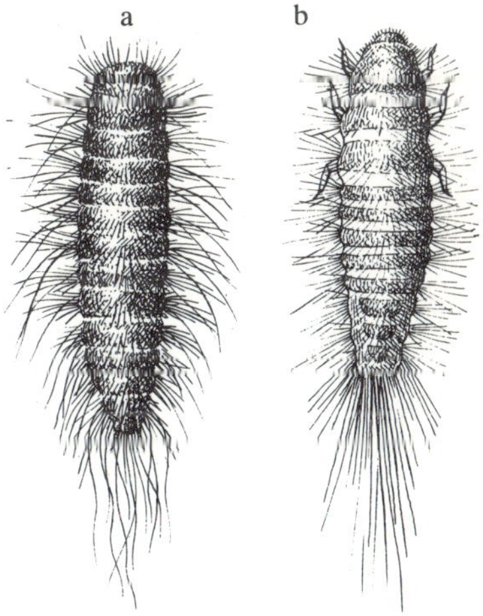

Larven von: a Speckkäfer; b Gattung *Attagenus*

405 *Reesa vespulae*
2,8 bis 3,8 mm. Ein noch gefährlicherer Schädling als *Trogoderma* (404) aus Nordamerika. Erst von wenigen Orten im Gebiet bekannt, aber in steter Ausbreitung begriffen. Trat bisher an Sämereien und in tierischen Sammlungen als Schädling auf. Die Art pflanzt sich parthenogenetisch, also ohne Männchen, fort.

406 *Anthrenus museorum*
Museumskäfer, Teppichkäfer, Blütenkäfer
Die Gattung *Anthrenus* umfaßt im Gebiet 15 kurzovale und oft sehr bunte 1,3 bis 4,5 mm lange Käfer. Die Imagines sind Blütenbesucher, die Larven entwickeln sich in tierischen Nestern, in Kadavern und tierischen Produkten. Nicht völlig dicht schließende Insektenkästen werden früher oder später von ihnen befallen. Im Frühjahr, wenn die Imagines an den Fenstern erscheinen, zeigt sich, daß sie sich in fast jedem Haushalt entwickeln. Der Museumskäfer wird oft in Sammlungen schädlich. Die Larven sind kurz, ihr aufrichtbares Pfeilhaarpolster auf dem letzten Segment findet man bei anderen Arten der Gattung wieder.

407 *Anthrenus verbasci*
Wollkrautblütenkäfer
Etwas größer als der Museumskäfer (406) und gelbbraun gefärbt. Als Schädling von größerer Bedeutung als der Museumskäfer.

Familie *Byrrhidae* Pillenkäfer

Der Name bezieht sich auf die Fähigkeit, die Beine und Fühler eng an den Körper zu legen und so eine Pille oder einen Erdkrümel vorzutäuschen. Im Gebiet nur knapp 30 Arten von 2,2 bis 14 mm. Die Imagines findet man auf Wegen und an Moos, das ihnen auch als Nahrung dient. Die engerlingförmigen Larven fressen in der Erde die Rhizoiden der Moospflänzchen.

a 408 *Cytilus sericeus*; b 409 *Byrrhus fasciatus*

408 *Cytilus sericeus*
4,5 bis 5,5 mm. Häufige Art, die als einzige breit asselförmige Larven besitzt, die frei umherlaufen. Eine zweite, aber seltene Art kommt im Gegensatz zu der abgebildeten Art in feuchten Gebieten vor.

409 *Byrrhus fasciatus*
6,5 bis 8 mm. Häufige Art, die auf Feld- und Waldwegen umherläuft und sich bei Gefahr sofort totstellt. Die anderen 10 Arten der Gattung werden bis 14 mm lang und sind nur durch Genitalpräparation voneinander zu unterscheiden.

Familie *Byturidae* Himbeerkäfer

Graue oder braungelbe, dicht behaarte Käfer von 3,2 bis 4,6 mm Länge. 2 schwer zu unterscheidende Arten, die überall auf Blüten, oft auf Löwenzahn, in großer Zahl anzutreffen sind. Die Imagines fressen Pollen. Die Verpuppung erfolgt in einem Gespinst in Rindenspalten oder an der Erde.

410 *Byturus tomentosus*
Himbeerkäfer
3,2 bis 4 mm. Besonders auf Blüten von Rosengewächsen, die sie oft so dicht bedecken, daß kaum Blütenblätter zu sehen sind. Die Larven entwickeln sich in Himbeeren und Brombeeren (Himbeermade).

411 *Byturus aestivus*
4 bis 4,6 mm. Die Larve entwickelt sich in der Nelkenwurz.

Familie *Nitidulidae* Glanzkäfer

2 bis 7 mm. Mit fast 120 Arten im Gebiet. Besonders auf Blüten zu finden, aber auch an gärendem Obst, an Knochen und an Aas. Die Imagines ernähren sich besonders von Blütenpollen, Pilzsporen, Baumsäften usw. Die Larven sind oft schädlich, z. B. an Raps. Sie ernähren sich wie die Imagines. Die Flügeldecken bedecken den ganzen Körper oder lassen die Hinterleibsspitze frei, nur bei 6 Gattungen bleiben die 2 letzten Segmente unbedeckt. Die Fühler besitzen eine 3gliedrige Keule.

a 410 *Byturus tomentosus*; b 413 *Epurea florea*; c 415 *Pocadius ferrugineus*; d 414 *Omosita colon*; e 412 *Meligethes aeneus*; f 416 *Glischrochilus quadripustulatus*

412 *Meligethes aeneus*
Rapsglanzkäfer
1,5 bis 2,7 mm. Schädling in der Landwirtschaft. Die Imagines zerstören die Knospen des Rapses, die Larven (Abb. S.215) leben in den Blüten. Sie erscheinen schon zeitig im Frühjahr. Die Gattung *Meligethes* ist mit 60 schwer unterscheidbaren Arten im Gebiet vertreten, von denen einige mit dem Rapsglanzkäfer vergesellschaftet fressen.

413 *Epurea florea*
2 bis 3,5 mm. Vertreter einer im Gebiet fast 40 Arten umfassenden Gattung, deren Imagines auf Blüten, an ausfließendem Baumsaft, in Pilzen und in Maulwurfnestern gefunden werden. Sie leben nicht räuberisch, wie oft in der Literatur angegeben wird.

414 *Omosita colon*
2 bis 5 mm. Alle im Gebiet vorkommenden Arten der Gattung werden besonders an Aas und trockenen Knochen gefunden.

415 *Pocadius ferrugineus*
Von 2,6 bis 4,6 mm lang, kommt in Staubpilzen (Bovisten) vor und ist dort in großer Zahl vorhanden. Larven und Imagines ernähren sich von den Pilzsporen, von denen sie völlig eingepudert sind.

416 *Glischrochilus quadripustulatus*
3 bis 7 mm. Erst in neuerer Zeit aus Amerika eingeschleppt – jetzt zählt sie zu den häufigsten Arten. Die 4 leicht an der Zeichnung als Vertreter ihrer Gattung kenntlichen, aber schwer zu unterscheidenden Arten werden an ausfließendem Baumsaft und gärendem Obst gefunden, oft auch fliegend gefangen.

Familie *Cucujidae* Plattkäfer

Mit über 40 Arten im Gebiet, alle sehr flach. Viele Arten unter Rinde, aber auch als Vorratsschädlinge bekannt.

417 *Oryzaephilus surinamensis*
Getreideplattkäfer
1,4 bis 1,7 mm lang, mit gezähntem Halsschild, überall in Getreideprodukten auftretend. Er ernährt sich aber (auch als Larve) karnivor, ist also eigentlich kein Schädling, sondern nur ein Lästling.

418 *Uleiota planata*
4,5 bis 5,5 mm. Eine Art, die man besonders unter Laub-, aber auch unter Nadelholzrinde fast das ganze Jahr über beobachten kann. Die Männchen sind an den auf den Oberkiefern sichelförmig nach oben gebogenen Hörnchen zu erkennen.

a 419 *Tritoma bipustulata*; b 418 *Uleiota planata*; c 420 *Mycetophagus quadripustulatus*

Familie *Erotylidae*
Pilzkäfer

Von den weltweit verbreiteten rund 2 300 Arten kommen nur etwa 15 Arten im Gebiet vor. Es sind meist glänzende Käfer mit roter Zeichnung. Imagines und Larven leben in Baumschwämmen und unter mit Pilzmyzelien durchsetzter Borke, aber auch in anderem zerfallendem Pflanzenmaterial und unter trockenem Mist. Die Verpuppung erfolgt in der Erde.

419 *Tritoma bipustulata*
Diese häufige Art von 3,5 bis 4 mm Länge findet man fast das ganze Jahr hindurch an Baumschwämmen. Die Käfer sitzen an der Unterseite der Pilze und lassen sich bei Beunruhigung leicht fallen.

Familie *Mycetophagidae*
Baumschwammkäfer

Kleine Käfer von 1,5 bis 6 mm Länge, im Gebiet etwa 15 Arten. Die Käfer und Larven halten sich besonders an Baumpilzen und unter verpilzter Rinde auf. Sie ernähren sich wohl besonders von Pilzmyzelien und Fruchtkörpern. Eine Art (*Typhaea stercorea* Behaarter Baumschwammkäfer) findet sich in Kellern an schimmelndem Holz und Stroh und in strohgedeckten Häusern. Alle Arten haben eine langovale Körperform und sind dicht behaart und laufen sehr schnell bei Beunruhigung in ein dunkles Versteck.

420 *Mycetophagus quadripustulatus*
5 bis 6 mm. Diese größte und überall häufige Art lebt meist gesellig an Baumschwämmen, worin sich auch die Larven entwickeln.

Familie *Colydiidae*
Rindenkäfer

Mit etwa 30 Arten im Gebiet vertreten. Man findet sie hauptsächlich unter Rinde, in morschem Holz, an Flechten und einige augenlose Arten auch in der Erde an Holzresten. Die Gattung *Myrmecoxenus* lebt bei Ameisen. Die meisten Arten leben räuberisch. Viele Arten sind bei uns sehr selten.

421 *Ditoma crenata*
2,6 bis 3,5 mm. Diese Art zählt zu den häufigsten der Rindenkäfer und ist bei Sonnenschein auf alten Stubben oft zu beobachten. Die Imagines und Larven leben von anderen Insekten.

Familie *Endomychidae*
Stäublingskäfer

Eine kleine Familie mit 12 Arten im Gebiet. Sie leben an Staub- und Schimmelpilzen und von ihnen durchsetzten Substraten. Die Larven sind breit und flach, oft asselähnlich, 1,2 bis 6 mm lang.

422 *Endomychus coccineus*
4 bis 6 mm. Größter Vertreter der Stäublingskäfer im Gebiet. Manchen Marienkäfern sehr ähnlich, aber durch die an der Basis des Halsschildes befindlichen 2 Eindrücke leicht von ihnen zu unterscheiden. Die Art ist an Pilzen und verpilztem Holz zu finden.

Familie *Coccinellidae*
Marienkäfer

Die wohl allen unter den verschiedensten Namen bekannten Marienkäfer sind mit über 70 Arten im Gebiet vertreten. Die Anzahl der Punkte auf den Flügeldecken gibt nicht etwa das Alter der Tiere an, sondern gehört zum Zeichnungsmuster der z. T. sehr variablen Arten. Imagines wie Larven ernähren sich nicht nur von Blattläusen und von Schildläusen, sondern es gibt auch Arten, die sich von Mehltaupilzen und Pflanzen ernähren. Bei starker Berührung tritt aus den Beingelenken ein übelriechender Saft aus, der vielleicht abschreckend wirkt. Die Arten haben 1 oder 2 Generationen im Jahr. Die Imagines überwintern unter Rinde, im Gras

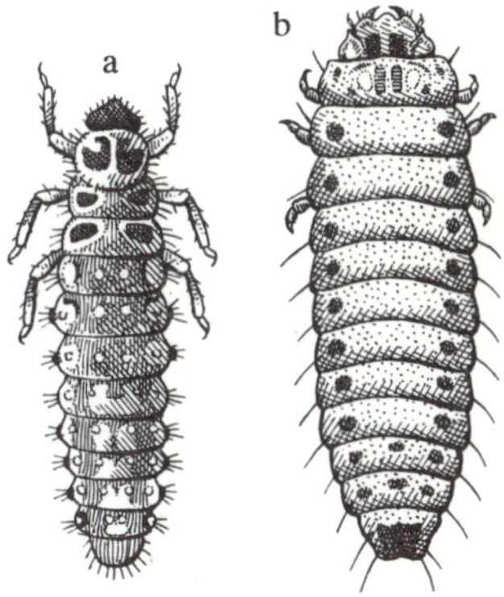

Larven von: a Marienkäfer; b 412 *Meligethes aeneus*

und in der Bodenstreu, einige Arten in großen Mengen in nicht zu warmen Gebäuden und erscheinen schon zeitig im Frühjahr wieder im Freien. Die Weibchen legen bis zu 400 Eier; die daraus schlüpfenden Larven häuten sich viermal. Sie sind sehr behende und oft mit kleinen Dörnchen oder auch mit Wachsausscheidungen versehen. Die Verpuppung erfolgt auf Blättern oder an Baumstämmen, indem sich die Larve mit dem Hinterende an die Un-

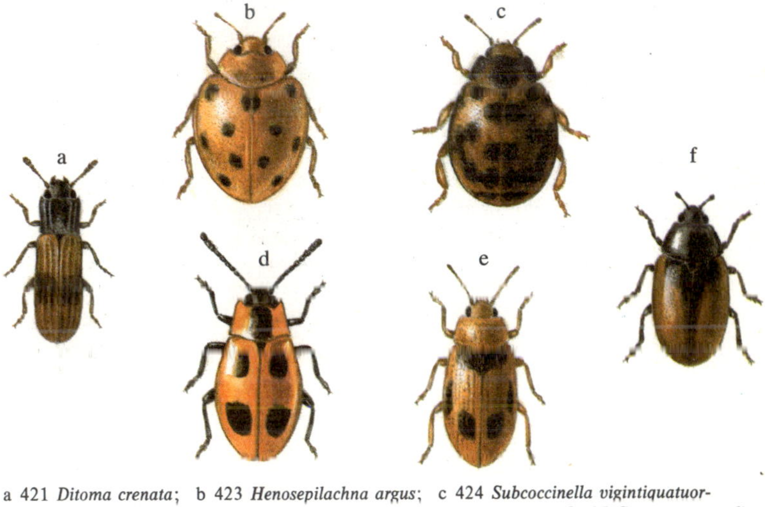

a 421 *Ditoma crenata*; b 423 *Henosepilachna argus*; c 424 *Subcoccinella vigintiquatuorpunctata*; d 422 *Endomychus coccineus*; e 426 *Coccidula scutellata*; f 427 *Scymnus suturalis*

terlage heftet. Bei manchen Arten ist die Puppe noch von der letzten Larvenhaut umschlossen.

423 *Henosepilachna argus*
6 bis 8 mm. Eine große Art, die lokal in Wärmegebieten an der Zaunrübe vorkommt. Die Imagines und Larven ernähren sich von Blättern.

424 *Subcoccinella vigintiquatuorpunctata*
Eine phytophage Art von 3 bis 4 mm Länge, die sehr häufig auf Lichtnelke, Luzerne, Klee und anderen Pflanzen zu finden ist. Sie tritt an Kulturen oft schädigend auf. In der Zeichnung und der Färbung sehr variabel, von ganz hell bis dunkel.

425 *Cynegetis impunctata*
Ähnlich der vorigen Art, sie ist aber gewölbter und tritt meist in der hellen Form auf. Lebt auf feuchten Wiesen und in Auwäldern an Gras.

426 *Coccidula scutellata*
2,5 bis 3 mm. Die ähnliche *C. rufa* hat einfarbig rote Flügeldecken. Beide Arten leben an feuchten Orten an Schilf und Wasserpflanzen, wo sie sich von Blattläusen ernähren. Die Überwinterung erfolgt in Schilfstengeln. Die abgebildete Art ist die häufigere der beiden Arten.

427 *Scymnus suturalis*
Von den über 20 bis 3,3 mm langen Arten der Gattung die häufigste. Sie findet sich an Nadelbäumen, vor allem an Kiefer, und überwintert unter Rindenschuppen. Die blattlausfressenden Larven sind ebenso wie die der anderen Arten der Gattung von dichten Wachsflocken bedeckt.

428 *Chilocorus bipustulatus*
2,7 bis 4 mm. Ein Vertilger von Blatt- und Schildläusen. Die Larven sind stark bedornt. Die Verpuppung erfolgt in der aufgeplatzten Larvenhaut an Baumstämmen und Blättern.

429 *Chilocorus renipustulatus*
Etwas größer als die vorige Art. Auf jeder Flügeldecke nur ein großer roter Fleck.

430 *Hippodamia variegata* (= *Adonia variegata*)
3 bis 5,5 mm. Eine sehr variable Art, die auf Feldern und besonders auf Ruderalflächen häufig vorkommt. Die Imagines und Larven ernähren sich von Blattläusen. Die beiden anderen, größeren (4,5 bis 7 mm langen) Arten der Gattung findet man besonders auf feuchten Wiesen.

431 *Calvia quatuordecimpunctata* (= *Propylaea quatuordecimpunctata*)
3,5 bis 4,5 mm. Diese häufige und wohl

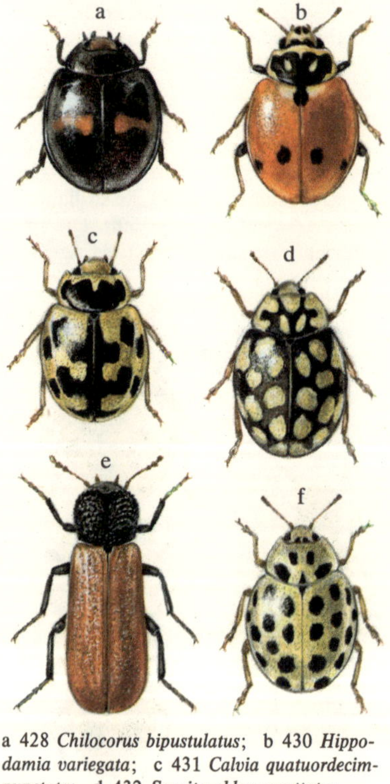

a 428 *Chilocorus bipustulatus*; b 430 *Hippodamia variegata*; c 431 *Calvia quatuordecimpunctata*; d 432 *Sospita oblongoguttata*; e 434 *Bostrychus capucinus*; f 433 *Thea vigintiduopunctata*

überall zu findende Art jagt besonders auf Sträuchern nach Blattläusen. Sie ist sehr variabel in der Zeichnung.

432 *Sospita oblongoguttata* (= *Neomysia oblongoguttata*)
7 bis 9 mm. Nährt sich besonders auf Nadelhölzern von Blattläusen. Wegen der Größe und Zeichnung mit keiner anderen Art zu verwechseln.

433 *Thea vigintiduopunctata*
3 bis 4,5 mm lang, zitronengelb, besonders auf von Mehltau befallenen Blättern der Eiche, aber auch auf anderen Bäumen und Pflanzen. Käfer und Larve sind Mehltaufresser.

Familie *Bostrychidae* Bohrkäfer

Mit knapp 10 Arten im Gebiet vertreten. 2 bis 13 mm lang. Oftmals werden exotische Arten mit Holz importiert. Die Käfer und Larven leben in Holz und werden durch ihre Bohrtätigkeit schädlich. Die Larven sind weiß, engerlingsartig. Sie durchlaufen 4 bis 5 Larvenstadien. Die Imagines sind an den Brutplätzen zu finden. Die Arten sind meist wärmeliebend.

434 *Bostrychus capucinus*
Kapuzinerkäfer
Mit 8 bis 13 mm Länge die größte und häufigste Art im Gebiet. Sie ist sehr auffällig durch die Farbe und wird besonders an gefällten Eichenstämmen gefunden, dort häufig in großer Zahl.

Familie *Anobiidae* Poch- oder Klopfkäfer

Die Klopfkäfer sind mit etwa 60 Arten im Gebiet beheimatet. Die meisten Arten leben in Holz, Tannenzapfen, Baumpilzen und können sehr schädlich werden (Möbel, Bauholz, Skulpturen, auch alte Bücher) oder als Vorratsschädling in Getreide, Drogen, Gewürzen und Herbarien. Bei Larven und Käfern sind Symbionten festgestellt worden, welche den Aufschluß der Nahrung gewährleisten. Die Larven sind engerlingsförmig und brauchen oft über 1 Jahr zur Entwicklung. Die 1,7 bis 7 mm langen Käfer sind meist braun gefärbt.

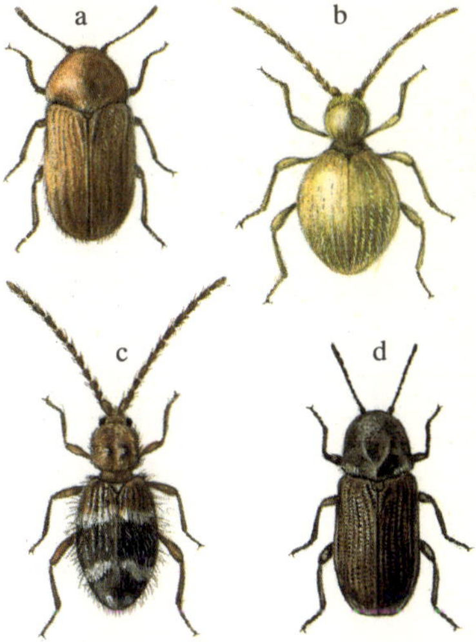

a 435 *Stegobium paniceum*; b 438 *Niptus hololeucus*; c 437 *Ptinus rufipes* ♀; d 436 *Anobium pertinax*

435 *Stegobium paniceum*
Brotkäfer
2 bis 4 mm. Wird sehr häufig mit Mehlprodukten und Pellets für die Tierhaltung in Wohnungen eingeschleppt. Als Vorratsschädling über die ganze Welt verbreitet.

436 *Anobium pertinax*
Trotzkopf
4,5 bis 6 mm. Besonders an Nadelholz zu finden, meist im Freien, aber auch an verbautem Holz und dann an Fenstern abzulesen.

Familie *Ptinidae* Diebskäfer

1,5 bis 5 mm lange eiförmige Käfer mit langen Fühlern. Sie leben an trockenen Orten oft als Vorratsschädlinge. Über

20 Arten im Gebiet. Die Nahrung der Käfer und Larven besteht aus tierischen und pflanzlichen Produkten. Sie treten oft als Hausplage auf, besonders in alten Häusern.

437 *Ptinus rufipes*
3 bis 4,5 mm lang und im Freiland die häufigste Art. Die Männchen sind etwas schmaler als die Weibchen und haben längere Fühler. Die Art entwickelt sich in verpilztem Holz und benötigt dazu mindestens 2 Jahre. *Ptinus fur* tritt noch häufiger als vorige Art in Wohnungen auf und findet sich oft in leeren Badewannen in Neubauten. Die Käfer und Larven ernähren sich sehr vielseitig, z. B. von Getreideprodukten, Sämereien und Fleischwaren.

438 *Niptus hololeucus*
Messingkäfer
2,6 bis 4,6 mm. Durch die goldgelbe Behaarung von allen anderen Arten der Familie leicht zu unterscheiden. Er lebt und entwickelt sich besonders in stärkehaltigen Nahrungsmitteln, aber auch an Knochen, Federn, Leder, Drogen, Wolle usw. Die Entwicklung dauert etwa 4 Monate. Meist 2 Generationen im Jahr.

Familie *Oedemeridae*
Scheinbockkäfer

Blütenbesucher, die man auf den ersten Blick leicht mit Bockkäfern verwechselt. Man kann sie an den weichen Flügeldecken, die hinten oft etwas auseinanderklaffen und verschmälert sind, an den bei den Männchen häufig verdickten Hinterschenkeln und an den nicht so stark ausgebildeten Mandibeln unterscheiden. Die Käfer findet man auch an morschem Holz und Zaunpfählen. Die Larven entwickeln sich an krautigen Pflanzen und in morschem Holz. In Mitteleuropa etwas über 20 Arten.

439 *Calopus serraticornis*
Bis 20 mm lang. Unser größter Scheinbockkäfer ist als Nachttier selten zu sehen. Er fliegt gerne ans Licht. Sonst findet man ihn auf Pfählen aus Laub- und Nadelholz, worin sich auch die Larven entwickeln. Er ist oft tot in Spinnenweben zu finden.

440 *Nacerda ustulata*
Bunte Käfer von 8 bis 12 mm Länge. Das Männchen besitzt einen großen Zahn am Ende der Mittelschienen, der bei allen anderen Arten der Gattung fehlt. Man findet die Käfer auf blühenden Pflanzen in der Nähe von Gewässern.

441 *Oedemera podagrariae*
Diese 8 bis 13 mm lange Art wird besonders in warmen Gebieten auf Wiesen an Gräsern und krautigen Pflanzen gefunden. Die verdickten Hinterschenkel des Männchens täuschen Sprungbeine vor, die Tiere sind aber unfähig zu springen.

Familie *Pyrochroidae*
Feuerkäfer

Dank ihrer leuchtend roten Flügeldekken kann man die 8 bis 18 mm langen Feuerkäfer höchstens mit den Rotdekkenkäfern (s. S. 203) verwechseln. Den Imagines begegnet man im Mai in Wäldern, vor allem an den Brutbäumen und auf besonnten Blättern. Die elfen-

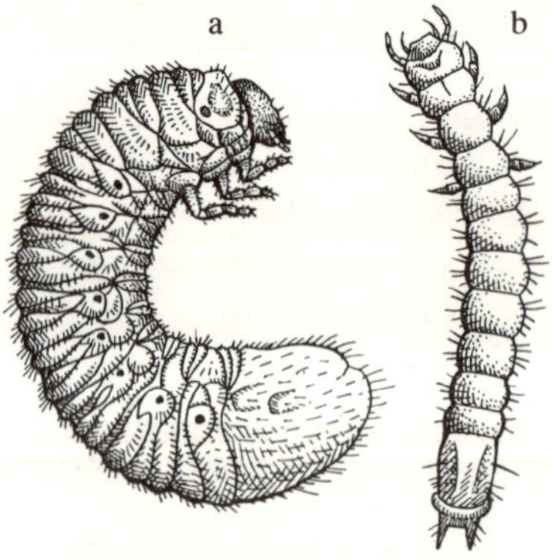

Larven von: a Rosenkäfer (Engerling), s. S. 226; b Feuerkäfer

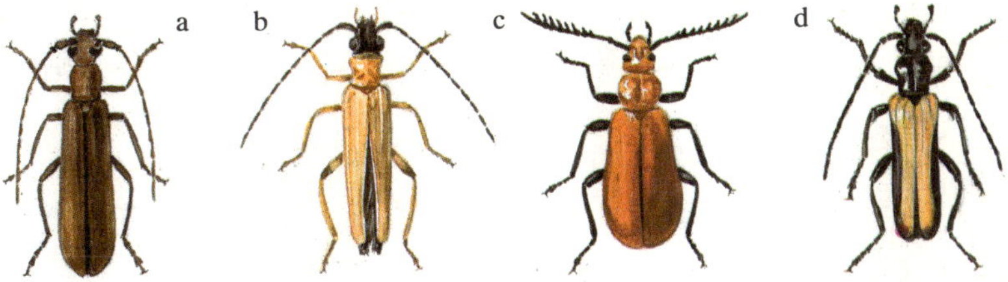

a 439 *Calopus serraticornis*; b 441 *Oedemera podagrariae*; c 442 *Pyrochroa serraticornis*; d 440 *Nacerda ustulata*

beingelben Larven entwickeln sich unter der Rinde von Laub-, seltener von Nadelbäumen. Im Gebiet nur 3 Arten.

442 *Pyrochroa serraticornis*
Diese rote Art ist bis 16 mm lang. Seltener als *P. coccinea* (443). Die Larven beider Arten haben gerade Hinterleibsanhänge.

443 *Pyrochroa coccinea*
14 bis 18 mm lang, mit schwarzem Kopf. Häufiger als vorige Art.

444 *Schizotus pectinicornis*
Bis 10 mm lang, mit schwarzem Kopf und einem schwarzen Halsschild mit rotem Mittelfleck. Die Larve ist kleiner als die Arten der Gattung *Pyrochroa* (442, 443) und hat gebogene Hinterleibsanhänge.

Familie *Anthicidae*
Blütenmulmkäfer

Durchweg kleine Käfer von 2 bis 6 mm Länge. Sie wirken etwas ameisenähnlich, da der Halsschild von Kopf und Flügeldecken stark abgesetzt ist. Besonders unter Pflanzenmaterial (z.B. *Anthicus floralis* unter Schilfhaufen) aber auch frei am Boden. Im Gebiet über 20 Arten.

445 *Notoxus monocerus*
3 bis 6 mm. Ein flinker Käfer, den man oft im Gras findet und der auch häufig fliegt. Er ist leicht an dem den Kopf fast verdeckenden Hörnchen des Halsschildes erkennbar. Der Käfer wird auf große Entfernung vom im Körper von Maiwürmern (446) gebildeten Kantharidin angelockt, das für den Menschen und viele Tiere (darunter Insekten) ein äußerst wirksames Gift ist. Er frißt, wie andere Blütenmulmkäfer, an den toten Maiwürmern.

Familie *Meloidae*
Ölkäfer, Maiwürmer

Im Gebiet nur etwa 15 Arten. Die Biologie dieser Trockenheit und Wärme liebenden Arten ist sehr interessant. Das Weibchen legt mehrere tausend Eier in eine selbstgescharrte Erdgrube. Die daraus schlüpfenden Larven klettern auf Blüten oder suchen selbst Erdbauten von Wildbienen auf. Auf den Blüten warten sie auf eine Biene, an der sie sich festkrallen. Im Nest der Biene fressen sie zunächst das in einer Zelle vorgefundene Ei und häuten sich zu einer plumpen 2. Larve, welche den Nahrungsvorrat (Pollen und Nektar) verzehrt. Nach der Häutung verläßt die 3. Larvenform die Brutstelle und verbringt im Erdboden den Winter. Im Frühjahr oder Sommer häutet sie sich wieder, bleibt aber in der alten Haut stecken. Nach einigen Wochen verwandelt sie sich zur Puppe und dann zur Imago. Einzelheiten sind von Gattung zu Gattung und von Art zu Art verschieden. Die auffälligen Tiere findet man auf Blüten oder auf Wegen umherkriechend. Die selten gewordene Spanische Fliege *(Lytta vesicatoria)* kann durch Kahlfraß auf Eschen, Liguster

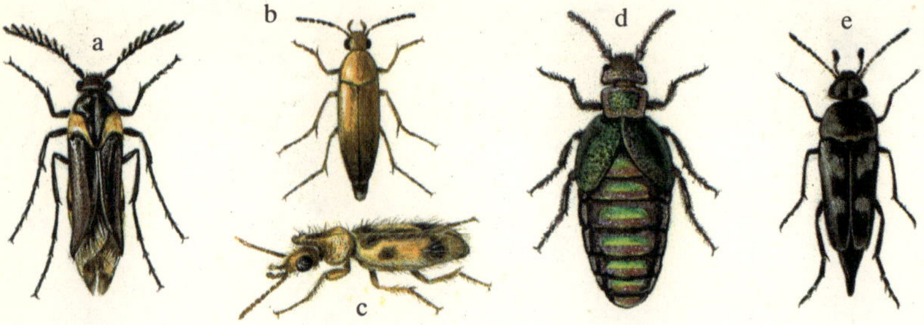

a 447 *Metoecus paradoxus*; b 449 *Anaspis flava*; c 445 *Notoxus monocerus*; d 446 *Meloë variegatus*; e 448 *Variimorda fasciata*

und Flieder schädlich werden. Sie wurde früher als «Pflasterkäfer» pharmazeutisch verwendet, da das in ihr enthaltene Kantharidin Blasen zieht.

446 *Meloë variegatus*
Bunter Maiwurm
Diese Art ist die farbigste der Maiwürmer, sie wird im weiblichen Geschlecht bis 38 mm lang. Die Männchen sind kleiner und haben einen nicht so aufgedunsenen Hinterleib. Der Maiwurm ist nur in ursprünglichen Biotopen zu finden, solchen, die noch nie mineralisch gedüngt wurden. Dort wird er auf dem Boden umherlaufend angetroffen.

Familie *Rhipiphoridae* Fächerkäfer

Nur wenige und im Gebiet seltene Arten. Die Larvenentwicklung verläuft ähnlich wie bei den Ölkäfern, nur daß sie bei Wespen- oder auch bei Schabenlarven parasitieren. Die Männchen haben gefächerte Fühler, die Deckflügel sind meist verkürzt und klaffen hinten auseinander, so daß darunter die häutigen Hinterflügel zu sehen sind. Die Weibchen von *Rhipidus* sind larvenähnlich und flügellos.

447 *Metoecus paradoxus*
Wespenkäfer
Typischer Vertreter der Fächerkäfer von 8 bis 12 mm Länge. Im August bis Oktober in oder in der Nähe von Nestern der Gemeinen Wespe (602) zu finden. Der Wespenkäfer ist sicherlich häufiger als allgemein angenommen wird. Es können sich bis über 100 Käfer in einem Nest entwickeln.

Familie *Mordellidae* Stachelkäfer

1,5 bis 10 mm lange, dunkel gefärbte sehr behende Käfer. Die Imagines findet man auf weißen Blüten oft in Menge. Die Unterfamilie *Mordellinae* besitzt eine lange Hinterleibsspitze, die den *Anaspidinae* fehlt. Ihre Vertreter können mit dem Stachel und den langen Hinterbeinen purzelnde Bewegungen ausführen, um so eventuell ihren Feinden zu entkommen. Sie sind sehr fluggewandt. Die Larven entwickeln sich in verpilztem Holz von Laub- und Nadelbäumen oder in Stengeln von Pflanzen und in Gallen. Die Larven überwintern, verpuppen sich im Frühjahr und bald darauf schlüpfen die Käfer. Im Gebiet über 60 Arten.

448 *Variimorda fasciata*
5,5 bis 8,5 mm. Diese schöne Art findet man an Waldrändern. Sie braucht weniger Wärme als viele andere Arten der Familie. Die Larve entwickelt sich in morschen Pappeln und Weiden.

449 *Anaspis flava*
1,5 bis 4 mm. Die Arten der Gattung *Anaspis* sind fast alle schwarz. Man fin-

det die Käfer oft massenhaft auf Blüten von Eberesche, Hartriegel und Weißdorn. Sie lassen sich bei Annäherung schnell fallen und fliegen dann fort.

Familie *Lagriidae* Wollkäfer

Nur mit 2 Gattungen und 3 Arten im Gebiet. Die Käfer fressen an Blättern und die Larven an abgefallenem Laub oder leben als Räuber in den Gängen von *Xyleborus pfeili*, einem Borkenkäfer in Erlenstümpfen. Man kann die Wollkäfer an Waldrändern auf verschiedenen Pflanzen beobachten.

450 *Lagria hirta*
Wollkäfer
7 bis 10 mm. Die häufigste Art der Familie ist überall ab Juni bis in den September in großer Zahl an Pflanzen zu beobachten. Das Weibchen legt seine Eier, aus denen die behaarten Larven schlüpfen, in der Bodenstreu ab. Sie fressen in der Humusschicht des Bodens verrottete Blätter und verpuppen sich im nächsten Frühjahr ohne Kokon.

Familie *Alleculidae* Pflanzenkäfer

Von den Schwarzkäfern durch die gezähnten oder gekämmten Innenseiten der Klauen zu unterscheiden. Mit knapp 25 Arten im Gebiet vertreten. Viele Arten sind nachtaktiv, diese findet man besonders unter der Rinde alter Bäume, in hohlen, verpilzten Bäumen und in Baumpilzen. Die tagaktiven Arten sind auf Blüten und Bäumen zu beobachten, auf denen sie Pollen oder Blätter fressen. Die Larven, die den Drahtwürmern ähneln, aber nicht so hart sind, leben in morschem Holz oder in der Erde und ernähren sich vorwiegend von pflanzlichem Material.

451 *Isomira murina*
5,5 bis 7 mm. Die Gattung *Isomira* hat 7 Arten. Sie sind oft in großer Zahl auf blühendem Gesträuch und anderen Pflanzen zu finden. Die abgebildete Art ist sehr variabel in der Färbung.

452 *Ctenioppus flavus*
Schwefelkäfer
7 bis 9 mm. Dieser auffallend gefärbte Käfer ist besonders im Juli auf Doldenblüten an warmen Stellen oder auf südexponierten Hängen oft in großen Mengen zu beobachten. Die Larven entwickeln sich im Erdboden und ernähren sich wahrscheinlich von abgestorbenen Pflanzenteilen.

Familie *Tenebrionidae* Schwarzkäfer

Fast immer schwarz gefärbte Käfer, die nur selten braun oder mit roter Zeichnung versehen sind. Eine sehr formenreiche Familie, deren Vertreter oft denen anderer Familien ähneln, aber an der Fühlereinlenkungsstelle vor den Augen, die mit einer dachartigen Wulst versehen ist, von ihnen unterschieden werden können. Die meisten Arten sind Nachttiere und leben versteckt. Käfer und Larven sind Allesfresser. Die Larven sind drahtwurmartig und vielfach gelbbraun gefärbt. Sie leben wie die Imagines unter Heu und Stroh, im Boden, oft am Meeresstrand oder in Sandgebieten, aber auch in Baumpilzen, unter Rinde, in Borkenkäfergängen und in Nestern von Säugern und Vögeln. Viele mulmbewohnende Arten haben sich in Häusern und Vorratsspeichern zu Vorratsschädlingen entwikkelt.

453 *Blaps mortisaga*
Totenkäfer
Diese Art lebt in alten Kellern und Ställen. Käfer und Larven ernähren sich dort von Stroh- und Heuresten und anderen Abfällen, morschem Holz usw. Die Tiere sind nachtaktiv. Im Gebiet kommen 6 Arten vor. Nimmt man einen Totenkäfer in die Hand, scheidet er ein unangenehm riechendes Sekret ab, das die Haut bräunt und schwer wieder zu entfernen ist.

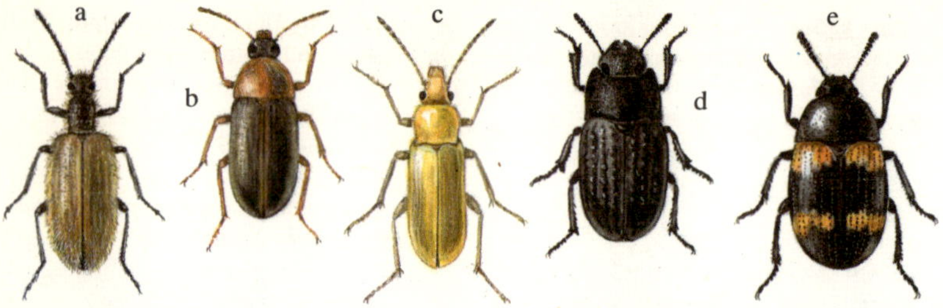

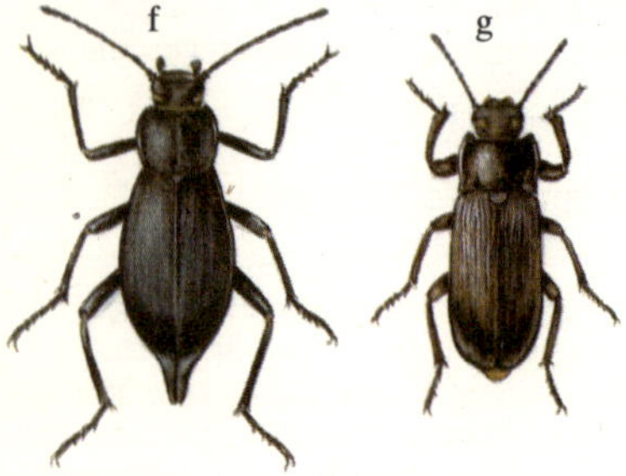

a 450 *Lagria hirta*; b 451 *Isomira murina*; c 452 *Cteniopus flavus*; d 454 *Opatrum sabulosum*; e 455 *Diaperis boleti*; f 453 *Blaps mortisaga*; g 456 *Tenebrio molitor*

454 *Opatrum sabulosum*
Gemeiner Staubkäfer

7 bis 10 mm. Überall auf trockenem, sandigem Boden zu finden. Der Käfer ist besonders bei großer Wärme sehr mobil. Er läuft ruckartig zwischen Gräsern und auf kahlen Stellen umher. Larven und Käfer können durch Fraß an Kulturpflanzen schädlich werden.

455 *Diaperis boleti*
Baumpilzkäfer

6 bis 8 mm. Die farbenfreudigste Schwarzkäferart im Gebiet. Fast überall, wo es alte Bäume mit Baumpilzen gibt, zu finden. Larven und Käfer bewohnen diese Pilze, besonders den Birken-Porling, und zerstören ihn oftmals so, daß nur noch die Außenhaut des Pilzes vorhanden ist. Die Verpuppung der Larven erfolgt in einer aus dem Pilzfleisch herausgenagten Puppenwiege.

456 *Tenebrio molitor*
Mehlkäfer

12 bis 18 mm. Unter dem Namen «Mehlwurm» sind die Larven dieser Käfer wohl allen bekannt. Sie werden als Futter für Terrarientiere und Vögel in Zoohandlungen verkauft. Man findet Mehlkäfer in vielen Haushalten in Mehl- und Mehlprodukten, im Freiland oft in Vogelnestern und im Holzmulm.

Familie *Scarabaeidae*
Blatthornkäfer

Die 14 Unterfamilien dieser Familie werden von vielen Autoren neuerdings als selbständige Familien angesehen. Da die Diskussion darüber noch nicht abgeschlossen ist, werden sie hier wie bisher unter einer Familie abgehandelt. Die Imagines sind von allen anderen Käferfamilien am Bau der Fühler zu unterscheiden. Die 4 bis 7 letzten Fühlerglieder sind seitlich blattartig verbreitert. Die meisten der etwa 150 im Gebiet lebenden Arten findet man im Kot verschiedener Tiere. Der Rest lebt an Blättern, an vermodernden Pflanzenteilen und im Mulm hohler Bäume. Die Larven sind die bekannten Engerlinge. Bemerkenswerte biologische Eigentümlichkeiten gibt es besonders bei den Mistbewohnern.

457 *Geotrupes vernalis*
Frühlingsmistkäfer

14 bis 20 mm. Die Gattung *Geotrupes* ist mit 7 Arten im Gebiet vertreten. Sie finden sich besonders im Wald (*G. vernalis* und *G. stercorosus*) oder auf offenen Flächen meist an Dung von Pferd, Rind und auch vom Menschen. Alle

Arten bauen im Frühjahr oder im Herbst tiefe Brutbauten, die bis in 60 cm Tiefe hinabführen und oft verzweigt sind. Der Kot wird darin in bis zu 8 etwa 10 cm langen Würsten zusammengeknetet und mit Eiern belegt; anschließend wird der Gang mit Erde aufgefüllt. Diese Arbeit wird hauptsächlich vom Weibchen, aber unter Mithilfe des Männchens ausgeführt. Aus den Eiern schlüpfen die Larven, die sich von dem Kot ernähren. Sie überwintern, verpuppen sich im Sommer, nachdem sie fast alle Nahrung verzehrt haben, graben sich dann an die Oberfläche. Der Waldmistkäfer *(G. stercorosus)* verwendet für seinen Brutbau auch alte Pilze und mit Kot verschmutztes Papier. Die Bauten vom Stierkäfer *(Typhoeus typhoeus)* sind bis zu 125 cm tief. Die Dungwürste werden vorzugsweise aus Kaninchenkot hergestellt.

458 *Sisyphus schaefferi*
Pillenwälzer

Dieser 6,5 bis 12 mm große Käfer formt besonders aus Schafkot paarweise Pillen, die einen Durchmesser von 15 mm haben und etwa 2 g wiegen. Diese werden in einer Höhle, die in einer Tiefe von ungefähr 15 cm angelegt wird, vom Weibchen in eine Brutbirne umgeformt, deren oberer, birnenstielförmiger Teil mit einem Ei beschickt wird. Das Weibchen kann bis zu 10 Brutpillen, jede in einer anderen Höhle anfertigen. Die Pillenwälzer bewohnen besonders Südhänge in Kalkgebieten, dort sind sie stellenweise nicht selten.

459 *Onthophagus nuchicornis*
Kotfresser

6 bis 9 mm. Die Männchen der meisten Arten (im Gebiet etwa 20) der Gattung tragen auf dem Kopf ein Horn, welches bei kleinen Tieren sehr undeutlich sein kann. Auch diese Arten graben unter oder neben Kothaufen einen Gang in die Erde, um ihn mit Mistpfropfen zu versehen. Die Gänge sind je nach Art verschieden, bis 20 cm tief, verzweigt oder gerade und enthalten bis zu 10 Brutpfropfen. In jedem Brutpfropfen entwickelt sich eine Larve, die sich nach 3 Häutungen verpuppt, ohne die ganze Nahrung zu verzehren. Die Jungkäfer schlüpfen noch im gleichen Jahr. Man findet die Käfer oft in großen Mengen im Kot verschiedener Tierarten, selten auch an kleinem Aas.

460 *Aphodius luridus*
Dungkäfer

6 bis 9 mm. Die Gattung ist mit über 60 2,5 bis 13 mm langen Arten im Gebiet vertreten. Die Flügeldecken sind oft recht bunt, wobei rote, braune und schwarze Farben überwiegen. Die Arten sind oft recht häufig, wobei manche Arten den Kot bestimmter Tiere bevorzugen, z. B. von Rind, Hirsch, Reh, Dachs oder Schaf, Kuh und Pferd und auch vom Menschen. In den meisten Fällen werden die Eier im Kot abgelegt, und die Larven entwickeln sich darin. Die Verpuppung erfolgt aber in der Erde. Von *A. erraticus* z. B. werden bis 10 cm lange Gänge unter dem Kuhmist in die Erde gegraben und er stopft davon etwa 6 cm mit Mist voll. Am Ende des Ganges wird das Ei in die Erde gelegt.

461 *Serica brunnea*
Rotbrauner Laubkäfer

8 bis 10 mm. Eine zarte Art, die in der Dämmerung aktiv wird. In manchen Jahren sehr häufig und dann auch in Wohnungen ans Licht fliegend. Meist nur als leere Hülle in Spinnennetzen zu finden. Das Männchen hat 3gliedrige lange Fühlerfächer, das Weibchen nur kurze. Die Larven leben an Pflanzenwurzeln. Die Entwicklung ist 2jährig.

462 *Amphimallon solstitiale*
Junikäfer, Brachkäfer

14 bis 18 mm. Ein Dämmerungsflieger, der von Juni bis August oft in großen Mengen Büsche und Bäume umfliegt. Die Weibchen begeben sich nach der Kopula, die an den Blättern der Bäume erfolgt, sofort wieder in den Boden, um

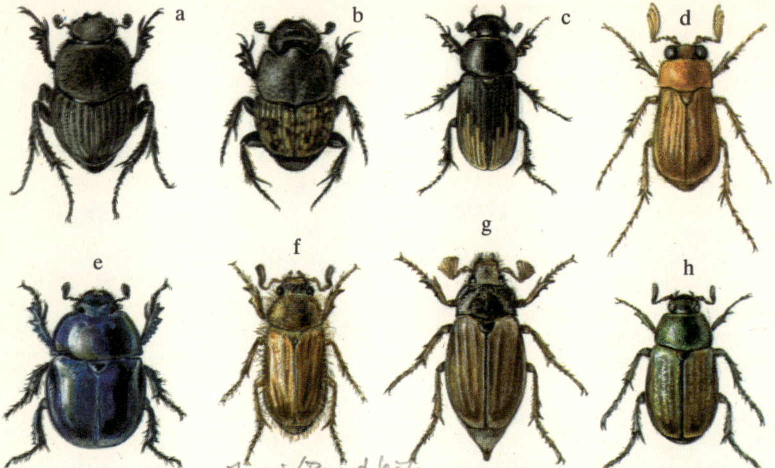

a 458 *Sisyphus schaefferi*; b 459 *Ontophagus nuchicornis*; c 460 *Aphodius luridus*; d 461 *Serica brunnea*; e 457 *Geotrupes vernalis*; f 462 *Amphimallon solstitiale*; g 463 *Melolontha melolontha*; h 466 *Anomala dubia*

die Eier abzulegen. Die Larven ernähren sich von Graswurzeln und können bei starkem Auftreten Schaden anrichten. Die Entwicklungsdauer beträgt 2 Jahre. Die Käfer sind auf Rasenflächen überall in Städten zu finden.

463 *Melolontha melolontha*
Feldmaikäfer

Die 3 Arten der Gattung im Gebiet sind 20 bis 30 mm lang. Sie graben sich je nach Witterung Ende April bis Mai aus dem Erdboden. Die Käfer fliegen dann große Bäume an, wo sie an den Blättern fressen. Hier erfolgt auch die Begattung des Weibchens. Dieses sucht danach einen geeigneten Ort auf und legt dort 10 bis 30 Eier in die Erde. Die Eibablage kann mehrmals wiederholt werden. Nach 6 bis 8 Wochen schlüpfen die Larven, die sich einmal häuten und dann überwintern. Im nächsten Sommer häuten sie sich noch einmal und verpuppen sich im Herbst. Aus diesen Puppen schlüpfen im selben Herbst noch die Käfer, die aber in der Erde verbleiben und erst im kommenden Frühjahr an der Erdoberfläche erscheinen. Die Entwicklung dauert je nach Gegend 3 bis 5 Jahre. Die Käfer bevorzugen als Fraßbäume Eiche und Roßkastanie, fressen aber auch auf anderen Laubbäumen, sehr selten auch auf Nadelhölzern. Die Männchen besitzen 7 lange, die Weibchen nur 6 kurze Fühlerblätter.

464 *Melolontha hippocastani*
Waldmaikäfer

Der Waldmaikäfer unterscheidet sich in Größe, Aussehen und Lebensweise wenig vom Feldmaikäfer. Die beiden Arten vertreten sich eher gebietsweise als in verschiedenen Biotopen, wie es die deutschen Namen vermuten lassen. Beide sind in der Färbung sehr variabel (Kinder unterschieden früher nicht die Arten, sondern nach der Färbung Schuster, Bäcker usw.), beim Waldmaikäfer endet die Hinterleibsspitze in einer knopfartigen Erweiterung, beim Feldmaikäfer fehlt diese. Es gibt aber Populationen, bei denen die Zuordnung nicht eindeutig ist. Vielen Menschen ist der Rückgang der populären Maikäfer bewußt, und oft wird die Frage nach den Ursachen gestellt. Da es sich um einen Komplex verschiedener Faktoren handelt, wird sie unterschiedlich beantwortet. Sehr wesentlich ist wohl, daß die Engerlinge so lange verschiedenen negativen Einflüssen ausgesetzt sind, namentlich dem Einsatz von Agrochemikalien, tieferem Pflügen und stärkerer Bodenverdichtung. Das Seltenwerden der Maikäfer sollte als Symptom für den unbeachteten Rückgang Tausender wenig auffälliger heimischer Tierarten gewertet werden!

465 *Polyphylla fullo*
Walker
Ein leicht kenntlicher Käfer, der in Sandgegenden, besonders in Dünen oft häufig auftritt. Er ist 25 bis 36 mm lang. Wie die meisten Maikäferartigen ein Dämmerungs- und Nachttier. Lebt bevorzugt auf Kiefern, wo die Käfer Nadeln fressen. Die großen Larven leben im Boden, wo sie sich von Wurzeln (z. B. von Kiefern und gern Strandgräsern) ernähren. Die Larvenentwicklung dauert 3 bis 4 Jahre. Das Weibchen hat nur 5 kurze Fühlerblätter, das Männchen 7 lange. Die Käfer können dadurch, daß sie das Abdomen an den Flügeldecken reiben, zirpende Töne hervorbringen. Käfer und Larven werden gelegentlich im Forst schädlich, doch ist das eine seltene Ausnahme.

466 *Anomala dubia*
Julikäfer
12 bis 15 mm. Von Mai bis August, aber am häufigsten im Juli besonders an Weiden. Variiert in der Färbung stark von gelb bis grün und blau. Die Larvenentwicklung an Wurzeln dauert 2 Jahre.

467 *Anisoplia segetum*
Getreidelaubkäfer
9 bis 13 mm. In Südeuropa sind die Vertreter dieser Gattung gefürchtete Getreideschädlinge. Da sie bei uns nur selten auftreten, ist der Schaden nicht von Bedeutung. Die Käfer erscheinen von Ende April bis in den Juli, sitzen an Gräsern und Getreide und fressen die Staubbeutel der Blüten. Die Entwicklung dauert 2 Jahre. Die Larven fressen Graswurzeln.

468 *Oryctes nasicornis*
Nashornkäfer
Dieser größte bei uns vorkommende Blatthornkäfer (20 bis 40 mm) gehörte zu den seltenen Arten, hat sich aber durch Umstellung seiner Lebensweise sogar ausgebreitet. Früher entwickelte sich die Larve im Mulm alter Bäume, ging dann jedoch dazu über, sich in Gerberlohe in Gerbereien zu entwikkeln. Als die Lohgerberei aber immer seltener wurde, verschwand auch der Nashornkäfer immer mehr. Er findet sein Auskommen heute in den Komposthaufen von Gärtnereien und ist ebenfalls oft in Sägemehlhaufen in großer Menge zu finden. Die Larven häuten sich 3mal und sind nach 1 bis 5 Jahren verpuppungsreif. Die Larve fertigt dann aus Kot und Substrat eine feste Hülle an, in der sie sich verpuppt

a
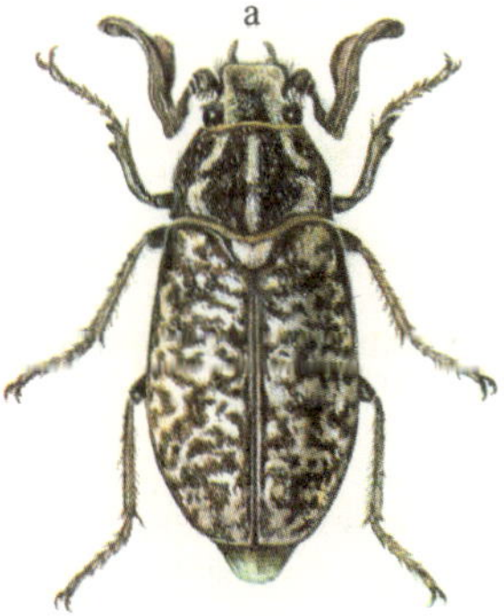

b

a 465 *Polyphylla fullo*; b 468 *Oryctes nasicornis*

Der geschlüpfte Käfer überwintert im Entwicklungssubstrat. Die Imagines fliegen im Sommer in der Dämmerung und in der Nacht umher, um neue Nistplätze zu suchen.

469 *Cetonia aurata*
Rosenkäfer
14 bis 20 mm. In den Sommermonaten auf Blüten (Rosen, Holunder, Doldenblütler usw.) und an ausfließendem Baumsaft zu finden. Eine Besonderheit der Rosenkäfer ist es, daß sie mit geschlossenen Deckflügeln fliegen. Eine seitliche Aussparung ermöglicht eine ausreichende Bewegung der an der Basis schmalen Hinterflügel, so daß die Elytren nach ihrer Entfaltung wieder geschlossen werden können. Die Larven entwickeln sich im Mulm hohler Bäume oder in Humuserde. Die Verpuppung erfolgt in einem Kokon im Herbst. Die Larven aller Rosenkäfer bewegen sich auf dem Rücken liegend, die Beine nach oben vorwärts. Dadurch unterscheiden sie sich von allen anderen Blatthornkäferlarven (Abb. S. 218).

470 *Trichius fasciatus*
Pinselkäfer
Im Gebiet 3 leicht kenntliche, ähnliche Arten von 9 bis 12 mm Länge. Im Sommer auf Blüten, von denen sie Pollen fressen. Die Larven entwickeln sich im Mulm alter Bäume und Stubben. Die abgebildete Art ist im Gebirge und dessen Vorland nicht selten.

Familie *Lucanidae*
Hirschkäfer, Schröter

Von den Blatthornkäfern durch das 1. Fühlerglied, welches lang ist, und die kammartigen, starren Glieder der Fühlerkeule unterschieden. Die Fühler sind gekniet. Im Gebiet nur 7 Arten. Die Imagines findet man an ausfließendem Baumsaft, auf blühenden Bäumen und Sträuchern und an den Brutstätten. Die Entwicklung der Larven, welche denen der Blatthornkäfer ähneln, erfolgt in morschem Holz, in dem sie sich auch

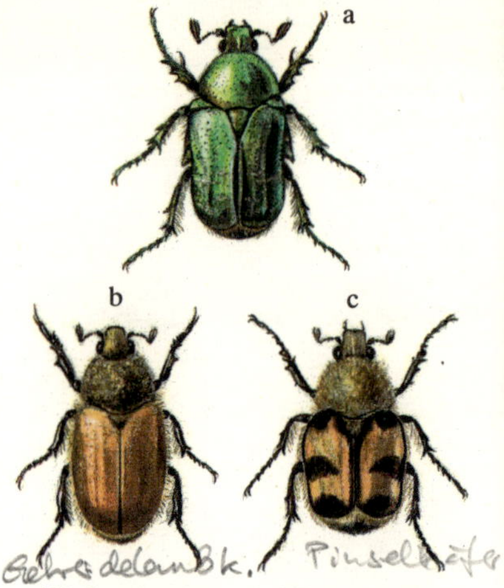

a 469 *Cetonia aurata*; b 467 *Anisoplia segetum*; c 470 *Trichius fasciatus*

verpuppen. Die Entwicklung dauert je nach Art 2 bis 8 Jahre. Manche Arten findet man nur am Tage, andere sind in der Dämmerung und in der Nacht aktiv.

471 *Lucanus cervus*
Hirschkäfer
Der größte Käfer im Gebiet. Das Männchen mißt mit seinen extrem vergrößerten Oberkiefern bis 90 mm, das Weibchen ist wesentlich kleiner. Er bewohnt hauptsächlich Eichenwälder, aber es ist bekannt, daß er sich außer im Eichenmulm auch an Buche, Hainbuche, Ulme, Weide, Linde, Kirsche, Pflaume, Roßkastanie, Kiefer, Fichte und anderen Bäumen entwickeln kann. Das Weibchen legt bis zu 100 Eier, sicherlich einzeln in das morsche Substrat und stirbt dann. Nach etwa 14 Tagen schlüpfen die Junglarven. Es werden 3 Larvenstadien angenommen. Nach 5 bis 8 Jahren verpuppen sich die Larven außerhalb des Brutsubstrates in einer selbstgegrabenen Höhle in der Erde. Nach dem Schlupf verbleibt der Käfer über Winter im Boden und erscheint im Juni bis Anfang August. Die imposanten Käfer findet man an ausfließen-

dem Baumsaft zusammen mit Hornissen und Rosenkäfern, oft in kleinen Ansammlungen. Die Männchen fliegen zum Licht.
Im Juli und August kann man mancherorts unter dicken Eichen noch viele tote Hirschkäfer-Männchen finden, die von Vögeln und Ameisen aufgefressen werden. Kopf und Geweih überdauern häufig noch den Winter. Mit alten Bäumen sind auch die Hirschkäfer stark zurückgegangen, und es wäre verantwortungslos, sie noch zu fangen, außerdem machte man sich damit strafbar. Das gilt ebenso für viele andere Käfer, die nicht nur das Interesse ernsthafter Sammler finden.

472 *Sinodendron cylindricum*
Kopfhornschröter
12 bis 16 mm. Das Männchen erinnert durch sein Kopfhorn an einen kleinen Nashornkäfer, ist aber durch die geknieten Fühler leicht als Schröter zu erkennen. Das Weibchen besitzt kein Horn, hat aber auf dem Halsschild auch seichte Erhebungen und ist dort stärker punktiert als das Männchen. Man findet die Tiere meist im Entwicklungssubstrat, weißfaulen Baumstämmen und Stümpfen verschiedener Laubbäume. Die Larvenentwicklung dauert 3 Jahre.

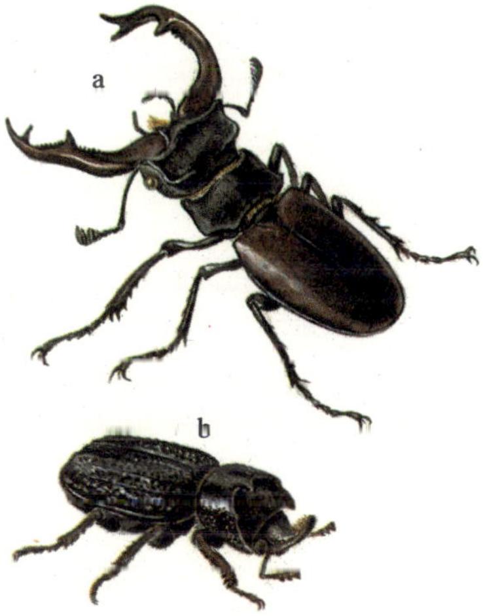

a 471 *Lucanus cervus*; b 472 *Sinodendron cylindricum*

Familie *Cerambycidae*
Bockkäfer

Durch schlanke Gestalt und meist lange Fühler leicht von den anderen Käfern zu unterscheiden. Von Juni bis August, der Hauptflugzeit vieler der über 200 Arten, die im Gebiet vorkommen, findet man sie auf Blüten, an Holzklaftern und an den Brutbäumen. Es gibt auch dämmerungaktive Arten, die erst am Abend ihr Versteck verlassen und dann an Bäumen die Partner suchen. Viele Arten entwickeln sich in den Ästen der Wipfelregion von Bäumen und sind dadurch selten zu sehen. Die Käfer müssen nach dem Schlüpfen erst einen Reifungsfraß durchmachen, ehe sie geschlechtsreif werden. Als Nahrung werden Pollen, Blätter, Rinde, Holz und ebenso Baumsäfte aufgenommen. Nach mehrmaliger Begattung legen die Weibchen meist in Rindenritzen bis über 100 Eier ab. Die Larven schlüpfen nach 8 bis 14 Tagen. Nach mehreren Häutungen verpuppen sie sich und ergeben meist schon im Herbst den Käfer, der aber bis zum Frühjahr in der Puppenwiege bleibt. Einige Arten werden zu den Forstschädlingen gezählt. Die Larven der Erdböcke entwickeln sich in der Erde, und die Käfer laufen auf dem Boden herum.

473 *Prionus coriarius*
Sägebock
18 bis 45 mm. Das Männchen hat dicke 12gliedrige, das Weibchen dünne 11gliedrige Fühler. Es sind Nachttiere, die im Sommer ihre Eier in Rindenritzen von Laubbäumen, aber auch von Nadelbäumen ablegen. Die Larve frißt zuerst in der Rinde und später an den Wurzeln. Es sind bis zu 14 Larvenstadien festgestellt worden. Die Entwicklungsdauer beträgt bis zur Imago mindestens 3 Jahre.

474 *Spondylis buprestoides*
Waldbock
12 bis 24 mm, mit auffällig großen Mandibeln und kurzen Fühlern. Imagines ab Juli bis September. In Kiefernwäldern oftmals sehr häufig. Die Larve frißt in Stubben und in toten Stämmen von Nadelhölzern. Die Entwicklung dauert mindestens 2 Jahre.

475 *Criocephalus rusticus*
Halsgrubenbock
10 bis 30 mm. Augen behaart. Im Juli und August in Nadelwäldern. Am Tage unter Rindenstücken und frischen Holzscheiben, selten frei umherlaufend, da er ein Dämmerungstier ist. Die Larven leben in frischen Kiefernstubben und Stämmen, die schon als Bauholz Verwendung gefunden haben. Sie werden bis 30 mm lang und benötigen zur Entwicklung mehrere Jahre.

476 *Criocephalus tristis*
Dem Halsgrubenbock (475) sehr ähnlich, aber Augen unbehaart.

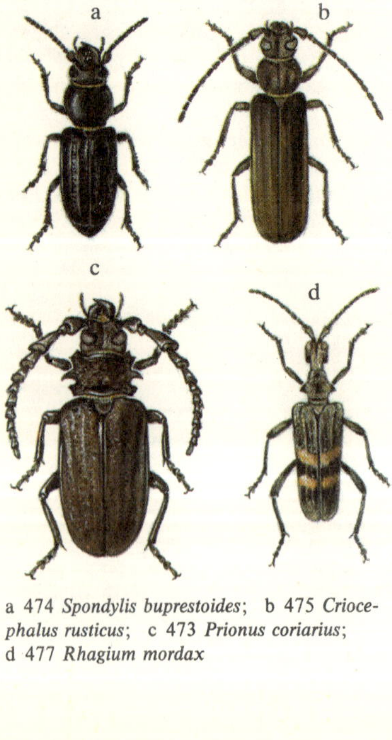

a 474 *Spondylis buprestoides*; b 475 *Criocephalus rusticus*; c 473 *Prionus coriarius*; d 477 *Rhagium mordax*

477 *Rhagium mordax*
Zangenbock
4 ähnliche Arten im Gebiet. Die Larven entwickeln sich meist unter loser Rinde von Laub- und Nadelbäumen und verfertigen eine ovale Puppenwiege, die mit Nagespänen umgeben ist. Die Puppen überwintern oder die Käfer schlüpfen schon im Herbst. Die kurzen Fühler werden von allen Arten fast parallel nach vorne getragen. Der Zangenbock wird 13 bis 22 mm lang und ist nicht selten.

478 *Leptura rubra*
Rothalsbock
10 bis 19 mm. Es gibt über 17 Arten dieser Gattung im Gebiet. Der Rothalsbock zeigt einen auffälligen Geschlechtsdimorphismus. Kopf und Halsschild des Männchens sind schwarz, die Flügeldecken gelbbraun. Das Weibchen besitzt rote Flügeldekken und einen roten Halsschild und ist auch größer. Die Käfer sind in Nadelwäldern von Juni bis September nicht selten. Man findet sie besonders auf Doldenblütlern und auf Meterholz sowie auf Stubben. Die Larven leben in Stubben, wo sie das Holz zerschroten. Die Gänge sind mit Bohrmehl vollgestopft. Die Larve verpuppt sich nach mehreren Jahren im Holzkörper. Die Schlupflöcher der Käfer sind auf der Schnittfläche der Stubben zu sehen.

479 *Strangalia quadrifasciata*
Schmalbock
11 bis 19 mm. Die Gattung ist mit 10 Arten im Gebiet vertreten. Die Flügeldecken der Käfer sind einfarbig oder gezeichnet. Der Schmalbock erscheint von Juni bis August. Er wird wie alle anderen Arten der Gattung auf Blüten gefunden. Die Larven entwickeln sich besonders in Weiden und benötigen dazu mindestens 3 Jahre.

480 *Necydalis major*
Großer Wespenbock
19 bis 22 mm. Ein Bockkäfer mit nur sehr kurzen Flügeldecken, welche die

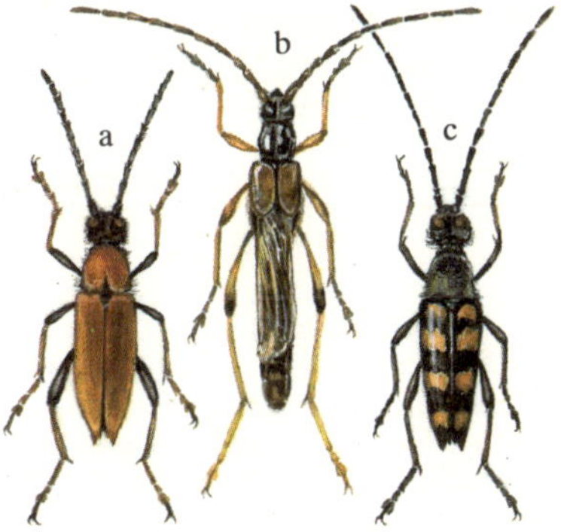

a 478 *Leptura rubra* ♀; b 480 *Necydalis major*; c 479 *Strangalia quadrifasciata*

häutigen Flügel und das Abdomen nicht bedecken. Ähnlich, aber nur 5 bis 16 mm lang, sind die Arten der Gattung *Molorchus*. Sie leben besonders in alten Laubbäumen, man findet sie fast nur an den Brutbäumen und nur selten auch auf Blüten.

481 *Cerambyx scopolii*
Buchenbock

Die Gattung vertreten 5, meist seltene Arten im Gebiet. Die kleinste (17 bis 28 mm) ist der Buchenbock. Die Imagines werden von Mai bis Juli auf Blüten, besonders von Sträuchern oder an den Brutbäumen beobachtet. Die Larven entwickeln sich in verschiedenen Laubbäumen (Ulme, Buche, Hainbuche, Birke, Eiche und in Obstbäumen). Sie verpuppen sich im Herbst, der Käfer schlüpft bald darauf, bleibt aber in der Puppenwiege und erscheint erst im Frühjahr. Die Entwicklung ist 2jährig.

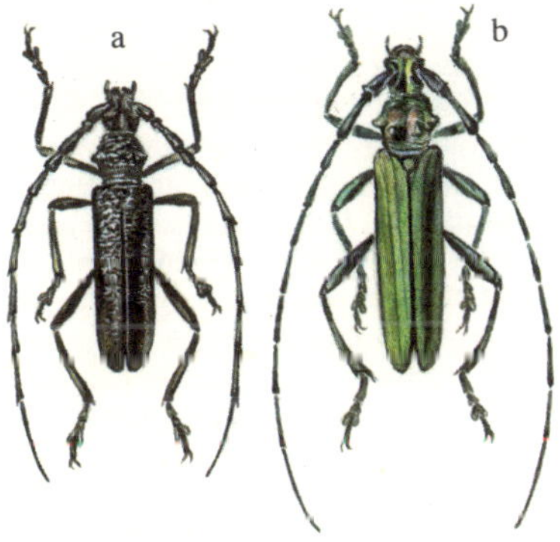

a 481 *Cerambyx scopolii*; b 483 *Aromia moschata*

482 *Cerambyx cerdo*
Eichenbock

24 bis 53 mm. Er entwickelt sich in alten Eichen und ist ein Nachttier. Infolge Mangels an Brutbäumen nur noch inselartige Restvorkommen, deren allmähliches Erlöschen zu befürchten ist.

483 *Aromia moschata*
Moschusbock

13 bis 34 mm. An unbegradigten Bächen und Flüssen mit altem Weidenbestand sucht man den Moschusbock wohl kaum ohne Erfolg, auch an Weiden in Gärten kommt er manchmal zahlreich vor. Die Käfer leben an den Brutbäumen sowie an Pappel und Erle, an Saftausfluß bei Bäumen sowie auf Blüten. Sie fallen durch einen angenehmen Geruch auf, der aus den Drüsen der Hinterbrust stammt. Die Larven minieren in Zweigen und Ästen und bringen sie häufig zum Absterben. Die Entwicklung dauert mehrere Jahre. Die Käfer erscheinen von Juni bis August.

484 *Hylotrupes bajulus*
Hausbock

7 bis 21 mm. Der gefürchtetste Schädling an bereits verbautem Holz von Nadelbäumen, besonders an Balken von Dachkonstruktionen. Die Larve frißt in Längsrichtung im Holz und läßt nur eine millimeterstarke Oberfläche stehen, so daß der Befall nicht erkannt wird. Oftmals ist der Befall so groß, daß ganze Dachbalken brechen. Die Entwicklung dauert normalerweise nur 2 Jahre, kann aber bei altem, trockenem Holz bis zu 10 Jahren beanspruchen. Die Käfer leben an den Brutstellen, an denen man auch ihre ovalen Schlupflöcher sehen kann.

485 *Phymatodes testaceus*
Schönbock
8 bis 14 mm. Eine häufige Art, die in der Dämmerung aktiv wird. Am Tage meist versteckt. Sehr variabel. Man findet Tiere mit gelben, braunen, blauen und schwarzblauen Flügeldecken, auch der Halsschild kann von rot und braun bis fast schwarz variieren. Im Juni bis Juli ist der Schönbock meist häufig. Die Larve entwickelt sich zwischen Rinde und Holz oder in der Rinde von toten Eichen und anderen Laubbäumen. Zur Verpuppung legt die Larve einen Hakengang im Holz an und kann dadurch das Holz auf Lagerplätzen stark schädigen.

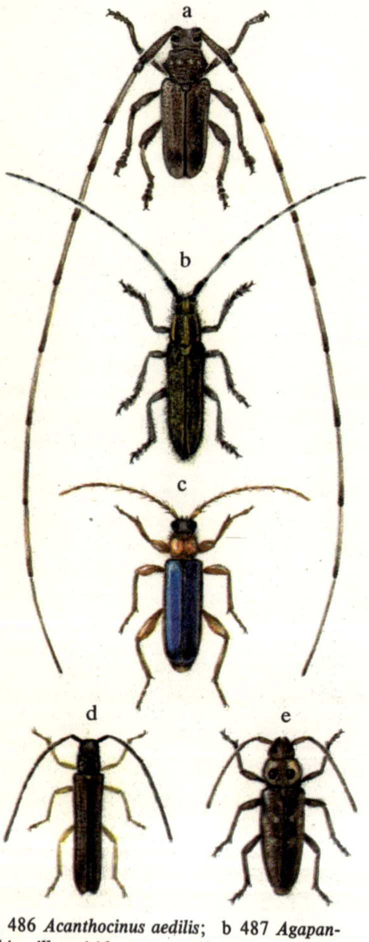

a 486 *Acanthocinus aedilis*; b 487 *Agapanthia villosoviridescens*; c 485 *Phymatodes testaceus*; d 490 *Oberea linearis*; e 484 *Hylotrupes bajulus*

486 *Acanthocinus aedilis*
Zimmermannsbock
10 bis 12 mm. Eine durch die langen Fühler sehr auffällige Art. Sie erreichen beim Weibchen die doppelte und beim Männchen sogar die 5fache Körperlänge. Die Käfer erscheinen schon im März im Freien und sind dann auf Kiefernstubben oder Holzstapeln zu finden. Die Larve entwickelt sich in der dicken Borke von Stubben, wo sie sich auch verpuppt. Der Käfer schlüpft schon im Herbst, bleibt aber bis zum Frühjahr in der Puppenwiege.

487 *Agapanthia villosoviridescens*
Brennesselbock, Distelbock
10 bis 22 mm. Die Art fällt durch die hell geringelten Fühler auf. Im Gebiet 8 Arten der Gattung. Der Brennesselbock ist besonders auf den Brutpflanzen im Sonnenschein oft in großer Zahl zu beobachten. Die Larven entwickeln sich in den Stengeln verschiedener krautiger Pflanzen und sind durch das letzte, wie abgeschnitten wirkende Abdominalsegment und die wie ein Kropf aussehende Verdickung unterseits des Pronotums leicht kenntlich.

488 *Saperda populnea*
Kleiner Pappelbock
Die Käfer erreichen eine Größe von 9 bis 15 mm. Interessant wegen ihrer Brutfürsorge. Das Weibchen, welches im Mai bis Juni auf Pappeln oder Weiden erscheint, nagt einige Querfurchen in die Rinde junger Zweige, dann darunter ein bis in den Splint reichendes Loch und von dort beidseitig aufwärts tiefe Rindeneinschnitte. Dann wird ein Ei in das Loch unter die Borke gelegt. Um das Ei herum bildet sich durch Pflanzensäfte eine schwarz gefärbte Insel, die sogenannte Ei-Insel. Danach re-

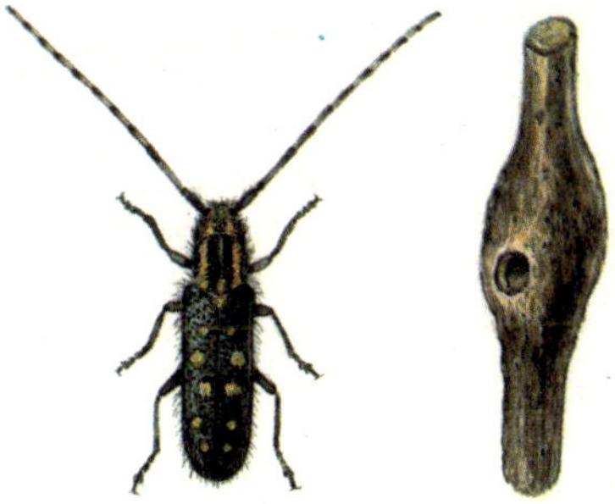

488 *Saperda populnea* mit Galle

agiert das Pflanzengewebe im Umkreis der Ei-Insel durch Bildung von Wucherungen. Diese Wucherungen dienen der Junglarve als Nahrung. Später dringt die Larve ins Mark der Pappel ein und ruft dadurch die bekannte Galle hervor. Die Verpuppung erfolgt im Fraßgang. Die Generation ist 2jährig.

489 *Saperda carcharias*
Großer Pappelbock
20 bis 30 mm, braungelb. Neben dem Kleinen und dem Großen Pappelbock gibt es noch 5 weitere Arten der Gattung.

490 *Oberea linearis*
11 bis 14 mm. Von den 4 Arten der Gattung die dunkelste. Die Art lebt besonders an Haselnuß. Vom Weibchen wird ein Ei in ein selbst genagtes Loch in einem einjährigen Trieb gelegt. Einige Zentimeter darüber wird der Trieb geringelt; dadurch welkt er und fällt später ab. Die Larve frißt im Mark zunächst aufwärts steigend, dann kehrt sie um. Die Entwicklungsdauer ist 2jährig. Die Käfer findet man von Mai bis August meist an der Unterseite der Blätter.

Familie *Chrysomelidae*
Blattkäfer

Eine der artenreichsten Käferfamilien. Es sind über 3 500 Arten beschrieben worden, von denen im Gebiet über 500 Arten vorkommen. Die Blattkäfer sind, wie schon ihr Name sagt, überwiegend auf Blättern ihrer Fraßpflanzen zu finden. Auch die Larven leben von Pflanzen; eine Ausnahme machen die Arten der Gattung *Clytra* (S. 232). Die Größe der Tiere schwankt zwischen 1 und 20 mm. Die schnur- und fadenförmigen Fühler sind meist kürzer als der Körper und sehr beweglich. Alle sind 11gliedrig, bis auf die der Gattung *Psylliodes*, welche nur 10 Glieder besitzen. Die Form der Tiere ist unterschiedlich. Die Schilfkäfer (S. 231) sehen fast wie kleine Bockkäfer aus, ebenso die Spargelkäfer (S. 232). Die anderen Unterfamilien sind zylindrisch bis fast halbkugelig oder beinahe rund. Sehr flach sind die Schildkäfer. Blattkäfer sind oft sehr farbenfreudig. Während die meisten Arten sich nur träge fortbewegen, sind die kleinen Erdflöhe (S. 234) durch stark verdickte Hinterschenkel in der Lage, weite Sprünge zu unternehmen.

491 *Donacia aquatica*
Schilfkäfer
6 bis 10 mm. Die 20 Arten der Gattung sind stark dem Leben an und im Wasser angepaßt. Sie sind den Bockkäfern sehr ähnlich, aber von diesen durch die metallisch glänzende Oberseite, die meist etwas verdickten Hinterschenkel und den Lebensraum zu unterscheiden. Viele Arten leben streng monophag auf Wasserpflanzen, andere mehr polyphag. Die Weibchen legen die Eier meist unter Wasser an Pflanzenstengel oder an Blattscheiden von Pflanzen ab, wobei sie einen Luftvorrat in ihrem dichten Haarkleid mitführen. Die Larven schlüpfen nach 14 Tagen und fallen auf den Grund des Gewässers. Dort befressen sie die Wurzeln ihrer Futterpflanzen. Andere leben im Stengel oder in den Blättern. Zur Sauerstoffversorgung schließen sie ihr Tracheensystem nach Anbohren an lufthaltiges Pflanzengewebe an. Zur Verpuppung fertigt die Larve einen Kokon unter Wasser an, in dem meistens auch der geschlüpfte Käfer überwintert. Den

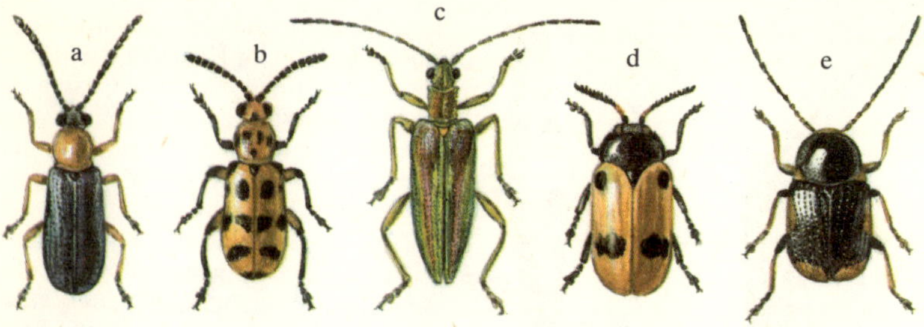

a 492 *Oulema melanopus*; b 493 *Crioceris quatuordecimpunctata*; c 491 *Donacia aquatica*; d 494 *Clytra quadripunctata*; e 495 *Cryptocephalus moraei*

Sauerstoff zur Atmung liefert die Pflanze, an der der Kokon angeheftet ist. Die Art ist häufig von Mai bis Juni auf Blüten von Seggen, deren Pollen sie vermutlich frißt.

492 *Oulema melanopus (= Lema melanopus)*
Buntes Getreidehähnchen
Eine sehr häufige Art, die durch den roten Halsschild auffällt. Sie ist an Getreide und Gras zu finden. Die schneckenähnlichen, schleimigen Larven leben an den Blättern und kleben den Kot auf der Körperoberseite an, so daß man nur kleine Dreckhäufchen erblickt. Unverwechselbare Längsrinnen lassen ihren Fraß erkennen. Die Verpuppung erfolgt im Boden. Der Käfer überwintert in der Bodenstreu. Sehr ähnlich in Gestalt und Größe, aber einheitlich blau gefärbt, ist *O. lichenis*, das Blaue Getreidehähnchen.

493 *Crioceris quatuordecimpunctata*
Großgefleckter Spargelkäfer
5 bis 6,5 mm. Diese nur an Spargel lebende Art ist von dem viel häufigeren 12gepunkteten Spargelkäfer, der auf dem Halsschild keine Zeichnung hat und dessen Flecke auf den Flügeldekken auffallend kleiner sind, deutlich unterschieden. Käfer wie Larven leben auf den Spargelpflanzen, deren Blätter sie fressen. Die Larven bekleben sich mit Kot und sind so kleinen Dreckklümpchen ähnlicher als Käferlarven. Die Larven der Spargelkäfer können bei Massenauftreten Schäden an Spargelkulturen anrichten. Die Käfer können, wie auch das Getreidehähnchen, zirpende Töne von sich geben.

494 *Clytra quadripunctata*
7 bis 11 mm. Die 3 Arten dieser Gattung erscheinen im Mai und sind bis August zu finden. Meistens in der Nähe von Ameisennestern der Gattung *Formica* (s. S. 264) auf Weiden und anderen Büschen. Das Weibchen umgibt das Ei mit mehreren Kotballen, so daß es wie ein kleiner Tannenzapfen aussieht, und läßt es dann auf einen Amei-

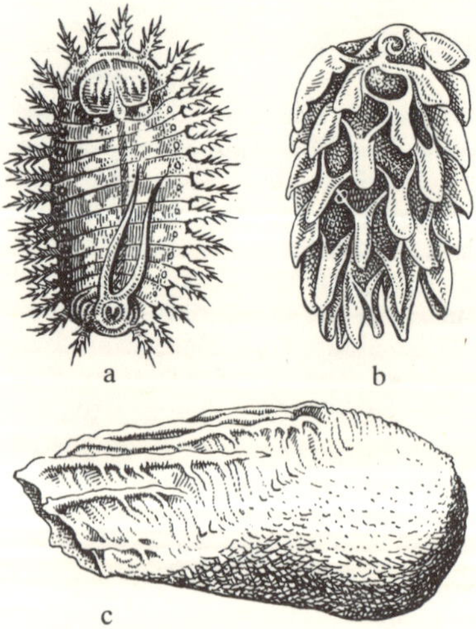

a Larve eines Schildkäfers ohne Kotmaske, vgl. S. 235; b, c 494 *Clytra quadripunctata* b Eihülle; c Kothülle der Larve

senhaufen fallen. Die Ameisen tragen das so getarnte Ei ins Innere des Baues, und hier schlüpft nun auch die Larve. Diese verläßt die nach jeder Häutung mit Kot vergrößerte Eihülle nicht sondern steckt nur den Kopf und die Beine heraus. Darin bewegt sie sich im Nest umher und ernährt sich von toten Ameisen und von Ameiseneiern. Die Verpuppung erfolgt nach 2 bis 4 Jahren im Kotsack.

495 *Cryptocephalus moraei*
Hartheu-Fallkäfer

3 bis 5 mm lang und überall auf Hartheu-Arten. Eine Gattung mit über 60 Arten im Gebiet, 2 bis 7 mm lang. Habitus einheitlich, aber in Größe und Färbung auch innerhalb der Art z. T. sehr variabel. Viele Arten sind metallisch gefärbt. Die Imagines findet man auf den Fraßpflanzen wie Eiche, Haselnuß, Weide, Birke, Weißdorn, aber auch auf Blüten, besonders gelben. *C. pini* lebt im Herbst vorwiegend auf Kiefern.

Die Weibchen besitzen am 7. Sternit eine grubenartige Vertiefung, den Eimörser, in welchen das Ei geschoben und dort mit Kot bedeckt wird. Die Eizahl schwankt zwischen 25 und 400 Stück. Sie werden auf den Boden fallengelassen, und dort schlüpfen auch die Larven. Der Kotsack wird nicht verlassen, sondern dient als Schutz und wird immer wieder vergrößert. Wahrscheinlich haben alle Arten 4 Larvenstadien. Als Nahrung dienen welke und verfaulende Pflanzenteile. Die Larven überwintern und verpuppen sich dann im Kotsack, der an Pflanzen festgemacht wird. Die Käfer erscheinen meist zeitig im Frühjahr.

496 *Leptinotarsa decemlineata*
Kartoffelkäfer

Dieser aus Nordamerika stammende Käfer wurde 1877 erstmals in Deutschland aufgefunden. Er konnte aber wieder ausgerottet werden. Erst nach 1922 breitete er sich von Bordeaux aus über fast ganz Europa aus. Er ist 10 mm lang. Die Weibchen legen bis 2 400 Eier in kleinen Häufchen auf der Unterseite der Kartoffelblätter ab. Nach 5 bis 12 Tagen schlüpfen die Larven, welche die Blätter erst schabend benagen, dann aber das ganze Blatt fressen. Nach 3 Häutungen in etwa 10 bis 30 Tagen erfolgt die Verpuppung in der Erde. Der Käfer schlüpft nach etwa 24 Tagen. Nach einem Reifungsfraß legen die Weibchen nach 14 Tagen wieder Eier ab. Es können 2 bis 3 Generationen im Jahr auftreten. Die Überwinterung erfolgt als Käfer.

496 *Leptinotarsa decemlineata*

497 *Dlochrysa fastuosa*

5 bis 6 mm. Unterscheidet sich durch die ovalen Augen von der Gattung *Chrysomela*, die mit 40 Arten im Gebiet vorkommt und nierenförmige Augen hat. Diese Art ist von April bis August auf Hohlzahn und Taubnessel anzutreffen. Die Larven leben an den Pflanzen, und die Verpuppung erfolgt in der Erde.

498 *Gastroidea polygoni*
Ampferblattkäfer

4 bis 6 mm. Eine häufige Art, deren Larven oftmals ganze Ampferpflanzen kahlfressen. Die Larven sind mit Kot beklebt. Larven und Imagines sind an feuchteren Stellen auf Ampfer- und Knötericharten von April bis September zu finden.

499 *Gastroidea viridula*
Pronotum und Flügeldecken grün oder goldenmetallisch gefärbt, sonst wie Ampferblattkäfer (498).

500 *Melasoma populi*
Pappelblattkäfer
10 bis 12 mm. Von den 8 Arten, die zur Gattung gerechnet werden, eine der 3 Arten mit roten Flügeldecken. Von den anderen beiden aber durch die schwarze Färbung der Flügeldeckenspitzen zu unterscheiden. Von Mai bis August an Blättern von Pappeln und Weiden, an deren Unterseite die gelben Eier in Häufchen von 20 bis 30 Stück abgelegt werden. Die Larven fressen die Blätter bis auf die Rippen auf. Die Verpuppung der Larven erfolgt als Stürzpuppe an den Blättern. Im Jahr erscheinen 2 Generationen. Überwinterung als Imago im Boden oder in der Streuschicht. Die anderen Arten der Gattung sind metallisch gefärbt, oder sie tragen Punkte oder Flecke auf den Flügeldekken. Sie leben an Weiden, Erlen oder Birken.

501 *Phytodecta rufipes*
5,5 bis 7,5 mm. Wie fast alle der 14 Arten der Gattung in der Zeichnung sehr variabel. Diese Art findet man auf Pappeln und Weiden von Mai bis August und dann oft in größerer Zahl. Die dunklen Larven fressen an den Blättern der Wirtspflanzen.

502 *Galeruca tanaceti*
Rainfarnblattkäfer
6 bis 10 mm. Von Juni bis September überall auf Wiesen und an Wegen zu finden. Die schwarzen Eipakete werden an Pflanzen und Steinen abgelegt und überwintern. Im Frühling schlüpfen die schwarzen Larven und fressen an Rainfarn, Schafgarbe und anderen Pflanzen. Die Käfer werden oft massenhaft auf Wegen und besonders in Sandspuren gefunden, aus denen sie nicht mehr heraus können, weil der Sand immer wieder nachrutscht. Nur 1 Generation im Jahr.

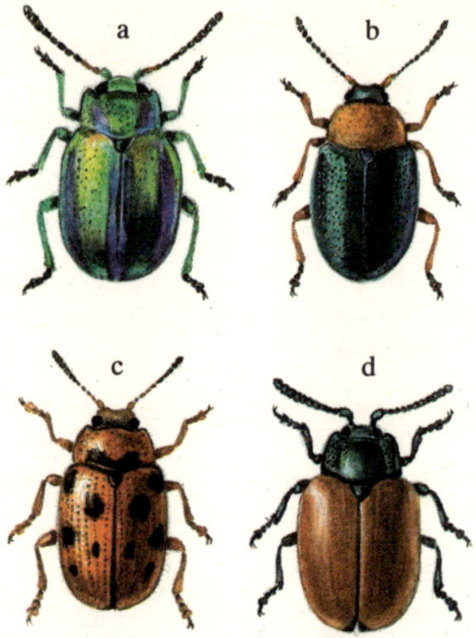

a 497 *Dlochrysa fastuosa*; b 498 *Gastroidea polygoni*; c 501 *Phytodecta rufipes*; d 500 *Melasoma populi*

503 *Chalcoides nitidula*
3 bis 4 mm. Eine der über 200 bis 5,5 mm langen Erdfloharten im Gebiet. Unter den Erdflöhen gibt es viele

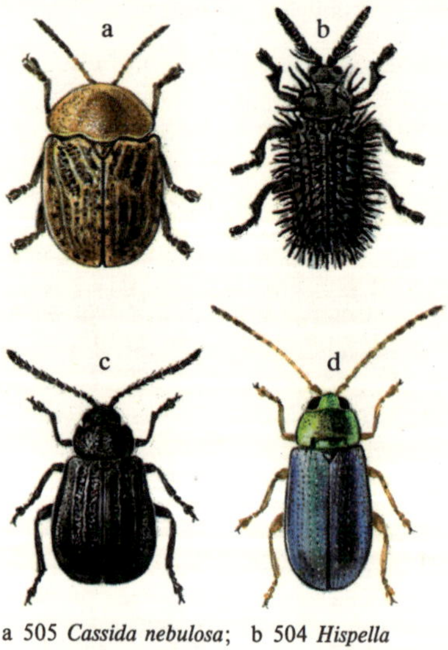

a 505 *Cassida nebulosa*; b 504 *Hispella atra*; c 502 *Galeruca tanaceti*; d 503 *Chalcoides nitidula* schädliche Arten. Die Käfer besitzen verdickte Hinterschenkel, durch die man sie leicht von allen anderen Blattkäfern unterscheiden kann. Die Larven und Imagines sind Pflanzenfresser. Die Larven entwickeln sich an Wurzeln, in Stengeln, als Minierer in Blättern oder freilebend an den Futterpflanzen. Viele Erdflöhe überwintern. So auch der abgebildete, den man an Pappeln und Weiden sehr häufig findet.

504 *Hispella atra*
Igelkäfer
3 bis 4 mm. Man findet den Käfer an trockenen Orten an Gräsern, in denen die Larven minieren. In den wärmeren Ländern gibt es zahlreiche größere und farbenprächtigere Igelkäfer-Arten.

505 *Cassida nebulosa*
Nebliger Schildkäfer
6 bis 7 mm. Es gibt 30 Arten von Schildkäfern im Gebiet, die alle durch ihre flache Gestalt und den von oben nicht sichtbaren Kopf leicht erkennbar sind. Der Neblige Schildkäfer ist eine häufige Art, die an verschiedenen Gänsefußarten, besonders an Melde lebt. Die Eier werden in kleinen Gelegen von 5 bis 15 Eiern auf der Blattunterseite abgelegt und durch ein Sekret abgedeckt. Die Larven sind leicht an ihren stachelartigen Fortsätzen kenntlich. Am letzten Hinterleibsring befindet sich eine zweispitzige Gabel, an der alle Larvenhäute und der Kot befestigt werden. Die Gabel wird mit den Häuten über dem Rücken getragen und bietet Sichtschutz (Abb. S. 232). Die Verpuppung erfolgt auf einem Blatt.

Familie *Bruchidae*
Samenkäfer

Unter Einschluß eingeschleppter Vorratsschädlinge etwa 30 Arten im Gebiet. Die Weibchen legen die Eier an die jungen Hülsen von Leguminosen, in denen sich alle Arten entwickeln. Nach dem Schlupf dringen die mit Beinen versehenen Larven in die weichen Samen ein. Nach der nächsten Häutung sind die Larven beinlos. Bei den meisten Arten entwickelt sich in jedem Samen nur ein Käfer, bei anderen können es bis zu 30 sein. Vorratsschädlinge befallen auch reife Samen.

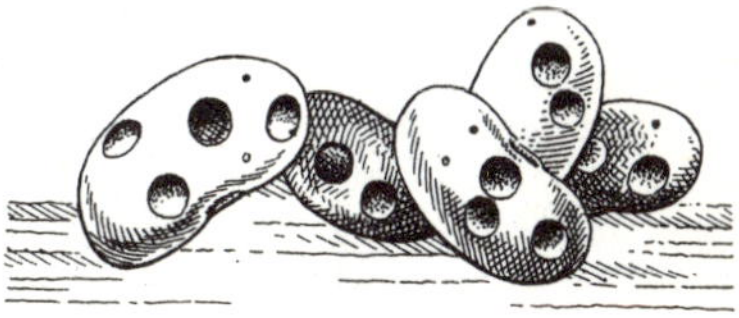

Fraßbild von Samenkäfern

506 *Bruchidius marginalis*
2,8 bis 3,2 mm lang. Die Larve entwickelt sich in der Bärenschote. Die Käfer sind auf Blüten zu finden.

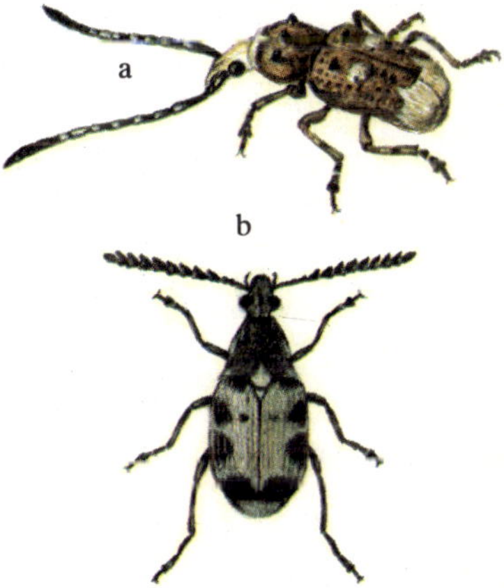

a 507 *Anthribus albinus*; b 506 *Bruchidius marginalis*

Familie *Anthribidae*
Breitrüßler

Eine kleine Familie mit knapp über 20 Arten, die 1,5 bis 15 mm lang werden. Das typische Merkmal ist der breite Rüssel, der an der Vorderseite meist deutlich sichtbare Mandibeln trägt. Die Männchen sind in der Regel größer als die Weibchen, sie besitzen auch längere Fühler. Die Käfer sitzen vor allem an trockenen Ästen von Fichten, an totem Holz und Holzstapeln. Die Larven entwickeln sich in morschem Holz, nur die Larven des Schildlausbreitrüßlers *Brachytarsus* ernähren sich von Schildlauseiern. Die Imagines fressen verpilzte Rinde und Holz.

507 *Anthribus albinus*
Weißer Breitrüßler
Mit 6 bis 12 mm eine der größten und häufigsten Arten. Die Fühler des Männchens sind fast körperlang. Die Käfer sind im Sommer an morschen Stellen von Buchen, Erlen und Eichen und Stapeln dieser Holzarten zu beobachten. Die helle Zeichnung ist sehr variabel.

Familie *Scolytidae* Borken- und Ambrosiakäfer

Eine Familie mit über 100 Arten im Gebiet, darunter vielen Forstschädlingen. Käfer und Larven leben an Gehölzen. Es gibt aber auch einige Arten, die sich in Kräutern entwickeln. Die Holzbewohner teilt man in 2 Gruppen: die Rindenbrüter und die Holzbrüter. Rindenbrüter werfen vorwiegend braunes, Holzbrüter weißes Bohrmehl aus. Rindenbrüter haben charakteristische Gangsysteme, die man nach Ablösen loser Borke erkennt und die oft eine einfachere Artbestimmung ermöglichen als eine Untersuchung der Käfer. Ausnahmsweise werden die Eier in Häufchen abgelegt und die Larven fressen flächenhaft. In der Regel gibt es aber einen Muttergang (monogame, d. h. paarweise lebende Arten) oder mehrere (polygame Arten) Muttergänge, wobei letztere von einer Rammelkammer ausgehen. An sehr jungen Gangsystemen erkennt man deutlich die Einischen als Ausbuchtungen der Muttergänge. Die Larven minieren einzeln und gehen sich aus dem Weg, so daß die sich stetig verbreiternden Gänge vom Muttergang ausstrahlen. Sind 2 Weibchen vorhanden, liegen ihre Muttergänge übereinander oder nebeneinander, sind es 3 oder mehr, entstehen stimmgabelähnliche oder sternförmige Grundmuster. Rindenbrüter leben in der nährstoffreichen Bastschicht; Holzbrüter gehen in die Tiefe und leben von Zellulose, die sie nur mit Hilfe von sogenannten Ambrosiapilzen aufschließen können, mit denen sie ihre Gänge beimpfen. Man erkennt sie als dunkle Auskleidung. Dank der Pilzsymbiose brauchen die Larven im nährstoffärmeren Substrat nur sehr kurze Gänge auszunagen. Die Männchen der Borkenkäfer beteiligen sich oft an der Brutfürsoge, indem sie das Bohrmehl nach außen schaffen, gegebenenfalls nagen sie auch die Rammelkammer aus. Viele Borkenkäfer gehen nur geschwächte Bäume an, die schnell vollständig besiedelt werden, indem Pionierkäfer durch Lockstoffe Artgenossen über die Brutmöglichkeit informieren. Da ihre Gänge die Leitungsbahnen des Baumes unterbrechen, ist sein Schicksal damit meist besiegelt. Durch Wind- und Schneebruch fällt oft so viel bruttaugliches Holz an, daß es zu einer Massenvermehrung von Borkenkäfern kommt. In der Folge werden auch völlig gesunde Bäume besiedelt, die den Angriff einzelner Käfer durch Harzfluß zunächst abwehren, bei immer neuen Einbohrversuchen aber keinen ausreichenden Widerstand mehr leisten können. Die Schädigung der Wälder durch Luftverunreinigung hat die Gefährdung durch Borkenkäfer erhöht. Holzbrüter, die oft erst totes Holz befallen, entwerten dieses; entsprechend unterscheidet man physiologische und technische Schäden. Im allgemeinen müssen Borkenkäfer nach dem Schlüpfen einen Reifefraß durchmachen und oft folgt nach einer Fortpflanzungsperiode ein Regenerationsfraß, ehe sie erneut zur Brut schreiten. Dabei können die Käfer an den gleichen Stellen fressen wie die Larven (und die Regelmäßigkeit der Brutbilder zerstören!). Die Waldgärtner bohren sich jedoch in Kieferntriebe ein, die bei den ersten Herbststürmen abbrechen, und verursa-

a 508 *Scolytus ratzeburgi*; b 510 *Blastophagus piniperda*; c 512 *Ips sexdentatus*

chen dadurch größeren Schaden als durch Larvenfraß. Ulmensplintkäfer (mehrere Arten) nagen an den Zweigen und übertragen dabei den pilzlichen Erreger des Ulmensterbens. Die meisten Borkenkäfer können mehrere, miteinander verwandte Baumarten befallen. Die Tiere messen 1 bis 9 mm und sind meist mehr oder weniger einfarbig braun oder schwarz.

508 *Scolytus ratzeburgi*
Birkensplintkäfer
4,5 bis 6,5 mm. Nur in Birken. Der Befall der Bäume ist leicht an den übereinanderliegenden Luftlöchern und den Schlupflöchern zu erkennen. Das Weibchen frißt einen etwa 10 cm langen Muttergang zwischen Borke und Bast und legt nach beiden Seiten Eier darin ab. Die Larven fressen nun ihre Gänge und verpuppen sich an deren Ende.

509 *Scolytus scolytus*
Großer Ulmensplintkäfer
4 bis 5,5 mm. Die Larven leben unter der Rinde von Ulmen. Die Ulmensplintkäfer sind Überträger des Erregers des Ulmensterbens, eines Pilzes.

510 *Blastophagus piniperda (= Tomicus piniperda)*
Großer Waldgärtner
3,2 bis 5,0 mm. Ein gefürchteter Waldschädling, ebenso wie der Kleine Waldgärtner. In der Biologie leicht zu unterscheiden. Der Große Waldgärtner stellt einen Muttergang der Faser folgend her, und zwar im unteren Stamm in der dicken Borke.

511 *Blastophagus minor (= Tomicus minor*
Kleiner Waldgärtner
Fraßbild ein zweiarmiger Muttergang, quer zur Faser und zwar höher am Stamm, in Bereichen mit dünner Rinde. Nach dem Schlupf benötigen die Käfer beider Arten einen Reifungsfraß, der in den dünnen Maitrieben erfolgt. Die ausgehöhlten Triebe brechen bei Sturm ab und bedecken, in der Forstwirtschaft als Absprünge bezeichnet, oft in großer Zahl den Boden. Die Kronen können dadurch wie verschnitten aussehen, woraus sich der deutsche Name der Käfer erklärt. In der Nähe von Holzlagerplätzen oder Sägewerken erkennt man oft schon aus großer Ent-

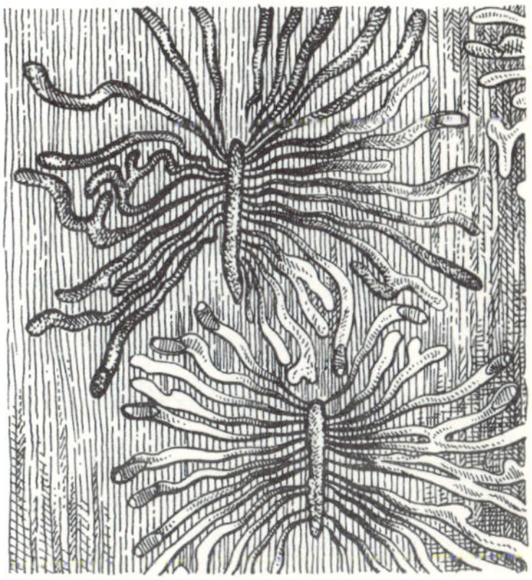

509 *Scolytus scolytus* Fraßbild

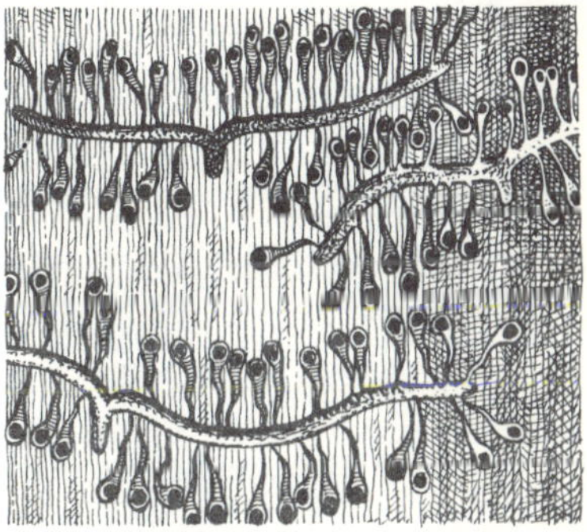

511 *Blastophagus minor* Brutbild

fernung die von den Waldgärtnerarten angerichteten Schäden. Die Überwinterung erfolgt im unteren Stammbereich in kurzen Fraßgängen in der Rinde.

512 *Ips sexdentatus*
Großer Kiefernborkenkäfer
5,5 bis 7,5 mm. Ein relativ großer und an gefällten Kiefern (Bohrmehlhäufchen) überaus häufiger Borkenkäfer. Entsprechend der Weibchenzahl gehen von einem Gangsystem 2 bis 4 Muttergänge aus. Im Winter findet man in den Brutsystemen außer Jungkäfern einzelne Larven und Puppen. Auch bei anderen Borkenkäfern ist die Synchronisation der Entwicklung unvollkommen und die Zahl der jährlichen Generationen oft von der Witterung abhängig. Hier sind es in der Regel 2.

Familie *Curculionidae*
Rüsselkäfer

1,3 bis 20 mm. Von allen anderen Familien leicht durch den Rüssel (er ist der verlängerte Vorderkopf, an dessen Ende die Mundwerkzeuge liegen) und die meist geknieten Fühler zu unterscheiden. Teils farbenfreudige, teils einfarbige Käfer. Überall zu finden. Aus unserem Gebiet etwa 1200 Arten bekannt. Alle Arten leben phytophag. Die Larven durchlaufen 3 Stadien. Sie sind fußlos, meist weißlichgelb und finden sich in Stengeln, Blütenböden, Wurzeln, Holz, minierend in Blättern oder aber freilebend. Meist nur eine Generation im Jahr. Die Überwinterung erfolgt als Käfer. Es gibt auch Arten, die sich parthenogenetisch fortpflanzen.

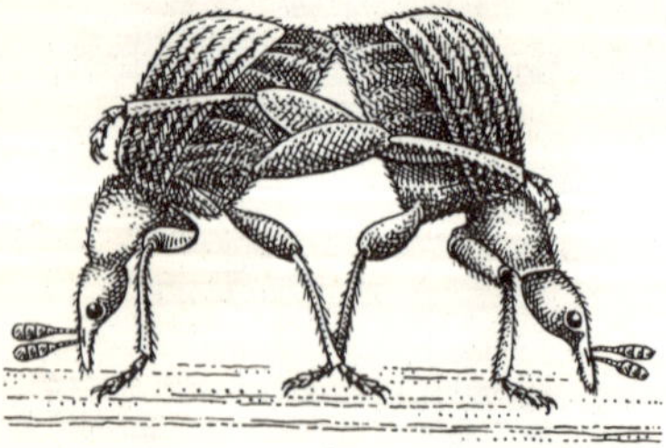
514 *Deporaus betulae* kämpfende Männchen

513 *Coenorhinus aequatus*
Rotbrauner Fruchtstecher
Von den anderen 4 Arten der Gattung durch die Färbung verschieden. 2,7 bis 4,5 mm lang. Die Käfer fressen von April bis September an Trieben und Früchten. Im Sommer werden von den Weibchen Eier in die Samen von Weißdorn, Apfel, Pflaume, Eberesche usw. gelegt, und anschließend wird der Fruchtstiel angenagt. Die Früchte trocknen ein und fallen ab. Die Larve entwickelt sich in den Samen und geht zur Verpuppung in den Boden. Die Verpuppung erfolgt im Sommer des gleichen oder erst des folgenden Jahres. Die Entwicklung dauert also 1 oder 2 Jahre.

514 *Deporaus betulae*
Birkenblattroller, Birkentrichterwickler
2,5 bis 4 mm. Die Gattung Trichterwickler ist mit 4 Arten im Gebiet vertreten. Der Birkentrichterwickler ist überall an Birken häufig. Mitte April erscheinen die Käfer auf den Blättern, die Männchen meist etwas früher als die Weibchen. Zuerst wird an den Blättern ein Schabefraß durchgeführt, danach erfolgt die Kopulation. Die Männchen verteidigen ihr Weibchen. Kommt ein anderes Männchen, geht es auf dieses zu, dreht sich kurz vor ihm um und hebt das Abdomen. Mit den Hinterbeinen versucht es, das andere Männchen zu greifen, das in der gleichen Abwehrstellung dasteht. Nun versuchen sie sich gegenseitig den Körper einzubiegen, gelingt dieses, ist der Kampf beendet und der Sieger kehrt zum Weibchen zurück. Das Weibchen schneidet in einer bestimmten Bogenlinie das Blatt von beiden Seiten bis zum Mittelnerv, der nur angenagt wird. Der nun welkende Blatteil wird zusammengerollt und mit 1 bis 6 Eiern versehen. Dieser Wickel bleibt am Blatt oder fällt

a 515 *Apion urticarium*; b 513 *Coenorhinus aequatus*; c–e 514 *Deporaus betulae*

ab. Die Larven schlüpfen nach 2 Wochen und nach weiteren 4 bis 6 Wochen sind sie erwachsen und verpuppen sich im Boden. Nach 2 Wochen schlüpfen die Käfer und überwintern in den Puppenwiegen.

515 *Apion urticarium*
Brennessel-Spitzmäuschen
1,9 bis 2,3 mm lang. Die Gattung ist im Gebiet mit 140 1,2 bis 4,5 mm langen Arten vertreten. Meist schwarz, metallisch grün oder blau, selten rot gefärbt und nur ausnahmsweise mit Zeichnung. Die meisten der Arten wählen Schmetterlingsblütler als Wirtspflanzen, andere belegen Korbblütler, Knöterichgewächse, Lippenblütler, Malvengewächse usw. Die Käfer fressen an den Wirtspflanzen, wobei Blattfraß am häufigsten ist. Im allgemeinen erfolgt im Frühjahr nach dem Reifungsfraß die Kopulation und danach die Eiablage. Dazu nagt das Weibchen ein Loch in die Pflanze, legt ein Ei hinein und verschließt es wieder. Aus dem Ei schlüpft die Larve, die dann das Pflanzengewebe frißt. Es sind 3 Larvenstadien nachgewiesen. Die Verpuppung erfolgt in der Pflanze. Die Entwicklung vom Ei bis zum Käfer dauert im Durchschnitt 40 Tage. Die Überwinterung erfolgt meist weitab von den Brutstätten im Boden an Waldrändern, in Hecken und Gebüschen. Die abgebildete Art lebt auf Brennesseln und entwickelt sich in den Knoten des Stengels. Die Käfer sind von April bis Oktober an den Pflanzen zu finden.

516 *Otiorhynchus smreczynskii*
Eine Art, die erst 1968 aus Polen und der Sowjetunion beschrieben wurde. Jetzt in vielen Städten der DDR nachgewiesen. Fraßspuren (Kerben an den Blatträndern) besonders an Liguster, Flieder und Forsythie, aber auch an anderen Pflanzen. Der parthenogenetische Käfer erscheint Ende April und ist bis in den Herbst bei Dunkelheit von den Sträuchern zu klopfen. Die Larven ernähren sich wahrscheinlich von den Wurzeln der von den Käfern befallenen Pflanzen.

516 *Otiorhynchus smreczynskii* mit Randfraß an Fliederblatt

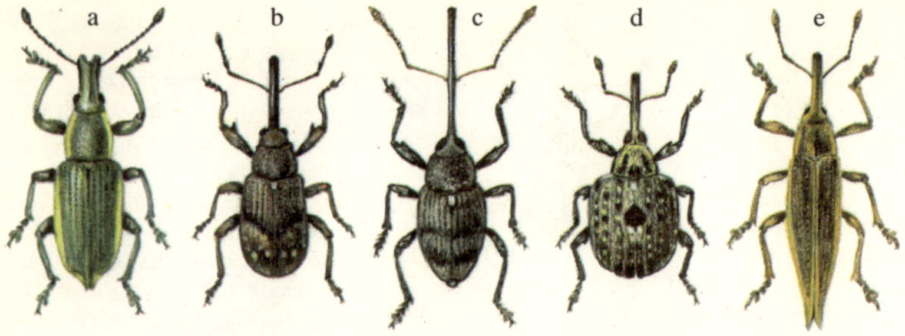

a 517 *Chlorophanus viridis*; b 519 *Anthonomus pomorum*; c 520 *Curculio villosus*; d 521 *Cionus hortulans*; e 518 *Lixus iridis*

517 *Chlorophanus viridis*

8 bis 10,5 mm. Die Arten der Gattung leben an verschiedenen Laubhölzern, besonders an Erle und Weide. Die Käfer wurden auch oft auf Brennesseln gefunden. Die Imagines erscheinen Anfang Mai bis Mitte August und führen dann den Reifungsfraß durch. Nach der Begattung werden die Eier vom Weibchen einzeln im Boden abgelegt. Die erwachsenen Larven überwintern bis 120 cm tief. Die Verpuppung erfolgt im April. 3 Wochen danach schlüpft der Käfer.

518 *Lixus iridis*

11 bis 17 mm. Eine an nassen Stellen und Wasserrändern anzutreffende, oft gelb bestaubte Art. Sie lebt an verschiedenen Gattungen von Doldengewächsen, wurde aber auch öfter auf Sumpfampfer gefunden. Die Käfer fressen von Mai bis September an Blättern, kopulieren und legen die Eier durch die Stengelwand in die Markhöhle. Die Larven minieren in markartigem Gewebe und verpuppen sich im Stengel. Puppenruhe 8 bis 12 Tage. Die Jungkäfer nagen ovale Schlupflöcher in die Stengelwand.

519 *Anthonomus pomorum*
Apfelblütenstecher

3,4 bis 4,3 mm. Ein bekannter Rüßler, der an Apfel und Birne oft schädigend auftritt. Nach der Überwinterung legen die Weibchen an Blütenknospen ihre Eier ab. Die Larve entwickelt sich in der Knospe, wo sie die Staubgefäße, Stempel und einen Teil der Blütenblätter frißt und sich dann in der braun gewordenen Knospe verpuppt. Das Schadbild ist fast überall dort zu sehen, wo keine regelmäßige Insektizidbehandlung erfolgt.

520 *Curculio villosus*

3 bis 3,8 mm. Im Gebiet 11 Arten der Gattung, deren Larven sich in Früchten (Eiche, Haselnuß, Schlehe, Kirsche) und in Gallen von Blatt- und Gallwespen entwickeln. Die Rüssel der Weibchen erreichen Körperlänge und mehr. Die Männchen haben kürzere Rüssel. Die Larven verpuppen sich im Boden. Die abgebildete Art kommt auf Eichen vor. Die Larve entwickelt sich in den Gallen der Gallwespe *Biorhiza pallida* (571).

521 *Cionus hortulans*

2,5 bis 5 mm. Die Gattung ist mit 17 Arten im Gebiet bekannt. Die Käfer findet man oft vergesellschaftet auf Königskerze und Braunwurz. Sie stellen sich bei Berührung tot, indem sie Rüssel und Beine an den Körper legen und dann Samenkörnern ähneln. Die Larven leben auf Blättern und an den Blüten von Königskerzen und Braunwurz. Sie sind mit einem klebrigen Sekret bedeckt, welches später die Wand des Kokons bildet, in dem sie sich an der Pflanze angeheftet verpuppen. Die

Larve des Käfers ist 3,5 bis 4,5 mm lang. Ähnlich lebt an Braunwurz der etwas größere *C. scrophulariae.*

Ordnung *Strepsiptera* Fächerflügler

Hoch spezialisierte, artenarme Ordnung 1 bis 10 mm langer Insekten, deren Weibchen vor allem den Sammlern ihrer Wirte gelegentlich auffallen, während kaum ein Entomologe die kleinen und kurzlebigen Männchen gesehen hat, die einen einheitlichen Körperbau haben: Mundwerkzeuge verkümmert, Fühler mit Fortsätzen, Vorderflügel zu Schwingkölbchen umgebildet. Die Hinterflügel sind relativ groß, häutig und fächerartig faltbar. Die Weibchen sind stationäre Innenparasiten mit verkümmerten äußeren und inneren Organen; heimische Arten stets im Hinterleib lebender Wirtsinsekten, aus dem nur ihr Vorderende herausragt.

Die Larvenentwicklung erfolgt ab 2. Stadium als Innenparasit. In Mitteleuropa nur in Hautflüglern und Zikaden. Als Nahrung dient Körperflüssigkeit. Der Wirt wird zwar nicht abgetötet, aber als Imago geschwächt und sterilisiert (stylopisiert). Die Befruchtung der Weibchen durch die sehr aktiven Männchen erfolgt am Wirt. Das Weibchen gebiert 1000 bis 2000 nur 0,2 bis 0,3 mm kleine, durch Beine und Borsten bewegliche Primärlarven, die (teilweise nach passivem Transport zum Nest) eine Wirtslarve aufsuchen, in die sie sich einbohren.

Die etwa 60 Arten lassen sich am besten nach ihren Wirten gruppieren:

522 *Stylops* spec. (Primärlarve, von der Bauchseite)

A. Parasiten in Zikaden (S. 151)
  a) in *Dictyophara europaea* (216), S. 152:
     Familie *Halictophagidae*, Gattung *Halictophagus*
  b) in Spornzikaden (S. 152):
     Familie *Elenchidae, Elenchus tenuicornis*

B. Parasiten in Hautflüglern: Familie *Stylopidae*
  a) in Bienen
     in Maskenbienen (*Hylaeus*, S. 275):
     Gattung *Hylecthrus*
     in Sandbienen (*Adrena*, S. 277) und Schwebebienen (*Melitturga*):
     Gattung *Stylops*
     in Furchenbienen (*Halictus*, S. 277):
     Gattung *Halictoxenos*
  b) in Faltenwespen (S. 264)
     in Feldwespen (*Polistes*, S. 268):
     Gattung *Xenos*
     in Lehmwespen (*Eumenidae*, S. 268):
     Gattung *Pseudoxenos*
  c) in Grabwespen (S. 271):
     Gattung *Pseudoxenos*

Spezielle Literatur

Kinzelbach, R. K.: 78. Familie: Stylopidae, Fächerflügler (= Ordnung Strepsiptera). In Freude, H.; Harde, K. W.; Lohse, G. A.: Die Käfer Mitteleuropas, Bd. 8. Krefeld 1969

Familie *Stylopidae*

522 *Stylops* spec.
Männchen 2 bis 4 mm, Weibchen 8 bis 10 mm. In den ersten sonnigen Frühjahrstagen fliegen die kurzlebigen Männchen in raschem Flug in der Nähe von Sandbienen-Kolonien. Die im Hinterleib der Bienen sitzenden Weibchen veranlassen diese, eher ihr Winterquartier zu verlassen als Bienen, die frei von diesen Schmarotzern sind. Nach der Befruchtung werden die Weibchen von den Sandbienen auf

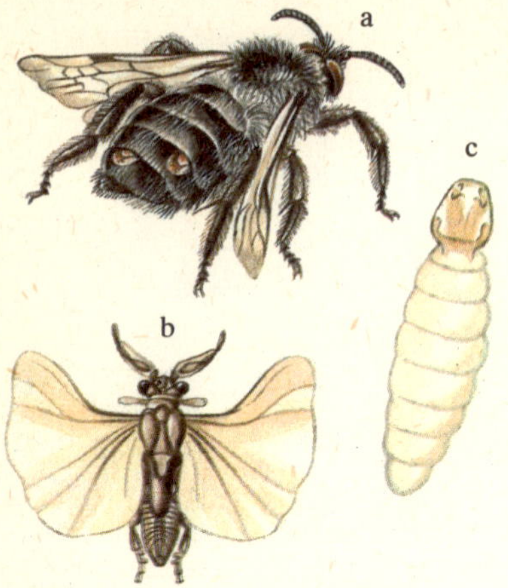

a Sandbiene *(Andrena)* stylopisiert; b, c 522 *Stylops* spec. b Imago ♂, c Imago aus Biene ♀

Blüten getragen und entlassen die Primärlarven. Diese warten dort auf neue Wirte, lassen sich von ihnen ins Nest tragen und dringen in junge Bienenlarven ein. Sie entwickeln sich dann mit diesen bis zum folgenden Frühjahr zum Vollinsekt.

Ordnung *Hymenoptera* Hautflügler

Mit über 11 000 Arten die umfangreichste Insektenordnung im Gebiet. Der Name bezieht sich auf die 4 häutigen Flügel, die nicht selten ganz oder teilweise rückgebildet sind (parasitische Arten, Gallwespen) oder abgeworfen werden (Ameisen). Flügel glasartig durchsichtig, ohne Schuppen und längere Behaarung; bei manchen Arten rauchig getrübt, gelblich, ausnahmsweise auch blauschwarz. Hinterflügel meist kleiner als die Vorderflügel. Aderung deutlich, nur bei kleinsten Schmarotzerwespen fast vollständig rückgebildet. Fühler lang, manchmal winklig geknickt oder mit kamm- und gabelartigen Bildungen. Die Weibchen meist mit Legebohrer oder Wehrstachel. Larvalentwicklung mit vollkommener Verwandlung. Larven mit Kopfkapsel, fußlos, überwiegend parasitoid (durch die schmarotzende Lebensweise wird der Wirt getötet), in Nestern oder pflanzlichen Geweben. Wenn freilebend (Blattwespen), raupenähnliche Blattfresser mit Brust- und Bauchfüßen.

Durch Formenreichtum und vielfältige Lebensweisen (Staatenbildung!) eine der interessantesten Insektenordnungen. Durch Honigertrag (Honigbiene) Blütenbestäubung und Vernichtung von Schadinsekten sind viele Arten von erheblichem wirtschaftlichem Nutzen. Andererseits werden viele Hautflügler schädlich.

Die meisten Arten sind nur von Spezialisten bestimmbar. Selbst in Mitteleuropa dürfte es noch zahlreiche unbeschriebene Arten geben.

Für die Kennzeichnung der Geschlechter werden folgende Zeichen verwendet: ♂ Männchen, ♀ Weibchen, ☿ Arbeiterin.

Spezielle Literatur

Bischoff, H.: Biologie der Hymenopteren. Biologische Studienbücher, Band 5. Berlin 1927 (Die einzige zusammenfassende Arbeit ist aber ergänzungs- und korrekturbedürftig)

Hedicke, H.: Hautflügler, Hymenoptera. In: Brohmer, Ehrmann, Ulmer: Die Tierwelt Mitteleuropas, Band V, Insekten 2. Teil. Leipzig 1930 (Nur mit Einschränkungen noch verwendbar)

Oehlke, J.: Hymenoptera, Hautflügler. In: Stresemann: Exkursionsfauna, Band 2/1 Wirbellose, Insekten 1. Teil. 5. Auflage. Berlin 1981

Schmiedeknecht, O.: Die Hymenopteren Nord- und Mitteleuropas. 2. Auflage. Jena 1930 (Nur mit Einschränkungen noch verwendbar)

Sedlag, U.: Hautflügler I–III. Wittenberg Lutherstadt 1951, 1954, 1959

Übersicht über die behandelten Familien

Unterordnung *Symphyta* Pflanzenwespen

Die 4 bis 40 mm langen Vollinsekten sind an der fehlenden Einschnürung des Abdomens leicht erkennbar (keine «Wespentaille»). Die Eier werden bei fast allen Arten mit Hilfe eines kräftigen Sägebohrers in pflanzliches Gewebe versenkt. Die Larven mancher Arten (z. T. mit rückgebildeten Beinen) minierend im Holz, in Trieben oder Blättern, die meisten sind jedoch raupenähnliche Blattfresser. Unter ihnen finden sich bedeutsame Schädlinge der Land- und Fortwirtschaft und der holzverarbeitenden Industrie. Eine Sonderstellung unter den etwa 850 in Mitteleuropa heimischen Arten dieser Unterordnung der Hautflügler nimmt *Orussus abietinus* (523) ein.

Überfamilie *Orussoidea*

Familie *Orussidae*

In Mitteleuropa nur eine einzige Art.

523 *Orussus abietinus*

9 bis 15 mm, sehr selten. Schmarotzt wahrscheinlich bei holzbewohnenden Käfern, vor allem solchen der Fichte. Andere Beobachter meinen, daß die Larven ausschließlich von Pilzen in den Fraßgängen leben. Die Wespe unterscheidet sich auch durch den überaus dünnen einziehbaren Legebohrer und den Ansatz der Fühler dicht über den Mandibeln von allen anderen Pflanzenwespen.

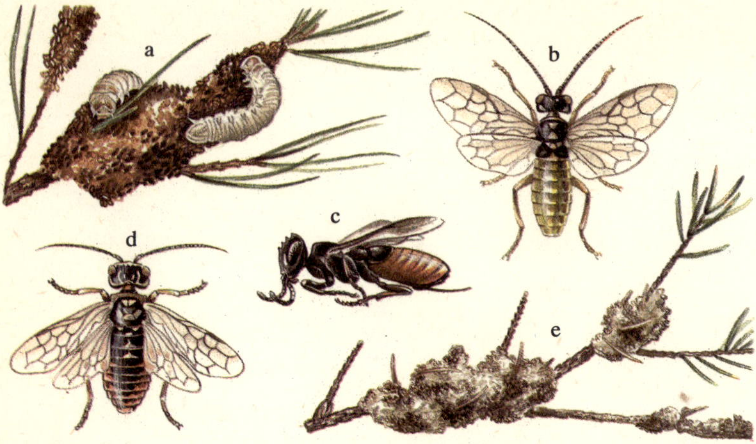

a 525 *Acantholyda hieroglyphica* Larven mit Kotgespinst an Kiefer; b, e 526 *Cephalcia abietis* b ♀, e Kotgespinst an Fichte; c 523 *Orussus abietinus* ♀; d 524 *Acantholyda posticalis* ♀

Überfamilie *Megalodontoidea*

Familie *Pamphiliidae* Gespinstblattwespen

Mittelgroße, durch abgeplatteten Hinterleib auffallende braungelblich und schwarz oder glänzend blauschwarz gefärbte Wespen. Den langgestreckten Larven fehlen Hinterleibsbeine. Sie haben deutlich erkennbare kurze Fühler und außerdem kurze Anhänge am Körperende.
Gespinstblattwespenlarven sind an Gehölze gebunden, zeichnen sich durch ihr Spinnvermögen aus und bewohnen einzeln Blattwickel oder, oft in großer Anzahl, Gemeinschaftsgespinste, in denen sich bei manchen Arten beträchtliche Kotmengen ansammeln. Einige Arten werden schädlich.

524 *Acantholyda posticalis (= A. nemoralis)*
Große Kiefern-Gespinstblattwespe
10 bis 14 mm. Larven in dicht gesponnenen Wohnröhren 40- bis 100jähriger Kiefern. Durch gelegentliche Massenvermehrungen bedeutender Forstschädling.

525 *Acantholyda hieroglyphica (= A. campestris)*
Kiefernkultur-Gespinstblattwespe
12 bis 17 mm. Hinterleibsmitte der Imago breit gelb. Kotgefüllte Larvengespinste besonders in Gartenanlagen an jungen Schwarzkiefern auffallend.

526 *Cephalcia abietis*
Große Fichten-Kotsackgespinstblattwespe
11 bis 14 mm. Fraß zunächst hoch in den Kronen, an großen anfangs graugrünen, dann rotbraunen «Kotsäcken» erkennbar. Erfordert nicht selten Bekämpfungsmaßnahmen.

Überfamilie *Siricoidea*

Familien *Siricidae* und *Xiphydriidae* Holz- und Schwertwespen

Die Weibchen mit sehr kräftigem Legebohrer, der es ermöglicht, die Eier 5 bis 15 mm tief ins Holz zu versenken, wobei kränkelnde Bäume bevorzugt werden. Für den Bohrvorgang werden 10 bis 20 Minuten, nach einigen Autoren bis 2 Stunden benötigt. Die Imagines nehmen keine Nahrung auf. Im Flug erkennt man sie an einem rasselnden Geräusch. Die pigmentlosen Larven haben nur stummelförmige Brustbeine. Sie leben in Symbiose mit bestimmten, fast stets vom Weibchen übertragenen Pilzen und benötigen 1 bis 3 Jahre zu ihrer Entwicklung. Das Bohrmehl wird mit einem Zapfen am Hinterende so festgedrückt, daß sogar angeschnittene Gänge bei der Verarbeitung des Holzes übersehen werden; daher schlüpfen die Wespen oft erst aus Balken, Brettern oder Möbeln. Notfalls durchnagen sie auch Mörtel und Bleiplatten. Die Schlupflöcher von Holzwespen sind kreisrund. Die Entwicklung erfolgt entweder in Laub- oder in Nadelholz. In Mitteleuropa etwa 12 Arten.

527 *Tremex fuscicornis*

Männchen 15 bis 28 mm, Weibchen 18 bis 40 mm. Große Spannen in der Körperlänge und erhebliche Größenunterschiede zwischen Männchen und Weibchen sind bei Holzwespen die Regel. Ebenso wie eine zweite *Tremex*-Art in verschiedenen Laubgehölzen, z. B. Buche, Eiche, Birke und Weide.

528 *Xiphydria camelus*
Schwertwespe

Männchen 8 bis 15 mm, Weibchen 10 bis 20 mm. Eine der häufigeren Arten, vornehmlich in anbrüchigen Erlen.

529 *Urocerus gigas*
Riesenholzwespe

Männchen 12 bis 32 mm, Weibchen 14 bis 38 mm. Oft unterscheiden sich Männchen und Weibchen auch durch die Färbung. In allen Nadelhölzern.

530 *Xeris spectrum*
Schwarze Fichtenholzwespe

Männchen 14 bis 25 mm, Weibchen 15 bis 30 mm. Entwicklung in Nadelhölzern. Diese Art überträgt den benötigten Pilz nicht selbst und ist auf andere Holzwespen angewiesen, die vorher im Holz lebten.

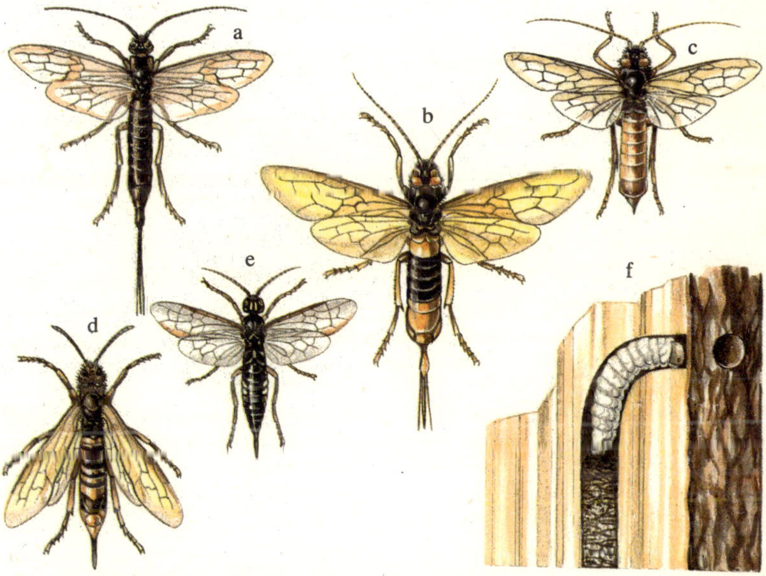

a 530 *Xeris spectrum* ♀; b, c 529 *Urocerus gigas* b ♀, c ♂; d 527 *Tremex fuscicornis* ♀; e 528 *Xiphydria camelus* ♀; f Holzwespenlarve im Fraßgang und Schlupfloch der Wespe

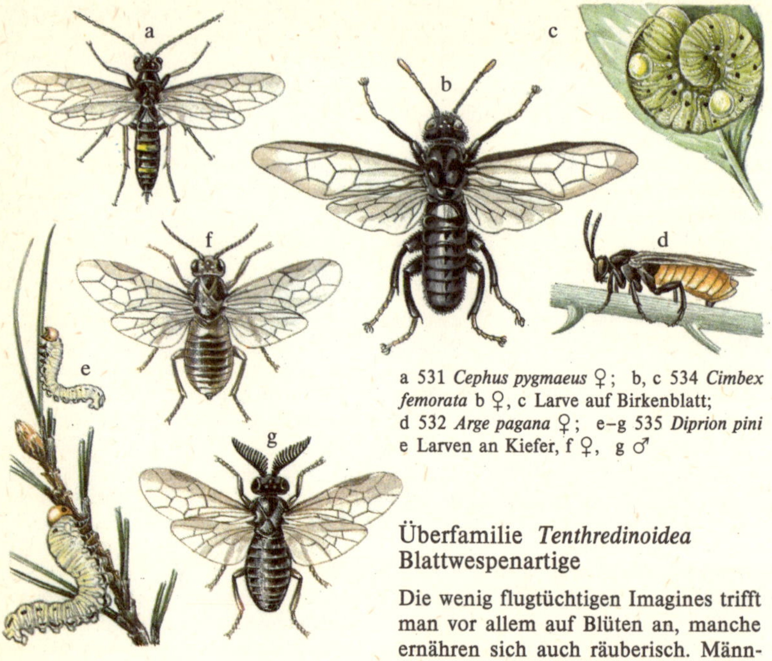

a 531 *Cephus pygmaeus* ♀; b, c 534 *Cimbex femorata* b ♀, c Larve auf Birkenblatt; d 532 *Arge pagana* ♀; e–g 535 *Diprion pini* e Larven an Kiefer, f ♀, g ♂

Überfamilie *Cephoidea*

Familie *Cephidae* Halmwespen

Die etwa 20 Arten haben einen schlanken und rundlichen Hinterleib. Beim Weibchen steht der Sägebohrer nur kurz vor.

Die stummelfüßigen Larven der Mitglieder dieser Familie leben in Halmen (Name der Familie!) von Gräsern, krautigen Pflanzen, seltener in Zweigen von Laubhölzern.

531 *Cephus pygmaeus*
Getreidehalmwespe
Weibchen 6 bis 10 mm. Die Larven minieren in den Halmen von Weizen und Roggen, deren Ähren dann taub bleiben. Verpuppung am Halmgrund. In Mitteleuropa meist nur unbedeutende Ertragsausfälle. Die Wespen sind oft auf gelben Blüten am Rande von Getreideschlägen zu finden.

Überfamilie *Tenthredinoidea* Blattwespenartige

Die wenig flugtüchtigen Imagines trifft man vor allem auf Blüten an, manche ernähren sich auch räuberisch. Männchen und Weibchen können sich beträchtlich unterscheiden. Bei einigen Arten gibt es keine oder sehr selten Männchen. Die Weibchen lassen sich vor allem bei der Eiablage beobachten, wenn sie ganze Eischübe in Eitaschen an Pflanzen unterbringen. Dazu benötigen sie geraume Zeit.

Die Larven haben fast stets außer 3 Brust- 6 bis 8 Bauchfußpaare ohne Hakenkränze. Sie ähneln dadurch Schmetterlingsraupen und werden auch Afterraupen genannt (Raupen haben höchstens 5 Bauchfußpaare mit Hakenkränzen). Hellköpfige Blattwespenlarven erkennt man noch leichter an den Pigmentflecken, die die beiden Punktaugen umgeben. Man lernt es bald, die Blattwespenlarven an Körperhaltung und Schreck- oder Abwehrstellungen von Raupen zu unterscheiden. Dabei wird der Vorder- und/oder der Hinterkörper schnell auf und ab bewegt («Schnippen»), oder er bleibt starr in abgespreizter Stellung. Der mögliche Erfolg dieses Verhaltens ist unbekannt.

Andere Arten rollen sich ein und stellen sich tot. Oft werden auch stinkende Sekrete oder Blut abgesondert. Die Larven entwickeln sich in 4 bis 8 Stadien. Da sie sich im Laufe ihrer Entwicklung stark verändern können, ist normalerweise nur das letzte Stadium bestimmbar. Die meisten Blattwespen sind spezialisierte Blatt- oder Nadelfresser, manche rufen Gallen hervor, andere minieren in Blättern, Stengeln, Knospen oder Früchten. Verpuppung im Kokon, seltener frei im Boden. Mehrjähriges Überliegen (d. h. verlängerte Ruhezeit) ist möglich. In der Regel 1 mitunter jedoch bis 4 Bruten (Generationen) im Jahr.

Familie *Argidae* Bürstenhornblattwespen

Die 5 bis 12 mm großen Imagines der artenarmen Familie besitzen nur 3 Fühlerglieder, deren 3. sehr lang und zuweilen 2ästig ist. Der Hinterleib mancher Arten glänzt metallisch. In Gärten begegnet man oft Rosen- oder Berberitzen-Bürstenhornblattwespen, von denen erstere nach der Art ihrer Eiablage auch «Nähfliegen» genannt.

532 *Arge pagana*
Blauschwarze Rosenbürstenhornblattwespe
Weibchen 7 bis 9 mm. Die Eier werden in Doppelreihe in Triebe abgelegt, die sich leicht krümmen und später aufplatzen. Die Larven fressen gesellig.

533 *Arge ochropus (= A. rosea)*
Gelbe Rosenbürstenhornblattwespe
Ähnlich der vorigen Art, aber mit hellgelblichen Flügeln.

Familie *Cimbicidae* Keulen- oder Knopfhornblattwespen

Etwa 20 durch die Fühlergestalt gekennzeichnete Arten, einige sehr groß (bis 28 mm). Pflanzensäfte werden als Nahrung durch ringförmiges Benagen von Zweigen der Futterpflanze («Ringeln») gewonnen. Die auf Birke, Weide oder Erle lebenden, fast 5 cm erreichenden Larven der Gattungen *Cimbex* und *Trichiosoma* rollen sich bei Störungen ein und spritzen in feinem Strahl Blut. Verpuppung in festem oder gitterartigem Kokon.

534 *Cimbex femorata*
Große oder Veränderliche Birkenknopfhornblattwespe
Weibchen bis 28 mm. In der Färbung sehr variabel. Bei der Larve wurden die grünlichen Bluttropfen abgebildet, die nach dem Blutspritzen zurückbleiben. Tagsüber ruhen die Larven zusammengerollt auf Blattunterseiten.

Familie *Diprionidae* Buschhornblattwespen

Fühler der Männchen mit langen, einfachen oder gegabelten Fortsätzen, «Buschhörner», die der Weibchen kurz sägeartig. Der Hinterleib ist besonders bei den trägen Weibchen mehr oder weniger abgeflacht. Ein von ihnen abgesonderter Duftstoff lockt die schwärmenden Männchen an. Die Larven leben einzeln oder gesellig an Nadelgehölzen. Verpuppung in einem dichten Kokon an Trieben oder im Boden. Der Kokon wird durch Abnagen einer Kappe geöffnet. Die 16 mitteleuropäischen Arten neigen trotz vieler Feinde (z. B. Schlupfwespen, Raupenfliegen, Mäuse, Vögel) in unseren einförmigen Nadelwäldern zur Massenvermehrung.

535 *Diprion pini*
Gemeine Kiefern-Buschhornblattwespe
Männchen 7 bis 9 mm, Weibchen 8 bis 10,5 mm. Eine der gefürchtesten Arten. Sie kann Kahlfraß verursachen. Die reihenweise in geschlitzte Nadeln abgelegten Eier werden mit einem schaumigen Schutzsekret überdeckt. Die bis 26 mm langen gelblich-weißen Afterraupen le-

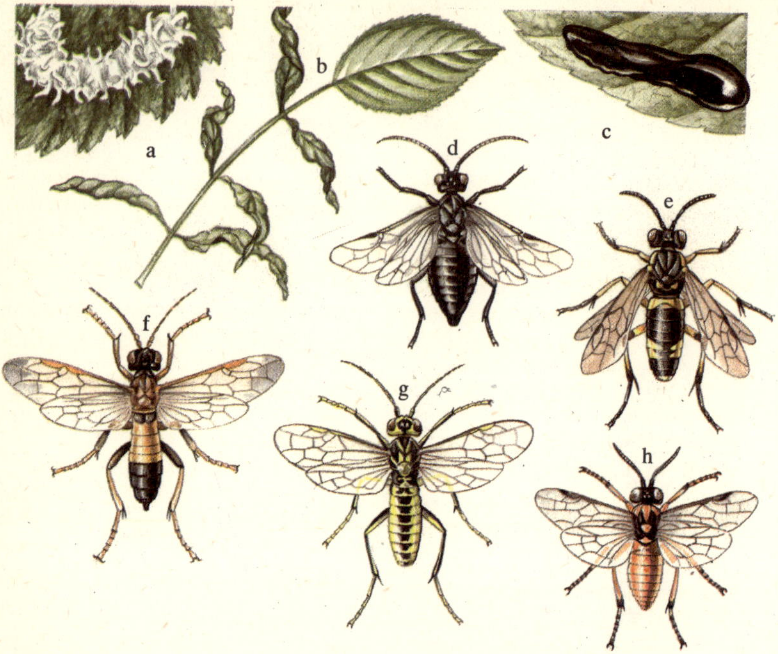

a 539 *Eriocampa ovata* Larve auf Erle; b 537 *Blennocampa pusilla* Blattwickel; c 538 *Caliroa cerasi* Larve auf Kirschblatt; d 536 *Dolerus niger*; e 541 *Macrophya montana* ♀; f 543 *Tenthredo campestris*; g 542 *Rhogogaster viridis*; h 540 *Athalia rosae* ♀

ben gesellig. Überwinterung als Vorpuppe im Kokon. Nicht selten ist ein mehrjähriges Überliegen, d. h., es werden Flugperioden ausgelassen. Im Flachland meist 2 Generationen im Jahr.

Familie *Tenthredinidae* Echte Blattwespen

Umfangreichste Familie der Pflanzenwespen mit 700 bis 800 oft schwer unterscheidbaren Arten. Körper 4 bis 16 mm, teils einfarbig schwarz, schwarz mit grün oder gelb, teils auffallend bunt. Fühler in der Regel 9gliedrig. Lebensweise vielseitig und interessant, nicht selten noch unerforscht. Die Afterraupen leben meist frei an Blättern, aber auch als Minierer, in Gallen, Früchten, Blattwickeln oder Stengeln. Fast stets auf bestimmte Nahrungspflanzen spezialisiert (Schachtelhalme, Farne, Gräser, Nadelbäume, vor allem aber krautige Pflanzen und Laubgehölze). Zahlreiche Larven sind noch unbekannt. Blattwespen fliegen vor allem im Frühjahr.

536 *Dolerus niger*

10 bis 12 mm. Die Wespen kann man im Frühjahr bei der Nahrungsaufnahme an Weidenkätzchen beobachten. Die Larven leben von verschiedenen Gräsern und fallen manchmal bei massenhaftem Auftreten durch Schadfraß an Getreide auf.

537 *Blennocampa pusilla* **Rosenblattrollwespe**

Dem Gartenfreund fallen manchmal Blattrollen auf, in denen jeweils eine grünliche Afterraupe lebt. Die nur 4 mm große Wespe verursacht (hauptsächlich an Wildrosen) die Wickel durch einen Wirkstoff, den sie bei der Eiablage einbringt.

538 *Caliroa cerasi (= C. limacina)*
Schwarze Kirschblattwespe
Die etwa 5 mm große Art hat eine der eigentümlichsten Afterraupen. Die bis 11 mm lange Larve verbirgt ihren Kopf unter dem Thorax, sie ist seitlich verbreitert und mit schwarzem Schleim bedeckt, so daß man sie ursprünglich für eine Nacktschnecke hielt. Die manchmal schädlichen Larven skelettieren auch Blätter anderer Laubbäume und Sträucher.
Die sonst ähnlichen, aber gelblichen oder grünlichen Larven von *C. annulipes* fressen häufig gesellig an Linden (Alleebäume!) und Eichen.

539 *Eriocampa ovata*
Rotfleckige Erlenblattwespe
5 bis 6 mm. Die bis 20 mm langen, mancherorts nicht seltenen, aber meist nur vereinzelt gefundenen Larven zeichnen sich in einigen Larvenstadien durch einen großflockigen weißen Wachsbelag aus.

540 *Athalia rosae (= A. colibri)*
Rübsen- oder Kohlrübenblattwespe
6 bis 8 mm. Bereits im Mai fliegt die 1. Generation und legt ihre Eier in die Blattränder auch von Raps und Weißkohl ab. 1 bis 2 Wochen später schlüpfen die graugrünen bis schwarzgrauen Larven, die Blätter, Blüten und Fruchtstände befressen und mitunter Kahlfraß verursachen.

541 *Macrophya montana (= M. rustica* auct.)
9,5 bis 11,5 mm. Eine häufige Art, deren bräunlichgelbe Afterraupe an Brombeeren und Himbeeren lebt.

542 *Rhogogaster viridis*
10 bis 13 mm. Diese bis nach Japan vorkommende Art gehört zu unseren häufigen Blattwespen. Auf Doldenblüten nehmen die Imagines gern Nahrung auf. Die Larve lebt polyphag auf Laubbäumen und Kräutern.

543 *Tenthredo campestris (= T. flava)*
12 bis 14 mm. Wie verwandte große Arten ernährt sich die in Mitteleuropa häufige Wespe auch räuberisch von anderen Kerbtieren. Die bis 24 mm lange Afterraupe lebt auf Giersch.

544 *Hoplocampa flava*
Gelbe Pflaumensägewespe
545 *Hoplocampa minuta*
Schwarze Pflaumensägewespe
Die beiden etwa 5 mm großen Arten sind häufig und in ihrer Lebensweise sehr ähnlich. Die Flugzeit fällt mit der Pflaumenblüte zusammen. Eiablage in die Kelchblätter (braune Flecke!). Nach Anfangsfraß am Fruchtknoten dringen die Larven in die Früchte ein, von denen sie nacheinander bis zu 6 befallen. Man findet bald am Boden die mit Bohrlöchern versehenen, bei Öffnung wanzenartig riechenden unreifen Früchte. Mäßiger Befall kann (frühe Ausdünnung des Fruchtansatzes) vorteilhaft sein, bei stärkerem Befall kommt es – auch bei Aprikosen – zu bedeutenden Ertragsausfällen.

546 *Croesus septentrionalis*
Breitfüßige Birkenblattwespe
Die bis 25 mm langen gesellig lebenden Afterraupen zeigen die typische Schreck- oder Abwehrstellung (s. S. 250). Nährpflanzen sind hauptsächlich Birken und Erlen, aber auch Pappeln u. a. Laubbäume. Die 7 bis 11 mm langen Imagines der Gattung erkennt man leicht an den verbreiterten Hinterbeinen.

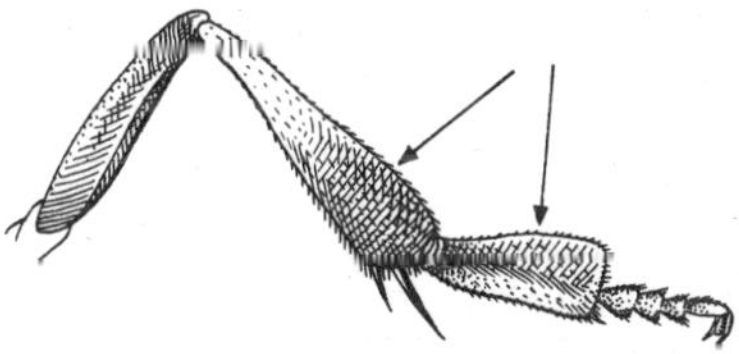

546 *Croesus septentrionalis* Hinterbein

547 *Pontania proxima*
Die doppelseitigen Gallen findet man oft gehäuft auf schmalblättrigen Weiden. Ihre Unterseite ist gelblich. Die bis 9 mm großen weißlichgrauen Larven bohren ein Loch und transportieren durch dieses den Kot nach außen. Verpuppung im Boden. 2 Generationen im Jahr. Als Einmieter können Rüsselkäferlarven, z. B. *Curculio villosus* (520), aber auch andere Gallwespen *Pontania*-Gallen besiedeln.

548 *Pontania viminalis*
Gelbe, grüne, z.T. rotwangige Kugelgallen mit kleinen Wärzchen an der Unterseite von Weidenblättern. An Weiden rufen noch weitere *Pontania*-Arten Blattgallen hervor. Die höchstens 7 mm langen Imagines sind meist einfarbig schwarz. Die Fortpflanzung erfolgt vorwiegend parthenogenetisch, und nicht selten fehlen überhaupt Männchen, die sich z.B. in der Färbung auffallend von den Weibchen unterscheiden können.

a 544 *Hoplocampa flava* Larve in Pflaume;
b 548 *Pontania viminalis* Galle an Weide;
c 547 *Pontania proxima* Galle an Weide;
d, e 546 *Croesus septentrionalis* Fraßbild mit Larven unterschiedlichen Alters

Unterordnung *Apocrita*
Leg- und Stechwespen

Dazu kleinste Insekten von 0,2 mm, aber auch bis 40 mm (mit Legebohrer bis 110 mm) lange Arten. Imagines, von wenigen Ausnahmen abgesehen, mit «Wespentaille», d. h. einer Einschnürung zwischen Brust und Hinterleib. Weibchen mit langem oder kurzem, nicht vorstehendem Legebohrer, der z. T. auch als Wehrstachel benutzt werden kann, oder nur mit Giftstachel. Viele Arten mit mehr oder weniger hoch entwickelter Brutfürsorge oder -pflege; Ameisen, manche Faltenwespen und Bienen mit sozialer Lebensweise. Die Mehrzahl der fußlosen Larven parasitisch an oder in anderen Gliederfüßern, viele auch als Nahrungsschmarotzer in den Nestern anderer Apocriten. Von Fliegenmaden unterscheiden sich die Larven durch die stets vorhandene Kopfkapsel, die aber weniger gut erkennbar ist als die der ebenfalls fußlosen Rüssel- und Borkenkäferlarven. Als Nützlinge, Nahrungskonkurrenten oder Hygieneschädlinge (Gifttiere) haben zahlreiche Arten Beziehungen zum Menschen.

Überfamilie *Ichneumonoidea*

Familie *Ichneumonidae*
Echte Schlupfwespen

Umfangreichste Familie, in Europa mit wenigstens 6 000 schwer unterscheidbaren Arten.
Häufig größere, über 5 mm lange, schlanke und recht flinke Wespen. Fühler meist etwa 30gliedrig, Diskokubitalzelle im Vorderflügel ungeteilt, 2. rücklaufende Ader vorhanden. Flügel mitunter rückgebildet. 2. und 3. Tergit

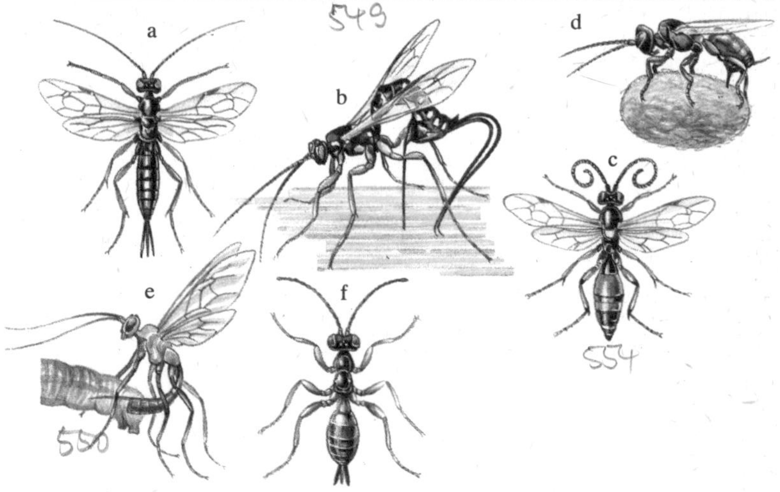

a 552 *Pimpla instigator* ♀; b 549 *Rhyssa persuasoria* ♀ beim Anstich; c 554 *Ichneumon sarcitorius* ♀; d 551 *Pleolophus basizonus* ♀ auf Blattwespenkokon; e 550 *Ophion* spec. ♀ beim Anstich; f 553 *Gelis cursitans* ♀

nicht verschmolzen. Oft auf Blüten oder an Blattlaushonig zur Nahrungsaufnahme.

Die Larven leben ausnahmslos parasitisch (parasitoid), haben aber sehr unterschiedliche Lebensweisen, sie können z. B. Ento- oder Ektoparasiten, Hyper- bzw. Sekundärparasiten sein. Teils sind sie solitär, teils gregär (zu mehreren an einem Wirt). Manche Schlupfwespen sind auf einen Wirt spezialisiert (monophag), andere haben die Möglichkeit, mehrere, selten viele Arten anzugreifen. Die Verpuppung erfolgt im Wirt oder außerhalb in einem oft seidigen Kokon. Schlupfwespen sind in vielen Lebensräumen als Regulatoren der Vermehrung von Schädlingen von erheblicher wirtschaftlicher Bedeutung für den Menschen.

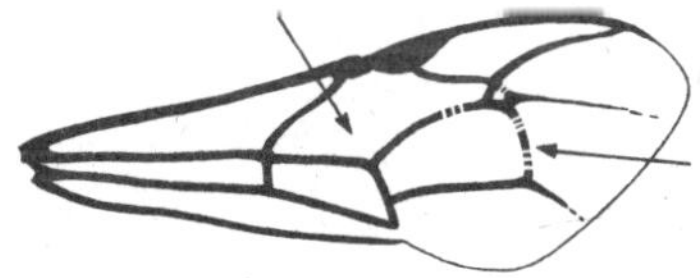

Fam. *Ichneumonidae* Vorderflügel

549 *Rhyssa persuasoria*
Holzschlupfwespe

Männchen 11 bis 25 mm, Weibchen 14 bis 35 mm. Die Körperlänge ist abhängig von der Wirtsgröße. Spezialisierter Ektoparasit der Holzwespenlarven vor allem in Nadelbäumen. Der dreiteilige Bohrer ist von 2 Schutzklappen umhüllt. Durch ihn muß das haarfeine, bis 20 mm lange Ei gleiten. Bei der Wirtsfindung wird die Wespe teils durch austretendes Bohrmehl, teils durch den für die Wirtslarve lebensnotwendigen Pilz geleitet. Bei anderen Arten wurde die Wahrnehmung geringster Temperaturdifferenzen gegenüber der Umgebung nachgewiesen.

550 *Ophion* spec.
Sichelschlupfwespe

11 bis 20 mm. Endoparasiten vor allem von Eulenraupen (s. S. 324) und im Gegensatz zu den meisten anderen Hautflüglern wie diese nachtaktiv. Deshalb sind die Nebenaugen besonders ausgeprägt. Die Wespen werden durch starke Lichtquellen angelockt. Die Weibchen können ihren dolchartigen kurzen Legebohrer als Wehrstachel benutzen.

551 *Pleolophus basizonus*
5 bis 8 mm. Mit Hilfe des kräftigen Bohrers wird die Kokonwand des Wirtes durchstochen und das Ei oder bei Gregärparasitismus eine Eiportion an die Praepuppe abgelegt. Die Wespe ist ein wichtiger Regulator der Vermehrung der Kiefern-Buschhornblattwespe (535).

552 *Pimpla instigator*
5 bis 20 mm. Häufiger Puppenparasit bei zahlreichen Schadschmetterlingen, z.B. Schwammspinner (794), Goldafter, Kohlweißlinge (856, 857). Die Wespe sondert bei Berührung einen stark riechenden Abwehrstoff ab.

553 *Gelis cursitans (= Pezomachus cursitans)*
Weibchen 3 bis 5,5 mm. Die Arten dieser umfangreichen Gattung sind z.T. in beiden Geschlechtern flügellos, in beiden oder nur als Männchen geflügelt. Sie sind polyphag und schmarotzen z. B. bei Sackträgermotten (s. S. 306), parasitischen Hautflüglern (als Hyperparasiten) oder als Raub-Ektoparasiten in Spinnen-Gelegen. Zuweilen entwickeln sich mehrere Generationen.

554 *Ichneumon sarcitorius*
Weibchen 9,5 bis 11,5 mm. Männchen und Weibchen dieser Artengruppe sind unterschiedlich gefärbt. Im Tod rollen sich die Fühler letzterer stark ein. Die Wespen findet man nicht selten auf Doldenblüten. Nur die befruchteten Weibchen überwintern in nach Art verschiedenen Winterquartieren, z. B. im Holz, unter Moos, im Sand oder zwischen Graswurzeln. Im Frühjahr werden die Puppen verschiedener Schmetterlingsarten zur Eiablage angestochen.

Familie *Aphidiidae* Blattlausschlupfwespen

Mit den Brackwespen (s. S. 252) nahe verwandt, doch häufig mit reduzierter Flügeladerung, sehr beweglichem Abdomen und meist nicht mehr als 3 mm Länge. Primärparasiten von Blattläusen. In Europa etwa 200 Arten. Zur Eiablage werden ungeflügelte Blattläuse bevorzugt. Die Larve ernährt sich zunächst von Körperflüssigkeit und frißt dann ihren Wirt sehr schnell völlig leer. Vor der Verpuppung wird seine Haut durch Bauchschnitt geöffnet. Manche Arten verspinnen sich unter der Haut in einem sockelartigen Kokon, andere kleiden deren Inneres mit Gespinst aus (das auch der Befestigung am Blatt dient) und verfestigen sie durch Imprägnierung zu einer «Mumie». Im Hochsommer können die Generationen im Abstand von 2 Wochen einander folgen. Dadurch tragen die Blattlausparasiten wesentlich zur Verminderung der Zahl ihrer Wirte bei, doch wird ihre Wirksamkeit durch Hyperparasiten begrenzt.

555 *Diaeretiella rapae*
Kohlblattlausschlupfwespe
Weibchen 2 mm. Wichtiger Parasit der Mehligen Kohlblattlaus (267), der Pfirsichblattlaus (268) und einiger weiterer Arten; heute über die ganze Erde verbreitet.

Familie *Braconidae* Brackwespen

Mehr als 2000 Arten in Europa. In der Regel kleiner als die *Ichneumonidae* (s. S. 250), meist unter 5 mm. Im Unterschied zu diesen fehlt die 2. rücklaufende Ader und die Diskokubitalzelle ist geteilt. Wenigstens das 2. und 3. Hinterleibssegment starr verbunden bzw. verschmolzen. Die in der Regel unscheinbaren und recht trägen Wes-

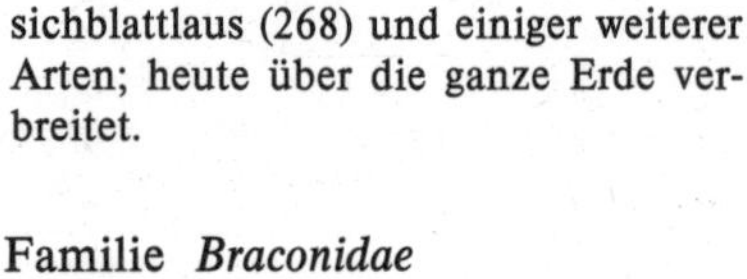

Fam. *Braconidae* Vorderflügel

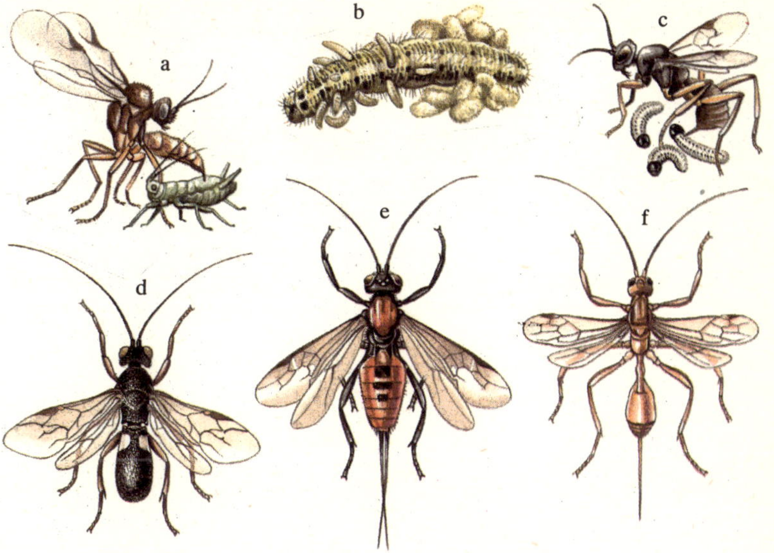

a 555 *Diaeretiella rapae* ♀ beim Anstich; b, c 556 *Apanteles glomeratus* b Larven und Kokons auf Raupe, c ♀ beim Anstich von Eilarven des Kohlweißlings; d 557 *Chelonus* spec.; e 559 *Bracon urinator* ♀; f 558 *Spathius exarator* ♀

pen entwickeln sich meist als Primärparasiten in allen Entwicklungsstadien von Insekten. Selbst in Imaginalstadien wird parasitiert, z. B. in Käfern, Wanzen und Florfliegen.

556 *Apanteles glomeratus*
Weißlingstöter
2 bis 3 mm. Nur die frisch geschlüpften Kohlweißlingsräupchen werden von der Wespe angestochen und mit einer Anzahl von Eiern belegt. Die Larven beenden ihre Entwicklung erst im letzten Stadium des Wirtes, durchbohren dessen Haut und verpuppen sich in dünnwandigen gelben Kokons. Diese werden fälschlich «Raupeneier» genannt. Auf Grund ihrer weiten Verbreitung und Häufigkeit ist der Weißlingstöter ein bedeutender Nützling.

557 *Chelonus* spec.
3 bis 6 mm. Die ersten 3 Hinterleibstergite dieser Arten sind miteinander verwachsen, die restlichen daruntergeklappt. Mit ihrem äußerst feinen Bohrer belegen die Angehörigen dieser Gattung Schmetterlingseier. Die Entwicklung der Larven vollzieht sich jedoch in den Raupen.

558 *Spathius exarator*
3 bis 7 mm. An den Fenstern von Ställen, Kellern und Wohnungen fällt manchmal diese schlanke Wespe durch ihre Häufigkeit auf. Sie ist einer der bedeutendsten Vernichter kleiner holzzerstörender Käferlarven, insbesondere der auch «Holzwürmer» genannten Poch- oder Klopfkäferlarven (s. S. 217). Die Größe ist sehr variabel und wirtsabhängig.

559 *Bracon urinator*
Weibchen 4 bis 6 mm. Die auffallenden Arten dieser Gattung erinnern an die großen und bunten Brackwespen tropischer Länder. Bei uns seltener, häufiger im südlichen Mitteleuropa findet man diese Art auf Distelköpfen, wo sie in minierenden Rüsselkäferlarven parasitiert.

Überfamilie *Evanioidea*

Familie *Evaniidae* Hungerwespen

Diese und die Familie der Schmalbauchwespen zeichnen sich dadurch aus, daß bei ihnen das Abdomen hoch am Thorax eingelenkt und seitlich zusammengedrückt ist. Die letzten Hinterleibssegmente sind knopfförmig. Im Gebiet nur 3 relativ seltene Arten.

560 *Brachygaster minuta*
3 bis 4,5 mm. Die kleinste der sehr ähnlichen Arten lebt wie alle anderen in den Eipaketen von Schaben (s. S. 88), vor allem der Waldschabe (71), seltener der Deutschen Schabe (69). Die weltweit verbreitete *Evania appendigaster* kommt nur im Süden des Gebietes vor. In den Subtropen hat sie große Bedeutung als Parasit der Küchenschabe (68).

Familie *Gasteruptionidae* Schmalbauchwespen

Mit den Hungerwespen (s. o.) nahe verwandt, doch der Hinterleib langgestreckt und der vorstehende Bohrer z. T. sehr lang. In Europa etwa 20 Arten, die einer einzigen Gattung angehören. Wahrscheinlich leben alle als Futterschmarotzer ausschließlich in Nestern solitärer Bienen.

561 *Gasteruption assectator (= Foenus affectator)*
Weibchen 7 bis 10,5 mm. Unsere häufigste Art. In der Literatur sind zahlreiche Stechwespenarten als Wirte angeführt. Nach neueren Beobachtungen sollen ihre Larven jedoch nur in den Stengelnestern der Bienengattung *Hylaeus* (s. S. 275) schmarotzen.

Überfamilie *Chalcidoidea* Erzwespen

Die mehr als 2 000, großenteils metallisch glänzenden, oft aber auch dunkel gefärbten Arten der Überfamilie werden in nicht weniger als 18 Familien gegliedert. Die mitteleuropäischen Arten messen 0,2 bis 6 mm (im Süden gibt es einige wenige größere Arten), die Mehrzahl dürfte unter 2 mm groß sein. In der Regel ist der Fühlerschaft verlängert (Fühler gekniet), die Vorderbrust erreicht nicht die Flügelschüppchen und die Flügeladerung ist ganz oder teilweise rückgebildet. Es kommen auch flügellose Arten vor. Die Lebensweise ist äußerst vielseitig. Einige Erzwespen leben phytophag, die meisten als Primär- oder Hyperparasiten. Manche sind monophag, viele haben ein großes Wirtsspektrum. Die Biologie vieler Arten ist noch unerforscht. Die Larven der Erzwespen leben in den verschiedensten Entwicklungsstadien von Gliederfüßern. Selbst im Wasser sind diese vor ihnen nicht sicher. Einige benutzen sogar die Flügel zum Schwimmen. Erwähnenswert erscheint auch die Fähigkeit einiger Parasiten zur Polyembryonie, die dazu führt, daß aus einem Ei durch Teilung des Embryos zahlreiche Wespen hervorgehen können. Viele der im allgemeinen nur von Spezialisten bestimmbaren Arten haben eine große Bedeutung als Nützlinge. Andererseits werden einige schädlich, insbesondere als Samenfresser.

Familie *Torymidae*

562 *Torymus bedeguaris*
2 bis 5 mm. Gehört zu den größten und prächtigsten Erzwespen. Man kann sie leicht aus den Gallen («Schlafäpfeln») der Gemeinen Rosengallwespe (567) züchten, deren Larven mit Hilfe des langen Legebohrers parasitiert werden. Die Art ist monophag und über ganz Europa verbreitet.

563 *Megastigmus* spec.
Samenwespe
Die 1,8 bis 4 mm langen Wespen sind glänzend schwarz und/oder gelb. Die Weibchen legen ihre Eier mit Hilfe ihres langen Legebohrers in die Samen von Nadelgehölzen und Rosengewäch-

a 564 *Pteromalus puparum* ♀; b 565 *Patasson brachygaster*; c 566 *Trichogramma evanescens* beim Anstich des 1 mm langen Eies eines Kleinschmetterlings; d 562 *Torymus bedeguaris*; e 561 *Gasteruption assectator* ♀; f 563 *Megastigmus* spec. Schadbild der etwa 3 mm langen Larve; g 560 *Brachygaster minuta*

sen. Die Larven zerstören vor allem die Keimanlagen. Bei der forstlichen Samengewinnung sind Verluste bis 90 % nachgewiesen.

Familie *Pteromalidae*

564 *Pteromalus puparum*
1,5 bis 2,5 mm. Meist haben die Weibchen dieser Gruppe keinen vorragenden Legebohrer. Manchmal schlüpfen mehr als 100 Wespen aus einer Schmetterlingspuppe. Einer der häufigsten Wirte ist der Große Kohlweißling (856).

Familie *Mymaridae* Zwergwespen

565 *Patasson brachygaster*
0,5 bis 0,7 mm. Die bandartige Verschmälerung und lange Beborstung der Flügel ist für die Zwergwespen, die zu den kleinsten Insekten gehören, charakteristisch. Ihre Larven entwickeln sich in Insekteneiern, bei dieser Art in denen von Rüsselkäfern (s. S. 238). Manche Zwergwespen stechen unter Wasser die Eier von Libellen, Wasserwanzen und Köcherfliegen an.

Familie *Trichogrammatidae* Eiwespen

566 *Trichogramma evanescens*
0,3 bis 0,7 mm. Die Männchen kann man leicht an den lang beborsteten Fühlern erkennen. Die Art parasitiert die Eier von 150 verschiedenen Wirten, darunter bedeutende Feld-, Obst- und Waldschädlinge. Die Entwicklung kann sehr schnell erfolgen und mitunter in nur einer Woche abgeschlossen werden. In vielen Ländern werden heute verschiedene *Trichogramma*-Arten (deren Artabgrenzung teilweise noch problematisch ist) in großem Umfang, z. T. industriemäßig gezüchtet und mit den Eiern der benutzten Zuchtwirte ausgebracht. Besonders bewährt hat sich

diese Form der biologischen Schädlingsbekämpfung in Gebieten, in denen die Sommertemperaturen etwas höher liegen als für Mitteleuropa üblich.

Überfamilie *Cynipoidea*

Familie *Cynipidae*
Gallwespen

In Mitteleuropa knapp 150 sehr einförmige, meist glänzend schwarze oder braune Arten von 2 bis 5 mm Länge. Fühlerschaft nicht verlängert. Fühler beim Männchen meist 14- bis 15-, beim Weibchen 13- bis 14gliedrig. Flügel fehlen häufig, wenn sie vorhanden sind, dann ohne Flügelmal (Stigma). Abdomen von der Seite zusammengedrückt, linsenförmig. Letztes Sternit (Bauchplatte) der Weibchen pflugschar- oder dornartig. Bohrer einziehbar. Die meisten Arten sind Gallerreger; einige entwickeln sich als Einmieter (Inquilinen) in Gallen, die übrigen sind Parasiten bzw. Hyperparasiten (z. B. in Blattläusen). Die Gallerreger sind auf bestimmte Pflanzen und Pflanzenteile spezialisiert. Wirte sind vor allem Eichen, daneben Rose, Ahorn, Brombeere und einige Kräuter. Die Bestimmung erfolgt meist anhand der Galle. Bei zahlreichen an Eichen lebenden Arten stehen 2 Generationen, eine zweigeschlechtige und eine nur aus Weibchen bestehende, miteinander im Wechsel. Deren Gallen unterscheiden sich nicht weniger als die verschiedener Arten. Wie bei den meisten Gallerregern sind von der Larve abgegebene Sekrete für die Gallentwicklung maßgeblich. Im allgemeinen schädigen Gallen ihre Wirte kaum. Früher waren aus Südosteuropa oder dem Nahen Osten importierte Gallen eine wichtige Handelsware; ihre Gerbstoffe wurden vor allem in der Lederindustrie, aber auch zur Tintenherstellung benötigt.

An Stiel- und Traubeneichen gibt es in Mitteleuropa allein etwa 100 verschiedene durch Gallwespen hervorgerufene Gallen.

567 *Diplolepis rosae*
Gemeine Rosengallwespe

Der vielkammrigen und bis faustgroßen Galle wurden einst schlafffördernde Kräfte («Schlafäpfel») zugeschrieben. Männchen sind bei dieser Art eine Seltenheit. Sammelt man im Herbst Gallen ein, erhält man im April und Mai des nächsten Jahres die 3 bis 4 mm großen, schwarzbraunen Weibchen und oft eine Überzahl von Einmietern und Parasiten.

568 *Diplolepis nervosa (= Rhodites rosarum)*

Die durch 4 bis 5 kräftige Dornen ausgezeichnete, 5 bis 7 mm große Galle entwickelt sich vorwiegend auf der Blattunterseite von Rosen. Nach der Reife im Juli wird sie braun und fällt ab. Im April des folgenden Jahres schlüpft die etwa 3 mm große, schwarz- und braungelbe Wespe.

569 *Cynips quercusfolii*
Gemeine Eichengallwespe

Der «Gewöhnliche Eichengallapfel» wird bis 25 mm groß und hat eine kahle, mit einigen Wärzchen versehene Oberfläche. In ihm entwickelt sich jeweils eine 3 bis 4,5 mm große Wespe der eingeschlechtigen Generation, welche in den Wintermonaten schlüpft und schlafende Knospen an Eichenstämmen und -ästen mit ihrem Ei belegt. Daraus bilden sich etwa 3 mm langovale Gallknospen («Rotviolette Samtgalle»). Die Weibchen der im Mai schlüpfenden, nur 2 bis 3 mm großen zweigeschlechtigen Generation legen ihre Eier von der Unterseite her in die Blätter ab. Neben zahlreichen Parasiten und Einmietern, lebt im Gallapfel gelegentlich auch eine Kleinschmetterlingsraupe.

570 *Cynips longiventris*

erzeugt ebenfalls an der Unterseite von Eichenblättern eine unserer schönsten «Ziergallen» von 8 bis 10 mm Durchmesser. Wie bei der vorigen Art schlüpft daraus in den Wintermonaten

a–d 571 *Biorhiza pallida* a flügelloses ♀; b kurzflügliges ♀; c vollflügliges ♀; d Knospengallen an Eichentrieben; e 567 *Diplolepis rosae* Gallen an Rose; f 568 *Diplolepis nervosa* Blattgalle an Rose; g 569 *Cynips quercusfolii* Blattgallen an Eiche; h 570 *Cynips longiventris* Blattgallen an Eiche

die eingeschlechtige Generation. Die Larven der zweigeschlechtigen Generation entwickeln sich in einer «Graugrünen Samtgalle» am unteren Stamm oder an Austrieben der einheimischen Eichenarten.

571 *Biorhiza pallida (= B. aptera)*
Eichenschwammgallwespe
Zweigeschlechtige Generation: Männchen 1,9 bis 2,3 mm, Weibchen 1,7 bis 2,8 mm; eingeschlechtige Generation: 3,5 bis 5,2 mm. Die «Schwammgalle» oder der «Eichapfel» ist eine vielkammrige Knospengalle, aus der im Juni die zweigeschlechtige Generation schlüpft. Die Weibchen können voll geflügelt, stummelflüglig oder flügellos sein. Sie dringen bis zu 1 m Tiefe in das Erdreich ein und legen ihre Eier vor allem an die Faserwurzeln der Eiche ab. Es entwickeln sich einkammrige, oft knollig verwachsene «Kartoffelgallen» an den Wurzeln der Wirtspflanze, aus denen nach 1 ½ Jahren Entwicklungszeit in den Wintermonaten die stets ungeflügelten Weibchen der eingeschlechtigen Generation schlüpfen.

572 *Neuroterus quercusbaccarum*
Die «Große Linsengalle» ist eine der zahlreichen linsenartigen Gallen. Sie erreicht auf der Unterseite von Eichenblättern 4 bis 6 mm Durchmesser und 2 mm Höhe. Im Herbst fallen die Gallen ab und bedecken oft in großer Anzahl den Boden, wo sie noch weiter wachsen. Aus ihnen schlüpft etwa im März des folgenden Jahres die eingeschlechtige Generation. Die von deren Nachkommen verursachten weinbeerenartigen Gallen an Blättern und männlichen Blüten entlassen im Sommer schwarze Männchen und Weibchen von 2,5 bis 3 mm Länge.

573 *Diastrophus rubi*
Gelegentlich sind auch in Gärten an Brombeerstengeln 3 bis 8 cm lange Auftreibungen zu finden. Es sind die vielkammrigen Gallen der Brombeergallwespe, in denen in jeder Kammer eine Larve lebt. Nach der Überwinterung schlüpfen im April die 2 bis 3 mm großen Männchen und Weibchen der Gallwespe. Hier gibt es keinen Generationswechsel. Die Anschwellungen an

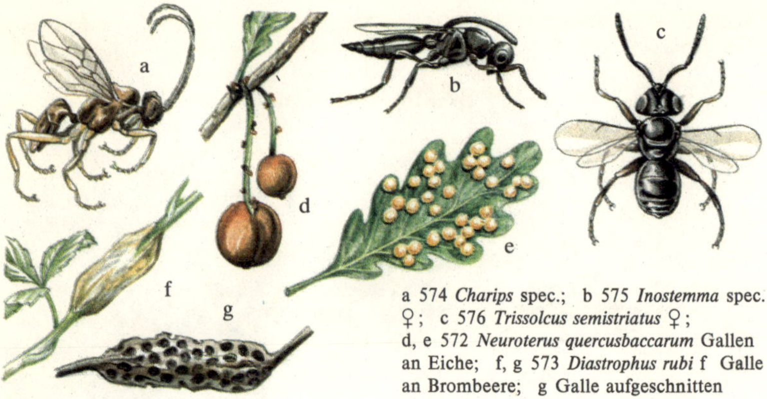

a 574 *Charips* spec.; b 575 *Inostemma* spec. ♀; c 576 *Trissolcus semistriatus* ♀; d, e 572 *Neuroterus quercusbaccarum* Gallen an Eiche; f, g 573 *Diastrophus rubi* f Galle an Brombeere; g Galle aufgeschnitten

Himbeerstengeln werden durch die rötlichen Larven der Himbeerrutengallmücke hervorgerufen. Gallwespenlarven sind durchweg weiß.

Familie *Charipidae*

574 *Charips* spec.
2 mm. Nur durch Spezialisten bestimmbare parasitische Gallwespen, die man leicht an Blattlauskolonien beobachten kann. Sie stechen noch lebende Blattläuse an, die bereits durch Blattlausschlupfwespen belegt wurden. Es sind also Hyperparasiten.

Überfamilie *Proctotrupoidea* Zehrwespen

6 Familien mit etwa 1000 0,4 bis 10 mm kleinen Arten. Körperform vielgestaltig, z. T. mit bizarren Bildungen. Fühler mit höchstens 15 Gliedern; Flügel mit und ohne Flügelmal, auch mit fast fehlender Aderung oder flügellos. Meist schwarz oder bräunlich gefärbt. Die Arten leben parasitisch in allen Entwicklungsstadien von Insekten, aber auch in Spinnen und Tausendfüßern.

Familie *Platygasteridae*

575 *Inostemma* spec.
0,8 bis 1,5 mm. In Ruhe findet der am Hinterende entspringende lange Legebohrer im kopfwärts gerichteten Rohr Platz. Die Arten parasitieren bei Gallmückenlarven, wobei häufig schon die Eier angestochen werden.

Familie *Scelionidae*

576 *Trissolcus semistriatus*
0,9 bis 1,4 mm. Eiparasit von Schildwanzen (s. S. 145). Diese und verwandte Arten haben wirtschaftliche Bedeutung, besonders bei der Vernichtung von Getreidewanzen. Andererseits waren sie in einigen Ländern dafür mitverantwortlich, daß die Ansiedlung der nordamerikanischen Raubwanze *Perillus bioculatus* zur biologischen Bekämpfung des Kartoffelkäfers scheiterte.

Überfamilie *Bethyloidea*

Familie *Dryinidae* Zikadenwespen

Etwa 30 1,6 bis 6 mm große, dunkle Arten, deren Weibchen oft flügellos sind. Fühler 10gliedrig. Vordertarsen fast stets zu Greiforganen umgebildet. Mit ihnen wird das Wirtstier, eine Zikadenlarve, zur Eiablage festgehalten. Die Larve entwickelt sich zunächst im Innern des Wirtes. Später ist sie auch, von Häuten umhüllt, außen sichtbar. Die Verpuppung erfolgt meist im Boden.

Familie *Chrysididae*
Goldwespen

Die vor allem durch grün, blau oder rot schillernde Interferenzfarben auffallenden Wespen begeistern jeden Naturfreund. Gestalt, Farbe und Größe der Goldwespen sind stark von den jeweiligen Entwicklungsbedingungen beeinflußbar. Deshalb ist die Unterscheidung der bei uns immer seltener werdenden Arten oft schwierig. Goldwespen sind ausgeprägt sonnebedürftige Insekten. Nach Süden nimmt ihre Häufigkeit und Artenzahl zu. Der Hinterleib der Weibchen mit fernrohrartig ausstülpbarer Legeröhre. Die etwa 60 Arten entwickeln sich als Raubparasiten und Futterschmarotzer, wahrscheinlich wenig spezialisiert in den Nestern von Bienen, Grab- und Faltenwespen. Werden die Eindringlinge vom Nestinhaber überrascht, kugeln sie sich zusammen. Dann sind sie vor allem durch die 3 (selten 4) panzerartig festen und glatten Rückenplatten des Hinterleibs fast unangreifbar. Allenfalls werden die Flügel beschädigt, an denen sie oft ins Freie geschleift werden, aber notfalls setzen sie ihre Tätigkeit auch zu Fuß fort.

577 *Chrysis ignita*
5 bis 12 mm. Das Weibchen nutzt die Abwesenheit des Wirtes, öffnet eine Zelle, legt ein Ei ab und verschließt das Nest wieder. Die ausschlüpfende, raupenartig bewegliche Larve frißt zunächst die Wirtslarve. Im 2. Stadium lebt sie als madenartige Larve von dem Futtervorrat des Wirtes.

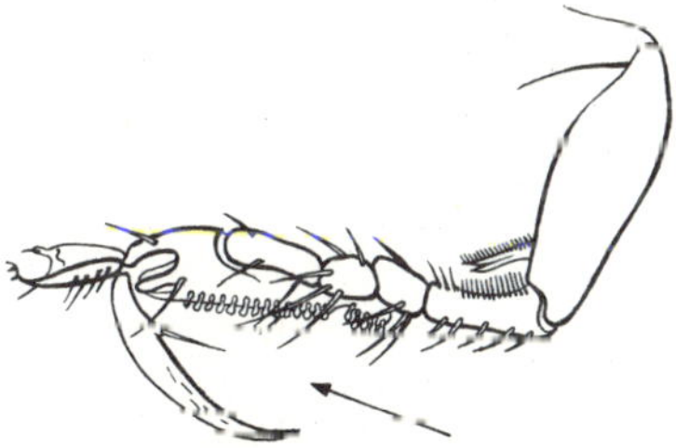

Fam. *Dryinidae* Raubzange der Weibchen

578 *Omalus auratus*
3 bis 6 mm. Die «fliegenden Edelsteine» kann man auf Doldenblüten, doch noch besser bei der Suche nach ihren Wirten an Lehmwänden, altem Holz oder Schilfdächern beobachten. Die Art lebt bei Grabwespen, Bienen und soll auch aus Blattwespengallen gezüchtet worden sein.

Familie *Cleptidae*
Diebswespen

Nahe verwandt mit den Goldwespen (s.o.) und ähnlich prächtig gefärbt. Körperform schlanker, Hinterleib nicht einrollbar, beim Männchen mit 5, beim Weibchen mit 4 Tergiten und meist lang vorstehender häutiger Legeröhre. Die zu einer Gattung gehörenden 5 Arten in unserem Gebiet leben ektoparasitisch an Blattwespenlarven.

579 *Cleptes semiauratus*
4,5 bis 8,5 mm. Im Hochsommer sucht das Weibchen im Boden nach Blattwespenkokons, beißt diese auf und legt ihr Ei an die Ruhelarve. Die in ihrer Mehrzahl seltenen Arten dieser Gattung sind in der dichten Vegetation des Lebensraumes ihrer Wirte schwer zu beobachten.

Überfamilie *Scolioidea*

Familie *Sapygidae*
Keulenwespen

Die vornehmlich schwarz und gelb und/oder rotbraun gefärbten Wespen erinnern an Halmwespen. Die mehr oder weniger keulenförmigen 12- (Weibchen) oder 13gliedrigen (Männchen) Fühler sind unter einem dachartigen Vorsprung eingefügt. Vorderflügel mit deutlichem Flügelmal. Die 4 mitteleuropäischen Arten sind Brutschmarotzer bei Bienen.

580 *Sapyga quinquepunctata*
8 bis 13 mm. Die relativ häufige Art kann man besonders an Schilfdächern

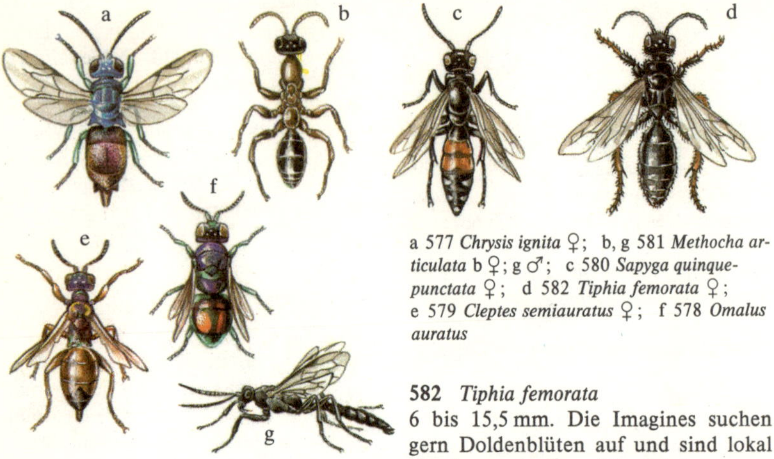

a 577 *Chrysis ignita* ♀; b, g 581 *Methocha articulata* b ♀; g ♂; c 580 *Sapyga quinquepunctata* ♀; d 582 *Tiphia femorata* ♀; e 579 *Cleptes semiauratus* ♀; f 578 *Omalus auratus*

beobachten, wo ihre Wirte, z. B. Mauerbienen, in den Schilfstengeln nisten. Das Weibchen legt im Frühsommer sein Ei in eine fertiggestellte Zelle. Die ausschlüpfende Larve vertilgt zunächst das Wirtsei und lebt dann von dem Pollenvorrat.

Familie *Tiphiidae*

Vorderflügel mit deutlichem Flügelmal. Weibchen z. T. ungeflügelt und ameisenartig. Körper meist dicht behaart. Im Gebiet kommen wahrscheinlich nur 8 Arten vor, die alle als Ektoparasiten an Käfer- oder Hautflüglerlarven leben.

581 *Methocha articulata (= M. ichneumonides)*
Männchen 7,5 bis 13,5 mm, Weibchen 4 bis 10 mm. Dort, wo die Larven der Sandlaufkäfer (298) in größerer Anzahl ihre Wohnröhren bauen, kann der Interessierte nicht selten die ameisenartigen Weibchen beobachten. Sie lassen sich von den auf Beute lauernden Käferlarven packen und bringen ihnen lähmende Stiche bei. Die Larve schlüpft aus dem dann abgelegten Ei in 5 bis 10 Tagen und ernährt sich in den folgenden 3 Wochen von der Käferlarve.

582 *Tiphia femorata*
6 bis 15,5 mm. Die Imagines suchen gern Doldenblüten auf und sind lokal häufig anzutreffen. Alle 4 bei uns vorkommenden Arten der Gattung sind sich sehr ähnlich. Mit ihren kräftigen Vorderbeinen graben sich die Weibchen in den Boden ein, um ihre Eier an Larven von Brach- und Dungkäfern (s. S. 223) abzulegen. Die Größe der Wespe ist abhängig von der Größe ihrer Wirtslarve. Die Art wurde zur Bekämpfung schädlicher Käferlarven in die USA eingeführt.

Familie *Scoliidae*
Dolch- oder Mordwespen

Die durch ihre Größe und Färbung auffallenden Wespen sind nur durch wenige Arten der Gattung *Scolia* vertreten. Die seltenen, wärmeliebenden Wespen entwickeln sich ektoparasitisch an Engerlingen der Blatthornkäfer.

583 *Scolia hirta*
16 bis 22 mm. Besonders an warmen Südhängen gräbt das Weibchen bis 40 cm tief im Boden und legt seine Eier an Engerlingen von Rosenkäfern (469) und Julikäfern (466) ab. Im Juli und August findet man die Männchen vorzugsweise auf blauen Blüten.

584 *Scolia maculata (= S. flavifrons)*
25 bis 38 mm. Nur im Süden des Gebietes lebt diese größte mitteleuropä-

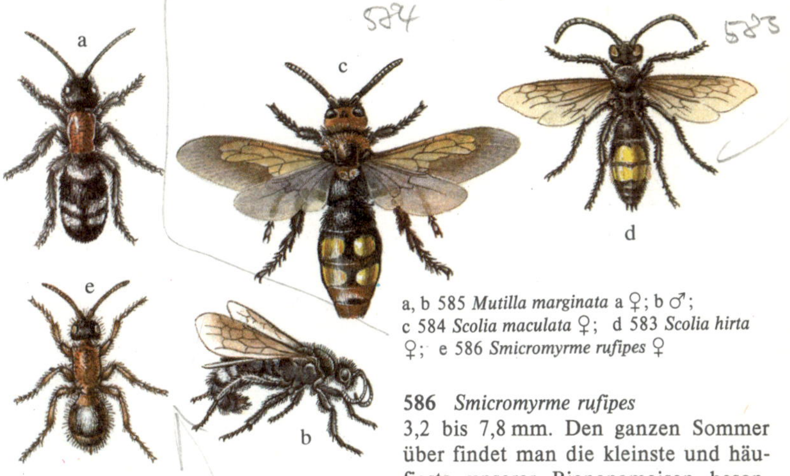

a, b 585 *Mutilla marginata* a ♀; b ♂; c 584 *Scolia maculata* ♀; d 583 *Scolia hirta* ♀; e 586 *Smicromyrme rufipes* ♀

ische Hautflüglerart. Sie greift den Menschen nicht an, kann sich aber mit ihrem dolchartigen Stachel schmerzhaft zur Wehr setzen. Die Männchen erkennt man an den doppelt so langen Fühlern. Die Larvalentwicklung erfolgt an den Engerlingen des Nashornkäfers (468).

Familie *Mutillidae*
Bienen- oder Spinnenameisen

Bei den Arten des Gebietes sind die Männchen stets geflügelt, die Weibchen ungeflügelt. Der Körper ist lang behaart, beim Weibchen, dessen Brustsegmente oben völlig verwachsen sind und dem die Nebenaugen fehlen, mit silbrigen Binden oder Flecken bedeckt. Die Entwicklung erfolgt in den Nestern anderer Stechwespen und Bienen.

585 *Mutilla marginata* (= *M. differens*)
10 bis 15 mm. In den letzten Jahrzehnten etwas häufiger als die sehr ähnliche *M. europaea.* Beide Geschlechter können ein ziemlich lautes Zirpen erzeugen. Die Entwicklung erfolgt als Endoparasiten in den Larven von Hummeln (s. S. 279). Erstaunlich ist es, daß die Hummeln die Bienenameisen nicht wie andere Eindringlinge (z. B. Schmarotzerhummeln) bekämpfen.

586 *Smicromyrme rufipes*
3,2 bis 7,8 mm. Den ganzen Sommer über findet man die kleinste und häufigste unserer Bienenameisen besonders an sandigen Stellen, wo Grabwespen nisten. Versucht man die Weibchen zu fangen, stellen sie sich tot und verharren einige Zeit in diesem Zustand. Wirte sind nur Grabwespen (s. S. 271), z. B. die der Gattungen *Oxybelus, Crossocerus* und *Cerceris.*

Überfamilie *Formicoidea*

Familie *Formicidae*
Ameisen

Männchen und Weibchen (Königin) in der Regel mit den Körper überragenden Flügeln, die vom begatteten Weibchen aktiv abgeworfen werden. Die stets flügellosen Arbeiterinnen sind Weibchen mit schwach entwickelten Keimdrüsen; zum Teil gibt es unter ihnen besonders großköpfige «Soldaten». Durch den langen Fühlerschaft und die dadurch geknieten Fühler sowie das verkleinerte 1. oder 1. und 2. Hinterleibssegment von anderen Hautflüglern leicht unterscheidbar. Sehr unterschiedliche und z. T. komplizierte soziale Lebensweisen mit hochorganisierter Brutpflege. Durch vielfältige Beziehungen zum Menschen von größerer Bedeutung. Im Gebiet über 60 Arten, von denen 20 sozialparasitisch bei anderen Ameisenarten leben.

Unterfamilie *Myrmicinae*
Knotenameisen

Das 1. und 2. Hinterleibssegment besteht aus 2 knotigen Gliedern. Der Thorax ist am oberen Ende meist mit Dornen oder Zähnen besetzt. Weibchen und Arbeiterin mit Wehrstachel, dessen Gift vor allem Eiweiße enthält. Die Stiche sind schmerzhaft! Puppen ohne Kokon. Meist kleine Arten.

587 *Myrmica laevinodis*
Rote Gartenameise
Arbeiterin 4 bis 5 mm. Die meist recht individuenreichen Nester der besonders aggressiven Ameise werden vorwiegend in feuchteren Biotopen in Erde, unter Steinen und morschem Holz angelegt. Die Geschlechtstiere schwärmen im Juli bis September aus, um neue Kolonien zu gründen

588 *Leptothorax acervorum*
Schmalbrustameise
Arbeiterin 3 bis 4 mm. Im Flachland bewohnt die häufige Art vor allem altes Holz, im Gebirge nistet sie häufiger zwischen Pflanzenwurzeln. Im Nest gibt es mitunter mehrere Weibchen, aber nicht selten auch solche anderer Arten der Gattung, die als ständige Sozialparasiten z. T. keine eigene Arbeiterkaste haben.

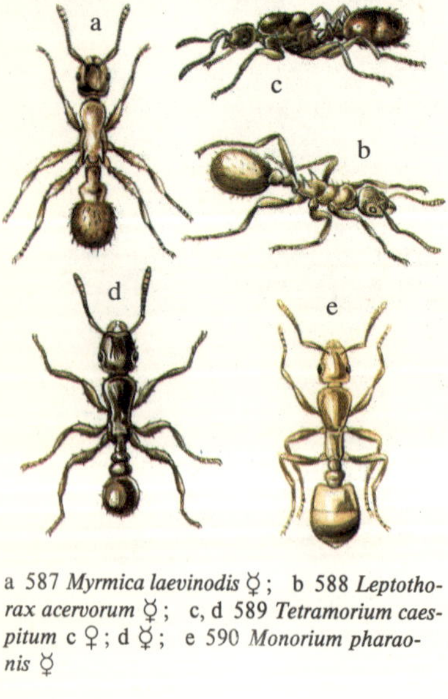

a 587 *Myrmica laevinodis* ☿; b 588 *Leptothorax acervorum* ☿; c, d 589 *Tetramorium caespitum* c ♀; d ☿; e 590 *Monorium pharaonis* ☿

589 *Tetramorium caespitum*
Rasenameise
Arbeiterin 2,5 bis 3,5 mm, Männchen und Weibchen sind, wie bei den meisten Myrmiciden, etwa doppelt so groß wie die Arbeiterinnen. Weibchen sind gelbbraun gefärbt. Individuenreiche Kolonien in kleinen Erdhügeln zwischen Rasen, unter Steinen, in Mauerritzen und morschem Holz. Gelegentlich werden sie durch Benagen und Aushöhlen von Pflanzenteilen, in Vorratslagern oder aber durch Pflege von Wurzelläusen schädlich. Vorwiegend jedoch Ernährung von tierischem Material. Die Rasenameise ist Wirt zahlreicher obligatorischer Sozialparasiten, z. B. der parasitischen Ameise *Anergates* und von Säbelameisen (*Strongylognathus*), welche die Wirtskönigin abtöten oder zumindest ihre Wirte veranlassen, die eigene Brut zu vernachlässigen.

590 *Monomorium pharaonis*
Pharaoameise
Arbeiterin 1,8 bis 2,5 mm. Wahrscheinlich ursprünglich in Indien beheimatet aber weltweit verschleppt. Die Nester, die in verschiedensten und kleinsten Hohlräumen angelegt werden, mit mehreren Weibchen, die bis 9 Monate leben. Koloniegründung erfolgt durch Ableger. Bei uns nur in Gewächshäusern, Hotels, Bäckereien, Krankenhäusern u. a. Gebäuden mit kontinuierlicher Beheizung. Gefürchteter Schädling an Nahrungsmitteln und Mikrobenüberträger. Tote Individuen lösen Fluchtverhalten bei Artgenossen aus.

Unterfamilie *Formicinae*
Schuppenameisen

1. Hinterleibssegment schuppenförmig. Kein Stachel, Giftdrüsen jedoch vorhanden. Aus einer großen Giftblase

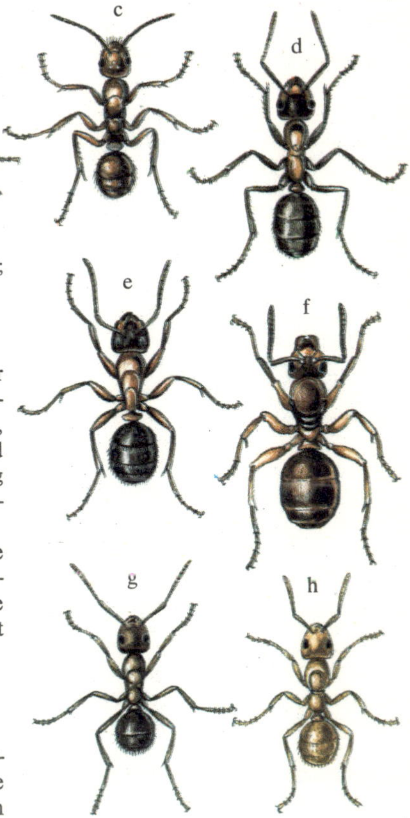

a 592 *Lasius fuliginosus* ☿; b, d, f 594 *Formica rufa* b ♂; d ☿; f ♀; c 596 *Polyergus rufescens* ☿; e 597 *Camponotus herculeanus* ☿; g 593 *Lasius niger* ☿; h 591 *Lasius flavus* ☿

kann 50- bis 60%ige Ameisensäure zur Abwehr bis 30 cm weit gespritzt werden. Sie sondern ferner Duftstoffe ab, mit denen Artgenossen alarmiert und Wege markiert werden. Verpuppung teils frei, teils im Kokon («Ameiseneier»!).
Zu den Schuppenameisen gehören die allgemein bekannten Roten Waldameisen. Ihre Bisse sind oft durch die in die Wunde gespritzte Ameisensäure recht schmerzhaft.

591 *Lasius flavus*
Blaßgelbe Schattenameise
Arbeiterin 1,7 bis 4 mm. Die Art bevorzugt feuchte Wiesen und Moore. Sie kann ihre Nester auch unter Steinen und Rinde bauen, charakteristisch sind aber maulwurfshügelähnliche Erdnester, in denen individuenreiche, bis 20 000 Köpfe zählende Kolonien wohnen. Die Arbeiterinnen dulden nur jeweils eine Königin und züchten Wurzelläuse.

592 *Lasius fuliginosus*
Glänzendschwarze Holzameise
Arbeiterin 3,5 bis 5,5 mm. Mit Hilfe von zerkautem Holz und Erde, denen Honigtau beigemischt wird, werden in hohlen Bäumen reichgekammerte, kunstvolle Kartonnester angelegt. Das Baumaterial ist gleichzeitig Nährsubstrat eines (wahrscheinlich artgebundenen) Pilzmyzels, das zur Ernährung dient und die Wände verfestigt. Ansonsten sind die Arbeiterinnen Pflanzenlausbesucher und Jägerinnen, die auf langen, duftstoffmarkierten Ameisenstraßen ziehen. Die Holzameise hat einen besonders starken arteigenen Geruch.

593 *Lasius niger*
Schwarzgraue Wegameise
Arbeiterin 2 bis 5 mm. Durch ihre außerordentliche Anpassungsfähigkeit eine unserer häufigsten Ameisen. Die Nester befinden sich in der Erde, in kleinen Kuppeln aus bruchigem Sand-Karton im Gras, im Holz oder an anderen Stellen. Die oberirdischen Wege werden oft durch kunstvolle Tunnel geschützt. Vor allem Blatt- und Schildlausbesucher. Die Hochzeitsschwärme im Juli bis September fallen durch ihre

Größe auf. Nur eine Königin im Nest. In Gefangenschaft wurde eine Königin 28 Jahre gehalten!

594 *Formica rufa*
Große Rote Waldameise
595 *Formica polyctena*
Kleine Rote Waldameise
Diese und verwandte Arten lassen sich nur schwer unterscheiden, man spricht daher auch von einer *Formica-rufa*-Gruppe, um der Erkenntnis Rechnung zu tragen, daß die hügelbauenden Ameisen unserer Wälder verschiedenen Arten angehören. Männchen 9 bis 11 mm, Weibchen 9 bis 12 mm, Arbeiterinnen 4 bis 8 mm. Die Nester sind die bekannten großen Ameisenhaufen über unterirdischen Holz- und Erdbauten. Vor allem bei *F. polyctena* gründet ein starkes Volk oft zahlreiche Zweigkolonien. Während *F. rufa* z. T. nur eine Königin pro Nest hat, können es bei *F. polyctena* mehrere tausend sein. Ein mittleres Volk enthält 500 000 bis 800 000 Individuen. Koloniegründung nicht durch ein einzelnes Weibchen, sondern entweder durch Abspaltung von Tochterkolonien oder mit Hilfe von Arbeiterinnen anderer Arten, deren Königin getötet wird. Ernährung hauptsächlich von Insekten u. a. Kleintieren, aber auch von Honigtau und Pflanzensamen. Als Vertilger von Forstschädlingen (pro Volk und Jahr etwa 1 Million und mehr Beuteinsekten) von beträchtlichem Nutzen, daher stehen die Roten Waldameisen in den meisten Ländern unter Naturschutz.

596 *Polyergus rufescens*
Amazonenameise
Arbeiterin 5,5 bis 7 mm. Charakteristisch sind die säbelförmigen Oberkiefer, die bereits auf die spezialisierte Raub- und Kampftätigkeit hinweisen. Sozialparasit, der bei Ernährung und Nestbau völlig auf Hilfsameisen (Sklaven) angewiesen ist. Im Hochsommer werden Puppenraubzüge zu *Formica*-Arten unternommen, um den Bestand an Hilfsarbeiterinnen aufrechtzuerhalten. Zur Nestgründung dringt das Weibchen in ein fremdes Nest ein und tötet dessen Königin. Nur in warmen Gegenden Mitteleuropas und in Südeuropa verbreitet.

597 *Camponotus herculeanus* und
598 *Camponotus ligniperda*
Roßameisen
Arbeiterinnen 6 bis 14 mm. Die beiden größten Arten unserer Ameisen sind morphologisch schwer unterscheidbar. Nestgründung bei *C. herculeanus* mehr in lebendem, bei *C. ligniperda* mehr in totem Holz. Ohne daß man etwas anderes bemerkt als ausgeworfenes Holzmehl und einen Eingang, können sich die Nester im Innern der Bäume mehrere Meter hoch erstrecken. Oft bewohnt eine Kolonie auch mehrere benachbarte Bäume. Manchmal erkennt man ihr Ausmaß daran, daß Schwarzspechte eine Reihe übereinanderliegende, tiefe und große Löcher schlagen, um an die begehrte Beute zu gelangen. Die Geschlechtstiere schwärmen von Mai bis Juli. Die Weibchen werden dazu vom Mandibeldrüsensekret der Männchen stimuliert. Ernährung vor allem durch Pflanzensäfte und Honigtau, seltener tierisch.

Überfamilie *Vespoidea*

Familie *Vespidae*
Soziale Faltenwespen

Die allgemein bekannten schwarz und gelb gezeichneten «Wespen» lassen sich von anderen Hautflüglern, vor allem von ähnlichen Grabwespen, durch die bei Nichtgebrauch längsgefalteten Vorderflügel unterscheiden. Im Wohnbereich herrschen die oft lästigen Vertreter dieser Familie vor. Faltenwespen können aber auch zu den Lehmwespen (S. 268) gehören. Die im Nest kopfabwärts hängenden Larven werden mit zerkauten Insekten oder sogar mit Fleisch gefüttert, wobei die Nahrung schon mit eiweißspaltenden Fermenten versetzt ist, die sich die Arbeiterinnen

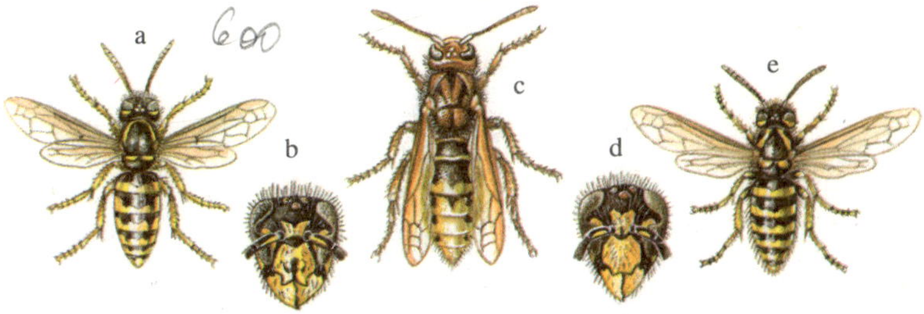

a, b 600 *Dolichovespula saxonica* ☿; c 599 *Vespa crabro* ♀; d, e 601 *Dolichovespula silvestris* ☿

(die sie nicht besitzen) zuvor von den Larven geben ließen. Die Imagines ernähren sich von Nektar, Honigtau, Obstsaft und Zucker. Dadurch werden sie oft lästig, und es wird leicht übersehen, welchen Nutzen sie auch durch Vertilgung schädlicher Insekten oder manchmal kaum minder lästiger Fliegen haben können. Die Augen sind stets nierenförmig eingebuchtet. Männchen mit 13, Weibchen mit 12 Fühlergliedern; letztere mit kräftigem Wehrstachel. Sozial mit Arbeiterinnen oder als Schmarotzer lebend. Den Winter überstehen nur die schon im Herbst begatteten jungen Weibchen, die im Frühjahr neue Völker begründen. Oft lassen bereits Ort und Konstruktion des Nestes eine Artbestimmung zu. Fast 20 Arten.

599 *Vespa crabro*
Hornisse
Weibchen 25 bis 35 mm, Arbeiterinnen nicht länger als 24 mm. Die gelblichen bis rötlichbraunen Nester bis etwa 30 cm Durchmesser, die Waben in mehreren Etagen und mit in der Regel bis 1000 Zellen, vor allem in hohlen Bäumen und Höhlungen von Gebäuden. Durch den Mangel an natürlichen Nisthöhlungen sind die Hornissen in fortschreitendem Rückgang begriffen und daher vielerorts schutzbedürftig. Die Stichwirkung ist nach neueren Untersuchungen keineswegs gefährlicher als die anderer Wespen oder die der Honigbiene. Die Hornisse greift in der Regel nur an, wenn sie sich bedroht fühlt oder in unmittelbarer Nähe des Nestes. Nicht selten gewöhnt sie sich an den Menschen und verliert ihre Aggressivität ihm gegenüber.

Gattung *Dolichovespula* (= *Pseudovespula*)
Langkopfwespen

Diese und vor allem die folgende Gattung umfassen unsere häufigsten Faltenwespen. Sie lassen sich meist, je-

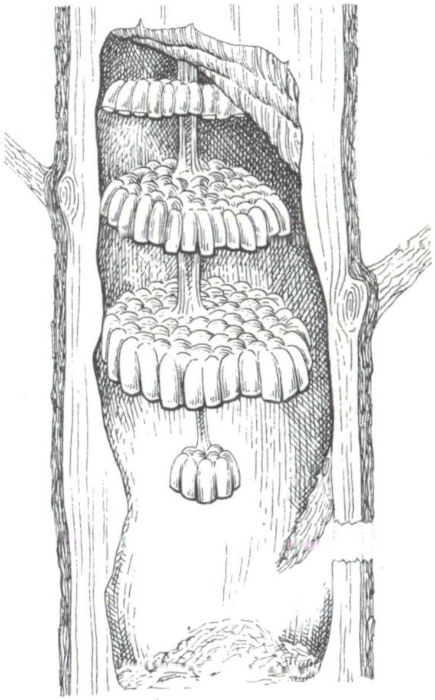

599 *Vespa crabro* Nest

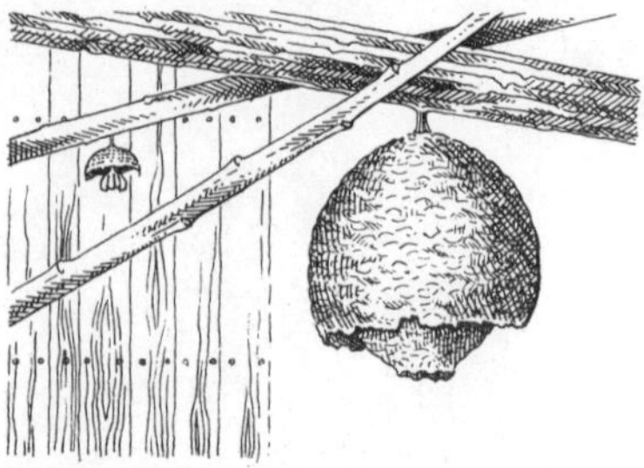

600 *Dolichovespula saxonica* Nest

601 *Dolichovespula silvestris* Nest

doch nicht immer, durch Gesichtsform, Gesichtszeichnung und Hinterleibsfärbung unterscheiden. Die Weibchen (Königinnen) sind fast 1,5mal so groß wie die Arbeiterinnen (Kümmerweibchen), die Männchen etwas kleiner. Bei den Langkopfwespen ist der Abstand vom unteren Augenrand zur Oberkieferbasis (= Wange) mindestens von Fühlerbreite. Die Ausbuchtung der Augen ganz oder größtenteils schwarz. Nester in der Regel oberirdisch an Zweigen, Dachvorsprüngen, in Hausböden und Schuppen mit meist nicht mehr als 100 Einzeltieren, die den Menschen kaum belästigen. Die befruchteten Weibchen beginnen im Frühjahr mit dem Nestbau. Zuerst werden wenige Arbeiterinnen aufgezogen, die dann beim weiteren Nestbau und der Larvenaufzucht der Königin behilflich sind. Im Spätsommer und Herbst entstehen Männchen und Weibchen. 2 Arten dieser Gattung leben bei uns als Brutschmarotzer bei anderen Arten und haben keine eigenen Arbeiterinnen.

600 *Dolichovespula saxonica*
Sächsische Wespe

Arbeiterin 11 bis 13 mm. Untere Ecken des Kopfschildes vorgezogen, in der Mitte mit schwarzem Fleck oder Strich. Nest aschgrau, kugelförmig; häufig auf Dachböden und unter -vorsprüngen. Ihr sehr ähnlich ist *D. norwegica*, die Norwegische Wespe, die manchmal eine Rotfärbung auf dem 2. Tergit aufweist. Vorkommen hauptsächlich in Waldgebieten.

601 *Dolichovespula silvestris*
Waldwespe

Arbeiterin 11 bis 15 mm. Untere Ecken des ganz gelben Kopfschildes abgerundet. Ihr Nest baut sie vor allem an Zweigen, in manchen Gegenden auch in Hohlräumen und Mäuselöchern.

Gattung *Vespula* (= *Paravespula*)
Kurzkopfwespen

Wangen kürzer als die Fühlerbreite. Ausbuchtung der Augen ganz oder größtenteils gelb. Die individuenreichen Nester mit oft mehr als 1 000 Einzeltieren, in der Regel unterirdisch oder in geschlossenen Räumen oder Höhlungen. Wie bei den anderen sozia-

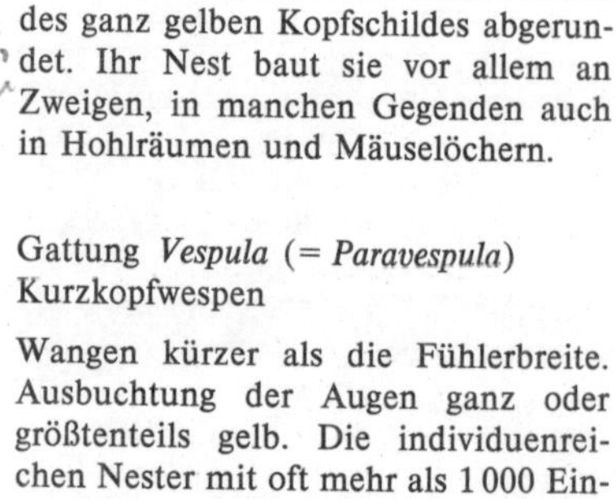

602 *Vespula vulgaris* Erdnest

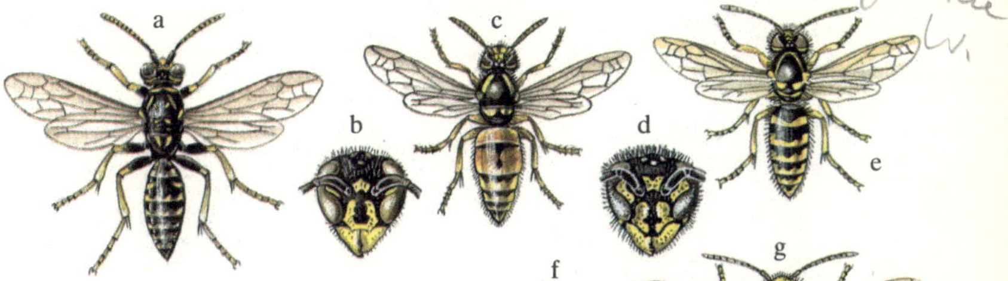

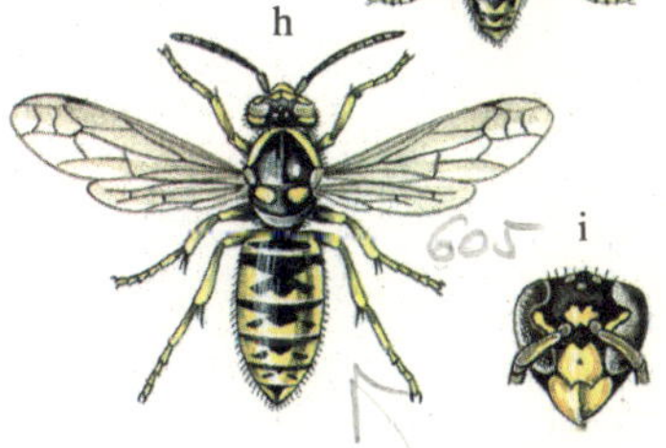

a 606 *Polistes gallicus* ♀; b, c 604 *Vespula rufa* ☿; d, e 602 *Vespula vulgaris* ☿; f, g 603 *Vespula germanica* ☿; h, i 605 *Vespula austriaca* ♀

len Wespen wächst das Nest durch Abbau der innersten Schicht der Nesthülle, deren Material für eine neue äußere Schicht verwendet wird. Die schnell an Zahl zunehmenden Arbeiterinnen sind zeitweilig auf bestimmte Tätigkeiten spezialisiert.
Zu den Kurzkopfwespen gehören die Arten, die den Menschen oft stark belästigen können.

602 *Vespula vulgaris*
Gemeine Wespe
Arbeiterin 10 bis 14 mm. Kopfschild mit schwarzem zackigem Längsstreif. Hinterer gelber Augenrand oft durch dunklen Fleck unterbrochen. Nester groß, überwiegend aus länglichen Stükken morschen Holzes, meist hell gelbbraun, dem Nest der Hornisse ähnlich. Häufig lästige Art.

603 *Vespula germanica*
Deutsche Wespe
Arbeiterin 12 bis 16 mm. Kopfschild meist mit 1 bis 3 schwarzen Punkten. Hinterer Augenrand vollständig gelb. Nester groß, wie bei der vorigen Art mit mehreren tausend Zellen, faserig, grau, manchmal mit braunen Querstreifen. Häufig lästig.

604 *Vespula rufa*
Rote Wespe
Arbeiterin 10 bis 13 mm. Kopfschild mit breitem schwarzem Mittelstreifen. Die glänzenden, kräftig punktierten ersten beiden Tergite fast stets mit braunroter Färbung. Die flachen Erdnester vor allem in feuchten Waldgebieten.

605 *Vespula austriaca*
Kuckuckswespe
Weibchen 15 bis 18 mm. Kopfschild in der Mitte mit 1 bis 3 schwarzen Punkten. Hinterschienenkante reich mit langen schwarzen Haaren besetzt. Keine Arbeiterinnen, da Brutschmarotzer bei *V. rufa* (604).

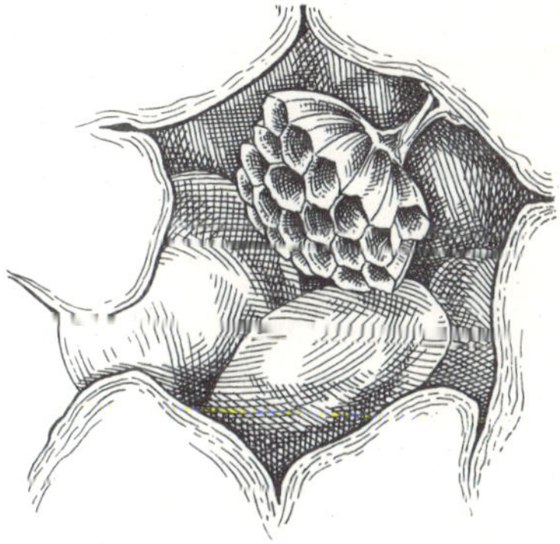

606 *Polistes gallicus* Nest

606 *Polistes gallicus*
Feldwespe
Weibchen 15 bis 17 mm. Thorax am Ende schräg abfallend, 1. Hinterleibssegment keilförmig. Die Nestgründung erfolgt meist durch mehrere Weibchen, die einem Weibchen (Königin) untergeordnet sind. Arbeiterinnen sollen sich bei Nahrungsmangel und ungünstigen Witterungsbedingungen entwikkeln. Das aus einer einfachen Wabe bestehende hüllenlose Nest wird in Höhlungen von Mauern, Steinen u. ä. untergebracht; von anderen Arten der Gattung wird es völlig frei an Pflanzen oder Steinen angelegt. In den letzten 20 Jahren ist die harmlose Art in Mitteleuropa auffallend häufiger geworden, besonders auf Doldenblüten kann man sie beobachten.

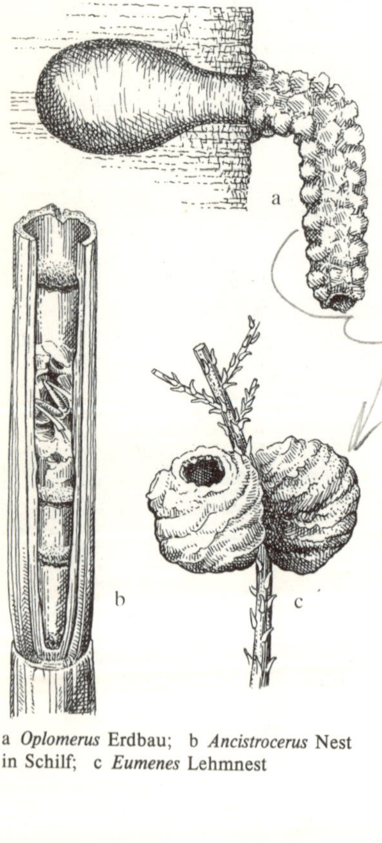

a *Oplomerus* Erdbau; b *Ancistrocerus* Nest in Schilf; c *Eumenes* Lehmnest

Familie *Eumenidae*
Lehmwespen

Die etwa 60 oft schwer voneinander zu trennenden Arten unterscheiden sich von den nahe verwandten sozialen Faltenwespen (S. 264) mit einfachen Fußkrallen durch gezähnte oder gespaltene Fußkrallen und dadurch, daß sie an den Schienen der Mittelbeine nur 1 Sporn (statt 2) tragen. Leichter als durch den Körperbau lassen sie sich durch ihre solitäre Lebensweise charakterisieren: Jedes Weibchen baut ein Nest, in dem es allein für seine Brut sorgt. Es gibt somit keine Arbeiterinnen. Der Stachel dient vorwiegend zur Lähmung der Beutetiere.

607 *Eumenes pedunculatus*
Glockenwespe, Pillenwespe
Weibchen 13 bis 17 mm. Die Ausbildung des 1. Hinterleibssegments ist besonders charakteristisch. Das im Frühsommer schlüpfende Weibchen baut niedrig an Pflanzenstengeln angeheftete urnenförmige Lehmnester und lagert als Proviant Spannerraupen ein. Wie bei fast allen brutpflegenden solitären Hautflüglern gibt es keine Fütterung der Larven. Vermutlich kommen 2 Generationen im Jahr zur Entwicklung; Überwinterung als Larve.

608 *Oplomerus spinipes*
Lehmwespe
Weibchen 10 bis 12,5 mm. Nistet vornehmlich an Lößwänden oder Lehmmauern, oft gesellig. Die Nesteingänge werden schornsteinartig umbaut. Larvennahrung sind im Gebiet überwiegend Larven der als Blattnager bekannten Rüsselkäfergattung *Hypera* (= *Phytonomus*). In Lehmwespennestern schmarotzen Goldwespen (S. 259), Schlupfwespen (S. 250), Trauerschweber (902) u. a. Fliegen und Bienenkäfer (382).

609 *Ancistrocerus* spec.
Lehmwespe
Weibchen 7 bis 16 mm. Beim Nestbau werden ganz unterschiedliche Höhlun-

a 607 *Eumenes pedunculatus* ♀; b 609 *Ancistrocerus* spec. ♀; c 608 *Oplomerus spinipes* ♀

gen benutzt, vor allem verlassene Nester von Solitärbienen und hohle Pflanzenstengel. Die zahlreichen Arten der Gattung tragen Kleinschmetterlingsraupen ein. Während die Sozialen Faltenwespen alle möglichen Beutetiere eintragen, sind die Lehmwespen auf bestimmte Gruppen spezialisiert. Von den weiteren Gattungen sei nur noch *Odynerus* als Spezialist für Blattkäferlarven erwähnt.

Überfamilie *Pompiloidea*

Familie *Pompilidae*
Wegwespen, Spinnentöter

Etwa 80 Arten, 3 bis 20 mm lang, die durch bis an die Flügelbasis reichende Vorderbrust und lange Beine gekennzeichnet sind. Körpergrundfarbe schwarz, Segmente meist rötlich, seltener gelblich. Weibchen haben im Tode eingerollte Fühler und können empfindlich stechen. Das Flugvermögen der Wegwespen ist nur schwach ausgebildet, so daß sie nur «Flugsprünge» von einigen Metern machen können. Wärmeliebende Insekten, die mit charakteristisch vibrierenden Flügeln besonders auf trockenem Sand, aber auch an Mauern, Bäumen und in der Krautschicht «geschäftig» nach Beute suchen. Am Verhalten leicht von allen anderen Insekten zu unterscheiden. Die Larvennahrung besteht ausschließlich aus Spinnen, die durch einen Stich gelähmt und in der Regel in eine Bruthöhle transportiert werden, wo sie am Leben und damit frisch bleiben, bis die inzwischen geschlüpften Larven ihnen größere Verletzungen zugefügt haben. Einige Arten belassen die Spinnen in ihrem Gespinstgehäuse, andere leben als Schmarotzer, indem sie anderen die Beute stehlen, sie auf dem Transportweg oder nach Eindringen in die bevorrateten Bruthöhlen belegen.

610 *Cryptocheilus fabricii*
Weibchen 8 bis 13 mm. Eine meist seltene Wegwespe mit ungewöhnlich bunter Färbung. Die erbeuteten Spinnen verschiedener Familien werden nur oberflächlich in Erd-, Holz- oder Felsspalten versteckt und mit jeweils einem Ei belegt. Meist überwintert die erwachsene Larve in einem selbstgesponnenen Kokon. Die Anzahl der Generationen ist witterungsabhängig.

611 *Dipogon subintermedius*
Weibchen 5 bis 10 mm. Charakteristisch sind die dunkel gefleckten Vorderflügel und ein bartartiges Borstenbüschel am Unterkiefer. Mit Hilfe dieser

a 610 *Cryptocheilus fabricii*; b 611 *Dipogon subintermedius*; c 612 *Auplopus carbonarius*

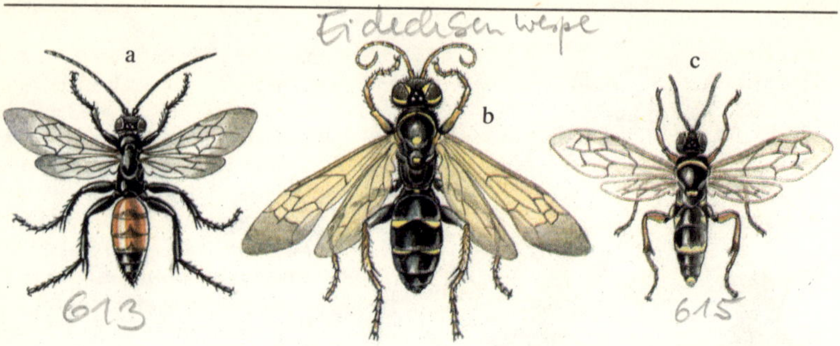

a 613 *Anoplius viaticus* ♀; b 614 *Batozonellus lacerticida* ♀; c 615 *Ceropales maculatus* ♂

Fegeborsten werden die Nester verschlossen. Die Imagines kann man vor allem an Bäumen beobachten, wo sie besonders nach Krabbenspinnen jagen. Ihre Bruthöhlen legen sie vorwiegend in hohlen Pflanzenstengeln und verlassenen Nestern anderer Stechwespen an.

612 *Auplopus carbonarius* (= *Pseudagenia carbonaria*)
Tönnchenwegwespe
Weibchen 7 bis 10 mm. Die Arten der Gattung sind leicht an dem fast stielartig verjüngtem 1. Hinterleibssegment zu erkennen. Sie fertigen als einzige Wegwespen Mörtelnester an, die in der Regel aus einzelnen dicht nebeneinander liegenden Tönnchen bestehen und an Steinen, Holz usw. befestigt oder in Schneckenhäusern, verlassenen Gallen u. ä. angelegt werden. Der Mörtel wird mit dem an der Unterlippe vorhandenen Fegeborstenkranz transportiert und mit Hilfe des Abdomens «vermauert».

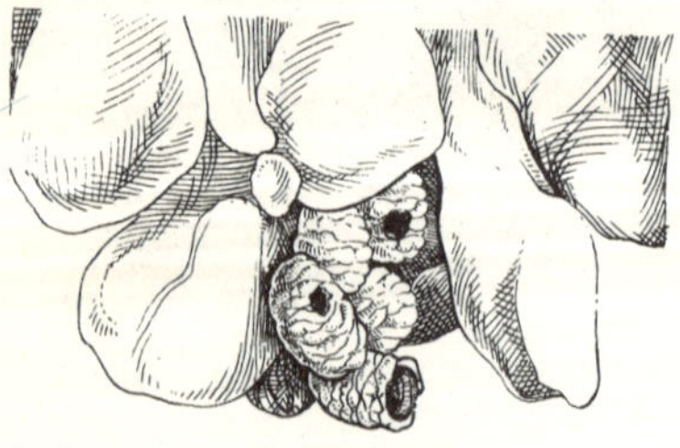

Auplopus spec. Mörtelzellen unter Steinen

613 *Anoplius viaticus* (= *Pompilus fuscus*)
Weibchen 9 bis 14 mm. Im Frühjahr die häufigste Wegwespe. Man kann sie besonders auf Waldwegen und in Heidegebieten auf der Jagd nach Wolfsspinnen beobachten. Als Bruthöhle wird ein etwa 6 cm tiefer Gang gegraben. Nachdem die gelähmten Spinnen aus einem provisorischen Versteck geholt, ins Nest transportiert und mit einem Ei belegt sind, wird der Gang zugescharrt und der Eingang festgestampft. Die Hauptflugzeit der meisten Wegwespen ist im Juni. Selbst die heißeste Tageszeit nutzen sie häufig zum Nestbau in Dünen, Sandgruben und Kalkgebieten.

614 *Batozonellus lacerticida*
Eidechsenwespe
Weibchen 16 bis 21 mm. Der größten unserer einheimischen Wegwespen schrieb man früher den Fang von jungen Eidechsen zu. Sie jagt jedoch ausschließlich Kreuzspinnen und baut ihre Nester im Sand. An fast allen Stellen, wo sie in der DDR und in der BRD vorkam, ist sie jetzt ausgestorben.

615 *Ceropales maculatus*
Gefleckte Schmarotzerwegwespe
Männchen 4 bis 10 mm. Ein häufiger Vertreter der Arten mit schmarotzender Lebensweise. Er überfällt Wegwespen, die eine Spinne transportieren. Während des Kampfes schiebt das Weibchen mittels seines besonders geform-

ten Hinterleibsendes ein Ei in die Tracheenlunge der Spinne. Der Bau der Bruthöhle wird der eigentlichen Besitzerin der Spinne überlassen. Die Schmarotzerlarve entwickelt sich schneller und verzehrt Spinne und Wegwespenlarve.

Überfamilie *Sphecoidea*

Familie *Sphecidae*
Grabwespen, Sandwespen

Die etwa 250 2 bis 30 mm großen Arten sind äußerst vielgestaltig. Manche ähneln Wegwespen, Bienen oder Faltenwespen. Die Vorderbrust erreicht die Flügelbasis in der Regel nicht. Hinterbeine mit Putzeinrichtung, Körperhaare im Gegensatz zu Bienen ohne feine Befiederung. Hinterleib an der Basis oft lang stielartig. Ein wichtiges Bestimmungsmerkmal ist die Anzahl der Kubitalzellen im Vorderflügel. Grabwespen kann man beim Fang und Transport von Insekten oder auch Spinnen beobachten. Jede ist auf eine bestimmte Gruppe von Beutetieren spezialisiert, z. B. Raupen, Fliegen, Rüsselkäfer, Blattläuse oder Blasenfüße. Die meist durch Stich gelähmten Opfer werden als Larvennahrung in die Nester eingetragen, die – oft kolonieweise – im Boden oder in Stengeln, Schilfhalmen, Käferbohrlöchern oder verlassenen Gallen angelegt werden. Sehr kleine Beutetiere werden nicht gestochen. Bei einigen wenigen Arten (z. B. in der Gattung *Ammophila*, S. 271) kommt Nachfütterung vor, während die Mutter mit der Anlage und Versorgung weiterer Nester beschäftigt ist. Im allgemeinen gibt es keinen Kontakt mit den Nachkommen (außer Gattung *Bembix*, S. 272). In der Regel haben Grabwespen 1 Generation im Jahr und ebenso wie bei den solitären Bienen überwintert das letzte Larvenstadium. Brutschmarotzer gibt es in der Gattung *Nysson*. Die Imagines ernähren sich von Nektar und Pollen, Honigtau, teilweise auch von Körpersäften der Beutetiere.

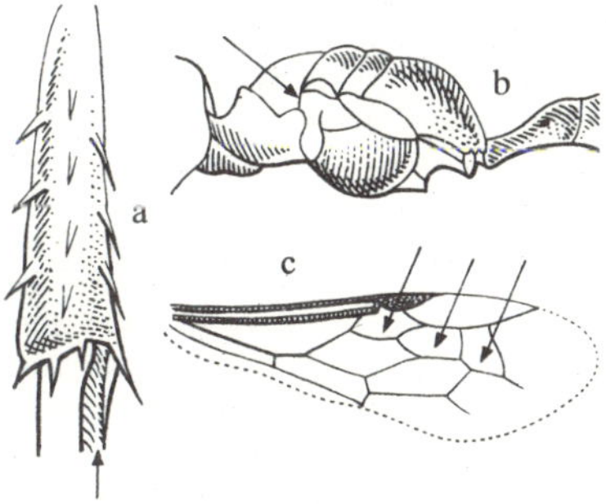

Fam. *Sphecidae*: a Hinterbein mit Putzeinrichtung; b Thorax; c Vorderflügel (3 Kubitalzellen)

616 * *Ammophila sabulosa*
Sandwespe

Weibchen 16 bis 24 mm. Charakteristisch für die Gattung ist der lange, zweiteilige Hinterleibsstiel und für die Art der grob netzartig strukturierte letzte Thoraxteil. Die Beute, nur nackte Schmetterlingsraupen, wird oft viele

a 617 *Sceliphron destillatorium* ♀; b 618 *Cerceris arenaria* ♀; c 616 *Ammophila sabulosa* ♀

Meter weit zum vorbereiteten Nest transportiert. Diese Art nistet mehrere Zentimeter tief im Sand und trägt für jede Bruthöhle zunächst nur eine Raupe ein, die nach Verbrauch wahrscheinlich ersetzt wird. Flugzeit von Mai bis September.

617 *Sceliphron destillatorium*
Mörtelgrabwespe
Weibchen 17 bis 30 mm. Diese größte europäische Grabwespe baut an geschützten Stellen für jede Larve eine einzelne Lehmzelle, die endgültig verschlossen wird, nachdem sie mit Spinnen angefüllt und mit einem Ei belegt ist. Die wärmeliebende Art lebt nur in den südlichen Teilen Mitteleuropas und ist erst im Mittelmeergebiet häufiger.

618 *Cerceris arenaria*
Knotenwespe
Weibchen 11 bis 15 mm. Die deutlichen Hinterleibseinschnürungen zeichnen die fast 20 Arten der Gattung aus.

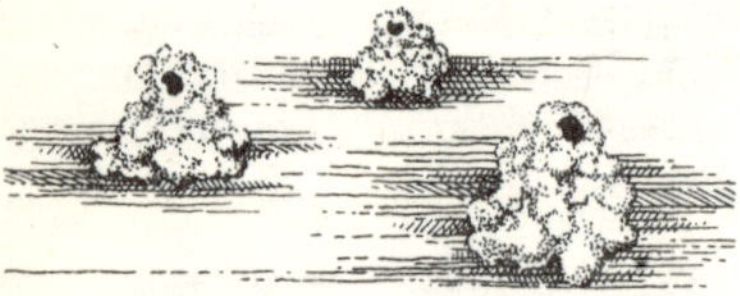

Auswurfhäufchen an Nesteingängen von 618 *Cerceris arenaria*

Die Knotenwespe nistet meist koloniewеise auf sandigen Plätzen und Wegen in der Nähe von Kiefernkulturen. Charakteristisch sind die aufgeworfenen Sandhaufen am Einflugloch des Nistganges, wie sie auch für Bienen typisch sind. Die in größerer Anzahl eingetragenen Rüsselkäfer gehören häufig schädlichen Arten an. Dadurch wird die Art mit Recht als Nützling bezeichnet.

619 *Philanthus triangulum*
Bienenwolf
Weibchen 13 bis 17 mm. Augen innen schwach eingebuchtet. Die Bruthöhle besteht aus einem bis 1 m langen Hauptgang, von dem bis über 30 Seitenverzweigungen abgehen. Diese werden ausschließlich mit 2 bis 6 Honigbienen gefüllt und dienen einer Larve zur Entwicklung, die die Honigbienen innerhalb einer Woche frißt. Der Bienenwolf erkennt seine Beute an der Form und am Geruch, lähmt sie durch einen Stich und transportiert sie Bauch an Bauch haltend zum Nest. Der Bienenwolf nistet häufig koloniewеise an sandigen Plätzen und kann in der Nachbarschaft mit Bienenstöcken Bienenvölker stark dezimieren.

620 *Mellinus arvensis*
Kotwespe
Weibchen 11 bis 14 mm. Eine unserer häufigsten Grabwespen, die ebenfalls ihre Nester bis 75 cm tief, oft koloniewеise anlegt. Als Larvennahrung trägt die Kotwespe vor allem Schweb-, Stuben- und Aasfliegen ein und hält sich daher auf Fäkalien auf. Obwohl die meisten Grabwespen ausgesprochen wärmeliebend sind, ist die Kotwespe schon bei 16 °C und noch im Oktober aktiv.

621 *Bembix rostrata*
Kreiselwespe
15 bis 22 mm. Besonders auffallend ist der schnabelartige Fortsatz am Unterkopf. Kolonien im Sandboden. Das Weibchen gräbt jeweils nur eine bis 15 cm tiefe Brutzelle, die es mit größeren Fliegen, besonders Bremsen und Schwebfliegen, bestückt. Die Larve wird während ihrer zweiwöchigen Entwicklung laufend mit frischer Beute versorgt. Je Weibchen können von Juni bis August nur bis zu 6 Larven großge-

Nest von *Trypoxylon*

a 620 *Mellinus arvensis* ♀; b, c 619 *Philanthus triangulum* ♀; d 621 *Bembix rostrata* ♀

zogen werden. Weil geeignete Biotope immer seltener werden, wird auch die Kreiselwespe immer seltener gefunden und ist an vielen Stellen schon ausgestorben.

622 *Trypoxylon figulus*
Töpferwespe

5 bis 12 mm. Die schwarzen Arten der Gattung haben, wie die Faltenwespen, nierenförmig eingebuchtete Augen. Sie nisten häufig gesellig in Schilfdächern, Bohrlöchern im Holz oder holzigen Pflanzenstengeln. Mit Hilfe von Lehm wird der Hohlraum in mehrere Kammern geteilt und mit Spinnen bestückt. Die Nester werden besonders häufig von Schmarotzern befallen. Gold-, Schmalbauch- und Schlupfwespen parasitieren auch bei anderen Grabwespen.

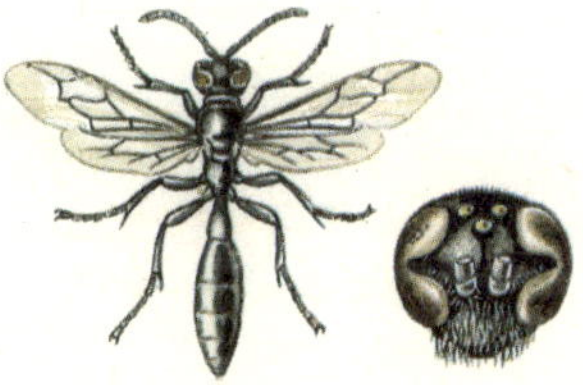

622 *Trypoxylon figulus*

623 *Pemphredon lethifer* (= *P. unicolor*)

5 bis 8,5 mm. Die Gattung enthält eine Anzahl schwer bestimmbarer Arten, die alle nur 2 Kubitalzellen im Vorderflügel haben. Der Hinterleib ist gestielt. Die Nester werden in Schilfstengeln oder in altem Holz sehr unterschiedlich angelegt. Als Larvennahrung dienen Blattläuse. Diese häufige Grabwespe fliegt vom Frühjahr bis zum Herbst und bevorzugt feuchtes Gelände. Die Weibchen sind wie bei vielen Grabwespen nicht nur an den 12gliedrigen Fühlern, sondern auch an einer abgegrenzten Fläche am Ende des letzten Hinterleibstergits zu erkennen.

624 *Crossocerus wesmaeli*

Weibchen 5 bis 6,5 mm. Die Gattung umfaßt eine größere Anzahl meist schwarzer kleiner Arten mit nur einer Kubitalzelle im Vorderflügel und nicht gestieltem Hinterleib. Über die Biologie von *C. wesmaeli* gibt es widersprüchliche Angaben. Wahrscheinlich gräbt sie im Sand einen kurzen Gang, der nur in 1 bis 2 Zellen endet. Als Beute sind Zuck- und Kriebelmücken sowie kleine Fliegen wahrscheinlicher als nach anderen Angaben Wanzen und Zikaden. Funde in Bohrlöchern von Holz gehen sicher darauf zurück, daß Grabwespen dort gern übernachten. Durch Hartholzklötzchen mit Bohrungen verschiedener Stärke kann man solche Übernachtungsplätze und damit Möglichkeiten für Beobachtungen künstlich schaffen.

625 *Crabro peltarius*

Männchen 9 bis 12 mm. Männchen dieser und verwandter Arten haben häufig spezifische Sonderbildungen, vor allem Verbreiterungen an den Vorderbeinen. Möglicherweise sind es Haltevorrichtungen bei der Kopulation. Das Weibchen gräbt bis etwa 20 cm

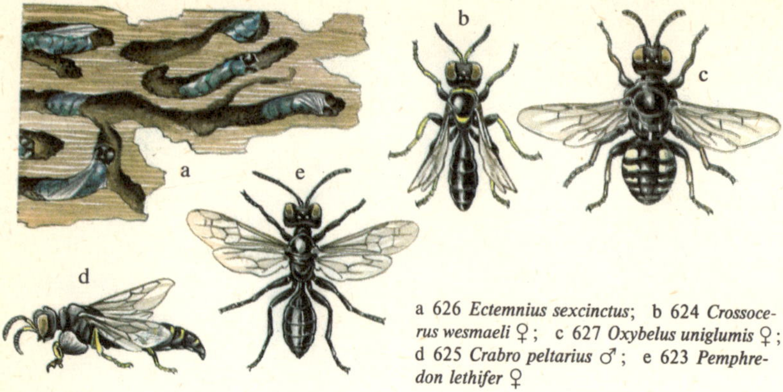

a 626 *Ectemnius sexcinctus*; b 624 *Crossocerus wesmaeli* ♀; c 627 *Oxybelus uniglumis* ♀; d 625 *Crabro peltarius* ♂; e 623 *Pemphredon lethifer* ♀

lange Gänge im Sand, die in 1 bis 3 Brutzellen enden und mit einer Anzahl Fliegen versorgt werden. Wie andere Grabwespen kann man Männchen und Weibchen im Sommer besonders auf Korb- und Doldenblüten beobachten, deren Nektar leicht zugänglich ist.

626 *Ectemnius sexcinctus*
Die Nester werden oft von mehreren Weibchen gemeinsam in morschem Holz, neuerdings auch in Schaumpolystyrol (Balkonblumenkästen!) angelegt und mit Schweb- und Schmeißfliegen verproviantiert. Die etwa 20 schwarz und gelb gezeichneten, wespenähnlichen Arten dieser Gattung sind 5 bis 18 mm groß.

627 *Oxybelus uniglumis*
5 bis 8 mm. Sie ist die häufigste Art der Gattung. Während die anderen Grabwespen ihre Beute zwischen den Beinen oder mit Hilfe der Oberkiefer transportieren, trägt *Oxybelus* sie auf dem Stachel aufgespießt am Hinterleibsende. Die Larvennahrung besteht aus Fliegen verschiedener Familien. Die fast 20 Arten der Gattung, die sich u. a. durch Lamellen und Dornen des hinter der Thoraxmitte gelegenen Hinterschildchens unterscheiden, graben mehrere Zentimeter tiefe Erdnester, vor allem in festerem Sandboden.

Überfamilie *Apoidea*
Bienen, Blumenwespen

Bienen erkennt man oft schon an ihrer starken, mitunter pelzigen Behaarung, die jedoch bei Brutschmarotzern rückgebildet ist. Besonders lange Haare, von denen sich viele bei starker Vergrößerung als gefiedert erweisen, gibt es an den Hinterbeinen, an denen ebenso wie am Bauch regelrechte Bürsten auftreten können. Der Pollen, den alle Arten als Larvennahrung eintragen, wird je nach Lage der Bürsten mit den Hinterbeinen oder am Bauch transportiert, deshalb spricht man von Bein- und Bauchsammlern, zu denen noch Ur- und Holzbienen als Kropfsammler kommen. In Zweifelsfällen unterscheidet man Bienen von Faltenwespen (mit denen manche Schmarotzerbienen eine gewisse Ähnlichkeit haben) daran, daß

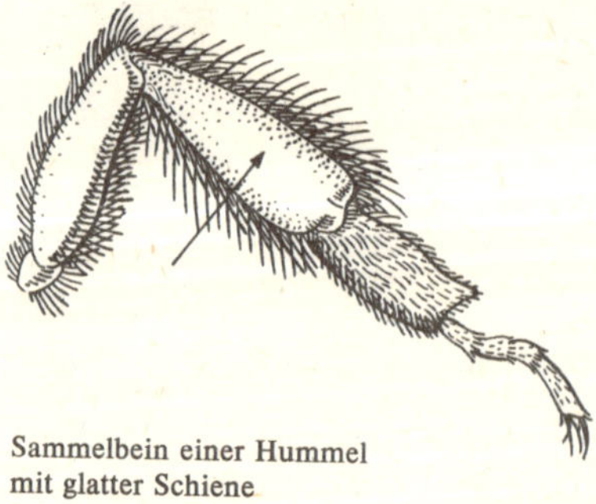

Sammelbein einer Hummel mit glatter Schiene

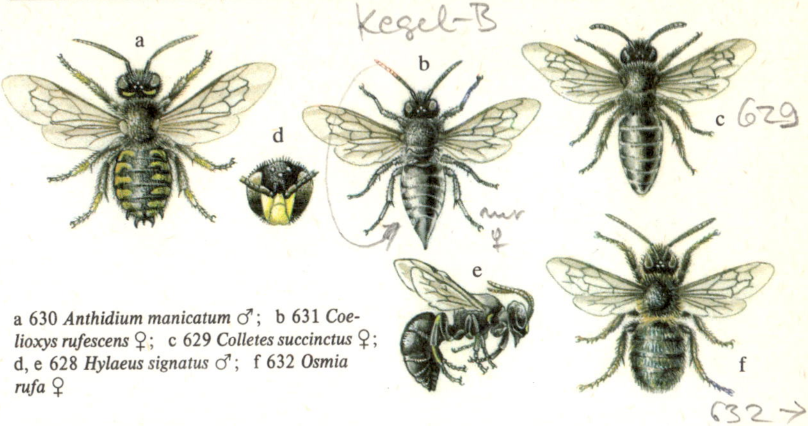

a 630 *Anthidium manicatum* ♂; b 631 *Coelioxys rufescens* ♀; c 629 *Colletes succinctus* ♀; d, e 628 *Hylaeus signatus* ♂; f 632 *Osmia rufa* ♀

die Flügel nicht gefaltet werden. Es gibt etwa 600 mitteleuropäische Bienenarten, die man heute in 6 Familien unterteilt. Ihre Differenzierung ist schwierig, so daß Bestimmungstabellen in der Literatur meist nur für Gattungen zu finden sind. Wie bei fast allen Stechwespen haben die Männchen 13, die Weibchen 12 Antennenglieder.

Die meisten Bienen leben solitär, wenn auch oft in Kolonien. Jedes Weibchen ist also voll fortpflanzungsfähig und versorgt seine Brut allein. Übergänge gibt es in der Gattung *Halictus* (S. 277), ganz sozial leben Hummeln und (von exotischen Bienen abgesehen) die Honigbiene, d. h., bei ihnen gibt es sterile Arbeiterinnen und eine Arbeitsteilung. Die Larven ernähren sich bei solitären Arten von einem mit Nektar angefeuchteten Pollenvorrat. Hummeln bevorraten und füttern später zu, die Honigbiene füttert mit Drüsensekret, Honig und Pollen aus dem Kropf. Schmarotzerbienen und -hummeln bauen und sammeln nicht, sondern belegen die Nester verwandter Arten. Die Imagines nehmen auch Honigtau und gelegentlich Pflanzensaft auf. Manche Arten sind auf bestimmte Pflanzen spezialisiert.

Als Bestäuber zahlreicher Kulturpflanzen haben die Bienen einen hohen wirtschaftlichen Nutzen, die Honigbiene natürlich zusätzlich als Honig-, Wachs- und Giftproduzent.

Familie *Colletidae*
Ur- und Seidenbienen

628 *Hylaeus signatus* (= *Prosopis signatus*)
Maskenbiene

Männchen 6 bis 8 mm. Sie ist eine der 30 schwer unterscheidbaren Arten der Gattung der Maskenbienen und gehört wie die folgende zu den «Urbienen», die durch eine kurze zweizipflige Zunge und das Fehlen von speziellen Sammeleinrichtungen gekennzeichnet sind. Der deutsche Name bezieht sich auf die vor allem bei den Männchen der Gattung vorhandene gelbe Fleckenzeichnung im Gesicht. Pollen und Nektar werden verschluckt und im Kropf transportiert. Nester besonders in Bohrgängen im Holz, in verlassenen Brutgängen und Gallen anderer Insekten.

629 *Colletes succinctus*
Seidenbiene

Weibchen 8 bis 12 mm. Neben der kurzen Zunge und den 3 etwa gleichgroßen Kubitalzellen ist die lange dunkle Behaarung des Hinterleibes mit den hellen Haarbinden für die Seidenbienen charakteristisch. Die im Sandboden angelegten Nester werden mit einem erstarrenden Speichelsekret gespinstähnlich ausgekleidet. Die Seidenbiene besucht in den Sommermonaten fast ausschließlich die Blüten von Heidekraut.

a 634 *Dasypoda hirtipes* ♀; b, c 633 *Megachile centuncularis* c ♀, b ausgeschnittene Rosenblätter; d 635 *Andrena hattorfiana* ♀

Familie *Megachilidae*

630 *Anthidium manicatum*
Wollbiene

Männchen 14 bis 17 mm. Sie ist ein Vertreter der 6 auffallend gefärbten Arten der Gattung *Anthidium* mit schwebfliegenartigem schnellem Schwirrflug. Die Männchen der Wollbienen haben ein artspezifisch geformtes Hinterleibsende. Die Weibchen bauen im morschen Holz mit Pflanzenwolle ausgekleidete Brutzellen.

631 *Coelioxys rufescens*
Kegelbiene

Weibchen 11 bis 15 mm. Nur die Weibchen haben den charakteristischen kegelförmigen Hinterleib. Der Blütenbesuch dient nur der eigenen Ernährung. Die Larven der Kegelbiene leben als Brutschmarotzer bei Pelzbienen (S. 278), andere der etwa 15 Arten umfassenden Gattung schmarotzen bei Blattschneiderbienen (S. 276).

632 *Osmia rufa* (= *O. bicornis*)
Mauerbiene

Weibchen 10 bis 12 mm. Unter der bindenartigen Hinterleibsbehaarung hat das Chitin einen erzfarbenen Glanz. Als Sammeleinrichtung für Pollen dient den Weibchen eine Bauchbürste. Die Art ist eine unserer häufigsten Frühjahrsbienen, die besonders Weidenkätzchen, aber auch viele Frühlingsblumen in unseren Gärten besucht. Als Nistplätze dienen Höhlungen in Mauern, Schuppen u. ä., die mit Lehm verbaut werden.

633 *Megachile centuncularis*
Blattschneiderbiene

Weibchen 9 bis 12 mm. Die 2 Kubitalzellen und der gedrungene, an den Segmenten leicht verengte Hinterleib sind auch charakteristisch für die zahlreichen anderen Arten dieser Gattung. Die Brutzellen werden in morschem Holz, hohlen Pflanzenstengeln oder Sand angelegt und mit ausgenagten Blatt- oder Blütenteilen fingerhutartig ausgekleidet und abgeschlossen. *M. centuncularis* verwendet dafür Rosenblätter, und ihre kreisförmigen Ausschnitte begegnen uns nicht selten an den Rosen unseres Gartens.

Familie *Melittidae*

634 *Dasypoda hirtipes* (= *D. plumipes*)
Hosenbiene

Weibchen 13 bis 15 mm. Im Juni bis September auf Habichtskraut, Wegwarte und Knautie mit ihren stark behaarten Hinterbeinen eine auffällige Erscheinung. Typischer Beinsammler. Im tief (bis 60 cm) gelegenen Erdnest wird der zu einer Kugel geformte Pollen zur Schimmelverhütung auf «Füßchen» gestellt, ehe das Ei darauf abgelegt wird. Die Nester verraten sich durch die ausgeschachteten Erd- oder Sandhäufchen.

Familie *Andrenidae* Sandbienen, Wespenbienen, Erdbienen

635 *Andrena hattorfiana*
Weibchen 13 bis 16 mm. Die große Haarlocke an den Schenkelringen der Hinterbeine der Weibchen und die in beiden Geschlechtern vorhandene breite feinfilzige Furche vor den inneren Augenrändern sind Merkmale, die die Art mit den etwa 130 weiteren Arten der Gattung *Andrena* (Sandbienen) teilt. *A. hattorfiana* besucht trotz ihres langen Rüssels ausschließlich flache Blüten wie Knautie, Scabiose und Löwenzahn. Sie nimmt dabei eine eigentümliche Haltung mit erhobenem Vorderkörper ein.

636 *Andrena fulva*
Weibchen 10 bis 13 mm. Während die meisten gelblichgrau gefärbten Sandbienen schwer unterscheidbar sind, erkennt man diese Art leicht. Sie nistet wie alle Arten meist kolonieweise in sandigem oder lehmigem Boden. Nicht selten befinden sich die Eingänge zu den Brutzellen zwischen Pflastersteinen inmitten von Städten.

637 *Nomada bifida*
Wespenbiene
Weibchen 8 bis 11 mm. Ebenso wie die etwa 70 schwer unterscheidbaren anderen Arten der Gattung eine Schmarotzer- oder Kuckucksbiene, die man in Anbetracht der für Bienen ungewöhnlich schwachen Behaarung mit Grabwespen verwechseln kann. Die meisten Arten der Gattung fliegen im Frühjahr. Vor allem kann man sie in niedrigem Suchflug dort beobachten, wo Sand- und Furchenbienen nisten. Auch laufen sie äußerst lebhaft zwischen deren Nestern umher und schlüpfen immer wieder in sie hinein, wenn die Besitzerinnen abwesend sind. Manche Arten sind auf ganz bestimmte Wirtsarten angewiesen. Zur eigenen Ernährung suchen die Wespenbienen besonders Weidenkätzchen auf.

Familie *Halictidae* Furchen- oder Schmalbienen

638 *Halictus pauxillus*
Furchenbiene, Schmalbiene
5 bis 7 mm. Die Art vertritt die im Gebiet vorkommenden etwa 100 im Boden brütenden Arten von Furchenbienen, deren Name sich auf eine feinhaarig umgrenzte Furche auf dem letzten Tergit des Weibchens bezieht. Die Männchen der Gattung haben ein schnauzenförmiges Gesicht. Biologisch ist die beinsammelnde Gattung durch Übergänge zwischen solitärer und sozialer Lebensweise bemerkenswert. Sie unterscheidet sich von den meisten anderen solitären Bienen auch dadurch, daß 2 Generationen im Jahr die Regel sind und nicht Larven, sondern befruchtete Weibchen überwintern. Bei *H. pauxillus* treten im Frühjahr kleine Weibchen mit unterentwickelten Keim-

a 639 *Sphecodes* spec.; b 636 *Andrena fulva* ♀; c, d 638 *Halictus pauxillus* c ♂, d ♀

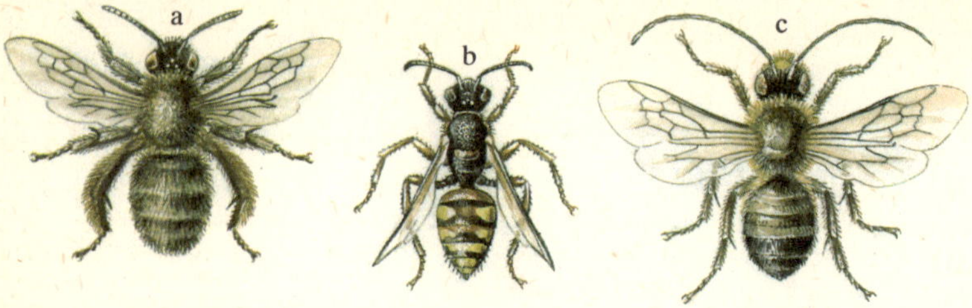

a 641 *Anthophora acervorum* ♀; b 637 *Nomada bifida* ♀; c 640 *Eucera longicornis* ♂

drüsen auf, die am weiteren Nestbau und an der Brutfürsorge beteiligt sind. Erst im Herbst entstehen normale Weibchen und Männchen. Die Nestanlage erfolgt in Sand- oder Lehmboden.

639 *Sphecodes* spec.
Blutbiene
5 bis 13 mm. Etwa 25 sehr ähnliche Kuckucksbienen mit rückgebildeten Sammeleinrichtungen. Die im Herbst befruchteten Weibchen überwintern und begeben sich z. T. schon an warmen Tagen im März auf die Suche nach ihren Wirten. Die Larven leben als Futterschmarotzer bei Sand- und Furchenbienen (635 bis 637). Meist fliegt eine 2. Generation bis in den Oktober hinein. Interessante Beobachtungen kann man machen, wenn man ihre Verhaltensweisen bei der Wirtssuche aufmerksam verfolgt.

Familie *Apidae*
Echte Bienen

640 *Eucera longicornis*
Langhornbiene
Männchen 14 bis 16 mm. Die Männchen besuchen wie die mit viel kürzeren Fühlern ausgestatteten Weibchen besonders die Blüten von Platterbsen, Klee und Günzel. Die Weibchen sind Beinsammler und bauen im Mai und Juni ihre Nester im Sandboden.
In Mitteleuropa gibt es 3 weitere zur Gattung der Langhornbienen gehörende Arten.

641 *Anthophora acervorum*
Pelzbiene
Weibchen 12 bis 15 mm. Hummelähnlich, doch ist die 1. Kubitalzelle nicht durch eine Querader geteilt, und die Nebenaugen sind dreieckförmig angeordnet. Die Art gräbt meist gesellig an steilen Lehm- oder Sandhängen einfache oder mehrfach verzweigte Gänge. Für die 2 bis 10 hintereinanderliegenden Zellen werden, im Gegensatz zu anderen Meinungen, keine Pflanzenteile verbaut. Eine der ersten Frühjahrsbienen besonders an Weidenkätzchen. Die Art gewinnt zunehmende Bedeutung als Bestäuber bestimmter Blütenpflanzen, besonders bei der Pflanzenzüchtung und Samenproduktion in Gewächshäusern. In der Pelzbienen-Gattung *Anthophora* gibt es etwa 15 weitere Arten.

642 *Xylocopa violacea*
Holzbiene
20 bis 28 mm. Eine unserer größten und auffallendsten Bienenarten, die regelmäßig nur im Süden des Gebietes

642 *Xylocopa violacea* ♀

vorkommt. Vereinzelt wurde sie und *X. iris* (= *X. cyanescens*) nördlich bis zum Berliner Raum beobachtet, doch bleibt ihr Auftreten nördlich des Erzgebirges eine entomologische Seltenheit. Das Nest wird in einem Gang in morschem Holz oder Zweigen angelegt. Die einzelnen Bruträume für jeweils eine Larve liegen hintereinander und sind durch Wände aus Holzspänen getrennt. Die Imagines überwintern. Der Pollen besonders von Blauregen (*Wisteria*), Phlox u. a. Gartenblüten wird im Kropf transportiert.

Gattung *Bombus*
Hummeln

Meist schon durch ihre Größe auffallende, staatenbildende, stechfähige, aber wenig aggressive Arten. Durch ihre pelzige Behaarung geschützt, sind sie schon im zeitigen Frühjahr aktiv. Nach Überwinterung bauen die allein überwinternden befruchteten Weibchen (Königinnen) in Hohlräumen (Erdlöcher, Baumhöhlen, unter Schuppendielen usw.) oder im Moos ihre aus Pflanzenteilen und Wachs bestehenden Nester. Pollen und Nektar werden zu Klumpen (Larvenbrot) verarbeitet, mit Eiern belegt und mit ausgeschwitztem Wachs umgeben. Darin entwickeln sich die Larven unter der Pflege des Weibchens und verpuppen sich innerhalb von 2 Wochen in einem Kokon. Die ausschlüpfenden kleinen Arbeiterinnen sind dem Weibchen bei der Vergrößerung des Nestes und der Brutpflege behilflich. Leere Kokons werden als Vorratskammern für Honig und Pollen genutzt. Im Herbst schlüpfen die Geschlechtstiere. Hummeln bedürfen dringend des Schutzes, da sie durch Umwelteinflüsse sehr gefährdet sind. Bei der Bestäubung von Blüten mit tiefen Kelchen (z. B. Rotklee) sind sie mit ihrem langen Rüssel anderen Bienen überlegen. Sie fliegen auch bei kalter Witterung, wenn die Honigbiene im Stock bleibt. Die Arten lassen sich nicht immer an ihrer Färbung unterscheiden, da diese wie die Körpergröße variiert. Die Namen deuten auf bevorzugte Biotope. In höheren Gebirgen kommen noch andere Arten vor als in der Ebene. Häufigere Arten (Arbeiterinnen sind viel kleiner als die Weibchen):

a 643 *Bombus agrorum* ♀; b 644 *Bombus hortorum* ♀; c 645 *Bombus lapidarius* ♀

Hummelnest

643 *Bombus agrorum*
Ackerhummel
Weibchen 14 bis 18 mm.

644 *Bombus hortorum*
Gartenhummel
Weibchen 16 bis 23 mm.

a, b 646 *Bombus pratorum* a ♀, b ♂ (helle Form); c 647 *Bombus silvarum* ♀

645 *Bombus lapidarius*
Steinhummel
Weibchen 20 bis 25 mm.

646 *Bombus pratorum*
Wiesenhummel
Weibchen 14 bis 18 mm; Männchen (helle Form) 10 bis 14 mm.

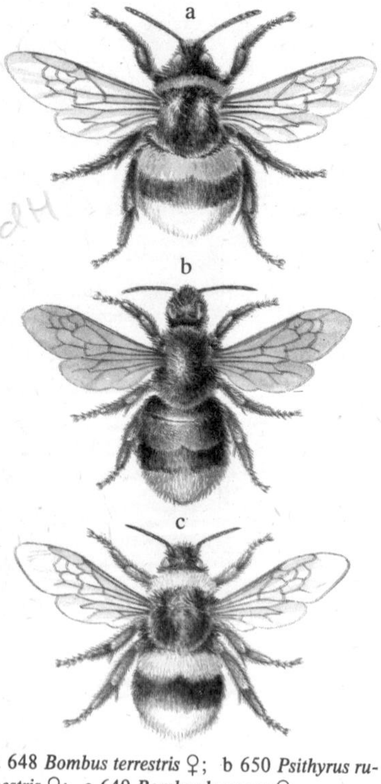

a 648 *Bombus terrestris* ♀; b 650 *Psithyrus rupestris* ♀; c 649 *Bombus lucorum* ♀

647 *Bombus silvarum*
Waldhummel
Weibchen 18 bis 20 mm.

648 *Bombus terrestris*
Erdhummel
Weibchen 22 bis 28 mm.

649 *Bombus lucorum*
Erdhummel
Weibchen 18 bis 24 mm.

650 *Psithyrus rupestris*
Schmarotzerhummel
Weibchen 18 bis 25 mm. Das Weibchen am einfachsten durch die schwärzlichen Flügel und das Fehlen von Sammeleinrichtungen an den Hinterbeinen von der sonst ähnlichen Wirtsart, der Steinhummel (645), zu unterscheiden. Die Männchen messen nur 10 bis 16 mm, eine Arbeiterinnenkaste wird nicht gebildet. Das Weibchen dringt in das Wirtsnest ein, verdrängt oder tötet die Königin und belegt vorbereitete Brutzellen mit ihren Eiern. Die Aufzucht übernehmen dann die Wirtsarbeiterinnen. Entsprechend leben die übrigen Vertreter der Gattung. Im Gebiet etwa 10 Arten.

651 *Apis mellifera* (= *A. mellifica*)
Honigbiene
Männchen = Drohne 13 bis 16 mm; Weibchen = Weisel, Königin, 14 bis 17 mm; Arbeiterin 11 bis 14 mm. Ursprünglich in hohlen Bäumen auch in Mitteleuropa heimisch, Wildform jedoch ausgestorben. Es werden mehrere Rassen gezüchtet. Bei den (mit Aus-

a–c 651 *Apis mellifera* a Drohne, b Arbeiterin, c Weisel

nahme der überwinternden) kurzlebigen Arbeitsbienen altersabhängige Arbeitsteilung. Aus dem ausgeschwitzten Wachs werden Brutwaben mit fast waagerechten Zellen gebaut, wobei bestimmte Maße exakt eingehalten werden. Die Zellen werden auch zur Speicherung von Pollen und Honig benutzt. Honig entsteht im Vormagen durch Wasserentzug und Fermentbeimischung aus Nektar. Die junge Weisel, die den von der alten Königin und einem Teil der Arbeitsbienen geräumten Stock übernimmt, bringt von ihrem Hochzeitsflug für ihr mehrjähriges Leben eine ausreichende Menge Spermien mit. Sie allein belegt (bestiftet) die Brutzellen, und zwar die kleineren, in denen die Arbeiterinnen heranwachsen, die außerhalb des Zellverbandes gebauten Weiselzellen mit befruchteten und die größeren Drohnenzellen mit unbefruchteten Eiern.

Wie bei allen nestbauenden Hautflüglern ist das Orientierungsvermögen hervorragend ausgebildet: Berücksichtigung von Sonnenstand und -weg, Polarisation des Himmelslichtes, Erdmagnetfeld und Navigation nach auffälligen Landmarken. Die Honigbiene hat die im Tierreich einzigartige (sieht man von exotischen Verwandten ab) Fähigkeit, Artgenossen durch bestimmte Tänze Mitteilung über Richtung und Entfernung von Nahrungsquellen zu machen. Rundtänze zeigen Nahrungsquellen bis 80 m Entfernung vom Stock, Schwänzeltänze solche in größerer Entfernung an.

Ordnung *Trichoptera* Köcherfliegen

Die Bezeichnung «Köcherfliegen» für diese Insektenordnung ist irreführend. Es sind im entomologischen Sinne weder Fliegen, noch sind sie mit ihnen enger verwandt. Sie sehen auch nicht aus wie Fliegen, sondern ähneln äußerlich viel mehr den Schmetterlingen, mit denen sie eine natürliche Verwandtschaftsgruppe bilden. Die Übersetzung von *Trichoptera* ist «Haarflügler». Im Unterschied zu den Schmetterlingen besitzen sie auf den Flügeln keine Schuppen, sondern nur Haare. Die Mundwerkzeuge sind verkümmert oder als kurzer Tupfrüssel (Haustellum) ausgebildet. Durch diese beiden Merkmale lassen sich die Imagines der Schmetterlinge und der Köcherfliegen schnell und leicht unterscheiden.

Aus Europa sind gegenwärtig etwa 1000 Arten bekannt, die sich auf die beiden Unterordnungen *Annulipalpia* und *Integripalpia* verteilen. Insgesamt werden 23 Familien unterschieden. Davon ist die Familie *Limnephilidae* (S. 287) mit über 300 Arten die mit Abstand umfangreichste. Die Arten dieser Familie sind meist mittelgroße und große Tiere (10 bis 22 mm Körperlänge). Die kleinsten Köcherfliegen, die eine Körperlänge von nur 1,5 bis 3,5 mm haben, gehören zur Familie *Hydroptilidae* (S. 285). Diese winzigen Arten werden häufig nicht als Köcherfliegen erkannt. Sie können im Freiland

sehr leicht mit verschiedenen Ur- und Zwergmotten (S. 295) verwechselt werden.
Die Imagines der Köcherfliegen leben in der Nähe der Entwicklungsgewässer ihrer aquatischen Larven. Einige entfernen sich auch kilometerweit davon und können so neu entstandene Gewässer schnell besiedeln. Die Tiere halten sich in der Ufervegetation auf. Durch Schütteln und Klopfen der Uferpflanzen, Sträucher und Bäume werden sie aufgescheucht, oder sie lassen sich fallen und stellen sich tot (Thanatose). Nur relativ wenige Arten fliegen am Tage. Der größte Teil ist dämmerungs- und nachtaktiv und kann mit Lichtfallen gefangen werden. Viele Arten haben ein charakteristisches Schwärmverhalten. Die Männchen tanzen arttypisch über der Wasseroberfläche oder über der Ufervegetation und ergreifen die hinzufliegenden Weibchen. Die Kopula findet danach in der Vegetation statt.
Zur Eiablage kriechen die Weibchen der *Annulipalpia* unter Wasser, wo sie an Steinen und Pflanzenteilen ihre Laichmassen ablegen (Kittlaich). Eine Eiablage außerhalb des Wassers, auf der Ufervegetation, ist besonders bei den *Integripalpia* verbreitet (Gallertlaich).
Ihre ausschlüpfenden Junglarven fallen entweder ins Wasser, oder sie bewegen sich aktiv dorthin. Die weitere Entwicklung der Larven, ihr Körperbau und ihre Lebensweise bieten eine enorme Vielfalt an Formen und Verhaltensmustern, die für die einzelnen Familien typisch sind. Im allgemeinen werden 5 Larvenstadien durchlaufen. Die Larven besitzen eine Kopfkapsel, auf der verschieden geformte Sinnesborsten und Tasthaare entspringen. Auch das Pronotum ist immer stark sklerotisiert. Das Meso- und Metanotum stellt entweder ebenfalls einen einheitlichen Skleriten dar, oder sie bestehen aus verschiedenen Platten. Beide Segmente des Thorax können auch völlig weichhäutig sein. Die kräftigen Beine dienen dank dem Auftrieb im Wasser nicht allein der Fortbewegung, sie funktionieren als Greiforgane (Vorderbeine), als Tastorgane (Mittelbeine) und als Stütz-, Schwimm- und Lauforgane (Hinterbeine). Die Hinterleibssegmente tragen büschelförmige, gefiederte, gefingerte oder schlauchförmige Fortsätze, die Tracheenkiemen. Nur wenige Arten besitzen diese Tracheenkiemen nicht. Unterstützt wird die Aufnahme von Sauerstoff durch Ventilationsbewegungen, die die Larve im Köcher mit dem Hinterleib vollführt. Dadurch wird frisches Wasser durch den Köcher und an den Kiemen vorbei gepumpt. Die Verankerung der Larve im Gehäuse erfolgt durch paarige Nachschieber am letzten Hinterleibssegment und durch retraktile Höcker am 1. Hinterleibssegment. Bei einigen Familien findet man auf bestimmten Segmenten ovale oder kreisrunde Felder, die als Chloridepithelien bezeichnet werden. Es sind die Organe der Osmoregulation. Die gleiche Funktion wird bei anderen Familien von ausstülpbaren Analpapillen ausgeübt.
Die *Annulipalpia*-Larven haben nach vorn zeigende Mundwerkzeuge und einen etwas abgeflachten, sehr beweglichen Körper. Die meisten bauen keine Köcher, jagen entweder als freilebende Räuber andere Wasserinsektenlarven, oder sie spinnen Netze, mit deren Hilfe im Wasser driftende Detrituspartikel, Plankton, Pflanzenreste und kleine Gliederfüßer herausgefiltert werden. Die wenigen köcherbauenden Larven dieser Unterordnung fertigen ihre Gehäuse erst in den letzten Larvenstadien an. Daneben gibt es Arten, die mit ihren schildkrötenförmigen Gehäusen auf Steinen leben und dort den Algenaufwuchs abweiden.
In der Unterordnung *Integripalpia* findet man fast ausschließlich raupenförmige Larven. Sie sind niemals freilebend. Bereits kurz nach dem Schlupf aus dem Laich beginnen sie den Bau eines Köchers, der teilweise gattungsspezifisch aufgebaut ist und der ganzen

Ordnung zu ihrem Namen verhalf. Je nach Art des Baumaterials werden die einzelnen Bauteile in der notwendigen Größe ausgesucht oder, bei Pflanzenteilen, passend zurechtgebissen. Mit Hilfe eines in der paarigen Spinndrüse gebildeten Sekrets wird jedes neue Bauteil am Vorderrand des Köchers angefügt. Eine permanente Bautätigkeit begleitet das Wachstum der Larve. Dabei wird der Köcher am Vorderrand immer weiter und erhält so seine etwas konische Form. Das zu eng gewordene Hinterteil des Köchers beißt die Larve ab. Sie kann sich zu diesem Zweck im Köcher umdrehen. Der Köcher wird niemals freiwillig verlassen.

Der überwiegende Teil der gehäusetragenden Formen ernährt sich vom Algenbewuchs und den immer reichlich vorhandenen Pflanzenresten. Einige Arten sind als Zersetzer von Fallaub von Bedeutung. Grüne Pflanzenteile werden im allgemeinen häufiger für die Bautätigkeit als zur Ernährung verwendet. Gelegentlich beobachtet man Larven auch an toten Fischen. Eine ausschließlich karnivore Ernährung gibt es bei den köcherbauenden Larven nicht. Auch die «temperamentvollen» und als Räuber bekannten Larven der *Phryganeidae* (S. 286) leben in den ersten Stadien phyto- und detritophag. Wachstum der Larve und Bautätigkeit stagnieren in den Wintermonaten und während der Ruhepause im Sommer, die jedoch nur bei wenigen Arten der *Integripalpia* vorkommt.

Kurz vor der Verpuppung heftet sich die Larve mit ihrem Köcher an feste, größere Objekte (Steine, Pfähle, Wurzeln, Wasserpflanzen) und verschließt beide Öffnungen mit einer Siebmembran, die ein weiteres Zirkulieren des Wassers durch das Gehäuse gestattet. Die köcherlosen Arten bauen ebenfalls ein Puppengehäuse, das häufig an der Unterseite von größeren Steinen angelegt wird. Innerhalb dieses Gehäuses vollzieht sich die Umwandlung, die 2 bis 4 Wochen dauert. Nach Beendigung der Puppenruhe beißt die Nymphe (= bewegliche Puppe) mit ihren kräftigen Mandibeln das Gehäuse auf und schwimmt zur Wasseroberfläche, wo innerhalb weniger Sekunden die Nymphenhaut abgestreift wird und die sofort flugfähige Imago in die Ufervegetation fliegt. Dort erfolgt während einer Ruhephase die Aushärtung der Flügel. Die Nymphen von anderen Arten kriechen an Wasserpflanzen, Steinen und ähnlichen Gegenständen aus dem Wasser.

Die Lebensdauer der Imago ist je nach Art sehr unterschiedlich. Sie kann wenige Tage oder auch 6 Monate betragen. Der gesamte Entwicklungszyklus dauert meist 1 Jahr, wobei die Überwinterung in einem Larvenstadium erfolgt. Bei einigen Arten entwickeln sich 2 Generationen im Jahr.

Köcherfliegenlarven kann man in allen Gewässertypen finden. Nur die Larven der 3 europäischen Arten der Gattung *Enoicyla* (*Limnephilidae*) führen eine terrestrische bzw. semiterrestrische Lebensweise. Viele Arten leben vorzugsweise in bestimmten Gewässern, wie z. B. in oligotrophen Seen oder in Flüssen. Im Laufe eines Fließgewässers, von der Quelle bis zur Mündung, wechseln die Arten einander ab, so daß jeder Gewässerabschnitt ein charakteristisches Artenspektrum besitzt. Die Arten eignen sich als «Meßfühler» für eine ökologische Überwachung, z. B. zur Registrierung von Verschmutzungs-, Versauerungs- oder Eutrophierungsvorgängen.

Die Verbreitung der behandelten Köcherfliegen-Arten in den verschiedenen Gewässern

Limnal – stehende Gewässer (Tümpel, Teiche, Seen)

653 *Agraylea multipunctata*
660 *Agrypnia varia*
662 *Anabolia nervosa*
665 *Glyphotaelius pellucidus*
666 *Limnephilus binotatus*
667 *Limnephilus flavicornis*
668 *Nemotaulis punctatolineatus*
674 *Oecetis ochracea*

675 *Triaenodes bicolor*
677 *Molanna angustata*

Rhithral = Bergbäche und -flüsse

652 *Rhyacophila fasciata*
654 *Philopotamus ludificatus*
659 *Hydropsyche siltalai*
661 *Brachycentrus montanus*
663 *Annitella obscurata*
670 *Potamophylax luctuosus*
671 *Stenophylax permistus*
676 *Sericostoma personatum*

Potamal = große Flüsse und Ströme der Ebene

656 *Neureclipsis bimaculata*
657 *Polycentropus flavomaculatus*
658 *Hydropsyche contubernalis*
672 *Athripsodes albifrons*
673 *Ceraclea nigronervosa*

Krenal = Quellen und Quellabflüsse

655 *Wormaldia occipitalis*
664 *Apatania fimbriata*
669 *Parachiona picicornis*

Bestimmungstabelle der Familien nach Gehäuse- und Larvenmerkmalen

1 Larven freilebend, ohne Gehäuse oder Netze *Rhyacophilidae* S. 285
1' Larven mit Gehäuse- oder Netzbauten 2
2 Larven mit Netzbauten 3
2' Larven mit Gehäusen, ohne Netze 5
3 Larven in Gehäusen aus Steinen, Netz am Vorderrand des Gehäuses ausgespannt *Hydropsychidae* S. 286
3' Larven mit Netzen, ohne Gehäuse 4
4 Larven in den Fließgewässern der Gebirge, feinmaschige Netze *Philopotamidae* S. 285
4' Larven in Bächen, Flüssen und stehenden Gewässern des Tieflandes, grobmaschige Netze *Polycentropodidae* S. 285
5 Larven mit transportablen Köchern 6
5' Larven mit festen Röhren aus Sand oder Sekret auf Steinen, Holz oder Wasserpflanzen *Psychomyidae*
6 Köcher klein (unter 7 mm) und seitlich zusammengedrückt *Hydroptilidae* S. 285
6' Köcher groß, nie seitlich zusammengedrückt 7
7 Köcher viereckig, aus Pflanzenmaterial gebaut *Brachycentridae* S. 287 *Lepidostomatidae*
7' Köcher anders gestaltet 8
8 Köcher an den Seiten flügelartig erweitert 9
8' Köcher nicht flügelartig erweitert 10
9 Köcher am Seitenrand mit deutlich größeren Flügelsteinen *Goeridae*
9' Köcher aus Steinen oder Pflanzenresten gleichförmig gestaltet *Molannidae* S. 291
10 Köcher schildkrötenartig, auf Steinen *Glossosomatidae*
10' Köcher anders gestaltet 11
11 Köcher aus Pflanzenmaterial spiralförmig aufgebaut, ohne verschlossene Hinteröffnung *Phryganeidae* S. 286
11' Köcher im Querschnitt rund, zumindest in der hinteren Hälfte 12
12 Larve ohne Stemmzapfen auf dem ersten Hinterleibssegment *Brachycentridae* S. 287
12' Larven mit Stemmzapfen 13
13 Larven mit Chitinplatten auf dem 3. Brustsegment *Limnephilidae* S. 287
13' 3. Brustsegment ohne Chitinplatten 14
14 Larven mit langen Antennen, mindestens doppelt so lang wie breit *Leptoceridae* S. 289
14' Larven mit stummelförmigen Antennen 15
15 Larven ohne Kiemen am Abdomen *Beraeidae*
15' Larven mit schlauchförmigen Kiemen *Sericostomatidae* S. 291 *Phryganeidae* S. 286

Familie *Rhyacophilidae*

25 Arten in Mitteleuropa.

652 *Rhyacophila fasciata*
6 bis 10 mm, Flügelspannweite 24 bis 32 mm. Im Flachland ebenso wie im Gebirge weit verbreitet und häufig. Die Imagines schlüpfen von April bis November und legen in dieser Zeit auch ihre Eier ab. Die freilebenden, räuberischen Larven suchen den Gewässerboden nach Nahrung ab. Ihre häufigsten Beutetiere sind Eintagsfliegen-, Steinfliegen- und Zweiflüglerlarven. Zur Verpuppung verkriechen sie sich unter größere Steine und bauen hier ein aus gröberen Steinchen bestehendes Gehäuse. Innerhalb des Gehäuses vollzieht sich die Metamorphose in einem braunen Kokon.

Familie *Hydroptilidae*

30 Arten im Gebiet.

653 *Agraylea multipunctata*
3 bis 4 mm, Flügelspannweite 7 bis 10 mm. Die Larven finden sich oft in Massen in der Brandungszone von Seen, wo sie sich an Steinen aufhalten. Sie ernähren sich von grünen Fadenalgen und von Kieselalgen, die ausgesaugt werden. Die in der Ostsee vorkommenden Tiere fressen auch an den Blättern des Blasentangs. Das flache Gehäuse hat die Form eines Brillenfutterals, in das einige ausgesaugte Fadenalgenstücke eingesponnen sind. Es wird von der Larve vertikal getragen. Flugzeit Mai bis September, 2 Generationen im Jahr.

Familie *Philopotamidae*

10 Arten im Gebiet.

654 *Philopotamus ludificatus*
7 bis 9 mm, Flügelspannweite 18 bis 26 mm. Die Larven bauen Netze, die im Wasser sackartig ausgespannt sind. Durch die sehr geringe Maschenweite des Netzes werden auch feinste Partikel aus dem Wasser herausgefiltert. Darüber hinaus entwickelt sich auf dem Netz ein Algenwuchs, der ebenfalls abgeweidet wird. Die Larven haben für die Ernährungsweise eine besonders verbreiterte häutige Oberlippe, die wie ein Scheibenwischer funktioniert. Flugzeit April bis Oktober.

655 *Wormaldia occipitalis*
4 bis 5 mm, Flügelspannweite 13 bis 17 mm. Eine Charakterform der Quellen im Mittelgebirge. Nur an wenigen Stellen wird sie auch außerhalb der Gebirge in schnellfließenden Bächen gefunden. Die Larven bauen unter Steinen röhrenförmige Netze, in denen sich Protozoen und Algen ansammeln, die dann abgeweidet werden. Alle Entwicklungsstadien sind das ganze Jahr hindurch zu finden. Flugzeit April bis November.

Familie *Polycentropodidae*

17 Arten im Gebiet.

656 *Neureclipsis bimaculata*
4 bis 7 mm, Flügelspannweite 12 bis 25 mm. Die Art hat eine ähnliche Lebensweise und einen Entwicklungszyklus wie *Polycentropus flavomaculatus* (657). Die Larven bauen nur nachts sehr auffällige, trompetenförmige Netze, die je nach Beschaffenheit des Gewässerbodens modifiziert sein können. Als Filtrierer finden die Larven besonders günstige Lebensbedingungen in den Abflüssen eutropher Seen. Flugzeit Mai bis Oktober (Abb. S. 286).

657 *Polycentropus flavomaculatus*
4 bis 6 mm, Flügelspannweite 15 bis 26 mm. Die Eiablage beginnt im Juni. Aus den zeitig geschlüpften Larven kann sich im Sommer eine partielle 2. Generation entwickeln. Die 4 bis 6 mm langen Larven ernähren sich räuberisch. Zum Nahrungserwerb und als Aufenthaltsort dienen ihnen selbstverfertigte Netze, die unter und zwischen Steinen angelegt sind. Sie sind röhren-

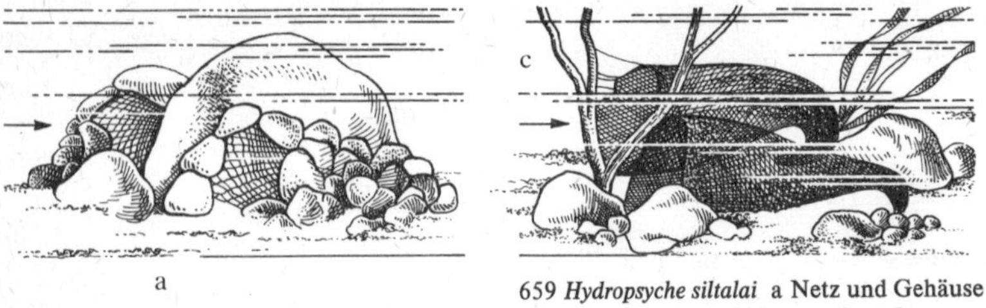

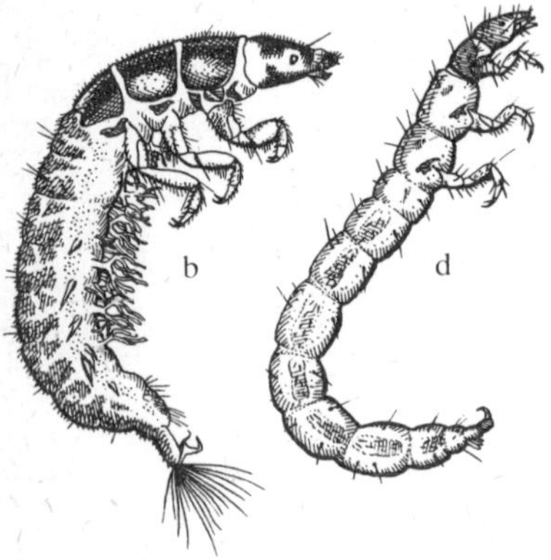

659 *Hydropsyche siltalai* a Netz und Gehäuse der Larve; b Larve; 656 *Neureclipsis bimaculata* c Netz der Larve; d Larve

förmig, mit einer Vorder- und Hinteröffnung, oder schwalbennestähnlich aufgebaut. Flugzeit Mai bis September.

Familie *Hydropsychidae*

17 Arten im Gebiet.

658 *Hydropsyche contubernalis*
5 bis 8 mm, Flügelspannweite 18 bis 26 mm. Ein typischer Bewohner von großen Flüssen und Strömen. Sie ist in Mitteleuropa die gegen Wasserverschmutzung vielleicht widerstandsfähigste Art. Die 5 bis 8 mm langen Larven können in ungeheuren Mengen auftreten. Über 2 000 Individuen pro m² sind nicht selten. Die begatteten Weibchen fliegen an windstillen und warmen Abenden von Mai bis September langsam und zielgerichtet über der Wasserfläche flußaufwärts. Sie legen ihre Eier weit oberhalb von ihren Schlupforten ab. Dadurch erfolgt eine ständige Wiederbesiedlung durch Drift oder Auswaschung verlorengegangener Habitate.

659 *Hydropsyche siltalai*
7 bis 9 mm, Flügelspannweite 23 bis 30 mm. Ein typischer Vertreter der Fauna von Niederungsbächen. Ihre Larven leben an und unter Steinen. Sie bevorzugen mittlere Strömungsgeschwindigkeiten. Die Larven bauen aus gröberen Steinchen unregelmäßige Gehäuse mit einem weiten Vorhof, zwischen dem ein Netz ausgespannt ist. Oft ist ein Gehäuse neben dem anderen angebaut, so daß große Kolonien entstehen können. Bei Berührung des Netzes durch Beutetiere stürzt die Larve blitzschnell aus dem Gehäuse. Im Winter werden keine Netze gebaut. Die Imagines sind dämmerungsaktiv. Flugzeit Juni bis August. Die Männchen fliegen am Abend mit Einbruch der Dämmerung dicht über der Wasseroberfläche hin und her und erwarten die ausschlüpfenden Weibchen.

Familie *Phryganeidae*

10 Arten im Gebiet.

660 *Agrypnia varia*
10 bis 17 mm, Flügelspannweite 27 bis 34 mm. Die Art kann in allen stehenden Gewässern vorkommen. Sie ist auch aus der Ostsee bekannt, wo sie einen Salzgehalt bis zu 0,6 % erträgt. Die Larven bauen ihr Gehäuse aus gleichlangen Stengelteilchen, die spi-

ralförmig angeordnet werden, ähnlich wie bei *Triaenodes bicolor* (675). Im letzten Larvenstadium leben die Tiere als gefräßige Räuber. Sie können blitzschnell aus der vorderen oder hinteren Gehäuseöffnung weit herausstürzen und Beutetiere wie Eintagsfliegen- oder Zuckmückenlarven ergreifen. Flugzeit Juni bis August. Die Imagines sind nachtaktiv. Am Tage halten sie sich in der rissigen Borke von Baumstämmen auf, wo sie regungslos verharren und dank ihrer düsteren Färbung schwer zu entdecken sind.

Familie *Brachycentridae*

7 Arten im Gebiet.

661 *Brachycentrus montanus*
4 bis 8 mm, Flügelspannweite 20 bis 33 mm. Die Art ist nur im Gebirge verbreitet. Ihre Larven bauen aus Pflanzenmaterial viereckige Köcher. Sie werden an Steinen festgeheftet, die der Strömung ausgesetzt sind. Die in das freie Wasser gestreckten Beine der Larve, die stark beborstet sind, bilden einen Fangkorb, mit dem Nahrungspartikel aus dem Wasser gefiltert werden. Flugzeit Mai bis Juni.

Familie *Limnephilidae*

100 Arten im Gebiet.

662 *Anabolia nervosa*
9 bis 14 mm, Flügelspannweite 20 bis 35 mm. Im Gegensatz zu *Limnephilus flavicornis* (667)erfolgt hier die sommerliche Ruhephase nicht im Imaginalstadium, sondern als Larve. Der Köcher wird aus kleinen Steinchen gebaut. Daran wird immer mindestens ein

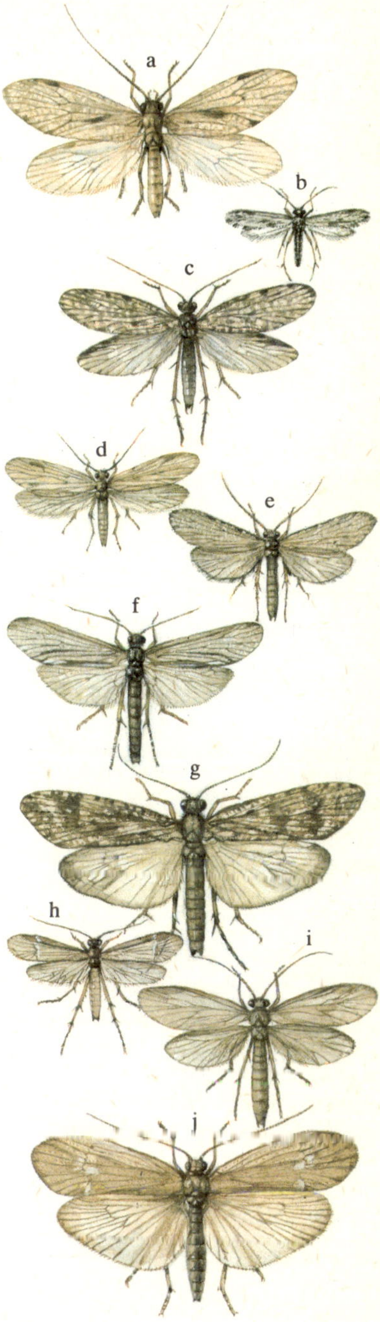

a 652 *Rhyacophila fasciata*; b 653 *Agraylea multipunctata*; c 654 *Philopotamus ludificatus*; d 655 *Wormaldia occipitalis*; e 657 *Polycentropus flavomaculatus*; f 658 *Hydropsyche contubernalis*; g 660 *Agrypnia varia*; h 664 *Apatania fimbriata*; i 661 *Brachycentrus montanus*; j 663 *Annitella obscurata*

Zweigstück angefügt, das den Köcher an beiden Öffnungen überragt. Flugzeit September bis November (Abb. S. 289).

663 *Annitella obscurata*
8 bis 12 mm, Flügelspannweite 22 bis 30 mm. Die günstigsten Entwicklungsbedingungen bieten die Unterläufe der Bergbäche, am Fuße der Mittelgebirge. Gerade diese Abschnitte sind durch Abwässer besonders stark belastet.
In Gewässern, die in diesem Bereich noch intakt sind, findet man neben der häufigen *A. obscurata* auch die seltene *A. thuringica.* Flugzeit für die Imagines beider Arten sind die Monate Oktober und November.

664 *Apatania fimbriata*
3 bis 5 mm, Flügelspannweite 12 bis 16 mm. Sie besiedelt die Quellen und Quellabflüsse der Mittelgebirge. Ihre Larven können auch an solchen Stellen leben und sich zur Imago entwickeln, an denen nur ein schmaler Wasserfilm über eine Gesteinsfläche rieselt (hygropetrischer Standort). Flugzeit April bis September.

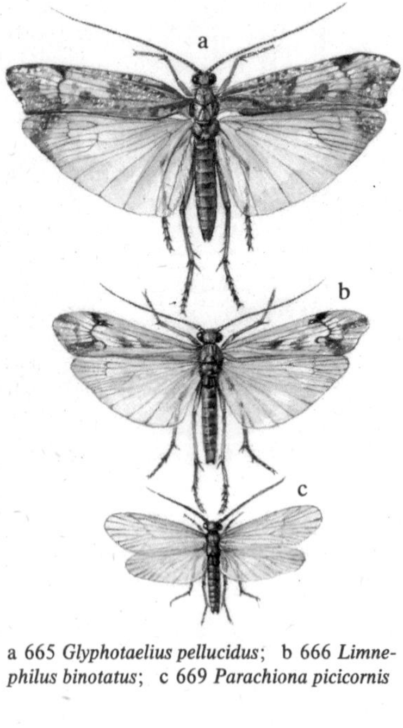

a 665 *Glyphotaelius pellucidus*; b 666 *Limnephilus binotatus*; c 669 *Parachiona picicornis*

665 *Glyphotaelius pellucidus*
11 bis 16 mm, Flügelspannweite 28 bis 38 mm. Das auffälligste Merkmal dieser von Mai bis Oktober fliegenden Art ist der unterhalb der Flügelspitze eingebuchtete Rand der Vorderflügel. Dieses Merkmal findet man sonst nur noch bei *Nemotaulius punctatolineatus* (668). Die Färbung der Flügel ist sehr variabel. Die Larve baut Gehäuse aus größeren Blattstücken von im Wasser liegendem Fallaub, die übereinander gelegt versponnen werden. Die Tiere überwintern im 4. und 5. Larvenstadium. Erst am Ende des Sommers werden die Eier auf Blättern von Bäumen, die über die Wasserflächen ragen, abgelegt. Dadurch ist diese Art in der Lage, auch periodische Gewässer zu besiedeln, z. B. im Sommer austrocknende Waldtümpel.

Gattung *Limnephilus*

Innerhalb der Familie *Limnephilidae* die artenreichste Gattung. Sie umfaßt in Europa etwa 60 Arten. Nach der Flugzeit lassen sich Artengruppen unterscheiden, die entweder nur im Frühjahr, Sommer oder Herbst fliegen.

666 *Limnephilus binotatus*
10 bis 13 mm, Flügelspannweite 27 bis 37 mm. Eine typische Frühjahrsart. Die oft in großer Zahl in einem Gewässer vorkommenden Larven verpuppen sich Mitte April. Die Imagines schlüpfen alle fast gleichzeitig, so daß man plötzlich hunderte von abgestreiften Nymphenhäuten auf der Wasseroberfläche treiben sieht.

667 *Limnephilus flavicornis*
10 bis 14 mm, Flügelspannweite 26 bis 37 mm. Die Art gehört zu den häufigsten der Gattung. Nach dem Schlupf im Mai verlassen die Imagines die Umgebung ihrer Entwicklungsgewässer.

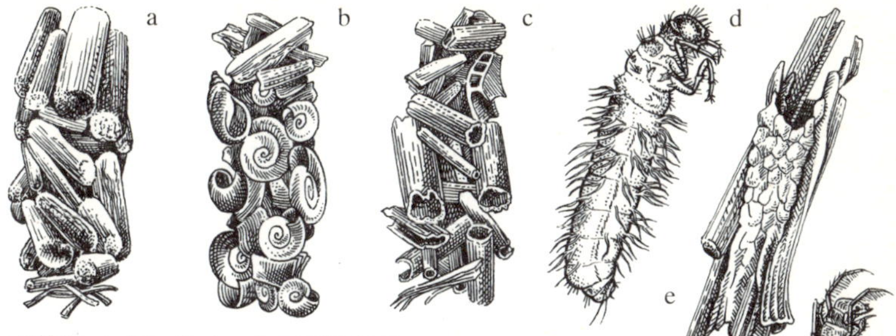

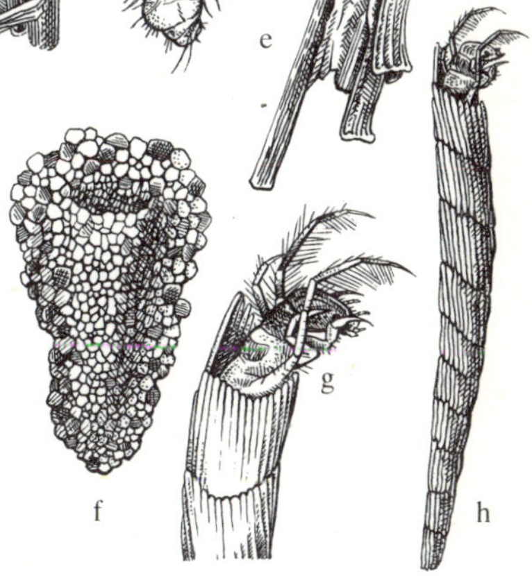

a-c 667 *Limnephilus flavicornis* verschiedene Köchertypen; d, e 662 *Anabolia nervosa* Larve und Köcher; f 677 *Molanna angustata* Köcher; g, h 675 *Triaenodes bicolor* typische Haltung der Larve im Köcher

Einzelne Tiere schlüpfen auch erst später. Die Weibchen haben zu der Zeit noch keine voll ausgebildeten Ovarien. Diese entwickeln sich erst im Sommer. Im Herbst kehren die Tiere an die Gewässer zurück. Erst jetzt, Monate nach dem Schlupf, beginnt die Eiablage. Die Larvenköcher der Art sind sehr variabel. Je nach verfügbarem Baumaterial wird der Köcher aus Holzstückchen, Pflanzenstengeln, Gräsern oder aus Schnecken- und Muschelschalen gebaut. Die Flugzeit dauert von Mai bis Oktober.

668 *Nemotaulius punctatolineatus*
Eine der größten, aber seltenen Arten. Rand der Vorderflügel unterhalb der Flügelspitze eingebuchtet wie bei *Glyphotaelius pellucidus* (665). Größe 22 mm, Flügelspannweite über 60 mm.

669 *Parachiona picicornis*
4 bis 6 mm, Flügelspannweite 14 bis 21 mm. Die Art ist ein typischer Bewohner von Quellen und Quellbächen des Flachlandes. Die Imagines fliegen von April bis September im Sonnenschein lebhaft im Quellbereich umher.

670 *Potamophylax luctuosus*
11 bis 15 mm, Flügelspannweite 38 bis 50 mm. Die Tiere halten sich am Tage verborgen und beginnen erst am Abend zu fliegen. Flugzeit Mai bis Juli. Häufig umschwirren sie in schnellem Flug Baumkronen.

671 *Stenophylax permistus*
13 bis 17 mm, Flügelspannweite 39 bis 53 mm. Nach dem Schlupf beginnt die Sommerruhephase. Die Art verbringt diese Zeit in Höhlen, in die sie im Mai einfliegt. Hier findet auch die Kopulation statt. Am Ende des Sommers wird die Höhle wieder verlassen. Flugzeit Mai bis Oktober.

Familie *Leptoceridae*

40 Arten im Gebiet.

672 *Athripsodes albifrons*
4 bis 6 mm, Flügelspannweite 17 bis 21 mm. Die Männchen tanzen am Nachmittag und Abend dicht über der Wasseroberfläche. Außerhalb ihrer Schwärmzeit halten sie sich vorwiegend in den nahen Baumkronen auf. Flugzeit Juli bis August.

673 *Ceraclea nigronervosa*
8 bis 10 mm, Flügelspannweite 23 bis 30 mm. Die Imagines fliegen im Mai und Juni am Tage über das Wasser. Die in Flüssen lebenden Larven ernähren sich zunächst von Detritus und Algen. Mit dem 2. Larvenstadium wandern sie in Süßwasserschwämme, von deren Gewebe sie sich bis zum Ende ihrer Larvenentwicklung ernähren. Ihre Gehäuse bestehen fast nur aus Gespinst, in das vereinzelte Skelettnadeln des Schwammes eingearbeitet sind.

674 *Oecetis ochracea*
6 bis 10 mm, Flügelspannweite 20 bis 31 mm. Die Larven der Art leben in den letzten Larvenstadien räuberisch. Die Verpuppung findet an geeigneten Stellen im tieferen Wasser statt. Teilweise bilden sich Puppenaggregationen. Die Art ist auch aus der Ostsee bekannt. Die Imagines findet man trotz ihrer Häufigkeit nur selten in der Ufervegetation. Flugzeit Juni bis September. Zu besonders auffälligen Massenvermehrungen kommt es in neu geschaffenen Talsperren und Rückhaltebecken.

675 *Triaenodes bicolor*
5 bis 8 mm. Die Flügelspannweite beträgt 13 bis 20 mm. Diese tagaktive Art tanzt nahe dem Ufer über dem Wasser. Flugzeit Juni bis September. In unregelmäßigem Zickzackflug wird dabei immer eine bestimmte Strecke parallel zum Ufer abgeflogen. Die Larven klettern mit ihren auffälligen Köchern lebhaft in der Wasservegetation umher. Sie können auch im freien Wasser schwimmen. Ihre mit langen Borsten besetzten Hinterbeine dienen dabei als Ruder (Abb. d. Larve S. 289).

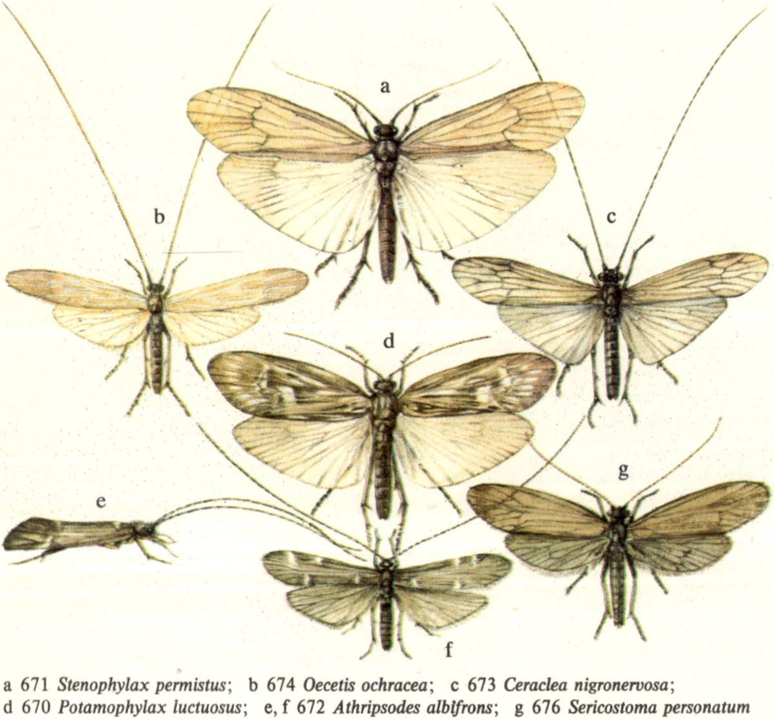

a 671 *Stenophylax permistus*; b 674 *Oecetis ochracea*; c 673 *Ceraclea nigronervosa*; d 670 *Potamophylax luctuosus*; e, f 672 *Athripsodes albifrons*; g 676 *Sericostoma personatum*

Familie *Sericostomatidae*

4 Arten im Gebiet.

676 *Sericostoma personatum*
7 bis 12 mm, Flügelspannweite 20 bis 33 mm. Die nachtaktiven Larven ernähren sich sowohl von pflanzlicher als auch von tierischer Nahrung. Sie bauen ihre Köcher aus kleinen Steinchen. Zur Eiablage klettern die Weibchen an Pflanzen und Steinen ins Wasser. Jedes Gelege enthält etwa 150 bis 200 Eier. Im Gegensatz zu den Larven sind die Imagines tagaktiv. Auch ihr Schlupf erfolgt am Tage. Flugzeit Juni bis September.

Familie *Molannidae*

4 Arten im Gebiet.

677 *Molanna angustata*
6 bis 10 mm, Flügelspannweite 19 bis 31 mm. Typisch für flache Brandungsufer von Seen. Ihre Larven bauen einen unverkennbaren Köcher aus Sandkörnern (s. S. 289). Er ist an den Seiten flügelartig erweitert. Dadurch liegt er flach auf dem Untergrund und bietet so der Wasserbewegung kaum eine Angriffsfläche. Flugzeit Mai bis August.

Ordnung *Lepidoptera* Schmetterlinge

Von den etwa 150 000 bisher bekannten Arten sind rund 3 200 in Mitteleuropa verbreitet.
Kennzeichnend sind 2 Paar mit Schuppen bedeckte Flügel. Das unterscheidet sie von allen anderen Ordnungen. Die nahe verwandte Ordnung der Köcherfliegen hat behaarte Flügel. Die Schuppen besitzen Pigmentfarben und erzeugen daneben durch ihre Lamellenstruktur bei Lichtbrechung Schillerfarben. Vorder- und Hinterflügel werden im Flug durch 4 verschiedene Kopplungseinrichtungen in Form von Borsten, Wülsten oder lappenartigen Anhängen

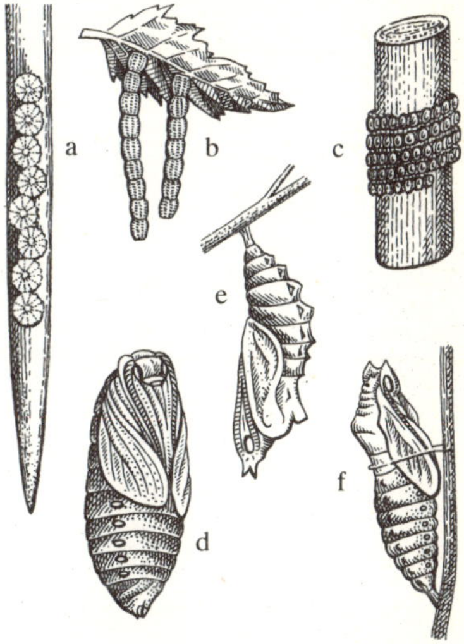

Eigelege: a Häufchen; b Reihen; c Ringe; Puppenformen: d Mumienpuppe; e Stürzpuppe; f Gürtelpuppe

zusammengehalten. Bei einigen Arten besitzen die Weibchen verkümmerte Flügel, oder diese fehlen überhaupt (s. S. 319, 321). Das Flügelgeäder hat für die systematische Einteilung innerhalb der Ordnung eine große Bedeutung.
Ursprüngliche Formen besitzen zum Teil noch kauende Mundwerkzeuge, sonst sind sie als mehr oder weniger langer Saugrüssel ausgebildet.
Die Raupen haben eine chitinisierte Kopfkapsel und kauende Mundwerkzeuge. An jedem der 3 Brustsegmente tragen sie 1 Beinpaar und an den Bauchsegmenten meist 4 Paar Bauchfüße, am letzten Segment 1 Paar Nachschieber. Sie unterscheiden sich damit von den sehr ähnlich aussehenden Blattwespenlarven, die 6 bis 8 Paar Bauchfüße haben (s. S. 19).
Die Eier werden in der Regel dort abgelegt, wo die Raupen ihre Nahrung finden, einzeln, in Reihen, Ringen oder Häufchen. Die Raupen sind meist Pflanzenfresser, sie leben einzeln oder gemeinschaftlich, frei oder in Gespinsten an ober- und unterirdischen Pflanzenteilen oder in Stengeln, Blättern,

Umrisse typischer Vertreter der Großschmetterlinge
a Wurzelbohrer (S.293); b Sackträger (S.297); c Holzbohrer (S.297); d Glasflügler (S.298); e Widderchen (S.301); f Spanner (S.317); g Bärenspinner (S.323); h Trägspinner (S.323); i Eulen (S.324); j Zahnspinner (S.331); k Schwärmer (S.331); l Glucken (S.333); m Augenspinner (S.335); n Dickkopffalter (S.335); o Tagfalter (S.335)

Früchten, Wurzeln oder Stämmen. Nach 4 bis 5 Häutungen erfolgt die Verpuppung, oft in einem festen Kokon. Bei den Puppen werden 3 Formen unterschieden: freie, freigegliederte und Mumienpuppen. Nach dem Schlüpfen ernähren sich die Falter meist von Nektar, die Kaufalter von Pollen. Zahlreiche Arten, unter anderem die Vorratsschädlinge, nehmen als Vollinsekt keine Nahrung auf.
Die Geschlechter finden sich dadurch, daß die Weibchen Sexuallockstoffe absondern, mit denen die Männchen aus großer Entfernung angelockt werden. Bei Tagfaltern spielen optische Signale eine wesentliche Rolle. Man kann sich verfolgende Falter am Tage oft beobachten. Es handelt sich entweder um Pärchen oder um Männchen bei Revierkämpfen. Die Falter sind tag-, dämmerungs- oder nachtaktiv. Manche Familien kann man nur beobachten, wenn man sie in der Nacht mit einer möglichst starken Lichtquelle (am günstigsten einer Lampe mit hohem UV-Anteil) anlockt. Die Falter setzen sich auf die angestrahlte Fläche (am besten eignet sich dazu eine weiße Leinwand) und bleiben dort fast immer lange Zeit

unbeweglich sitzen. Diese Methode ist unter günstigen Witterungsbedingungen (schwüle Wärme) eine Möglichkeit, zahlreiche Arten in einem Gebiet festzustellen, deren Nachweis sonst nicht oder kaum gelingen würde.
Die Familien mit meist kleinen und sehr kleinen Arten werden als «Kleinschmetterlinge» bezeichnet und den «Großschmetterlingen» gegenübergestellt. Beide Bezeichnungen sind wissenschaftlich nicht haltbar, haben sich aber in der Praxis eingebürgert. Als «Großschmetterlinge» werden die Familien Spanner (*Geometridae*, S. 317) bis Ritter (*Papilionidae*, S. 343) sowie die Wurzelbohrer (*Hepialidae*, S. 293), Sackträger (*Psychidae*, S. 297), Holzbohrer (*Cossidae*, S. 297), Glasflügler (*Sesiidae*, S. 298) und Widderchen (*Zygaenidae*, S. 301) bezeichnet.
Von den nach gegenwärtiger Auffassung etwa 70 Familien werden Vertreter von 42 Familien vorgestellt. Die Anzahl der je Familie ausgewählten Arten widerspiegelt nicht deren Artenumfang, sie berücksichtigt eher die Möglichkeiten, die Schmetterlinge in der Natur aufzufinden.
Die Reihenfolge der Darstellung entspricht der Reihenfolge im System. Sie beginnt bei den urtümlichsten Gruppen und endet bei den am höchsten entwickelten Arten, deren beide Überfamilien *Hesperioidea* und *Papilionidea* unter der Gruppe «Tagfalter» (S. 335) zusammengefaßt werden. Der Verfasser folgt damit Friese (1979). Es gibt noch kein allgemein anerkanntes System der Schmetterlinge.
Da nur etwa zwei Drittel der Schmetterlingsfamilien hier behandelt werden, wird darauf verzichtet, einen Bestimmungsschlüssel der Familien den Artbeschreibungen voranzustellen. Um sich einen schnelleren Überblick über die charakteristischsten Unterscheidungsmerkmale wenigstens eines Teiles der dargestellten Familien zu verschaffen, sind in Umrißzeichnungen die einzelnen Gruppen der «Großschmetterlinge» aufgeführt: Nachfolgend sind einige Werke angegeben, mit deren Hilfe man die mitteleuropäischen Arten sicher bestimmen kann. Für die Kleinschmetterlinge liegen nur Bearbeitungen für einzelne Familien und keine zusammenfassenden Darstellungen vor.

Spezielle Literatur

Amsel, H. G.; Reisser, H.; Gregor, F.: Microlepidoptera Palaearctica. Wien 1965ff. Bisher erschienen 5 Bände über einzelne Kleinschmetterlingsfamilien

Forster W., und Wohlfahrt, T. A.: Die Schmetterlinge Mitteleur. 5 Bde. 2. Auflage. Stuttgart 1977–1981

Higgins, L. G., und Riley, N. N.: Die Tagfalter Europas und Nordwestafrikas. 2. Auflage. Hamburg – Berlin 1978

Koch, M.: Wir bestimmen Schmetterlinge. Leipzig – Radebeul 1984

Spuler, A.: Die Schmetterlinge Europas. 3 Bände. Stuttgart 1908–1910

Familie *Hepialidae* Wurzelbohrer

Hauptsächlich in der australischen Region verbreitet, im Gebiet sind nur etwa 7 Arten vertreten. Kennzeichnend sind die unbeschuppten Fühler und das Fehlen eines Saugrüssels. Die Raupen leben in und an Wurzeln im Boden.

678 *Hepialus humuli*
Hopfen-Wurzelbohrer, Hopfenspinner, Geistermotte

Männchen Spannweite 45 bis 55 mm, Weibchen 55 bis 70 mm. In der gesamten gemäßigten Zone Europas, bis nach Kleinasien und im Osten bis Sibirien. Die Raupen entwickeln sich im Verlauf von 2 Jahren in den Wurzeln verschiedener Kräuter, Sträucher und Gräser. Flugzeit der Falter von Juni bis Juli. Beide Geschlechter unterscheiden sich deutlich: Männchen silbrigweiß, Weibchen ockerfarben mit variabler Zeichnung. Gelegentlich schädigt die Art Hopfen.

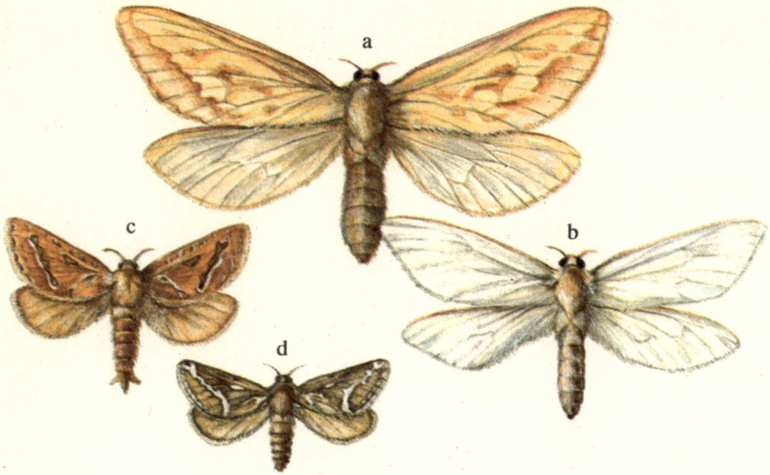

a, b 678 *Hepialus humuli* a ♀, b ♂; c 679 *Triodia sylvina* ♂; d 680 *Korscheltellus lupulinus* ♂

679 *Triodia sylvina* (= *Hepialus sylvinus*)
Salat-Wurzelbohrer

Spannweite 22 bis 45 mm. Die Falter fliegen im August und September in der Abenddämmerung. Das Männchen hat auf rostbräunlichem Grund eine typische Zeichnung aus dunklen Flecken und Streifen, teilweise weiß abgesetzt, das Weibchen auf graubraunem Grund heller abgesetzte graue Flecken und Schrägbinden. Die Raupen leben an weichen Wurzeln verschiedener niedriger Pflanzen. Die Raupen überwintern. Die Verpuppung erfolgt in der Erde.

680 *Korscheltellus lupulinus* (= *Hepialus lupulinus*)
Kleiner Hopfen-Wurzelbohrer

Spannweite 22 bis 35 mm. Diese überall verbreitete Art fliegt vor der Abenddämmerung im Mai und Juni. Die Raupen leben an den Wurzeln verschiedener Pflanzen, oft an Luzerne, einigen Gemüsearten und Zierpflanzen (darunter Maiglöckchen). Das Weibchen ist im Gegensatz zum Männchen mehr grau, die Form der weißen Zeichnung ist aber fast die gleiche.

Familie *Micropterigidae* Kaufalter

Von der Familie sind bisher sehr wenige Arten bekannt. Im Gebiet ist sie mit etwa 6 bis 8 Arten vertreten. Der ebenfalls verwendete deutsche Name Urmotten drückt aus, daß es sich um eine sehr urtümliche Schmetterlingsgruppe handelt. Die Falter besitzen keinen Saugrüssel, sondern kauende Mundwerkzeuge, mit denen Blütenpollen gefressen wird. Oft in großer Zahl auf Blütendolden. Die Spannweite schwankt zwischen 7 und 10 mm.

681 *Micropterix aureatella*

Spannweite 8 bis 10 mm. In lichten Wäldern im Juni und Juli nicht selten. Die Raupen leben auf Heidelbeeren. Kennzeichnend für die Art ist die goldgelbe Bindenzeichnung der Vorderflügel, andere Arten dieser Familie sind oft bronzefarben oder violett gefärbt.

Familie *Eriocraniidae* Trugmotten

Von dieser sehr artenarmen Familie sind aus dem Gebiet nur 7 Arten bekannt. Die Raupen leben in Minen in den Blättern verschiedener Pflanzenarten.

682 *Eriocrania semipurpurella* (= *Chapmania semipurpurella*)
Spannweite 11 bis 14 mm. In Laubwäldern Nord- und Mitteleuropas verbreitet. Die irisierende Färbung der Vorderflügel ist typisch für alle Arten der Familie. Die Raupen leben im Mai in blasenförmigen Minen in Birkenblättern. Den Sommer und Winter überdauern die Raupen in einem Kokon. Sie verpuppen sich aber erst im Frühjahr. Die Puppenruhe währt nur kurze Zeit, denn die Falter fliegen bereits wieder in den Monaten März bis April.

Familie *Nepticulidae*
Zwergmotten

Zu den etwa 130 im Gebiet vorkommenden Arten der Familie gehören die kleinsten Schmetterlinge mit nur 4 mm Spannweite. Die größten erreichen nur 10 mm. Alle Arten sind als Raupen Minierer in Blättern, Stengeln oder in der Rinde verschiedener Pflanzen. Die Form der Mine ist ein gutes und sicheres Unterscheidungsmerkmal für die Arten, während die Falter oft nur durch Genitalmerkmale unterschieden werden können. Sie haben einfarbig glänzende Vorderflügel, manchmal mit einer silbernen oder goldenen Querbinde.

683 *Stigmella malella*
Die Art kommt überall in Europa vor, und man kann im Juli und Herbst die Minen in Apfelblättern finden. Der Falter (Spannweite 4 bis 5 mm) hat braune Vorderflügel mit einer hellen Querbinde.

a 683 *Stigmella malella* Blattminen;
b, c 682 *Eriocrania semipurpurella* mit Blattminen; d 681 *Micropterix aureatella* ;
e, f 684 *Tischeria ekebladella* mit Blattminen; g 685 *Incurvaria rubiella*

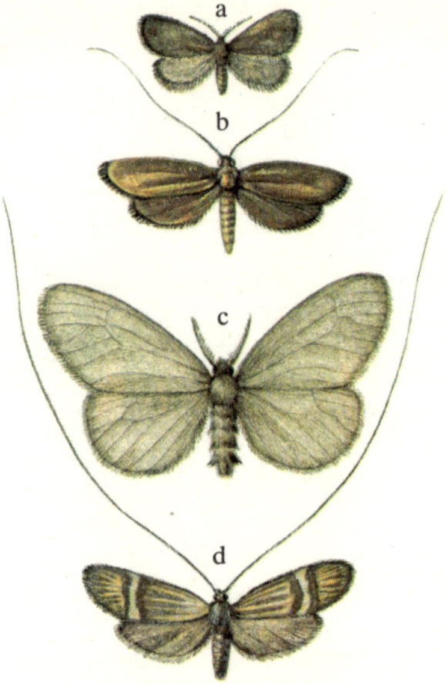

a 688 *Fumea casta*; b 687 *Nemophora metallica*; c 689 *Sterrhopteryx hirsutella*; d 686 *Nemophora degeerella* ♂

Familie *Tischeriidae* Schopfstirnmotten

Spannweite etwa 7 bis 10 mm. Die etwa 7 mitteleuropäischen Arten dieser Familie leben als Raupen in Blattminen, wie auch die Vertreter der beiden vorher genannten Familien.

684 *Tischeria ekebladella* (= *T. complanella*)
In den Laubwäldern Europas bis zum Kaukasus und zum Ural. Die Raupen leben in Platzminen in Eichen- und Eßkastanienblättern. Sie sind im Herbst manchmal massenhaft zu finden. Die Falter fliegen im Mai und Juni.

Familie *Incurvariidae* Miniersackmotten

Im Gebiet sind etwa 35 Arten bekannt. Die Raupen leben zuerst minierend, später in einem runden bis elliptischen Sack an Bäumen und Sträuchern.

685 *Incurvaria rubiella*
Himbeermotte, Himbeerschabe
Spannweite 11 bis 14 mm. Die Eier werden in die offene Himbeer- oder Brombeerblüte gelegt. Die dunkelroten Raupen fressen zuerst im Fruchtboden und im Mark vorjähriger Triebe (nicht zu verwechseln mit der Himbeermade, einer Käferlarve in den reifen Früchten, s. S. 212). Nach dem Überwintern in einem Gespinst in der Rute oder am Boden werden Knospen und Triebe zerstört, so daß die Art in Himbeerplantagen zum Schädling werden kann. Die Verpuppung erfolgt im Mai in einem weißen Kokon an einem Blatt. Der Falter fliegt Juni bis Juli.

Familie *Adelidae* Langhornmotten

Von den etwa 200 bekannten Arten sind im Gebiet etwa 30 vertreten. Kennzeichnend sind die langen Fühler, die bis zu 4mal so lang wie die Vorderflügel sein können. Man kann die Falter oft bei Sonnenschein um Sträucher und an Waldrändern in Gruppen tanzen sehen (Paarungsspiel). Die Raupen leben, ähnlich wie die der Miniersackmotten, zuerst minierend, später in Säcken aus trockenen Blattstückchen am Boden.

686 *Nemophora degeerella* (= *Adela degeerella*)
Spannweite 16 bis 21 mm. Lebt in Laub- und Mischwäldern in feuchten Biotopen. Die Raupen leben nach der Überwinterung bis Mai an Buschwindröschen. Der Falter fliegt im Mai und Juni; die Fühler beim Männchen sind länger und dünner als beim Weibchen.

687 *Nemophora metallica* (= *Nemotois metallicus*)
Spannweite 17 bis 20 mm. Lebt in feuchten Grasbiotopen in der gemäßigten Zone Europas. Die Falter sind von

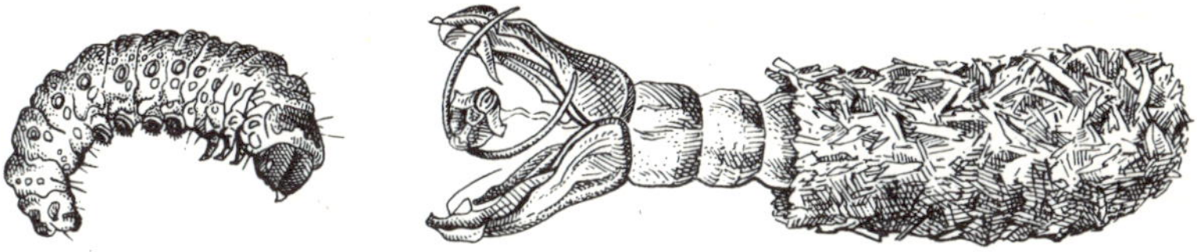

690 *Cossus cossus* Raupe, Puppe und Kokon

Juni bis August auf Blüten zu finden. Die Raupen leben im Sommer an den Blüten von Skabiosen, Flockenblumen und Witwenblumen, später dann am Erdboden, wo sie auch überwintern.

Familie *Psychidae*
Sackträger

Von den etwa 400 bekannten Arten kommen ungefähr 100 im Gebiet vor. Die Männchen haben breite, dunkelgefärbte Flügel, die Weibchen sind ungeflügelt, häufig mit zurückgebildeten Beinen und Mundwerkzeugen. Die Raupen leben in vorn und hinten offenen Säcken aus Pflanzenteilen. Die Verpuppung erfolgt im Sack. Beim Schlüpfen schiebt sich die Puppe nach hinten halb aus dem Sack heraus. Die Weibchen bleiben zeitlebens im Raupensack und werden auch in diesem begattet. Viele Arten dieser Familie sind sehr schwer voneinander zu unterscheiden, da sie selbst in sonst sehr konstanten morphologischen Merkmalen variabel sind.

688 *Fumea casta*
Gemeiner Sackträger
Spannweite 12 bis 15 mm. Kommt in ganz Europa vor und bildet nur eine Generation pro Jahr aus. Die Raupe lebt in einem Sack, der mit dünnen Grasstückchen belegt ist. Sie ist polyphag.

689 *Sterrhopteryx hirsutella*
Spannweite 18 bis 20 mm. Die Raupe lebt 2 Jahre in einem Sack, der mit kleinen Borken- und Blattstückchen besetzt ist, an verschiedenen Laubbäumen und Sträuchern.

Familie *Cossidae*
Holzbohrer

Von den etwa 600 bekannten Arten kommen im Gebiet nur 3 vor. Sie gehören trotz ihrer Größe verwandtschaftlich zu den mottenartigen Kleinschmetterlingen.

690 *Cossus cossus*
Weidenbohrer
Spannweite 65 bis 80 mm. Die Falter fliegen nachts im Juni/Juli. Die Weibchen legen mit ihrer langen Legeröhre manchmal mehr als 150 Eier in Rindenritzen von Laubbäumen, besonders Pappeln, Weiden und Obstbäumen ab. Die erst überwiegend fleischroten, später mehr braunroten, spärlich behaarten Raupen erreichen nach 2maliger Überwinterung eine Länge von 10 cm.

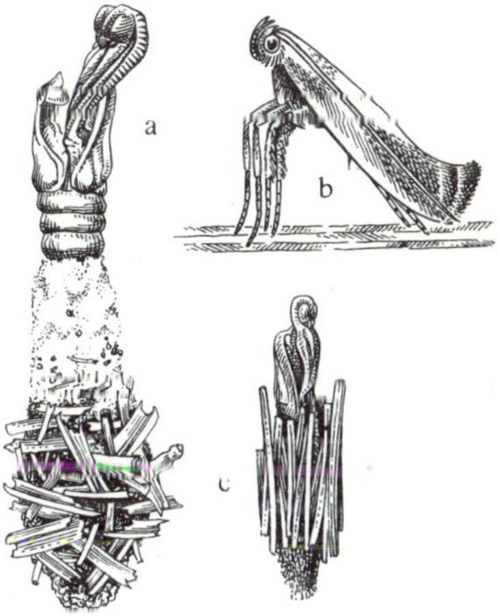

a 689 *Sterrhopteryx hirsutella* Raupensack;
b Sitzhaltung einer Blatt-Tütenmotte;
c 688 *Fumea casta* Raupensack

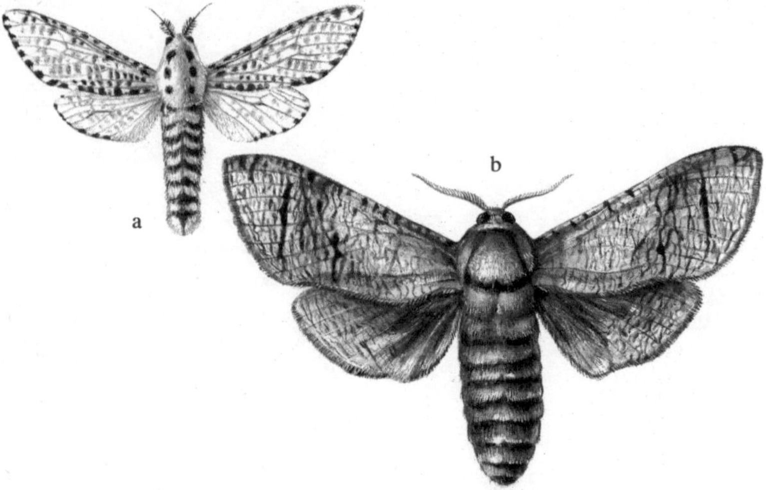

a 691 *Zeuzera pyrina*; b 690 *Cossus cossus*

Sie fressen bis 1 m lange ovale Gänge ins Holz und verbreiten einen charakteristisch holzessigartigen Geruch. Bei zu dichter Besiedlung wandert ein Teil auch über größere Entfernungen. Zur Verpuppung wird im 3. Jahr im Fraßgang ein Kokon aus Nagespänen gesponnen.

691 *Zeuzera pyrina*
Blausieb, Roßkastanienbohrer
Spannweite 35 bis 60 mm. Über ganz Europa verbreitet, wurde auch nach Nordamerika eingeschleppt. Der Falter fliegt von Juli bis September, die Raupen leben 2 Jahre in zahlreichen Holzarten. Besonders bei Befall in Zweigen und Ästen von Obstgehölzen kann die Art zum Schädling werden. Die Verpuppung erfolgt in einem braungelben Gespinst im Fraßgang.

Familie *Gracillariidae* Blatt-Tütenmotten

Im Gebiet mit etwa 140 Arten vertreten. Typisch sind die sehr schmalen, meist sehr bunten Vorderflügel und die langgefransten einfarbigen Hinterflügel. Die Falter sitzen in der Ruhe hoch aufgerichtet, die Flügel sind dachförmig über den Körper gelegt (s. S. 297). Die Raupen minieren in der Jugend, später leben sie in Blattrollen oder -tüten. Viele Arten lassen sich durch die Form des Fraßbildes der Raupen oft besser unterscheiden als durch die Zeichnung der Falter.

692 *Gracillaria syringella*
Fliedermotte
Spannweite 6 bis 7 mm. Die Falter fliegen oft in großer Anzahl von April bis August in 2 Generationen. Die Raupen leben gruppenweise in großen blasenförmigen Minen und später in eingerollten Blättern von Flieder, Esche und Liguster. Die Verpuppung erfolgt im Boden.

Familie *Sesiidae* (= *Aegeriidae*) Glasflügler

In Mitteleuropa mit etwa 40 Arten vertreten. Kennzeichnend für die gesamte Familie sind die teilweise schuppenlosen Flügel. Der Hinterleib ist meist gestreift und ähnelt dem von Hautflüglern oder Fliegen (Mimikry). Die weißlichen Raupen leben im Inneren von Holzgewächsen und können dadurch teilweise schädlich werden. Sie ähneln den Bockkäferlarven (s. S. 18), haben aber Beine.

693 *Pennisetia hylaeiformis* (= *Bembecia hylaeiformis*)
Himbeerglasflügler
Spannweite 22 bis 26 mm. Die Eier werden auf die Blattunterseite von Himbeeren und Brombeeren abgelegt. Die Raupen fressen sich zuerst in den Blattstengel ein, dann in das Mark der Ruten. Nach der Überwinterung erfolgt im Mai/Juni die Verpuppung im Fraßgang im unteren Teil der Pflanze. Beim Schlüpfen ragt die Puppe halb aus dem Stengel heraus. Die Falter fliegen von Juni bis August und sitzen oft auf Himbeerblättern (vgl. auch Abb. S. 301).

694 *Aegeria scoliaeformis* (= *Synanthedon scoliaeformis*, = *Sesia scoliaeformis*)
Birkenglasflügler
Spannweite 24 bis 32 mm. Die Raupen überwintern 2mal in alten Birkenstämmen, niedrig über dem Boden, ehe sie sich verpuppen. Die Falter fliegen von Juni bis Juli.

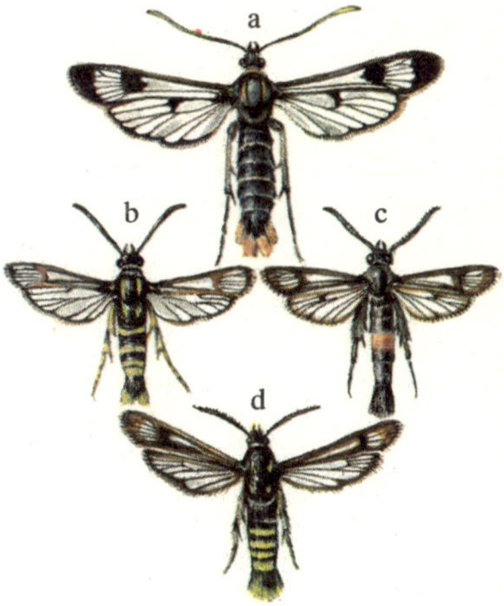

a 694 *Aegeria scoliaeformis*; b 695 *Aegeria vespiformis*; c 696 *Aegeria myopaeformis*; d 693 *Pennisetia hylaeiformis*

692 *Gracillaria syringella* mit Blattminen

695 *Aegeria vespiformis* (= *Synanthedon vespiformis*, = *Sesia vespiformis*)
Eichenglasflügler
Spannweite 18 bis 20 mm. Wärmeliebend und deshalb nur in entsprechenden Teilen des Gebietes. Die Raupe lebt 2 Jahre unter der Rinde an Baumstämmen und -stümpfen von Eichen und Buchen. Der Falter fliegt von Mai bis Juli.

696 *Aegeria myopaeformis* (= *Synanthedon myopaeformis*, = *Sesia myopaeformis*)
Apfelbaumglasflügler
Spannweite 16 bis 20 mm. Überall im Gebiet in den wärmeren Lagen verbreitet. Die Art bildet 1 Generation pro Jahr und fliegt von Mai bis August. Die Raupen leben von August bis zum nächsten Mai unter der Rinde von Apfelbäumen, vor allem im Kallus unter abgebrochenen und abgeschnittenen Ästen. Die Raupen können in Obstplantagen bei gehäuftem Auftreten Fraßschäden anrichten.

Familie *Tineidae* Echte Motten

Von den etwa 1 500 Arten leben etwa 60 Arten im Gebiet. Die Falter besitzen nur einen verkümmerten Saugrüssel und einen Stirnschopf aus abstehenden Schuppen. Die Raupen leben in Gespinströhren an Pilzen, Flechten, an trockenen tierischen und pflanzlichen Substraten. Erstaunlich ist ihre Fähigkeit, sich von äußerst schwer verdaulichen (Horn, Chitin, Knochen) oder giftigen (Drogen, Tabak) Substanzen ernähren zu können. Einige Arten sind Vorrats- und Materialschädlinge.

697 *Morophaga choragella* (= *M. boleti*)
Mit 18 bis 30 mm Spannweite einer der größten Vertreter der Familie im Gebiet. Die Falter fliegen von Juni bis August, die Raupen leben in verschiedenen Baumpilzen und in moderndem Holz.

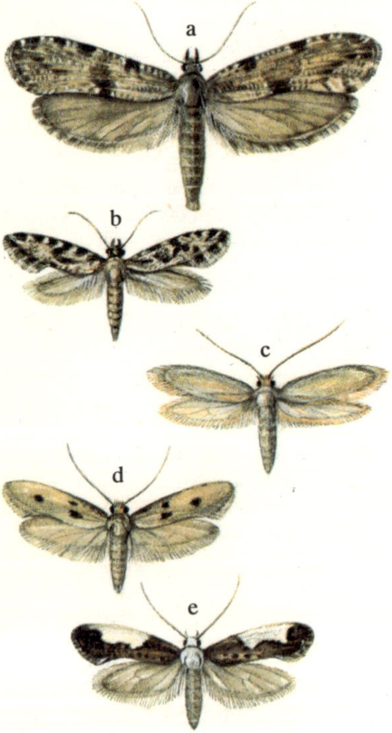

a 697 *Morophaga choragella*; b 698 *Nemapogon granella*; c 699 *Tineola bisselliella*; d 700 *Tinea trinotella*; e 701 *Monopis monachella*

698 *Nemapogon granella*
Kornmotte
Spannweite 8 bis 12 mm. Weltweit verbreitet. Sie ist ein schlimmer Vorratsschädling. Die Raupen leben an verschiedensten Substraten, vor allem an lagerndem Getreide, in der freien Natur an Baumpilzen. Die Falter fliegen im Mai und von Juli bis August. Die Gattung *Nemapogon* hat zahlreiche Arten, deren Zeichnungsmuster sich kaum oder nicht unterscheiden.

699 *Tineola bisselliella*
Kleidermotte
Spannweite 12 bis 16 mm. In der freien Natur leben die Raupen in Nestern von Vögeln und Säugetieren, in den Häusern als Schädlinge an Stoffen und Pelzen. Äußerlich ist der Falter kaum von anderen, ähnlich gefärbten Arten zu unterscheiden. Er fliegt, meist aus den Nestern verwilderter Haustauben kommend, in die Wohnungen ein. Bei günstigen Entwicklungstemperaturen entwickeln sich die Raupen innerhalb von 3 Wochen, andererseits können sie monatelang hungern. Die Eier sterben durch Sonnenstrahlung schnell ab.

700 *Tinea trinotella*
Spannweite 12 bis 18 mm. Kennzeichnend sind die 3 dunklen Punkte auf den Vorderflügeln. Die Raupen leben in Vogelnestern, die Falter fliegen von Mai bis August.

701 *Monopis monachella*
Spannweite 12 bis 16 mm. Die Raupen leben oft in Gewöllen von Eulen und an alten Ledersachen, wahrscheinlich kommen sie auch in Nestern von Vögeln und Säugern vor. Die Falter fliegen von Juni bis August. Besonders auffallend und unverwechselbar ist die weiße Zeichnung am Vorderrand des Vorderflügels.

a 702 *Procris statices*; b 703 *Zygaena ephialtes* f. *peucedani*; c 703 *Zygaena ephialtes* f. *coronillae*; d 704 *Zygaena trifolii*

Familie *Zygaenidae*
Widderchen, Blutströpfchen

Von den etwa 800 beschriebenen Arten kommen im Gebiet etwa 30 Arten vor, von denen viele noch in geographische Rassen aufgespalten sind.
Die Falter sind plump, mit verdickten Fühlern, die Färbung der Vorderflügel ist entweder metallischgrün oder blauschwarz mit roten, weißen oder gelben Flecken. Die meisten Arten sind durch oft ähnliche Zeichnung schwer zu unterscheiden. Die Raupen leben meist an Schmetterlingsblütlern, die Verpuppung erfolgt in einem glänzenden gelblichen Gespinst am Pflanzenstengel.

702 *Procris statices*
Gemeines Grünwidderchen
Spannweite 22 bis 28 mm. Kommt in ganz Europa auf feuchten Wiesen, blütenreichen Hängen oder Lichtungen vor. Der Falter fliegt von Mai bis August. Die Raupe lebt an Ampferarten und überwintert.

703 *Zygaena ephialtes*
Wickenwidderchen
Spannweite 30 bis 40 mm. Kommt überall im gemäßigten Klima Europas vor. Bei dieser Art fällt die für viele Vertreter der Familie typische geographische Variabilität besonders auf. Als Beispiele dafür sind die forma *peucedani* und die forma *coronillae* dargestellt. Die verschiedenen Kombinationen der Färbung der Vorder- und Hinterflügel sowie des Bauchringes sind genetisch bedingt. Die Raupe lebt an Kronenwicken. Der Falter fliegt von Juni bis August.

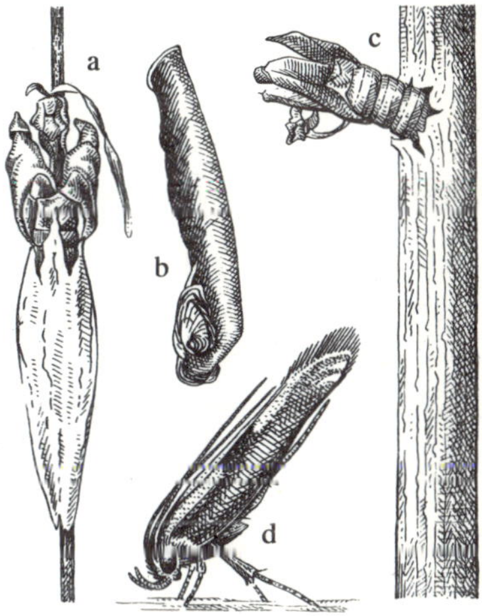

a Puppengespinst eines Widderchens;
b 729 *Coleophora vibicella* Raupensack;
c Puppe des Himbeerglasflüglers (693) nach dem Schlupf des Falters; d Sitzhaltung der Silbermotten

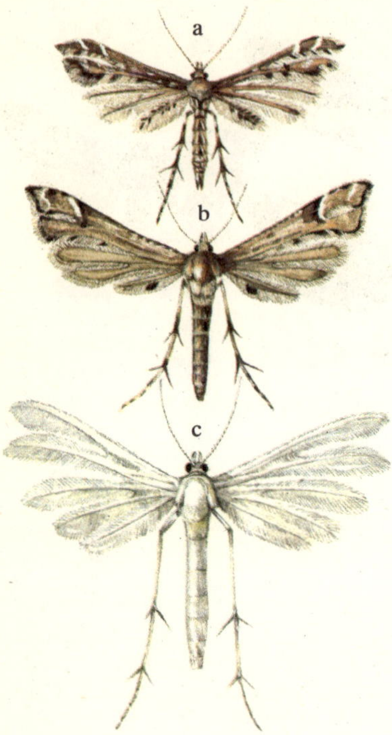

a 705 *Capperia britanniodactyla*; b 706 *Platyptilia gonodactyla*; c 707 *Pterophorus pentadactylus*

704 *Zygaena trifolii*
Kleewidderchen
Spannweite 20 bis 33 mm. Unterscheidet sich durch die Zahl der roten Flecken von anderen ähnlichen Arten. Manchmal sind alle Flecken zu einer roten Fläche zusammengeflossen. Die Art fliegt schon ab Mai, vor allem auf blumenreichen Wiesen. Die Raupe lebt an Hornklee und verpuppt sich in einem familientypischen Kokon.

Familie *Pterophoridae* Geistchen

Die Familie ist mit etwa 70 Arten im Gebiet vertreten. Die Vorderflügel sind in 2, die Hinterflügel in 3 federartige Lappen gespalten, die Beine sind sehr lang und dünn.

705 *Capperia britanniodactyla*
Spannweite 18 bis 20 mm. Überall im Gebiet, aber nur lokal häufiger. Die Raupen leben nach der Überwinterung an Gamander-Stengeln, die seitlich ausgehöhlt werden. Der Falter fliegt von Juli bis August.

706 *Platyptilia gonodactyla*
Spannweite 24 bis 30 mm. Im gesamten Gebiet an feuchten waldlosen Stellen, auf Ruderalflächen und Feldern, vor allem an Wasserläufen. Der Falter fliegt in 2 Generationen von Mai bis Juni und von Juli bis September. Die Raupe lebt an Huflattich und Pestwurz.

707 *Pterophorus pentadactylus*
Schlehengeistchen
Spannweite 28 bis 35 mm, überall im Gebiet verbreitet. Diese Art fällt durch die reinweiße Flügelfärbung sofort auf. Der Falter fliegt von Mai bis September, die Raupen leben auf Winde, Klee, Rose und Schlehe.

Familie *Yponomeutidae* Gespinstmotten

Im Gebiet mit ungefähr 30 Arten vertreten. Die Raupen leben zuerst in Minen, später gesellig in dichten Gespinsten, in denen sie sich auch verpuppen. Bei Massenvermehrungen können ganze Sträucher oder Baumkronen eingesponnen werden, und es kann zu Kahlfraß kommen.

708 *Yponomeuta padellus*
Apfelgespinstmotte
Spannweite 20 bis 25 mm. Von mehreren ähnlich gezeichneten Arten durch die geringe Anzahl schwarzer Punkte auf den Vorderflügeln unterschieden. Unter diesem Artnamen werden eine Reihe von Formen zusammengefaßt, die sich teilweise durch etwas unterschiedliche Lebensweise der Raupen unterscheiden. Gesicherte morphologische Unterschiede zur Begründung von verschiedenen Arten gibt es nicht. In letzter Zeit ist versucht worden, durch

Chromosomenuntersuchungen diese Frage zu klären. Die Falter fliegen im Juni und Juli, die Raupen leben von Mai bis Juni gesellig an verschiedenen Bäumen und Sträuchern. Sie können in Obstgärten schädlich werden.

709 *Yponomeuta plumbellus*
Spannweite 16 bis 18 mm. Die Art unterscheidet sich durch den schwarzen Fleck auf dem Vorderflügel von sonst ähnlich gefärbten Arten. Die Raupen leben im Frühjahr auf Spindelbaum, meist einzeln und inmitten von Raupen anderer *Yponomeuta*-Arten. Die Falter fliegen im Juni und August.

Familie *Plutellidae* Schleiermotten

Von den ungefähr 300 bekannten Arten gibt es 33 in Mitteleuropa. Sie sind eng verwandt mit den Gespinst- und den Silbermotten.

710 *Ypsolophus sequellus*
Spannweite 16 bis 20 mm. Sehr markant gezeichnete Art, überall im gemäßigten Klima Europas verbreitet. Die Raupen leben an den Blättern verschiedener Laubhölzer, die Falter fliegen von Juni bis August und sitzen tagsüber häufig an Baumstämmen. Die schwarzweiße Flügelzeichnung variiert stark.

711 *Ypsolophus dentella* (= *Cerostoma xylostella*)
Spannweite 18 bis 22 mm. Im ganzen Gebiet in feuchten Laubwäldern verbreitet, in denen die Fraßpflanze der Raupen, das Geißblatt, vorkommt. Die Raupen leben von Mai bis Juli; die Falter fliegen von Juni bis August. Die Flügelform ist sehr markant.

712 *Plutella xylostella* (= *P. maculipennis*)
«Kohlschabe»
Spannweite 13 bis 15 mm. Weltweit verbreitet. Ursprünglich eine Steppenart, die sich an die landwirtschaftlich genutzten Flächen angepaßt hat und zeitweise zu einem gefürchteten Gemüseschädling werden kann. Die Raupen leben an verschiedenen Kreuzblütlern, zuerst minierend, später fressen sie Löcher in die Blätter, zuletzt die ganze Pflanze. Es werden 2 bis 5 Generationen pro Jahr gebildet. Die Färbung der Falter variiert, aber fast immer ist die wellenartig abgegrenzte helle Unterkante des Vorderflügels erkennbar. In der Ruhestellung schließen sich die über dem Rücken zusammenliegenden Unterkanten der Vorderflügel zu einem hellen Mittelstreifen.

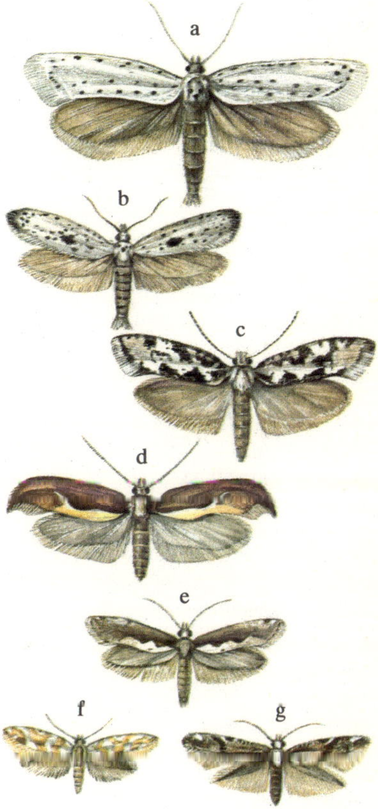

a 708 *Yponomeuta padellus*; b 709 *Yponomeuta plumbellus*; c 710 *Ypsolophus sequellus*; d 711 *Ypsolophus dentella*; e 712 *Plutella xylostella*; f 713 *Argyresthia goedartella*; g 714 *Argyresthia conjugella*

Familie *Argyresthiidae* Silbermotten

Von den etwa 100 Arten sind etwa 30 im Gebiet vertreten. Der deutsche Name rührt von der metallisch glänzenden Flügelzeichnung vieler Arten her. Die Falter sitzen immer kopfunter mit schräg nach oben gerichtetem Hinterleib (s. S. 301) auf Blättern und an Zweigen, im Gegensatz zu den Blattütenmotten (s. S. 298). Die Raupen sind meist Minierer in Blättern oder im Fruchtfleisch verschiedener Pflanzen. Einige sind Schädlinge im Obstbau.

713 *Argyresthia goedartella*
Spannweite 10 bis 12 mm. In Mittel- und Nordeuropa vor allem in Laub- und Mischwäldern verbreitet. Die Raupen leben vom Herbst bis zum Frühjahr in Baumkätzchen und Knospen, später unter der Rinde von Birke und Erle. Die Falter fliegen von Juni bis August. Die Vorderflügelzeichnung variiert stark, von ähnlich gefärbten Arten ist sie schwer zu unterscheiden.

714 *Argyresthia conjugella*
Apfelmotte, Ebereschenmotte
Spannweite 12 bis 14 mm. In ganz Europa verbreitet. Der Falter fliegt von Mai bis August. Die bis 8 mm langen Raupen leben von Juni bis September in den unreifen grünen Beeren der Eberesche, die Verpuppung und Überwinterung erfolgt im Boden. In zunehmendem Maße werden in den letzten Jahrzehnten Apfel, aber auch Pflaume, Kirsche und Traubenkirsche befallen. Im Apfel minieren die Raupen zuerst unter der Schale, dann leben sie in gewundenen Gängen im Fruchtfleisch. Die befallenen Früchte werden verstärkt durch Pilze (*Monilia*) befallen und damit ungenießbar.

Familie *Gelechiidae* Palpenmotten

Von den über 4000 Arten kommen etwa 350 im Gebiet vor. Die systematische Ordnung innerhalb der Familie ist teilweise noch ungeklärt. Typisch für alle Vertreter sind die großen, nach oben gebogenen Palpen sowie der am Außenrand mehr oder weniger stark eingebuchtete Hinterflügel.

715 *Gelechia pinguinella*
Spannweite 18 bis 22 mm. Die Falter dieser bei uns häufigen Art fliegen in den Monaten Juni bis Juli. Die Raupen leben im Frühjahr an Blättern der Schwarzpappel.

716 *Recurvaria leucatella*
Spannweite 13 bis 15 mm. Kommt in der gemäßigten Zone Europas vor. Die Raupen leben zwischen den zusam-

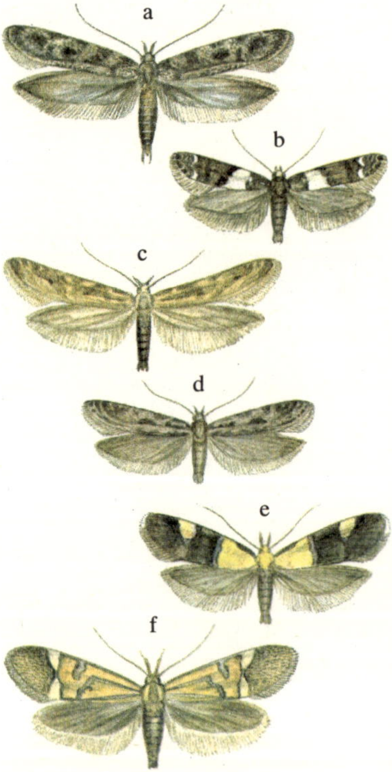

a 715 *Gelechia pinguinella*; b 716 *Recurvaria leucatella*; c 717 *Metzneria lapella*; d 718 *Anarsia lineatella*; e 720 *Oecophora bractella*; f 721 *Alabonia staintonella*

a, b 719 *Cimabacche fagella* a ♀, b ♂; c 722 *Borkhausenia schaefferella*

mengesponnenen Blättern verschiedener Laubbäume. Die Falter fliegen im Juni und Juli. Die markante weiße Bindenzeichnung macht die Art leicht kenntlich.

717 *Metzneria lapella*
Spannweite 18 bis 22 mm. Überall im Gebiet, bevorzugt in Feuchtgebieten und auf Ruderalgelände. Die Raupe lebt in den Blütenkörben der Großen Klette, die Falter fliegen von Mai bis August.

718 *Anarsia lineatella*
Pfirsichmotte
Spannweite 12 bis 14 mm. Bis nach Mittelasien verbreitet, nach Nordamerika wurde sie eingeschleppt. Die Falter fliegen von Mai bis August in mehreren Generationen. Die Raupen leben nach der Überwinterung im Mark der Kurz- und Längstriebe von Pfirsichbäumen, die dadurch zerstört werden, spätere Generationen in den jungen Früchten von Kirsche, Pflaume, Pfirsich und Aprikose.

Familie *Oecophoridae*

Im Gebiet ist die etwa 4000 Arten umfassende Familie mit ungefähr 150 Arten vertreten. Typisch für alle sind die weit den Kopf überragenden aufgebogenen Labialpalpen. Einige der Unterfamilien sind unter den deuschen Namen Krüppelmotten, Faulholzmotten und Flachleibmotten bekannt.

719 *Cimabacche fagella*
Buchenmotte, Sängerin
Männchen Spannweite 19 bis 21 mm. Lebt in den Laubwäldern Europas, Klein- und Mittelasiens. Die Falter fliegen schon zwischen März und Mai und man findet sie oft zahlreich an Baumstämmen sitzend. Die Färbung ist sehr variabel, es treten auch oft dunkle Falter auf. Die Weibchen haben verkümmerte Flügel. Die Raupe soll beim Fraß zwischen den versponnenen Blättern ein zirpendes Geräusch verursachen.

720 *Oecophora bractella*
Spannweite 14 bis 18 mm. Sehr markant gezeichnet, nicht häufig anzutreffen. Die bräunlichgrauen Raupen leben vom Herbst bis zum Frühjahr unter der Rinde und im Holz modernder Baumstämme, meist von Eiche, Hainbuche und Buche. Die Falter fliegen von Mai bis Juni.

721 *Alabonia staintonella*
Spannweite 12 bis 20 mm. Lebt in Laubwäldern, die Raupe in moderndem Holz. Die Falter fliegen im Mai und Juni.

722 *Borkhausenia schaefferella*
Spannweite 11 bis 17 mm. Die Art fällt durch die lebhafte Flügelzeichnung auf. Sie ist überall im Gebiet in Laubwäldern verbreitet und fliegt von Mai bis Juli. Die Raupen leben vom Herbst bis zum Frühjahr unter der Rinde verschiedener Laubbäume.

723 *Harpella forficella*
Spannweite 21 bis 27 mm. Sie ist eine der größten Arten der Familie. In feuchten Wäldern relativ häufig, fliegt im Juni und Juli. Die Raupen leben vom Sommer bis zum Frühjahr auf moderndem Holz und unter der Rinde an Baumstümpfen.

724 *Carcina quercana*
Spannweite 16 bis 20 mm. Erinnert in der Flügelform sehr stark an einige Vertreter der Wickler (s. S. 307), unterscheidet sich aber durch die sehr langen Fühler. Sie ist überall im Gebiet verbreitet und fliegt im Juli und August. Die Raupen leben von Mai bis Juni auf den Blättern von Eiche, Buche und Birne.

725 *Hoffmannophila pseudospretella*
Hausmotte, Samenmotte
Spannweite 16 bis 25 mm. Weltweit verbreitet sowohl im Freien als auch in Gebäuden. Die bis 18 mm langen Raupen leben in einem weißlichen Gespinstsack, der mit Nahrungspartikeln verklebt ist. Sie ernähren sich von pflanzlichen und tierischen Resten, von Nahrungsmitteln und anderen landwirtschaftlichen Produkten. Man findet die Falter das ganze Jahr hindurch in Gebäuden.

726 *Depressaria heracliana*
Spannweite 23 bis 28 mm. Überall auf Wiesen und in Uferregionen häufig, fliegt von August bis September sowie nach der Überwinterung bis Juni. Die Raupen leben in den versponnenen Dolden von Bärenklau und Pastinak.

Familie *Ethmiidae*

Die mit 12 Arten in Mitteleuropa verbreitete Familie wurde früher als Unterfamilie zur Familie *Oecophoridae* (s. S. 305) gestellt.

727 *Ethmia pusiella*
Spannweite 22 bis 30 mm. Die größte heimische Art dieser Familie. Die Falter fliegen von Juni bis Ende Juli. Die Raupen leben in Gespinsten zwischen den Blättern und Blüten von Steinsame und Lungenkraut.

Familie *Coleophoridae*
Sackmotten, Futteralmotten

Von den etwa 900 bekannten Arten kommen ungefähr 170 im Gebiet vor. Typisch sind die sehr langen schmalen Flügel. Die Raupen leben zuerst in Blattminen, später in gesponnenen Säkken, aus denen sie an Blättern oder Pflanzenteilen minieren. Dabei verlassen sie den Sack kaum und verpuppen sich später meist in diesem. Die Form der Säcke ist oft artspezifisch, so daß die Bestimmung der Arten anhand der Raupensäcke erfolgen kann. Meist an bestimmte Pflanzen gebunden.

728 *Coleophora laricella*
Lärchenminiermotte
Spannweite 8 bis 10 mm. Einer der kleinsten Vertreter der Familie. Die jungen Raupen minieren in den Lärchennadeln zur Spitze zu. Später benutzen sie eine ausgehöhlte Nadel als Sack zur Überwinterung und setzen im Frühjahr, geschützt durch diesen, den Nadelfraß fort. Bei Massenauftreten kann Kahlfraß eintreten. Die Falter fliegen von Mai bis Juli.

729 *Coleophora vibicella*
Spannweite 16 bis 24 mm. Überall im Gebiet verbreitet, fliegt von Juli bis August. Die Raupen leben in einem Pistolensack an Ginster (Abb. S. 301).

Familie *Elachistidae*
Grasminiermotten

Zahlreiche, meist sehr kleine Arten, die fast immer auf bräunlichem Grund mehrere weiße oder metallisch glänzende Binden auf den Vorderflügeln tragen. Die Raupen sind Minierer in verschiedenen Gräsern und Seggen. Die Form der Minen ist artspezifisch, so daß man oft schon anhand der Fraß-

a 723 *Harpella forficella*; b 724 *Carcina quercana*; c 725 *Hoffmannophila pseudospretella*; d 726 *Depressaria heracliana*; e 727 *Ethmia pusiella*; f, g 728 *Coleophora laricella* mit Schadbild an Lärche; h 730 *Elachista gleichenella*; i 729 *Coleophora vibicella*

spuren die Art bestimmen kann. Die Bestimmung der Falter ist meist nur nach den Genitalien möglich.

730 *Elachista gleichenella*
Spannweite 8 bis 10 mm. Die Raupe miniert in zahlreichen Seggen-Arten. Der Falter fliegt von Juni bis Juli.

Familie *Tortricidae*
Wickler

Mit etwa 500 Arten im Gebiet vertreten. Die Spannweiten schwanken zwischen 10 und 25 mm. In der Ruhe werden die Flügel dachförmig über den Körper zusammengefaltet. Die Falter fliegen meist am Abend oder in der Nacht. Zahlreiche Arten sind aber auch am Tage aktiv. Die Raupen leben zwischen zusammengesponnenen Blättern, Nadeln, Trieben oder in Früchten, Stengeln oder Wurzeln. Eine Reihe von Arten sind Schädlinge in der Land- und Forstwirtschaft.

731 *Pandemis corylana*
Spannweite 16 bis 25 mm. Kommt überall im Gebiet vor. Die Raupen leben von Juni bis Juli zwischen den versponnenen Blättern von Hasel, Eiche, Buche, Birke und anderen Baumarten, auch an Kräutern. Die Verpuppung erfolgt zwischen den Blättern. Der Falter fliegt von Juli bis September.

732 *Archips podana* (= *Cacoecia podana*)
Spannweite 19 bis 28 mm. Kommt im gesamten Gebiet vor. Die aufgebogenen Flügelspitzen geben dem sitzenden Falter seine charakteristische Form.

731 *Pandemis corylana* Blattwickel

Die Raupen leben zwischen versponnenen Blättern zahlreicher Baum- und Straucharten. Sie fressen teilweise auch Früchte, z. B. Äpfel an (Schalenwickler!). Besonders dadurch können sie zu Schädlingen in Apfelplantagen werden. Im Unterschied zu den Raupen des Apfelwicklers (738) frißt die Raupe aber nicht vom Kerngehäuse nach außen. Die Falter fliegen von Juni bis August.

733 *Tortrix viridana*
Grüner Eichenwickler
Spannweite 18 bis 23 mm. Durch die einfarbig grünen Vorderflügel von allen anderen Wicklern sofort zu unterscheiden. Er kann eventuell mit *Pseudoips fagana* (814) verwechselt werden. Die Raupen leben von April bis Mai in Blattrollen an verschiedenen Laubbäumen, besonders an Eiche. Da er zu Massenvermehrungen neigt, gehört er zu den gefürchtetsten Forstschädlingen.

733 *Tortrix viridana* Blattwickel

734 *Croesia forskaleana* (= *Tortrix forskaleana*)
Ahornwickler, Gartenrosenwickler
Spannweite 12 bis 18 mm. Typisch ist die rötlichbraune Gitterzeichnung auf dem Vorderflügel. Die Raupen leben im Mai und Juni zwischen den Blüten, später in Blattrollen von Ahorn. Die Falter fliegen in den Monaten Juni bis August.

735 *Acleris literana*
Spannweite 20 bis 22 mm. Die schwarze Flecken- und Strichzeichnung auf dem bläulichgrünen Grund ist sehr variabel. Die Raupen leben von Mai bis August an versponnenen Eichenblättern. Die Falter fliegen im Herbst und Frühjahr. Sie überwintern.

736 *Acleris emargana*
Spannweite 18 bis 22 mm. Kennzeichnend ist der «ausgenagte» Vorderrand der Vorderflügel. Die Färbung der Flügel variiert sehr stark. Die Raupen leben von Mai bis Juli zwischen versponnenen Blättern von Weide, Pappel und Birke, die Falter fliegen von Juli bis zum Frühjahr.

737 *Rhyacionia buoliana*
Kiefernknospentriebwickler
Spannweite 18 bis 23 mm. Auffallend sind auf ziegelrotem Grund 4 bis 6 silberglänzende Quer- und Längsstreifen auf den Vorderflügeln. Die Raupen dringen in die Knospen 6- bis 12jähriger Kiefern ein und überwintern. Im Frühjahr werden die Spitzentriebe ausgehöhlt oder befressen, dadurch kommt es zu starken Wuchsstörungen und Deformationen der obersten Verzweigungen. In Mitteleuropa gibt es noch 3 Arten dieser Gattung, die schwer zu unterscheiden sind und alle an Kiefer auftreten (s. a. Abb. S. 311).

738 *Laspeyresia pomonella*
Apfelwickler
Spannweite 16 bis 22 mm. Kennzeichnend ist das kupferbraun bis golden glänzende Feld am Flügelaußenrand, der «Spiegel». Die Raupe richtet zeitweise großen Schaden in Apfelanlagen an (Obstmade). Sie bohrt sich in die jungen Früchte ein und frißt das Kerngehäuse aus. Die Frucht wird durch einen Fraßgang verlassen, im Unterschied zur Raupe von *Archips podana* (732). Nach der Überwinterung unter der Borke erfolgt im Frühjahr die Verpuppung. Es werden auch Birne, Walnuß, Quitte, Weißdorn, Kirsche, Pfirsich, Pflaume und Eßkastanie befallen.

739 *Hedya nubiferana*
Grauer Knospenwickler
Spannweite 18 bis 20 mm. Die typische Zweiteilung der Flügelfärbung in einen dunklen Basal- und einen weißlichen Spitzenteil tritt bei vielen Arten der Gattung *Hedya* und einigen anderen Gattungen der Wickler auf. Sitzende Falter werden dadurch oft mit Vogelkot verwechselt. Die Raupen befressen im Frühjahr die Knospen verschiedener Obst-, aber auch anderer Laubbäume.

740 *Olethreutes arcuella*
Spannweite 16 bis 18 mm. Die Art kommt überall im Gebiet in wärmeren Laubwäldern vor. Besonders markant ist die Zeichnung, die aus mehreren bleifarbenen Streifen und Punkten besteht. Die Raupen leben vom Sommer bis zum Frühling unter abgefallenen Blättern und fressen welkes Laub und absterbende Pflanzenteile.

741 *Epiblema foenella*
Spannweite 18 bis 23 mm. Die Raupen leben vom Herbst bis zum Frühjahr in

a 731 *Pandemis corylana*; b 732 *Archips podana* sitzend; c 734 *Croesia forskaleana*; d 733 *Tortrix viridana*; e 735 *Acleris litterana*; f 736 *Acleris emargana*; g 737 *Rhyacionia buoliana*; h 739 *Hedya nubiferana*; i 738 *Laspeyresia pomonella* sitzend

unteren Stengelteilen vom Gemeinen Beifuß. Die Falter fliegen von Juni bis Juli. Die markante weiße Zeichnung, beim sitzenden Falter an ein umgekehrtes «U» erinnernd, variiert. Sie kann auch vollständig fehlen.

742 *Ancylis unculana*
Spannweite 20 bis 25 mm. Die stark vorgezogene Flügelspitze ist typisch für die gesamte Gattung, die mit zahlreichen Arten im Gebiet vertreten ist. 2 Generationen; die Raupen leben im Juni und von August bis Oktober in umgeschlagenen Blättern vom Faulbaum. Auch an anderen Pflanzen (Pflaume, Hartriegel, Brombeere und Himbeere, Pappel) sind sie nachgewiesen.

Familie *Cochylidae* Fruchtwickler

Diese Gruppe wurde früher als Unterfamilie der Wickler aufgefaßt. Im Aussehen und in der Lebensweise ähnelt sie ihnen auch stark. Aus Mitteleuropa sind etwa 80 Arten bekannt.

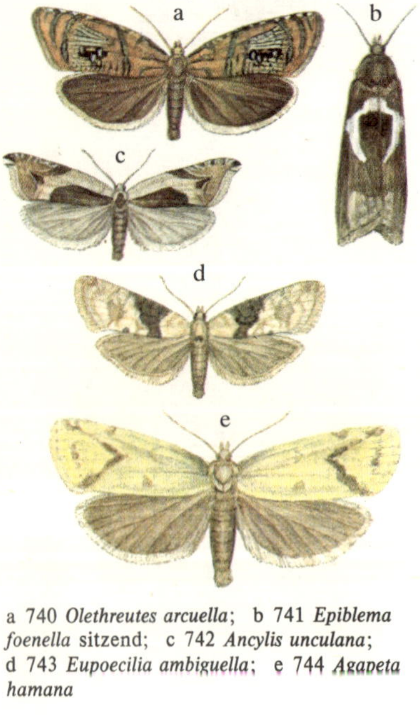

a 740 *Olethreutes arcuella*; b 741 *Epiblema foenella* sitzend; c 742 *Ancylis unculana*; d 743 *Eupoecilia ambiguella*; e 744 *Agapeta hamana*

743 *Eupoecilia ambiguella*
Einbindiger Traubenwickler
Spannweite 14 bis 16 mm. Die markante schwärzlichbraune Mittelbinde auf ockergelbem Grund kennzeichnet diese Art, die in Weinbaugebieten ein zum Teil ernster Schädling ist. Die Raupen der 1. Generation (Heuwurm) bohren sich in die Knospen und Blüten ein und verspinnen diese, die 2. Generation (Sauerwurm) lebt in den Früchten, die durch Bakterienbefall und Pilzerkrankungen anschließend faulen. Neben Weinrebe werden andere Pflanzen wie Schneeball, Efeu, Faulbaum, Hartriegel, Liguster, Flieder und Geißblatt befallen. Die Falter fliegen im Mai und von Juni bis August.

744 *Agapeta hamana*
Spannweite 16 bis 22 mm. Markant ist der schräge Streifen auf der zitronengelben Grundfarbe. Die Falter kommen überall im Gebiet, besonders in feuchteren Wiesenbiotopen vor. Die Raupen leben wahrscheinlich an Kriechender Hauhechel in Blattrollen; auch Kratzdistel und Klee werden angegeben.

Überfamilie *Pyraloidea* Zünslerartige

Von den Familien sind ungefähr 400 Arten im Gebiet vertreten. Ein gemeinsames Merkmal ist das Vorhandensein von Tympanal-(Hör-)Organen am 1. Hinterleibssegment. Die Lebensweise der Raupen ist sehr verschieden, einige Arten sind als Vorratsschädlinge von großer wirtschaftlicher Bedeutung.

Familie *Galleriidae* Wachsmotten, Wachszünsler

Im Gebiet mit 8 Arten vertreten. Die Arten leben als Raupen oft in Nestern von Bienen und Hummeln oder an trockenen Früchten aller Art.

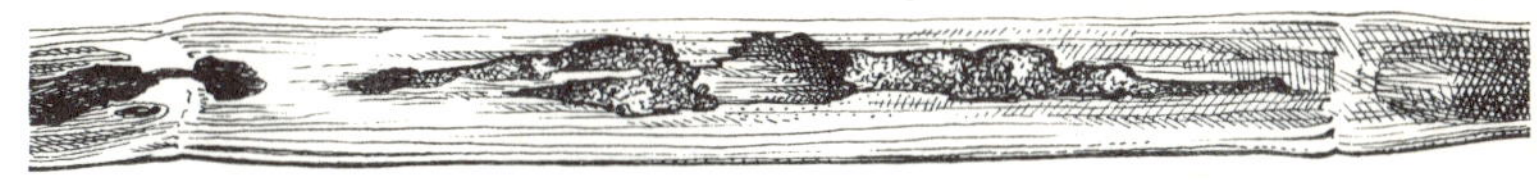

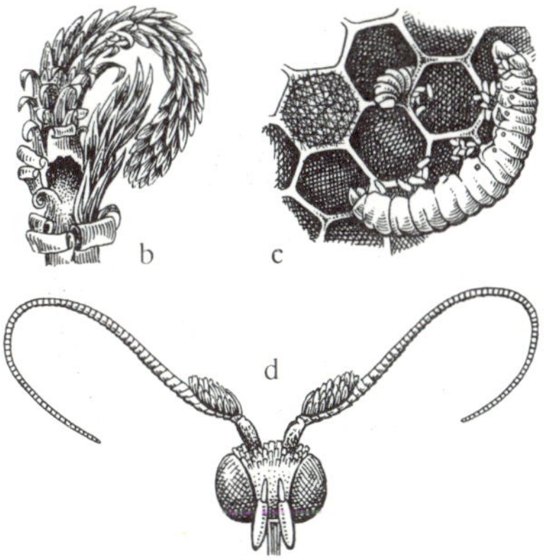

a 769 *Ostrinia nubilalis* Fraßbild; b 737 *Rhyacionia buoliana* Schadbild; c 745 *Galleria mellonella* Fraßbild in Bienenwaben; d 755 *Phycita spissicella* Schuppenwulst am Fühler der Männchen

745 *Galleria mellonella*
Große Wachsmotte

Spannweite 20 bis 30 mm. Kennzeichnend ist die Form der Vorderflügel. Die bis 30 mm langen Raupen leben in Waben der Honigbiene, die durch die Gespinstgänge zerstört werden. Gefressen werden Pollen, Honig und sonstige Reste; von reinem Wachs kann sie nicht leben. Die Verpuppung erfolgt im Bienenstock. Die Falter fliegen vom Frühjahr bis zum Herbst in mehreren Generationen.

Familie *Crambidae*
Wiesenzünsler

Im Gebiet mit ungefähr 65 Arten vertreten. Charakteristisch ist die Ruhestellung der Falter, die meist an Grasstengeln oder Kräutern sitzen. Die Flügel sind eng an den Körper angelegt und nach unten leicht zusammengerollt. Die Raupen leben meist in Gespinströhren an Gräsern und Moosen.

746 *Chrysoteuchia culmella* (= *Crambus hortuellus*)

Spannweite 18 bis 22 mm. Typisch sind die braungrauen Streifen zwischen den ockergelben Adern der Vorderflügel, dadurch entsteht eine Längsstreifung. Sehr häufig auf grasreichen Flächen. Tagsüber sitzen die Falter kopfunter an Grasstengeln. Die Raupen leben in Graswurzeln, sie überwintern in einem Kokon in der Erde.

747 *Crambus pratellus* (= *Crambus dumetellus*)

Spannweite 19 bis 22 mm. In der Färbung ähnelt diese Art einigen anderen der Gattung. Die Form der weißen Längsstrieme sowie die Färbung der Vorderflügel zwischen Flügelspitze und metallisch gefärbter Querlinie ist für die Artunterscheidung wesentlich. In Zweifelsfällen ist die Untersuchung des Genitalapparates notwendig. Die Raupen leben an Gräsern, der Falter fliegt in den Sommermonaten, von Ende Mai bis August.

748 *Crambus perlellus*

Die metallisch glänzende Färbung der Vorderflügel unterscheidet die Art deutlich von anderen Vertretern der Gattung. Manche Exemplare besitzen graugestreife Flügel. Die Raupen leben in Gespinströhren an verschiedenen Gräsern, die Falter fliegen von Juni bis August und haben eine Spannweite von 21 bis 24 mm.

749 *Agriphila tristella*

Spannweite 23 bis 26 mm. Eine sehr variabel gezeichnete Art, meist mit einem silbernen Längsstreifen auf bräunlichgelbem bis dunkelbraunem Untergrund. Sie kann mit einigen anderen, ebenfalls sehr häufigen Arten verwechselt werden. Die Raupen leben in senk-

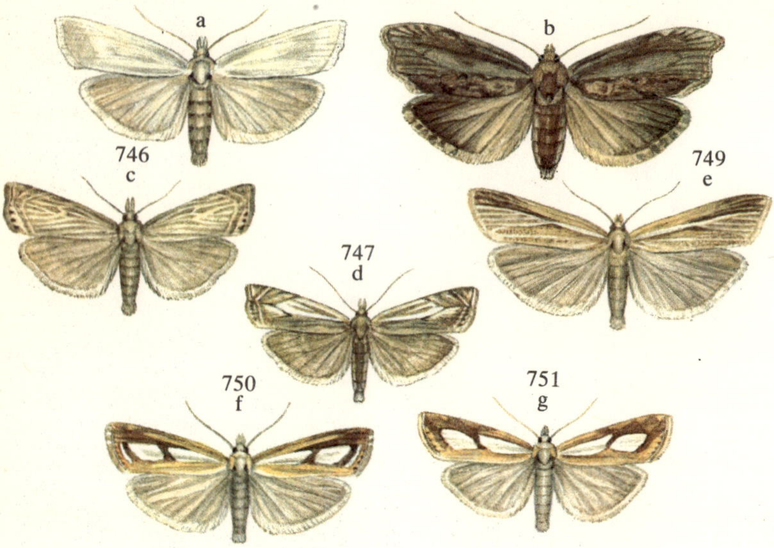

a 748 *Crambus perlellus*; b 745 *Galleria mellonella*; c 746 *Chrysoteuchia culmella*; d 747 *Crambus pratellus*; e 749 *Agriphila tristella*; f 750 *Catoptria permutatella*; g 751 *Catoptria pinella*

rechten Seidenröhren am Boden zwischen Grasstengeln, z. B. der Schlängel-Schmiele. Die Falter fliegen von Juni bis September.

Gattung *Catoptria*

Fast alle Vertreter sind kontrastreich gezeichnet: auf braunem Grund ist ein verschieden breiter gelblicher oder weißer Längsstreifen vorhanden, der ungeteilt, zwei- oder dreiteilig sein kann. Die meisten der über 70 aus der Paläarktis bekannten Arten sind montan verbreitet.

750 *Catoptria permutatella*
Spannweite 20 bis 25 mm. Äußerlich durch die 3 weißen Abschnitte in der Flügelmitte der Vorderflügel gekennzeichnet, ist sie nur durch ihre Genitalmerkmale von 2 gleichgefärbten Arten der Gattung sicher zu unterscheiden. Die Raupen leben wahrscheinlich an Moosen, die Falter fliegen von Juni bis August in montanen Regionen.

751 *Catoptria pinella*
Spannweite 16 bis 18 mm. Im Vorderflügel sind nur 2 weiße Abschnitte vorhanden. Die Art kommt teilweise sehr häufig in trockenen Gebieten an Waldrändern vor. Die Raupen leben in Gespinströhren zwischen Gräsern, sie sollen aber auch an Moosen als Nährpflanzen gefunden worden sein.

752 *Thisanotia chrysonuchella*
Spannweite 22 bis 25 mm. Durch die weißlich beschuppten Adern wirkt der Flügel gestreift, durch 2 Querstreifen unterbrochen. Die Art ist häufig auf trockenen sandigen oder grasreichen Flächen zu finden. Die Raupen leben in einer Gespinströhre am Grund von Gräsern. Die Falter fliegen im Frühsommer von Mai bis Juni.

753 *Platytes alpinella*
Spannweite 19 bis 22 mm. Kennzeichen sind die ausgezogenen Spitzen der Vorderflügel sowie die gezackten Querstreifen, häufig auf trockenen san-

digen Plätzen anzutreffen. Die Raupen leben wahrscheinlich an Moos, die Falter fliegen in den Sommermonaten von Juli bis September.

Familie *Phycitidae* Fruchtzünsler

Im Gebiet mit ungefähr 120 Arten vertreten. Die Männchen vieler Arten haben an den Fühlern hinter dem Basalgebiet einen Schuppenwulst. Die Raupen leben meist in röhrenförmigen Gespinsten am oder im Nährsubstrat. Einige Arten sind bedeutende Vorratsschädlinge.

754 *Dioryctria abietella*
Fichtenzapfenmotte
Spannweite 25 bis 32 mm. Die Arten der Gattung *Dioryctria* sehen sich äußerlich sehr ähnlich, sie unterscheiden sich aber in der Lebensweise der Raupen und im Genitalbau. Kennzeichnend ist die gezackte äußere Querlinie und der braune Querstreifen vor der Flügelmitte. Die Raupen leben in den Samen und Samenanlagen von Fichte, Tanne, Lärche und Kiefer, während verwandte Arten in den Knospen, an Nadeln junger Zweige sowie unter der Rinde leben. Die Falter fliegen in 2 Generationen im Juni und im August bis September.

755 *Phycita spissicella*
Spannweite 22 bis 25 mm. Die Färbung der Vorderflügel variiert etwas, am Innenrand ist aber immer der rötlichbraune Fleck sichtbar. Die Männchen besitzen an den Antennen einen großen Schuppenwulst. Die Raupen leben in Gespinströhren zwischen Eichenblättern und -trieben, sie können auch an Apfel und Birne vorkommen. Die

a 752 *Thisanotia chrysonuchella*; b 753 *Platytes alpinella*; c 754 *Dioryctria abietella*; d 755 *Phycita spissicella*; e 756 *Nephopterix adelphella*; f 757 *Euzophera pinguis*; g 758 *Phycitodes binaevella*; h 759 *Plodia interpunctella*; i 760 *Ephestia kuehniella*

Verpuppung erfolgt in einem Kokon zwischen den Blättern. Flugzeit von Juni bis August (s. a. Abb. S. 311).

756 *Nephopterix adelphella (= Salebria adelphella)*

Spannweite 20 bis 23 mm. Von ähnlich gefärbten Arten der Gattung *Nephopterix* und der Gattungen *Acrobasis* und *Rhodophaea* durch das rostbraun gefärbte Basalfeld des Vorderflügels, das durch eine fast schwarze Binde vom übrigen Flügel getrennt wird, unterschieden. Die Raupen leben von August bis Oktober an den Blättern verschiedener Weidenarten, seltener an Pappel. Die Falter fliegen von Mai bis Juni.

757 *Euzophera pinguis*

Spannweite 22 bis 25 mm. Charakteristisch sind die gezackten gelblichen, beiderseits schwarz begrenzten Querbinden. Die Raupen leben von September bis Juni in der Rinde der Esche. Sie überwintern 2mal. Die Verpuppung erfolgt in einem Kokon im Bohrgang. Der Falter fliegt von Juli bis August.

758 *Phycitodes binaevella (= Homoeosoma binaevellum)*

Spannweite 22 bis 25 mm. Die meisten Arten der Gattung *Phycitodes* sind nur durch Merkmale des Genitalapparates sicher zu unterscheiden, *P. binaevella* macht davon eine Ausnahme. Sie ist durch die beiden großen, etwas verwaschenen Flecke im 1. Flügeldrittel gekennzeichnet. Die Raupen leben von August bis September in den Blütenköpfen von Distel und Kratzdistel, auch an Aster und Wucherblume. Der Falter fliegt von Juni bis August.

759 *Plodia interpunctella*
Dörrobstmotte

Spannweite 15 bis 20 mm. Die markante Zweiteilung der Flügelzeichnung unterscheidet sie sofort von allen anderen Arten, die ebenfalls in pflanzlichen Vorräten von Nüssen, Rosinen, Mandeln, Getreide und Sämereien vorkommen. Sie ist weltweit verbreitet und ein z. T. großer Vorratsschädling. Die Raupen verpuppen sich in einem Gespinst im Substrat, die Falter fliegen von Mai bis September in mehreren Generationen. Ein Weibchen kann mehr als 500 Eier legen.

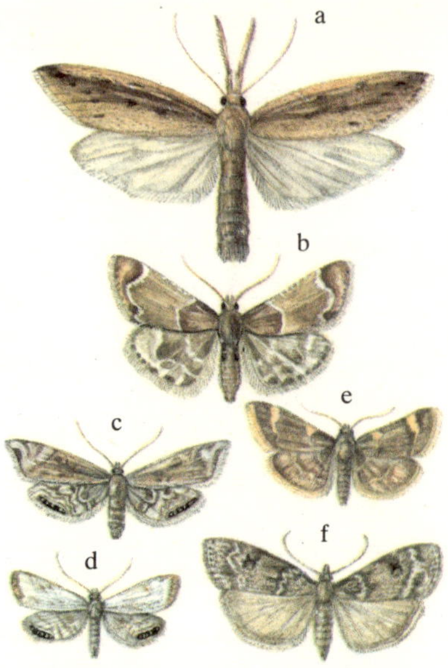

a 765 *Schoenobius forficellus*; b 761 *Pyralis farinalis*; c, d 764 *Cataclysta lemnata* c ♀, d ♂; e 762 *Hypsopygia costalis*; f 763 *Scoparia ambigualis*

760 *Ephestia kuehniella*
Mehlmotte

Spannweite 22 bis 28 mm. Weltweit verbreitet. Die Flügelzeichnung ist sehr kontrastarm, grau, mit dünnen gezackten Querstreifen und dunkleren Aderstrichen. Die Raupen leben in Mehl, Kleie, Schrot, Getreide, aber auch zwischen Mandeln, Nüssen und Sämereien in langen Gespinstgängen. Neben Haushalten und Verkaufseinrichtungen wird die Mehlmotte vor allem in Mühlen nicht nur durch Fraß, sondern auch durch Verspinnen des Substrats schädlich. In Mitteleuropa meist 2 bis 3 Generationen im Jahr.

Familie *Pyralidae*
Echte Zünsler

Im Gebiet nur mit wenigen Arten vertreten, einige von ihnen schädigen gelegentlich lagerndes Getreide sowie Klee- und Luzerneheu.

761 *Pyralis farinalis*
Mehlzünsler
Spannweite 18 bis 25 mm. Typisch sind das violettbraune Wurzelfeld und die gelben, violett bestäubten Mittel- und Außenfelder. Am Tage sitzen die Falter mit leicht gespreizten Flügeln und hochgehobenem Abdomen an dunklen Wänden in Mühlen, Speichern und Bäckereien. Die Raupen leben von September bis Mai in röhrenförmigen Gespinsten an verschiedenen pflanzlichen Abfällen. Oft fressen sie Mehl, Getreide, Samen oder Stroh. Diese Stoffe werden klumpenartig versponnen. Die Falter fliegen von Juni bis August.

762 *Hypsopygia costalis*
Heuzünsler
Spannweite 16 bis 22 mm. Beim flüchtigen Hinsehen eventuell mit den kleinen *Pyrausta*-Arten (s. S. 316) zu verwechseln. Typisch sind die goldgelben Fransen und die einfarbig bräunlich violetten Vorderflügel mit gelben Vorderrandflecken. Die Raupen leben von September bis Mai an Heu, in Strohdächern, in Nestern von Vögeln und Eichhörnchen, in Hühnerställen und Heuschobern. Die Falter fliegen von Mai bis Juli.

Familie *Pyraustidae*
Lichtzünsler

Im Gebiet mit ungefähr 100 Arten vertreten. Die Lebensweise ist sehr unterschiedlich, man findet die Falter in den verschiedensten Biotopen.

Unterfamilie *Scopariinae*

Fast alle Arten dieser mit etwa 20 Arten im Gebiet vertretenen Gruppe haben eine wenig auffällige Flügelzeichnung, viele sind nur durch Merkmale des Genitalapparates zu unterscheiden. Über die Lebensweise der Raupen ist wenig bekannt, wahrscheinlich leben sie an Moosen. Tagsüber findet man die Falter, die von Juni bis Juli fliegen, meist an Baumstämmen sitzend.

763 *Scoparia ambigualis*
Spannweite 18 bis 22 mm.

Unterfamilie *Nymphulinae*

Die Raupen dieser Unterfamilie leben im Wasser.

764 *Cataclysta lemnata*
Männchen Spannweite 15 bis 17 mm, Weibchen 20 bis 22 mm. Die Geschlechter sind verschieden gefärbt. Das Männchen ist kleiner, die Vorderflügel sind fast zeichnungslos weiß, während sie beim Weibchen braun sind. Arttypisch ist die dunkle Saumreihe am Hinterflügel. Die Raupen spinnen aus Wasserlinsen und Schilfstückchen ein Gehäuse, in dem sie von August bis Mai leben. Bei der Nahrungsaufnahme ragt ein großer Teil des Körpers aus der mit Luft gefüllten Wohnung heraus. Die Verpuppung erfolgt im Gehäuse nach der Überwinterung. Die Falter fliegen in den Monaten Juni bis September.

Unterfamilie *Schoenobiinae*

Im Habitus erinnern die Vertreter der bei uns artenarmen Unterfamilie an die Wiesenzünsler (s. S. 311). Sie unterscheiden sich aber von diesen dadurch, daß der Rüssel fehlt oder stark reduziert ist.

765 *Schoenobius forficellus*
Spannweite 15 bis 22 mm. Kennzeichnend für diese Art sind die weißen zeichnungslosen Hinterflügel. Die Raupe miniert zuerst in Blättern von Schwaden-Arten, später schneidet sie einen Sack aus, spinnt ihn zu und läßt

sich durch das Wasser zu neuen Stengeln treiben. Zuletzt lebt sie im Stengel, in dem sie sich auch verpuppt. Die Falter fliegen von Juni bis August.

Unterfamilie *Pyraustinae*

Ungefähr 75 Arten im Gebiet. Die Spannweite der Falter variiert von etwa 5 bis 40 mm. Einige Arten richten große Schäden in der Landwirtschaft an. In Färbung und Zeichnungsmuster ähneln mehrere Arten dieser Unterfamilie einander.

766 *Haritala ruralis* (= *Syllepta ruralis*)
Spannweite 25 bis 40 mm. *H. ruralis* fehlen im Flügel die Fleckenzeichnungen, die bei den anderen Arten der Unterfamilie vorhanden sind. Die Falter fliegen im Juni bis Juli häufig im Bereich ihrer Futterpflanze, der Brennessel. Die Raupen leben von August bis Juni in tütenförmig zusammengerollten und versponnenen Blättern.

767 *Eurrhypara hortulata* (= *E. urticata*)
Spannweite 26 bis 30 mm. Durch die kontrastreiche braune Fleckenzeichnung und den gelb beschuppten Thorax leicht kenntlich. Ähnlich gefärbt ist der Stachelbeerspanner (784). Die Raupen leben von August bis September zwischen Blättern von Brennessel, Minze und Ziest-Arten, auch an Winde, Stachel- und Johannisbeere. Die Überwinterung erfolgt in einem Kokon an der Erde oder an Pflanzenstengeln. Die Falter fliegen von Juni bis August.

768 *Ostrinia palustralis*
Spannweite 32 bis 40 mm. Die größte und am auffälligsten gezeichnete Art dieser Gruppe in Mitteleuropa. Der Falter ist erst im Verlaufe der letzten 20 Jahre aus dem Osten eingewandert und hat heute schon die Westgrenze der BRD erreicht. Die Raupen leben von August bis Mai im Wurzelstock und im Stengel von Wasserampfer. Die Falter fliegen von Anfang bis Ende Juni.

769 *Ostrinia nubilalis*
Maiszünsler
Spannweite 26 bis 30 mm. Die Vorderflügel beim Männchen gelblichbraun bis graubraun, beim Weibchen blaß zitronengelb. Kennzeichnend sind die gezackte dunkle Binde, die außen gelb eingefaßt ist, sowie der gelbe Fleck unterhalb des Vorderrandes. Die Art ist fast weltweit verbreitet und in südlicheren Gebieten ein ernst zu nehmender Schädling an Mais, Hopfen, Hirse, Hanf, Buchweizen, Bohne u. a. Die Raupen leben an den Blättern, im Pflanzenstengel, in Blütenständen oder im Fruchtkolben (s. a. Abb. S. 311).

770 *Pyrausta purpuralis*
Spannweite 18 bis 20 mm. In der Gattung *Pyrausta* sind einige Arten ähnlich gefärbt. Die Anordnung der gelben Flecken und Binden unterscheidet diese Art aber von ihnen. Der Falter fliegt häufig von Mai bis September auf Wiesen und trockenen Hügeln. Die Raupen leben im Mai und Juni (1. Generation) und August bis September (2. Generation) zwischen versponnenen Blättern von Minze-Arten, Dost, Sand-Thymian u. a. an der Erde.

771 *Pyrausta verticalis*
Spannweite 26 bis 30 mm. Es gibt eine Reihe ähnlich gefärbter Arten, die sich durch die Form und Anordnung der dunkleren Querstreifen und Makeln unterscheiden. Die Raupe lebt von August bis September an zahlreichen krautigen Pflanzen, z. B. Kratzdistel, Gamander, Melde und Flockenblume. Die Falter fliegen in den Monaten Juni und Juli.

772 *Pyrausta sticticalis*
Wiesen- und Rübenzünsler
Spannweite 24 bis 28 mm. Frisch geschlüpfte Falter sind durch die schmale leuchtend gelbe Querbinde am Flügelhinterrand kenntlich. Typisch ist auch der gelbe Fleck in der Flügelmitte. Die Raupen leben von Juni bis Juli an Rübe, Luzerne, Klee u. a. und treten oft

a 766 *Haritala ruralis*; b 767 *Eurrhypara hortulata*; c 769 *Ostrinia nubilalis*; d 772 *Pyrausta sticticalis*; e 770 *Pyrausta purpuralis*; f 768 *Ostrinia palustralis*; g 771 *Pyrausta verticalis*

als Schädlinge an diesen Kulturpflanzen auf. Die Falter fliegen in 2 Generationen von Juni bis September.

Familie *Geometridae* Spanner

Von den etwa 12 000 Arten sind über 400 im Gebiet verbreitet. Typisch für viele Arten ist das Zeichnungsmuster, Binden oder Streifen, die sich oft vom Vorder- auf den Hinterflügel fortsetzen. In Ruhe werden die Flügel fast immer flach ausgebreitet. Den Raupen fehlen die Bauchfüße am 6., 7. und meist auch am 8. Segment, dadurch entsteht die typische «spannende» Fortbewegung (s. S. 324). Eine Reihe von Arten sind zeitweise große Forstschädlinge.

773 *Brephos parthenias* (= *Archiearis parthenias*)
Großes Jungfernkind
Spannweite 35 bis 45 mm. Fliegt schon von Ende März bis Ende April bei Sonnenschein in parkähnlichen Landschaften, Birkenwäldern und Heidegebieten, vorwiegend auf Sandboden. Die Raupen leben von Mai bis Juli in den Zweigspitzen von Birken.

774 *Hipparchus papilionaria* (= *Geometra papilionaria*)
Grünes Blatt
Spannweite 40 bis 50 mm, in lichten Birkenwäldern, an Rändern von Mischwäldern, in Gärten und Parklandschaften. Der Falter fliegt von Ende Juni bis Ende August, die Raupe lebt von August bis Juni (überwinternd) an verschiedenen Laubbäumen. Färbung und Zeichnung variieren. Die innere Querlinie kann ganz verschwinden (= f. *obsoletaria*), die grüne Farbe kann sich über hellgelb (= f. *lutescens*) bis weiß (= f. *alba*) ändern.

775 *Calothysanis amata* (= *Timandra amata*, = *T. griseata*)
Spannweite 18 bis 22 mm, in Auwäldern, auf feuchten Heiden und an Waldrändern, in Gärten und Parklandschaften. Die Raupen leben in 2 Generationen von September bis Mai und von Juli bis August an Ampfer- und Knötericharten. Die Falter fliegen von Anfang Mai bis Anfang Juli und Mitte Juli bis Anfang Oktober. Besonders markant ist als Bestimmungsmerkmal die vorspringende Ecke am Außenrand der Hinterflügel.

a 776 *Sterrha muricata*; b, c 774 *Hipparchus papilionaria* mit Raupe; d 777 *Lythria purpurata*; e 775 *Calothysanis amata*; f 778 *Cidaria fluctuata*; g 779 *Cidaria procellata*; h 780 *Horisme corticata*

776 *Sterrha muricata* (= *Acidalia muricata*, = *Idaea muricata*)

Spannweite 18 bis 22 mm, kommt auf Moorwiesen, an grasigen Waldrändern und auf mageren Wiesen vor. Die Raupen leben von August bis Mai (überwinternd) an verschiedenen Pflanzen (Spitzwegerich, Knöterich, Sumpf-Labkraut, Blutauge, Brombeere, Himbeere, Heidekraut). Die Falter fliegen von Mitte Juni bis Ende August. In der Färbung erinnert die Art an einige Zünslerarten (s. S. 317). Es gibt Exemplare mit vorwiegend gelb oder vorwiegend purpurrot gefärbten Flügeln.

777 *Lythria purpurata*
Purpurspanner

Spannweite 20 bis 25 mm, vorwiegend auf kalkarmen, sandigen Böden, auf Ödländereien, warmen Hängen, trockenen Heiden und Torfmooren. Die Raupen leben in der 1. Generation von August bis September und in der 2. Generation im Juni auf dem Kleinen Ampfer und dem Wiesensauerampfer. Die 1. Generation fliegt von Ende April bis Mitte Juli, die 2. Generation Anfang Juni bis Ende August. Die Form der Binden variiert, es gibt sogar Formen mit völlig roten Vorderflügeln.

778 *Cidaria fluctuata* (= *Larentia fluctuata*, = *Xanthorhoe fluctuata*)
Gartenspanner

Spannweite 25 bis 28 mm. Er zeigt das für die artenreiche Gattung typische Zeichnungsmuster aus mehreren dunklen Querlinien und kommt an Waldrändern, in Auen, Ufergebieten, in Gärten und Parklandschaften vor. Die Raupen leben in 2 Generationen von

a 784 *Abraxas grossulariata*; b 782 *Eupithecia venosata*; c 773 *Brephos parthenias*; d 783 *Lithostege farinata*; e 785 *Opisthograptis luteolata*; f, g 781 *Operophthera brumata* f ♂, g ♀; h 786 *Pseudopanthera macularia*

August bis Oktober und von Mai bis Juni vor allem an Kreuzblütlern wie Kohl, Meerrettich, Knoblauchsrauke, Rauke und Steinkraut. Die Falter fliegen von Mitte April bis Ende Juni und von Anfang Juli bis Anfang Oktober. Form und Länge der Mittelbinde variieren stark.

779 *Cidaria procellata* (= *Larentia procellata*, = *Melanthia procellata*)
Spannweite von 30 bis 34 mm. Kommt in Gärten und auf Lichtungen, an Laub- und Mischwaldrändern und an warmen Hängen vor, wo auch die Futterpflanze der Raupe, die Gemeine Waldrebe, zu finden ist. Die Raupen leben in 2 Generationen von August bis September und von Juni bis Juli. Die Falter fliegen von Mitte Mai bis Anfang Juli und von Mitte Juli bis Anfang September. Die Art ist erst vor etwa 40 Jahren durch das Elbtal nordwärts gewandert.

780 *Horisme corticata* (= *Phibalopteryx corticata*)
Spannweite 23 bis 27 mm. An warmen Hängen und Lehnen, in Felstälern, in Weinbergsgebieten, aber auch in Gärten und Parklandschaften. Die Raupen leben in 2 Generationen von August bis September und von Juni bis Juli an der Gemeinen Waldrebe und anderen Arten der Gattung *Clematis*. Die Falter fliegen von Mitte April bis Anfang Juli und von Ende Juli bis Ende September. Diese aus dem Schwarzmeergebiet stammende Art ist erst in den letzten 40 Jahren durch das Elbtal nordwärts vorgedrungen, sie hat jetzt schon den Harzrand erreicht.

781 *Operophthera brumata* (= *Cheimatobia brumata*)
Kleiner Frostspanner
Männchen Spannweite 22 bis 28 mm. Ein fast alljährlich auftretender bedeutender Obstbaumschädling. Die Raupen leben von Mai bis Juni an verschiedenen Obstbaumarten, aber auch an anderen Laubhölzern. Das Männchen hat normal entwickelte Flügel, es fliegt von Oktober bis Dezember, das Weibchen besitzt nur Stummelflügel. Die 200 bis 300 Eier werden in der Nähe der Winterknospen gelegt.

782 *Eupithecia venosata* (= *Tephroclystia venosata*)
Spannweite 17 bis 22 mm. Gehört zur artenreichen Gattung der Blütenspanner, deren Raupen in den Blütenständen zahlreicher Pflanzenarten leben. Viele Arten sehen sich sehr ähnlich, so daß sie nur durch den Genitalbau unterschieden werden können. Die hier angeführte Art fällt durch die markante Streifenzeichnung besonders auf. Die Raupen leben von Juli bis August in den Kapseln von Taubenkropf und manchmal an anderen *Silene*-Arten. Die Falter fliegen von Ende Mai bis Ende Juli an Waldrändern, warmen Hängen, Heiden und in parkähnlichen Landschaften.

783 *Lithostege farinata*
Mehlspanner
Spannweite 25 bis 32 mm. Überall im Gebiet im Flachland an wärmeren Stellen verbreitet. Bevorzugt Felder, Ödländereien, Schuttplätze und Gärten. Die Raupe lebt von Juni bis Juli an verschiedenen Kreuzblütlern, wie z. B. Sophienkraut, Wegerauke, Ackersenf, Hederich, Knoblauchsrauke. Die Falter fliegen von Mai bis Juli. Der deutsche Name bezieht sich auf die Färbung und nicht auf die Lebensweise.

784 *Abraxas grossulariata*
Stachelbeerspanner
Spannweite 35 bis 40 mm. Eine der größeren Arten der Familie. Die Raupen leben von August bis Juni (überwinternd) an Stachelbeere, Johannisbeere, Schlehe, Traubenkirsche, Pfirsich, Pfaffenhütchen, Hasel und Weide. Die Falter fliegen von Mitte Juni bis Ende August. Vor etwa 30 Jahren war die Art noch sehr häufig und oft im Gartenbau schädlich, gegenwärtig ist sie aus vielen Gebieten völlig verschwunden oder sehr selten. Die markante Färbung erinnert an den Zünsler *Eurrhypara hortulata* (767). Es existieren zahlreiche Formen, bei denen die gewöhnlich schwarzen und gelben Zeichnungselemente andersfarbig sind.

785 *Opisthograptis luteolata*
Gelbspanner
Spannweite 32 bis 37 mm. Durch seine markante Färbung und Zeichnung nicht mit anderen Arten zu verwechseln. Lebt in lichten Laub- und Mischwäldern, auf Heiden, an Hecken, in Gärten und in Parklandschaften. Die Raupe findet man von Juli bis August an Weißdorn, Schlehe, Eberesche, Weide, Heckenkirsche u. a. Die Falter fliegen von April bis Juli.

786 *Pseudopanthera macularia* (= *Venilia macularia*)
Spannweite 23 bis 28 mm. In gebüschreichen Laubwäldern, an Waldrändern, in Hecken, aber auch in Schonungen, auf Lichtungen, Wiesen und an Gewässerufern vorhanden. Die Raupen leben von Juli bis September an verschiedenen krautigen Pflanzen (Taubnessel, Ziest, Hauhechel, Minze). Die Falter fliegen von April bis Juli. Die markante Fleckenzeichnung kann in Form und Farbe variieren.

787 *Ourapteryx sambucaria*
Holunderspanner, Nachtschwalbenschwanz
Spannweite 32 bis 40 mm. Diese Art gehört zu den größten Spannern. Sie ist überall im Gebiet verbreitet. Die Raupe lebt von August bis Juni an Holunder, Efeu, Gemeiner Waldrebe, Espe, Johannisbeere, Stachelbeere, Flieder,

a 787 *Ourapteryx sambucaria*; b 790 *Bupalus piniarius* ♂; c, d 789 *Erannis defoliaria* c ♀, d ♂; e, f 788 *Biston betularia* normale und schwarze Form

Schlehe u. a. Der Falter fliegt von Juni bis August. Die Form der spitz ausgezogenen Hinterflügel erinnert etwas an die Flügel des Schwalbenschwanzes (860).

788 *Biston betularia* (= *Amphidasis betularia*)
Birkenspanner
Spannweite 35 bis 60 mm, überall im Gebiet, in lichten Wäldern, Schonungen, auf Lichtungen, aber auch an Wald- und Straßenrändern, in Gärten und Parklandschaften. Die Raupen leben von Juli bis Oktober an zahlreichen Baumarten, die Falter fliegen von Mai bis Juli. Erstmals 1848 fand man in England die schwarze Form (f. *carbonaria*), die heute in vielen Gebieten mit Ausnahme des Südens die normal gefärbte verdrängt hat.

789 *Erannis defoliaria* (= *Hybernia defoliaria*)
Großer Frostspanner
Männchen Spannweite 30 bis 40 mm. In Laub- und Mischwäldern, Obstanlagen und Gärten verbreitet. Die Raupen leben von Mai bis Juli an zahlreichen Laubhölzern und verursachen gelegentlich durch Fraß größere Schäden. Die Männchen fliegen von September bis Dezember. Die Flügelzeichnung und -färbung der Männchen variieren stark. Die Weibchen sind flügellos.

790 *Bupalus piniarius*
Kiefernspanner
Spannweite 28 bis 35 mm. Überall im Gebiet in Kiefern- und Nadelmischwäldern verbreitet, ein gefürchteter Schädling an der Kiefer. Die Raupen leben von Juli bis Oktober an Kiefern, selte-

Brauner Bär
a
b
c
d
Blutbär
Jakobskraut-Bär
e
Weiße Tigermotte
f
♀
g
♂ Schwammspinner
h
Nonne

ner an Fichte, Weißtanne oder Wacholder. Die Verpuppung erfolgt im Spätherbst im Boden. Vor allem in Kiefernwäldern auf schlechteren Standorten treten Massenvermehrungen auf. Durch Winterbodensuche, bei der die Puppen auf Kontrollflächen ausgezählt werden, kann der im Folgejahr zu erwartende Schaden prognostiziert werden. Diese Methode der Schädlingsüberwachung wird für verschiedene andere Forstschädlinge (u. a. Forleule, Kiefernschwärmer, Kiefernbuschhornblattwespe) ebenfalls angewandt. Die Falter fliegen von April bis Juli. Die Geschlechter sehen verschieden aus. Die Flügel der Männchen sind deutlich zweifarbig, die der Weibchen braun bis schwarzbraun mit rostfarbenen Querbinden.

Familie *Arctiidae*
Bärenspinner

Von den etwa 5 000 Arten dieser Familie kommen ungefähr 60 in Mitteleuropa vor. Die Falter sind meist plump gebaut, lebhaft gefärbt und fliegen sowohl am Tage als auch in der Nacht. In der Ruhe werden die Flügel dachartig über den Körper gelegt. Die Raupen sind lang behaart und leben an krautigen Pflanzen.

791 *Spilosoma menthastri*
Weiße Tigermotte
Spannweite 38 bis 45 mm. Kommt überall im Gebiet vor. Die Raupen leben von Juni bis September an verschiedenen Pflanzen, z. B. Löwenzahn, Brennessel, Taubnessel, Knöterich, Ampfer. Die Falter fliegen von Mai bis Juli und kommen gern ans Licht. Bei starker Berührung stellen sie sich tot. Dabei wird der Hinterleib nach vorn gekrümmt, so daß die bunten Flecke der Unterseite sichtbar werden.

a, b 792 *Arctia caja*; c, d 793 *Hipocrita jacobaeae*; e 791 *Spilosoma menthastri*;
f, g 794 *Lymantria dispar* f ♀, g ♂;
h 795 *Lymantria monacha* ♀

792 *Arctia caja*
Brauner Bär
Spannweite 45 bis 65 mm. Einer der größten heimischen Vertreter der Familie der Bärenspinner. Überall im Gebiet vertreten, man findet ihn in Kulturlandschaften wie auch an buschigen Hängen, in Fluß- und Bachtälern und an Waldrändern. Die Raupe lebt von September bis Juni an verschiedenen Futterpflanzen, z. B. Löwenzahn. Im Frühjahr sonnt sie sich gern. Die dichte Behaarung ist familientypisch. Die Verpuppung erfolgt in einem mit Raupenhaaren besetzten Gespinst. Die Falter fliegen von Juli bis August, sie kommen sehr spät in der Nacht ans Licht. Das Zeichnungsmuster der Flügel variiert sehr stark. Wird der sitzende Falter berührt, breitet er die Vorderflügel aus, und die bunten Hinterflügel werden sichtbar. Bei stärkerer Reizung wird ein Sekret ausgeschieden, das Fraßfeinde abschrecken soll.

793 *Hipocrita jacobaeae* (= *Thyria jacobaeae*)
Blutbär, Jakobskrautbär
Spannweite 32 bis 42 mm. An sonnigen halbfeuchten Hängen, an Waldrändern, in Steinbrüchen, im Gebirge an Bach- und Flußläufen zu finden. Die zebraartig gestreiften Raupen leben von Juli bis September auf Jakobs-Kreuzkraut, in den Alpen auch an Pestwurz und Huflattich. Die auffallende Färbung ist eine Warntracht, da die Raupen ungenießbar sind. Die Falter fliegen von Mai bis Juli.

Familie *Lymantriidae*
Trägspinner, Schadspinner

Von den etwa 1 900 Arten dieser Familie sind 17 in Mitteleuropa verbreitet. Kennzeichnend sind die stark gekämmten Fühler, besonders der Männchen. Die Weibchen bedecken die Eigelege mit Afterwolle. Die Raupen tragen entweder Haarbüschel oder behaarte bunte Warzen auf dem Rücken. Zahlreiche Arten können in der Land- und Forst-

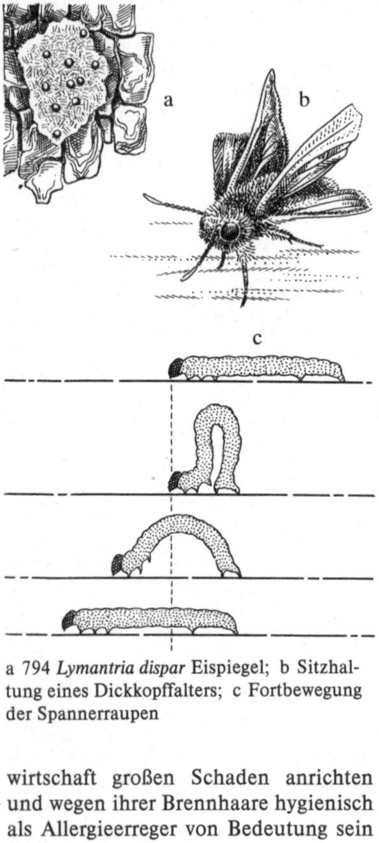

a 794 *Lymantria dispar* Eispiegel; b Sitzhaltung eines Dickkopffalters; c Fortbewegung der Spannerraupen

wirtschaft großen Schaden anrichten und wegen ihrer Brennhaare hygienisch als Allergieerreger von Bedeutung sein (z. B. der Goldafter).

794 *Lymantria dispar*
Schwammspinner

Männchen Spannweite 35 bis 45 mm, Weibchen 65 bis 70 mm. Auf der gesamten nördlichen Halbkugel. Die Falter fliegen von Juli bis August. Die Eier werden alle zusammen in Spiegeln an Baumrinde gelegt und mit Afterwolle schwammartig bedeckt. Nach dem Schlüpfen im April wandern die Raupen in die Baumwipfel und bei Massenvermehrung kommt es zu Kahlfraß. Auffallend sind die roten und blauen Flecken auf der Raupenoberseite. Die leicht abbrechenden Haare der Raupen können starke allergische Reaktionen verursachen. Im Juli wandern die Raupen stammabwärts und verpuppen sich an der Rinde hinter einem weitmaschigen Gitter aus Seidenfäden.

795 *Lymantria monacha*
Nonne

Spannweite 30 bis 50 mm. In Fichten- und Kiefernmonokulturen können im Abstand von mehreren Jahren Massenvermehrungen auftreten, deren Folge Kahlfraß auf riesigen Flächen sein kann. Aus solchen Massenvermehrungs-Gebieten beginnen oft Wanderflüge der Falter, so daß in den folgenden Jahren der Schaden sich auf andere Gebiete ausdehnt. Die Raupen leben von April bis Juni an Fichte, Kiefer, Lärche, Eiche, Linde u. a., die Falter fliegen von Juli bis September. Die Zeichnung der Vorderflügel variiert, vielfach treten verdunkelte Formen auf, vor allem bei den Männchen, die kleiner als die Weibchen sind.

Familie *Noctuidae*
Eulenfalter, Eulen

Mit etwa 20 000 Arten die artenreichste Schmetterlingsfamilie. Im Gebiet mit etwa 500 Arten vertreten. Von vorn gesehen erinnern sie mit den großen Augen und dem Schuppenschopf auf dem Thorax an eine Eule. Im Zeichnungsmuster sind fast immer die Ring-, Nieren- und Zapfenmakel auf den Vorderflügeln typisch. In Ruhe werden die Flügel dachartig über den Hinterleib gelegt. Die Raupen leben meist an krautigen Pflanzen, an Sträuchern oder Bäumen, manche aber auch in Stengeln und Wurzelstöcken.

796 *Agrotis segetum* (= *A. segetis*)
Wintersaateule

Spannweite 27 bis 40 mm. In den Steppen- und Landwirtschaftsgebieten Europas und Asiens verbreitet. Die Raupen leben in 2 Generationen von September bis April und von Juli bis August im Boden an Wurzeln zahlreicher krautiger Pflanzen, auch an Gräsern. Die Falter fliegen von Mai bis Juli und August bis Oktober. In manchen Jahren verursachen die Raupen großen Schaden an landwirtschaftlichen Kulturen. Von einigen verwandten Arten ist die Wintersaateule teilweise schwer zu unterscheiden, da die Färbung variiert. Die Hinterflügel sind immer weiß.

797 *Xestia c-nigrum* (= *Rhyacia c-nigrum*, = *Asgrotis c-nigrum*)
Schwarzes C

Spannweite 38 bis 42 mm. Im Gebiet überall häufig. Die 2 Generationen der Raupen leben von September bis April und von Juni bis Juli an verschiedenen krautigen Pflanzen. Die Falter fliegen von April bis Juli und von Juli bis September. Im Frühsommer wandern oft zahlreiche Falter aus dem Süden in unser Gebiet ein, im Herbst wandert ein großer Teil der 2. Generation wieder nach dem Süden zurück.

798 *Axylia putris* (= *Rhyacia putris*, = *Agrotis putris*)

Spannweite 33 bis 38 mm. Überall im Gebiet in Flußniederungen, Auen, an Waldrändern, in Heidegebieten, Gärten und Parks vorhanden. Die Raupen leben von Juni bis September an verschiedenen krautigen Pflanzen, auch an deren Wurzeln. Die Falter fliegen von Mai bis August.

799 *Noctua pronuba* (= *Triphaena pronuba*, = *Agrotis pronuba*)
Hausmutter

Spannweite 45 bis 55 mm. Zusammen mit einigen anderen Arten dieser Gattung fällt die Art durch die gelben Hinterflügel auf. Die Form und Größe des dunklen Streifens auf dem Hinterflügel unterscheidet die einzelnen Arten. Die Raupen leben von August bis zum Mai an verschiedenen krautigen Pflanzen,

a 796 *Agrotis segetum*; b 797 *Xestia c-nigrum*; c 799 *Noctua pronuba*; d 798 *Axylia putris*; e 801 *Cerapteryx graminis*; f 800 *Mamestra persicariae*; g 802 *Mythimna conigera*

an Gräsern sowie an Gemüsearten. Der Falter fliegt von Mai bis September. Die Färbung der Vorderflügel variiert sehr stark.

800 *Mamestra persicariae* (= *Polia persicariae*)
Flohkrauteule
Spannweite 37 bis 40 mm. Auf Lichtungen, Auen, Feldern, in Gärten und an Waldrändern. Die Raupen leben von Juli bis Oktober an krautigen Pflanzen, aber auch an Weide, Schlehe, Holunder und Himbeere. Die Falter fliegen von Mai bis August. Von ähnlichen Arten durch die markanten weißen Nierenmakel deutlich unterschieden.

801 *Cerapteryx graminis*
Dreizack-Graseule
Spannweite 32 bis 35 mm. Vermooste Wiesen, in grasigen Schonungen und Kiefernwäldern. Die Raupen leben von Oktober bis Mai an Graswurzeln. In feuchteren Gebieten (in Mittelgebirgen und im nördlichen Tiefland) auf Wiesen und Grasflächen werden sie oft schädlich. Die Art fehlt in trockenen, warmen Gegenden oder auf Kalkböden oder ist dort selten. Die Falter fliegen von Juni bis August.

a 803 *Cucullia argentea*; b 804 *Staurophora celsia*; c 805 *Antitype chi*; d 806 *Xanthia togata*

802 *Mythimna conigera*
Spannweite 30 bis 35 mm. Überall im Gebiet an Waldrändern, Hängen und Lehnen, an Gewässerufern, auf Tal- und Moorwiesen, in buschigen Heiden und in Gärten. Die Raupen leben von August bis Mai an Gräsern; die Falter fliegen von Juni bis August.

803 *Cucullia argentea*
Silbermönch
Spannweite 40 bis 43 mm. Während die anderen Arten dieser Gattung in der Färbung sehr einförmig sind und oft nur durch den Genitalbau sicher unterschieden werden können, fällt der Silbermönch durch seine Zeichnung auf. Die Raupen leben von August bis September an Feldbeifuß. Die Falter fliegen von Juni bis August. Die Art kommt auf trockenen Standorten vor und hat in der DDR die Westgrenze ihrer Verbreitung.

804 *Staurophora celsia* (= *Calotaenia celsia*, = *Jaspidea celsia*)
Malachiteule
Spannweite 37 bis 42 mm. Im Gebiet in lichten Kiefernwäldern, trockenen Nadelholzbeständen, an Heiderändern, vorwiegend auf Sandböden. Die grüne Färbung läßt keine Verwechslung mit anderen Arten zu. Die Raupen leben von Juni bis August an den Wurzeln zahlreicher Grasarten, die Falter fliegen von September bis Oktober.

805 *Antitype chi* (= *Polia chi*)
Graueule
Spannweite 32 bis 37 mm. Lebt an Wald-, Wiesen- und Moorrändern, in Gebirgstälern, auf Lichtungen und in

a 807 *Amphipyra pyramidea*; b 809 *Apamea lateritia*; c 810 *Trachea atriplicis*; d 808 *Apamea monoglypha*

grasigen Kiefernwäldern. Die Raupen fressen von Mai bis August an krautigen Pflanzen, z. B. Labkraut, Wachtelweizen, Sauerampfer, Aster, Taubenkropf, Gänsedistel, aber auch an Gehölzen, wie Besenginster und Heckenkirsche. Die Falter fliegen von August bis Oktober.

806 *Xanthia togata* (= *X. lutea*, = *Cosmia lutea*)
Weidengelbeule

Spannweite 27 bis 30 mm. Überall im Gebiet in Flußniederungen, an Ufern von Bächen, Teichen und Seen, an Waldrändern, in Wiesentälern und in Moorgebieten. Die Raupen leben von März bis Mai in den Kätzchen der Salweide und anderer Weidenarten, später an krautigen Pflanzen, z. B. Löwenzahn. Die Falter fliegen von Juli bis Oktober. Einige Arten dieser Gattung mit ähnlicher Lebensweise unterscheiden sich durch die Anordnung der Binden und Flecken auf den gelben Flügeln.

807 *Amphipyra pyramidea*
Pyramideneule

Spannweite 40 bis 52 mm. In der Laubwaldzone Europas und Asiens verbreitet, vor allem in Mischwäldern, in Obstanlagen, Alleen und Gärten. Die Raupen leben von Mai bis Juni an den Blättern von zahlreichen Laubbaumarten. Die hellgrüne Raupe hat ein spitz nach oben ausgezogenes 11. Segment, das von der Seite pyramidenförmig aussieht. Diese Form gab der Art ihren Namen. Die Falter fliegen von Juli bis Oktober. Tagsüber sitzen sie oft in größerer Anzahl in hohlen Bäumen oder Nistkästen.

808 *Apamea monoglypha* (= *Parastichtis monoglypha*, = *Hadena monoglypha*)
Wurzelfresser

Spannweite 45 bis 55 mm. Die Art gehört zu den großen Vertretern der Eulenfamilie. Im Gebiet in Wäldern, Mooren, auf Wiesen, Auen, in Ufergebieten, Brachen und in Gärten verbreitet. Die Raupen leben von September bis Mai an Wurzeln verschiedener Gräser (Lolch, Reitgras, Knäuelgras, Trespe, Quecke u. a.), gelegentlich im Getreide schädlich. Die Falter fliegen von Mitte Juni bis Mitte September. Die Flügelzeichnung und -färbung variieren stark, deshalb werden einige Formen unterschieden.

809 *Apamea lateritia* (= *Parastichtis lateritia*, = *Hadena lateritia*)
Ziegelrote Graseule
Spannweite 40 bis 45 mm. An Waldrändern, Blößen, auf Lichtungen, in Heidegebieten, in Wiesentälern. Die Raupen leben von August bis zum Mai an Gräsern und deren Wurzeln, die Falter fliegen von Juni bis August.

810 *Trachea atriplicis*
Grüne Meldeneule
Spannweite 38 bis 42 mm. Im gesamten Gebiet in feuchten Wäldern, an Wiesenrändern, in Auen, auf Brachen, Äkkern, in Gärten in der Umgebung von Ortschaften verbreitet. Die Raupen leben von September bis Oktober und von Juli bis August an verschiedenen Pflanzen wie Melde, Gänsefuß, Knöterich, Ampfer, Brennessel und Taubnessel. Die Falter fliegen von Mai bis September.

811 *Cosmia trapezina* (= *Calymnia trapezina*)
Trapez-Eule
Spannweite 25 bis 33 mm. In Laub- und Mischwäldern, Auen, auf Feld- und Wiesenrändern und in Gärten. Die Raupen leben von Mai bis Juni an Laubbäumen, z. B. Eiche, Linde, Hainbuche, Ulme, Weide. Die Raupen überfallen auf diesen Fraßpflanzen Raupen anderer oder der gleichen Art und fressen sie auf. Sie werden als Mordraupen bezeichnet. Durch die Vernichtung von Schädlingen, z. B. Eichenwicklern und Frostspannern, werden sie nützlich.

812 *Panolis flammea* (= *P. piniperda*)
Forleule, Kieferneule
Spannweite 30 bis 35 mm. Eine Bewohnerin von Kiefernwäldern und Mischwäldern, vorwiegend auf Sandböden. Die Raupen leben von Mai bis Juli

a 811 *Cosmia trapezina*; b 813 *Lithacodia deceptoria*; c, d 812 *Panolis flammea*; e 814 *Pseudoips fagana*; f 817 *Diachrysia chrysitis*; g 816 *Callistege mi*; h 819 *Scoliopteryx libatrix*; i 818 *Autographa gamma*

815 *Catocala nupta*

an Waldkiefer, Weymouthskiefer oder Fichte. In größeren Zeitabständen kommt es zu Massenvermehrungen. Die Falter fliegen von März bis April. Die Färbung der Vorderflügel kann auch grau sein. Die Eier werden in Zeilen an die Kiefernnadeln abgelegt.

813 *Lithacodia deceptoria* (= *Erastria deceptoria*)

Spannweite 20 bis 22 mm. Ein sehr kleiner Vertreter der Familie. An Wald- und Wiesenrändern, auf Lichtungen, in Wiesentälern und auf moorigen Wiesen. Die Raupen leben von Juli bis August an verschiedenen Wiesengräsern, die Falter fliegen von Mai bis Juli. In diesem Jahrhundert hat die Art ihr Verbreitungsgebiet deutlich nach Norden hin ausgedehnt.

814 *Pseudoips fagana* (= *Hylophila prasinana*, = *Bena fagana*)
Kleiner Kahnspinner, Jägerhütchen

Spannweite 30 bis 35 mm. Überall im Gebiet in Laub- und Laubmischwäldern, in Auwäldern und Gärten. Die Raupen fressen von Juni bis September an Laubbäumen wie Buche, Eiche, Hainbuche, Birke, Esche, Hasel. Die Falter fliegen von Mai bis Juli. Während die Weibchen weiße Hinterflügel haben, sind die der Männchen grünlich-gelb. Die Umrandung der Vorderflügel ist beim Männchen stärker rot als beim Weibchen. Ebenso wie einige andere ähnlich gefärbte Arten spinnen die Raupen kahnförmige Puppengespinste.

815 *Catocala nupta*
Rotes Ordensband

Spannweite 65 bis 85 mm. Zusammen mit einigen ähnlich gefärbten Arten gehört diese Art zu den größten einheimischen Eulen. Sie fliegt von Juli bis Oktober in feuchten Laubwäldern an Gewässern, in Auwäldern, Wiesentälern und Gärten. Tagsüber sitzen die Falter an Baumstämmen. Bei Störungen breiten sie ruckartig die Flügel aus und zeigen die leuchtend roten Hinterflügel. Sie wirken als Schreckfarbe, so daß der Falter oft von seinen Feinden verschont wird. Die Raupen leben von Mai bis Juni an Weide und Pappel.

816 *Callistege mi* (= *Gonospileia mi*, = *Euclidia mi*)
Scheck-Tageule

Spannweite 25 bis 30 mm. Auf Wald- und Talwiesen, an Waldrändern, auf Kleefeldern, Lichtungen, in Heidegebieten. Die Raupen leben in 2 Generationen von September bis Oktober und von Juni bis August an krautigen Pflanzen (Klee, Ampfer, Wicke, Luzerne, Steinklee u. a.). Da die ersten beiden Bauchfußpaare verkümmert sind, bewegt sich die Raupe spannerartig. Bei Störungen rollte sie sich zusammen und läßt sich fallen. Verpuppung in einem Kokon, der in einem zu einer

Rolle zusammengesponnenen Grashalm eingewoben ist. Die Falter fliegen am Tage von Mai bis Juli und von August bis September. In nördlichen Gebieten tritt im Jahr meist nur 1 Generation auf.

817 *Diachrysia chrysitis* (= *Phytometra chrysitis*, = *Plusia chrysitis*)
Messingeule

Spannweite 38 bis 45 mm. An Gewässerufern, Waldrändern, Lichtungen, in Gärten und Parks. Die Raupen leben in 2 Generationen von September bis Mai und von Juni bis Juli an zahlreichen krautigen Pflanzen wie Taubnessel, Hohlzahn, Löwenzahn, Wegerich, Vergißmeinnicht, Brennessel, Ziest, Dost und Natterkopf. Die Falter, auffallend durch die goldschillernden Flügelpartien, fliegen von Mai bis Oktober. Sie sind eifrige Blütenbesucher. Beim Nektarsaugen sitzen sie mit schwirrenden Flügeln auf der Blüte.

818 *Autographa gamma* (= *Phytometra gamma*, = *Plusia gamma*)
Gammaeule

Spannweite 35 bis 40 mm. Überall im Gebiet, vor allem auf Acker- und Gartenland. Die Raupen leben von Mai bis September auf krautigen Pflanzen wie Taubnessel, Ziest, Klee, Flachs, Kohl, Tabak u. a. Die Falter fliegen von Mai bis Oktober. Die Art ist ein Wanderfalter. Jährlich kommen von Juli bis August aus dem Süden Falter nach Mitteleuropa, sie wandern selbst über hohe Alpenpässe nach Mitteleuropa ein, in manchen Jahren erreichen die Flüge Skandinavien. Man kann in Jahren des Masseneinwanderns die Falter tagsüber beim Blütenbesuch beobachten. Die Raupen sterben beim Überwintern meist alle ab, so daß nur die einheimischen Tiere überleben. Im Spätherbst wandern viele Falter wieder nach dem Süden. In milden Wintern überlebt ein Teil der Raupen, und im folgenden Jahr kann es zu Massenvorkommen führen. Dann werden die Raupen, besonders auf Klee-, Erbsen-, Kohl- und Flachsfeldern zu Schädlingen. Das weiße Gamma-Zeichen unterscheidet sie von mehreren ähnlichen Arten.

819 *Scoliopteryx libatrix*
Krebssuppe, Zimteule, Zackeneule

Spannweite 40 bis 50 mm. An Waldrändern, auf Lichtungen, in Weidenkulturen, in Flußniederungen und Gärten verbreitet. Die Raupen leben von Mai bis Juni (1. Generation) und Juli bis September (2. Generation) an Weide und Pappel. Die Falter fliegen von Juni bis Oktober und setzen sich gern an weiße, zum Trocknen aufgehängte Wäsche. Die Falter überwintern oft in Kellern. Man findet im Juni sowohl überwinterte als auch frische Tiere.

820 *Hypena proboscidalis*
Nesselschnabeleule

Spannweite 25 bis 38 mm. Erinnert sehr an einen Spanner. Auffallend sind die stark verlängerten, schnabelartig nach vorn gerichteten Palpen. Die Flügel werden nicht dachförmig über dem Körper getragen. Die Raupen leben in 2 Generationen von August bis Mai und von Juli bis August in Bruch- und Auwäldern, an Gewässerufern, Waldrändern, auf Lichtungen und in Gärten an Brennessel, Waldziest, Hopfen und Giersch. Im Unterschied zur typischen Eulenraupe ist das 1. Bauchbeinpaar verkümmert. Die Falter fliegen von Mai bis Oktober. Das Vorkommen beider Generationen überschneidet sich im August.

821 *Panthea coenobita*
Klosterfrau, Mönch

Spannweite 40 bis 50 mm. Erinnert im Zeichnungsmuster an die Nonne (795). Die deutliche Nierenmakel im Vorderflügel unterscheidet sie aber leicht. Die stark behaarten Raupen leben von August bis Oktober in Schonungen, an Waldrändern und auf Lichtungen an Fichte, Waldkiefer, Tanne, Weymouthskiefer und Lärche. Die Falter fliegen von Mai bis August.

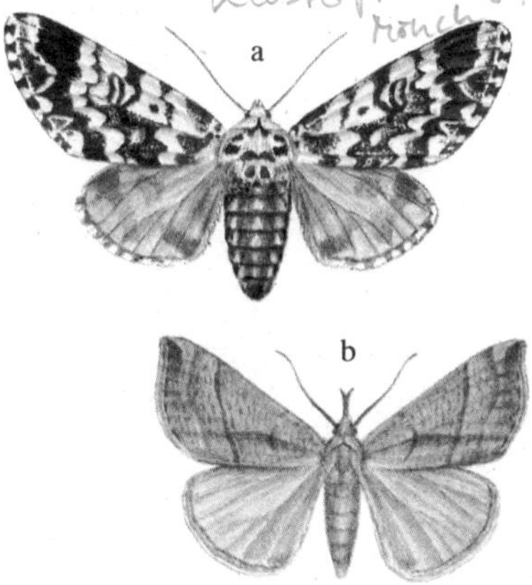

a 821 *Panthea coenobia*; b 820 *Hypena proboscidalis*

Familie *Notodontidae* Zahnspinner

Von den über 2 000 Arten dieser Familie kommen 35 in Mitteleuropa vor. Sie ähneln den Eulenfaltern, haben aber häufig am Innenrand der Vorderflügel einen zahnartigen Vorsprung aus langen Haarschuppen. In Ruhe werden die Flügel dachartig über dem Hinterleib zusammengelegt. Die Raupen haben oft eine bizarre Form und auffällige Färbungen.

822 *Dicranura vinula* (= *Cerura vinula*)
Großer Gabelschwanz
Spannweite 45 bis 70 mm. In der gesamten gemäßigten Zone der Paläarktis, besonders in Feuchtgebieten. Die Raupen leben von Juni bis September an Blättern von Weide oder Pappel. Die frisch geschlüpften Eiraupen sind schwarz mit roten Nackendornen und 2 rotweiß geringelten Anhängen am Hinterleibsende. Bei Störung werden diese nach vorn gestreckt und es treten rote, sich ringelnde Fäden aus, die den Feind irritieren und abschrecken sollen. Nach jeder Häutung ändern sie ihre Färbung. Die Altraupen sind grün mit einem dunklen Sattelfleck, einer roten Umrandung der Kopfkapsel und 2 großen Augenflecken über dieser. Aus einer Spalte unter dem Kopf spritzen sie Feinden eine ätzende Flüssigkeit entgegen. Die Raupe sitzt meist an der Unterseite der Äste, so daß der dunkle Sattelfleck mit dem Schatten verschmilzt und den Körperumriß dadurch auflöst. Eine ähnliche Tarnung kann man bei der Raupe des Zitronenfalters (859) beobachten, die dem einfallenden Licht ihre dunklere Rückenpartie zukehrt. Die Falter fliegen von April bis Juli. Die Puppe liegt in einem festen Gespinst aus Holzspänen.

823 *Stauropus fagi*
Buchenspinner
Spannweite 45 bis 60 mm. Kommt in der Laubwaldzone Europas vor. Die Raupen leben von Juni bis September in Buchenwäldern, besonders in jungen Stangengehölzen, an Rändern von Blößen und Schneisen, in Auengehölzen, an warmen Hängen mit alten Laubbäumen an Eiche, Linde, Birke, Hainbuche, Weißdorn und Apfel. Sie sind besonders auffällig durch die stark verlängerten Beine, die bei Beunruhigung bizarr nach oben gestreckt werden. Die Falter fliegen von April bis Juli.

824 *Phalera bucephala*
Mondvogel
Spannweite 42 bis 55 mm. In Laubwäldern häufig, vor allem an Fluß- und Bachrändern, auf Lichtungen, Blößen und Heiden. Die Raupen leben anfangs gesellig; von Juli bis August u. a. an Weide, Pappel, Eiche, Linde, Birke, Erle. Sie werden von Vögeln nicht gefressen. Die Falter fliegen von Mai bis Juli. Im Sitzen werden die Flügel um den Körper gerollt, und der Falter ist dadurch gut getarnt, er erinnert an einen kurzen Birkenast, wobei der gelbe Fleck am Flügelende die Bruchstelle simuliert.

Familie *Sphingidae* Schwärmer

Von den etwa 1 000 Arten leben 21 in Mitteleuropa. Sie haben lange, schmale

825 *Acherontia atropos*

Vorderflügel und kürzere Hinterflügel sowie einen dicken spindelförmigen Körper. Als schnelle und ausdauernde Flieger können sie große Strecken zurücklegen. Fast alle Arten sind nachtaktiv und saugen, kolibriartig vor den Blüten rüttelnd, mit ihrem langen Rüssel Nektar. Bevorzugt werden Blüten mit langen Kelchen aufgesucht, z. B. Geißblatt und Seifenkraut. Die Raupen sind nackt und tragen am Hinterleibsende ein Horn. Sie sind oft auffallend bunt gefärbt.

825 *Acherontia atropos*
Totenkopf
Spannweite 80 bis 120 mm. Der Totenkopf lebt in Südeuropa und Nordafrika und wandert in manchen Jahren in Mitteleuropa ein. Die Raupen leben dann von Juli bis September an Kartoffel, Bocksdorn, Tollkirsche, Stechapfel und anderen Nachtschattengewächsen. Sie sind leuchtend gelb gefärbt, mit schrägen bläulichen Streifen an den Seiten. Die Falter fliegen von Mai bis Juli (einfliegende Exemplare) und von September bis Oktober (Nachfolgegeneration). Die Falter findet man manchmal in Bienenstöcken, in die sie wegen des Honiggeruches eindringen, um den Honig aufzusaugen. Er kann zirpende Laute von sich geben.

826 *Sphinx pinastri* (= *Hyloicus pinastri*)
Kiefernschwärmer, Tannenpfeil
Spannweite 65 bis 80 mm. In Kiefern- und Fichtenwäldern, vorwiegend an Schneisen und in Schonungen. Die Raupen leben von Juli bis September an Kiefer, Fichte, manchmal Lärche. Die Falter fliegen von Mai bis Juli. Die Eier werden einzeln an die Nadeln gelegt. Die zerstreut lebenden Raupen werden viel von Schlupfwespen und Raupenfliegen befallen, deshalb kommt es nur selten zur Massenvermehrung.

827 *Smerinthus ocellatus*
Abendpfauenauge
Spannweite 70 bis 80 mm. Überall im Gebiet verbreitet, in Flußtälern mit Weidengebüschen, in Auen, Obstanlagen, Gärten und Baumschulen. Die Raupen leben von Juli bis September an Weide, Pappel, Apfel, Birne, Pflaume, Schlehe und Trauben-Kirsche. Die Falter fliegen von Mai bis Juli. Erst beim Fliegen sieht man die Augenflecke auf den Hinterflügeln, die wie beim Tagpfauenauge (846) eine Schreckfärbung darstellen. Bei Störungen breitet der Falter die Flügel ruckartig aus, die Augenflecken werden sichtbar und können den Feind irritieren.

828 *Macroglossum stellatarum*
Karpfenschwanz, Taubenschwänzchen
Spannweite 40 bis 50 mm. Im Gegensatz zu den meisten anderen Arten der Familie fliegt er tagsüber. Er kommt in den südlicheren Teilen des Gebietes an sonnigen Hängen, auf Blößen und Heidewiesen und an warmen Waldrändern vor. Die Raupen leben von September bis Oktober und von Juni bis August in 2 Generationen an Labkraut. Die Falter fliegen von Mai bis Juli und August bis Oktober. Die 1. Generation besteht zum größten Teil aus Tieren, die über die Alpen eingeflogen sind. Ihre Nachkommen bilden die 2. Generation, von der ein Teil wieder zurückwandert.

829 *Pergesa elpenor* (= *Chaerocampa elpenor*, = *Deilephila elpenor*)
Mittlerer Weinschwärmer
Spannweite 45 bis 60 mm. Eine der häufigsten Arten im Gebiet auf Auwaldlichtungen, in Bach- und Flußauen, auf Waldlichtungen, in Schonungen und in Gärten. Die Raupen leben von Juni bis August an Weinrebe, Weidenröschen, Labkraut, Weiderich, Springkraut, Zaunrebe u. a. Die Falter fliegen von Mai bis Juli. Die Raupen sind zuerst grün, später werden sie braun. Die Farbänderung tritt ein, wenn die Raupen so groß sind, daß sie beim Fressen nicht mehr an einzelnen Blättern, sondern am Stengel sitzen. Bei Störungen ziehen sie den Kopf zurück und es werden große Augenflecke auf dem Rücken sichtbar, die als Drohung wirken.

Familie *Lasiocampidae*
Glucken, Wollraupenspinner

Von den etwa 1200 Arten kommen im Gebiet 23 Arten vor. Alle haben eine familientypische Sitzhaltung, die an der Abbildung der Kupferglucke (832) deutlich wird. In Ruhestellung werden die Vorderflügel dachförmig über den Körper gelegt, die Hinterflügel werden zum Teil vorgeschoben. Die Tiere haben dann eine gewisse Ähnlichkeit mit einer aufgeplusterten Glucke. Überwiegend Nachtflieger.

830 *Malacosoma neustria*
Ringelspinner
Spannweite 25 bis 35 mm. Den deutschen Namen hat die Art von der Form der Eigelege, die ringförmig um die Äste angelegt werden. Die Raupen leben von Mai bis Juni in Laubwäldern, Obstanlagen, Gärten und an Landstraßen an Obstbäumen und an anderen Laubbaumarten. Sie fertigen ein gemeinsames Gespinst und fressen gemeinschaftlich. Sie richten gelegentlich große Schäden in Obstanlagen an. Die Falter fliegen von Juni bis August.

831 *Dendrolimus pini*
Kiefernspinner
Spannweite 45 bis 70 mm. Überall im Gebiet in trockenen Kiefernwäldern und in Mischwäldern mit Kiefern verbreitet. In verschiedenen Jahren wird der Kiefernspinner in den Wäldern zu einem bedeutenden Forstschädling. Die Falter fliegen von Juni bis August. Die Färbung ist sehr variabel von hellgrau und hellbraun bis dunkelbraun und schwarz. Die Raupen fressen bis Oktober und überwintern in der Bodenstreu. Im April steigen sie wieder in die Wipfel und fressen bis zum Juni. Eine Raupe kann bis zu 700 Kiefernnadeln verzehren. Die Raupenhaare brechen leicht ab und bohren sich in die Haut, so daß Entzündungen und allergische Reaktionen auftreten können. Die Verpuppung erfolgt an den Zweigen in einem Kokon, in dem die Haare eingesponnen sind.

832 *Gastropacha quercifolia*
Kupferglucke
Spannweite 50 bis 90 mm. Überall im Gebiet in Heiden, Aulandschaften, Obstanlagen, Gärten, Parks und an Landstraßen. Die Raupen leben von September bis Juni an Weide, Schlehe, Eberesche, Kirsche, Pflaume, Apfel, Birne, Hasel, Salweide und Faulbaum.

Gr. Gabelschwanz
a
b
c
d
e
f
g
h
i
j
k
l
m
n
Kiefern-schwärmer
Mittl. Weinschwärmer

Die Falter fliegen von Juli bis Anfang August. Die Sitzhaltung ist ein gutes Beispiel für eine Tarntracht. Der Falter erinnert an ein Blatt und ist im Fallaub kaum zu entdecken. Die Flügelfärbung variiert von kupferfarben bis schwärzlich, bläulich-schimmernd.

Familie *Saturniidae* Pfauenaugen, Augenspinner

Von den etwa 1100 Arten gibt es nur 4 in Mitteleuropa. Tropische Arten der Familie erreichen bis zu 25 cm Spannweite. Die Falter tragen auf den Flügeln oft Augen- oder Fensterflecken. Die Raupen zahlreicher Arten verpuppen sich in Seidenkokons, einige von ihnen werden deshalb zur Seidengewinnung gezüchtet.

833 *Aglia tau*
Nagelfleck

Männchen Spannweite 50 bis 65 mm. In den Laubwäldern der gesamten Paläarktis verbreitet. Die Raupen leben in alten lichten Buchen- und Mischwäldern von Mai bis August auf Buche, Eiche, Birke, Erle, Weide, Schlehe, Apfel, Birne. Sie tragen zuerst mehrere Hörner, nach der 3. Häutung verschwinden diese. Die Falter fliegen von April bis Mai. Die Weibchen sind größer als die Männchen, die Färbung ist meist dunkler. Die Eier werden in langen Reihen an die Baumrinde gelegt.

Rhopalocera Tagfalter, Keulenhörnler

Die nachfolgend behandelten Arten gehören zu den beiden Überfamilien *Hesperioidea* und *Papilionoidea* und werden als Tagfalter zusammengefaßt. Alle Arten sind tagaktiv. Sie besitzen keulen- oder kolbenförmig an der Spitze verdickte Fühler, deshalb werden sie auch als Keulenhörnler bezeichnet.

Überfamilie *Hesperioidea*

Familie *Hesperiidae* Dickkopffalter

Einzige Familie der Überfamilie. Die kolbenförmigen Fühler an der Spitze meist mit einem kleinen Endhaken. Der Kopf sehr breit, breiter als der Thorax, die Fühleransatzstellen weit auseinanderstehend. Körper relativ plump, Flügel nicht sehr groß, sie werden in Ruhestellung meist nicht über dem Rücken zusammengeklappt, sondern schräg nach oben gerichtet (s. S. 324). Die Raupen leben meist zwischen zusammengesponnenen Blättern und verpuppen sich in einem leichten Gespinst. Von den etwa 3000 bekannten Arten sind in Mitteleuropa 25 vertreten.

834 *Ochlodes venatus* (= *Augiades sylvanus*)

Spannweite 25 bis 32 mm, kommt überall im Gebiet vor. Die Raupen leben von September bis Mai an Schwingel, Rispengras, Quecke u. a. Gräsern, die Falter fliegen von Mai bis August. Von ähnlichen Arten durch die Färbung des schrägen dunklen Streifens im Vorderflügel unterschieden.

Überfamilie *Papilionoidea*

Im Gegensatz zur vorhergehenden Überfamilie stehen die Fühleransatzstellen dicht zusammen, der Kopf ist klein, die Augen berühren sich fast. Die großen Flügel werden in Ruhestellung senkrecht über dem Rücken zusammengelegt. Die Falter sind Blütenbesucher, saugen an fließenden Baumsäften oder reifem Obst. Oft sieht man sie auch am Boden an feuchten Stellen sitzen und Wasser aufnehmen. Die Raupen sind nackt, kurz behaart oder

a 824 *Phalera bucephala*; b, c 823 *Stauropus fagi*; d, e 822 *Dicranura vinula*; f 826 *Sphinx pinastri* typische Sitzhaltung der Schwärmer; g 827 *Smerinthus ocellatus*; h 832 *Gastropacha quercifolia*; i 833 *Aglia tau* ♂; j 828 *Macroglossum stellatarum*; k 830 *Malacosoma neustria*; l, m 829 *Pergesa elpenor*; n 831 *Dendrolimus pini*

a 834 *Ochlodes venatus*; b 835 *Strymonidia spini* US und OS; c 836 *Heodes virgaureae* ♂; d 837 *Lycaena phlaeas*

bedornt. Die Verpuppung erfolgt in einer Stürz- oder Gürtelpuppe, frei oder ganz lose eingesponnen am Erdboden.

Familie *Lycaenidae*
Bläulinge

Von den etwa 3 500 Arten sind ungefähr 50 in Mitteleuropa vertreten. Es handelt sich um kleine, meist blau oder rot gefärbte Falter. Bei zahlreichen Arten sind Männchen und Weibchen unterschiedlich gefärbt. Die Raupen sehen asselförmig aus und leben oft mit Ameisen zusammen. Manche Arten sondern Honigtau ab und werden deshalb von den Ameisen betreut. Einige in Ameisenbauen lebende Arten ernähren sich von Ameisenbrut.

835 *Strymonidia spini* (= *Thecla spini*)
Schlehenzipfelfalter

Spannweite 27 bis 32 mm. Im Gebiet an warmen Hängen, an Waldrändern, besonders im Hügelland. Die Raupen leben von Mai bis Juni an Schlehe und Kreuzdorn und werden immer von Ameisen umlagert. Die Falter fliegen von Juni bis August. Die ausgezogene Spitze der Hinterflügel ist typisch für die gesamte Gattung. Bei Beunruhigung werden die Zipfel bewegt und täuschen zusammen mit der Farbmarkierung den Kopf vor, so daß Vögel oft getäuscht werden und beim Zuschnappen nur die Flügelspitzen abreißen.

836 *Heodes virgaureae* (= *Chrysophanus virgaureae*)
Dukatenfalter, Großer Feuervogel

Spannweite 27 bis 32 mm. Überall im Gebiet verbreitet. Fliegt von Juni bis August auf nicht zu nassen Wiesen, an Waldrändern, auch auf Moorwiesen. Die Weibchen haben im Gegensatz zum Männchen eine dunkle Fleckenzeichnung auf gelbrotem Untergrund. Die Raupen leben von April bis Juni an Sauerampfer und Kleinem Ampfer.

837 *Lycaena phlaeas* (= *Chrysophanus phlaeas*)
Kleiner Feuerfalter

Spannweite 24 bis 27 mm. Die Raupen leben in 2 Generationen von September bis April und von Juni bis Juli an Sauerampfer, Kleinem Ampfer und

Dost. In heißen Jahren kann im September noch eine 3. Generation ausgebildet werden. Die Falter fliegen von Mai bis Juni und von Juli bis August.

838 *Plebejus argus* (= *Lycaena argus*)
Geißkleebläuling
Spannweite 20 bis 23 mm. Von mehreren anderen Arten der Gattung schwer, entweder an der Anordnung der Flekken auf der Flügelunterseite oder nach dem Genitalbau, zu unterscheiden. Überall im Gebiet auf Sandboden mit Heidekraut, auf Heidewiesen, feuchten Wald- und Moorwiesen. Die Raupen leben von April bis Juni an Hornklee, Hauhechel, Klee- und Ginsterarten und an Besenheide und werden meist von zahlreichen Ameisen umlagert. Die Falter fliegen von Juni bis August. Wie bei allen Bläulingen im engeren Sinne ist das Männchen auf der Flügeloberseite blau, das Weibchen aber braun, oft blau schillernd.

839 *Polyommatus icarus* (= *Lycaena icarus*)
Gemeiner Bläuling, Hauhechelbläuling, Wiesenbläuling
Spannweite 25 bis 30 mm. Gehört zu den häufigsten Vertretern dieser Gruppe. Die Raupen leben in 2 Generationen von September bis Juli und von Juni bis Juli an Klee, Hauhechel und Färberginster. Sie besitzen eine Honigdrüse auf dem 7. Körpersegment und werden von Ameisen «gemolken», d. h. mit den Fühlern betrillert, bis sie das Sekret abgeben. Die Falter fliegen von Mai bis Juni und von Juli bis September.

Familie *Nymphalidae*
Edelfalter, Fleckenfalter

Die etwa 2500 Arten sind überwiegend in den Tropen verbreitet, in Mitteleuropa kommen ungefähr 50 Arten vor. Die Vorderbeine sind verkümmert (ohne Krallen) und zu sogenannten «Putzpfoten» umgebildet. Die Falter sitzen also nur auf 4 Beinen. Die Raupen haben Rückendornen und leben oft gesellig. Die Puppen sind nur am Hinterende angesponnen (Stürzpuppe).

840 *Apatura iris*
Großer Schillerfalter
Spannweite 55 bis 65 mm. Typisch für das Männchen ist das blaue Schillern der Flügeloberseite. Bevorzugt lichte Laubwälder und Gebirgstäler. Die Raupen leben von August bis Juni an verschiedenen Weidenarten, seltener auch an Espe. Die Falter fliegen von Juni bis August, man kann sie an Pfützen und Exkrementen auf Waldwegen beim Saugen antreffen. Der Flug ist meist außerordentlich schnell.

841 *Limenitis populi*
Großer Eisvogel
Spannweite 65 bis 80 mm. Kommt in feuchten Laubwäldern, in Gebirgstälern, an Waldwegen und -rändern, auf Blößen, vorwiegend im Hügelland vor. Die Raupen leben von August bis Mai

a, b 838 *Plebejus argus* a ♂, b ♀; c 839 *Polyommatus icarus* ♂ US und OS

an Espe, besonders auf Büschen. Die Falter fliegen von Juni bis Juli und sind überall selten.

842 *Vanessa atalanta* (= *Pyrameis atalanta*)
Admiral
Spannweite 50 bis 60 mm. Wanderfalter. Im Mai fliegen die ersten Falter aus Südeuropa in unser Gebiet ein. Die Eier werden einzeln an Brennessel abgelegt. Die stachligen Raupen leben von Juni bis Juli (1. Generation) und von August bis September (2. Generation). Die Falter der 2. Generation beginnen im Herbst mit dem Rückflug. Vereinzelt versuchen einige zu überwintern, sie überstehen den Winter aber fast nie. Im Herbst sangen die Falter häufig an Herbstblumen, Fallobst oder an blutenden Bäumen.

843 *Cynthia cardui* (= *Pyrameis cardui*, = *Vanessa cardui*)
Distelfalter
Spannweite 45 bis 60 mm. Wanderfalter, der in wechselnder Anzahl bei uns aus dem Süden einfliegt. Ab April kommen die ersten Einwanderer in 2 Wellen in die Gebiete nördlich der Alpen. Die Falter der 1. Welle (aus Nordafrika) sind oft klein, mit verblaßten Farben, die der 2. Welle (aus dem Mittelmeergebiet) größer und farbenfreudiger.
Die Raupen leben von Juni bis August auf Distelarten, an Klette, Brennessel und Huflattich. Diese Raupen ergeben dann große farbkräftige Sommertiere. Im Herbst wandern diese Falter wieder in den Süden zurück. Die Art kann bei uns nicht überwintern.

844 *Aglais urticae* (= *Vanessa urticae*)
Kleiner Fuchs
Spannweite 40 bis 50 mm. Die häufigste Art dieser Familie im Gebiet. Sie ist ein Kulturfolger. Der Falter überwintert oft in Kellern und auf Dachböden und ist schon im zeitigen Frühjahr bei warmer Witterung im Freien anzutreffen. Die Raupen leben von Mai bis Juni (1. Generation) und von Juli bis August (2. Generation) an Brennessel, die Falter fliegen von Juni bis Juli und von August bis Mai.

845 *Vanessa polychloros* (= *Nymphalis polychloros*)
Großer Fuchs
Spannweite 60 bis 70 mm. Die Raupen leben von Mai bis Juli an Kirsche, Ulme, Birne, Apfel, Weide, Pappel und Rüster. Früher traten die Raupen in Obstgärten gelegentlich als Schädlinge auf, heute sind aber die Falter teilweise selten geworden. Sie fliegen ab Juli. Zur Überwinterung suchen sie Schuppen, Stollen u. ä. Verstecke auf. Nach der Überwinterung fliegen sie dann wieder ab März bis Mai.

846 *Inachis io*
Tagpfauenauge
Spannweite 50 bis 60 mm. Überwintert als Falter und wird deshalb schon im zeitigen Frühjahr im Freien angetroffen. Die Raupen leben in 2 Generationen von Mai bis Juni und im Juli an Brennessel, anfangs gesellig, später einzeln. Nur noch zum Übernachten versammeln sie sich auf der gesponnenen Seidenbahn. Beim Summton einer Schlupfwespe schlagen sie mit dem Körper um sich. Die Falter fliegen von Juni bis Juli und von August bis Mai.

847 *Nymphalis antiopa* (= *Vanessa antiopa*)
Trauermantel
Spannweite 55 bis 75 mm. Kommt im Gebiet meist selten an Waldrändern, in Schneisen, Schonungen und warmen Tälern vor. Die Raupen leben von Juni bis Juli an Birke, Espe, Salweide und Ulme. Sie leben in Raupennestern in den Wipfeln der Bäume, vorwiegend an

a 840 *Apatura iris* US und OS; b 841 *Limenitis populi* US und OS; c 842 *Vanessa atalanta*; d 843 *Cynthia cardui*; e 845 *Vanessa polychloros*; f 844 *Aglais urticae*; g, h 846 *Inachis io*; i 847 *Nymphalis antiopa*

a
b
c
d
e
f
g
h
i

a 848 *Polygonia c-album* OS und US;
b 850 *Melitaea cinxia* OS und US;
c, d 849 *Araschnia levana* Frühlings- und Sommerform

Waldrändern. Sie werden dadurch oft bei Bekämpfungsmaßnahmen gegen Forstschädlinge in Mitleidenschaft gezogen. Die Falter fliegen von Juli bis Juni und überwintern.

848 *Polygonia c-album*
Weißes C
Spannweite 42 bis 50 mm. Kommt überall im Gebiet vorwiegend an Auwaldrändern, auf Blößen sowie in Gebirgstälern vor. Namensgebend ist das auf der Unterseite der Hinterflügel weiße c-förmige Zeichen. Die Raupen leben in 2 Generationen von Mai bis Juni und Juli bis August an Stachelbeere, Johannisbeere, Bergulme, Salweide, Hasel, Brennessel und Hopfen. Die Falter fliegen von Juni bis Juli und von August bis Juni (überwinternd). Ein Teil der Raupen aus den Eiern der überwinterten Falter entwickelt sich sehr schnell zu einer 1. Faltergeneration, der eine 2. Generation folgt, die gemeinsam mit den Tieren der sich langsamer entwickelnden 1. Faltergeneration überwintert.

849 *Araschnia levana*
Landkärtchen
Spannweite 28 bis 40 mm. Die kleinste heimische Art der Familie. Sie lebt an den Rändern feuchter Au- und Laubwälder, stets an schattigen und halbschattigen Plätzen, vorwiegend im Hügelland. Sie zeigt einen Saisondimorphismus. Unter dem Einfluß der größeren Tageslänge auf die Puppen entwikkelt sich die Frühjahrsform, bei kürzerer Tageslänge entstehen die Falter der Sommerform. Die Eier werden in Türmen auf die Blattunterseite abgelegt. Die Raupen leben von August bis September und von Juni bis Juli gesellig an Brennessel, die Falter fliegen von April bis Juni und von Juli bis August.

850 *Melitaea cinxia* (= *M. athalia*)
Gemeiner Scheckenfalter
Spannweite 25 bis 38 mm. Die Vertreter der artenreichen Gattung *Melitaea* lassen sich teilweise nur schwer voneinander unterscheiden. Überall im Gebiet auf sonnigen halbfeuchten Waldwiesen, in Schneisen und Schonungen. Die Raupen leben von August bis Mai an Spitzwegerich, Wachtelweizen und Ehrenpreis. Die Falter fliegen von Juni bis Anfang August.

851 *Argynnis paphia*
Kaisermantel, Silberstrich
Spannweite 55 bis 65 mm. Der größte Vertreter der Perlmutterfalter. Er bewohnt Waldgebiete, vor allem Kahlschläge, Waldwiesen und Schonungen. Die Raupen leben von September bis Juni an Veilchenarten, der Falter fliegt von August bis September.

a 853 *Melanargia galathea*; b 855 *Lasiommata megaera*; c 852 *Erebia aethiops*; d 851 *Argynnis paphia*; e 854 *Minois dryas*

Familie *Satyridae*
Augenfalter

Von den etwa 1 500 Arten kommen 50 in Mitteleuropa vor. Die Falter sind meist braun oder schwarz mit umrandeten Augenflecken auf den Vorderflügeln. Die Geschlechter sind oft verschieden gefärbt. Die Raupen leben an Gräsern und haben anstelle der Nachschieber 2 Schwanzspitzen.

852 *Erebia aethiops*
Waldteufel

Spannweite 45 bis 55 mm. Kommt im Mittelgebirge und im Hügelland, bevorzugt auf Kalkboden, vor. Die Raupen leben von September bis Juni an verschiedenen Waldgräsern, die Falter fliegen von Juli bis September. Einige ähnliche Arten im Gebiet.

853 *Melanargia galathea* (= *Agapetes galathea*)
Damenbrett, Schachbrett
Spannweite 37 bis 53 mm. Die Art bevorzugt Hügelland und Kalkboden. Die lebhafte Zeichnung fällt etwas aus dem Rahmen des für die Familie typischen Erscheinungsbildes; sie variiert geographisch stark. In den letzten 100 Jahren dringt die Art langsam nordwärts vor. Die Falter lassen die Eier auf die Erde fallen. Raupen von September bis Juni an Gräsern wie Lieschgras, Honiggras und Trespe, tagsüber im Wurzelbereich verborgen, nur nachts fressend. Die Falter fliegen von Juni bis August.

854 *Minois dryas* (= *Satyrus dryas*)
Blauäugiger Waldportier
Spannweite 45 bis 60 mm. Bevorzugt feuchte oder moorige Wiesen in Waldnähe, warme feuchte Hänge und lichte Waldungen. Die Raupen leben von September bis Juni an Pfeifengras und Landschilf. Die Falter fliegen von Juli bis August.

855 *Lasiommata megaera* (= *Pararge megaera*, = *Dira megaera*)
Mauerfuchs
Spannweite 35 bis 45 mm. Bewohnt im Gebiet offene warme Stellen mit lehmiger und steiniger Unterlage. Die Raupen leben in 2 Generationen von September bis Mai und im Juli an Weichgräsern. Die Falter fliegen von Mai bis Juni und von Juli bis September.

Familie *Pieridae*
Weißlinge

Von den 1 500 bekannten Arten sind 21 in Mitteleuropa vertreten. Die Falter haben eine weiße oder gelbe Grundfarbe. Die Raupen leben oft gesellig und sind zum Teil Schädlinge.

856 *Pieris brassicae*
Großer Kohlweißling
Spannweite 50 bis 65 mm. Einer der häufigsten Tagfalter und ein zeitweise ernst zu nehmender Schädling an Gemüse. Die gelbgrünen Raupen leben gesellig von August bis Oktober und von Juni bis Juli an zahlreichen Kreuzblütlern wie Ackersenf und Hederich sowie an Kohlarten, die 1. Generation an Wildpflanzen, die 2. an Kohl. Die Falter fliegen von Mitte April bis Anfang Juni sowie von Mitte Juli bis Ende August. In günstigen Jahren kann eine 3. Generation auftreten. Hauptfeind der Raupen ist die Brackwespe *Apanteles glomeratus* (556), deren gelbe Puppengespinste an den toten Raupen zu finden sind («Raupeneier»).

857 *Artogeia rapae* (= *Pieris rapae*)
Kleiner Kohlweißling, Rübenweißling
Spannweite 20 bis 27 mm. Zusammen mit Gemüse in der ganzen Welt verschleppt. Äußerlich nur durch die Größe vom Großen Kohlweißling (856) zu unterscheiden. Die grünen Raupen leben einzeln in 2 Generationen von September bis Oktober und im Juli an zahlreichen Kreuzblütlern. Die Falter fliegen von April bis Mai und von Juli bis August. In manchen Jahren gibt es auch noch eine 3. Generation. Sein Schaden im Gemüsebau wird oft unterschätzt.

858 *Anthocharis cardamines*
Aurorafalter
Spannweite 35 bis 45 mm. Überwiegend im Flach- und Hügelland. Im Gegensatz zum Männchen fehlt dem Weibchen die Orange-Färbung der Vorderflügel. Die Raupen leben von Juni bis Juli an Wiesenschaumkraut, Lauchkraut, Turmkraut und Gänsekresse. Die Falter fliegen von April bis Juni.

859 *Gonepteryx rhamni*
Zitronenfalter
Spannweite 50 bis 55 mm. Überall in lichten Wäldern, Auwäldern, Heiden verbreitet. Die Raupen leben von Juni bis Juli an Faulbaum. Durch ihre Färbung (dunklere Oberseite) sind sie an ihren Futterpflanzen gut getarnt, da sie

die dunklere Seite dem Licht zukehren und optisch fast aufgelöst werden. Die Falter fliegen von Juli bis Mitte Juni. Sie überwintern meist zwischen Laub am Boden und gehören deshalb im Frühjahr mit zu den ersten Faltern. Die Weibchen sind viel blasser gelb gefärbt als die Männchen.

Familie *Papilionidae*
Ritter

Von den etwa 600 teilweise sehr großen und farbenprächtigen, überwiegend in den Tropen vorkommenden Arten kommen 6 in Mitteleuropa vor. Die Hinterflügel sind oft geschwänzt.

860 *Papilio machaon*
Schwalbenschwanz
Spannweite 50 bis 75 mm. Er gehört zu den schönsten europäischen Tagfaltern und kommt überall im Gebiet vor. Die Raupen leben in 2 Generationen von August bis September und im Juni an verschiedenen Doldenblütlern wie Möhre, Dill, Kümmel, Petersilie, Bibernell, so daß man die zebraartig gestreiften Raupen gelegentlich im Hausgarten finden kann. Diese markante Färbung tritt erst nach der 4. Häutung auf, vorher sind sie samtschwarz. Eine aus-

a 858 *Anthocharis cardamines* ♂; b 857 *Artogeia rapae*; c 859 *Gonepteryx rhamni* ♂; d 856 *Pieris brassicae*

a, b 860 *Papilio machaon*; c 861 *Iphiclides podalirius*

stülpbare rötliche Nackengabel dient der Abschreckung. Die Falter fliegen von April bis Juni sowie von Juli bis August. Die Puppe überwintert.

861 *Iphiclides podalirius*
Segelfalter
Spannweite 50 bis 70 mm. Wärmeliebender als der Schwalbenschwanz. In buschreichen Gebieten, wo die Hauptfutterpflanze, die Schlehe, vorkommt. Die Raupen leben von Juli bis August aber auch an Pfirsich, Weißdorn, Apfel, Kirsche und Eberesche. Bevorzugt werden kleine und verkrüppelte Schlehenbestände besiedelt. Die Falter fliegen von Mai bis Juli, in günstigen Jahren tritt eine unvollständige 2. Generation auf. Durch Vernichtung der Lebensräume, im Flachland vor allem durch Beseitigung der Gehölz- und Gebüschstreifen zwischen den Feldern, wird die Art immer seltener.

862 *Parnassius apollo*
Apollo
Spannweite 65 bis 70 mm. Lebt besonders auf Kalkboden, in felsigen Tälern, an warmen Hügeln, vom Flachland im Norden bis in über 2 000 m Höhe der Alpenregion. Die Raupe lebt von April bis Juni oder von August bis Juni (dann überwinternd, entweder als Jungraupe oder im Ei als schon entwickelte Raupe) auf Fetthenne-Arten, besonders auf der Weißen Fetthenne. Die Falter fliegen von Juni bis August. Bei Sonnenschein sieht man die Tiere in einem

gaukelnden, durch große Gleitphasen unterbrochenen Flug von Blüte zu Blüte fliegen. Die Art variiert in der Färbung, und es sind zahlreiche Unterarten und Individualformen beschrieben worden. Außerhalb des Alpenraumes kommt sie nur an wenigen Stellen in verschiedenen Unterarten vor. Durch Biotopzerstörung und starkes Sammeln ist dort die Gefahr der Ausrottung sehr groß (im Saaletal ist die dort früher vorkommende Rasse schon seit etwa 50 Jahren verschwunden). Die Art ist durch das Washingtoner Artenschutzabkommen international geschützt.

863 *Parnassius mnemosyne*
Schwarzer Apollo
Spannweite 60 bis 65 mm. Fluggebiet ist das Hügel- und Gebirgsland; auf Gebirgswiesen, an mit Laubwald bestandenen Hängen im Alpenraum und im Alpenvorland. Die Raupe lebt von April bis Mai oder von August bis Mai (überwinternd als Raupe oder als Ei mit darin entwickelter Raupe) an Lerchensporn. Die Flugzeit der Falter ist Mai bis Juli. Außerhalb des Hauptverbreitungsgebietes kommt die Art in verschiedenen Unterarten im Vorland der Alpen und im Harz vor.

Ordnung *Mecoptera*
Schnabelfliegen

Kleine bis mittelgroße Insekten von sehr verschiedener Gestalt, die langbeinigen *Bittacidae* sind z. B. stechmükken- oder schnakenähnlich, trotzdem

a 863 *Parnassius mnemosyne*; b 862 *Parnassius apollo*

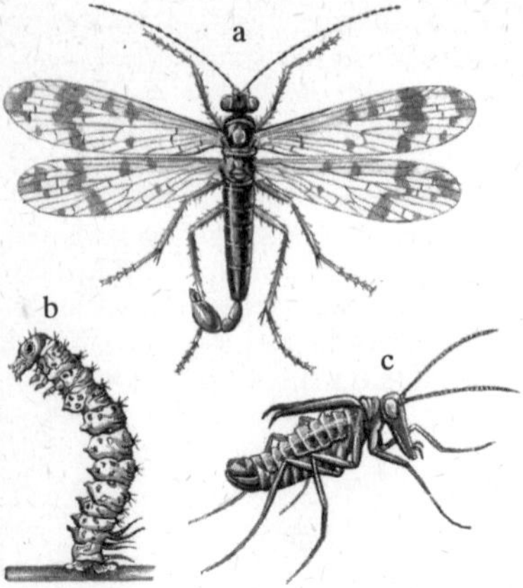

a; b 864 *Panorpa communis*; c 865 *Boreus hyemalis*

leicht am schnabelartig verlängerten Kopf erkennbar. Kein Saugrüssel, sondern beißende Mundwerkzeuge! Die 4 gleichartigen Flügel werden in Ruhe flach oder leicht dachförmig erhoben zurückgelegt. Die am oder im Boden lebenden Larven sind raupenähnlich, doch haben sie im Gegensatz zu fast allen Raupen an allen Hinterleibssegmenten Stummelfüße und am Hinterende ausstülpbare Haftschläuche. Den kleinen Larven der Winterhafte fehlen die einen wie die anderen. Die Anhäufung von 20 oder mehr Punktaugen erinnert an Komplexaugen. Larven und Imagines ernähren sich im allgemeinen sehr unspezialisiert von pflanzlichem Material und von toten oder verletzten Tieren. Die Bittaciden sind jedoch Raubinsekten. In Mitteleuropa nur 9 Arten.

Familie *Panorpidae* Skorpionsfliegen

864 *Panorpa communis*
Gemeine Skorpionsfliege
18 bis 20 mm. Der Name bezieht sich auf das meist aufgebogen getragene Hinterleibsende des Männchens, dessen Klammerapparat das Weibchen packt, während es die vom werbenden Männchen abgesetzten Sekretsäulchen frißt. Beim Weibchen bildet das Hinterende eine spitze Legeröhre. Die nicht sehr flugaktiven Skorpionsfliegen findet man vor allem auf Gebüsch, daneben auch in der Krautschicht, oft an toten Insekten, manchmal an Kleinsäugerleichen; es wird aber auch Nektar und Honigtau geleckt. Von den 4 weiteren mitteleuropäischen Arten ist die Gemeine Skorpionsfliege an der Flügelbinde zu unterscheiden, doch ist die Flügelzeichnung ebenso wie die des Körpers variabel. Larven bis 18 mm, legen im Boden Gänge an.

Familie *Boreidae* Winterhafte

865 *Boreus hyemalis*
Schneefloh, Winterhaft
2,3 mm (Männchen) bis 3,5 mm (Weibchen). Die Flügel sind beim Männchen zu Haken zurückgebildet, mit denen das Weibchen bei der Paarung (bei der es auf dem Männchen sitzt) dirigiert oder festgehalten wird. Beim Weibchen, das an einem Legesäbel von Schnabellänge kenntlich ist, sind nur noch kleine Flügelstummel vorhanden. Der Name Schneefloh bezieht sich darauf, daß die durch lange Hinterbeine ausgezeichneten Tiere hüpfen können. Die Imagines schlüpfen im Herbst und sind den Winter über aktiv. Ohne spezielle Nachsuche oder Fallenfang werden sie nur zufällig bemerkt, z.B. wenn sie – manchmal in großer Anzahl und mit Springschwänzen vergesellschaftet – auf Schnee auftreten. Larven und Imagines fressen Moos und tote Insekten. Die Larven verpuppen sich erst im 2. Herbst ihres Lebens.

Ordnung *Diptera* Zweiflügler

Die Zweiflügler sind durch die Umbildung der Hinterflügel zu Schwingkölbchen charakterisiert; ausnahmsweise sind auch beide Flügelpaare völlig rückgebildet. Die meisten lassen sich leicht den im allgemeinen schlanken Mücken (*Nematocera*, S. 348) oder den gedrungeneren Fliegen (*Brachycera*, S. 356 und *Cyclorrhapha*, S. 362) zuordnen. Für die ersteren sind relativ lange, vielgliedrige Fühler charakteristisch, für die Fliegen kurze, oft nur zweigliedrige, die durch einen borstenartigen Fortsatz verlängert sind. Es gibt aber auch fliegenartige Mücken (z. B. die Haarmücken) und Fliegen (z. B. Bremsen) mit relativ langen Fühlern; Fliegen, die durch ihre Körperfärbung eine gewisse Ähnlichkeit mit Wespen haben, unterscheiden sich von diesen meist durch größere Köpfe und Augen.

Die Mundwerkzeuge der Zweiflügler sind zum Auflecken von Flüssigkeit (z. B. Tupfrüssel der Stubenfliege), zum Saugen von tiefliegendem Nektar (z. B. Wollschweber) oder nach Anstich zum Blutsaugen (Stechmücken, Bremsen) bzw. zum vollständigen Aussaugen erbeuteter Insekten geeignet. Manche Fliegen (Schwebfliegen) können mit ihrem Rüssel auch größere Pollenmengen aufnehmen.

Die beinlosen, manchmal mit Kriechwülsten oder -zapfen ausgestatteten Larven können eine vollständige Kopfkapsel besitzen; die der Stechmücken trägt sogar im Gegensatz zu fast allen anderen holometabolen Insekten Komplexaugen. Andererseits ist die Kopfkapsel der meisten Fliegenlarven vollständig rückgebildet, und die Mundwerkzeuge sind durch übereinander angeordnete Haken ersetzt. Dazwischen gibt es viele Übergänge. Die Ernährung der Larven ist ungewöhnlich vielseitig: Viele Wasserbewohner strudeln kleinste Nahrungspartikel ein; in und am Boden leben zahlreiche Pilz-, Abfall- und Aasfresser. Sowohl Mükken- wie Fliegenlarven können in Pflanzen minieren und Gallen hervorrufen; eine räuberische Lebensweise führen z. B. die Larven vieler Schwebfliegen. Zweiflügler haben als Parasiten einen weiteren Wirtskreis als parasitische Hautflügler (Insekten, Schnecken, Regenwürmer, Wirbeltiere).

Mücken und *Brachycera* haben meist bewegungsfähige Mumienpuppen, die *Cyclorrhapha* Tönnchenpuppen, bei denen eine freigliedrige Puppe in der letzten oder vorletzten Larvenhaut ruht.

Viele Zweiflügler sind klein, unscheinbar und schwer bestimmbar. Nur wenige können in Farbe und Gestalt mit Schmetterlingen, Käfern oder Hautflüglern konkurrieren. Daher gibt es nur wenige Sammler und Kenner dieser Ordnung und auch in der Kenntnis der Dipterenfauna Mitteleuropas gibt es große Lücken. So läßt sich die Zahl der im Gebiet vorkommenden Arten nur schätzen. Sie könnte etwa bei 8 000 liegen, womit die Zweiflügler nach den Hautflüglern den zweiten Platz in der Artenzahl einnehmen würden. Im Weltmaßstab rechnet man mit etwa 85 000 Arten.

Viele Zweiflügler sind Schädlinge an landwirtschaftlichen Kulturpflanzen. In ihrer hygienischen Bedeutung übertreffen sie – vor allem in den Subtropen und Tropen – alle anderen Insektenordnungen.

In den Beschreibungen bedeuten die Größenangaben
sehr klein: höchstens 3 mm lang
mittelgroß: etwa von Stubenfliegengröße
sehr groß: mehr als 20 mm lang.

Spezielle Literatur

Enderlein, G.: Zweiflügler, Diptera. In: Brohmer: Tierwelt Mitteleuropas, 6. Band, 3. Teil, 2. Lieferung. Leipzig 1936

Fröhlich, G.: Gallmücken – Schädlinge unserer Kulturpflanzen. Wittenberg Lutherstadt 1960

Hendel, F.: Zweiflügler oder Diptera, Allgemeiner Teil. In: Dahl: Tierwelt Deutschlands, 11. Teil. Jena 1928 (in dieser Reihe weitere einzelne Dipterengruppen betreffende Lieferungen)

Hennig, W.: Die Larvenformen der Dipteren. 3 Bde. Berlin 1948–1952

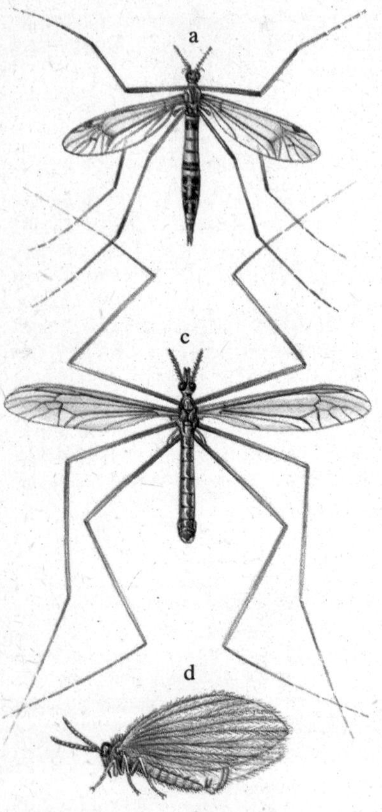

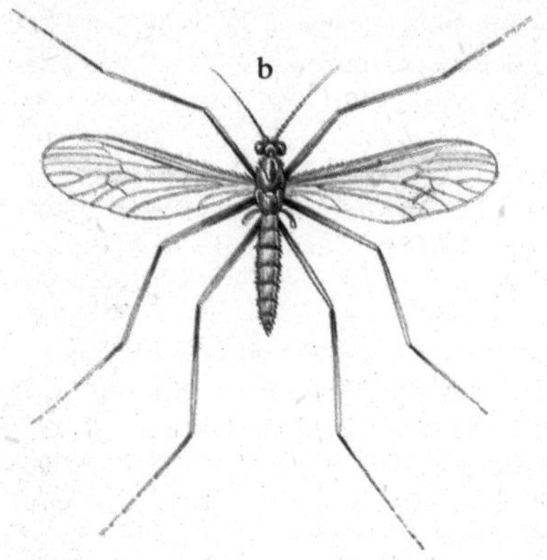

a 868 *Pales crocata* ♀; b 866 *Trichocera hiemalis* ♀; c 867 *Tipula oleracea* ♀; d 869 *Psychoda phalaenoides*

Lindner, E.: Die Fliegen der paläarktischen Region (zahlreiche Lieferungen). Stuttgart ab 1922

Mohrig, W.: Die Culiciden Deutschlands. Parasitologische Schriftenreihe 18. Jena 1969

Skuhrava, M., und Skuhravý, V.: Gallmücken und ihre Gallen auf Wildpflanzen. Wittenberg Lutherstadt 1973

Unterordnung *Nematocera* Mücken

Meist kleine bis mittelgroße und fast stets schlanke Insekten, nur die Familie der Schnaken hat Vertreter von ansehnlicher Größe. Zur Zeit unterscheidet man 20 Familien.

Familie *Trichoceridae* (= *Petauristidae*) Wintermücken

4 bis 8 mm lange, an Schnaken erinnernde Mücken, die vom Spätherbst bis zum zeitigen Frühjahr auftreten. Sie fallen vor allem durch ihr Schwärmen an sonnigen Wintertagen auf. Im Winter tanzen auch die jetzt zu den Schnaken gehörenden, z. T. erheblich größeren Stelzmücken. Die mit Kopfkapseln versehenen schlanken Larven entwickeln sich in der Laubstreu, in Komposthaufen und Exkrementen. Nur 2 Gattungen mit 10 Arten im Gebiet.

866 *Trichocera hiemalis* (= *Petaurista hiemalis*)
Wintermücke
Weibchen 4 bis 6 mm. Im Gegensatz zu den ähnlichen Schnaken Kopf mit deutlichen Nebenaugen (Ocellen). Die Larven dieser häufigen Art entwickeln sich besonders an sich zersetzenden Blättern der Vogelbeere.

Familie *Tipulidae* Schnaken

Meist mittelgroße bis sehr große, durch ihre überlangen und leicht abbrechenden Beine auffallende Mücken, die nach ihrer Kopfform auch als Schnauzenmücken bezeichnet werden. Die Mundwerkzeuge sind nicht zum Stechen, sondern nur zum Auflecken leicht zugänglicher Flüssigkeiten geeignet. Flügel mitunter rückgebildet (Gattung *Chionea*, Schneemücken, Stelzmücken). Die Larven entwickeln sich im Boden, in morschem Holz oder im Schlamm. Ihre Haut wirkt lederig derb, das Hinterleibsende mit seiner Stigmenplatte (s. Larvenübersicht S. 19) ist sehr charakteristisch (Teufelsfratze). Einige Arten werden durch Fraß an Wurzeln oder an bodennahen oberirdischen Pflanzenteilen (nachts) schädlich. In manchen Gegenden werden die Stechmücken Schnaken genannt. Mehr als 300 Arten in Mitteleuropa.

867 *Tipula oleracea*
Kohlschnake

17 bis 23 mm. Flügel länger als der Hinterleib. Gehört zu den wenigen Arten, die 2 Generationen im Jahr (Mai und September) haben. Das Weibchen legt bis 1 300 Eier, besonders in feuchte Böden, wo die bis 25 mm langen Larven durch Wurzelfraß oder an Kartoffeln und Rüben starke Schäden verursachen können. Überwinterung als 3. oder 4. Larvenstadium.

867 *Tipula oleracea* Larve

868 *Pales crocata* (= *Pachyrrhina crocata*)

12 bis 18 mm. Gehört zu den mehr bunt, vor allem gelb gefärbten Arten. Sie hat als Forstschädling Bedeutung. Die Larven zerfressen besonders Keimlinge von Nadelgehölzen, auch Junglarven benagen sie ringförmig in Bodennähe (Ringeln). Die Puppen ähneln wie die aller Schnaken denen der Schmetterlinge. Nach 2 bis 3 Wochen, am Ende der Puppenruhe, können sie sich jedoch so weit fortbewegen, daß ihr oberes Ende aus dem Boden herausragt, und so ein leichteres Schlüpfen der Mücken möglich ist.

Familie *Psychodidae*
Schmetterlingsmücken

Nur 1 bis 5 mm kleine, mit struppiger dichter Körper- und Flügelbehaarung versehene Mücken. Die Flügel werden dachartig (*Psychodinae* Mottenmücken) oder etwas angehoben (*Phlebotominae* Sandmücken) getragen. Fühler perlschnurartig mit 16 Gliedern. Die schlanken Larven leben in stets feuchten organischen Substanzen. Im Mittelmeergebiet haben die mit einem Stechrüssel ausgestatteten Sandmücken große Bedeutung als Krankheitsüberträger.
Im mittleren Europa kommen mindestens 25 Arten vor.

869 *Psychoda phalaenoides*
Mottenmücke

1,5 bis 2,0 mm. Die 2 dichtbehaarten Flügel werden dachartig getragen und geben den Mücken ein kleinschmetterlingsartiges Aussehen. Im übrigen sind sie schlechte Flieger und laufen in feuchten Baderäumen, Toiletten u. ä. häufig träge umher. Sie sind keine Blutsauger. Die Larven entwickeln sich oft massenhaft in Fäkalien und können in Kläranlagen zur Plage werden (Tropfkörpermücken).

Familie *Culicidae*
Stechmücken

Die durch einen langen Stechrüssel ausgezeichneten Weibchen der meisten Arten müssen Blut saugen, um ihre Eier zur Reife zu bringen. Den Männchen fehlt der Stechrüssel, sie sind auch an der langen Behaarung der Fühler zu erkennen und bilden oft Schwärme, in die die Weibchen zur Paarung einfliegen. Die Larven entwickeln sich im Wasser und ernähren sich von eingestrudelten Kleinpartikeln. Im Wohnbereich werden oft die beiden

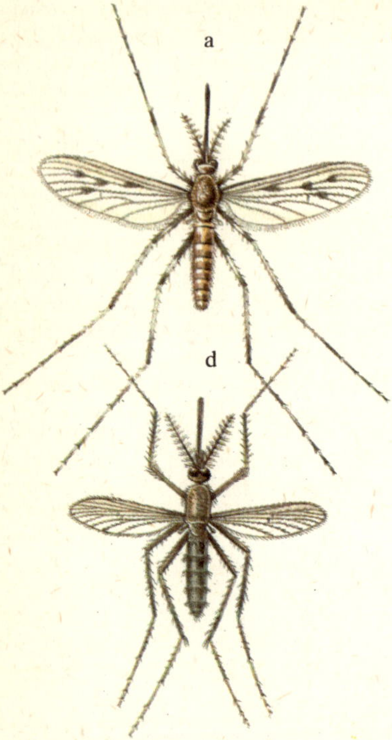

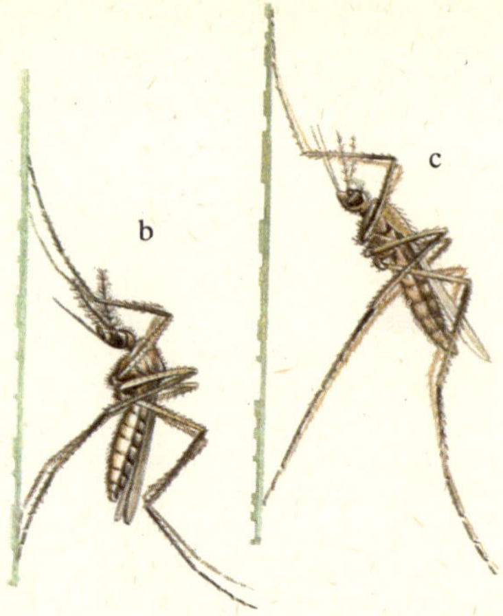

a 872 *Culiseta annulata* ♀; b 870 *Culex pipiens* ♀; c 871 *Anopheles maculipennis* ♀; d 873 *Aedes vexans* ♀

Hausmückenarten (870, 872) lästig, die massenhaft in Kellern überwintern können; in der freien Landschaft handelt es sich dagegen um Arten der Gattung *Aedes* (S. 351).
Auch die als Malariaüberträger bekannten Anophelesmücken (871) kommen stellenweise in Mitteleuropa vor, so daß namentlich in warmen Sommern eine Übertragung eingeschleppter Erreger möglich ist. In der DDR über 40 Arten.

870 *Culex pipiens*
Gemeine Hausmücke
3,5 bis 5,0 mm. Größe, unscheinbare Färbung oder das stumpfe Hinterleibsende sind charakteristisch für diese Art. Bei der Sitzhaltung ist der Körper im Unterschied zu *Anopheles* (871) fast parallel der Unterlage. Während eine biologische Form fast nur bei Vögeln Blut saugt, belästigt eine andere abends und nachts auch den Menschen. Sie haben sich den Gegebenheiten der Städte besonders gut angepaßt. Die Weibchen, nur sie stechen, überwintern an dunklen geschützten Orten. Die Eiablage erfolgt oft schon ab April, wobei sich bis zum Herbst mehrere Generationen unregelmäßig im Abstand von 3 bis 4 Wochen entwickeln. Selbst stark verschmutzte, ruhende und dunkle Wasseransammlungen, z. B. in Gartenfässern, Kellern, Schächten oder Fäkalienleitungen, können die Larven für ihre Entwicklung nutzen.

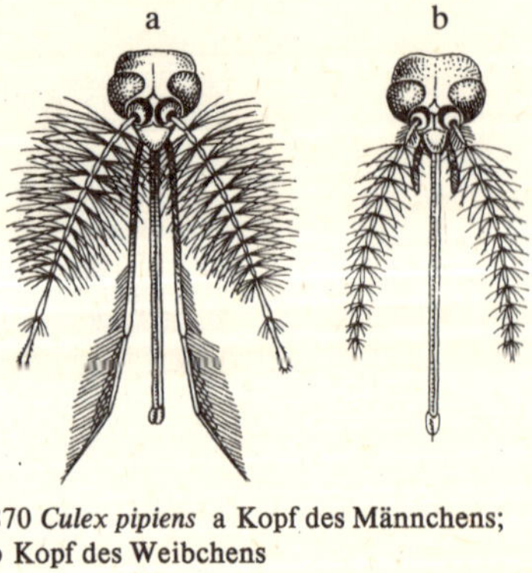

870 *Culex pipiens* a Kopf des Männchens; b Kopf des Weibchens

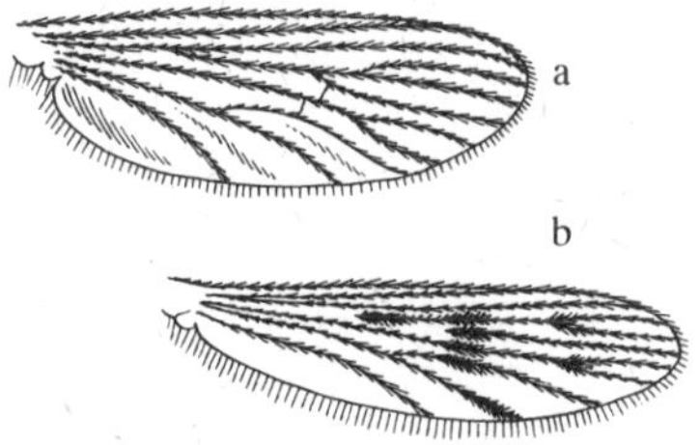

Flügel von: a 870 *Culex pipiens*; b 871 *Anopheles maculipennis*

871 *Anopheles maculipennis*
Malariamücke, Fieber- oder Gabelmücke

4,5 bis 6,5 mm. Auch diese Art hat ein stumpfes Hinterleibsende, aber gefleckte Flügel (Name!) und lange Taster. Bei der Sitzhaltung ist der Körper von der Unterlage abgespreizt (vgl. dazu 870). Die Malariamücke bevorzugt zur Überwinterung mehr trockene Räume, wie Böden, Schuppen und Ställe. Eier im Unterschied zu *Culex* einzeln mit Schwimmkammern. Die Larven entwickeln sich in kleineren und größeren sauberen Wasseransammlungen, vor allem des Binnenlandes. Die *Anopheles*-Arten sind alleinige Überträger der Malaria, die im Süden Europas, aber auch lokal in Mitteleuropa auftreten kann. Wahrscheinlich sind sie auch an der Verbreitung der Kaninchen-Myxomatose beteiligt.

872 *Culiseta annulata*
Geringelte Hausmücke

6 bis 8 mm. Durch ihre Größe und Färbung auffallende Art. Sitzhaltung wie bei der Gemeinen Hausmücke (870). Überwinterung der befruchteten Weibchen in Kellern und Speichern. Bei ausreichenden Temperaturen (besonders in zentralbeheizten Neubauten) auch in Winternächten lästig. Bereits im zeitigen Frühjahr erfolgt die Ablage der etwa 200 Eier, die zu kleinen Eischiffchen zusammengeklebt werden. Die Larven besiedeln die unterschiedlichsten Gewässer und sind ebenso widerstandsfähig wie die von *Culex*. Unter günstigen Bedingungen erfolgt die Gesamtentwicklung in 19 Tagen. Die Mücke ist Überträger verschiedener Haustierkrankheiten.

873 *Aedes vexans*
Wiesenstechmücke

5 bis 6 mm. Das zugespitzte Hinterleibsende ist für alle *Aedes*-Arten charakteristisch. Die häufigste Wiesenmücke ist von der verbreitetsten Waldmücke, *A. cantans*, durch die Beinfärbung zu unterscheiden. Die zahlreichen *Aedes*-Arten legen ihre Eier an Pflanzen, die zeitweilig (meist nach der

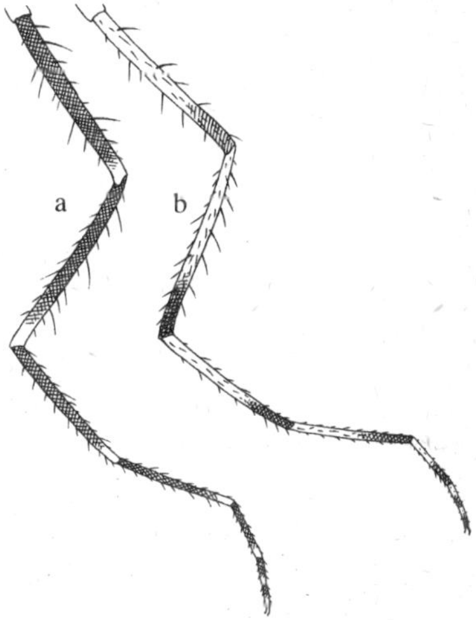

Hinterbeine von: a 873 *Aedes vexans*; b *Aedes cantans*

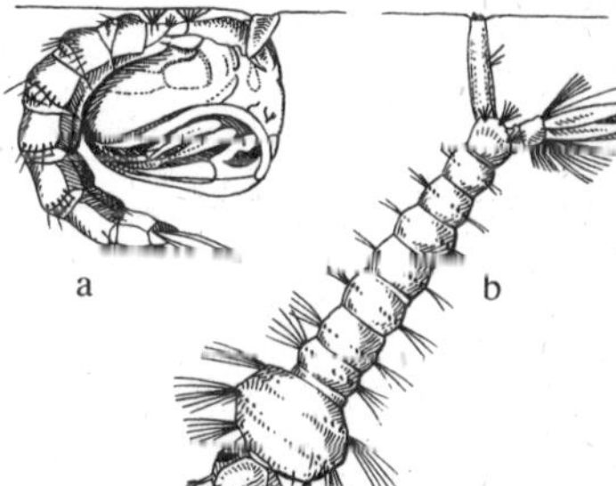

Aedes spec. a Puppe; b Larve

Schneeschmelze und/oder im Hochsommer) unter Wasser stehen und können innerhalb von 10 Tagen ihre Entwicklung durchlaufen, so daß es in kurzer Zeit zu Massenvermehrungen kommen kann und eine starke Belästigung für Mensch und Tier eintritt. Die Mücken sind tagaktiv. Wald- und Wiesenmücken stellen unterschiedliche ökologische Ansprüche, wobei letztere bis 20 km weit wandern. Die Überwinterung erfolgt im Gegensatz zu den anderen Arten im Eistadium.

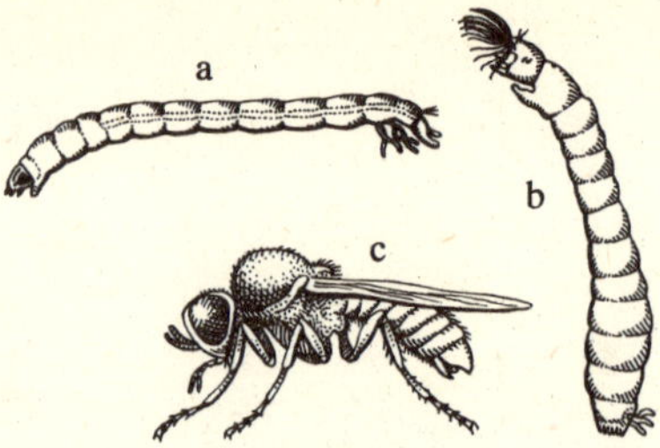

a 874 *Chironomus plumosus* Larve; b, c *Simulium* spec. b Larve, c Seitenansicht

Familie *Chironomidae* Zuckmücken, Schwarmmücken

Der erste Name bezieht sich auf die bei manchen Arten auffallende zuckende Bewegung der verlängerten Vorderbeine. Charakteristisch ist der buckelig wirkende stark aufgewölbte Thorax. Die Fühler der Männchen sind ebenso wie bei den Stechmücken lang behaart, den Weibchen fehlt ein Stechrüssel; viele Arten nehmen als Imago überhaupt keine Nahrung auf. Zuckmücken sind sehr arten-, häufig auch außerordentlich individuenreich. Die Schwärme der Männchen, die sich oft über Gebäuden oder herausragenden Bäumen ansammeln, sind nicht selten für Rauchwolken gehalten worden. Die Larven entwickeln sich überwiegend im Wasser, wo sie eine große Bedeutung als Fischnahrung haben. Sie sind ungewöhnlich anpassungsfähig und können z. B. im eiskalten Schmelzwasser von Gletschern und in Thermalquellen von über 50 °C leben. Einige Zuckmücken gehören zu den wenigen marinen Insekten. In Mitteleuropa über 1 000 Arten.

874 *Chironomus plumosus*
Federmücke
10 bis 12 mm. Ein verhältnismäßig großer Vertreter der in Mitteleuropa vorkommenden Arten. Im Herbst bilden die frisch geschlüpften Männchen in den Abendstunden riesige Schwärme, in die die Weibchen einfliegen (Hochzeitsflug). Die rötlichen, schlanken, bis 20 mm großen Larven leben überwiegend in tieferem Wasser von Detritus. Besonders sie stellen einen wesentlichen Anteil der Fischnahrung unserer Gewässer.

Familie *Simuliidae (Melusinidae)* Kriebelmücken

2 bis 6 mm große Mücken, die kleinen Fliegen ähneln und bei Seitenansicht buckelig wirken; Flügel auffallend breit. Wie bei den Stechmücken benötigen die tagaktiven Weibchen der meisten Arten zur Eireifung eine Blutmahlzeit. Der Stich ist schmerzhaft, und ein

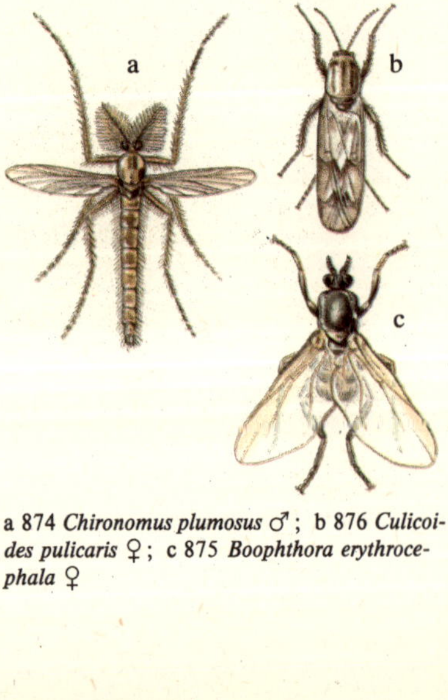

a 874 *Chironomus plumosus* ♂; b 876 *Culicoides pulicaris* ♀; c 875 *Boophthora erythrocephala* ♀

Massenangriff kann zum Tod weidender Tiere führen. Larvenentwicklung in schnell fließendem Wasser. Über 30 Arten im Gebiet.

875 *Boophthora erythrocephala* (= *Simulium erythrocephala*) **Neustädter Kriebelmücke**

2,3 bis 2,8 mm. Während der Hinterleib des Weibchens fast unbehaart, oben dunkel und unten gelblich ist, hat das Männchen Silberflecken an den Brustseiten und ein goldgelb behaartes Abdomen. Größere, bedeutungsvolle Schadgebiete bei Neustadt a. R. (Hannover) und im Norden Mitteleuropas. Die Weibchen saugen bei Großvieh vorzugsweise an der Bauchhaut Blut, aber auch bei Geflügel und am Menschen. Sie sind Überträger von verschiedenen Tierkrankheiten. Die Eiablage erfolgt an der Unterseite von schwimmendem Laub, Ästen u.ä. Die 8 bis 12 mm langen Larven können sich sogar im verunreinigten Wasser von Flüssen und Bächen entwickeln.

Familie *Ceratopogonidae* (= *Heleidae*) Gnitzen, Bartmücken

Meist nicht mehr als 3 mm und oft nur um 1 mm lang. Die Männchen und z.T. die Weibchen sind Blütenbesucher, viele Weibchen saugen aber auch bei anderen Insekten, bei Regenwürmern oder bei Wirbeltieren Blut. Sie stechen meist abends oder nachts; der Stich ist schmerzhaft und quaddelbildend. Entwicklung in stehenden Gewässern oder im Boden. Von den etwa 4000 Arten kommen wenigstens 110 in Mitteleuropa vor.

876 *Culicoides pulicaris*

2,3 bis 2,5 mm. Charakteristisch sind behaarte und gefleckte Flügel. Die Art kann dem Menschen sehr lästig werden. Der Kopf wird beim Blutsaugen tief in die Haut versenkt. Stichstellen besonders am Rande der Kleidung. Entwicklung der schlanken Larven in feuchtem Milieu, z. B. unter Rinde, in Küchenabfällen und veralgten Pfützen. Die Bekämpfung von Gnitzenplagen ist technisch sehr schwierig.

Familie *Bibionidae* Haarmücken

Fliegenähnlich, aber an den Fühlern als Mücken kenntlich. Sie treten im Frühjahr oft massenhaft auf und haben eine gewisse Bedeutung als Blütenbestäuber (Nahrung: Nektar und Honigtau). Die Männchen fallen im Flug durch die herabhängenden Hinterbeine auf. Ihre großen, behaarten Augen stoßen auf dem Scheitel zusammen. Die der Weibchen, die sich auch in der Färbung unterscheiden können, sind viel kleiner; ihre Vorderschienen sind durch auffallende Grabdorne ausgezeichnet. Die Larven entwickeln sich in humusreichem Boden und unter Falllaub; bei Massenentwicklung werden sie gelegentlich an Kulturpflanzen schädlich. Im Gebiet etwa 25 Arten.

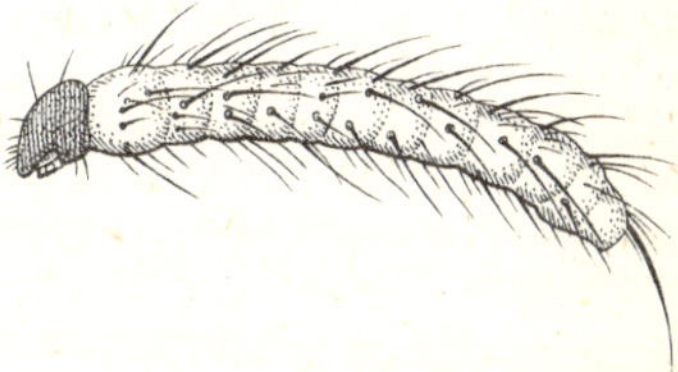

877 *Bibio hortulanus* Larve von der Seite

877 *Bibio hortulanus* **Gartenhaarmücke**

8 bis 12 mm. Männchen mit schwarzem Hinterleib. Oft in Massen im Mai/Juni. Die bis 15 mm lange beinlose Larve ist graubraun mit schwarzer Kopfkapsel und bedornten Segmenten. Sie lebt von Humus- und Fäulnisstoffen, kann aber, möglicherweise bedingt durch zu geringe Feuchtigkeit, auch lebende unterirdische Pflanzenteile angreifen und dadurch zum Schädling an Wurzeln, Keimlingen und Knollen von Kulturpflanzen werden.

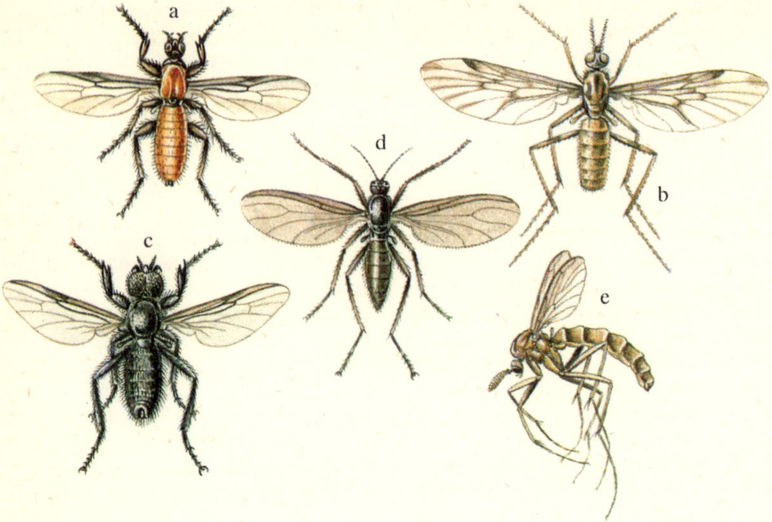

a 877 *Bibio hortulanus* ♀; b 879 *Sylvicola fenestralis* ♂; c 878 *Bibio marci* ♀; d 881 *Sciara militaris* ♀; e 880 *Ceroplatus testaceus*

878 *Bibio marci*
Markushaarmücke

11 bis 13 mm. Die Weibchen der in beiden Geschlechtern glänzend schwarzen Art legen in den Monaten März bis Mai (fälschlich oft als «Märzfliege» bezeichnet) bis 3 000 Eier in humose Substrate. Die Larven wurden hin und wieder an jungen Nadelholzpflanzen angetroffen und verursachen dort Schaden durch Wurzelfraß.

Familie *Anisopodidae* (= *Phryneidae*) Pfriemenmücken

Etwa 10 Arten mit in der Ruhe flach aufeinander gefalteten Flügeln. Keine Blutsauger. Die pfriemenförmigen Larven leben in faulenden organischen Substanzen.

879 *Sylvicola fenestralis* (= *Phryne fenestralis*)
Fenstermücke

6 bis 8 mm. Die Männchen bilden an schattigen Stellen kleine Schwärme. Nicht selten findet man die Art an Fenstern. Die 14 mm langen Larven (Weißer Drahtwurm) entwickeln sich z. B. in faulenden Kartoffeln und Rüben.

Familie *Mycetophilidae* (= *Fungivoridae*) Pilzmücken

Im Gebiet wenigstens 450 kleine, zarte Arten mit über den Kopf ragendem buckeligem Thorax. Die Imagines stechen nicht. Zuweilen in großer Individuenzahl an schattigen, feuchten Stellen, besonders in den Abendstunden. Die mit einer deutlichen Kopfkapsel versehenen Larven unterschiedlich, schlank oder gedrungen, manche schleimbedeckt und dadurch nacktschneckenähnlich. Meist in den Fruchtkörpern von Pilzen, aber auch unter Baumrinde und in feuchtem Humus. Mitunter in Gespinsten oder Köchern. Vereinzelt schwaches Leuchtvermögen. 4 bis 12 mm lang.

880 *Ceroplatus testaceus*
Pilzmücke

Die mit Schleim bedeckten Larven fressen Pilzsporen von Baumpilzen. Sie und ihre Puppen können leuchten, wobei Ursache und Bedeutung dieser Erscheinung noch unbekannt ist.

Familie *Sciaridae* (= *Lycoriidae*) Trauermücken

Etwa 100 schwärzliche 1 bis 6 mm lange Arten mit manchmal vollkommen reduzierten Flügeln. Die weißlichen schlanken Larven zuweilen in Massen in faulenden Substraten. Als Krankheitsüberträger in Pilzzuchten und seltener an Wurzeln gesunder Pflanzen schädlich. Oft 2 und mehr Generationen im Jahr.

881 *Sciara militaris*
Heerwurm-Trauermücke
2,5 bis 4 mm. Bekannt durch die riesigen Wandergesellschaften der drahtwurmartigen, etwa 10 mm langen Larven. Der Heerwurm wandert bei Massenvermehrungen mit 1 m/h in Zügen von maximal 15 cm Breite und 4, manchmal bis 15 m Länge auf feuchtem Waldboden, wahrscheinlich auf der Suche nach geeigneten Verpuppungsplätzen.

Familie *Cecidomyiidae* (= *Itonididae*) Gallmücken

Unscheinbare, meist schwarze oder orangefarbene, 1 bis 4 mm kleine Mükken mit perlschnurähnlichen Fühlern und oft durch eine Stirnbrücke verbundenen Augen, die allenfalls offenliegende Säfte lecken. Die häufig zitronengelben, orangefarbenen oder roten spindelförmigen Larven leben sehr unterschiedlich, z. B. als Räuber, endoparasitisch, als Einmieter, unter Baumrinde, in toter Pflanzensubstanz oder in pflanzlichem Gewebe. Besonders auffällig werden die an krautigen und holzigen Pflanzen lebenden Gallerreger. In vielen Fällen läßt schon ihre Farbe erkennen, daß es sich dabei um Gallmückenlarven handelt – Gallwespenlarven sind stets weißlichgelb. Viele Gallmückenlarven sind wichtige Schaderreger an Kulturpflanzen (z. B. Kohl, Raps und Getreide). Nach den Zuckmücken (S. 352) die artenreichste Mükkenfamilie! In Mitteleuropa (über 500 Arten) werden mehr Gallen durch Gallmücken als durch eine andere Tiergruppe (Milben, Blattläuse oder Gallwespen) verursacht.

882 *Thecodiplosis brachyntera*
Kiefernnadelscheiden-Gallmücke
2,5 bis 3,0 mm. Eiablage im Mai an die Basis der jungen Triebe. Die Nadeln verwachsen auf etwa 5 mm und bilden eine Höhlung für die Larve. Mit voranschreitender Jahreszeit verfärben sich die Nadelpaare zunehmend über gelb zu rotbraun und werden abgeworfen. Eine Schwächung der Bäume und Befall durch Nachfolgeschädlinge oder bei Massenvermehrung bis 100%iger Nadelverlust sind die Folgen.

883 *Aphidoletes aphidimyza*
Blattläuse fressende Gallmückenlarve; 3 mm. Wohl alljährlich in jedem Garten z. B. an Kolonien von Kohl- und Rosenblattläusen zu beobachten. Das beim Anstich injizierte Sekret tötet das Opfer und leitet seine Verdauung ein, so daß es völlig ausgesaugt werden kann. In neuester Zeit wird die Art nach Massenzucht zur biologischen Blattlausbekämpfung in Gewächshäusern eingesetzt.

884 *Mikiola fagi*
Buchenblatt-Gallmücke
5 bis 10 mm hohe Gallen auf der Blattoberseite. Im Spätherbst löst sich die Galle ab, in der die 3 bis 4 mm lange rötliche Larve überwintert. Im Frühjahr schlüpfen die mit 4 bis 5 mm relativ großen Gallmücken. Nur 1 Generation im Jahr.

885 *Contarinia pyrivora*
Birnen-Gallmücke
Junge, vergallte Frucht mit zahlreichen, 2 bis 3 mm langen gelblichen Larven. Die Eier werden von der etwa

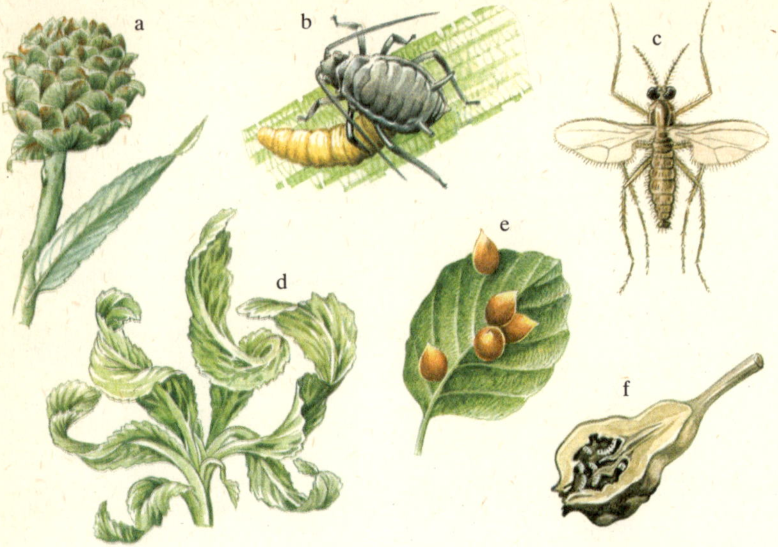

a 886 *Rhabdophaga rosaria* Galle («Weidenrose»); b 883 *Aphidoletes aphidimyza* blattlausfressende Larve; c 882 *Thecodiplosis brachyntera* ♀; 887 *Contarinia nasturtii* verbildete Kohlpflanze; e 884 *Mikiola fagi* Gallen auf Buchenblatt; f 885 *Contarinia pyrivora* Larven in vergallter Birne

3 mm großen, schwärzlichen Mücke in die Blütenknospe gelegt. Der Schaden kann recht erheblich sein.

886 *Rhabdophaga rosaria*
Weidenrosen-Gallmücke
Sproßspitzengalle von unterschiedlicher Form und Größe. In jeder Galle nur eine bis 5 mm lange orangerote Larve, die sich an Ort und Stelle verpuppt. Oft ist die Galle aber auch von Einmietern und Parasiten (Erzwespen, S. 254) bewohnt. Letztere und Meisen sind wirkungsvolle Feinde.

887 *Contarinia nasturtii*
Kohldrehherzmücke
Erreger der Drehherzkrankheit der verschiedensten kultivierten Kohlarten. Die Gallmücke legt ab Ende Mai jeweils bis zu 40 Eier an die jüngsten Herzblätter der Kohlpflanzen. Durch den Fraß der gelblichen, springfähigen Larven treten gallartige Sproßverbildungen ein, die die Kopfbildung bei Blumen-, Rot- oder Weißkohl verhindern und Fäulnis verursachen. Bei Eiablage in die Blütenstände tritt durch Gallbildung Schaden bei der Samengewinnung ein. Durch schnelle Generationsfolge (bis 5 pro Jahr) bedeutender Schädling im Gemüseanbau.

Unterordung *Brachycera*
Fliegen (Spaltschlüpfer)

Teilweise werden alle Fliegen in einer Unterordnung *Brachycera* zusammengefaßt, teilweise erkennt man aber 2 Unterordnungen an. Hier wird der Name *Brachycera* allein auf die sonst als *Orthorhapha* (= Spaltschlüpfer) bezeichneten «niederen» Fliegen angewendet.

Familie *Stratiomyidae*
Waffenfliegen

Mittelgroße Fliegen mit abgeflachtem, oft breitem Hinterleib, teilweise metallisch glänzend, teilweise bunt gezeich-

net. Der Name bezieht sich darauf, daß manche Arten ein bedorntes Schildchen (des Thoraxrückens) besitzen. Blütenbesucher, die Nektar und Pollen aufnehmen; oft sonnen sich die Tiere auf Blättern. Manche bevorzugt am Wasser, in dem sich ihre Larven entwickeln. Die spindelförmigen Larven können hier 60 mm erreichen. Andere Arten entwickeln sich im Boden, im Mist, unter Baumrinde oder auch in Ameisennestern.
Es kommen mehr als 80 Arten in Mitteleuropa vor.

888 *Stratiomys chamaeleon*
Chamäleonfliege
13 bis 16 mm. Ähnliche andere Arten unterscheiden sich durch Größe, Färbung oder nicht entwickelte Fühler. Das Weibchen legt von Juni bis August die Eier auf die Blattunterseite von Schwimmpflanzen in Tümpeln und Weihern. Die Larven leben von Algen und anderen Kleinorganismen und verpuppen sich nach wahrscheinlich 3jähriger Entwicklung in der letzten lederartigen Larvenhaut.

889 *Sargus cuprarius*
Metallfliege
6 bis 10 mm. Beispiel für eine Reihe ähnlicher Arten, die metallisch grün, violett oder bronzefarben schillern.

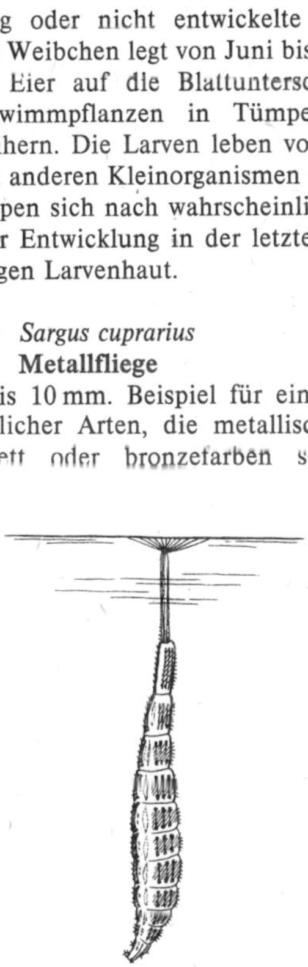

Stratiomys spec. Larve an der Wasseroberfläche hängend

Man begegnet ihnen oft in Gärten, wo ihre bedornten Larven vorwiegend im Kompost leben.

Familie *Tabanidae*
Bremsen

Mittelgroße, vereinzelt bis 27 mm lange, kräftige Fliegen, die meisten mit metallisch glänzenden grünen oder bunt gemusterten Augen, deren in ihrer Bedeutung unbekannte Färbung nach dem Tode schnell verblaßt. Die Männchen leben von Nektar oder anderen

Tabanus spec. Larve von der Seite

Säften, die Weibchen sind Blutsauger, die durch ihren schmerzhaften Stich sehr lästig werden können. Die Larven leben räuberisch in feuchter Erde, seltener im Wasser. Etwa 100 Arten im Gebiet.

890 *Chrysops caecutiens*
Goldaugenbremse, Blindbremse
7 bis 10 mm. Die Männchen haben fast ganz verdunkelte Hinterleiber und Flügel. Die fast lautlos anfliegenden Weibchen belästigen Mensch und Tier besonders bei warmem sonnigem Wetter. Charakteristisch sind ihre stark schillernden Augen und die in Ruhe breit dreieckartig gehaltenen Flügel. Der Stich, bei dem etwa 42 mg Blut aufgenommen werden, ist ziemlich schmerzhaft. Früher glaubte man, daß dadurch Erblindung herbeigeführt werden könnte (Name!). Nachweislich ist die Art Krankheitsüberträger. Die Larve entwickelt sich in gewässernahen feuchten Böden an sich zersetzenden Substanzen.

891 *Haematopota pluvialis* (= *Chrysozona pluvialis*)
Regenbremse
8 bis 12 mm. Flügelhaltung in Ruhe eng dachförmig; Hinterleibszeichnung

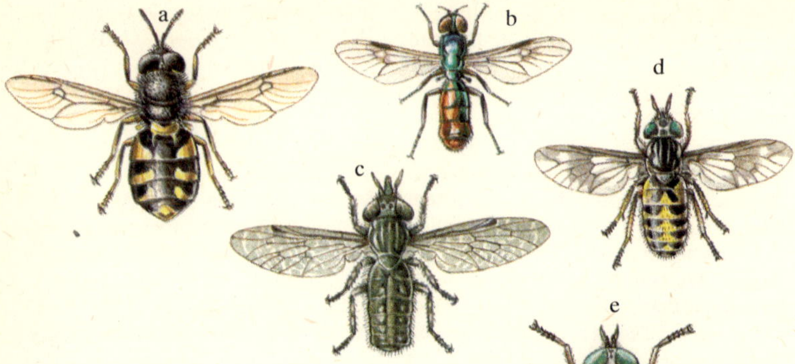

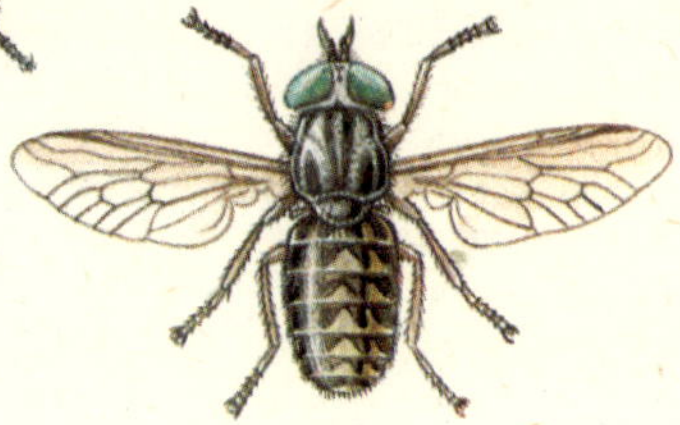

a 888 *Stratiomys chamaeleon*; b 889 *Sargus cuprarius*; c 891 *Haematopota pluvialis*; d 890 *Chrysops caecutiens*; e 892 *Tabanus bromius*

variabel, beim Männchen seitlich mit rotbraunen Flecken. Hauptaktivitätszeit Juli und August auch bei regnerischer Witterung. Die Weibchen fliegen zum Blutsaugen fast lautlos oft in größeren Schwärmen Mensch, Vieh und Wild an. Sie sind dadurch Überträger von Milzbrand und anderen Krankheiten. Die Eier werden häufchenweise an Gras abgelegt. Die Larven leben in Wiesen und Mooren, wo sie sich auch räuberisch ernähren.

892 *Tabanus bromius* (= *Straba bromius*)

11 bis 16 mm. Bei uns häufiger als die Rinderbremse (893). Flügel in Ruhe lang dreieckig, leicht dachförmig. Die bis 30 mm langen schmutzigweißen Larven ernähren sich räuberisch von Kleintieren feuchter Böden. Eiablage dicht über dem Boden an Pflanzen. Die Weibchen umkreisen mit hörbarem Geräusch optisch und thermisch wahrgenommene größere Säuger, ehe sie sich auf ihnen zum Blutsaugen niederlassen.

893 *Tabanus bovinus*
Rinderbremse

Bis 24 mm, rotbraun gefleckt. Lebensweise ähnlich *T. bromius* (892). Jedes Weibchen legt bis 3 500 Eier.

Familie *Rhagionidae* Schnepfenfliegen

Das Aussehen der bei uns vorkommenden etwa 30 Arten erinnert an Raubfliegen (S. 359), andererseits haben sie Merkmale mit den Bremsen (S. 357) gemeinsam. Überwiegend ernähren sie sich räuberisch von anderen Insekten, einige sind Blutsauger an Fröschen, andere an Warmblütern. Ebenso vielseitig und interessant leben ihre Larven, die denen der Bremsen ähneln. Ein Teil der Arten entwickelt sich im Wasser, ihre Larven sind durch Segmentanhänge zur Sauerstoffaufnahme an diese Lebensweise angepaßt. Die Mehrzahl lebt in faulenden Substraten und Mulm von Baumstümpfen; vereinzelt sind sie Parasiten in Eipaketen (Heuschrecken) oder Käferlarven.

894 *Rhagio scolopaceus*
Gemeine Schnepfenfliege

8 bis 16 mm. Charakteristisch sind die langen, gefleckten Flügel. Die Augen der Männchen berühren sich. In kennzeichnender Lauerstellung sitzen die Imagines besonders gern auf besonnten

Baumstämmen. Die bis 18 mm langen Larven entwickeln sich in Wald- und Wiesenböden.

895 *Atherix ibis*
Ibisfliege
8,5 bis 10 mm. Die im Mai und Juni fliegenden Imagines saugen mit ihrem bremsenartigen Rüssel gelegentlich auch am Menschen Blut. Die grau gefärbten Weibchen legen ihre Eier gemeinschaftlich (bis 1 000 pro Weibchen) z. B. an Ästen oder Bauwerken über Wasser ab. Ehe die Larven ins Wasser fallen, ernähren sie sich von ihren toten Müttern, die an den oft großen Eiklumpen kleben bleiben.

Familie *Therevidae*
Stilett- oder Luchsfliegen

Mittelgroße, oft pelzig behaarte Fliegen, die eine gewisse Ähnlichkeit mit Raubfliegen (S. 359) und wie diese einen Stechrüssel haben; es gibt aber nur wenige Beobachtungen, die für eine räuberische Lebensweise sprechen. Der Flug ist schnell, aber von kurzer Dauer. Die überschlanken Larven leben räuberisch im Boden oder in morschem Holz. Etwa 40 Arten.

896 *Thereva anilis*
8 bis 10 mm. Auf sonnigen Sandstellen oder Sträuchern ruhend, dann wieder kurze, schnelle Flüge unternehmend. Die drahtwurmähnlichen, etwa 30 mm langen weißlichen Larven haben keine Kopfkapsel. Allesfresser, aber überwiegend räuberisch in Dünen und Heideboden.

Familie *Scenopinidae*
(= *Omphralidae*) Fensterfliegen

Nur 6 kleine Arten der Gattung *Scenopinus* im Gebiet. Lebensweise der Imagines unbekannt; Rüssel nur zum Auftupfen von Flüssigkeiten geeignet. Die Larven sind drahtwurmähnlich mit Kopfkapsel. Sie leben wahrscheinlich von verwesenden Substanzen, andererseits sollen sie kleinen Insektenlarven unter Rinde, in Pilzen, Vogel- und Säugernestern nachstellen.

897 *Scenopinus fenestralis* (= *Omphrale fenestralis*)
Fensterfliege
4 bis 6 mm. Fliegen im Sommer nicht selten zahlreich an Fenstern. Ihre Larven ernähren sich von toten und lebenden (?) Haus- und Vorratsschädlingen wie Klopfkäfern, Kleider- und Tapetenmotten oder Silberfischchen.

Familie *Asilidae*
Raubfliegen

Zum Teil sehr schlanke, mittelgroße bis große Fliegen mit großen vorstehenden Augen, zwischen denen die Stirn eingedellt ist. Manche Arten sind pelzig behaart. Die Beute wird im Flug zunächst mit den kräftigen Beinen gepackt und dann mit dem kurzen Rüssel, der auch hartschalige Käfer durchdringt, angestochen. Ansitzjagd, bei der manche Arten kopfabwärts an Stämmen sitzen und vorbeifliegende Insekten unter Kopfdrehungen mit den Augen verfolgen, herrscht vor; daneben suchen sie aber auch fliegend nach Beute. Zu den

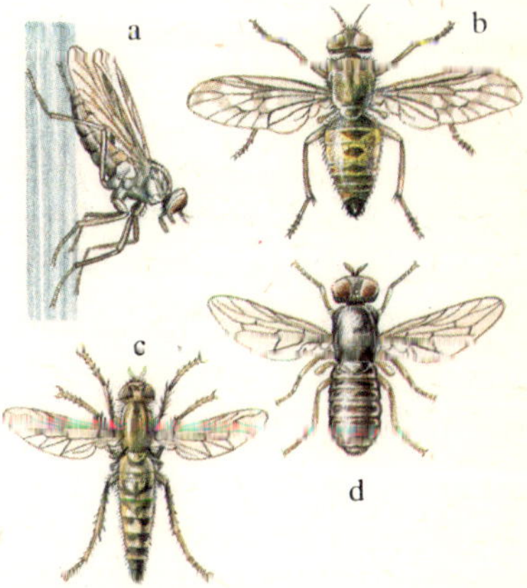

a 894 *Rhagio scolopaceus*; b 895 *Atherix ibis* ♂; c 896 *Thereva anilis* ♀, d 897 *Scenopinus fenestralis*

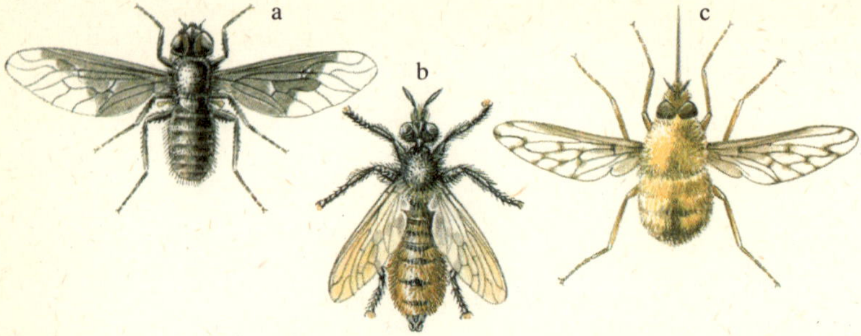

a 902 *Hemipenthes morio*; b 900 *Laphria flava* ♀; c 901 *Bombylius discolor*

Raubfliegen gehören die größten heimischen Fliegen. Die rundlichen oder leicht abgeplatteten Larven entwickeln sich im Boden, in Holz oder unter Borke und ernähren sich vorwiegend von toter pflanzlicher Substanz. Etwa 200 Arten.

898 *Leptogaster cylindricus*
7 bis 15 mm. Mit Vorliebe sitzen diese schlanken Raubfliegen an Grashalmen und erwarten ihre Beute, die aus kleineren Fliegen, Blattläusen u. ä. besteht. Die Eier werden im Flug fallen gelassen, die Larven entwickeln sich in Humus.

899 *Asilus crabroniformis*
Hornissenraubfliege
18 bis 28 mm. Die auffallend gefärbte Raubfliege sitzt gern in Lauerstellung an Holz oder Blättern auf sandigen Lichtungen. Vorbeifliegende Käfer, Haut- und Zweiflügler sind ihr willkommene Beute. Larvenentwicklung im Boden.

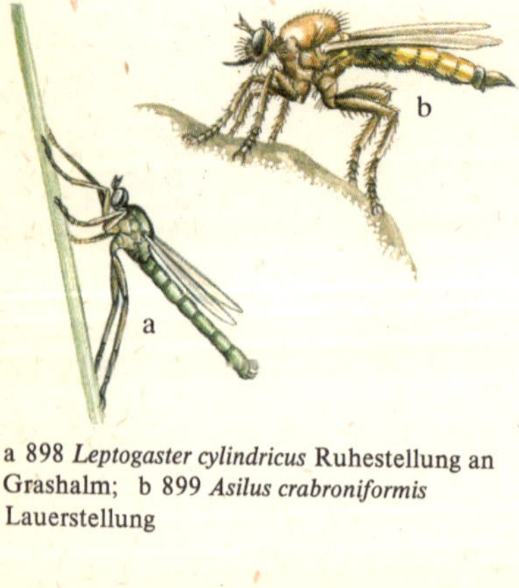

a 898 *Leptogaster cylindricus* Ruhestellung an Grashalm; b 899 *Asilus crabroniformis* Lauerstellung

Laphria spec. Larve von der Seite

900 *Laphria flava*
Mordfliege
13 bis 23 mm. Die Art ist eine der bekanntesten aus der Gattung der Mordfliegen. Nach einer Art Balz und der Begattung erfolgt die Eiablage in Holz oder Rindenritzen. Die Entwicklung der bis 40 mm langen Larve ist meist (?) mehrjährig. Sie ernährt sich von pflanzlichen Substanzen, vielleicht auch räuberisch.

Familie *Bombyliidae* Hummelfliegen (Wollschweber) und Trauerschweber

In Aussehen und Lebensweise sehr unterschiedliche Fliegen. Wollschweber sind pelzig behaart. Teilweise haben sie sehr lange Rüssel, mit denen sie im Schwirrflug, meist mit den Beinen abgestützt, oder im Sitzen Blüten ausbeuten. Die Larven ernähren sich von den Vorräten und Larven ihrer Wirte. Trauerschweber, die weniger stark behaart sind und durch die dunkle Färbung ihrer Flügel auffallen, sitzen oft auf sonnigen Waldwegen. Ihre Larven leben als Eiräuber bei Heuschrecken oder sind Parasiten von Insekten verschiedener Ordnungen; manche regelmäßig Hyper- oder Sekundärparasiten. Über 100 Arten.

901 *Bombylius discolor*
Wollschweber
10 bis 12 mm. Die Imagines saugen kolibriartig schwirrend an Blüten. Wie bei anderen Wollschwebern werden die Eier mit Sand inkrustiert in die Nähe der Nesteingänge solitärer Bienen abgelegt. Das 1. Larvenstadium ist schlank, durch Beborstung sehr beweglich und sucht aktiv das Nest auf. Nachdem der Pollenvorrat aufgezehrt ist, wird durch die nunmehr engerlingsartige, aber kopf- und beinlose Made die Wirtslarve ausgesaugt.

902 *Hemipenthes morio* (= *Anthrax morio*)
Trauerschweber
6 bis 11 mm. Die Larven leben hyperparasitisch in den Raupen der Forleule, d. h., sie können sich nur entwickeln, wenn diese zuvor durch Schlupfwespen oder Raupenfliegen parasitiert wurden. Andere Trauerschweber (Gattung *Anthrax*) leben ähnlich den Wollschwebern bei solitären Bienen und anderen Stechwespen.

Familie *Empididae*
Tanzfliegen

In Mitteleuropa etwa 300 sehr kleine bis mittelgroße Arten mit kugeligen Köpfen und nach unten gerichteten, z. T. ziemlich langen Rüsseln. Größere Arten fallen als Blütenbesucher auf, doch dürfte räuberische Ernährung von Insekten vorherrschen. Der deutsche Name bezieht sich auf eigentümliche Balztänze, zu denen sich die Männchen oft in größeren Gruppen zusammenfinden. Die Männchen mancher Arten tragen dabei Beutetiere oder (mit Spinndrüsen der Vorderfüße) eingesponnene Ersatzobjekte, die an die Weibchen übergeben werden, andere breiten im Flug Gespinstschleier aus, die sie bei der Paarung fallenlassen. Die Larven leben vermutlich räuberisch im Boden, in Holzmulm oder im Wasser.

903 *Empis tesselata*
Tanzfliege
7 bis 11 mm. Gehört zu den Arten, die ein kompliziertes Balzverhalten zeigen. Das Männchen übergibt vor der Paarung dem Weibchen ein «Hochzeitsgeschenk» in Form eines Beutetieres. Die Eiablage erfolgt in feuchtem Boden, wo sich die schlanken Larven räuberisch ernähren.

Familie *Dolichopodidae*
Langbeinfliegen

Meist nur etwa 5 mm lange, oft metallisch grüne, räuberische und/oder blütenbesuchende Fliegen mit langen, häufig gelben Beinen. Träge Flieger, aber sehr aktive Läufer. Manche Arten jagen auf der Wasseroberfläche. Auch die Larven ernähren sich überwiegend

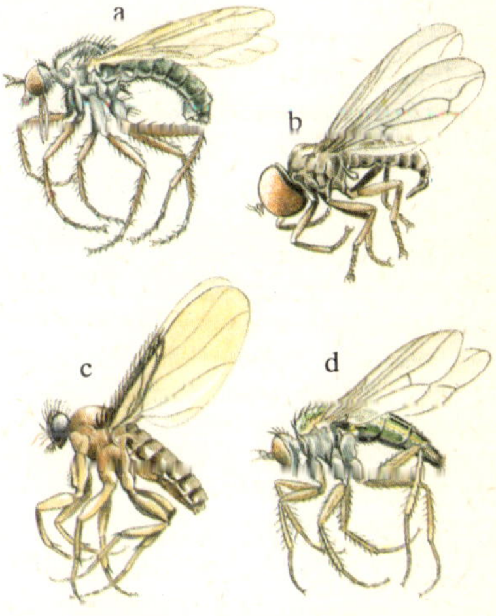

a 903 *Empis tesselata* ♂; b 906 *Pipunculus ater* ♀; c 905 *Megaselia rufipes* ♀; d 904 *Dolichopus aeneus* ♀

von Insekten u.a. Kleintieren. Die meisten leben im Boden oder im Wasser, einige Arten kommen sehr häufig in den Gängen von Borkenkäfern vor, deren Larven und Puppen sie fressen. Von den etwa 6000 beschriebenen Arten leben im Gebiet mehrere hundert.

904 *Dolichopus aeneus*
Grüne Langbeinfliege
5 bis 7 mm. Eine der größten Arten, die räuberisch an Teich- und Bachufern lebt. Die Eiablage erfolgt in Ufernähe, wo sich die zylindrisch-schlanken Larven im feuchten Boden entwickeln und sich wahrscheinlich von anderen Insektenlarven ernähren.

Unterordnung *Cyclorrhapha* Fliegen (Deckelschlüpfer)

Fliegen, deren gemeinsames Merkmal die Tönnchenpuppe ist, von der beim Schlüpfen ein Deckel abgesprengt wird.

Familie *Phoridae* Buckel- oder Rennfliegen

Die etwa 1500 Arten (im Gebiet vielleicht 200) umfassende Familie verdankt ihren zweiten deutschen Namen den charakteristischen schnellen, ruckartigen Laufbewegungen. 0,5 bis 6,0 mm kleine Fliegen mit typischem Flügelgeäder (z. T. Flügelreduktion) und gewölbtem Thorax (Buckelfliegen). Ihre Nahrung sind faulende Stoffe, Pollen und Honigtau. Ihre Larven leben an toten Insekten, Schnecken, aber auch Leichen von Großsäugern (Gräberfauna). Andere Arten leben in Hummel- und Wespennestern (in Bienenstöcken?), in Pilzen, Samen, aber auch parasitisch in Gliederfüßern.

905 *Megaselia rufipes*
2 bis 3 mm. Die bis 3 mm langen Larven haben ungewöhnlich vielseitige Ernährungsmöglichkeiten. Man findet sie an toten Insekten, sie wurden aber auch als Parasiten im Ameisenbuntkäfer (381) beobachtet; zuweilen werden sie durch Fraß an Weizenkeimen und anderen Samen schädlich. Die Maden leben anfänglich gesellig. Das Weibchen legt mehrere hundert Eier.

Familie *Pipunculidae* (= *Dorylaidae*) Kugelkopf- oder Augenfliegen

Im Gebiet etwa 40 bis 5 mm lange, düster gefärbte Arten mit sehr großen, fast ganz von den Augen eingenommenen Köpfen. Die Larven entwickeln sich in Kleinzikaden, die von den Weibchen mit den Beinen gepackt, im Flug angestochen und belegt werden.

906 *Pipunculus ater* (= *Dorylas ater*)
Kugelkopffliege
3 bis 4 mm. Die Weibchen suchen langsam fliegend besonders in üppiger

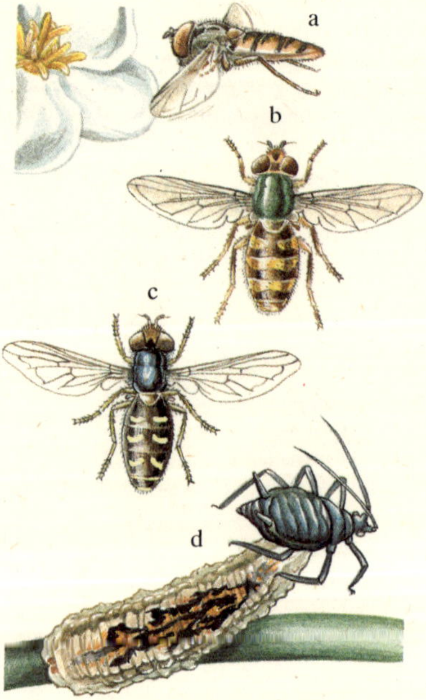

a 907 *Episyrphus balteata*; b, d 909 *Syrphus ribesii* b Fliege, d Larve Blattlaus aussaugend; c 908 *Scaeva pyrastri* ♀

Ufervegetation nach Zikaden (s. S. 151) und belegen diese mit Hilfe ihres säbelartigen Legebohrers mit ihren Eiern. Die Larven entwickeln sich als Innenparasiten und verpuppen sich außerhalb der Wirtstiere in Kokons, die häufig im Spülsaum der Gewässer gefunden werden können.

Familie *Syrphidae* Schwebfliegen

Im Gebiet mehr als 300 meist mittelgroße und große, häufig durch ihre wespenähnlich schwarz-gelbe oder schwarz-weiße Kontrastfärbung leicht kenntliche Arten, die oft schwirrend in der Luft stehen und zu den wichtigsten Blütenbestäubern gehören. Teilweise benötigen sie zur Eireifung Pollen, so daß sie in der blütenarmen Feldflur nur noch sehr beschränkte Lebensmöglichkeiten finden. Einige Arten sind stark bepelzt und hummelähnlich. Die teilweise auffallend bunten, auf Pflanzen umherkriechenden Schwebfliegenlarven vertilgen ansehnliche Mengen von Blattläusen. Dagegen werden die in Zwiebelgewächsen minierenden Larven einiger weniger anderer Arten schädlich. Manche Schwebfliegen entwickeln sich in den Nestern sozialer Hautflügler, wo sie überwiegend Abfallfresser sind, aber auch die Brut angreifen können. Einige Arten verbringen ihre Larvenzeit in Wasser, aber auch in Gülle oder Dung.

907 *Episyrphus balteata* (= *Epistrophe balteata*)
8 bis 11 mm. Eine der häufigsten und, da die Weibchen überwintern, frühesten Schwebfliegen. Wie die meisten anderen Schwebfliegen äußerst gewandte Flieger, die bei einer Flügelfrequenz von maximal 300 Hz in der Luft förmlich stillstehen können. Die abgeflachten weißlichen Larven sind so durchsichtig, daß ihr orangefarbiger Fettkörper und der dunkle Darminhalt durchscheinen. In Gärten und im Feldbestand gehören sie zu den wichtigsten Blattlausvertilgern, zumal bis zu 5 Generationen im Jahr zur Entwicklung kommen.

908 *Scaeva pyrastri* (= *Lasiopticus pyrastri*)
11 bis 13 mm. Die blau oder grün schillernde Erzfärbung des Thorax tritt auch bei anderen Schwebfliegen auf. Lebensweise ähnlich der vorigen Art und wie diese den ganzen Sommer über an Blüten zu finden. Die bis 20 mm lange Larve ist meist bräunlich gefärbt; in der Rückenlinie trägt sie einen weißen Streifen.

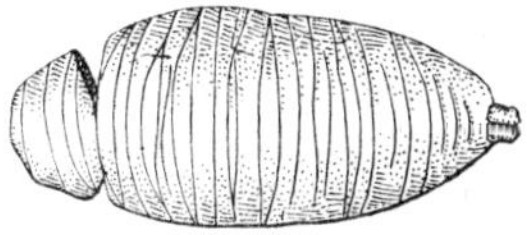

909 *Syrphus ribesii* Puparium

909 *Syrphus ribesii*
9 bis 11 mm. Die ebenfalls sehr häufige Art schlüpft im Frühjahr aus einem hellbraunen Puparium. Die bis 13 mm langen Larven durchlaufen in nur 1 bis 2 Wochen 3 Entwicklungsstadien. Dabei verbrauchen sie mehrere hundert Blattläuse, die sie mit den Mundhaken aufspießen und aussaugen. Schwebfliegenlarven sind gegenüber Insektengiften oft viel empfindlicher als ihre nicht selten giftresistente Beute, so daß eine chemische Blattlausbekämpfung zwar die Larven der Schwebfliegen aber oft nicht die Blattläuse vernichtet. Je nach Witterungs- und Ernährungsbedingungen entwickeln sich 2 oder 3 Generationen im Jahr.

910 *Baccha elongata*
7 bis 10 mm. Namentlich die Männchen dieser besonders in Wäldern vorkommenden Art sind unermüdliche Schweber, die an schattigen Stellen den ganzen Sommer über anzutreffen sind. Meist stehen sie in der Luft, an Blüten oder auf Blättern beobachtet man sie relativ selten. Die etwa 10 mm langen,

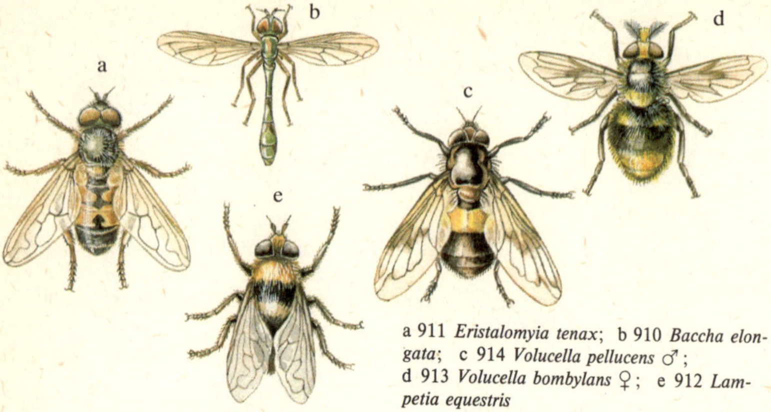

a 911 *Eristalomyia tenax*; b 910 *Baccha elongata*; c 914 *Volucella pellucens* ♂; d 913 *Volucella bombylans* ♀; e 912 *Lampetia equestris*

gelblichweißen bis grünlichen Larven sind ebenso wie die der vorstehend behandelten Arten nützliche Blattlausvertilger.

911 *Eristalomyia tenax* (= *Eristalis tenax*)
Schlammfliege, «Mistbiene»
11 bis 15 mm. Im Spätsommer und Herbst überaus häufig auf Blüten. Die entfernt bienenähnliche Schlammfliege (Schlammfliegen heißen auch die *Megaloptera*, S. 175) entwickelt sich in Faulschlamm, Abwässern und Gülle. Ihre bis 20 mm großen Larven, bekannt als Rattenschwanzlarven, sind diesen Medien besonders angepaßt. Der Hinterleib endet in einem, durch Blutdruck bis 40 mm ausstülpbaren 3teiligen Atemrohr, das der jeweiligen Wassertiefe angepaßt wird. Als Nahrung dient stickstoffhaltiger Schlamm.

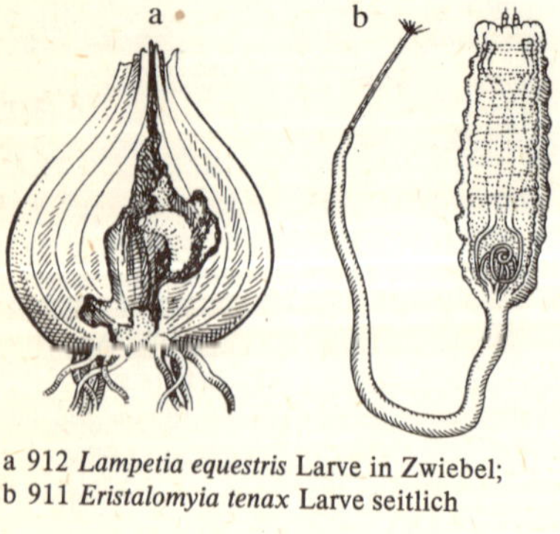

a 912 *Lampetia equestris* Larve in Zwiebel; b 911 *Eristalomyia tenax* Larve seitlich

912 *Lampetia equestris* (= *Merodon equestris*)
Große Narzissenfliege
12 bis 14 mm. Gemeinsam mit ihrer 5 bis 9 mm großen Verwandten, der Kleinen Narzissenfliege *(Eumerus striatus)*, ein gefürchteter Schädling im Gartenbau. Die Eier werden direkt an die Blattbasis von Speisezwiebeln, Narzissen, Tulpen u. ä. gelegt. Die Larven zerfressen das Innere der Zwiebel. Puparien braun bis schwärzlich. *Lampetia* hat 1 Generation, *Eumerus* 2 bis 3 Generationen im Jahr.

913 *Volucella bombylans*
Hummelfliege
914 *Volucella pellucens*
11 bis 16 mm. Die Larven der auffallend großen Schwebfliegen leben in Nestern sozialer Hautflügler von Abfällen, z. T. in den ersten Entwicklungsstadien ektoparasitisch. Die erstere Art entwickelt sich bei Hummeln, denen sie in der Färbung ähnelt (Schutzfärbung?), die letztere bei der Gemeinen und der Deutschen Wespe (602, 603). Die Imagines besuchen Blüten und legen ihre Eier in die Nähe des Nestes, das die Junglarven aktiv aufsuchen.

Familie *Conopidae*
Dickkopffliegen

Durch ihre Gestalt, den meist an der Basis eingeschnürten schlanken Hinterleib und den dicken, oft aufgeblasen wirkenden Kopf unverwechselbare, in ihrer Zeichnung an Wespen (oder Schwebfliegen) erinnernde Fliegen, die man vor allem an Blüten beobachtet. Ihre Fühler sind größtenteils ziemlich lang und nach vorn gerichtet. Die Flügel tragen mitunter dunkle Muster. Die Larven entwickeln sich parasitisch in den Imagines von Bienen (Hummeln) und Wespen, vereinzelt auch in Heuschrecken. Etwa 50 Arten.

915 *Conops flavipes*
9 bis 12 mm. Die Weibchen verfolgen wahrscheinlich wenig wirtsspezifisch Bienen und Faltenwespen und belegen sie mit ihrem Ei. Die Larven fressen zuerst im Hinterleib und dringen dann mit ihrem spitzen Vorderende durch die Wespentaille bis zu den Brustorganen vor. Das Puparium wird in der Haut des Wirtes gebildet und überwintert. Dickkopffliegen sind eifrige Blütenbesucher, die Korbblütler bevorzugen.

Familie *Micropezidae* (= *Tylidae*)
Stelzfliegen

Eine bei uns nur 13 Arten umfassende Gruppe auffallend hochbeiniger Fliegen mit stabförmigem Körper, die «gravitätisch» umhergehen und sich zur Nahrungsaufnahme tief hinunterbükken. Vor allem an feuchten, schattigen Orten, wo sie sich z. T. räuberisch ernähren. Die Larven leben in humusreicher Erde oder in zerfallendem Pflanzenmaterial. Wovon sie sich ernähren, ist unbekannt.

916 *Micropeza corrigiolata* (= *Tylus corrigiolata*)
6 bis 7 mm. Besonders an Gewässerufern, wo sie Jagd auf Blattläuse und kleine Fliegen macht.

Familie *Psilidae*
Nacktfliegen

Fast 30 europäische meist kleine, schlanke Arten, die nur wenige Borsten tragen. Die Larven minieren wohl durchweg in Pflanzen, wodurch einige Arten schädlich werden.

917 *Psila rosae*
Möhrenfliege
4 bis 6 mm. Das Weibchen legt im Mai über hundert Eier in Schüben dicht an Möhren, Petersilie oder Sellerie im Boden ab. Die gelblichen, bis 8 mm langen Larven fressen zuerst an Seitenwurzeln und dringen dann in die Hauptwurzel ein, die sie mit braunwandigen Gängen durchziehen («Eisenmadigkeit»). Das Kraut verfärbt sich und stirbt ab, die Knollen sind ungenießbar bitter. Eine 2. Generation ab August möglich.

Familie *Trypetidae* (= *Tephritidae*)
Bohr- oder Fruchtfliegen

Kleine Fliegen, die großenteils eine ungewöhnliche Flügelzeichnung (z. B. markante, dunkle Binden) und oft auch

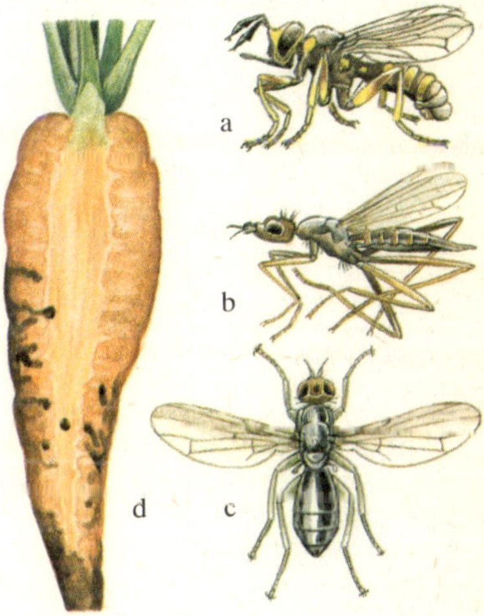

a 915 *Conops flavipes* ♀; b 916 *Micropeza corrigiolata* ♀; c, d 917 *Psila rosae* c Fliege; d Schadbild an Möhre

bunte Abzeichen auf dem Körper tragen. Die Eier werden mit Hilfe eines Legestachels in pflanzliches Gewebe abgelegt. Die Larven minieren, z. T. rufen sie auch Gallbildungen hervor; viele entwickeln sich in den Blütenköpfen von Korbblütlern. In Mitteleuropa gibt es etwa 200 Arten, von denen die Kirschfruchtfliege und die Spargelfliege bedeutende Schäden verursachen können. In wärmeren Ländern verursacht eine ganze Anzahl von Fruchtfliegen sehr schwere wirtschaftliche Verluste (z. B. Mittelmeerfruchtfliege und Olivenfliege).

918 *Rhagoletis cerasi*
Kirschfruchtfliege
2 bis 3,5 mm. Das Weibchen legt seine Eier bei Temperaturen über 20 °C an unreife Kirschen ab. Die bis 6 mm langen weißen Maden zerfressen das Fruchtfleisch besonders am Kern. Die gelben Tönnchenpuppen überwintern im Boden. Neben den Zuchtsorten (vor allem Schattenmorelle) werden Wildarten, aber auch Heckenkirsche und Schneebeere befallen.

919 *Platyparea poeciloptera*
Spargelfliege
5 bis 6,5 mm. Besonders 2jährige Spargelpflanzen werden stark geschädigt. Die Eier legt das Weibchen ab Ende April in die Spargelspitzen. Die bis 10 mm langen Larven fressen sich nach unten und hinterlassen eine braune Fraßspur. Befallene Triebe sind meist stark verkrümmt, oft sterben sie ab. Nur 1 Generation, die als Tönnchenpuppe überwintert.

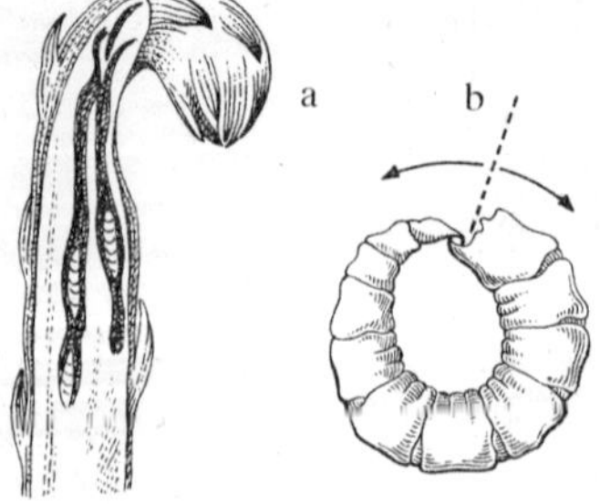

a 919 *Platyparea poeciloptera* Schadbild;
b 922 *Piophila casei* Larve vor einem Sprung

Familie *Sepsidae* Schwingfliegen

Kleine Fliegen, deren Hinterleib an der Basis eingeschnürt ist. Oft sehr zahlreich auf Blättern und Doldenblüten. Beim Laufen werden langsame Flügelschläge ausgeführt, deren Signalwirkung bei vielen Arten durch einen schwarzen Fleck an der Flügelspitze erhöht wird. Die Larven entwickeln sich in Misthaufen, Jauche und in sich zersetzender pflanzlicher Substanz, z. B. Tang. Höchstens 50 Arten im Gebiet.

920 *Sepsis fulgens*
3 bis 5 mm. Die Männchen haben an den Vorderschienen Dornen und am Abdomenende Sonderbildungen, die als Greif- oder Klammerorgane dienen. Als Sexualreiz- und Lockstoff dienen Sekrete aus Drüsen des Enddarms und der Hinterschienen. Die in Fäkalien lebenden Larven sind mit feinen Dörnchen besetzt.

Familie *Chamaemyiidae (Ochthiphilidae)* Blattlausfliegen

In Mitteleuropa nur 18 Arten silbriggrauer kleiner Fliegen, die als Larven räuberisch von Blattläusen und Schildläusen bzw. Schildlauseiern leben. Die frei auf Blättern jagenden Larven werden leicht als junge Schwebfliegenlarven (s. S. 19) angesehen. Die Imagines wurden dabei beobachtet, wie sie nach Ameisenart Honigtau von Blattläusen erbettelten.

921 *Leucopomyia obscura* (= *Leucopis obscura*)
1,5 bis 2 mm. Diese Art gilt als besonders nützlich, weil ihre nach Spannerraupenart beweglichen Larven sich hauptsächlich von Weißtannenstammläusen ernähren.

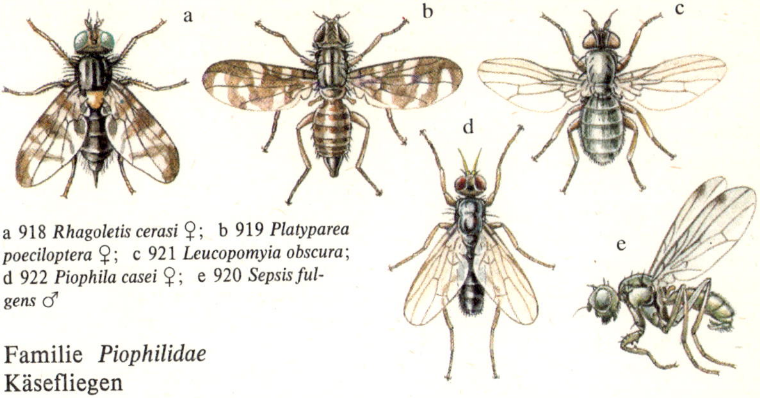

a 918 *Rhagoletis cerasi* ♀; b 919 *Platyparea poeciloptera* ♀; c 921 *Leucopomyia obscura*; d 922 *Piophila casei* ♀; e 920 *Sepsis fulgens* ♂

Familie *Piophilidae* Käsefliegen

Eine artenarme Gruppe (höchstens 15 mitteleuropäische Arten) kleiner, metallisch glänzender Fliegen. Die Larven fressen allerlei Abfälle, leben aber auch in Vogelnestern, Pilzen und Holzmulm. Die Fliegen werden insbesondere durch eiweißreiche Nahrung zur Eiablage angelockt.

922 *Piophila casei*
Käsefliege
3 bis 4,5 mm. Die besonders bei Wärme sehr lebhaften Fliegen belegen vorzugsweise Fettkäse und fettes Fleisch, auch wenn dieses stark eingesalzen ist. Da ein Weibchen über 150 Eier ablegen kann, kommt es in der Lebensmittelfabrikation, in Gerbereien u. ä. leicht zu Massenvermehrungen. Im 3., etwa 8 mm großen Stadium besitzen die weißlichen Larven Springvermögen, indem sie ihr Vorder- und Hinterende verhaken, sich spannen und loslassen. Dadurch schnellen sie bis 25 cm hoch. Die Gesamtentwicklung kann in 12 Tagen abgeschlossen sein; anderseits können die Larven 6 Monate hungern.

Familie *Lonchaeidae* Lanzenfliegen

Etwa 80, vorwiegend metallisch blaue oder grüne, 3 bis 5 mm große Fliegen, die ihre Flügel ähnlich wie die Schwingfliegen (S. 366) wippend bewegen und stets dunkle Schwingkölbchen haben. Die in der Gestalt den Käsefliegenmaden ähnlichen Larven leben sehr unterschiedlich, großenteils von toter pflanzlicher oder tierischer Substanz. Manche minieren oder erregen Gallbildungen. Es gibt aber auch räuberische Arten, die Schadinsekten (Borkenkäfer, in Samen lebende Erzwespen- und Gallmückenlarven) in allen Entwicklungsstadien angreifen.

923 *Lonchaea zetterstedti*
4 bis 5 mm. Die Imagines halten sich gern auf gefällten Baumstämmen auf, wo sie in charakteristischer Weise seitwärts laufen. Die madenförmigen Larven stellen Borkenkäfern und deren Larven in ihren Gangsystemen nach und sind daher nützlich.

Familie *Braulidae* Bienenläuse

Nur eine der 2 oder 3 flügellosen Arten lebt in Mitteleuropa. Sie ist nicht ohne weiteres als Fliege erkennbar.

924 *Braula coeca*
Bienenlaus
1 bis 1,5 mm. Mit kammartigen Klammerfüßen halten sich die Imagines an Honigbienen und Hummeln, vor allem deren Königinnen, fest und nehmen an deren Fütterung teil. Sie können auch Arbeiterinnen anbetteln. Die Larven minieren in Zellwänden, besonders in

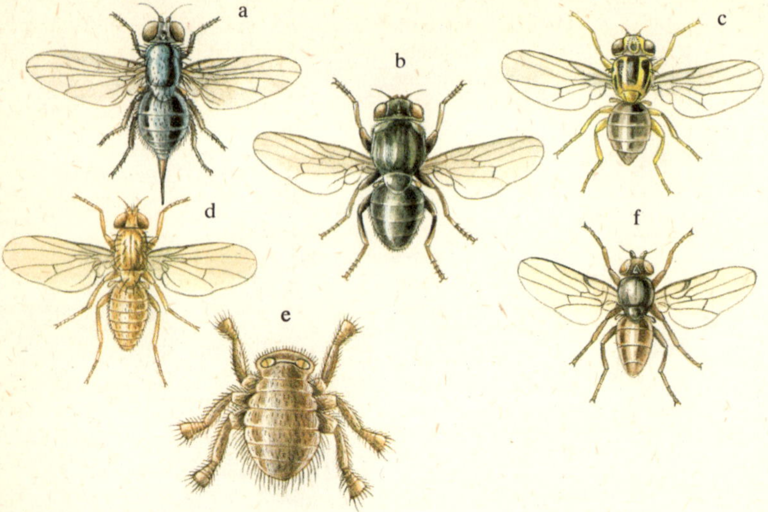

a 923 *Lonchaea zetterstedti* ♀; b 927 *Lipara lucens*; c 928 *Thaumatomyia notata*; d 925 *Drosophila melanogaster* ♀; e 924 *Braula coeca*; f 926 *Oscinella frit* ♀

Zelldeckeln. Ob sie sich dabei nur von beigemengten Pollen ernähren oder auch Wachs verdauen können, ist nicht geklärt.

Familie *Drosophilidae*
Essig-, Obst- oder Taufliegen

1 bis 6 mm lange, oft gelbe Fliegen, die von gärenden Stoffen angezogen werden und sich im Spätsommer und Herbst wohl in jedem Haushalt (Abfalleimer!) entwickeln oder ansammeln. In der obstverarbeitenden Industrie können sie zur Plage werden. Die Larven ernähren sich großenteils von Pilzen und Bakterien, die an Abfällen und in Pflanzensäften leben; manche aber auch in Exkrementen, parasitisch und räuberisch auf Kosten anderer Insekten oder als Minierer in Pilzen und höheren Pflanzen. Als leicht in großer Anzahl züchtbare Tiere, die wenige, in den Speicheldrüsenzellen aber vergleichsweise riesenhafte Chromosomen besitzen, wurden Essigfliegen zu den wohl wichtigsten Versuchstieren der Genetik. Etwa 50 europäische Arten.

925 *Drosophila melanogaster* (= *D. fasciata*)
Kleine Essigfliege, Taufliege
2 bis 2,5 mm. Durch den Geruch besonders von Alkoholen und organischen Säuren werden die Fliegen angelockt. Daher sind sie in Haushaltungen lästig, in Fabriken und Keltereien schädlich, weil sie in Marmeladen, Bier, Wein, Essig oder gärendes Obst fallen und Bakterien, Essigälchen u. a. verschleppen. Die bis 8 mm langen Larven tragen reifenartig angeordnete Dörnchen. Die Kleine Essigfliege im weiteren Sinne ist ein Gemisch schwer unterscheidbarer Arten und das klassische Versuchsobjekt der Vererbungsforschung.

Familie *Chloropidae*
Halmfliegen

Wie die Essigfliegen kleine bis sehr kleine Fliegen, die oft gelbschwarz gestreift, oft aber auch unscheinbar sind. Die Augen im Leben prächtig, meist grün gefärbt. Die Stirnaugen sind häufig plattenartig vorgewölbt und bilden ein großes Dreieck. Manche Arten mit rückgebildeten Flügeln. In Mitteleuropa weit über 100 Arten. Viele davon entwickeln sich als Minierer in Gräsern, doch gibt es auch z. B. Gallbildner, Räuber und Arten, die sich von faulenden Substanzen ernähren.

926 *Oscinella frit*
Fritfliege
2 bis 3 mm. Die im Gegensatz zu den meisten Halmfliegen metallisch schwarze Fritfliege fliegt ab Mai in mehreren Generationen. Ihre bis 4 mm schlanken Larven werden örtlich im Getreide (Hafer, Roggen, Gerste, Mais) schädlich. Sie fressen am Blattgrund oder im Stengel. Die befallenen Pflanzen welken, verkrüppeln oder bilden überhaupt keine Stengel aus.

927 *Lipara lucens*
Zigarrenfliege
6 bis 8,5 mm. In Schilfbeständen fallen oft die zigarrenartigen, 60 bis 120 mm langen Sproßgallen der gelblichgrauen Zigarrenfliege auf. Sie beherbergen anstelle der Gallerreger oft Parasiten und Einmieter. Nach deren Schlüpfen legen solitäre Wespen und Bienen häufig ihre Nester in den Gallen an.

927 *Lipara lucens* Galle an Schilf

928 *Thaumatomyia notata* (= *Chloropisca notata*)
Gemeine Rasenhalmfliege
2 mm. Im Herbst dringen die Halmfliegen gelegentlich zu Tausenden in Wohnungen ein und sammeln sich an den Zimmerdecken. Sie sind dann auf der Suche nach Überwinterungsquartieren, stechen nicht und richten auch keinen Schaden an. Die Larve lebt eigenartigerweise wahrscheinlich ausschließlich von Wurzelläusen (s. S. 173).

Familie *Agromyzidae* Minierfliegen

Im Gebiet wenigstens 300 Arten, kleine oder sehr kleine, meist dunkle Fliegen, für die es kein leicht erkennbares gemeinsames Merkmal gibt. Viel auffälliger als die Fliegen sind die spezifischen Fraßbilder der minierenden, vereinzelt auch gallbildenden Arten. In den Minen wird der Kot meist nahe am Rand abgelegt. Nicht alle von Fliegenlarven bewohnten Minen stammen von Minierfliegen (vgl. z. B. auch Halmfliegen, S. 368 und Essigfliegen, S. 368). Die meisten Arten der Minierfliegen sind streng auf bestimmte Wirtspflanzen spezialisiert.

929 *Agromyza alnibetulae*
2 bis 2,5 mm. Im Gegensatz zu früheren Angaben nur auf Birke. Der Minengang weist, abgesehen vom letzten Stück, Kotspuren an beiden Außenseiten auf. Befallene junge Birkenblätter verkrüppeln oft, oder sie fallen infolge Zerstörung der sie mit Wasser versorgenden Leitbündel ab.

930 *Paraphytomyza tridentata*
Die zylindrische beinlose Larve lebt an Weiden und Pappeln. Ihre teils unter-, teils oberseitige Platzmine ist etwa 1,5 cm^2 groß. Man findet sie im Juni/Juli und September. Ähnliche

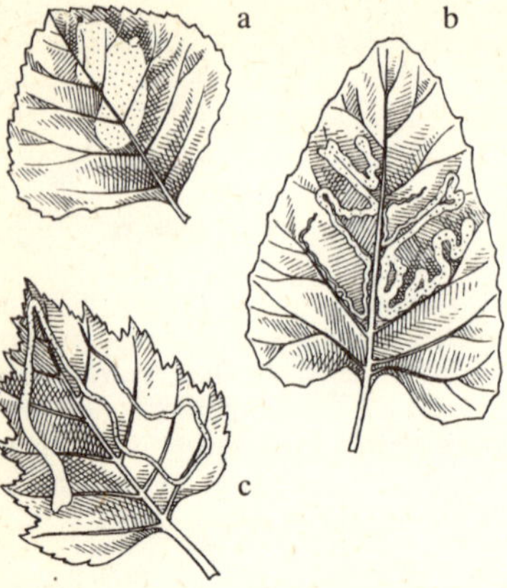

a 930 *Paraphytomyza tridentata* Platzmine in Pappelblatt; b 931 *Phytomyza lappina* Gangminen in Klettenblatt; c 929 *Agromyza alnibetulae* Mine in Birkenblatt

Minen werden auch durch Käfer-, Blattwespen- und Schmetterlingslarven verursacht.

931 *Phytomyza lappina*
In den großen Blättern der Klette fallen oft die zahlreichen langgestreckten Gangminen dieser Minierfliege auf. Die Larven der 2 Generationen verpuppen sich außerhalb des Blattes im Boden. Die schwarzbraune Tönnchenpuppe überwintert.

a
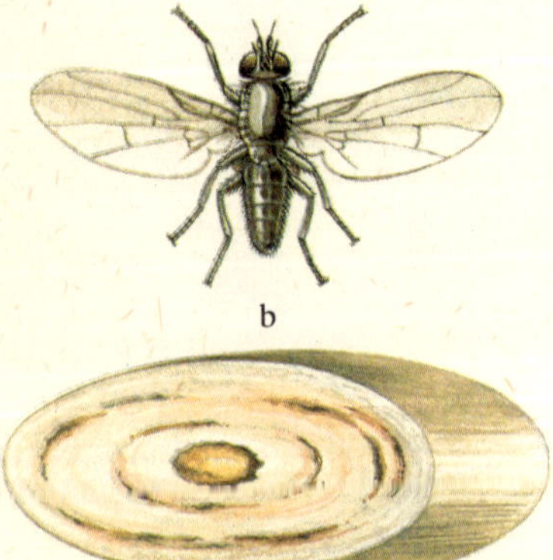

a 929 *Agromyza alnibetulae*; b 932 *Phytobia cambii* Schadbild

932 *Phytobia cambii*
Weidenkambium-Minierfliege
Gehört zu den Arten, welche in der Splint- und Kambiumzone minieren und erhebliche Schäden verursachen können (Korbflechterei, Furniergewinnung bei anderen Laubgehölzen). Im Querschnitt bilden die Gänge linsen- bis halbmondförmige braune Markflekken (Braunfleckenfliegen), die wahrscheinlich durch den Kot verursacht werden. Die weiße Larve ist drahtartig gestreckt bis 20 mm lang, die Fliege mattgrau und mit 4 mm relativ groß.

Familie *Anthomyiidae* Blumenfliegen

Bei uns etwa 200 Arten. Kleine bis mittelgroße, meist unscheinbar graue Fliegen, die oft nur als Unterfamilie der *Muscidae* (S. 371) angesehen werden. Ebenso wie andere Fliegen häufig auf Blüten, deren Nektar und Pollen leicht zugänglich sind; es werden aber auch andere Flüssigkeiten (z. B. Blut und Schweiß) geleckt. Manche Arten sind als Imagines räuberisch. Die Lebensweise der Larven ist ganz unterschiedlich. Am Strand entwickelt sich eine Art massenhaft im angespülten Tang. Viele minieren oder fressen an Wurzeln, manche leben (hauptsächlich als Abfallfresser) in Nestern von Hautflüglern, andere parasitisch bei Insektenlarven. Zu den Blumenfliegen gehören bedeutsame Pflanzenschädlinge, wie z. B. Zwiebelfliege, Salat- und Brachfliege, Fichten- und Lärchensamenfliege.

933 *Delia brassicae* (= *Phorbia brassicae*, = *Chortophila brassicae*, = *Hylemyia brassicae*)
Kleine Kohlfliege
4,5 bis 6,5 mm. Die Fliege schlüpft Ende April aus dem überwinterten Puparium. Die aus den am Wurzelhals oder in dessen Nähe abgelegten Eiern schlüpfenden weißlichen, bis 8 mm langen Maden fressen in Wurzelteilen zahlreicher Kohlgewächse. Besonderen Schaden richten sie bei jungen Kohl-

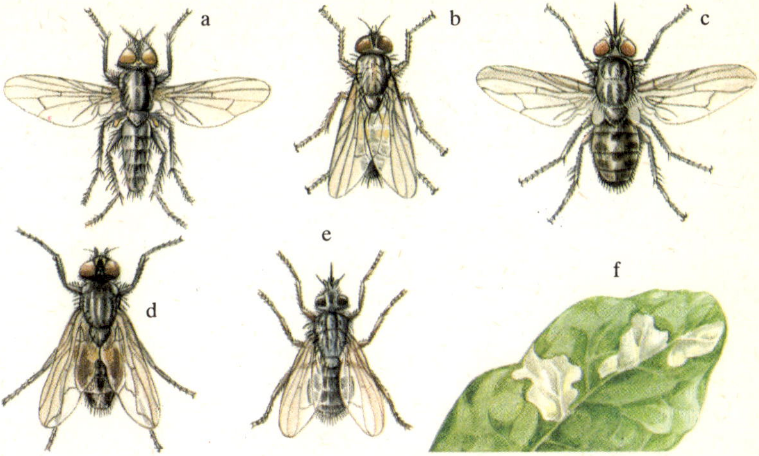

a 933 *Delia brassicae* ♀; b 936 *Fannia canicularis* ♂; c 938 *Stomoxys calcitrans* ♀; d 937 *Musca domestica* ♀; e 939 *Haematobia stimulans* ♀; f 935 *Pegomyia hyoscyami* Schadbild der Larve

pflanzen und Radieschen an, deren befallene Wurzeln verfaulen. Jährlich 2 bis 3 Generationen.

934 *Pegomyia betae*
935 *Pegomyia hyoscyami*
Rübenfliege
Die grünlichgelben Larven leben in Platzminen von Rübenblättern. Durch die hohe Generationszahl (bis 5 pro Jahr) kann es in feuchten Jahren zu Massenvermehrungen und durch Minderung der Assimilationsfähigkeit der Pflanzen zu umfangreichen Schäden kommen. Die beiden, unter einem deutschen Namen geführten Fliegenarten ähneln der folgenden.

936 *Fannia canicularis*
Kleine Stubenfliege
4 bis 6 mm. Wohl jeder kennt sie als die um Lampenschirme in unseren Wohnungen kreisende Fliege. Ihre bräunlichgrauen Larven tragen verästelte Fortsätze. Sie leben sowohl von feuchten als auch von trockenen Abfällen. *Fannia*-Larven hat man schon im menschlichen Darm und in der Blase gefunden. Die Imago gilt als Krankheitsüberträger.

Familie *Muscidae*
Echte Fliegen

Im Gebiet etwa 500 meist mittelgroße, oft grau gefärbte Fliegen von sehr verschiedener Lebensweise. Die Imagines lecken Flüssigkeiten, die große Stubenfliege kann in begrenztem Maße auch verflüssigte feste Stoffe (Zuckerkörnchen) aufnehmen, manche Arten saugen mit Hilfe eines Stechrüssels Blut. Die Larven entwickeln sich in zerfallender pflanzlicher und tierischer Substanz einschließlich von Exkrementen, z. T. auch in lebenden Pflanzen,

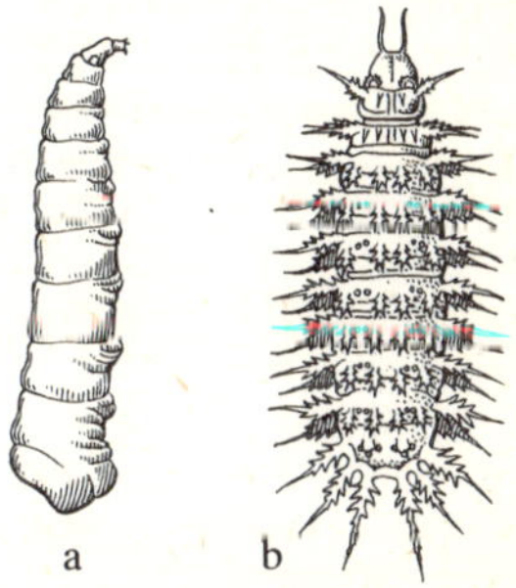

Larven von: a 937 *Musca domestica* von der Seite; b 936 *Fannia canicularis* von oben

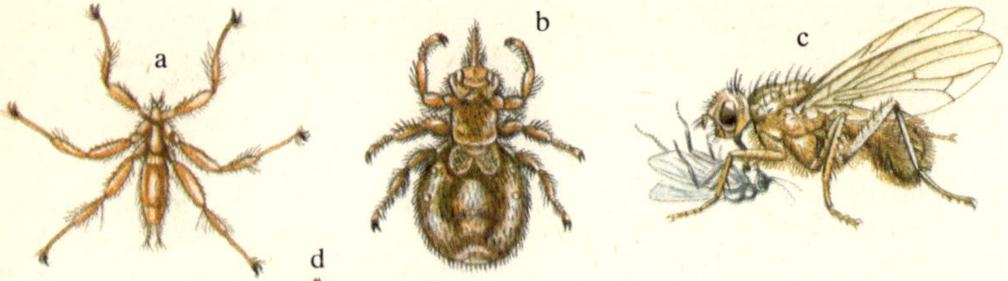

a 943 *Nycteribia biarticulata* ♀; b 942 *Melophagus ovinus* ♀; c 940 *Scatophaga stercoraria* ♂; d 941 *Lipoptena cervi* ♀

manchmal in Körperhöhlen und Wunden. Die Fliegen sind Überträger der Erreger von wenigsten 30 Infektionskrankheiten!

937 *Musca domestica*
Große Stubenfliege
6 bis 9 mm. Die weltweit verbreitete Art ist durch ihre enge Bindung an Mensch und Haustier wichtiger potentieller Krankheitsüberträger, der die Erreger am Körper (52 mm^2 Oberfläche!) haftend verschleppen und auch mit dem Kot oder mit dem bei der Nahrungsaufnahme abgesonderten Speichel abgeben kann. Die Stubenfliege schmeckt unter Mitwirkung ausgeschiedener Fermente mit den Füßen und hat einen guten Geruchssinn; durch Duftstoffe werden Artgenossen angelockt (Fliegenfänger). Ein Weibchen legt maximal 2000 Eier in bis 150 Stück enthaltenden Häufchen, die mit der Legeröhre auch in feinste Ritzen untergebracht werden. Die ausschlüpfenden Larven (bis 12 mm) entwickeln sich in Exkrementen und Abfällen und verpuppen sich in einem rotbraunen Puparium. Die Gesamtentwicklung kann bei warmen Temperaturen in 10 Tagen abgeschlossen sein.

938 *Stomoxys calcitrans*
Wadenstecher
5 bis 7 mm, am vorragenden Stechrüssel in beiden Geschlechtern leicht von der Stubenfliege unterscheidbar. Der Wadenstecher saugt besonders bei Haustieren Blut, was zu Beunruhigung und Leistungsminderung (z.B. Milchertrag) führt. In ländlichen Gegenden dringt er auch in Wohnungen ein und belästigt den Menschen besonders in der Beinregion. Die Larven entwickeln sich in Haustierkot. Die Art ist u. a. Zwischenwirt für Fadenwürmer (Nematoden) und den Geflügelbandwurm.

939 *Haematobia stimulans* (= *Siphona stimulans*)
Herbststechfliege
5 bis 6 mm. Gehört zu den zahlreichen Arten, die am Weidevieh Blut saugen (nur die Weibchen). Bei Massenbefall kann der Blutverlust recht bedeutsam sein und zur Schwächung des Viehs führen. Die Eier werden an frischen Kuhfladen abgelegt, worin sich die Larvalentwicklung innerhalb von 11 Tagen vollziehen kann.

Familie *Scatophagidae* (= *Cordyluridae*) Kotfliegen

Die Imagines, die meist in ihrem Aussehen stark von der abgebildeten, überall häufigen gelben Kotfliege (940) abweichen, sind auch in der Lebensweise sehr unterschiedlich und ernähren sich nur teilweise von kleinen Insekten. Die Larven leben z.T. räuberisch von anderen Kotfressern in Exkrementen, besonders Kuhfladen, oder sie minieren in Pflanzenteilen; einige sind Einmieter in Gallen. Mehr als 100 Arten.

940 *Scatophaga stercoraria* (= *Scopeuma stercoraria*) **Gelbe Kotfliege**

5 bis 10 mm. Häufig und oft in Massen auf frischem Kot, wo auch die Kopulation und Eiablage stattfindet. Larven madenartig, bis 10 mm. Die Imago stellt weichhäutigen Insekten nach.

Familie *Hippoboscidae* Lausfliegen

Langbeinige flache Fliegen mit derbledriger Haut, die in beiden Geschlechtern bei Vögeln oder Säugetieren Blut saugen. Es gibt geflügelte Arten, deren Flügel den Körper an Länge weit übertreffen, andere, deren Flügel verkürzt oder verschmälert sind, solche, die die Flügel nach Erreichen eines Wirtes abwerfen und schließlich von Anfang an flügellose Arten. Die Weibchen bringen einzeln bereits verpuppungsreife Larven zur Welt.
In Europa kommen etwa 25 Arten vor; 2 an Schwalben und Mauerseglern lebende Arten gelangen gelegentlich auch in Wohnungen.

941 *Lipoptena cervi* **Hirschlausfliege**

3 bis 5 mm. Sobald sich das Weibchen auf dem Wirt (z. B. Hirsch, Reh, Wildschwein) angesiedelt hat, wirft es die Flügel ab und lebt dort 8 bis 13 Monate. In dieser Zeit bringt es nur 4 bis 7 Larven zur Welt, die sich im Boden sofort verpuppen. Die Art greift häufig auch den Menschen bis in den Dezember hinein an. Der Stich bildet nach 1 bis 2 Tagen eine juckende Quaddel mit kleiner Blase.

942 *Melophagus ovinus* **Schaflausfliege**

3 bis 6 mm. Stets flügelloser ständiger Parasit bei Schafen, die bei Massenbefall sehr darunter leiden und deren Wolle durch Verschmutzung unbrauchbar werden kann; ebenso wie andere Lausfliegen auch Krankheitsüberträger. Das Weibchen lebt bis 6 Monate und gebiert bis zu 15 Larven, die sich in der Wolle verpuppen. Bei Kontakt geht die Schaflausfliege auf Menschen über.

Familie *Nycteribiidae* und Familie *Streblidae* Fledermausfliegen

Hoch spezialisierte, in Europa 13 Arten umfassende Familien, die gemeinsam mit der vorigen zur Gruppe der *Pupipara* (weil die Weibchen verpuppungsreife Larven zur Welt bringen) zusammengefaßt werden. Ausschließlich Parasiten im Fell von Fledermäusen. Die Tiere sind außerordentlich widerstandsfähig und lassen sich wie Lausfliegen kaum zwischen den Fingern zerdrükken. Meist flügellos, Augen weitgehend rückgebildet, spinnenartig lange Beine (Spinnenfliegen).

943 *Nycteribia biarticulata*

2 bis 3 mm. Wenig wirtsspezifisch auf verschiedenen Fledermausarten.

Anmerkung
Die Abgrenzung der nachfolgenden Familien wird von den Spezialisten unterschiedlich vorgenommen.

Familie *Calliphoridae* Schmeißfliegen

Mittelgroße, z. T. sehr kräftige (Brummer), großenteils metallisch blaue oder grüngoldene Fliegen. Die Imagines sind Blütenbesucher, sie nehmen aber auch alle mögliche andere flüssige oder verflüssigbare Nahrung auf. Die Weibchen mancher Arten dringen oft in Wohnräume ein. Goldfliegen umschwärmen Mülltonnen, in denen es Fleischreste gibt. Die Larven entwikkeln sich an Aas, Fleisch, Käse, sich zersetzender pflanzlicher Substanz, Exkrementen, in Wunden (gelegentlich auch beim Menschen!) oder parasitisch unter oder auf der Haut, z. B. Krötenfliege und Vogelblutfliegen. Vielleicht 100 Arten im Gebiet.

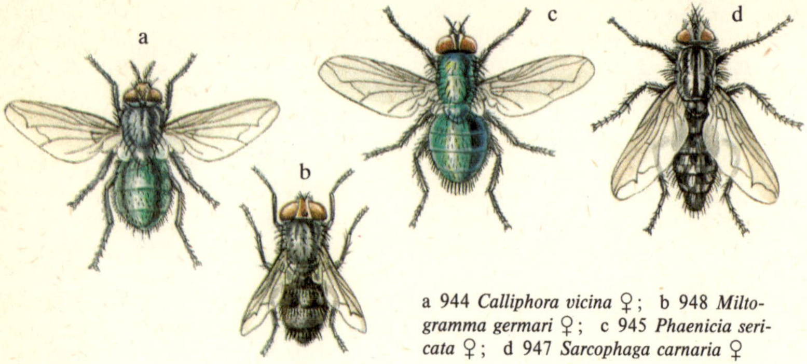

a 944 *Calliphora vicina* ♀; b 948 *Miltogramma germari* ♀; c 945 *Phaenicia sericata* ♀; d 947 *Sarcophaga carnaria* ♀

944 *Calliphora vicina (C. erythrocephala)*
Blaue Schmeißfliege

6 bis 11 mm. Die Weibchen dieser häufigen Art leben oft länger als 1 Monat und legen bis über 700 Eier in Fleisch, Fisch, Fäkalien und Abfall ab. Die typischen weißlichen Maden entwickeln sich dann in Massen und wandern, etwa 15 mm groß, zur Verpuppung von diesen Stellen ab. Aus schlecht gereinigten Mülltonnen kriechen mitunter Tausende in ganzen Zügen. Wie fast alle Schmeißfliegen können die Imagines auch dieser Art Krankheitskeime übertragen. Die Larven können in Wunden oder auch in gesunden Geweben leben.

945 *Phaenicia sericata* (= *Lucilia sericata*)
Fischgoldfliege

5 bis 9 mm. Nimmt an hygienischer Bedeutung immer mehr zu, da sie sich den Siedlungsgebieten vielseitig angepaßt hat. Das Weibchen legt über 1 000 (bis 2 000) Eier in mehreren Gelegen, die schon nach 16 Stunden Larven entlassen können. Diese leben in verschiedensten faulenden Stoffen, aber auch in Wunden und können über den After in den Darm von Haustieren einwandern. Da die Fliegen neben Blütennahrung auch Kot u. ä. aufnehmen und in Wohnungen eindringen, sind sie als Keimüberträger besonders gefürchtet. Bis in die neueste Zeit nutzte man die Beobachtung, daß die Larven dieser Fliege die Heilung mancher Wunden günstig beeinflussen (Madentherapie).

946 *Protocalliphora* spec.
Vogelblutfliege

Die bis 13 mm großen Larven leben in Vogelnestern, wo sie von Zeit zu Zeit besonders an Jungvögeln saugen. Manche Arten sollen sich sogar in die Haut einbohren, dann innenparasitisch leben und den Tod der Vögel verursachen können (deshalb nach der Brut Nistkästen sorgfältig reinigen, evtl. mit einem Insektizid behandeln!).

Familie *Sarcophagidae* Fleischfliegen, Aasfliegen

Für viele der oft den Schmeißfliegen (S. 373) zugerechneten, teilweise ziemlich großen Fleischfliegen ist eine schachbrettartige grau-schwarze Musterung charakteristisch. Die Imagines

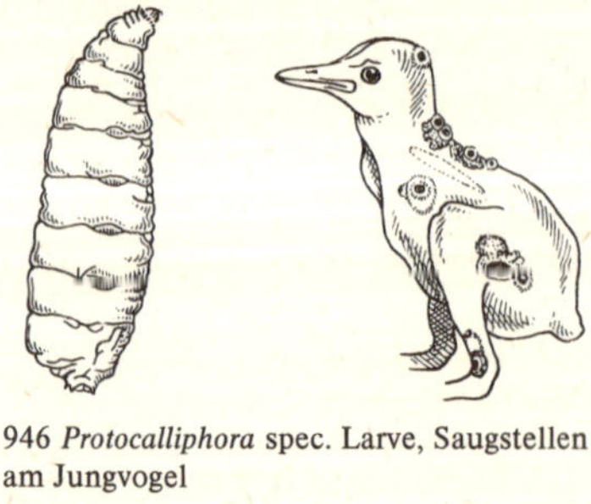

946 *Protocalliphora* spec. Larve, Saugstellen am Jungvogel

sind Blütenbesucher, sie lecken aber auch an Fleisch und anderen Substanzen. Teilweise werden weit entwickelte Eier abgelegt oder Larven «verspritzt», dadurch ist eine sehr schnelle Entwertung von Fleisch möglich. Larvenentwicklung an Aas und Kot oder parasitisch bei Regenwürmern, Schnecken, Asseln und Insekten. Angaben über die Artenzahl schwanken sehr, vielleicht 100 im Gebiet.

947 *Sarcophaga carnaria*
Graue Fleischfliege
8 bis 16 mm. Die hygienische Bedeutung dieser häufigen Art besteht im Gegensatz zu früheren Meinungen nur in der möglichen Übertragung von Keimen durch die Imago, da sie an Kadavern und Exkrementen gleichermaßen saugt wie an Blüten. Die Larven entwikkeln sich innerhalb weniger Tage in am Ende abgetöteten Regenwürmern, die von der Eilarve aktiv aufgesucht wurden. Andere *Sarcophaga*-Larven entwikkeln sich in Aas, Fäkalien oder als Raupen- und Heuschreckenparasiten.

948 *Miltogramma germari*
5 bis 9 mm. Die Arten der Gattung leben als Brutschmarotzer bei solitären Stechwespen. Während andere die Beuteinsekten von Grab- und Wegwespen verzehren, leben die Larven der abgebildeten Art wahrscheinlich vom Pollenvorrat der Pelzbiene (641). Die Fliegen kann man leicht an den Eingängen der Wespenbauten beobachten, wenn sie darauf warten, daß die Wirte ihre Nester verlassen (ähnliche Raupenfliegen, die sogenannten Trabantenfliegen, belegen die Beute der räuberischen Arten schon während des Transportes.

Familie *Tachinidae* (= *Larvaevoridae*) Raupenfliegen, Tachinen

Kleine bis mittelgroße, oft durch starke Beborstung ausgezeichnete Fliegen. Die Imagines sind an Blüten, Honigtau, Aas und Kot anzutreffen. Die Larven schmarotzen vor allem in Raupen und Blattwespenlarven, aber auch z. B. in imaginalen Wanzen und Käfern, selbst in Ameisen. Die Weibchen einiger Arten legen schlüpfbereite Eier oder schon geschlüpfte Larven ab. Zur Eiablage können Wirte angestochen werden, oft werden ihnen die Eier aber nur angeklebt (bei Raupen oft zu beobachten). Arten mit sehr hoher Eizahl legen die Eier am Boden oder an Pflanzenteilen ab. Teilweise entwickeln sich diese nur, wenn sie von einem Wirt gefressen wurden, bei anderen Arten warten die geschlüpften Larven auf einen vorbeikommenden Wirt oder kriechen nach einem solchen suchend umher. Die meisten Raupenfliegen sind nicht streng auf eine Wirtsart spezialisiert. In Mitteleuropa gibt es etwa 500 Arten, von denen nicht wenige eine große Bedeutung als Gegenspieler von Schadinsekten haben.

949 *Echinomyia fera* (= *Tachina fera*)
Igelfliege
11 bis 14 mm. Die Larven der häufigen Art leben in den Raupen von Schadspinnern, z. B. der Nonne (795) und in Eulenfaltern (s. S. 324).

950 *Tachina grossa* (= *Larvaevora grossa*)
14 bis 18 mm. Die weitaus größte Tachine parasitiert in Raupen des Kiefernschwärmers (826) und großer Glukken (s. S. 333).

951 *Ernestia rudis*
Forleulen-Raupenfliege
8 bis 12 mm. Wichtigster Parasit der Kiefern- oder Forleule (812). Das Weibchen legt mehrere hundert Eier (bis 900?). An den Raupen kann man die Einbohrstellen der jungen Larven erkennen, von denen jedoch nur jeweils eine zur Entwicklung kommt.

952 *Exorista larvarum* (= *Tachina larvarum*)
6 bis 13 mm. Die Art ist eine der häufigsten Raupenfliegen und hat ein un-

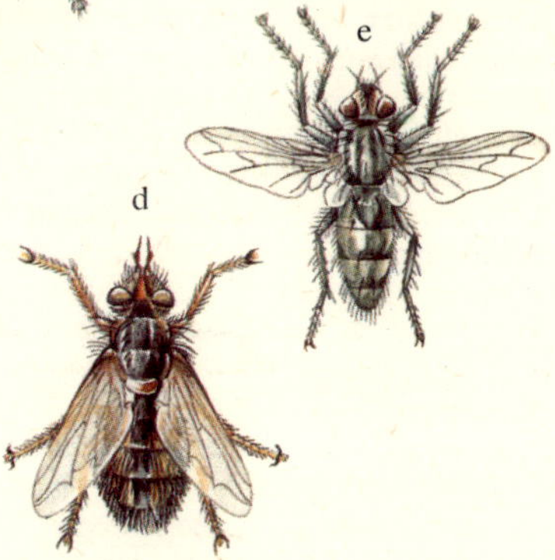

a 953 *Cylindromyia brassicaria* ♀; b 951 *Ernestia rudis* ♀; c 950 *Tachina grossa* ♀; d 949 *Echinomyia fera* ♀; e 952 *Exorista larvarum* ♀

gewöhnlich breites Wirtsspektrum und eine je nach Wirt stark schwankende Körpergröße. Von April bis Oktober entwickeln sich 2 Generationen in den Raupen verschiedenster Schmetterlingsarten, aber auch in Afterraupen von einigen Arten Blattwespen. Je nach Größe ernährt ein Wirt 1 bis 10 Fliegenlarven.

953 *Cylindromyia brassicaria* (= *Ocyptera brassicaria*)

8 bis 12 mm. Imagines nicht selten auf Doldenblüten. Die bereits im Mutterleib entwickelten Larven werden vom Weibchen auf Beerenwanzen abgesetzt und wachsen in diesen heran, meist ohne sie abzutöten.

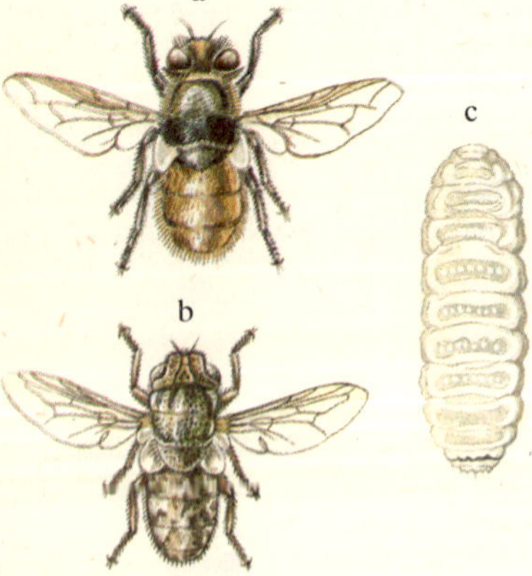

a 955 *Cephenomyia stimulator* ♀;
b, c 954 *Oestrus ovis* b ♀; c Larve von oben

Familie *Oestridae*
Dasselfliegen, Biesfliegen
Nasenbremsen

In Mitteleuropa etwa 20 vor allem bei Huftieren, z. T. bei Nagetieren lebende Arten. Die Imagines sind mittelgroß bis groß und teilweise bunt und pelzig behaart, ihre Mundwerkzeuge sind rückgebildet. Der Anflug der Weibchen löst bei den Wirten oft Panik aus («Biesen»). Dasselfliegen-Befall führt nicht selten zu schweren Krankheitserscheinungen, gelegentlich zum Tod.

954 *Oestrus ovis*
Schafnasenbremse

10 bis 12 mm. Die Wirte, Schaf und Ziege, werden von der weiblichen Nasenbremse verfolgt, die die im Uterus gespeicherten Larven mit etwas Flüssigkeit in Nüstern, Maul oder seltener Augen einspritzt (bis 500 Larven pro Weibchen). Die Larven wandern dann in Kiefer- und Stirnhöhlen ein und ernähren sich etwa 9 Monate lang von zerfallendem Gewebe und Schleim. Haben sie im 3. Larvenstadium eine

Länge von 22 bis 28 mm erreicht, werden sie vom Wirt ausgeniest und verpuppen sich im Boden. Bei starkem Befall leiden die Schafe sehr darunter (Falsche Drehkrankheit).

955 *Cephenomyia stimulator*
Rehrachenbremse
13 bis 15 mm. Elch, Reh und Rothirsch werden von verschiedenen *Cephenomyia*-Arten befallen. Wie bei der Schafnasenbremse (954) werden bereits geschlüpfte Larven, teilweise auch Eier, in Nüstern oder Maul gespritzt. Die Larven entwickeln sich im Rachen, in Nasengängen, am Zungengrund usw., können in die Lungen geraten und den Tod des Wirtes verursachen.

956 *Hypoderma bovis*
Große Rinderdasselfliege, Rinderbiesfliege
11 bis 14 mm. Im Anflug werden die Eier vom Weibchen an den Haaren der Hinterbeine der Rinder abgesetzt. Die Larven bohren sich in die Haut ein, wandern im Körper umher und nehmen etwa das 8000fache an Volumen zu. 14 bis 18 mm groß, setzen sie sich unter der Rückenhaut fest (Dasselbeulen). Durch ein zunächst zur Atmung geschaffenes Loch verlassen sie schließlich den Wirt, um sich zu verpuppen. Die Hautdasselfliegen, die schwere wirtschaftliche Schäden verursachten, wurden durch chemische Bekämpfungsmaßnahmen und Verminderung des Weideauftriebes im größten Teil des Gebietes weitgehend ausgerottet. Beim Reh- und Rotwild kommen verwandte Arten nicht selten vor.

957 *Gastrophilus intestinalis*
Pferdemagenbremse
12 bis 18 mm. Die nur höchstens 1 Woche lebenden Magendasselarten legen ihre Eier (bis 5000) im Flug an die Haare des Wirtes ab, wobei die einzelnen Arten verschiedene Körperregionen bevorzugen; die Pferdemagenbremse belegt Brust- und Bauchbereich. Gelangen die Eier durch Lecken ins Maul, schlüpfen die Larven, die anfangs in den Schleimhäuten minieren und im 2. Stadium in der Speiseröhre Blut saugen. Schließlich sammeln sich die jetzt fleischroten Larven im 3. Stadium im Magen, wo sie etwa 8 Monate verbleiben und bis 20 mm Länge erreichen. Mit dem Kot ausgeschieden, verpuppen sie sich im Boden.

Ordnung *Siphonaptera* (= *Aphaniptera*) Flöhe

Stets flügellos, meist um 3 mm, in seltenen Fällen bis 6 mm groß, mit seitlich stark zusammengedrücktem Körper, der an Bauch und Rücken einen Kiel bildet. Die reiche, artspezifische Behaarung und Beborstung ist nach hinten gerichtet und gestattet so eine rasche Fortbewegung im Haar- oder Federkleid des Wirtes. Mundwerkzeuge stechend-saugend. Das Sprungvermögen der z. T. durch die Mittelbeine unterstützten Hinterbeine ist unterschiedlich ausgeprägt.

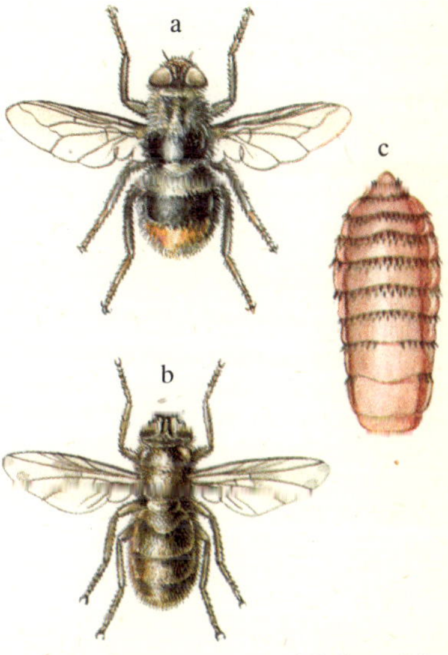

a 956 *Hypoderma bovis*; b, c 957 *Gastrophilus intestinalis* b Fliege; c Larve von oben

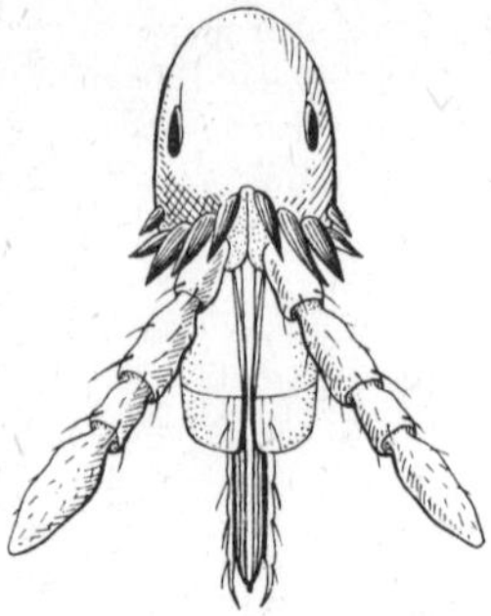

Pulex Mundwerkzeuge von vorn

Alle etwa 80 mitteleuropäischen Arten leben – meist mehr an das Nest als an den Körper gebunden – bei Vögeln oder Säugetieren, deren Blut sie saugen. Die vollständige Entwicklung ist oft nur an einem bestimmten Wirt möglich, doch kann auch an fremden Wirten Blut gesaugt werden. Die etwa 5 mm langen unscheinbaren, langgestreckten Larven sind augen- und fußlos und bewegen sich spannerraupenartig. Sie leben in den Nestern und Lagern der Wirte von Kot und Abfall; wahrscheinlich sind sie auch auf den Kot der Flohimagines angewiesen, der für sie lebensnotwendige Fermente enthält.

Flöhe leben oft erstaunlich lange (bis 6 Jahre, beim Menschenfloh sind 513 Tage nachgewiesen) und können über 100 Tage hungern. Puppen sollen Ruhepausen bis 25 Jahre überstehen, ehe sie, durch Reize des Wirtes ausgelöst (Erschütterung, Geruch), schlüpfen. Die 6 Familien des Gebietes sind schwer unterscheidbar.

Spezielle Literatur

Peus, F.: Die Flöhe. Hygienische Zoologie. Bd. 5. Leipzig 1938

Familie *Pulicidae*

958 *Pulex iritans*
Menschenfloh

Weibchen 3 bis 4 mm, Männchen 2 bis 2,5 mm. Die deutschen Namen täuschen oft eine Wirtsspezifität vor, so lebte die Art ursprünglich bei höhlenbewohnenden Raubtieren wie Fuchs und Dachs und ist auf Haustier und Mensch übergegangen. Das nur noch regionale Vorkommen der Flöhe ist dadurch bedingt, daß z. B. fugenlose Fußböden, Kacheln, Staubsaugen und Bohnern ihre notwendigen Lebensbedingungen einschränken. Sie entwickeln sich in 1 bis 2 Wochen und verpuppen sich in einem lockeren Kokon. Früher spielte der Menschenfloh auch bei uns als Pestüberträger eine bedeutende Rolle; auch andere Krankheiten können von ihm übertragen werden.

959 *Ctenocephalides canis*
Hundefloh

960 *Ctenocephalides felis*
Katzenfloh

1,5 bis 3 mm. Beide Arten sind äußerst ähnlich und unterscheiden sich vom Menschenfloh durch den dort fehlenden Wangenkamm am Unterkopf. In-

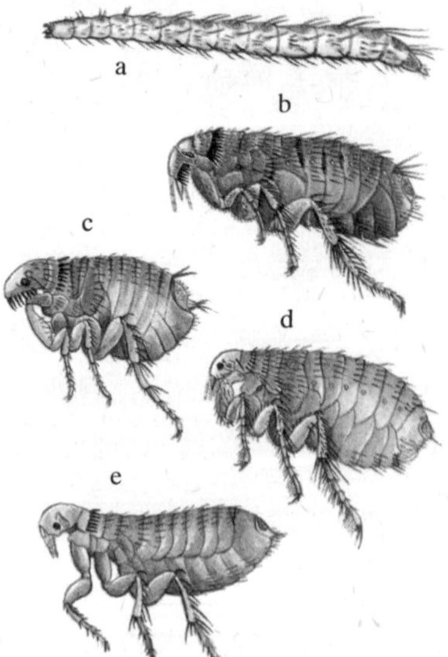

a Flohlarve b 961 *Hystrichopsylla talpae* ♀; c 960 *Ctenocephalides felis* ♀; d 958 *Pulex iritans* ♀; e 962 *Ceratophyllus gallinae* ♀

wieweit eine Wirtsspezifität vorliegt, ist unsicher; anscheinend werden Hund bzw. Katze bevorzugt, doch saugen beide Arten auch beim Menschen. Die Gesamtentwicklung kann in 11 Tagen abgeschlossen sein. Beide Flöhe können Bakterien, Protozoen, Fadenwürmer und den Hundebandwurm (als Zwischenwirte) übertragen.
Gegenwärtig ist der Katzenfloh (überall?) der am häufigsten lästige Floh. Für seine Entwicklung kommt den Populationen verwilderter Katzen eine große Bedeutung zu.

Familie *Hystrichopsyllidae*

961 *Hystrichopsylla talpae*
Maulwurfsfloh
Mit 3,5 bis 5 mm (Männchen) bzw. 4 bis 6 mm (Weibchen) unsere größte Flohart. Hauptsächlich am Maulwurf und am Igel, an denen jedoch noch zahlreiche andere Floharten vorkommen, deren Bestimmung nur einem Fachmann möglich ist. Die Hinterleibstergite des Maulwurfsflohs tragen oben z. T. kräftige Chitinzähnchenreihen.

Familie *Ceratophyllidae*

962 *Ceratophyllus gallinae*
Hühnerfloh
1,2 bis 3 mm. Der Hühnerfloh ist in Hühnerställen, aber auch an Tauben und Singvögeln häufig. Er sticht nicht selten den Menschen, wandert aber bald wieder ab. In der Gattung *Ceratophyllus* gibt es 12 weitere auf Vögeln lebende, durchweg schlanke und in der Mehrzahl wirtsspezifische Arten.

ABC der Fachausdrücke

Abdomen der Hinterleib

adult erwachsen, geschlechtsreif, in bezug auf Insekten imaginal

Afterraife die griffel- und manchmal auch fühlerartig oder als Zangen ausgebildeten Anhänge am 11. Hinterleibssegment, die bei vielen ursprünglichen Insekten auftreten und auch Cerci genannt werden

Analfeld das mittlere Feld der Flügelfläche, das im allgemeinen durch Einbuchtungen gegenüber dem die ganze Vorderseite einnehmenden und die Spitze (meist weit) umgreifenden Costalfeld und dem Jugalfeld des hinteren Flügelwinkels abgegrenzt ist

Antennen die Fühler, die Träger verschiedener Sinnesorgane sind und bei manchen Insekten auch zum Tasten benutzt werden

campodeid Bezeichnung für eine in verschiedenen Insektenordnungen auftretende Larvenform, die schlank und beweglich ist und der Hinterleibsbeine (Bauchfüße) fehlen. Damit erinnert sie an die Doppelschwänze der Gattung *Campodea* (S. 58)

carnivor fleischfressend

Cerci s. a. Afterraife; paarige und gegliederte Anhänge am Hinterende des Körpers, die griffelförmig, fühlerartig oder (Ohrwurm) als Zangen ausgebildet sein können. Der Besitz von Cerci ist ein ursprüngliches Merkmal, das vor allem bei hemimetabolen Insekten auftritt

Clavus das bei Wanzen abgegliederte Analfeld des Vorderflügels (vgl. Corium)

Clypeus der Kopfschild, ein meist durch eine Naht von der Stirn abgegliederter Teil der Kopfkapsel, der die Oberlippe trägt

Connexivum ein bei manchen Wanzen, z. B. bei Baum- und Randwanzen, vorragender breiter Seitenrand des Hinterleibs

Corium der basale vordere Teil im verstärkten Deckflügelteil der Wanzen (bei diesen erklärt); zur Flügelspitze hin folgt dem Corium der Cuneus, zur hinteren Flügelkante hin der Clavus (s. d.)

Costalfeld der vordere Sektor eines Flügels, der von der Flügelwurzel ausgeht und ein Dreieck umschließt, dessen hintere Ecke oft weit von der Flügelspitze (der 2. Ecke) entfernt und durch eine kleine Einbuchtung markiert ist; an das Costalfeld schließt sich nach hinten das Analfeld (s. d.) an

Coxa die meist sehr kurze Hüfte, an der der Oberschenkel einlenkt

detritophag von Detritus lebend

Detritus die aus zerfallender pflanzlicher und tierischer Substanz bestehenden Sink- und Schwebstoffe der Gewässer; manchmal wird der Begriff auch auf nicht mehr definierbare organische Zerfallsprodukte auf dem Land angewendet

dorsal auf oder von der Rückenseite

Ektoparasit ein äußerlich am Wirt lebender Parasit (s. d.) oder Parasitoid (s. d.)

Elytren die zu Deckflügeln umgebildeten und nicht mehr aktiv am Flug beteiligten Vorderflügel (die kein Geäder mehr aufweisen) der Käfer und Ohrwürmer

Ento- oder auch *Endoparasit* ein im Innern des Wirtes lebender Parasit (s.d.) bzw. Parasitoid (s.d.)

Exuvie das bei der Häutung abgestreifte Häutchen, das nur einem Teil der im übrigen aufgelösten und zum Aufbau der neuen Haut wiederverwendeten Körperdecke entspricht

Exzitator ein Reizorgan, das einen attraktiven, das Sexualverhalten anregenden Stoff bildet oder speichert

Femur (das) der in der Hüfte eingelenkte Oberschenkel, der die Schiene (Tibia s.d.) trägt

Flagellum die Fühlergeißel, d.h. der nicht mit Muskeln versehene Teil des Fühlers, der auf Schaft (Scapus s.d.) und Wendeglied (Pedicellus s.d.) folgt

Fundatrigenien s. Fundatrix

Fundatrix die «Gründerin» (Plural *Fundatrices*); bei Blattläusen die aus einem befruchteten Ei geschlüpfte Stammutter, die im typischen Fall im Frühjahr schlüpft und sich parthenogenetisch (s. Parthenogenese) fortpflanzt; bei wirtswechselnden Blattläusen werden ihre noch am Winterwirt heranwachsenden Nachkommen als Fundatrigenien bezeichnet

Galle eine durch einen anderen Organismus, meist durch Insekten, hervorgerufene spezifische Wucherung des Wirtspflanzengewebes; oft ein aus verschiedenen Geweben bestehendes Gebilde, das den Charakter eines pflanzlichen Organs hat

Genist nicht näher definierte, weitgehend zerkleinerte organische Abfälle, insbesondere auch solche, die im Spülsaum oder bei Hochwasser zusammengeschwemmt wurden

Gonapophysen Geschlechtsanhänge

gregär zu mehreren oder vielen beisammen; der Ausdruck bezieht sich vor allem auf Parasitoide (s.d.), bei denen in einem Wirt eine ganze Brut heranwächst, aber nicht auf soziale Insekten mit Arbeitsteilung und hochentwickelten Wechselbeziehungen; Gegensatz solitär (s.d.)

Gynopares oder *Gynoparen* bei Blattläusen die parthenogenetischen (s. Parthenogenese) Mütter, die die Weibchen der zweigeschlechtlichen Generation gebären

Halteren die zu Schwingkölbchen rückgebildeten Hinterflügel der Zweiflügler bzw. die in gleicher Weise umgebildeten Vorderflügel der Schildlausmännchen

hemimetabol Bezeichnung für die unmittelbare Umwandlung des letzten Larvenstadiums in die Imago (s.d.), ohne eingeschaltetes Puppenstadium

holometabol Bezeichnung für die tiefgreifende Umwandlung der Larve in die Imago (s.d.) unter Einschaltung eines Puppenstadiums

homonom gleichförmig, übereinstimmend

hyalin glasartig durchsichtig

Hyperparasit ein Parasitoid (s.d.), der sich auf Kosten eines anderen Parasitoiden entwickelt, z.B. eine Schlupfwespe, die zwar aus einer Raupe schlüpft, sich darin aber nur entwickeln konnte, weil sie dort ihren spezifischen Wirt, eine andere Schlupfwespenart, vorfand

Imago (die, Plural: Imagines) das Vollinsekt, d.h. das letzte Stadium, in dem die Fortpflanzungsreife eintritt und das Insekt (sofern es ihn erlebt) den Alterstod stirbt

Inquilinen Einmieter, beispielsweise Insekten, die sich neben deren Urhebern in Gallen (s.d.) entwickeln oder Mitbewohner der Nester sozialer Insekten

Kahlfraß in der forstlichen Praxis Ausdruck für die fast vollständige Vernichtung der Laub- und Nadelmasse durch Insektenfraß

Keratin die Hornsubstanz von Nägeln, Hufen, Hörnern, Haaren und Federn

Kosmopolit eine weltweit verbreitete Tier- oder Pflanzenart

Labium die aus paarigen Anlagen verwachsene Unterlippe

Labrum die Oberlippe

Malpighische Gefäße die schlauchförmigen, in den Enddarm mündenden Exkretionsorgane der Insekten

Mandibeln die oft zangenartigen Oberkiefer

Maxillen die gegliederten Unterkiefer

Mesothorax der mittlere Brustabschnitt, der ein Beinpaar und die Vorderflügel trägt

Metathorax der hintere Brustabschnitt, der das 3. Beinpaar und die Hinterflügel trägt

Migrantes parthenogenetische (s. Parthenogenese) Blattläuse, die den Übergang vom Winterwirt zum Sommerwirt vollziehen

Nachschieber insbesondere bei Raupen das dem 10. Segment ansitzende Paar von Bauchfüßen (Abdominalextremitäten)

Nymphe das letzte, schon deutliche Flügelanlagen zeigende Larvenstadium hemimetaboler (s. d.) Insekten. Manchmal werden auch mehrere Larvenstadien, die sich in gleicher Weise von den jüngeren Larven unterscheiden, als Nymphen bezeichnet. Auch die schwimmfähigen Larven der Köcherfliegen werden Nymphen genannt

Ommatidien die Einzelaugen eines Komplexauges

omnivor wörtlich Allesfresser, Bezeichnung für Tiere mit einem sehr breiten Nahrungsspektrum

Oothek eine Sekretkapsel oder eine schaumige Hülle, die die abgelegten Eier umschließt

orthognath Bezeichnung für nach unten (nicht nach vorn) gerichtete Mundwerkzeuge

Ovipositor Strukturen, die die artgemäße Eiablage an bestimmten, meist nicht ohne weiteres zugänglichen Stellen ermöglichen; der Ovipositor kann eine Legeröhre sein, aber auch das Ansägen pflanzlichen Gewebes oder das Bohren im Holz ermöglichen

Ozellen die bei vielen Insekten ausgebildeten und meist in Dreizahl (nie mehr) vorhandenen punktförmigen Stirnaugen; während z. B. fast alle Hautflügler Ozellen besitzen, ist ihr Vorkommen bei Käfern auf wenige Arten beschränkt

Palpen fühlerartige Bildungen, die den Maxillen (s. d.) und dem Labium (s. d.) ansitzen und Sinnesorgane, vor allem Geschmacksorgane, tragen; sie werden auch als Taster (Kiefer- und Lippentaster) bezeichnet

Parasit ein Tier, das sich auf Kosten einer anderen Tierart entwickelt; «echte» Parasiten töten ihre Wirte in der Regel nicht (z. B. Flöhe oder Dasselfliegen), bei der Mehrzahl der als Parasiten bezeichneten Insekten handelt es sich bei exakter Definition um Parasitoide (s. d.)

Parasitoid ein Raubparasit, Insekt, das sich auf Kosten eines anderen Insektes, seines Wirtes, ernährt und dieses abtötet

Parthenogenese die eingeschlechtliche Fortpflanzung, bei der sich die Eizellen ohne Befruchtung entwickeln; Parthenogenese kann obligatorisch (Männchen fehlen), auf bestimmte Generationen oder Gebiete beschränkt oder fakultativ sein, sie wird auch als Jungfernzeugung bezeichnet

Pedicellus das auf den Schaft folgende Wendeglied der Antennen (s. d.), das die bewegliche Basis der bei den meisten Insekten in sich aktiv nicht beweglichen Fühlergeißel (Flagellum s. d.) bildet

pharat Bezeichnung für das Verbleiben eines Entwicklungsstadiums in der abgelösten Haut des vorhergehenden

phytophag pflanzenfressend

Polyembryonie die Erscheinung, daß aus einem Ei eine größere Anzahl eineiiger «Viellinge» hervorgeht

polyphag nicht einheitlich gebrauchter

Begriff für eine vielseitige, zahlreiche Pflanzen- oder Tierarten einschließende Ernährungsweise

polygam vielehig, im Fall der Borkenkäfer mit mehreren Weibchen zusammenlebend

Primärparasit ein Parasit (s.d.) oder meist eigentlich ein Parasitoid (s.d.), der den Wirt, in dem er sich entwickelt, direkt angreift; der Begriff erklärt sich aus der Existenz zahlreicher Sekundärparasiten (s.d.), die scheinbar die gleiche Lebensweise führen, in Wirklichkeit innerhalb des Wirtes aber Primärparasiten angreifen

prognath Bezeichnung für die nach vorn gerichtete Stellung der Mundwerkzeuge

Pronotum die Rückenspange des 1. Brustsegmentes. Sie kann sehr schmal sein, aber auch einen umfangreichen Halsschild bilden

Prothorax der 1. Brustabschnitt, die Vorderbrust; ihr Rücken wird in manchen Gruppen Halsschild (der!) genannt; der Prothorax trägt ein Beinpaar, ist aber flügellos

Pterostigma das in manchen Insektenordnungen deutliche (verstärkte und pigmentierte) Mal am Vorderrand der Vorderflügel oder beider Flügelpaare

Puparium bei Zweiflüglern die aus der umgewandelten vorletzten Larvenhaut gebildete feste Kapsel, die die eigentliche Puppe umschließt

Pygidialdrüsen am Pygidium, dem Aftersegment, ausmündende Drüsen, z.B. Stinkdrüsen, die zur Abwehr eingesetzt werden

Rammelkammer die bei polygamen Borkenkäfern vom Männchen ausgenagte Paarungskammer, die Ausgangspunkt der von je einem Weibchen bewohnten Muttergänge ist

Remetabolie Rückentwicklung, die eigentümliche Entwicklungsweise der Thysanoptera, bei denen auf 2 Nahrung aufnehmende 2 bis 3 Larvenstadien folgen, die zwar beweglich sind, aber keine Nahrung aufnehmen und als Pronymphe und Nymphe (s.d.) bezeichnet werden

retraktil zurückziehbar

Scapus der Fühlerschaft, das 1. und oft besonders lange Fühlerglied

Scutellum das Schildchen, ein Teil des Rückenschildes der Brustsegmente; meist auf das auffällige Schildchen des Mesothorax (s.d.), das besonders bei Käfern und Wanzen dreieckig zwischen den Flügelbasen liegt und bei Schildwanzen sehr groß ist, bezogen

Segmente die ursprünglich ringförmigen und durch Intersegmentalhäute gelenkig verbundenen Körperringe der Insekten; durch feste Verwachsung und Versteifungsnähte sind die Segmente des Brustabschnittes bei vielen Imagines (s.d.) schwer erkennbar, die des Kopfes sind überhaupt nicht mehr abgrenzbar

Sekundärparasit ein auch als Hyperparasit bezeichneter Parasit, der sich auf Kosten eines Primärparasiten (s.d). entwickelt. Bei exakter Definition müßte man bei dem einen wie beim anderen von einem Parasitoiden (s.d). sprechen

Singen im Fall der Insekten die Produktion bestimmter Geräusche mit Hilfe von gegeneinander geriebenen Strukturen (Stridulation) oder hochfrequenter Verformung von hohlraumumschließenden Wandungen (Trommelorgane der Zikaden)

Siphonen die Hinterleibsröhrchen vieler Blattläuse, aus denen klebrige Wehrsekrete (nicht Honigtau!) abgesondert werden

Sklerit eine durch Nähte oder Intersegmentalhäute abgegliederte Platte der Körperdecke

solitär einzeln lebend (Gegensatz gregär, s.d., oder auch sozial)

Stemmata punktförmige Larvenaugen

Sternit ein von einer Bauchplatte (Sternum) abgegliedertes Teilstück

Sternum die Bauchplatte eines Körpersegmentes

stridulieren die Erzeugung von Geräuschen durch Chitinstrukturen, insbesondere durch Reiben einer Zahn- oder Rillenreihe an einer scharfen Kante, z.B. bei Heuschrecken und Grillen, aber auch bei Käfern, Ameisen und anderen

Stylus ein ungegliederter Anhang namentlich an den Hüften von Apterygoten

Symbiont ein Organismus, der mit einem anderen in enger Wechselbeziehung lebt, die für beide Partner vorteilhaft ist

synanthrop an den Menschen und seine Behausungen gebunden

Synöken ohne einseitigen Nutzen und Schaden zusammenlebende Tiere

Tarsus der maximal aus 5 Gliedern bestehende und meist 2 Krallen tragende Fuß

Tegmina die ledrig verdickten Deckflügel der Heuschrecken und ihrer Verwandten; sie nehmen eine Zwischenstellung zwischen normalen Vorderflügeln und Elytren (s.d.) ein

Tergit das durch Nähte abgetrennte Teilstück einer Rückenplatte (Tergum s.d.)

Tergum die Rückenplatte eines Körpersegmentes; bei Untergliederung werden die einzelnen Teile Tergite (s.d.) genannt

Thorax der aus 3 Segmenten (Pro-, Meso- und Metathorax, s. d.) bestehende Brustabschnitt der Insekten

Tibia die Schiene; der meist schlanke Abschnitt des Insektenbeines, der den Fuß trägt

Tympanalorgan ein mit einem Trommelfell ausgestattetes Hörorgan

ventral unterseits, von der Bauchseite

Ventraltubus ein nur bei Collembolen entwickeltes, oft röhrenförmiges Organ an der Bauchseite des 1. Abdominalsegmentes, aus dem Bläschen oder Schläuche ausgestülpt werden können

Virginogenien Blattläuse der auf dem Sommerwirt lebenden rein parthenogenetischen (s. Parthenogenese) Generationen

zoophag Bezeichnung für eine räuberische oder parasitische Lebensweise, also tierische Ernährung

Literatur

Berücksichtigt wurden nur deutschsprachige Bücher, die die Bestimmung verschiedener Insektenordnungen ermöglichen oder umfassend über die Lebensweise mitteleuropäischer Insekten informieren. Veröffentlichungen, die einzelne Insektenordnungen betreffen, werden im speziellen Teil angeführt.

Umfangreiche Bestimmungswerke, die zahlreiche ausführliche Bearbeitungen von Insektengruppen enthalten, sind die unter den Namen ihrer Begründer bekannten Reihen:

Brohmer, P.; P. Ehrmann und G. Ulmer: Die Tierwelt Mitteleuropas. Leipzig ab 1935

Dahl, F.: Die Tierwelt Deutschlands. Jena ab 1925

ferner:

Insecta Helvetica. Lausanne ab 1959 (teilweise in französischer Sprache)

Amann, G.: Kerfe des Waldes. Melsungen 1964

Beiderbeck, R. und I. Koevoet: Pflanzengallen am Wegesrand. Stuttgart 1979

Blab, J., u. a. (Hrsg.): Rote Liste der gefährdeten Tiere und Pflanzen in der Bundesrepublik Deutschland. 4. Aufl. Greven 1984

Bollow, H.: Welcher Schädling ist das? Vorrats-, Material-, Haus- und Gesundheitsschädlinge. Stuttgart 1958

– –: Welcher Schädling ist das? Schädlinge und Krankheiten an Zierpflanzen. Stuttgart 1960

Brandt, H.: Welcher Schädling ist das? Landwirtschaftliche Kulturpflanzen. Stuttgart 1957

Brauns, H.: Taschenbuch der Waldinsekten. Stuttgart 1964, Jena 1964

Brohmer, P.: Fauna von Deutschland. Heidelberg 1964

Buhr, H.: Bestimmungstabellen der Gallen an Pflanzen Mittel- und Nordeuropas. Jena 1964 und 1965 (2 Bde.)

Chinery, M.: Insekten Mitteleuropas. 3. Aufl. Hamburg und Berlin 1984

Dunger, W.: Tiere im Boden. 3. Aufl. Wittenberg Lutherstadt 1983

Eidmann, H., u. F. Kühlhorn: Lehrbuch der Entomologie. Hamburg und Berlin 1970

Engelhardt, W.: Was lebt in Tümpel, Bach und Weiher? Stuttgart 1959

Forster, W.: Knaurs Insektenbuch. München u. Zürich 1968

Friese, G.: Meyers Taschenlexikon Insekten. 3. Aufl. Leipzig 1979

Grzimeks Tierleben, Band 2, Insekten. Zürich 1969

Hering, M.: Die Blattminen. Neubrandenburg 1935–1937

– –: Bestimmungstabellen der Blattminen von Europa. Berlin 1957

Jacobs, W., und M. Renner: Taschenlexikon zur Biologie der Insekten. Jena 1974

Jacobs, W., und F. Seidel: Wörterbücher der Biologie. Systematische Zoologie: Insekten. Jena 1975

Kaestner, A.: Lehrbuch der speziellen Zoologie. Bd. 1, 3. Teil. Jena 1972/1973

Karny, H.: Biologie der Wasserinsekten. Wien 1934

Keilbach, R.: Die tierischen Schädlinge Mitteleuropas. Jena 1966

Klausnitzer, B.: 100 Tips für den Insektenfreund. Leipzig – Jena – Berlin 1980

Klots, A. B., und E. B. Klots: Knaurs Tierreich in Farben, Insekten. München 1959

Koch, M.: Präparation von Insekten. Radebeul-Berlin 1964

Kugler, H.: Blütenökologie. 2. Aufl. Stuttgart 1970

Linsenmaier, W.: Knaurs großes Insektenbuch. München 1972

Müller, H.-J. (Hrsg.): Bestimmung wirbelloser Tiere im Gelände. Jena 1985

Piechocki, R.: Makroskopische Präparationstechnik. Teil 2, Wirbellose. 3. Aufl. Leipzig 1985

Schimitschek, E.: Insektenschäden im Walde. Hamburg – Berlin 1955

Schulze, P.: Biologie der Tiere Deutschlands (in einzelnen Lieferungen). Berlin ab 1922

Schwenke, W. (Hrsg.): Die Forstschädlinge Europas. 5 Bde. Hamburg – Berlin 1972–1986

Sedlag, U.: Wunderbare Welt der Insekten. Leipzig – Jena – Berlin 1978, Bayreuth 1984 = Wunder und Rätsel im Reich der Insekten. Melsungen – Berlin – Basel – Wien 1979

Stresemann, E. (Hrsg.): Exkursionsfauna. Bd. 2/1 und 2/2. Berlin 1985 (6. Aufl.) und 1984 (4. Aufl.)

Ulmer, G.: Unsere Wasserinsekten. 2. Aufl. Leipzig 1928

Urania Tierreich, Bd. 3, Insekten. Leipzig – Jena – Berlin 1974

Weber, H., und H. Weidner: Grundriß der Insektenkunde. Stuttgart 1974

Weidner, H.: Bestimmungstabellen der Vorratsschädlinge und des Hausungeziefers Mitteleuropas. 4. Aufl. Stuttgart – New York 1982. Jena 1982

Wesenberg-Lund, C.: Biologie der Süßwasserinsekten. Berlin – Wien 1943

Zahradník, J., und F. Severa: Insektenführer. Prag 1976. Stuttgart 1976

Eine wertvolle «Bibliographie der Bestimmungstabellen europäischer Insekten» wurde in mehreren Zeitschriftenbeiträgen von U. Göllner-Scheiding und R. Gaedike zusammengestellt. Die letzte Folge, aus der die anderen ersichtlich sind, erschien unter Autorschaft von R. Gaedike in: Beiträge zur Entolomogie (Berlin) 26, 49–166. 1976.

Register

** weisen auf Abbildungen hin. Stehen textliche Erwähnung und Abbildung auf gegenüberliegenden Seiten, ist nur die Seite der Textstelle angegeben. Deutsche Namen wurden auch dann mit * gekennzeichnet, wenn die Abbildung über den wissenschaftlichen Namen auf einer weiter entfernten Seite aufgesucht werden muß. Der Zusatz (L) bezieht sich auf die Übersicht über die Larvenformen.